5·7급 공채 및 민경채 / 입법고시·8급 공채 / 법원행시 1차 시험대비

# 박문각 공무원

# PSAT
## THE 언어논리
### 기본 이론서

김현정 편저

동영상강의 www.pmg.co.kr

최소 **필수이론** & 최다 **필수문제**

# 이 책의 **머리말**

해마다 PSAT 언어논리 기출문제 해설을 하면서 항상 떠오르는 아쉬운 점이 있었다. 문제 하나 하나를 짧은 시간 내에 정확하게 풀이할 수 있도록 도움을 주는 해설서도 중요하지만, 문제들의 특징을 분석하여 그 유형을 분류한 후 이를 통합적인 시각에서 풀이할 수 있도록 도움을 주는 기본서도 그에 못지않게 중요한데 이에 대비한 교재가 부족하다는 것이다. 게다가 최근 2021년 국가직 7급공채 1차 필기시험에 PSAT이 도입된 후 2025년부터는 법원행시와 8급 입법고시에 서도 PSAT이 도입될 예정이라고 하니 이에 대한 대비가 절실하게 필요했다.

나무가 한 그루씩 덩그러니 자랄 때는 그 뿌리가 연약하여 흔들릴 수 있지만, 숲이라는 통합 적 생태계 내에서 자라나는 나무 공동체는 다른 생명 공동체마저도 살찌우며 지탱할 수 있고 더 나아가 굳건한 울창함을 뽐낼 수 있지 않은가 말이다. PSAT 언어논리도 마찬가지라 생각한 다. 개별적인 문제풀이에만 집중하는 경우에는 단시간의 점수 향상에는 도움을 줄 수도 있지만 그 이론적 기초가 부족할 때에는 고득점에 한계가 생기고 풀이 속도까지도 정체될 수밖에 없 다고 본다. 더 나아가 변화무쌍한 문제들을 푸는 데 필수적인 응용력이 생기는 것은 요원한 일 이 될 수 있기에, 그 길고도 어렵고도 험한 공무원 수험생활을 더욱 더 고단하게 만들 수 있다 고 생각한다.

이에 박문각 7급 공채 PSAT 언어논리 강의를 시작하면서, 언어논리의 이론과 실제 모든 면에 서 도움을 줄 수 있는 기본서의 절실함은 더욱 더 커져만 갔고 마침내 그 절실함을 모아 『PSAT THE 언어논리 기본서』를 세상에 내놓게 되었다. 기본서 각 과정의 내용은 수강생들이 수업 시 간마다 진지하게, 다른 한편으로 열정적으로 던져 주었던 질의 내용들을 바탕으로 집필하였다. 또한 그들에게 실질적인 도움을 줄 수 있는 방향성을 잃지 않으려 부단히 노력하였다. 이 과정 에서 어찌 보면 가르친다는 職은 학생들에게 오히려 더 많이 배우는 과정임을 새삼스러우면서 도 다시금 깊이 새기게 되었다고 솔직하게 토로해 본다.

아무쪼록 대한민국을 이끌어 갈 공무원이 되려는 이들이 꿈을 실현할 수 있는 합격의 영광스러운 결실을 맺기 위해 본 교재가 조금이나마 도움이 되어 주기를 간절히 희망하고 또 희망해 본다. 물론 그 과정이 고난의 가시덤불을 수없이 반복하며 헤쳐 나가는 과정임을 모르지 않는다. 그러기에 피할 수 있다면 피하고 싶었던 교재의 부족함이라는 현실이 여전히 커다란 숙제처럼 남아 있는 것 역시 또한 현실이다. 하지만 이는 시간의 흐름 속에서 교재를 개정해 나가며 끊임없이 발전시켜 나가겠다는 약속을 다짐하는 선에서 너그러이 이해해 주기 바란다.

마지막으로 이 책의 출판을 위해 애써주신 모든 분들께 감사한 마음도 이 자리를 통해 전한다.

사랑하는 나의 가족들에게 사랑한다고 수줍게 고백하며,
2023년 가을날

언니쌤 김현정

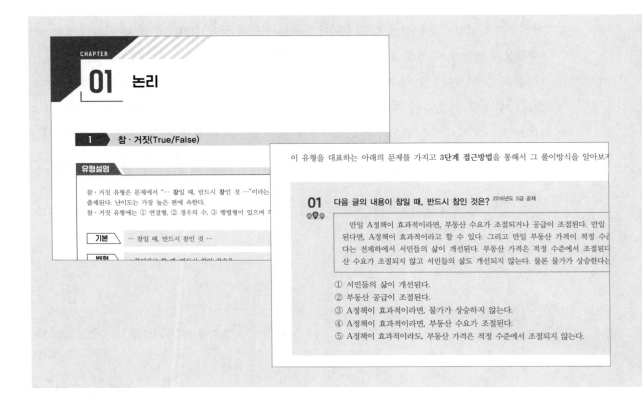

### ① 학습과정에 따른 체계적인 단원 구성

○ 1. 기본과정→ 2. 완성과정의 순서로 학습이 가능하도록 구성하였다.

○ 기본과정에서는 PSAT 관련 이론을 통해 출제경향 및 문제풀이법을 익히고, 완성과정에서는 2023년 주요 기출문제를 통해 최종점검을 한다.

### ② 유형설명/ 평가영역

○ 파트 1의 유형설명에서는 문제가 어떤 방식으로 이루어지는지 기본 유형과 변형 유형으로 나누어 제시하였다.

○ 파트 2의 평가영역에서는 각 챕터에 속한 영역들이 언어논리의 어떤 부분을 평가하는지 그래프로 나타내었고, 이를 문제유형에 접목시켜 설명하였다.

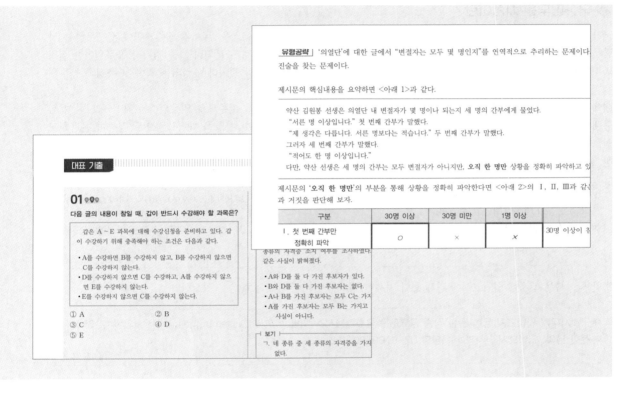

## ③ 대표 기출

○ 챕터 1~4의 유형별로 대표 기출문제를 제시하였다. 이
  는 각 유형들의 특징이 뚜렷하게 드러나는 기출문제
  로, PSAT 언어논리의 대표적인 유형을 풀어볼 수 있
  게 한 것이다.

○ 대표 기출문제는 난이도가 상/중/하 세 단계로 구분되
  어 있다. 하는 2분 30초 내에 풀 수 있어 반드시 맞춰
  야 하는 문제, 중은 4분 내에서 풀 수 있어 당락을 좌
  우할 가능성이 큰 문제, 상은 푸는 데 시간이 4분 이
  상 걸려 적극적으로 푸는 것을 피해야 하는 문제로 구
  분하였다.

## ④ 유형공략/ 내용공략/ 속도공략

○ 문제의 해설은 유형공략/내용공략/속도공략으로 이루
  어져 있다.

○ 유형공략은 문제유형에 대한 소개와 풀이법을 제시하
  고, 내용공략은 해설내용과 관련한 추가적인 사항을
  정리하여 제시하며, 마지막 속도공략에서는 문제를 빠
  르게 풀어나가는 방법과 팁을 소개한다.

# PSAT 가이드

## 📎 국가공무원 시험이란?

국가공무원이란 국민 전체의 봉사자로서 행정의 민주적이면서도 능률적인 운영을 위해 각 국가기관에서 근무하는 사람들을 말한다. 국가공무원은 크게 경력직 공무원과 특수경력직 공무원으로 구분되며 그중 경력직 공무원이란 실적과 자격에 따라 임용되고 그 신분이 보장되어 평생 동안 공무원으로 근무할 것이라 예정되는 일반직·특정직 공무원을 말한다.

이에 인사혁신처는 국가공무원이 갖추어야 할 능력과 자질을 설정하고 이를 기준으로 임용되려는 자를 평가하여 신규채용 등의 인사관리를 하고 있다. 그 인사관리의 구체적인 내용 및 필요한 사항을 대통령령으로 정하여 운용하고 있으며, 해마다 국가공무원 5급·7급·9급 공개경쟁채용시험 등에 관한 계획을 공고하고 있다. 시험에 관해 보다 자세한 정보를 알기 위해서는 다음을 참고한다.

> ○ 국가공무원 공개경쟁채용시험 계획 등에 관한 각종 공고문은 사이버국가고시센터(www.gosi.kr)와 나라일터(www.gojobs.go.kr)에서 확인할 수 있다.
> ○ 전화 문의: 공통(정부민원안내콜센터 110), 7급 공채시험(공개채용과 044-201-8242~8256), 5급 공채시험(5급공채팀 044-201-8261~8262, 8363~8367)
>
> *2023. 1. 기준

또한 국회사무처 시행 입법고시에 관해 보다 자세한 정보를 알기 위해서는 다음을 참고한다.

> ○ 국회사무처 입법고시 등에 관한 각종 공고문은 국회채용시스템(https://gosi.assembly.go.kr)에서 확인할 수 있다.
> ○ 전화 문의: 입법고시(인사과 채용담당 02-6788-2081)
>
> *2023. 1. 기준

## 📎 PSAT(Public Service Aptitude Test)이란?

공직 적격성 테스트(Public Service Aptitude Test, PSAT)란 공무 수행에 필요한 기본적 지식과 소양, 자질 등을 갖추고 있는지를 종합적으로 평가하는 시험이다. 창의적이고 능동적으로 사고하는 인재를 요구하는 사회적 변화에 따라, 암기와 단편적 지식측정 위주의 시험이 아닌 공무원으로서 지녀야 할 기본적 소양과 공직적격 여부를 평가한다. 2004년 외무고시 제1차 시험에서 처음 도입되어 행정·기술 등 고등고시에 확대 시행되었다. 2015년에는 7급 민간경력자 채용시험에, 2021년부터는 7급 공채시험에 도입되었다. 그리고 2025년부터는 국회사무처 시행 8급 공개경쟁채용시험과 법원행시에 PSAT이 도입될 예정이며 마지막으로 지방직 7급 시험에서도 PSAT 도입 여부에 관한 논의가 진행 중이다.

PSAT의 평가영역은 △언어논리 △자료해석 △상황판단이며, 7급공채 영역 각각의 출제 문항수는 25문항, 풀이시간은 60분이다. 배점은 100점 만점인데, PSAT 점수는 3대 평가영역을 모두 합한 총점(300점 만점)을 다시 3등분한 평가 점수로 환산된다. 하지만 5급공채와 입법고시 각각의 출제 문항수는 40문항, 풀이시간은 90분이다.

# PSAT 언어논리 공략법

## 📎 PSAT 언어논리 가이드

PSAT의 언어논리 영역은 과학기술, 경제, 문학, 법, 사회, 역사, 정치, 예술, 환경, 기타 분야의 다양한 제시문을 가지고 이해력, 비판력, 논리력, 분석력, 추론력 등의 사고능력을 평가하는 데 그 목적을 두고 있다. 이 책에서도 이러한 평가 목적에 따라 언어논리 기출문제들을 유형별로 세부적으로 구분하여 문제풀이능력 향상에 도움이 될 수 있도록 주력했다. 언어논리 영역을 ▷언어파트와 논리파트로 구분한 후 ▷실제 문항의 발문에 따라 크게 6가지 유형으로 나눈 뒤에, ▷각 유형마다 문제풀이 방법을 중심으로 세분할 수 있는 경우 다시 나누어 설명하였다. ▷특히 7급 공채 PSAT에만 해당하는 유형에 대해서는 앞으로 그 변화 추이를 계속 살펴봐야 하는 만큼 유동적인 영역으로 별도 구성하였다.
이에 대해 대략적으로 정리하면 다음 표와 같다.

| 유형 | 문항의 대표 발문 | 세부 유형 |
|---|---|---|
| 1. 논리 | "참일 때 반드시 참/거짓인 것" | 참/거짓(T/F) |
| | "강화/약화하는 것" | 강화/약화(S/W) |
| | "추론할 수 있는/없는 것" | 추론(I) |
| 2. 언어 | "빈칸에 들어갈 내용" | 빈칸(B) |
| | "알 수 있는/없는 것", "부합하는/하지 않는 것" | 이해(U) |
| | "분석으로 옳은/옳지 않은 것" | 분해(D) |
| 3. 7급 | "전체 흐름과 맞지 않는 곳" | 맥락형 |
| | "적절한 것"+(제시문의 법령규정) | 법령형 |

참고로 위의 유형을 중심으로 2023년 국가직 7급 공채·5급 공채·입법고시의 3대 PSAT의 문항 구성 비율을 살펴보면 아래와 같이 나타낼 수 있다.

**7급공채**
- 12%
- 16%
- 28%
- 12%
- 16%
- 4%
- 4%
- 8%
- ■ 논리TF
- ■ 논리SW
- ■ 논리I
- ■ 언어B
- ■ 언어U
- ■ 언어D
- ■ 7급맥락
- ■ 7급법령

(총 25문항)

**5급공채**
- 3%
- 10%
- 7%
- 27%
- 10%
- 30%
- 3%
- 10%
- ■ 논리TF
- ■ 논리SW
- ■ 논리I
- ■ 언어B
- ■ 언어U
- ■ 언어D
- ■ 2연
- ■ 맥락

(총 40문항)

**입법고시**
- 8%
- 15%
- 12%
- 20%
- 15%
- 30%
- ■ 논리TF
- ■ 논리SW
- ■ 논리I
- ■ 언어B
- ■ 언어U
- ■ 언어D

(총 40문항)

## 📎 이 책을 활용한 PSAT 언어논리 공략법

본서는 앞서 말한 언어논리 각 유형의 거의 모든 문제를 '3단계 접근방법'을 사용하여 풀이할 것을 추천하고 있다. 이에 대해서는 제2장을 통해 공부하겠지만, 3단계 접근방법에 대해 개략적으로 살펴보면 다음과 같다.

| 구분 | 내용 |
|------|------|
| 1단계 | 문제의 발문 또는 선택지를 읽고 문제의 유형을 파악하는 단계 |
| 2단계 | 각 유형별로 이론화된 접근방법에 따라 제시문을 이해하여 풀이하는 단계 |
| 3단계 | 풀이한 진술을 종합하여 문제와 비교하며 최종 확인하는 단계 |

이러한 3단계 접근방법은 언어논리 학습에 있어서 '3가지 공략 원칙'에 근거하고 있다. ❶ 〈유형공략〉은 각 유형별로 이론을 학습하는 단계로서 특히 논리 참·거짓, 언어 빈칸, 7급 법령 등을 심도 있게 공부해야 한다. ❷ 〈내용공략〉은 PSAT과 관련된 모든 지식을 확장하는 단계로서 문제를 통해 반복 연습하여 그 풀이 방법을 자신의 스타일로 체화해야 한다. ❸ 〈속도공략〉은 문항당 2분 30초 안에 풀이할 수 있도록 반복 학습을 해야 한다.

**❶ 유형 공략**
- 유형별 3 STEP APPROACH(theory)
- 논리 T/F, S/W, Ⅰ 언어 B, U, D 7급 법령, 맥락 등

**❷ 내용 공략**
- 독해 Skill(ex. 신문, 논문, 서적 등)
- 유관 PSAT 기출, 모의 practice (ex. 민경채, 5급공채 등)

**❸ 속도 공략**
- 고난도 Technique (ex. 논리 T/F, 논리 Ⅰ, 7급)
- 유형별 Reading Strategy 완성하여 점수 획득

이상의 내용을 바탕으로 본서의 각 장은 수험생들이 언어논리 목표점수를 획득하기 위한 목적으로 [3가지 공략 원칙]이 숨겨진 채 구성되어 있다.

| 목차 | 제1편<br>기본과정 | 제2편<br>완성과정 | 해설편 |
|------|------|------|------|
| 유형 공략 | ○ | − | ○ |
| 내용 공략 | ○ | ◎ | ◎ |
| 속도 공략 | ∘ | ○ | ○ |

∘ 약. ○ 중. ◎ 강. ◎ 최강

특히 해설편 역시 〈내용공략〉이 충실하게 이루어져 수험생의 실력 향상에 크게 도움이 될 수 있도록 설계되었다. 단순히 채점만 하는 것이 아닌, 놓치고 있는 부분에 대해 꼼꼼하게 학습할 수 있도록 설계되었다.

문제의 난이도 상/중/하는 PSAT이 결국 시험장에서의 시간과의 싸움임을 고려하여 ▷난이도 하는 2분 30초 이하에서 풀이하여 반드시 점수를 획득해야 하는 문제, ▷ 난이도 중은 2분 30초 이상 4분 이내에서 풀이할 수 있는 문제로서 당락을 좌우할 가능성이 큰 문제, 마지막으로 ▷난이도 상은 4분 이상이 소요될 수 있는 문제로서 심도 있는 학습을 위해서는 좋은 문제이지만 시험장에서는 적극적인 풀이는 지양해야 하는 문제라고 구분하였다.

# CONTENTS

## 이 책의 차례

**PSAT**
THE언어논리

# 기본과정

# 01 논리

정답 및 해설 182P

## 1 참 · 거짓(True/False)

### 유형설명

참 · 거짓 유형은 문제에서 "… **참**일 때, 반드시 **참**인 것 …"이라는 구절이 들어가는 유형으로서, 다음과 같은 변형된 구절로도 출제된다. 난이도는 가장 높은 편에 속한다.
참 · 거짓 유형에는 ① 연결형, ② 경우의 수, ③ 행렬형이 있으며 각각에 대해서는 대표문제를 가지고 살펴볼 예정이다.

| 기본 | … 참일 때, 반드시 참인 것 … |
| --- | --- |

**변형**
- 참이라고 할 때, 반드시 참인 진술을 …
- 반드시 참이라고 할 수 <u>없는</u> …
- (가)~(마)의 전제가 각각 참일 때, 결론이 반드시 참 …
- 전제가 각각 참일 때, 반드시 참인 논증 …
- 모두 <u>거짓</u>일 때 …
- 참일 때, 참인지 거짓인지 알 수 있는 것 …
- <보기> 중 논리적으로 타당하지 <u>않은</u> 것(≒ 참이라고 할 수 <u>없는</u>) …

### 평가영역

- **추론력**: 제시문을 통하여 <보기>나 선택지를 판단하는 능력
- **분석력**: 제시문과 선택지의 내용을 기호화하는 능력
- **논리력**: 제시문을 통하여 새로운 정보를 유도하는 능력

## 기출문제 분석　접근 : 연결형(ⓒ, connect)

이 유형을 대표하는 아래의 문제를 가지고 **3단계 접근방법**을 통해서 그 풀이방식을 알아보자.

**01** 다음 글의 내용이 참일 때, 반드시 참인 것은? ²⁰¹⁶년도 5급 공채

> 만일 A정책이 효과적이라면, 부동산 수요가 조절되거나 공급이 조절된다. 만일 부동산 가격이 적정 수준에서 조절된다면, A정책이 효과적이라고 할 수 있다. 그리고 만일 부동산 가격이 적정 수준에서 조절된다면, 물가 상승이 없다는 전제하에서 서민들의 삶이 개선된다. 부동산 가격은 적정 수준에서 조절된다. 그러나 물가가 상승한다면, 부동산 수요가 조절되지 않고 서민들의 삶도 개선되지 않는다. 물론 물가가 상승한다는 것은 분명하다.

① 서민들의 삶이 개선된다.
② 부동산 공급이 조절된다.
③ A정책이 효과적이라면, 물가가 상승하지 않는다.
④ A정책이 효과적이라면, 부동산 수요가 조절된다.
⑤ A정책이 효과적이라도, 부동산 가격은 적정 수준에서 조절되지 않는다.

**유형공략**

• **step 1. 유형 및 선택지 파악**

문제를 읽고 그 유형을 파악한다. 위 대표문제의 경우 "… **참일 때, 반드시 참인 것** …"이라는 구절이 있으므로 **참·거짓 유형**임을 알 수 있다. 그 다음으로는 선택지 진술을 읽고 '반드시 참'이 될 수도 있는 예비적인 진술에는 어떠한 것이 있고, 그 진술들에 포함되어 있는 **핵심어**(예) 삶, 공급, 물가, 수요, 가격 등)로는 무엇이 있는지 그리고 그 진술이 **정언명제**(예) ~ㄴ다.)인지 **가언명제**(예) ~라면, ~ㄴ다.)인지 등을 대략적으로 '빠르게' 살핀다.

• **step 2. 정보 유도**

앞서 제시한 선택지의 핵심어를 바탕으로 제시문의 여섯 문장을 **기호화**하며(예) A → 수요∨공급) 정리 분석한다. 특히 문제에서 제시문이 '참일 때'라고 하였으므로 제시문의 모든 문장이 각각 참임을 잊지 않는다.

유의할 점은 제시문의 모든 문장은 그 하나하나가 선택지의 '반드시 참' 여부를 판단하는 데 있어서 서로 유기적으로 연결되어 있다는 점이다. 다시 말해 선택지의 진술이 참인지 아닌지를 판단하기 위해서는, 제시문의 모든 문장을 빠짐없이 활용하여 그 연결되는 내용들을 통해 새로운 정보를 유도하며 찾아야 한다는 것이다. (단, 새로운 정보를 유도하기 위해서는 알아야 할 이론들이 있는데, 이는 뒤에서 다시 설명하고자 한다.)

• **step 3. 선택지 판단**

'step 2'에서 찾은 정보들을 바탕으로, 각 선택지와 비교한 후 그 선택지의 '반드시 참' 여부를 판단한다.

최종적으로 다시 한 번 정리하자면, 참·거짓(True/False) 유형은 (1) 유형 및 선택지 파악, (2) 정보 유도, (3) 선택지 판단이라는 접근방법으로 풀이할 수 있다.

보다 나은 이해를 돕기 위해, 앞서 정리했던 접근방법의 순서에 따라 선택지 ①을 풀이하는 데 적용하여 아래와 같이 도식화해 보았다.

| step 1. 유형 및 선택지 파악(핵심어 이해) | | |
|---|---|---|
| 문제유형 파악 | "… 참일 때, 반드시 참인 것 …" | '참일 때/반드시 참'으로 보아 참·거짓 유형임을 파악한다. |
| 선택지 ① | ① 서민들의 삶이 개선된다. | |
| 핵심어 이해 | | 서민삶 |
| step 2-1. 정보 유도(기호화) | | |
| 제시문 5문 (참) | 물가가 상승한다면, 부동산 수요가 조절되지 않고 서민들의 삶도 개선되지 않는다. | 물가상승 → ~수요∧~서민삶 |
| 제시문 6문 (참) | 물론 물가가 상승한다는 것은 분명하다. | 물가상승 |
| step 2-2. 정보 유도(새로운 정보 유도) | | |
| 정보의 유도 | | [6문(참) : 물가상승]<br>⇒ [5문(참) : 물가상승 → ~수요∧~서민삶] |
| | | ∴ 물가상승(참) ⇒ ~서민삶 (참)<br><br>제시문 5문의 전건(물가상승)이 제시문 6문에 의해 참이 되기 때문에 제시문 5문의 후건(~서민삶)도 참이어야만 한다.<br><전건긍정의 법칙 : 이후 설명><br><후건분리의 법칙 : 이후 설명> |
| step 3. 선택지 판단(새로운 정보와 선택지 비교) | | |
| 선택지 ① | ① 서민들의 삶이 개선된다. | 서민삶 |
| 새로운 정보 | | ~서민삶(참) |
| | | ∴ 새로운 정보 '~서민삶'이 참이기 때문에, 선택지 ①의 '서민삶'은 참일 수 없으므로 정답이 아니다. |

다음은 본 유형의 문제를 풀이할 때 반드시 알아두어야 할 이론들에 대해서 정리해 보도록 하자.

(1) **내용공략 : 명제의 기호화 및 진리값**

명제를 기호화하는 이유는 제시문 또는 선택지(<보기>)의 정보를 한 눈에 알아볼 수 있도록 요약하는 데 있다.
① 기호화

| 구분 | | 내용 | 기호화 |
|---|---|---|---|
| (진리값) | | 참이다. | T |
| (진리값) | | 거짓이다. | F |
| 정언명제 | 전칭긍정명제 | 모든 x는 P이다.<br>(≒ 반드시 ~하다.) | $\forall x, P(x)$ |
| | 전칭부정명제 | 모든 x는 P가 아니다.<br>(≒ 반드시 ~하지 않다.) | $\forall x, \sim P(x)$ |
| | 특칭긍정명제 | 어떤 x는 P이다.<br>(≒ ~일 수 있다.) | $\exists x, P(x)$ |
| | 특칭부정명제 | 모든 x는 P가 아니다.<br>(≒ ~아닐 수 있다.) | $\exists x, \sim P(x)$ |

| 선언명제 | A이거나, B이다. | A∨B / A∪B |
|---|---|---|
| 연언명제 | A이고, B이다. | A∧B / A∩B |
| 가언명제 | 만약 p이면 q이다. | p → q / P⊂Q |
| 쌍조건(가언)명제 | 만약 p이면 q이고, q이면 p이다. | p ↔ q / P≡Q |
| 〈응용〉 | p일 경우에만 q이다.[1] | 'q → p' ⇔ '~p → ~q' |
| 양자긍정 | A와 B 모두 그러하다. | both A and B<br>⇔ A∧B |
| 양자부정 | A와 B 모두 그러하지 아니하다.[2] | neither A nor B<br>⇔ ~A∧~B<br>(⇎ ~A∨~B) |
| 양자택일 | A와 B 둘 중 하나만 그러하다. | either A or B<br>(⇎ A∨B) |

---

**참고** 아리스토텔레스의 대당사각형

아리스토텔레스는 정언명제[전칭긍정/전칭부정/특칭긍정/특칭부정]의 관계를 <다음>과 같이 도식화하였다. (현대 논리학에서는 모순 관계만을 인정하기도 한다고 한다.) [과학사사전]

이를 논리적으로 추론해보면 첫 번째, 반대관계에서는 (1) A와 E는 동시에 참일 수 없고[양립불가능], (2) I와 O는 동시에 거짓일 수 없다. 두 번째, 함축관계에서는 (1) A가 참이면 I도 참이다. (2) E가 참이면 O도 참이다. 마지막, 모순관계에서는 (1) A와 O 중 하나가 참이면 그 다른 나머지는 거짓이고, (2) E와 I 역시 그 중 하나가 참이면 그 다른 나머지는 거짓이다.

---

1) "P일 경우에만 q이다." 또는 "q는 p일 경우에만 그러하다."라는 문장은 "q → p"라는 명제로 바꾸는 원리는 다음과 같다. 예를 들어 **질문을 할 경우에만 대답을 한다(P일 경우에만 q이다).**" 또는 "대답은 질문을 할 경우에만 한다."라는 문장은 "질문을 하지 않으면 대답을 하지 않겠다."는 의미로서 이 문장을 [후건부정법]을 응용하여 동일한 의미의 문장으로 바꿔보면 "대답을 했다면 질문이 있었겠지(q → p)."로 바꿀 수 있다는 것이다. 즉 이를 "*질문을 하면 대답을 한다(p → q).*"와 같은 의미라고 혼동하지 말자.

2) "A와 B 모두 그러하지 아니하다."와 "A와 B 모두 그러한 것만은 아니다."를 혼동하지 말자! 앞의 문장은 양자부정이지만 뒤의 문장은 양자부정이 아니다. 즉, 뒤의 문장을 살펴보면 A와 B 중 적어도 하나 이상은 그러하지 않다는 의미이다. 이를 기호화해 보면, "{A와 B 모두 그러한 것}만은 아니다."는 "~{A∧B}"로 기호화할 수 있고 이는 다시 "~A∨~B"이므로 "A가 아니거나 B가 아니다."의 의미로서 1) A만 아닐 수 있고, 2) B만 아닐 수 있고, 그리고 3) A와 B 모두 아닐 수 있는 의미를 모두 포함한다. (예) "너희 둘 모두 단과학생인 것만은 아니야"는 둘 중 한 명이 "스파르타 학생"인 경우를 포함한다.)

② 진리값

| 내용 | 기호화 | 진리값 |
|---|---|---|
| 모든 x는 P이다. | $\forall x, P(x)$ | P(x)가 <u>아닌</u> x가 하나라도 있으면 거짓 |
| 모든 x는 P가 아니다. | $\forall x, \sim P(x)$ | P(x)인 x가 하나라도 있으면 거짓 |
| 어떤 x는 P이다. | $\exists x, P(x)$ | P(x)인 x가 하나라도 있으면 참 |
| 어떤 x는 P가 아니다. | $\exists x, \sim P(x)$ | P(x)가 <u>아닌</u> x가 하나라도 있으면 참 |
| A이거나, B이다. | $A \lor B$ | A와 B 모두 거짓이어야 거짓 |
| A이거나, ~A이다. | $A \lor \sim A$ | 어떠한 경우에도 반드시 참 |
| A이고, B이다. | $A \land B$ | A와 B 모두 참이어야 참 |
| A이고, ~A이다. | $A \land \sim A$ | 어떠한 경우에도 반드시 거짓 |
| 만약 p(전건)이면 q(후건)이다. | $p \rightarrow q$ | 전건이 참이고 후건이 거짓이어야 거짓 |
| 만약 p이면 q이고, q이면 p이다. | $p \leftrightarrow q$ | p와 q 진리값이 다른 경우에만 거짓 |

**참고** 충분조건, 필요조건, 필요충분조건의 의미

가언명제 'p이면 q이다[p(전건) → q(후건)]'가 참일 때, 이를 기호화하면 [p ⇒ q]이라 하고, p를 q이기 위한 충분조건, q를 p이기 위한 필요조건이라 한다.

또한 가언명제 'p이면 q이다'가 참이고 그 역인 'q이면 p이다'가 참일 때, 이를 기호화하면 [p ⇔ q]이라 하고 p를 q이기 위한 (또는 q를 p이기 위한) 필요충분조건이라 한다.

## 연습문제

**대표문제 01의 제시문(모두 참)을 기호화해보자.**

| 내용 | 기호화 |
|---|---|
| 1. A정책이 효과적이라면, 부동산 수요가 조절되거나 공급이 조절된다. | |
| 2. 부동산 가격이 적정수준에서 조절된다면 A정책이 효과적이라고 할 수 있다. | |
| 3. 부동산 가격이 적정수준에서 조절된다면, 물가상승이 <u>없다</u>는 "전제하"에서 서민들의 삶이 개선된다. | |
| 4. 부동산 가격은 적정수준에서 조절된다. | |
| 5. 물가가 상승한다면, 부동산 수요가 조절되지 <u>않고</u> 서민들의 삶도 개선되지 <u>않는다</u>. | |
| 6. 물가가 상승한다는 것은 분명하다. | |

**정답** 1. A → 수요∨공급
2. 가격 → A
3. 가격∧~물가상승 → 서민삶
4. 가격(T)
5. 물가상승 → ~수요∧~서민삶
6. 물가상승(T)

## ⑵ 내용공략 : 명제의 동치

명제의 동치를 이용하는 이유는 제시문 또는 선택지(<보기>)의 정보를 연결하여 선택지(<보기>)의 참·거짓 여부를 판단할 수 있는 새로운 정보를 찾는 데 있다.

• 동치 법칙

| 구분 | 동치 | |
|---|---|---|
| 교환법칙 | $A \vee B$ | $B \vee A$ |
| | $A \wedge B$ | $B \wedge A$ |
| 결합법칙 | $A \vee (B \vee C)$ | $(A \vee B) \vee C$ |
| | $A \wedge (B \wedge C)$ | $(A \wedge B) \wedge C$ |
| 배분법칙 | $A \vee (B \wedge C)$ | $(A \vee B) \wedge (A \vee C)$ |
| | $A \wedge (B \vee C)$ | $(A \wedge B) \vee (A \wedge C)$ |
| 흡수법칙 | $A \vee (A \wedge B)$ | $A$ |
| | $A \wedge (A \vee B)$ | $A$ |
| 이중부정법칙 | $\sim(\sim A)$[3] | $A$ |
| 함축법칙 | $p \rightarrow q$ | $\sim p \vee q$ / $P \subset Q$ / $P^C \cup Q$ |
| 대우법칙 | $p \rightarrow q$ | $\sim q \rightarrow \sim p$ |
| 드 모르간 법칙[4] | $\sim(A \vee B)$ | $\sim A \wedge \sim B$ |
| | $\sim(A \wedge B)$ | $\sim A \vee \sim B$ |
| 전건분리법칙 | $(p \vee q) \rightarrow r$ | $(p \rightarrow r) \wedge (q \rightarrow r)$ |
| 후건분리법칙 | $p \rightarrow (q \wedge r)$ | $(p \rightarrow q) \wedge (p \rightarrow r)$ |

### 연습문제

후건부정법(≒대우법칙)을 이용하여, 대표문제 01의 제시문 5문의 동치를 찾아보자. (단, 선택지 ③의 참/거짓을 판단하는 데 활용된다.)

| 내용 | 기호화 | 동치 |
|---|---|---|
| 물가가 상승한다면, 부동산 수요가 조절되지 않고 서민들의 삶도 개선되지 않는다. | 물가상승 → ~수요∧~서민삶 | |

**정답** 수요∨서민삶 → ~물가상승

## (3) 내용공략 : 직접 증명법 vs 오류

직접 증명법을 이용하는 이유는 참·거짓이 주어진 명제(전제)들을 바탕으로 추론한 새로운 진술의 타당성을 찾아내는 데 있다. 이때, 직접 증명법과 유사한 오류에 빠지지 않도록 유의하여야 한다.

### ① 직접 증명법

| 구분 | [전제 1] 참이고, | [전제 2] 참이면, | [결론] 따라서 참이다. |
|---|---|---|---|
| 선언지 첨가법 | — | p | $\therefore$ p∨q |
| | | q | $\therefore$ p∨q |
| 선언지 제거법 | p∨q | ~p | $\therefore$ q |
| | p∨q | ~q | $\therefore$ p |
| 연언지 연결법 | p | q | $\therefore$ p∧q |
| 연언지 단순(＝분리)법 | — | p∧q | $\therefore$ p |
| | — | p∧q | $\therefore$ q |
| 삼단논법 | p → q | q → r | $\therefore$ p → r |
| 전건긍정법<br>〈참고 : '조건'명제〉 | p → q | p | $\therefore$ q |
| 후건부정법<br>〈참고 : '대우'명제〉 | p → q | ~q | $\therefore$ ~p |
| 단순양도법 | (p → r)∧(q → r) | p∨q | $\therefore$ r |
| 복합양도법 | (p → q)∧(r → s) | p∨r | $\therefore$ q∨s |

### ② 오류

| 구분 | [전제 1] 참이고, | [전제 2] 참이라고 해서, | [결론] 참이라고 하면 오류이다. |
|---|---|---|---|
| 선언지 긍정의 오류 | p∨q | p | $\therefore$ q (F) |
| 전건부정의 오류<br>〈참고 : '이'의 명제〉 | p → q | ~p | $\therefore$ ~q (F) |
| 후건긍정의 오류<br>〈참고 : '역'의 명제〉 | p → q | q | $\therefore$ p (F) |

---

3) 부정의 의미를 기호화할 때 주의해야 할 사항이 있다. 예를 들어 "수출이 감소하지 않는다."를 '~수출감소'라고 기호화했다고 하자. 이때 "수출이 증가한다."를 어떻게 기호화할 것인가? '~수출감소'일까? 아니다! 이 경우에는 '수출증가'로 하는 편이 좋다. 왜냐하면 수출이 감소하지도 않고 증가하지도 않는 '수출이 이전의 추세와 비슷하게 유지되는' 중간영역이 존재하기 때문이다. 부정의 기호를 사용할 때, 앞의 내용은 서로 공통부분이 없는 상반된 관계 즉 남자와 여자, 동쪽과 서쪽 등과는 다르다는 것에 유념하자.

4) 기호화된 "~(F∧F)"의 진리값은 드 모르간 법칙에 의하여 "~F∨~F"를 거쳐 "T∨T"가 되므로 반드시 참이다.

### 연습문제

아래의 내용은 대표문제 01의 제시문 5문과 6문을 기호화한 것이다. 반드시 참이라고 할 때, 반드시 참으로 유도되는 결론을 보여 주고 있다. 여기에서 활용된 직접증명법은 무엇인가? (선택지 ③의 참/거짓을 판단하는 데 활용된다.)

| [전제 1] 참이고, | [전제 2] 참이면, | [결론] 따라서 참이다. |
| --- | --- | --- |
| 5. 물가상승 → ~수요∧~서민삶 | 6. 물가상승 | ∴ ~수요∧~서민삶 |

**정답** 전건긍정법

### (4) 내용공략 : 간접 증명(귀류법)

간접증명의 귀류법(歸謬法)이란 어떤 명제가 참임을 직접 증명하는 대신, 그 부정 명제가 참이라고 가정하여 그것의 불합리성을 증명함으로써 원래의 명제가 참인 것을 보여 주는 간접 증명법을 말한다. [표준국어대사전] 즉, 부정 명제에서 시작된 증명은 결국에는 모순된 결과가 나오기 때문에 애초에 그 명제를 '거짓이라 부정해서는 안 되는 참인 명제로 긍정해야 한다'는 증명 방법인 것이다. (≒배리법(背理法))

• 간접 증명(귀류법)[5]

'A → B'가 참이고 '~B'가 참이라고 할 때, 이를 이용하여 '~A'가 참임을 증명해야 한다고 가정해 보자. <아래>와 같이 직접 증명과 간접 증명은 과정상의 차이를 나타낸다.

| 직접 증명 | 간접 증명 (귀류) |
| --- | --- |
| [전제 1] A → B (T) | [전제 1] A → B (T) |
| [전제 2] ~B (T) | [전제 2] ~B (T) |
| [결론] ∴ ~A (T, ∵후건부정) | [가정] A를 참이라고 해보자. |
|  | [추론] B 역시 참이다. (∵[전제 1] 전건긍정) |
|  | [판단] 그러나 '~B'는 참이라고 전제하였으므로 이전의 추론은 타당하지 않다. |
|  | [결론] 따라서 A는 참일 수 없고 거짓이다. |

---

5) 간단한 직접증명이 있는데 복잡한 간접증명(귀류법)을 사용해야 하는지 궁금해할 수 있다. 물론 간단한 직접증명법이 있을 때에는 이를 먼저 사용하기를 권장한다. 하지만 경우의 수로 풀이하는 과정도 알고 보면 귀류의 원리도 활용되기에 귀류법을 소개하였다. (게다가 귀류법의 내용을 활용하는 PSAT 논리추론 문제도 있었으므로 알아두는 것이 바람직하다.)

## 기출문제 분석  접근 : 경우의 수(ⓝ, number of cases)

앞서 살펴보았던 대표문제 01과 유사하지만 보다 발전된 유형의 문제도 있다. 즉, 대표문제 01이 '동치'와 '직접 증명'의 방식만으로도 풀이가 가능하였다면, 선택지의 정답을 찾기 위해서 **경우의 수**를 나눈 후 직접증명에 간접증명(ⓔ **귀류법**)의 방식까지도 응용해야 하는 문제도 있다는 것이다. 아래와 같이 **3단계 접근방법**을 통해서 그 풀이방식을 자세하게 알아보자.

---

**02** 다음 글에서 의열단 내의 변절자는 모두 몇 명인가?[6]

2017년도 입법고시

> 일본경찰의 지속적인 추적으로 인해 다수의 의열단원이 체포되는 상황이 벌어졌다. 의열단의 단장인 약산 김원봉 선생은 의열단 내 변절자가 몇 명이나 되는지 알아보고자 세 명의 간부에게 물었다.
> "서른 명 이상입니다." 첫 번째 간부가 말했다.
> "제 생각은 다릅니다. 서른 명보다는 적습니다." 두 번째 간부가 말했다.
> 그러자 세 번째 간부가 고개를 저으며 말했다.
> "적어도 한 명 이상입니다."
> 다만, 약산 선생은 세 명의 간부는 모두 변절자가 아니지만, 오직 한 명만 상황을 정확히 파악하고 있다는 것을 알고 있다.

① 0명　　　　　　　　　　　　　　② 1명
③ 2명　　　　　　　　　　　　　　④ 3명
⑤ 30명 이상

---

**유형공략**

- step 1. 유형 및 선택지 파악

　문제를 읽고 그 유형을 파악하는 것이 대부분의 원칙이지만, 위 대표문제의 경우 문제보다는 제시문의 내용 중 "오직 한 명만 상황을 정확히 파악(≒ 오직 한 명만 참일 때)하고 있다."는 구절을 통해 **참·거짓 유형**의 변형문제임을 미루어 알 수 있다. 그 다음으로는 선택지 진술을 통해 '변절자의 수'의 범위가 대략적으로 0~3명이거나 30명 이상도 될 수 있음을 알 수 있다.

- step 2. 정보 유도

　앞서 제시문에서 '오직 한 명만' 상황을 정확히 파악한다고 했으므로, 간부 세 명의 **대화내용**이 핵심이고 다음과 같이 '요약'할 수 있다.

| 구분 | 간부 1 | 간부 2 | 간부 3 |
| --- | --- | --- | --- |
| 내용 | 30명 이상 | 30명 미만 | 1명 이상 |

그 다음 **'오직 한 명만'** 참이 될 수 있는 경우의 수를 생각해 보면, 다음과 같이 3가지 경우가 성립한다.

---

6) 이 문제의 다른 풀이방법에 대해서도 소개한다. 즉 선택지 ① "0명"의 경우를 놓고 생각해 보자. 30명 이상이라는 첫 번째 간부의 진리값은 거짓(F), 30명 미만이라는 두 번째 간부의 진리값은 참(T), 그리고 적어도 1명 이상이라는 세 번째 간부의 진리값은 거짓(F)이므로 정답을 바로 찾을 수 있다. 이와 같은 방식으로 모든 선택지의 진술에도 적용해 볼 수 있다.

| 구분 | 간부 1 | 간부 2 | 간부 3 |
|---|---|---|---|
| | 30명 이상 | 30명 미만 | 1명 이상 |
| 경우의 수 | | | |
| I. '간부 1'만 참 | T | F | F |
| II. '간부 2'만 참 | F | T | F |
| III. '간부 3'만 참 | F | F | T |

각각의 경우를 간접증명(귀류법)을 활용하여 새로운 정보를 유도하고 판단하면 다음과 같다.

| 경우의 수 | 간부 1 | 간부 2 | 간부 3 | 판단 |
|---|---|---|---|---|
| | 30명 이상 | 30명 미만 | 1명 이상 | |
| ~~I. '간부 1'만 참~~ | T | F | F | 30명 이상이 참이면, 1명 이상도 참이어야 한다. |
| II. '간부 2'만 참 | F | T | F | |
| ~~III. '간부 3'만 참~~ | F | F | T | 1명 이상이 참이면, 30명 미만도 참이어야 한다. |

결국 II.의 경우만 **'오직 한 명만'** 참이라는 조건을 위배[7]하지 않는다. 결국 '1명 이상은 거짓이면서 30명 미만은 참'이 되기 위해서는 결국 변절자의 수가 "0명"이어야 함을 알 수 있다.

• step 3. 선택지 판단
'step 2'에서 찾은 정보들을 바탕으로, 선택지의 정답을 판단한다. (선택지 ① 0명)

최종적으로 다시 한 번 정리하자면, 참·거짓(True/False)의 변형된 유형은 (1) 유형 및 선택지 파악, (2) 정보 유도(경우의 수 구분, 증명법 활용), (3) 선택지 판단이라는 접근방법으로 풀이할 수 있다.

보다 나은 이해를 돕기 위해, 앞서 정리했던 접근방법의 순서에 따라 다음과 같이 도식화해 보았다.

| step 1. 유형 및 선택지 파악 | | |
|---|---|---|
| 문제 유형 파악 | "오직 한 명만 상황을 정확히 파악" | '오직 한 명만 참일 때'로 해석하여 참·거짓 유형임을 파악한다. |
| 선택지 이해 | 0명~3명 · 30명 이상 | |
| **step 2-1. 정보 유도(요약 및 경우의 수 구분)** | | |
| 제시문 요약 | 간부 1: 30명 이상 | |
| | 간부 2: 30명 미만 | |
| | 간부 3: 1명 이상 | |
| 경우의 수 구분 | I. 간부 1만 T | 경우의 수를 빠짐없이 고려한다. |
| | II. 간부 2만 T | |
| | III. 간부 3만 T | |

---

7) "위배(contravention)"라는 용어는 "양립불가능(incompatible)"이라는 용어와 동의어로 사용되었다.

| step 2-2. 정보 유도(새로운 정보 유도 및 판단 〈귀류법〉) | | |
|---|---|---|
| 정보의 유도 | Ⅰ. 간부 1만 $F$ | 조건 위배 〈귀류법〉 |
| | Ⅱ. 간부 2만 T | 조건 만족 |
| | Ⅲ. 간부 3만 $F$ | 조건 위배 〈귀류법〉 |
| | | ∴ Ⅱ. 경우에서 '1명 이상은 거짓이고 30명 미만은 참'이 되기 위해서는 변절자의 수는 "0명"이어야 한다. |

| step 3. 선택지 판단(새로운 정보와 선택지 비교) | | |
|---|---|---|
| 선택지 ① | 0명 | ∴ 선택지 ①이 정답이다. |

이상으로 참·거짓(True/False)의 변형된 '경우의 수' 유형에 대한 접근방식을 설명해 보았다.

**내용공략** 경우의 수[8]

경우의 수는 제시문 문제의 내용을 통해서 각 선택지의 진술을 판단할 새로운 정보가 더 이상 유도되기 어려울 때 활용된다. 즉 문제풀이의 경로가 하나여서 그 경로를 연속적인 단계로 푸는 방법도 있지만, 정보가 부족하거나 주어진 조건(⑩ 두 진술 중 하나만 참) 등으로 인하여 어느 단계에서 경로가 둘 이상인 경우도 있을 수 있다. 이때, 경우의 수를 나누어 각 경우마다 직접/간접 증명을 활용하여 조건의 위배여부를 판단하며 풀이한다.

| 내용 (기호화) | 진리값과 경우의 수 | |
|---|---|---|
| | if (~이면) | then (경우의 수는 ~이다.) |
| A이거나, B이다.<br>($A \lor B$) | T | Ⅰ. A는 T, B는 F<br>Ⅱ. A는 F, B는 T<br>Ⅲ. A도 T, B도 T |
| | F | Ⅰ. A도 F, B도 F |
| A이고, B이다.<br>($A \land B$) | T | Ⅰ. A도 T, B도 T |
| | F | Ⅰ. A는 T, B는 F<br>Ⅱ. A는 F, B는 T<br>Ⅲ. A도 F, B도 F |
| 만약 p이면 q이다.<br>($p \to q$) | T | Ⅰ. p는 T, q는 T<br>Ⅱ. p는 F, q는 T<br>Ⅲ. p도 F, q도 F |
| | F | Ⅰ. p는 T, q는 F |
| 만약 p이면 q이고, q이면 p이다.<br>($p \leftrightarrow q$) | T | Ⅰ. p도 T, q도 T<br>Ⅱ. p도 F, q도 F |
| | F | Ⅰ. p는 T, q는 F<br>Ⅱ. p는 F, q는 T |

---

8) 선언명제와 가언명제 중 어느 것을 중심으로 경우의 수를 나누어 시작해야 하는지를 궁금해 할 수 있다. 사실상 어느 것을 중심으로 경우의 수를 나누던지 그 결과는 같게 나오므로 별 차이는 없다고 본다. 다만 제시문에서 정언명제의 진리값이 참으로 주어졌다면 이는 먼저 고려하는 것이 바람직하다. (참고로 문제에 따라서는 경우의 수를 나누어 풀이하다가 또 한 차례 경우의 수를 나누어서 풀이해야 하는 경우도 있음을 밝힌다.)

| | | T | I. A도 T, B도 T |
|---|---|---|---|
| A와 B 모두 그러하다.(both A and B) ⇔ A이고, B이다.(A∧B) | | F | I. A는 T, B는 F |
| | | | II. A는 F, B는 T |
| | | | III. A도 F, B도 F |
| A와 B 모두 그러하지 아니하다. (neither A nor B) ⇔ ~A이고, ~B이다(~A∧~B) | | T | I. A도 F, B도 F |
| | | F | I. A도 T, B도 T |
| | | | II. A는 T, B는 F |
| | | | III. A는 F, B는 T |
| A와 B 둘 중 하나만 그러하다. (either A or B) | | T | I. A는 T, B는 F |
| | | | II. A는 F, B는 T |
| | | F | I. A도 T, B도 T |
| | | | II. A도 F, B도 F |

## 기출문제 분석    접근 : 행렬형(ⓜ, matrix)

앞서 살펴보았던 대표문제 01과 대표문제 02와 유사하여 그 풀이방식을 활용하게 되면서도 전체의 흐름을 행과 열로 나열하여 살펴보아야 하는 문제도 있다. 이러한 문제들은 제시문의 핵심어가 나열(ⓔ 갑, 을, 병, 정)되어 있는 경우가 많다. 아래와 같이 **3단계 접근방법**을 통해서 그 풀이방식을 자세하게 알아보자.

**03** 다음 글의 내용이 참일 때, A부처의 공무원으로 채용될 수 있는 지원자들의 최대 인원은? 2015년도 민간경력
상 중 하

> 금년도 공무원 채용시 A부처에서 요구되는 자질은 자유민주주의 가치확립, 건전한 국가관, 헌법가치 인식, 나라사랑이다. A부처는 이 네 가지 자질 중 적어도 세 가지 자질을 지닌 사람을 채용할 것이다. 지원자는 갑, 을, 병, 정이다. 이 네 사람이 지닌 자질을 평가했고 다음과 같은 정보가 주어졌다.
> • 갑이 지닌 자질과 정이 지닌 자질 중 적어도 두 개는 일치한다.
> • 헌법가치 인식은 병만 가진 자질이다.
> • 만약 지원자가 건전한 국가관의 자질을 지녔다면, 그는 헌법가치 인식의 자질도 지닌다.
> • 건전한 국가관의 자질을 지닌 지원자는 한 명이다.
> • 갑, 병, 정은 자유민주주의 가치확립이라는 자질을 지니고 있다.

① 0명                          ② 1명
③ 2명                          ④ 3명
⑤ 4명

**유형공략**

• step 1. 유형 및 선택지 파악

문제를 읽고 그 유형을 파악한다. 위 대표문제의 경우 "… **참**일 때, …"라는 구절이 있으므로 **참·거짓 유형**임을 알 수 있다. 그 다음으로는 선택지 진술을 읽고 '**최대** 인원'이 될 수 있는 예비적인 진술(0~4명)에는 어떠한 것이 있는지 빠르게 살핀다. 여기서 가능한 인원이 아니라 '**최대** 인원'을 묻고 있다는 점이 변형된 요소라는 점도 유념한다.

• step 2. 정보 유도

위 문제의 제시문은 '추리의 **전제**가 되는 내용'과 '추리를 위한 **정보**( • )'로 크게 나누어져 있다. 게다가 그 전제가 되는 부분에는 4가지의 자질과 4명의 지원자가 제시되어 있다. 이를 통해 '4행 × 4열'의 밑그림으로 도식화하고, 나머지 전제된 내용들을 **간략**하게, 하지만 **빠짐없이** 표시해 보자.

| 구분 | 갑 | 을 | 병 | 정 |
|---|---|---|---|---|
| 자유민주주의 | | | | |
| 건전한 국가관 | | | | |
| 헌법가치 인식 | | | | |
| 나라 사랑 | | | | |
| 적어도 3가지↑ | | | | |

그 다음 제시문의 정보( • )들을 **도식화**된 행렬에 하나씩 채워나가 보자. **가장 구체적**이면서 **가장 많이** 언급된 정보부터 채워나가는 것이 바람직하다.

| 구분 | 갑 | 을 | 병 | 정 | 순서 | 내용 |
|---|---|---|---|---|---|---|
| 자유 민주주의 | ○ | | ○ | ○ | 2nd | • 5 갑, 병, 정은 자유 |
| 건전한 국가관 (1명) | × | × | | × | 3rd | • 3 건전 국가관 → 헌법가치<br>⇔ (대우) ~헌법가치 → ~건전 국가관 |
| | | | ○ | | 4th | • 4 건전 국가관 한 명 |
| 헌법가치 인식 | × | × | ○ | × | 1st | • 2 헌법가치는 병만 |
| 나라 사랑 | ○ | | | ○ | 5th | • 1 갑과 정 두 개↑ 일치 |
| 적어도 3가지↑ | | | ∴병 | | | |

• step 3. 선택지 판단

'step 2'에서 찾은 정보들을 바탕으로, 선택지의 정답을 판단한다. (선택지 ② 병 1명)

최종적으로 다시 한 번 정리하자면, 참·거짓(True/False)의 변형된 '행렬'유형은 ⑴ 유형 및 선택지 파악, ⑵ 정보 유도(도식화하기, 새로운 정보 추리), ⑶ 선택지 판단이라는 접근방법으로 풀이할 수 있다.

보다 나은 이해를 돕기 위해, 앞서 정리했던 접근방법의 순서에 따라 아래와 같이 도식화해 보았다.

| step 1. 유형 및 선택지 파악 | | |
|---|---|---|
| 문제유형 파악 | "… 참일 때, … (최대 인원)" | '참일 때'로 보아, 참·거짓 유형임을 파악하되, '최대 인원'에 유의한다. |
| | "적어도 세 가지 자질" | 누락시키지 않도록 유의한다. |
| 선택지 이해 | 0명~4명 | |

| step 2-1. 정보 유도(도식화하기) | | |
|---|---|---|
| '추리 전제'로 행렬 도식화 | (행) 자유민주주의, 헌법가치, 건전한 국가관, 나라사랑 | 4행 |
| | (열) 갑, 을, 병, 정 | 4열 |

| 구분 | 갑 | 을 | 병 | 정 |
|---|---|---|---|---|
| 자유 민주주의 | | | | |
| 건전한 국가관 | | | | |
| 헌법가치 인식 | | | | |
| 나라 사랑 | | | | |

위와 같이 4행 4열로 도식화하였다.

| step2-2. 정보 유도(새로운 정보 추리) | | |
|---|---|---|
| '추리 정보(•)로 유도 | •₂ 헌법은 병만 | 갑, 을, 정은 헌법 × |
| | •₅ 갑, 병, 정은 자유 | 갑, 병, 정은 자유 ○, but 을은 모름 |
| | •₃ 건전 국가관 → 헌법가치 ⇔ (대우)~헌법가치 → ~건전 국가관 | 직접 증명 활용 <대우명제 : 후건부정법> '갑, 을, 정은 헌법가치 ×'으므로 '갑, 을, 정은 역시 건전 ×' |
| | •₄ 건전 국가관 한 명 | 병 한 명만 건전한 국가관 가능 |
| | •₁ 갑과 정 두 개↑ 일치 | '갑, 정은 자유 ○'이므로 반드시 나라 사랑도 ○ |

| 구분 | 갑 | 을 | 병 | 정 |
|---|---|---|---|---|
| 자유 민주주의 | ○ | | ○ | ○ |
| 건전한 국가관 | × | × | ○ | × |
| 헌법가치 인식 | × | × | ○ | × |
| 나라 사랑 | ○ | | | ○ |

∴ 유일하게 병만 세 가지 자질 이상을 갖추고 있다.

| step 3. 선택지 판단(새로운 정보와 선택지 비교) | | |
|---|---|---|
| 선택지 ② | 1명 | ∴ 선택지 ②가 정답이다. |

이상으로 참·거짓(True/False) 변형의 '행렬'유형에 대한 접근방식을 설명해 보았다.

## 대표 기출 |||||||||||||||||||||||||||||||||||||||||||||||||||||||||||||||||||||||||||||||||||||||||

정답 및 해설 184P

## 01 ⬤⬤⬤

**다음 글의 내용이 참일 때, 갑이 반드시 수강해야 할 과목은?**

갑은 A ~ E 과목에 대해 수강신청을 준비하고 있다. 갑이 수강하기 위해 충족해야 하는 조건은 다음과 같다.

- A를 수강하면 B를 수강하지 않고, B를 수강하지 않으면 C를 수강하지 않는다.
- D를 수강하지 않으면 C를 수강하고, A를 수강하지 않으면 E를 수강하지 않는다.
- E를 수강하지 않으면 C를 수강하지 않는다.

① A            ② B
③ C            ④ D
⑤ E

## 02 ⬤⬤⬤

**다음 글의 내용이 참일 때, 반드시 참인 것만을 〈보기〉에서 모두 고르면?**

△△처에서는 채용 후보자들을 대상으로 A, B, C, D 네 종류의 자격증 소지 여부를 조사하였다. 그 결과 다음과 같은 사실이 밝혀졌다.

- A와 D를 둘 다 가진 후보자가 있다.
- B와 D를 둘 다 가진 후보자는 없다.
- A나 B를 가진 후보자는 모두 C는 가지고 있지 않다.
- A를 가진 후보자는 모두 B는 가지고 있지 않다는 것은 사실이 아니다.

┤ 보기 ├
ㄱ. 네 종류 중 세 종류의 자격증을 가지고 있는 후보자는 없다.
ㄴ. 어떤 후보자는 B를 가지고 있지 않고, 또 다른 후보자는 D를 가지고 있지 않다.
ㄷ. D를 가지고 있지 않은 후보자는 누구나 C를 가지고 있지 않다면, 네 종류 중 한 종류의 자격증만 가지고 있는 후보자가 있다.

① ㄱ            ② ㄷ
③ ㄱ, ㄴ          ④ ㄴ, ㄷ
⑤ ㄱ, ㄴ, ㄷ

## 03 상중하

다음 글의 내용이 참일 때, 반드시 참인 것만을 〈보기〉에서 모두 고르면?

신입사원을 대상으로 민원, 홍보, 인사, 기획 업무에 대한 선호를 조사하였다. 조사 결과 민원 업무를 선호하는 신입사원은 모두 홍보 업무를 선호하였지만, 그 역은 성립하지 않았다. 모든 업무 중 인사 업무만을 선호하는 신입사원은 있었지만, 민원 업무와 인사 업무를 모두 선호하는 신입사원은 없었다. 그리고 넷 중 세 개 이상의 업무를 선호하는 신입사원도 없었다. 신입사원 갑이 선호하는 업무에는 기획 업무가 포함되어 있었으며, 신입사원 을이 선호하는 업무에는 민원 업무가 포함되어 있었다.

### 보기

ㄱ. 어떤 업무는 갑도 을도 선호하지 않는다.
ㄴ. 적어도 두 명 이상의 신입사원이 홍보 업무를 선호한다.
ㄷ. 조사 대상이 된 업무 중에, 어떤 신입사원도 선호하지 않는 업무는 없다.

① ㄱ
② ㄷ
③ ㄱ, ㄴ
④ ㄴ, ㄷ
⑤ ㄱ, ㄴ, ㄷ

## 04 상중하

다음 글의 내용이 참일 때, 반드시 참인 것만을 〈보기〉에서 모두 고르면?

A기술원 해수자원화기술 연구센터는 2014년 세계 최초로 해수전지 원천 기술을 개발한 바 있다. 연구센터는 해수전지 상용화를 위한 학술대회를 열었는데 학술대회로 연구원들이 자리를 비운 사이 누군가 해수전지 상용화를 위한 핵심 기술이 들어 있는 기밀 자료를 훔쳐 갔다. 경찰은 수사 끝에 바다, 다은, 은경, 경아를 용의자로 지목해 학술대회 당일의 상황을 물으며 이들을 심문했는데 이들의 답변은 아래와 같았다.

바다: 학술대회에서 발표된 상용화 아이디어 중 적어도 하나는 학술대회에 참석한 모든 사람들의 관심을 받았어요. 다은은 범인이 아니에요.
다은: 학술대회에 참석한 사람들은 누구나 학술대회에서 발표된 하나 이상의 상용화 아이디어에 관심을 가졌어요. 범인은 은경이거나 경아예요.
은경: 학술대회에 참석한 몇몇 사람은 학술대회에서 발표된 상용화 아이디어 중 적어도 하나에 관심이 있었어요. 경아는 범인이 아니에요.
경아: 학술대회에 참석한 모든 사람들이 어떤 상용화 아이디어에도 관심이 없었어요. 범인은 바다예요.

수사 결과 이들은 각각 참만을 말하거나 거짓만을 말한 것으로 드러났다. 그리고 네 명 중 한 명만 범인이었다는 것이 밝혀졌다.

### 보기

ㄱ. 바다와 은경의 말이 모두 참일 수 있다.
ㄴ. 다은과 은경의 말이 모두 참인 것은 가능하지 않다.
ㄷ. 용의자 중 거짓말한 사람이 단 한 명이면, 은경이 범인이다.

① ㄱ
② ㄴ
③ ㄱ, ㄷ
④ ㄴ, ㄷ
⑤ ㄱ, ㄴ, ㄷ

## 05 ⓢⓜⓗ

**다음 글의 내용이 참일 때, 반드시 참인 것만을 〈보기〉에서 모두 고르면?**

최근 두 주 동안 직원들은 다음 주에 있을 연례 정책 브리핑을 준비해 왔다. 브리핑의 내용과 진행에 관해 알려진 바는 다음과 같다. 개인건강정보 관리 방식 변경에 관한 가안이 정책제안에 포함된다면, 보건정보의 공적 관리에 관한 가안도 정책제안에 포함될 것이다. 그리고 정책제안을 위해 구성되었던 국민건강 2025팀이 재편된다면, 앞에서 언급한 두 개의 가안이 모두 정책제안에 포함될 것이다. 개인건강정보 관리 방식 변경에 관한 가안이 정책제안에 포함되고 국민건강 2025팀 리더인 최 팀장이 다음 주 정책 브리핑을 총괄한다면, 프레젠테이션은 국민건강 2025팀의 팀원인 손공정씨가 맡게 될 것이다. 그런데 보건정보의 공적 관리에 관한 가안이 정책제안에 포함될 경우, 국민건강 2025팀이 재편되거나 다음 주 정책 브리핑을 위해 준비한 보도자료가 대폭 수정될 것이다. 한편, 직원들 사이에서는, 최 팀장이 다음 주 정책 브리핑을 총괄하면 팀원 손공정씨가 프레젠테이션을 담당한다는 말이 돌았는데 그 말은 틀린 것으로 밝혀졌다.

**보기**

ㄱ. 개인건강정보 관리 방식 변경에 관한 가안과 보건정보의 공적 관리에 관한 가안 중 어느 것도 정책제안에 포함되지 않는다.
ㄴ. 국민건강 2025팀은 재편되지 않고, 이 팀의 최팀장이 다음 주 정책 브리핑을 총괄한다.
ㄷ. 보건정보의 공적 관리에 관한 가안이 정책제안에 포함된다면, 다음 주 정책 브리핑을 위해 준비한 보도자료가 대폭 수정될 것이다.

① ㄱ   ② ㄴ
③ ㄱ, ㄷ   ④ ㄴ, ㄷ
⑤ ㄱ, ㄴ, ㄷ

## 06 ⓢⓜⓗ

**다음 글의 내용이 참일 때, 반드시 참인 것은?**

A, B, C, D를 포함해 총 8명이 학회에 참석했다. 이들에 관해서 알려진 정보는 다음과 같다.

- 아인슈타인 해석, 많은 세계 해석, 코펜하겐 해석, 보른 해석 말고도 다른 해석들이 있고, 학회에 참석한 이들은 각각 하나의 해석만을 받아들인다.
- 상태 오그라듦 가설을 받아들이는 이들은 모두 5명이고, 나머지는 이 가설을 받아들이지 않는다.
- 상태 오그라듦 가설을 받아들이는 이들은 코펜하겐 해석이나 보른 해석을 받아들인다.
- 코펜하겐 해석이나 보른 해석을 받아들이는 이들은 상태 오그라듦 가설을 받아들인다.
- B는 코펜하겐 해석을 받아들이고, C는 보른 해석을 받아들인다.
- A와 D는 상태 오그라듦 가설을 받아들인다.
- 아인슈타인 해석을 받아들이는 이가 있다.

① 적어도 한 명은 많은 세계 해석을 받아들인다.
② 만일 보른 해석을 받아들이는 이가 두 명이면, A와 D가 받아들이는 해석은 다르다.
③ 만일 A와 D가 받아들이는 해석이 다르다면, 적어도 두 명은 코펜하겐 해석을 받아들인다.
④ 만일 오직 한 명만이 많은 세계 해석을 받아들인다면, 아인슈타인 해석을 받아들이는 이는 두 명이다.
⑤ 만일 코펜하겐 해석을 받아들이는 이가 세 명이면, A와 D 가운데 적어도 한 명은 보른 해석을 받아들인다.

## 2 ▶ 강화 · 약화

정답 및 해설 196P

### 유형설명

강화 · 약화(Strong/Weak) 유형은 문제에서 "… **강화/약화**하는 것 …"이라는 구절이 들어가는 유형으로서, 다음과 같은 변형된 구절로도 출제된다. 난이도는 높은 편에 속한다.

**기본**  … **강화/약화**하는 것 …

**변형**
- 주장을 강화하는 것만을 <보기>에서 …
- 가설을 강화할 수 있는 사례를 <보기>에서 …
- 가설을 강화하는 사례가 <u>아닌</u> 것만을 <보기>에서 …
- 논지를 지지하는 진술을 <보기>에서 …
- ㉠을 지지하는 것만을 <보기>에서 …
- 논증을 약화하는 진술 …
- ㉠을 약화하는 증거 …
- A의 가설/글의 논증을 약화하는 것만을 <보기>에서 …
- (가)~(라)의 주장간의 관계를 바르게 파악한 사람을 <보기>에서 …
- 판단/평가로 적절하지 <u>않은</u> 것 …

### 평가영역

- **비판력** : 제시문의 내용을 지지하거나 비판, 반박, 그리고 재반박하는 진술이라고 평가하는 능력
- **논리력** : 주장과 근거, 전제와 결론 등을 연관시키는 능력
- **분석력** : 주장, 근거, 논지, 전제, 결론 등으로 구분하는 능력

## 기출문제 분석  접근

이 유형을 대표하는 아래의 문제를 가지고 3단계 접근방법을 통해서 그 풀이방식을 자세하게 알아보자.

**01** 다음 글의 논지를 강화하는 것만을 〈보기〉에서 모두 고르면? 2016년도 5급 공채
상중하

인간의 복잡하고 정교한 면역계는 세균이나 바이러스 같은 병원체의 침입에 맞서서 우리를 지켜 주지만, 병원체가 몸 안으로 들어오고 난 다음에야 비로소 침입한 병원체를 제거하는 과정을 시작한다. 이 과정은 염증이나 발열 같은 적잖은 생물학적 비용과 위험을 동반한다. 인류의 진화과정은 개체군의 번영을 훼방하는 이런 비용을 치러야 할 상황을 미리 제거하거나 줄이는 방향으로 진행되었다. 이 과정은 인류에게 병원체를 옮길 만한 사람과 어울리지 않고 거리를 두려는 자연적인 성향을 만들어냈다. 그 결과 누런 콧물이나 변색된 피부처럼 병원체에 감염되었음을 암시하는 단서를 보이는 대상에 대해 혐오나 기피의 정서가 작동하여 감염 위험이 줄어들게 된다.

그러나 이와 비슷한 위험은 병에 걸린 것으로 보이지 않는 대상에도 있다. 기생체와 숙주 사이에 진행된 공진화의 과정은 지역에 따라 상이한 병원체들과 그것들에 대한 면역력을 지닌 거주민들을 만들어냈다. 처음에는 광범위한 지역에 동일한 기생체와 숙주들이 분포했더라도 지역에 따라 상이한 기생체가 숙주의 방어를 깨고 침입하는 데 성공하고 숙주는 해당 기생체에 대한 면역을 갖게 되면서 지역에 따라 기생체의 성쇠와 분포가 달라지고 숙주의 면역계도 다르게 진화한다. 결과적으로 그 지역의 토착 병원균들을 다스리는 면역 능력을 비슷하게 가진 사람들이 한 곳에 모여 살게 되었다. 그러므로 다른 지역의 토착 병원균에 적응하여 살아온 외지인과 접촉했다가는 자신의 면역계로 감당할 수 없는 낯선 병원균에 무방비로 노출될 수 있고, 이런 위험은 피하는 것이 상책이다. 그래서 앞서 언급한 질병의 외형적 단서들에 대해서뿐만이 아니라 단지 어떤 사람이 우리 집단에 속하지 않는 외지인임을 알려주는 단서, 예컨대 이곳 사람들과 다른 문화나 가치관을 가졌다고 보이는 경우 그런 사람을 배척하거나 꺼리는 기제가 작동한다. 외지인을 배척하고 같은 지역 사람들끼리 결속하는 성향은 전염성 질병으로부터 스스로를 보호하는 효율적인 장치였다.

┤ 보기 ├
ㄱ. 문화와 가치체계의 동질성을 기준으로 한 지역 간 경계가 토착성 전염성 병원균의 지리적 분포의 경계와 일치하였다.
ㄴ. 병원체의 분포 밀도가 낮아 생태적으로 질병의 감염 위험이 미미한 지역일수록 배타적인 집단주의 성향이 더 강하게 나타났다.
ㄷ. 특정 지역의 거주민들을 대상으로 한 심리 실험에서 사람들은 원전사고나 기상이변으로 인한 위험에 보편적으로 민감하게 반응한 반면, 전염병의 감염으로 인한 위험을 평가할 때는 뚜렷한 개인차를 보였다.

① ㄱ
② ㄴ
③ ㄱ, ㄷ
④ ㄴ, ㄷ
⑤ ㄱ, ㄴ, ㄷ

**유형공략**

• step 1. 유형 및 〈보기〉글 파악(대략 읽기)

문제를 읽고 그 유형을 파악한다. 위 대표문제의 경우 "… **논지**를 **강화**하는 것 …"이라는 구절이 있으므로 **강·약화 유형**임을 알수 있다. 그 다음으로는 〈보기〉 글을 읽으면서 **핵심어**와 **주요 문장성분**(例 주어/서술어/목적어/부사어)을 파악하여 제시문에서 중점적으로 이해할 내용이 무엇인지를 미리 예상해 본다. 〈보기〉 글을 대략적으로 파악한 내용은 다음과 같다.

> ㄱ. ~~문화와 가치체계의 동질성을 기준으로 한~~ 지역 간 경계가 ~~토착성 전염성 병원균의 지리적 분포의~~ 경계와 일치하였다.
> ㄴ. ~~병원체의 분포 밀도가 낮아 생태적으로 질병의 감염 위험이 미미한 지역일수록~~ 배타적인 집단주의 성향이 더 강하게 나타났다.
> ㄷ. ~~특정 지역의 거주민들을 대상으로 한 심리 실험에서 사람들은 원전사고나 기상이변으로 인한 위험에 보편적으로 민감하게 반응~~한 반면, 전염병의 감염으로 인한 위험을 ~~평가할 때는~~ 뚜렷한 개인차를 보였다.

이는 제시문을 읽을 때에도 중요하지 않은 내용들을 넘어가면서 읽을 때 그 기준이 될 수 있다.

• step 2. 제시문(논지) 요약과 강·약화 판단

앞서 〈보기〉 글과 관련 있는 내용을 바탕으로 제시문을 대략 읽기하여 요약하면 다음과 같다. 이때, 제시문의 논지를 놓치지 않도록 유의한다.

| 1단락 | 인류의 진화 과정은 개체군의 번영을 훼방하는 비용을 미리 제거하거나 줄이는 방향으로 진행되었다. 이 과정은 병원체를 옮길 만한 사람과 거리를 두는 성향을 만들어냈다. | 〈보기〉<br>ㄷ 관련 |
|---|---|---|
| 논지 | 그 결과 누런 콧물이나 변색된 피부처럼 병원체에 감염되었음을 암시하는 단서를 보이는 대상에 대해 혐오나 기피의 정서가 작동하여 감염 위험이 줄어들게 된다. | 〈보기〉<br>ㄴ/ㄷ 관련 |
| 2단락 | 그러나 이와 비슷한 위험은 병에 걸린 것으로 보이지 <u>않는</u> 대상에도 있다. 지역에 따라 상이한 기생체가 숙주를 침입하는 데 성공하고 숙주는 해당 기생체에 면역을 가지면서 지역에 따라 기생체의 성쇠와 분포가 달라지고 숙주의 면역계도 다르게 진화한다. | 〈보기〉<br>ㄷ 관련 |
| 논지 | 다른 지역의 토착 병원균에 적응하여 살아온 외지인을 배척하고 같은 지역사람들끼리 결속하는 성향은 전염성 질병으로부터 스스로를 보호하는 효율적인 장치였다. | 〈보기〉<br>ㄱ/ㄴ/ㄷ 관련 |

다음은 〈보기〉의 ㄱ이 제시문 [2단락] 논지를 강화하는지 여부를 살펴보자.

| ㄱ | 2단락 |
|---|---|
| 지역 간 경계가 병원균의 경계와 일치하였다. | 다른 지역의 토착 병원균에 적응하여 살아온 외지인을 배척하고 같은 지역사람들끼리 결속하는 성향은 전염성 질병으로부터 스스로를 보호하는 효율적인 장치였다. |

| 강화 여부 판단 |
|---|
| 지역 사람들과 외지인 사이의 경계가 전염성 질병이 있고 없는 경계와 지리적으로 대략 일치하여야 (전염성 질병이 있을 수도 있는) 외지인을 '지역적으로' 배척하는 것이 (외지인 지역에 있는) 전염성 질병도 배척하여 막을 수 있는 효과적인 장치가 될 수 있다. 따라서 〈보기〉 글은 논지를 지지하여 강화시킨다. |

추가적으로 논지를 **지지**/부합/옹호/양립가능/유리/긍정/찬성하는 평가의 진술이 나온다면 이는 그 제시된 내용을 '강화'하는 성격을 가지는 것도 참고하기 바란다. 자세한 내용은 뒤에서 다시 설명하고자 한다.

• 3step. 선택지 판단

'step 2'에서 <보기> ㄱ은 논지를 지지하므로 강화한다는 것을 찾았고 이와 동일한 원리로 나머지 <보기> ㄴ과 ㄷ도 판단한다.

최종적으로 다시 한 번 정리하자면, 강·약화(Strong/Weak) 유형은 (1) 유형 및 선택지/<보기> 파악, (2) 제시문(논지) 요약과 강·약화 판단, 그리고 (3) 선택지 판단이라는 접근방법으로 풀이할 수 있다.

보다 나은 이해를 돕기 위해, 앞서 정리했던 접근방법의 순서에 따라 <보기> ㄱ을 풀이하는 데 적용하여 <아래>와 같이 도식화해 보았다.

| step 1. 유형 및 〈보기〉 글 파악(핵심어 이해) | | |
|---|---|---|
| 문제유형 파악 | "… 논지를 강화하는 것 …" | '논지/강화'로 보아 강·약화 유형임을 파악한다. |
| 〈보기〉 핵심 이해 | ㄱ. 지역 간 경계가 병원균의 경계와 일치하였다. | 핵심어(例 지역), 주요문장성분 이해하고, 제시문 요약의 기준으로 삼는다. |
| step 2-1. 제시문 요약(논지 정리) | | |
| 제시문 2단락 논지 요약 | 다른 지역의 토착 병원균에 적응하여 살아온 외지인을 배척하고 같은 지역사람들끼리 결속하는 성향은 전염성 질병으로부터 스스로를 보호하는 효율적인 장치였다. | <보기> ㄱ의 '지역'과 관련된 제시문 요약 |
| step 2-2. 강·약화 판단 | | |
| 2단락 논지 | … 외지인을 배척하고 같은 지역사람들… 결속하는 성향은 전염성 질병으로부터 스스로를 보호… | |
| 〈보기〉 ㄱ 강화 여부 판단 | ㄱ. 지역 간 경계가 병원균의 경계와 일치하였다. | 요약된 제시문의 논지는, 외지인을 배척하고 같은 지역사람들이 결속하여 만든 지역간 경계는 다른 병원균(← 외지인)과 비슷한 병원균(← 같은 지역사람들)의 경계와 일치할 수밖에 없다는 ㄱ에 의해서 지지되므로 강화된다. |
| | | ∴ <보기> ㄱ은 논지를 강화 |
| step 3. 선택지 판단 | | |
| 선택지 판단 | ②ㄴ<br>④ ㄴ, ㄷ | <보기> ㄱ이 누락된 선택지 ②와 ④는 소거한다. |

이상으로 강·약화(Strong/Weak) 유형에 대한 접근방식을 설명해 보았다.

이 유형의 문제를 풀이할 때 알아두면 유용한 것에 대해 다음과 같이 정리해 보았다.

(1) **내용공략 : 강화 vs 약화**

먼저 무엇이 '강화(強化)'이고 무엇이 '약화(弱化)'인지 살펴보기 전에, 어떤 글에서 이와 관련된 개념들이 사용되는지부터 알아보자. 제시되는 내용(例 제시문)과 그 내용을 평가하는 진술(例 선택지/<보기>)로 나누어 살펴보았다.

| 구성<br>(분석) | 제시되는 내용 | | | | |
|---|---|---|---|---|---|
| | I. 논증적 | | II. 논설적 | | III. 기타 |
| | i. 연역 | ii. 귀납 | i. 주장 | ii. 결과 | |
| 도입부 | 전제 | 사례 | 논거 | 원인(독립변수) | − |
| | … / (소결) | … | … | … | |
| 도출부 | 결론 | 가설/학설/이론 | 논지/주장 | 결과(종속변수) | − |

위와 같이 제시되는 내용은 Ⅰ. 논증적인 글, Ⅱ. 논설적인 글, Ⅲ. 기타 등으로 다양하게 나타나며, 그 성격에 따라 도입부와 도출부의 세부 내용 역시 개별적으로 또는 혼합적으로 다양하게 나타난다.

하지만 도입부와 도출부의 내용이 무엇이든지간에 그 각각의 내용에 대해서 1) 지지/부합/옹호/양립가능/유리/긍정/찬성하는 평가의 진술이 나온다면 이는 그 제시된 내용을 '강화'하는 성격을 가지고, 2) 반박/비판/양립불가능/불리/부정/반대하는 평가의 진술이 나온다면 이는 그 제시된 내용을 '약화'하는 성격을 가진다.

| 구성<br>(분석) | 평가하는 진술 | | | | | | |
|---|---|---|---|---|---|---|---|
| | if | | | | | | then |
| 도입부 | **지지**/부합 | **설명**/(옹호) | 양립 可 | (유리) | **동의**/긍정/(찬성) | → | 강화 |
| | **반박** | 비판 | 양립不可 | 불리 | (부정/반대) | → | 약화 |
| 도출부 | **지지**/부합 | **설명**/(옹호) | 양립 可 | (유리) | **동의**/긍정/(찬성) | → | 강화 |
| | **반박** | 비판 | 양립不可 | 불리 | 부정/(반대) | → | 약화 |

여기서 괄호 안의 개념들은 이전 기출문제에서는 사용되지 않았지만 앞으로 사용될 수 있다고 보아 참고로 정리해 두었다.

중요한 한 가지를 더 얘기하자면, 도입부는 지지/부합/옹호/양립가능/유리/동의/긍정/찬성하였음에도 불구하고 도출부는 반박/비판/양립불가능/불리/부정/반대하는 **혼합된 진술**이 있을 수 있다. 즉 도입부를 강화하는 듯 보였지만 결국 도출부는 약화하는 진술을 말한다. 이런 경우에는 전체적으로는 약화하는 진술이라 평가하는 것이 바람직하다.

(2) **내용공략 : 강화하는/강화도 약화도 아닌/약화하는 것**

강화/약화하는 유형의 문제를 풀 때 자칫 놓치기 쉬운 내용 중의 하나가 '**강화도 약화도 아닌**' 제3의 영역이 있다는 것이다. 문제나 선택지(<보기>)에서 다음과 같은 어절이 나온다면 다음과 같이 구분하여 이해하면 좋다. 게다가 <u>이중부정</u>(≒긍정)의 표현에도 유의한다.

| 어절 | 구분 | | |
|---|---|---|---|
| | 강화 ○ | 강화 ×, 약화 × | 약화 ○ |
| 강화(≒지지)하는 것 | ○ | | |
| 약화(≒비판, 반박)하는 것 | | | ○ |
| 강화하지 <u>않는</u> 것이라 볼 수 <u>없는</u> 것 | ○ | | |
| 약화하지 <u>않는</u> 것이라 볼 수 <u>없는</u> 것 | | | ○ |
| 강화하지 <u>않는</u> 것<br>(≒ 지지하는 것이라 볼 수 <u>없는</u> 것)<br>(≒ 동의로 옳지 <u>않은</u> 것 등) | | ○ | ○ |
| 약화하지 <u>않는</u> 것<br>(≒ 비판하는 것이라 볼 수 <u>없는</u> 것)<br>(≒ 반박으로 옳지 <u>않은</u> 것 등) | ○ | ○ | |

여기서 '강화하지 <u>않는</u> 것'이나 '약화하지 <u>않는</u> 것'처럼 부정어구가 1회 나타난다면 '**강화도 약화도 아닌**' 진술까지도 포함시켜야 한다는 점 역시 유의한다.

연습문제

위 대표문제의 〈보기〉 ㄴ과 ㄷ이 제시문의 논지/논거를 강화하는지 여부를 찾아보자.

| 〈보기〉 | 관련 제시문의 논지/논거 | 강화 여부 |
|---|---|---|
| ㄴ. 감염 위험이 미미한 지역은 배타적인 집단주의 성향이 더 강하게 나타났다. | [2단락] 다른 지역의 토착 병원균에 적응하여 살아온 외지인을 배척하고 같은 지역사람들끼리 결속하는 성향은 전염성 질병으로부터 스스로를 보호하는 효율적인 장치였다. | 1) |
| ㄷ. 원전사고나 기상이변 위험에 민감하게 반응한 반면, 전염병의 감염 위험에는 뚜렷한 개인차를 보였다. | [1단락] 병원체를 옮길 만한 사람과 거리를 두는 성향을 만들어 냈다.<br>[2단락] 다른 지역의 토착 병원균에 적응한 외지인을 배척하고 같은 지역사람들끼리 결속하는 성향은 전염성 질병으로부터 스스로를 보호하는 효율적인 장치였다. | 2) |

**정답** 1) 강화하지 않는다. 2) 강화하지 않는다.

(3) **내용공략 : 타당성이 없는 선택지의 진술이 제시문의 주장을 강화/약화할 수 있는가?**

최근 5급공채(21년) PSAT 언어논리영역에서 타당성이 없는 선택지의 진술이 제시문의 주장을 반박할 수 있는지 여부를 묻는 문제가 출제되었다. 관련된 내용만을 간략하게 소개하면 다음과 같다.

| 제시문의 내용 | 〈보기〉 병의 진술 |
|---|---|
| Y의 입장에 따르면 어떤 행위자가 행한 행위가 도덕적으로 올바른 것일 필요충분조건은 그 행위가 다른 행위보다 큰 유용성을 갖는다는 것이며, 유용성이란 행복의 양에서 고통의 양을 뺀 결과를 나타낸다. | 행복의 양에서 고통의 양을 뺀 유용성이 음수로 나올 경우가 많다. 그러한 경우에는 Y의 입장에 근거해도 도덕적으로 올바른 것인지 판단할 수 없다. 그 점에서 Y의 입장은 적절하지 않다. |

〈보기〉 병의 진술에 대한 판단

다음과 같은 행위선택지에 놓인 사례가 있다고 가정해 보자.

| 행위 | 행복의 양 | 고통의 양 | 행복−고통 |
|---|---|---|---|
| A1 | 10 | 20 | −10 |
| A2 | 10 | 50 | −40 |
| A3 | 10 | 100 | −90 |

이러한 경우에 Y의 입장인 유용성에 근거해서(−10＞−40＞−90) 행위 A1을 도덕적으로 올바른 것이라 선택할 수 있다. 따라서 "Y의 입장은 적절하지 않다"는 병의 진술은 타당성이 없다(＝적절하지 않다).

이상으로 볼 때, "타당성이 없는 병의 진술이 제시문의 Y의 입장을 강화/약화할 수 있는가?"라는 질문에 대해서는 병의 진술은 타당성이 없어 Y의 입장을 반박할 수 없고, 이에 **"(강화도) 약화도 할 수 없다."**라고 판단해야 한다.

# 대표 기출

## 01 상중하

**다음 글의 A~C에 대한 평가로 적절한 것만을 〈보기〉에서 모두 고르면?**

인간 존엄성은 모든 인간이 단지 인간이기 때문에 갖는 것으로서, 인간의 숭고한 도덕적 지위나 인간에 대한 윤리적 대우의 근거로 여겨진다. 다음은 인간 존엄성 개념에 대한 A ~ C의 비판이다.

A: 인간 존엄성은 그 의미가 무엇인지에 대해 사람마다 생각이 달라서 불명료할 뿐 아니라 무용한 개념이다. 가령 존엄성은 존엄사를 옹호하거나 반대하는 논증 모두에서 각각의 주장을 정당화하는 데 사용된다. 어떤 이는 존엄성이란 말을 '자율성의 존중'이라는 뜻으로, 어떤 이는 '생명의 신성함'이라는 뜻으로 사용한다. 결국 쟁점은 존엄성이 아니라 자율성의 존중이나 생명의 가치에 관한 문제이며, 존엄성이란 개념 자체는 그 논의에서 실질적으로 중요한 기여를 하지 않는다.

B: 인간의 권리에 대한 문서에서 존엄성이 광범위하게 사용되는 것은 기독교 신학과 같이 인간 존엄성을 언급하는 많은 종교적 문헌의 영향으로 보인다. 이러한 종교적 뿌리는 어떤 이에게는 가치 있는 것이지만, 다른 이에겐 그런 존엄성 개념을 의심할 근거가 되기도 한다. 특히 존엄성을 신이 인간에게 부여한 독특한 지위로 생각함으로써 인간이 스스로를 지나치게 높게 보도록 했다는 점은 비판을 받아 마땅하다. 이는 인간으로 하여금 인간이 아닌 종과 환경에 대해 인간 자신들이 원하는 것을 마음대로 해도 된다는 오만을 낳았다.

C: 인간 존엄성은 인간이 이성적 존재임을 들어 동물이나 세계에 대해 인간 중심적인 견해를 옹호해 온 근대 휴머니즘의 유산이다. 존엄성은 인간종이 그 자체로 다른 종이나 심지어 환경 자체보다 더 큰 가치가 있다고 생각하는 종족주의의 한 표현에 불과하다. 인간 존엄성은 우리가 서로를 가치 있게 여기도록 만들기도 하지만, 인간 외의 다른 존재에 대해서는 그 대상이 인간이라면 결코 용납하지 않았을 폭력적 처사를 정당화하는 근거로 활용된다.

┌ 보기 ┐

ㄱ. 많은 논란에도 불구하고 존엄사를 인정한 연명의료결정법의 시행은 A의 주장을 약화시키는 사례이다.

ㄴ. C의 주장은 화장품의 안전성 검사를 위한 동물실험의 금지를 촉구하는 캠페인의 근거로 활용될 수 있다.

ㄷ. B와 C는 인간에게 특권적 지위를 부여하는 인간 중심적인 생각을 비판한다는 점에서 공통적이다.

① ㄱ      ② ㄷ      ③ ㄱ, ㄴ
④ ㄴ, ㄷ      ⑤ ㄱ, ㄴ, ㄷ

## 02 상중하

**다음 글에서 추론할 수 있는 것은?**

국제표준도서번호(ISBN)는 전세계에서 출판되는 각종 도서에 부여하는 고유한 식별 번호이다. 2007년부터는 13자리의 숫자로 구성된 ISBN인 ISBN-13이 부여되고 있지만, 2006년까지 출판된 도서에는 10자리의 숫자로 구성된 ISBN인 ISBN-10이 부여되었다.

ISBN-10은 네 부분으로 되어 있다. 첫 번째 부분은 책이 출판된 국가 또는 언어 권역을 나타내며 1 ~ 5자리를 가질 수 있다. 예를 들면, 대한민국은 89, 영어권은 0, 프랑스어권은 2, 중국은 7 그리고 부탄은 99936을 쓴다. 두 번째 부분은 국가별 ISBN 기관에서 그 국가에 있는 각 출판사에 할당한 번호를 나타낸다. 세 번째 부분은 출판사에서 그 책에 임의로 붙인 번호를 나타낸다. 마지막 네 번째 부분은 확인 숫자이다. 이 숫자는 0에서 10까지의 숫자 중 하나가 되는데, 10을 써야 할 때는 로마 숫자인 X를 사용한다. 부여된 ISBN-10이 유효한 것이라면 이 ISBN-10의 열 개 숫자에 각각 순서대로 10, 9, …, 2, 1의 가중치를 곱해서 각 곱셈의 값을 모두 더한 값이 반드시 11로 나누어 떨어져야 한다. 예를 들어, 어떤 책에 부여된 ISBN-10인 '89 - 89422 - 42 - 6'이 유효한 것인지 검사해 보자. $(8 \times 10) + (9 \times 9) + (8 \times 8) + (9 \times 7) + (4 \times 6) + (2 \times 5) + (2 \times 4) + (4 \times 3) + (2 \times 2) + (6 \times 1) = 352$이고, 이 값은 11로 나누어 떨어지기 때문에 이 ISBN-10은 유효한 번호이다. 만약 어떤 ISBN-10의 숫자 중 어느 하나를 잘못 입력했다면 서점에 있는 컴퓨터는 즉시 오류 메시지를 화면에 보여줄 것이다.

① ISBN-10의 첫 번째 부분에 있는 숫자가 같으면 같은 나라에서 출판된 책이다.
② 임의의 책의 ISBN-10에 숫자 3자리를 추가하면 그 책의 ISBN-13을 얻는다.
③ ISBN-10이 '0 - 285 - 00424 - 7'인 책은 해당 출판사에서 424번째로 출판한 책이다.
④ ISBN-10의 두 번째 부분에 있는 숫자가 같은 서로 다른 두 권의 책은 동일한 출판사에서 출판된 책이다.
⑤ 확인 숫자 앞의 아홉 개의 숫자에 정해진 가중치를 곱하여 합한 값이 11의 배수인 ISBN-10이 유효하다면 그 확인 숫자는 반드시 0이어야 한다.

## 03

다음 글의 ㉠과 ㉡에 대한 평가로 적절한 것만을 〈보기〉에서 모두 고르면?

진화론에 따르면 개체는 배우자 선택에 있어서 생존과 번식에 유리한 개체를 선호할 것으로 예측된다. 그런데 생존과 번식에 유리한 능력은 한 가지가 아니므로 합리적 선택은 단순하지 않다. 예를 들어 배우자 후보 $\alpha$와 $\beta$가 있는데, 사냥 능력은 $\alpha$가 우수한 반면, 위험 회피 능력은 $\beta$가 우수하다고 하자. 이 경우 개체는 더 중요하다고 판단하는 능력에 기초하여 배우자를 선택하는 것이 합리적이다. 이를테면 사냥 능력에 가중치를 둔다면 $\alpha$를 선택하는 것이 합리적이라는 것이다. 그런데 $\alpha$와 $\beta$보다 사냥 능력은 떨어지나 위험 회피 능력은 $\beta$와 $\alpha$의 중간쯤 되는 새로운 배우자 후보 $\gamma$가 나타난 경우를 생각해 보자. 이때 개체는 애초의 판단 기준을 유지할 수도 있고 변경할 수도 있다. 즉 애초의 판단 기준에 따르면 선택이 바뀔 이유가 없음에도 불구하고, 새로운 후보의 출현에 의해 판단 기준이 바뀌어 위험 회피 능력이 우수한 $\beta$를 선택할 수 있다.
한 과학자는 동물의 배우자 선택에 있어 새로운 배우자 후보가 출현하는 경우, ㉠애초의 판단 기준을 유지한다는 가설과 ㉡판단 기준에 변화가 발생한다는 가설을 검증하기 위해 다음과 같은 실험을 수행하였다.

〈실험〉

X 개구리의 경우, 암컷은 두 가지 기준으로 수컷을 고르는데, 수컷의 울음소리 톤이 일정할수록 선호하고 울음소리 빈도가 높을수록 선호한다. 세 마리의 수컷 A ~ C는 각각 다른 소리를 내는데, 울음소리 톤은 C가 가장 일정하고 B가 가장 일정하지 않다. 울음소리 빈도는 A가 가장 높고 C가 가장 낮다. 과학자는 A ~ C의 울음소리를 발정기의 암컷으로부터 동일한 거리에 있는 서로 다른 위치에서 들려주었다. 상황 1에서는 수컷 두 마리의 울음소리만을 들려주었으며, 상황 2에서는 수컷 세 마리의 울음소리를 모두 들려주고 각 상황에서 암컷이 어느 쪽으로 이동하는지 비교하였다. 암컷은 들려준 울음소리 중 가장 선호하는 쪽으로 이동한다.

보기

ㄱ. 상황 1에서 암컷에게 들려준 소리가 A, B인 경우 암컷이 A로, 상황 2에서는 C로 이동했다면, ㉠은 강화되지 않지만 ㉡은 강화된다.
ㄴ. 상황 1에서 암컷에게 들려준 소리가 B, C인 경우 암컷이 B로, 상황 2에서는 A로 이동했다면, ㉠은 강화되지만 ㉡은 강화되지 않는다.
ㄷ. 상황 1에서 암컷에게 들려준 소리가 A, C인 경우 암컷이 C로, 상황 2에서는 A로 이동했다면, ㉠은 강화되지 않지만 ㉡은 강화된다.

① ㄱ      ② ㄷ
③ ㄱ, ㄴ      ④ ㄴ, ㄷ
⑤ ㄱ, ㄴ, ㄷ

## 04 <sup>상</sup><sup>중</sup><sup>하</sup>

다음 글의 ⊙과 ⓒ에 대한 평가로 적절한 것만을 〈보기〉에서 모두 고르면?

18세기에는 빛의 본성에 관한 두 이론이 경쟁하고 있었다. ⊙<u>입자이론</u>은 빛이 빠르게 운동하고 있는 아주 작은 입자들의 흐름으로 구성되어 있다고 설명한다. 이에 따르면, 물속에서 빛이 굴절하는 것은 물이 빛을 끌어당기기 때문이며, 공기 중에서는 이런 현상이 발생하지 않기 때문에 결과적으로 물속에서의 빛의 속도가 공기 중에서보다 더 빠르다. 한편 ⓒ<u>파동이론</u>은 빛이 매질을 통하여 파동처럼 퍼져 나간다는 가설에 기초한다. 이에 따르면, 물속에서 빛이 굴절하는 것은 파동이 전파되는 매질의 밀도가 달라지기 때문이며, 밀도가 높아질수록 파동의 속도는 느려지므로 결과적으로 물속에서의 빛의 속도가 공기 중에서보다 더 느리다.

또한 파동이론에 따르면 빛의 색깔은 파장에 따라 달라진다. 공기 중에서는 파장에 따라 파동의 속도가 달라지지 않지만, 물속에서는 파장에 따라 파동의 속도가 달라진다. 반면 입자이론에 따르면 공기 중에서건 물속에서건 빛의 속도는 색깔에 따라 달라지지 않는다.

두 이론을 검증하기 위해 다음과 같은 실험이 고안되었다. 두 빛이 같은 시점에 발진하여 경로 1 또는 경로 2를 통과한 뒤 빠른 속도로 회전하는 평면거울에 도달한다. 두 개의 경로에서 빛이 진행하는 거리는 같으나, 경로 1에서는 물속을 통과하고, 경로 2에서는 공기만을 통과한다. 평면거울에서 반사된 빛은 반사된 빛이 향하는 방향에 설치된 스크린에 맺힌다. 평면거울에 도달한 빛 중 속도가 빠른 빛은 먼저 도달하고 속도가 느린 빛은 나중에 도달하게 되는데, 평면거울이 빠르게 회전하고 있으므로 먼저 도달한 빛과 늦게 도달한 빛은 반사 각도에 차이가 생기게 된다. 따라서 두 빛이 서로 다른 속도를 가진다면 반사된 두 빛이 도착하는 지점이 서로 달라지며, 더 빨리 평면거울에 도달한 빛일수록 스크린의 오른쪽에, 더 늦게 도달한 빛일수록 스크린의 왼쪽에 맺히게 된다.

┌─ 보기 ─┐

ㄱ. 색깔이 같은 두 빛이 각각 경로 1과 2를 통과했을 때, 경로 1을 통과한 빛이 경로 2를 통과한 빛보다 스크린의 오른쪽에 맺힌다면 ⊙은 강화되고 ⓒ은 약화된다.

ㄴ. 색깔이 다른 두 빛 중 하나는 경로 1을, 다른 하나는 경로 2를 통과했을 때, 경로 1을 통과한 빛이 경로 2를 통과한 빛보다 스크린의 왼쪽에 맺힌다면 ⊙은 약화되고 ⓒ은 강화된다.

ㄷ. 색깔이 다른 두 빛이 모두 경로 1을 통과했을 때, 두 빛이 스크린에 맺힌 위치가 다르다면 ⊙은 약화되고 ⓒ은 강화된다.

① ㄱ        ② ㄴ
③ ㄱ, ㄷ       ④ ㄴ, ㄷ
⑤ ㄱ, ㄴ, ㄷ

## 05 <sup>상</sup><sup>중</sup><sup>하</sup>

다음 글의 〈실험 결과〉에 대한 판단으로 적절한 것만을 〈보기〉에서 모두 고르면?

박쥐 X가 잡아먹을 수컷 개구리의 위치를 찾기 위해 사용하는 방법에는 두 가지가 있다. 하나는 수컷 개구리의 울음소리를 듣고 위치를 찾아내는 '음탐지' 방법이다. 다른 하나는 X가 초음파를 사용하여, 울음소리를 낼 때 커졌다 작아졌다 하는 울음주머니의 움직임을 포착하여 위치를 찾아내는 '초음파탐지' 방법이다. 울음주머니의 움직임이 없으면 이 방법으로 수컷 개구리의 위치를 찾을 수 없다.

〈실험〉

한 과학자가 수컷 개구리를 모방한 두 종류의 로봇 개구리를 제작했다. 로봇 개구리 A는 수컷 개구리의 울음소리를 내고, 커졌다 작아졌다 하는 울음주머니도 가지고 있다. 로봇 개구리 B는 수컷 개구리의 울음소리만 내고, 커졌다 작아졌다 하는 울음주머니는 없다. 같은 수의 A 또는 B를 크기는 같지만 서로 다른 환경의 세 방 안에 같은 위치에 두었다. 세 방의 환경은 다음과 같다.

• 방1 : 로봇 개구리 소리만 들리는 환경
• 방2 : 로봇 개구리 소리뿐만 아니라, 로봇 개구리가 있는 곳과 다른 위치에서 로봇 개구리 소리와 같은 소리가 추가로 들리는 환경
• 방3 : 로봇 개구리 소리뿐만 아니라, 로봇 개구리가 있는 곳과 다른 위치에서 로봇 개구리 소리와 전혀 다른 소리가 추가로 들리는 환경

각 방에 같은 수의 X를 넣고 실제로 로봇 개구리를 잡아먹기 위해 공격하는 데 걸리는 평균 시간을 측정했다. X가 로봇 개구리의 위치를 빨리 알아낼수록 공격하는 데 걸리는 시간은 짧다.

〈실험 결과〉

- 방1: A를 넣은 경우는 3.4초였고 B를 넣은 경우는 3.3초로 둘 사이에 유의미한 차이는 없었다.
- 방2: A를 넣은 경우는 8.2초였고 B를 넣은 경우는 공격하지 않았다.
- 방3: A를 넣은 경우는 3.4초였고 B를 넣은 경우는 3.3초로 둘 사이에 유의미한 차이는 없었다.

┤ 보기 ├

ㄱ. 방1과 2의 〈실험 결과〉는, X가 음탐지 방법이 방해를 받는 환경에서는 초음파탐지 방법을 사용한다는 가설을 강화한다.

ㄴ. 방2와 3의 〈실험 결과〉는, X가 소리의 종류를 구별할 수 있다는 가설을 강화한다.

ㄷ. 방1과 3의 〈실험 결과〉는, 수컷 개구리의 울음소리와 전혀 다른 소리가 들리는 환경에서는 X가 초음파탐지 방법을 사용한다는 가설을 강화한다.

① ㄱ
② ㄷ
③ ㄱ, ㄴ
④ ㄴ, ㄷ
⑤ ㄱ, ㄴ, ㄷ

## 06 상중하

다음 글의 ㉠과 ㉡에 대한 평가로 적절한 것만을 〈보기〉에서 모두 고르면?

연역과 귀납, 이 두 종류의 방법은 지적 작업에서 사용될 수 있는 모든 추론을 포괄한다. 철학과 과학을 비롯한 모든 지적 작업에 연역적 방법이 필수적이라는 것을 부정하는 사람은 아무도 없다. 귀납적 방법의 경우 사정은 크게 다르다. 귀납적 방법이 철학적 작업에 들어설 여지가 없다고 믿는 사람이 있는가 하면, 한 걸음 더 나아가 어떠한 지적 작업에도 귀납적 방법이 불필요하다고 주장하는 사람들도 있다.

㉠ 귀납적 방법이 철학이라는 지적 작업에서 불필요하다는 견해는 독단적인 철학관에 근거한다. 이런 견해에 따르면 철학적 주장의 정당성은 선험적인 것으로, 경험적 지식을 확장하기 위해 사용되는 귀납적 방법에 의존할 수 없다. 그러나 이런 견해는 철학적 주장이 경험적 가설에 의존해서는 안 된다는 부당하게 편협한 철학관과 '귀납적 방법'의 모호성을 딛고 서 있다. 실제로 철학사에 나타나는 목적론적 신 존재 증명이나 외부 세계의 존재에 관한 형이상학적 논증 가운데는 귀납적 방법인 유비 논증과 귀추법을 교묘히 적용하고 있는 것도 있다.

㉡ 모든 지적 작업에서 귀납적 방법의 필요성을 부정하는 견해는 중요한 철학적 성과를 낳기도 하였다. 포퍼의 철학이 그런 사례 가운데 하나이다. 포퍼는 귀납적 방법의 정당화 가능성에 관한 회의적 결론을 받아들이고, 과학의 탐구가 귀납적 방법으로 진행된다는 견해는 근거가 없음을 보인다. 그에 따르면, 과학의 탐구 과정은 연역 논리 법칙에 따라 전개되는 추측과 반박의 작업으로 이루어진다. 이런 포퍼의 이론은 귀납적 방법의 필요성에 대한 전면적인 부정이 낳을 수 있는 흥미로운 결과 가운데 하나라고 할 수 있다.

┤ 보기 ├

ㄱ. 과학의 탐구가 귀납적 방법에 의해 진행된다는 주장은 ㉠을 반박한다.

ㄴ. 철학의 일부 논증에서 귀추법의 사용이 불가피하다는 주장은 ㉡을 반박한다.

ㄷ. 연역 논리와 경험적 가설 모두에 의존하는 지적 작업이 있다는 주장은 ㉠과 ㉡을 모두 반박한다.

① ㄱ
② ㄴ
③ ㄱ, ㄷ
④ ㄴ, ㄷ
⑤ ㄱ, ㄴ, ㄷ

## 3 추론(Infer/Reason/Deduce)

정답 및 해설 204P

### 유형설명

추론 유형은 문제에서 "**추론**할 수 있는/없는 것 …"이라는 구절이 들어가는 유형으로서, 다음과 같은 변형된 구절로도 출제된다. 난이도는 점점 더 높은 편으로 속하는 경향을 보이고 있다. 추론 유형에는 Ⅰ. 서술형(narrative), Ⅱ. 수리형(mathematics), Ⅲ. 도표형(table/figure)이 있으며 각각에 대해서는 대표문제를 가지고 살펴볼 예정이다.

**기본**    … 추론할 수 있는/없는 것 …

**변형**
- 추론할 수 있는 것을 <보기>에서 모두 …
- 이끌어낼 수 있는 것/이끌어내기 위해 추가해야 할 전제 …
- …를 따를 때 추론할 수 없는 것 …
- 'ⓐ/논지/설명/판단/적용'으로 적절한 것 …
- 실험결과를 가장 잘 설명하는 가설 …

### 평가영역

- **이해력**: 제시문의 핵심을 정확하게 이해하는 능력
- **논리력 · 추리력 · 분석력**: 이들을 종합적으로 활용하는 능력
- **추론력**: 적절한 선택지(<보기>)가 타당한 추론에 의해서 도출되었는지를 판단하는 능력

## 기출문제 분석    접근 : 서술형(narrative)

이 유형을 대표하는 아래의 문제를 가지고 **3단계 접근방법**을 통해서 그 풀이방식을 자세하게 알아보자.

---

**01** 다음 글에 대한 추론으로 옳은 것을 〈보기〉에서 모두 고르면? <sup>2017년도 입법고시</sup>
상중하

우리나라에서 모두 6차례에 걸쳐 유행한 AI는 2003년부터 4차례에 걸쳐 유행한 H5N1형, 2014년 H5N8형, 그리고 올해 유행중인 H5N6형이다. 이들 모두는 H5 계열의 고병원성 AI다. AI든 사람을 감염시키는 독감바이러스든 이들 인플루엔자 바이러스는 모두 A, B, C형으로 나뉜다. B형은 사람, 물개, 족제비를 감염시키고, C형은 사람, 개, 돼지를 감염시킨다. B형, C형은 유행이 흔하지 않고 유행을 하더라도 심각하지 않다. 지난 6차례에 걸쳐 유행했던 모든 AI가 A형이고 사람에게서도 신종플루 등 심각한 문제를 일으켰던 것 역시 A형이다.

H5N6 등 이름에 붙여지는 H는 헤마글루투닌의 첫 글자인데 모두 18가지 유형이 있다. N은 뉴라미니다제의 첫 글자를 의미하는 것으로서 11가지 유형이 존재한다. H와 N은 바이러스 표면에 존재하는 단백질인데 이들의 조합에 따라 바이러스 종류가 결정되고 병원성도 달라진다. 간단한 조합만으로도 존재할 수 있는 바이러스 종류가 198종이나 되지만, 특히 H5 계열은 가능한 조합에서도 병원성에 있어서는 단연 으뜸이다.

2003년도에 처음으로 확인된 H5N1은 매우 심각한 병원성을 보이는 유형으로 유명하다. 사람 감염에서 60%의 치사율을 보인 이 AI는 사실 인류를 멸종시킬 최대 위협요인 중 하나로 간주된 적도 있다. 지금 유행하고 있는 H5N6도 중국에서는 2014년부터 지금까지 17명을 감염시켜 10명을 사망시킨 바 있다. 하지만 다행스럽게도 우리나라에서는 2003년 이후 지금까지 6차례의 AI 유행에서도 이들 AI에 사람이 감염된 사례는 없었다.

이들 H5 계열 AI는 모두 감염된 조류에게서 병증을 유발한다. 중국에서의 사람 감염 사례에서도 사망을 포함해 심각한 병증을 보인다. 그런데 지난 2013년 초 중국에서 처음으로 발병한 H7N9형 AI는 조류에게서는 전혀 병원성이 없는데 사람을 감염시키면 비로소 극심한 병증을 일으킨다. 그러니 병증만 놓고 보면 H7N9는 조류에서는 스텔스 기능이 있다고 볼 수 있다. 이런 유형은 H5형보다 사람에게 훨씬 더 위험할 수 있다. 병증이 나타나지 않으니 감염된 조류가 먼 거리를 이동하는 데 전혀 문제가 없고, 모르고 접촉해 사람이 감염되기도 쉽다. 더 심각한 것은 예방적 조치가 어렵다는 점이다. 사람 관점에서만 보자면 현존하는 AI 중에서 가장 위험한 것이 H7N9형이라고 볼 수 있다. 실제 H7N9형은 사람 감염에서 치사율이 30%에 이른다. 때문에 WHO를 포함한 국제기구의 적극적인 모니터링 대상이 되고 있다.

┤ 보기 ├

ㄱ. 사람이 인플루엔자 바이러스에 감염되었다면, A, B, C형 모두를 의심해 볼 수 있다.

ㄴ. 질병을 일으키는 능력은 H5 계열이 가장 크고, 조류에게 가장 위험한 것은 H7 계열이다.

ㄷ. 현재 유행하고 있는 조류독감은 사람을 감염시키지 않으므로 이전에 유행한 조류독감에 비하여 위험성이 낮다.

ㄹ. H7N9는 치사율이 가장 높은 AI는 아니나 평상시에도 모니터링이 지속적으로 이루어져야 하며 이에 대한 체계적인 방역시스템이 구축되어야 한다.

① ㄱ, ㄴ                    ② ㄱ, ㄹ
③ ㄴ, ㄷ                    ④ ㄷ, ㄹ
⑤ ㄱ, ㄴ, ㄹ

**유형공략**

• step 1. 유형 및 〈보기〉 핵심어 파악

문제를 읽고 그 유형을 파악한다. 위의 대표문제의 경우 "**추론으로 옳은 것**"이라는 구절이 있으므로 **추론 유형**임을 알 수 있다. 그 다음으로는 〈보기〉를 세로로 빠르게 보면서 각 〈**보기**〉 글의 어떠한 **핵심어**가 나오는지를 파악한다. 위의 경우 ㄱ. 'A, B, C형', ㄴ. 'H5/H7', ㄷ. '조류독감/위험성', ㄹ. 'H7N9'임을 알 수 있다. 대개 핵심어는 주어, 목적어, 부사어, 서술어 등에 나오는 고유명사의 전문적 용어를 선택한다.

게다가 전반적으로 〈보기〉 글은 '감염/질병/치사율' 등의 내용과 관련되어 있음을 알 수 있다. 이는 'step 2'의 단계에서 제시문을 읽을 때, 어떠한 내용을 중심으로 읽어야 하는지 그리고 그에 따른 세부 정보는 무엇인지에 초점을 맞추어 파악하도록 하는데 그 역할을 한다.

• step 2. 제시문 핵심읽기 및 〈보기〉 추론하기 (비교 언어 U(이해)의 step 2.)

앞서 파악한 〈보기〉의 ㄱ. 'A, B, C형', ㄴ. 'H5/H7', ㄷ. '조류독감/위험성', ㄹ. 'H7N9'을 바탕으로, '감염/질병/치사율'등의 세부적이고도 핵심적인 정보에 관한 제시문 내용만을 선택적으로 **빠르게** 이해한다. 다시 말해 〈보기〉의 ㄱ. 'A, B, C형'은 1단락, 〈보기〉의 ㄴ. 'H5/H7'은 2단락과 4단락, 〈보기〉의 ㄷ. '조류독감/위험성'은 4단락, 그리고 〈보기〉의 ㄹ. 'H7N9'은 4단락을 중심으로 읽고도 추론으로 옳은지 여부를 비교하여 풀이할 수 있다.

| 보기 | 제시문 |
|---|---|
| ㄱ. 'A, B, C형' | [1단락] … 인플루엔자 바이러스는 모두 A, B, C형으로 나뉜다. … |
| ㄴ. 'H5/H7' | [2단락] H5N6 등 이름에 붙여지는 H는 헤마글루투닌의 첫 글자인데 모두 18가지 유형이 있다. … 특히 H5 계열은 가능한 조합에서도 병원성에 있어서는 단연 으뜸이다. |
| | [4단락] … H7N9형 AI는 조류에게서는 전혀 병원성이 없는데 사람을 감염시키면 비로소 극심한 병증을 일으킨다. … |
| ㄷ. '조류독감/위험성' | [4단락] 이들 H5계열 AI는 모두 감염된 조류에게서 병증을 유발한다. … 사람 관점에서만 보자면 현존하는 AI 중에서 가장 위험한 것이 H7N9형이라고 볼 수 있다. … |
| ㄹ. 'H7N9' | [4단락] … H7N9형 AI는 조류에게서는 전혀 병원성이 없는데 사람을 감염시키면 비로소 극심한 병증을 일으킨다. … 실제 H7N9형은 사람 감염에서 치사율이 30%에 이른다. 때문에 WHO를 포함한 국제기구의 적극적인 모니터링 대상이 되고 있다. |

여기서 제시문의 내용을 처음부터 끝까지 읽고 난 후 〈보기〉 글의 추론의 옳고 그름 여부를 추론하기 보다는, 관련된 단락을 나눠 읽으면서 그 옳고 그름을 즉시 판단하는 것이 바람직하다. 예를 들어, 〈보기〉의 ㄱ. 'A, B, C형'의 '감염'에 대한 관련된 1단락의 내용을 읽고 난 후 〈보기〉 ㄱ의 추론의 옳고 그름 여부를 즉시 판단한다는 것이다. (단, 제시문의 핵심내용을 바탕으로 〈보기〉 글을 추론할 때, 오류에 빠진 선택지를 구별하는 데 유의한다. 추론과 오류에 대해서는 이후 더 설명하겠다.)

• step 3. 선택지 판단하기

'step 2'에서 찾아낸 추론으로 옳은 것을 모두 고른 선택지를 판단한다.

최종적으로 다시 한 번 정리하자면, 추론 유형은 1) 유형 및 〈보기〉 핵심어 파악, 2) **제시문 핵심읽기 및 〈보기〉 추론하기**, 3) 선택지 판단하기라는 접근방법으로 풀이할 수 있다.

보다 나은 이해를 돕기 위해, 앞서 정리했던 접근방법을 순서에 따라 〈보기〉 ㄱ을 풀이하는 데 적용하여 다음과 같이 도식화해 보았다. 〈보기〉 ㄱ의 추론이 옳은지 여부를 살펴보자.

| step 1. 유형 및 〈보기〉 핵심어 파악 | | |
|---|---|---|
| 문제유형 파악 | "… 추론으로 옳은 것 …" | '추론'으로 보아 추론 유형임을 파악한다. |
| 〈보기〉ㄱ의 핵심어 파악 | 사람이 인플루엔자 바이러스에 감염되었다면, A, B, C형 모두를 의심해 볼 수 있다. | '감염'과 'A, B, C형'을 핵심어로 파악한다. |
| step 2-1. 〈보기〉 핵심어를 중심으로 제시문 핵심읽기 | | |
| 제시문 1단락 핵심 읽기 | 우리나라에서 모두 6차례에 걸쳐 유행한 AI는 2003년부터 4차례에 걸쳐 유행한 H5N1형, 2014년 H5N8형, 그리고 올해 유행중인 H5N6형이다. 이들 모두는 H5 계열의 고병원성 AI다. AI든 사람을 감염시키는 독감바이러스든 이들 인플루엔자 바이러스는 모두 A, B, C형으로 나뉜다. B형은 사람, 물개, 족제비를 감염시키고, C형은 사람, 개, 돼지를 감염시킨다. B형, C형은 유행이 흔하지 않고 유행을 하더라도 심각하지 않다. 지난 6차례에 걸쳐 유행했던 모든 AI가 A형이고 사람에게서도 신종플루 등 심각한 문제를 일으켰던 것 역시 A형이다. | 'A, B, C형'의 핵심어가 유일하게 들어있는 제시문 1단락만 〈보기〉 ㄱ과 관련된 내용임을 알 수 있다. |
| step 2-2. 제시문을 나눠 읽으면서 〈보기〉 추론하기 | | |
| 〈보기〉 ㄱ 추론하기 | 사람이 인플루엔자 바이러스에 감염되었다면, A, B, C형 모두를 의심해 볼 수 있다. | 위의 제시문 1단락에서 B형, A형, C형 인플루엔자 모두 사람을 감염시킨다고 하였으므로 〈보기〉 ㄱ은 추론으로 옳다. |

cf. 기호화하여 풀이할 수도 있다.

| | |
|---|---|
| [1] | 감염 → B |
| | 감염 → A |
| | 감염 → C |
| ㄱ | 감염(T)<br>∴A∨B∨C(T) |

| step 3. 선택지 판단하기 | | |
|---|---|---|
| 선택지 판단하기 | ③ ㄴ, ㄷ<br>④ ㄷ, ㄹ | 〈보기〉 ㄱ이 포함되지 않은 선택지 ③과 ④를 소거한다. |
| | | ∴ ①/②/⑤ 중에서 정답이 가능하다. |

이상으로 추론 유형에 대한 접근방식을 설명해 보았다.

앞서 '참·거짓(T/F) 유형'의 [Power Up]에서 연역적 추론에 속하는 직접증명법과 그와 유사한 오류, 그리고 간접증명법(귀류법)에 대해 설명했던 적이 있다. 이를 기초로 하여 추론과 오류에는 무엇이 있는지 좀 더 살펴보자.

⑴ **내용공략 : 추론**(推論, Inference/reasoning/deduction)

논리학에서 추론 또는 추리(推理)란 어떠한 판단을 근거로 삼아 다른 판단을 이끌어 내는 것을 말한다[표준국어대사전]. 추론의 종류에는 크게 연역적 추론과 비연역적 추론이 있고, 연역적 추론에는 다시 직접 증명법과 간접 증명법(귀류법)이 있으며 비연역적 추론에는 다시 귀납추론, 유비추론, 인과추론, 가설추론 등이 있다.

① 연역적 추론

㉠ 직접증명법

앞서 정리한 바 있으므로, 복습의 의미로 다음 연습문제의 [결론] 부분을 채워보자.

## 연습문제

| 구분 | [전제 1] 참이고, | [전제 2] 참이면, | [결론] 따라서 참이다. |
|---|---|---|---|
| 선언지 첨가법 | – | p | ∴ (1) |
| 선언지 제거법 | p∨q | ~p | ∴ (2) |
| 연언지 연결법 | p | q | ∴ (3) |
| 연언지 단순(＝분리)법 | – | p∧q | ∴ (4) |
| 삼단논법 | p → q | q → r | ∴ (5) |
| 전건긍정법〈참고 : '조건'명제〉 | p → q | p | ∴ (6) |
| 후건부정법〈참고 : '대우'명제〉 | p → q | ~q | ∴ (7) |
| 단순양도법 | (p → r)∧(q → r) | p∨q | ∴ (8) |
| 복합양도법 | (p → q)∧(r → s) | p∨r | ∴ (9) |

**정답** (1) p∨q (2) q (3) p∧q (4) p, q (5) p → r (6) q (7) ~p (8) r (9) q∨s

ⓒ 간접증명법(귀류법)
앞서 정리한 바 있으므로, 복습의 의미로 다음 연습문제의 빈칸 부분을 채워보자.

## 연습문제

| 직접 증명 | 간접 증명 (귀류) |
|---|---|
| [전제 1] A → B (T) | [전제 1] A → B (T) |
| [전제 2] ~B (T) | [전제 2] ~B (T) |
| [결론] ∴ ~A (T, ∵후건부정) | |
| | [가정] ☐ |
| | [추론] ☐ (∵전제 1, 전건긍정) |
| | [판단] 그러나 '~B'는 참이라고 전제하였으므로 이전의 추론은 타당하지 않다. |
| | [결론] 따라서 A는 참일 수 없고 거짓이다. |

**정답** [가정] A를 참이라고 하자. [추론] B 역시 참이다.

② 비연역적 추론

PSAT의 추론문제를 풀이하는 데 있어서 '비'연역적 추론이 반드시 필요한 내용은 아니지만 참고하면 유용하다고 판단되어 간략하게나마 소개하고자 한다.

㉠ 귀납(歸納)추론

귀납추론이란 개별적인 특수한 사실이나 원리를 전제로 하여 일반적인 사실이나 원리로서의 결론을 이끌어 내는 연구 방법을 말한다. 특히 인과 관계를 확정하는 데에 사용된다. [표준국어대사전]

혁신처에서는 귀납추론의 예로 보편적 일반화, 통계적 일반화, 통계적 삼단논법을 소개하며 문제로 출제하였다.

> ① 보편적 일반화
> 유형 I에 속하는 n개의 개체를 조사해 보니 이들 모두에서 속성 P를 발견하였다. 따라서 유형 I에 속하는 모든 개체들은 속성 P를 가질 것이다.
>
> ② 통계적 일반화
> 유형 I에 속하는 n개의 개체를 조사해 보니 이들 가운데 m개에서 속성 P를 발견하였다. 따라서 유형 I에 속하는 모든 개체 중 m/n이 속성 P를 가질 것이다. (단, m/n은 0보다 크고 1보다 작다.)
>
> ③ 통계적 삼단논법
> 유형 I에 속하는 개체 중 m/n에서 속성 P를 발견하였다. 따라서 개체 α는 속성 P를 가질 것이다. (단, m/n은 0보다 크고 1보다 작다.)
>
> [혁신처(2020), 7급 PSAT 모의평가 문 20. 발췌]

㉡ 유비(類比)추론(≒유추)

유비추론이란 두 개의 사물이 여러 면에서 비슷하다는 것을 근거로 다른 속성도 유사할 것이라고 추론하는 것을 말한다. [표준국어대사전]

혁신처에서는 유비추론을 다음과 같이 정리하며 문제로 출제하였다.

> • 유비추론
> 유형 I에 속하는 개체 $\alpha$가 속성 $P_1$, $P_2$, $P_3$을 갖고, 유형 II에 속하는 개체 $B$도 똑같이 속성 $P_1$, $P_2$, $P_3$을 갖는다. 개체 $\alpha$가 속성 $P_4$를 가진다는 사실이 발견되었다. 따라서 개체 $B$는 속성 $P_4$를 가질 것이다.
>
> [혁신처(2020), 7급 PSAT 모의평가 문 20. 발췌]

㉢ 인과(因果)추론(원인: 독립변수, 결과: 종속변수)

인과추론이란 특정한 현상이나 사건을 유발한 것으로 여겨지는 원인들을 선택하여 그 원인들과 해당 현상 또는 사건이 논리적으로 연결되는지 여부를 따져 보는 생각이나 행위를 말한다[표준국어대사전]. 영국의 공리주의 철학자 밀은 사건들 간의 인과 관계를 확인할 수 있는 방법으로 일치법, 차이법, 일치와 차이 병용법, 공변법, 잉여법을 들고 있다.

> ① 일치법(method of agreement)
> 연구하고자 하는 현상에 발생하는 몇 개의 사례의 전부에 공통적인 어떤 유일한 사정이 있으며, 이것은 그 현상의 원인 또는 결과이다. 이것은 인과관계를 암시하는 예비적인 방법이다.
>
> ② 차이법(method of difference)
> 연구하고자 하는 현상이 일어나는 사례와 일어나지 않는 사례에 있어서, 전자에 나타나고 있는 하나의 사정을 제외한 그 밖의 모든 사정이 공통적인 경우, 그 하나의 사정이 그 현상의 원인 또는 결과이다. 이것은 일치법에서 암시된 인과관계를 실험적으로 확정하는 데 도움이 되는 방법이다.

③ 일치 차이 병용법(joint method of agreement and difference)

어떤 현상이 일어나는 몇 개의 사례에 있어서는 유일한 사정이 공통이며, 그 현상이 일어나지 않는 몇 개의 사례에서는 그 사정이 존재하지 않는다는 것 이외에는 공통점이 없는 경우에, 그 사정이 그 현상의 원인 또는 결과이다. 이것은 일치법을 적극적 및 소극적 양면으로부터 이용한 것이라고 볼 수 있다.

④ 잉여법(method of residues)

어떤 복잡한 현상 A가 다른 복잡한 현상 B의 결과라는 것이 알려져 있고, 더욱이 B의 한 부분인 b가 A의 일부인 a의 원인이라는 것이 알려져 있는 경우, A에서 a를 빼고 난 나머지는 B에서 b를 뺀 나머지의 결과이다. 이 방법을 조금 변경하여 응용한다면, 어떤 복잡한 현상에 이미 알려져 있는 원인의 결과로서 설명할 수 없는 부분이 남아 있는 경우, 그것에 대한 미지의 원인을 암시하는데 도움이 된다. (해왕성의 발견은 이 방법으로 행해졌다.)

⑤ 공변법(method of concomitant variations)

어떤 현상이 일정한 방식으로 변화함에 따라 다른 현상도 또 일정한 방식으로 변화한다고 하면, 양자는 인과관계를 가지든가, 또는 공통의 원인의 결과이다.

[사회복지학사전(2009.), 이철수]

---

• 실험군과 대조군

실험 결과를 도출하기 위해 인위적 또는 어떤 조작을 통해 환경 설정을 한 집단이 실험군이고, 이와 달리 실험 결과가 제대로 도출되었는지의 여부를 판단하기 위해 어떤 조작이나 조건도 가하지 <u>않은</u> 집단을 대조군이라고 한다.

---

ⓔ 가설(假說)추론

가설추론이란 전제 가운데에 일부가 가언명제(≒조건명제)로 이루어진 추론을 말한다. [표준국어대사전]
이를 귀추법이라고도 하는데, 귀추법(Abductive reasoning)은 결과로부터 전제를 추론하는 방식이다.

---

• 영가설과 대립가설

연구에서 검정을 하고자 서술하는 두 개의 대립되는 가설 중 직접 검정대상이 되는 가설로서 실험처치 효과가 없다 또는 차이가 없다는 의미에서 영가설[귀무가설]이라고 한다. 영가설을 기각할 경우 대안적으로 받아들이려고 상정하는 가설을 대립가설[대안가설]이라 한다. 영가설은 잠정적인 것으로 통계적 검정절차를 거쳐 수용될 수도 기각될 수도 있다.

---

ⓜ 한정(限定)추론

한정추론이란 일정한 판단의 주어에 같은 관형어를 더하여 새로운 판단을 이끌어 내는 일을 말한다. 이를테면 '모든 동물은 생물이다. 그러므로 모든 이성적 동물은 이성적 생물이다.' 하는 따위이다. [표준국어대사전]

## (2) 내용공략 : 오류(誤謬, fallacy)

논리학에서 오류란 사유의 혼란, 감정적인 동기 때문에 논리적 규칙을 소홀히 함으로써 저지르게 되는 바르지 못한 추리를 말한다.[표준국어대사전]
오류의 종류에는 크게 형식적 오류와 비형식적 오류가 있고, 1) 형식적 오류에는 다시 선언지긍정의 오류, 전건부정의 오류, 후건긍정의 오류, 선결문제 요구의 오류, 자가당착의 오류 등이 있으며, 2) 비형식적 오류에는 다시 논점 일탈의 오류, 성급한 일반화의 오류 등이 있다. 3) 그 외 논리적·비논리적 오류 사이에 심리적 오류라 불리는 원천봉쇄의 오류, 인신공격의 오류, 연민/권위/감정/무지/대중에 호소하는 오류, 주의 전환/허수아비의 오류 등이 있다. [논증(2015), 서정혁] 마지막으로 4) PSAT에서 소개되었던 도박사의 오류, 뜨거운 손의 오류도 정리하였다.

① 형식적 오류

㉠ 선언지긍정의 오류, 전건부정의 오류, 후건긍정의 오류

앞서 정리한 바 있으므로, 복습의 의미로 다음 연습문제의 [결론] 부분을 채워보자.

## 연습문제

| 구분 | [전제 1] 참이고, | [전제 2] 참이라고 해서, | [결론] 참이라고 하면 오류 이다. |
|---|---|---|---|
| 선언지 긍정의 오류 | $p \lor q$ | p | ∴ (1) |
| 전건부정의 오류 〈참고 : '이'의 명제〉 | $p \to q$ | ~p | ∴ (2) |
| 후건긍정의 오류 〈참고 : '역'의 명제〉 | $p \to q$ | q | ∴ (3) |

**정답** (1) q (F) (2) ~q (F) (3) p (F)

㉡ 선결문제 요구의 오류(㉲ 순환논법)

논증되어야 하는 바를 전제에 이미 포함시켜 자신의 논증을 합리화하는 데서 생기는 오류를 말한다. 결론적으로 증명하고자 하는 주장이 이미 참이라고 전제하기 때문에 발생한다. [우리말샘]

㉢ 자가당착의 오류

한 사람이 모순을 포함하는 진술을 할 때 발생하는 오류를 말한다. (㉲ 나는 '절대'라는 말을 절대 사용하지 않는다.)

㉣ 합성(결합)/분해의 오류

합성의 오류란 개별적인 부분으로 볼 때 참이지만 그 부분들의 결합인 전체로 볼 때 거짓인 것을 참인 것으로 주장함으로써 일어나는 오류를 말한다. [고려대 한국어대사전] 이와 반대로 분해의 오류란 전체로는 참이나 그것을 분해한 구성 요소에 대해서는 거짓이 되는 오류를 말한다. [표준국어대사전]

② 비형식적 오류

PSAT의 추론문제를 풀이하는 데 있어서 이후의 오류는 반드시 필요한 내용은 아니지만 참고로 알아두면 유용하다고 판단되어 간략하게나마 소개하고자 한다. 즉, 추론 유형의 문제 상당수가 단순 이해력 풀이방식으로 가능한 경우도 많다.

㉠ 논점 일탈의 오류

어떤 결론을 뒷받침하는 듯한 전제가 실제로는 결론과 연관성이 약할 때 발생하는 오류를 말한다.

㉡ 성급한 일반화의 오류

일부의 사례만을 제시하거나 대표성이 없는 불확실한 자료만을 가지고 바로 어떤 결론을 도출하는 데서 발생하는 오류를 말한다[두산백과].

③ 심리적 오류

㉠ 원천봉쇄(늑우물에 독 뿌리기)의 오류

㉡ 인신공격의 오류

㉢ 연민/감정/권위/무지/대중에 호소하는 오류

㉣ 주의 전환/허수아비의 오류

④ 그 외
　㉠ 도박사의 오류
　　확률적으로 독립적인 사건에 대해, 이전 사건의 발생 확률에 근거하여 다음에는 반대되는 결과가 나올 것이라고 착각하는 현상의 오류를 말한다.
　㉡ 뜨거운 손의 오류
　　이전의 성공이 다음의 성공으로 이어질 것이라고 믿는 인지적 편향에서 비롯한 오류를 말한다.

(3) **내용공략 : 논증의 평가 [논증(2015), 서정혁]**

연역 논증은 타당성과 건전성을 기준으로 평가되고, 귀납 논증은 귀납적 효력과 강도에 의해 평가된다. 모든 논증은 전제와 결론을 중심으로 좋은 논증의 조건을 충족시켰는가라는 관점에서 평가될 수도 있다. 전제의 수용 가능성이 높고 결론 연관성이 강할수록 좋은 논증으로 평가될 수 있다.

① 타당성과 건전성

논증의 유형에 따라 논증의 목표가 다르듯이 그 논증을 평가하는 기준도 다르다. 연역 논증의 목표는 '타당성'과 '건전성'을 확보하는 것이므로, 연역 논증에 대한 평가도 '타당성'과 '건전성'을 기준으로 이루어진다. 논증의 타당성은 논증을 구성하는 명제의 진리값과 무관하며, 전제와 결론의 관계에 의해 결정된다. 한 **논증이 연역적으로 타당하다**는 것은 '모든 전제들이 참이고 결론이 거짓인 경우는 불가능하다'거나 '만약 모든 전제들이 참이라면, 그 결론도 반드시 참이어야 한다.'는 말이다. 만일 전제가 참인데 결론이 거짓인 연역 논증이 있다면 그것은 부당한 논증이다.

이에 비해 **논증이 연역적으로 건전하다**는 것은 '그 논증이 타당하고, **모든 전제**들이 참이다'는 말이다. 만일 거짓인 전제로 이루어진 연역 논증이 있다면 설사 그것이 타당하다고 하더라도 그 논증은 건전하지 않은 논증이다. 어떤 연역 논증도 부당하면서 건전할 수는 없지만, 타당하면서 건전하지 않을 수는 있다. 결국 연역 논증을 평가할 때에는 타당성과 건전성을 갖추었는지를 면밀히 검토해 보아야 한다.

② 귀납적 효력과 강도

귀납 논증에 대한 평가는 연역 논증과 달리 형식적 타당성과는 관련이 없다. 연역 논증은 타당한지 부당한지, 건전한지 그렇지 않은지를 이분법적으로 구분하지만, 귀납 논증은 귀납적 효력(force)과 강도(strength)에 의해 평가된다. **귀납적으로 효력이 있다**는 것은 다음을 의미한다. [P]를 하나 또는 그 이상의 전제들로 하고 A를 결론으로 하는 귀납 논증이 효력이 있다는 말은, '집합 [P]에 상대적인 A의 조건적 개연성(조건부 확률)이 1/2보다 크고 1보다 작다. 즉, 그 논증의 귀납적 효력의 정도는 [P]에 상대적인 A의 조건적 개연성(조건부 확률)이다'라는 것을 의미한다. 풀어서 말하자면, 귀납 논증이 다루는 주장에 대해 전제에 포함된 정보만이 주어져 있다고 가정할 때 그 결론이 (거짓이라고 기대하는 것보다) 참이라고 기대하는 것이 더 합당할 경우 귀납 논증은 효력이 있다고 말한다. 이때 귀납적 효력은 정도의 차이로 판단되어야 하고, **상대적으로 강하거나 약하다**고 표현된다. 귀납 논증은 전제로 주어진 정보가 충분하지 <u>않아서</u> 그 효력이 어떤지를 판가름하기가 쉽지 <u>않은</u> 경우도 많다. 귀납 논증의 **건전성**은 귀납적으로 효력이 있으면서 **전제들이 모두 참**인 논증이다. 하지만 건전한 연역 논증과 달리, 건전한 귀납 논증은 거짓 결론을 가질 수 있다.

## 기출문제 분석　접근 : 수리형(ma, mathematics)

이해를 돕기 위해 이 유형의 문제 하나를 소개해 본다.

**02** 다음 글에 대한 추론으로 옳지 않은 것은? ²⁰¹⁸ 입법고시

> 방에 사람들을 모아놓고 각자 '0'부터 '100'까지 숫자 중에서 하나씩을 고르는 '숫자 고르기 게임'이 있다. 게임 주최자가 숫자들을 모아 평균을 내고 거기에 0.6을 곱한다. 이 결과치에 가장 근접한 숫자를 고른 참가자가 상으로 고급자동차를 받는다고 하자. 여러분이라고 하면 어떤 숫자를 고르겠는가? 선택에는 두 가지 방식이 있다. 하나는 규범적 선택이고 다른 하나는 실증적 선택이다.
>
> 　사람들이 모두 현명하고 합리적이라고 가정해보자. 그렇다면 규범적 선택은 최종적으로 '0'이 된다. 사람들이 숫자를 무작위로 고를 것을 가정하면 기대되는 평균은 50이다(50 × 0.6 = 30). 즉, 이기려면 30을 선택해야 한다. 하지만, 모두가 같은 생각을 했다면 어떻게 될까? 그러면 평균은 30이 될 테고 따라서 18을 선택해야 한다(30 × 0.6 = 18). 이번에도 모두가 같은 생각을 했다면 평균이 18이 될 테고 따라서 10.8을 선택해야 한다(18 × 0.6 = 10.8). 이 방향으로 계속 진행하면 결과치는 결국 '0'이 되고 만다. 모두가 '0'을 선택한다는 것을 알면 나로서도 다른 선택을 할 이유가 없다. '0'을 고르는 것은 규범적 권고이다. 다른 참가자들도 모두 현명하고 합리적이라고 믿는다면 '0'이 합리적인 선택이다. 하지만 사람들이 다 현명하고 합리적일까? 그렇지 않다면 어떻게 해야 할까?
>
> 　실증적 접근법은 평범한 사람들이 고르는 숫자의 분포는 추측하기가 매우 어렵다는 사실을 기반으로 한다. 이때는 심리와 직관이 수학보다 중요한 역할을 한다. 사람들이 게임 자체를 이해하지 못하는 경우도 있다. 세계 명문대학의 교수가 95를 고르는 것을 본 적이 있다. 한 번은 물리학 교수 한 분이 내게 자기가 100을 고른 이유를 말해주었다. 100으로 평균을 높여서 낮은 숫자를 고르는 똑똑한 동료들을 골탕 먹이고 싶어서라고 했다. 똑똑한 사람들도 인생이 소풍이 아니라는 것을 알 필요가 있다는 것이다. 나는 이 게임을 지금껏 400번 넘게 시행했다. 그 중 '0'이 이긴 적은 수학영재 그룹을 대상으로 시행했을 때 딱 한 번뿐이었다. 분명한 점은 실험 참가자들이 숫자를 고를 때 여러 다양한 변수들이 영향을 미친다는 것이다.

① '숫자 고르기 게임'에서, 선택의 최종 결과는 규범적 선택이 예측하는 결과로 결론 나는 경우가 많지 않다.
② 실험에 참가한 여러 그룹들 중 어느 한 그룹이 전체적으로 0에 가까운 숫자들을 선택한다면, 그 그룹의 참가자들은 다른 그룹들에 비해 보다 규범적 선택을 많이 했다는 뜻이다.
③ 규범적 선택에서는 심리와 직관이 수학보다 중요한 역할을 한다.
④ 대체로 참가자들이 0에 가까운 숫자들을 선택한다면, 다른 참가자들도 자신처럼 현명하고 합리적인 사람이라고 생각했다는 뜻이다.
⑤ 대체로 100에 가까운 숫자를 선택한 사람들이 많은 집단은 게임 자체를 이해하지 못한 사람이 많거나, 다른 심리적 이유가 작용했다고 볼 수 있다.

**유형공략**

대략적으로 논리 추론 언어형(논리I **la**)과 그 유형공략의 차원에서는 동일하다.
- step 1. 유형 및 선택지 핵심어 파악
- step 2. 제시문 핵심읽기 및 선택지 추론하기
- step 3. 선택지 판단하기

다만, 논리 추론 수리형(논리I ma)에서는 그 제시문의 내용이 사칙연산(+−×÷)을 기본으로 하여 이를 변형한 분수식(분자: 비례, 분모: 반비례)도 나오고 있으며, 더 나아가 최근에는 확률, 경우의 수 등과 관련한 문제들이 출제되고 있으므로 간략하게 그 공식에 대해서 살펴보자. (⑩ 2019~2021년 5급 공채)

PSAT 문제에서 최근 출제되었던 수학 공식과 그와 관련된 수식에 대해서 몇 가지만 간략하게 살펴보자.

**내용공략**

① 분수식(÷)

$$\text{자국의 손실비} = \frac{\text{자국의 최초 병력 대비 잃은 병력비율}}{\text{적국의 최초 병력 대비 잃은 병력비율}}$$

[2020, 5급 PSAT 나책형, 문 09. 발췌]

$$\text{조례 제정 비율} = \frac{\text{1월1일부터 12월 31일까지 제정한 조례의 수}}{\text{1월1일부터 12월31일까지 법률위임조례의 수}}$$

[2021, 7급 PSAT 나책형, 문 04. 발췌]

② 경우의 수

… a가 1의 양자 상태에 있는 경우는 | ab | | |, | a | b | |, | a | | b | 의 세 가지 …

[2021, 7급 PSAT 나책형, 문 04. 발췌]

③ 확률(probability, $P(A)$)

확률은 발생 여부가 불확실한 어떤 사건이 일어날 가능성을 수치로 나타낸 것이다. 확률의 개념은 **비율**의 개념을 확장한 것으로 이해할 수 있다. 어떤 사건에 대한 확률은 0과 1 사이의 수로 주어지며 확률이 클수록 그 사건이 일어날 가능성이 높음을 의미한다. 가능성이 유한한 경우, 확률이 0인 사건은 일어날 수 없는 사건을, 확률이 1인 사건은 확실하게 일어나는 사건을 의미한다. [수학백과]

… 90개의 구슬이 들어 있는 항아리가 있다. 이 항아리에는 붉은색 구슬이 30개 들어 있다. 나머지 구슬은 검은색이거나 노란색 …

[2021, 5급 공채 가책형, 문 39~40. 발췌]

**참고** 기댓값(expected value, $E(A)$)

어떤 사건이 일어날 때 얻어지는 양과 그 사건이 일어날 확률을 곱하여 얻어지는 가능성의 값을 의미한다. [표준국어대사전]

… 한식이 제일 크고 일식이 제일 작다 … 실제로 한식과 일식을 좋아하는 정도와 상관없이, 이를 각각 1과 0으로 둔다. …
B: 한식을 먹을 확률이 0.7, 일식을 먹을 확률이 0.3인 추첨을 한다.
B를 선택할 때 갑이 느끼는 만족의 기댓값은 0.7이다. …

[2022, 5급 PSAT 나책형, 문 28. 발췌]

**④ 조건부 확률**

일반적으로 확률은 표본공간에서 다양한 사건이 일어날 가능성을 따지는 것이다. 그러나 때에 따라서는 특정한 사건을 고정하고 그 사건이 일어났다는 조건하에서 다른 사건이 일어날 확률을 따지는 것이 필요하다.

> 표본공간 S에서 두 사건 A와 B를 생각하자. P(B)>0일 때, 사건 B가 일어난 조건 하에서 사건 A가 일어날 조건부확률은 다음과 같다.
>
> $$P(A|B) = \frac{P(A \cap B)}{P(B)}$$

**⑤ 순열**

서로 다른 물건들 중 몇 가지 대상을 뽑아 일렬로 나열하는 것을 순열이라고 한다. 이때 서로 다른 n개의 물건들 중 r개를 뽑아 일렬로 나열하는 방법의 수를 기호 P(n, r) 또는 nPr로 나타낸다.

> $$P(n, r) = n(n-1)(n-2)\cdots(n-r+1) = \frac{n!}{(n-r)!}$$

**⑥ 조합**

서로 다른 물건들 중 몇 가지 대상을 뽑는 것을 조합이라고 한다. 이때 서로 다른 n개의 물건들 중 r개를 뽑는 방법의 수를 기호 C(n, r) 또는 nCr로 나타낸다.

> $$C(n, r) = \frac{n!}{r!(n-r)!}$$

---

**기출문제 분석**  접근: 도표형(ta, table and picture)

마지막 추론 유형으로 아직까지는 7급 공채 PSAT에서만 출제되고 있는 표와 그림이 들어가는 도표형이 있다. 이해를 돕기 위해 이 유형의 문제 하나를 소개해 본다.

**03** 다음 글의 〈표〉에 대한 판단으로 옳은 것만을 〈보기〉에서 모두 고르면? 7급 PSAT 모의평가

상 중 하

> 우리 몸에는 세 종류의 중요한 근육이 있는데 이것들은 서로 다른 두 기준에 따라 각각 두 종류로 분류될 수 있다. 두 기준은 근육을 구성하는 근섬유에 줄무늬가 있는지의 여부와 근육의 움직임을 우리가 의식적으로 통제할 수 있는지의 여부이다.
>
> 세 종류의 중요한 근육 중 뼈대근육은 우리가 의식적으로 통제하여 사용할 수 있기 때문에 수의근이라고 하며 뼈에 부착되어 있다. 이 근육에 있는 근섬유에는 줄무늬가 있어서 줄무늬근으로 분류된다. 뼈대근육은 달리기, 들어 올리기와 같은 신체적 동작을 일으킨다. 우리가 신체적 운동을 통해 발달시키고자 하는 근육이 바로 뼈대근육이다.
>
> 뼈대근육과 다른 종류로서 내장근육이 있는데, 이 근육은 소화기관, 혈관, 기도에 있는 근육으로서 의식적인 통제 하에 있는 것이 아니다. 내장근육에 있는 근섬유에는 줄무늬가 없어서 민무늬근으로 분류된다. 위나 다른 소화기관에 있는 근육은 꿈틀운동을 일으킨다. 혈관에 있는 근육은 혈관의 직경을 변화시켜서 피의 흐름을 촉진시킨다. 기도에 있는 근육은 기도의 직경을 변화시켜서 공기의 움직임을 촉진시킨다.

심장근육은 심장에서만 발견되는데 심장근육에 있는 근섬유에는 줄무늬가 있다. 심장근육은 심장벽을 구성하고 있고 심장을 수축시키는 역할을 하는데, 이 근육은 우리가 의식적으로 통제할 수 있는 것이 아니기 때문에 불수의근으로 분류된다.

지금까지 기술한 내용을 정리하면 다음과 같다.

〈표〉 근육의 종류와 특징

| 기준 \ 종류 | 뼈대근육 | 내장근육 | 심장근육 |
|---|---|---|---|
| A | ㉠ | ㉡ | ㉢ |
| B | ㉣ | ㉤ | ㉥ |

┌ 보기 ┐

ㄱ. ㉡과 ㉢이 같은 특징이라면, A에는 근섬유에 줄무늬가 있는지를 따지는 기준이 들어간다.

ㄴ. ㉣과 ㉥이 다른 특징이라면, B에는 근육의 움직임을 의식적으로 통제할 수 있는지를 따지는 기준이 들어간다.

ㄷ. ㉠에 '수의근'이 들어간다면, ㉤에는 '민무늬근'이 들어가야 한다.

① ㄱ
② ㄷ
③ ㄱ, ㄴ
④ ㄴ, ㄷ
⑤ ㄱ, ㄴ, ㄷ

### 유형공략

대략적으로 논리 추론 도표형(논리Ⅰ ta)은 그 유형공략의 차원에서는 다른 추론형과 유사하나, step 2.에서 그 차이가 있다.

• step 1. 유형 및 선택지 핵심어 파악

• step 2. 제시문 핵심읽기 및 구분항목에 따라 〈표〉 정리하기

　제시문의 내용을 구분된 〈표〉로 정리하기 위해서는 〈표〉의 "행과 열 구분항목"에 유의한다. 위 대표문제의 경우 기준 \ 종류 를 말하는데, 이는 〈표〉의 행을 "기준"에 따라 그리고 〈표〉의 열을 "종류"에 따라 정리할 수 있음을 보여주는 것이다. 제시문의 내용을 읽어가면서 〈표〉를 바로바로 정리한다.

• step 3. 〈보기〉 추론하며 판단하기

　표를 〈보기〉의 조건에 따라 배치하며 선택지를 판단한다.

## 대표 기출

정답 및 해설 206P

**01** 상중하

**다음 글에서 추론할 수 없는 것은?**

감염병 우려로 인해 △△시험 관리본부가 마련한 대책은 다음과 같다. 먼저 모든 수험생을 확진, 자가격리, 일반 수험생의 세 유형으로 구분한다. 그리고 수험생 유형별로 시험 장소를 안내하고 마스크 착용 규정을 준수하도록 한다.

〈표〉 수험생 유형과 증상에 따른 시험장의 구분

| 수험생 | 시험장 | 증상 | 세부 시험장 |
|---|---|---|---|
| 확진 수험생 | 생활치료 센터 | 유·무 모두 | 센터장이 지정한 센터 내 장소 |
| 자가격리 수험생 | 특별 방역 시험장 | 유 | 외부 차단 1인용 부스 |
| | | 무 | 회의실 |
| 일반 수험생 | 최초 공지한 시험장 | 유 | 소형 강의실 |
| | | 무 | 중대형 강의실 |

모든 시험장에 공통적으로 적용되는 마스크 착용 규정은 다음과 같다. 첫째, 모든 수험생은 입실부터 퇴실 시점까지 의무적으로 마스크를 착용해야 한다. 둘째, 마스크는 KF99, KF94, KF80의 3개 등급만 허용한다. 마스크 등급을 표시하는 숫자가 클수록 방역 효과가 크다. 셋째, 마스크 착용 규정에서 특정 등급의 마스크 의무 착용을 명시한 경우, 해당 등급보다 높은 등급의 마스크 착용은 가능하지만 낮은 등급의 마스크 착용은 허용되지 않는다.

시험장에 따라 달리 적용되는 마스크 착용 규정은 다음과 같다. 첫째, 생활치료센터에서는 각 센터장이 내린 지침을 의무적으로 따라야 한다. 둘째, 특별 방역 시험장에서는 KF99 마스크를 의무적으로 착용해야 한다. 셋째, 소형 강의실과 중대형 강의실에서는 각각 KF99와 KF94 마스크 착용을 권장하지만 의무 사항은 아니다.

① 일반 수험생 중 유증상자는 KF80 마스크를 착용하고 시험을 치를 수 없다.

② 일반 수험생 중 무증상자는 KF80 마스크를 착용하고 시험을 치를 수 있다.

③ 자가격리 수험생 중 유증상자는 KF99 마스크를 착용하고 시험을 치를 수 있다.

④ 자가격리 수험생 중 무증상자는 KF94 마스크를 착용하고 시험을 치를 수 없다.

⑤ 확진 수험생은 생활치료센터장이 허용하는 경우 KF80 마스크를 착용하고 시험을 치를 수 있다.

**02** 상중하

**다음 글의 〈표〉를 수정한 것으로 적절한 것만을 〈보기〉에서 모두 고르면?**

○○부는 철새로 인한 국내 야생 조류 및 가금류 조류인플루엔자(Avian Influenza, AI) 바이러스 감염 확산 여부를 추적 조사하고 있다. AI 바이러스는 병원성 정도에 따라 고병원성과 저병원성 AI 바이러스로 구분한다. 발표 자료에 따르면, 2020년 10월 25일 충남 천안시에서는 야생 조류 분변에서 고병원성 AI 바이러스가 검출되었으며 이는 2018년 2월 1일 충남 아산시에서 검출된 이래 2년 8개월 만의 검출 사례였다.

최근 야생 조류 고병원성 AI 바이러스 검출 사례는 2020년 10월 25일부터 11월 21일까지 경기도에서 3건, 충남에서 2건이 발표되었고, 가금류 고병원성 AI 바이러스 검출 사례는 전국에서 총 3건이 발표되었다. 같은 기간에 야생 조류 저병원성 AI 바이러스 검출 후 발표된 사례는 전국에 총 8건이다. 또한 채집된 의심 야생 조류의 분변 검사 결과, 고병원성·저병원성 AI 바이러스 모두에 해당하지 않아 바이러스 미분리로 분류된 사례는 총 7건이다. 야생 조류 AI 바이러스 검출 현황은 고병원성 AI, 저병원성 AI, 검사 중으로 분류하고 바이러스 미분리는 야생 조류 AI 바이러스 검출 현황에 포함하지 않는다. 야생 조류 AI 바이러스가 검출되고 나서 고병원성 여부를 확인하기 위해 정밀 검사를 하는 데 상당한 기간이 소요되므로, 아직 검사 중인 것이 9건이다. 그중 하나인 제주도 하도리의 경우 11월 22일 고병원성 AI 바이러스 검출 여부를 발표할 예정이다.

○○부 주무관 갑은 2020년 10월 25일부터 11월 21일까지 발표된 야생 조류 AI 바이러스 검출 현황을 아래와 같이 〈표〉로 작성하였으나 검출 현황을 적절히 반영하지 않아 수정이 필요하다.

〈표〉 야생 조류 AI 바이러스 검출 현황
(기간 : 2020년 10월 25일 ~ 2020년 11월 21일)

| 고병원성 AI | 저병원성 AI | 검사 중 | 바이러스 미분리 |
|---|---|---|---|
| 8건 | 8건 | 9건 | 7건 |

보기

ㄱ. 고병원성 AI 항목의 "8건"을 "5건"으로 수정한다.

ㄴ. 검사 중 항목의 "9건"을 "8건"으로 수정한다.

ㄷ. "바이러스 미분리" 항목을 삭제한다.

① ㄱ      ② ㄴ      ③ ㄱ, ㄷ

④ ㄴ, ㄷ      ⑤ ㄱ, ㄴ, ㄷ

## 03 상 중 하

다음 글의 〈논증〉에 대한 분석으로 적절한 것만을 〈보기〉에서 모두 고르면?

우리는 죽음이 나쁜 것이라고 믿는다. 죽고 나면 우리가 존재하지 않기 때문이다. 루크레티우스는 우리가 존재하지 않기 때문에 죽음이 나쁜 것이라면 우리가 태어나기 이전의 비존재도 나쁘다고 말해야 한다고 생각했다. 그러나 우리는 태어나기 이전에 우리가 존재하지 않았다는 사실에 대해서 애석해 하지 않는다. 따라서 루크레티우스는 죽음 이후의 비존재에 대해서도 애석해 할 필요가 없다고 주장했다. 다음은 이러한 루크레티우스의 주장을 반박하는 논증이다.

〈논증〉

우리는 죽음의 시기가 뒤로 미루어짐으로써 더 오래 사는 상황을 상상해 볼 수 있다. 예를 들어, 50살에 교통사고로 세상을 떠난 누군가를 생각해 보자. 그 사고가 아니었다면 그는 70살이나 80살까지 더 살 수도 있었을 것이다. 그렇다면 50살에 그가 죽은 것은 그의 인생에 일어날 수 있는 여러 가능성 중에 하나였다. 그런데 ㉠내가 더 일찍 태어나는 것은 상상할 수 없다. 물론, 조산이나 제왕절개로 내가 조금 더 일찍 세상에 태어날 수도 있었을 것이다. 하지만 여기서 고려해야 할 것은 나의 존재의 시작이다. 나를 있게 하는 것은 특정한 정자와 난자의 결합이다. 누군가는 내 부모님이 10년 앞서 임신할 수 있었다고 주장할 수도 있다. 그러나 그랬다면 내가 아니라 나의 형제가 태어났을 것이다. 그렇기 때문에 '더 일찍 태어났더라면'이라고 말해도 그것이 실제로 내가 더 일찍 태어났을 가능성을 상상한 것은 아니다. 나의 존재는 내가 수정된 바로 그 특정 정자와 난자의 결합에 기초한다. 그러므로 ㉡내가 더 일찍 태어나는 일은 불가능하다. 나의 사망 시점은 달라질 수 있지만, 나의 출생 시점은 그렇지 않다. 그런 의미에서 출생은 내 인생 전체를 놓고 볼 때 하나의 필연적인 사건이다. 결국 죽음의 시기를 뒤로 미뤄 더 오래 사는 것은 가능하지만, 출생의 시기를 앞당겨 더 오래 사는 것은 불가능하다. 따라서 내가 더 일찍 태어나지 않은 것은 나쁜 일이 될 수 없다. 즉 죽음 이후와는 달리 ㉢태어나기 이전의 비존재는 나쁘다고 말할 수 없다.

┤보기├

ㄱ. 냉동 보관된 정자와 난자가 수정되어 태어난 사람의 경우를 고려하면, ㉠은 거짓이다.

ㄴ. ㉠에 "어떤 사건이 가능하면, 그것의 발생을 상상할 수 있다."라는 전제를 추가하면, ㉡을 이끌어 낼 수 있다.

ㄷ. ㉢에 "태어나기 이전의 비존재가 나쁘다면, 내가 더 일찍 태어나는 것이 가능하다."라는 전제를 추가하면, ㉡의 부정을 이끌어 낼 수 있다.

① ㄱ      ② ㄷ
③ ㄱ, ㄴ      ④ ㄴ, ㄷ
⑤ ㄱ, ㄴ, ㄷ

## 04 상 중 하

다음 논쟁에 대한 분석으로 적절한 것만을 〈보기〉에서 모두 고르면?

갑: 입증은 증거와 가설 사이의 관계에 대한 것이다. 내가 받아들이는 입증에 대한 입장은 다음과 같다. 증거 발견 후 가설의 확률 증가분이 있다면, 증거가 가설을 입증한다. 즉 증거 발견 후 가설이 참일 확률에서 증거 발견 전 가설이 참일 확률을 뺀 값이 0보다 크다면, 증거가 가설을 입증한다. 예를 들어보자. 사건 현장에서 용의자 X의 것과 유사한 발자국이 발견되었다. 그럼 발자국이 발견되기 전보다 X가 해당 사건의 범인일 확률은 높아질 것이다. 그렇다면 발자국 증거는 X가 범인이라는 가설을 입증한다. 그리고 증거 발견 후 가설의 확률 증가분이 클수록, 증거가 가설을 입증하는 정도가 더 커진다.

을: 증거가 가설이 참일 확률을 높인다고 하더라도, 그 증거가 해당 가설을 입증하지 못할 수 있다. 가령, X에게 강력한 알리바이가 있다고 해보자. 사건이 일어난 시간에 사건 현장과 멀리 떨어져 있는 X의 모습이 CCTV에 포착된 것이다. 그러면 발자국 증거가 X가 범인일 확률을 높인다고 하더라도, 그가 범인일 확률은 여전히 높지 않을 것이다. 그럼에도 불구하고 갑의 입장은 이러한 상황에서 발자국 증거가 X가 범인이라는 가설을 입증한다고 보게 만드는 문제가 있다.

이 문제는 내가 받아들이는 입증에 대한 다음 입장을 통해 해결될 수 있다. 증거 발견 후 가설의 확률 증가분이 있고 증거 발견 후 가설이 참일 확률이 1/2보다 크다면, 그리고 그런 경우에만 증거가 가설을 입증한다. 가령, 발자국 증거가 X가 범인일 확률을 높이더라도 증거 획득 후 확률이 1/2보다 작다면 발자국 증거는 X가 범인이라는 가설을 입증하지 못한다.

┌ 보기 ┐

ㄱ. 갑의 입장에서, 증거 발견 후 가설의 확률 증가분이 없다면 그 증거가 해당 가설을 입증하지 못한다.

ㄴ. 을의 입장에서, 어떤 증거가 주어진 가설을 입증할 경우 그 증거 획득 이전 해당 가설이 참일 확률은 1/2보다 크다.

ㄷ. 갑의 입장에서 어떤 증거가 주어진 가설을 입증하는 정도가 작더라도, 을의 입장에서 그 증거가 해당 가설을 입증할 수 있다.

① ㄴ
② ㄷ
③ ㄱ, ㄴ
④ ㄱ, ㄷ
⑤ ㄱ, ㄴ, ㄷ

## 05 상중하

**다음 글에서 추론할 수 있는 것은?**

국제표준도서번호(ISBN)는 전세계에서 출판되는 각종 도서에 부여하는 고유한 식별 번호이다. 2007년부터는 13자리의 숫자로 구성된 ISBN인 ISBN-13이 부여되고 있지만, 2006년까지 출판된 도서에는 10자리의 숫자로 구성된 ISBN인 ISBN-10이 부여되었다.

ISBN-10은 네 부분으로 되어 있다. 첫 번째 부분은 책이 출판된 국가 또는 언어 권역을 나타내며 1 ~ 5자리를 가질 수 있다. 예를 들면, 대한민국은 89, 영어권은 0, 프랑스어권은 2, 중국은 7 그리고 부탄은 99936을 쓴다. 두 번째 부분은 국가별 ISBN 기관에서 그 국가에 있는 각 출판사에 할당한 번호를 나타낸다. 세 번째 부분은 출판사에서 그 책에 임의로 붙인 번호를 나타낸다. 마지막 네 번째 부분은 확인 숫자이다. 이 숫자는 0에서 10까지의 숫자 중 하나가 되는데, 10을 써야 할 때는 로마 숫자인 X를 사용한다. 부여된 ISBN-10이 유효한 것이라면 이 ISBN-10의 열 개 숫자에 각각 순서대로 10, 9, …, 2, 1의 가중치를 곱해서 각 곱셈의 값을 모두 더한 값이 반드시 11로 나누어 떨어져야 한다. 예를 들어, 어떤 책에 부여된 ISBN-10인 '89 - 89422 - 42 - 6'이 유효한 것인지 검사해 보자. $(8 \times 10) + (9 \times 9) + (8 \times 8) + (9 \times 7) + (4 \times 6) + (2 \times 5) + (2 \times 4) + (4 \times 3) + (2 \times 2) + (6 \times 1) = 352$이고, 이 값은 11로 나누어 떨어지기 때문에 이 ISBN-10은 유효한 번호이다. 만약 어떤 ISBN-10의 숫자 중 어느 하나를 잘못 입력했다면 서점에 있는 컴퓨터는 즉시 오류 메시지를 화면에 보여줄 것이다.

① ISBN-10의 첫 번째 부분에 있는 숫자가 같으면 같은 나라에서 출판된 책이다.

② 임의의 책의 ISBN-10에 숫자 3자리를 추가하면 그 책의 ISBN-13을 얻는다.

③ ISBN-10이 '0 - 285 - 00424 - 7'인 책은 해당 출판사에서 424번째로 출판한 책이다.

④ ISBN-10의 두 번째 부분에 있는 숫자가 같은 서로 다른 두 권의 책은 동일한 출판사에서 출판된 책이다.

⑤ 확인 숫자 앞의 아홉 개의 숫자에 정해진 가중치를 곱하여 합한 값이 11의 배수인 ISBN-10이 유효하다면 그 확인 숫자는 반드시 0이어야 한다.

## 06 상중하

다음 글에서 추론할 수 있는 것만을 〈보기〉에서 모두 고르면?

식물의 잎에 있는 기공은 대기로부터 광합성에 필요한 이산화탄소를 흡수하는 통로이다. 기공은 잎에 있는 세포 중 하나인 공변세포의 부피가 커지면 열리고 부피가 작아지면 닫힌다.

그렇다면 무엇이 공변세포의 부피에 변화를 일으킬까? 햇빛이 있는 낮에, 햇빛 속에 있는 청색광이 공변세포에 있는 양성자 펌프를 작동시킨다. 양성자 펌프의 작동은 공변세포 밖에 있는 칼륨이온과 염소이온이 공변세포 안으로 들어오게 한다. 공변세포 안에 이 이온들의 양이 많아짐에 따라 물이 공변세포 안으로 들어오고, 그 결과로 공변세포의 부피가 커져서 기공이 열린다. 햇빛이 없는 밤이 되면, 공변세포에 있는 양성자 펌프가 작동하지 않고 공변세포 안에 있던 칼륨이온과 염소이온은 밖으로 빠져나간다. 이에 따라 공변세포 안에 있던 물이 밖으로 나가면서 세포의 부피가 작아져서 기공이 닫힌다.

공변세포의 부피는 식물이 겪는 수분스트레스 반응에 의해 조절될 수도 있다. 식물 안의 수분량이 줄어듦으로써 식물이 수분스트레스를 받는다. 수분스트레스를 받은 식물은 호르몬 A를 분비한다. 호르몬 A는 공변세포에 있는 수용체에 결합하여 공변세포 안에 있던 칼륨이온과 염소이온이 밖으로 빠져나가게 한다. 이에 따라 공변세포 안에 있던 물이 밖으로 나가면서 세포의 부피가 작아진다. 결국 식물이 수분스트레스를 받으면 햇빛이 있더라도 기공이 열리지 않는다.

또한 기공의 여닫힘은 미생물에 의해 조절되기도 한다. 예를 들면, 식물을 감염시킨 병원균 $\alpha$는 공변세포의 양성자 펌프를 작동시키는 독소 B를 만든다. 이 독소 B는 공변세포의 부피를 늘려 기공이 닫혀 있어야 하는 때에도 열리게 하고, 결국 식물은 물을 잃어 시들게 된다.

┌ 보기 ┐

ㄱ. 한 식물의 동일한 공변세포 안에 있는 칼륨이온의 양은, 햇빛이 있는 낮에 햇빛의 청색광만 차단하는 필름으로 식물을 덮은 경우가 덮지 않은 경우보다 적다.

ㄴ. 수분스트레스를 받은 식물에 양성자 펌프의 작동을 못하게 하면 햇빛이 있는 낮에 기공이 열린다.

ㄷ. 호르몬 A를 분비하는 식물이 햇빛이 있는 낮에 보이는 기공 개폐 상태와 병원균 $\alpha$에 감염된 식물이 햇빛이 없는 밤에 보이는 기공 개폐 상태는 다르다.

① ㄱ      ② ㄴ      ③ ㄱ, ㄷ
④ ㄴ, ㄷ      ⑤ ㄱ, ㄴ, ㄷ

## 07 상중하

다음 글의 A ~ C에 대한 판단으로 가장 적절한 것은?

정책 네트워크는 다원주의 사회에서 정책 영역에 따라 실질적인 정책 결정권을 공유하고 있는 집합체이다. 정책 네트워크는 구성원 간의 상호 의존성, 외부로부터 다른 사회 구성원들의 참여 가능성, 의사결정의 합의 효율성, 지속성의 특징을 고려할 때 다음 세 가지 모형으로 분류될 수 있다.

| 특징<br>모형 | 상호<br>의존성 | 외부 참여<br>가능성 | 합의<br>효율성 | 지속성 |
|---|---|---|---|---|
| A | 높음 | 낮음 | 높음 | 높음 |
| B | 보통 | 보통 | 보통 | 보통 |
| C | 낮음 | 높음 | 낮음 | 낮음 |

A는 의회의 상임위원회, 행정 부처, 이익집단이 형성하는 정책 네트워크로서 안정성이 높아 마치 소정부와 같다. 행정부 수반의 영향력이 작은 정책 분야에서 집중적으로 나타나는 형태이다. A에서는 참여자 간의 결속과 폐쇄적 경계를 강조하며, 배타성이 매우 강해 다른 이익집단의 참여를 철저하게 배제하는 것이 특징이다.

B는 특정 정책과 관련해 이해관계를 같이하는 참여자들로 구성된다. B가 특정 이슈에 대해 유기적인 연계 속에서 기능하면, 전통적인 관료제나 A의 방식보다 더 효과적으로 정책 목표를 달성할 수 있다. B의 주요 참여자는 정치인, 관료, 조직화된 이익집단, 전문가 집단이며, 정책 결정은 주요 참여자 간의 합의와 협력에 의해 일어난다.

C는 특정 이슈를 중심으로 이해관계나 전문성을 가진 이익집단, 개인, 조직으로 구성되고, 참여자는 매우 자율적이고 주도적인 행위자이며 수시로 변경된다. 배타성이 강한 A만으로 정책을 모색하면 정책 결정에 영향을 미칠 수 있는 C와 같은 개방적 참여자들의 네트워크를 놓치기 쉽다. C는 관료제의 영향력이 작고 통제가 약한 분야에서 주로 작동하는데, 참여자가 많아 합의가 어려워 결국 정부가 위원회나 청문회를 활용하여 의견을 조정하려는 경우가 종종 발생한다.

① 외부 참여 가능성이 높은 모형은 관료제의 영향력이 작고 통제가 약한 분야에서 나타나기 쉽다.

② 상호 의존성이 보통인 모형에서는 배타성이 강해 다른 이익집단의 참여를 철저하게 배제한다.

③ 합의 효율성이 높은 모형이 가장 효과적으로 정책 목표를 달성할 수 있다.

④ A에 참여하는 이익집단의 정책 결정 영향력이 B에 참여하는 이익집단의 정책 결정 영향력보다 크다.

⑤ C에서는 참여자의 수가 많아질수록 네트워크의 지속성이 높아진다.

## 08 상 중 하

**다음 글에서 추론할 수 있는 것만을 〈보기〉에서 모두 고르면?**

두 입자만으로 이루어지고 이들이 세 가지의 양자 상태 1, 2, 3 중 하나에만 있을 수 있는 계(system)가 있다고 하자. 여기서 양자 상태란 입자가 있을 수 있는 구별 가능한 어떤 상태를 지시하며, 입자는 세 가지 양자 상태 중 하나에 반드시 있어야 한다. 이때 그 계에서 입자들이 어떻게 분포할 수 있는지 경우의 수를 세는 문제는, 각 양자 상태에 대응하는 세 개의 상자 1 2 3 에 두 입자가 있는 경우의 수를 세는 것과 같다. 경우의 수는 입자들끼리 서로 구별 가능한지와 여러 개의 입자가 하나의 양자 상태에 동시에 있을 수 있는지에 따라 달라진다.

두 입자가 구별 가능하고, 하나의 양자 상태에 여러 개의 입자가 있을 수 있다고 가정하자. 이것을 'MB 방식'이라고 부르며, 두 입자는 각각 a, b로 표시할 수 있다. a가 1의 양자 상태에 있는 경우는 |ab| | |, |a|b| |, |a| |b|의 세 가지이고, a가 2의 양자 상태에 있는 경우와 a가 3의 양자 상태에 있는 경우도 각각 세 가지이다. 그러므로 MB 방식에서 경우의 수는 9이다.

두 입자가 구별되지 않고, 하나의 양자 상태에 여러 개의 입자가 있을 수 있다고 가정하자. 이것을 'BE 방식'이라고 부른다. 이때에는 두 입자 모두 a로 표시하게 되므로 |aa| | |, |a|a| |, |a| |a|, | |aa| |, | |a|a|, | | |aa|가 가능하다. 그러므로 BE 방식에서 경우의 수는 6이다.

두 입자가 구별되지 않고, 하나의 양자 상태에 하나의 입자만 있을 수 있다고 가정하자. 이것을 'FD 방식'이라고 부른다. 여기에서는 BE 방식과 달리 하나의 양자 상태에 두 개의 입자가 동시에 있는 경우는 허용되지 않으므로 |a|a| |, |a| |a|, | |a|a|만 가능하다. 그러므로 FD 방식에서 경우의 수는 3이다.

양자 상태의 가짓수가 다를 때에도 MB, BE, FD 방식 모두 위에서 설명한 대로 입자들이 놓이게 되고, 이때 경우의 수는 달라질 수 있다.

┤ 보기 ├

ㄱ. 두 개의 입자에 대해, 양자 상태가 두 가지이면 BE 방식에서 경우의 수는 2이다.

ㄴ. 두 개의 입자에 대해, 양자 상태의 가짓수가 많아지면 FD 방식에서 두 입자가 서로 다른 양자 상태에 각각 있는 경우의 수는 커진다.

ㄷ. 두 개의 입자에 대해, 양자 상태가 두 가지 이상이면 경우의 수는 BE 방식에서보다 MB 방식에서 언제나 크다.

① ㄱ　　　　② ㄷ　　　　③ ㄱ, ㄴ
④ ㄴ, ㄷ　　　⑤ ㄱ, ㄴ, ㄷ

## 09 상 중 하

**다음 글에서 추론할 수 있는 것은?**

생쥐가 새로운 소리 자극을 받으면 이 자극 신호는 뇌의 시상에 있는 청각시상으로 전달된다. 청각시상으로 전달된 자극 신호는 뇌의 편도에 있는 측핵으로 전달된다. 측핵에 전달된 신호는 편도의 중핵으로 전달되고, 중핵은 신체의 여러 기관에 전달할 신호를 만들어서 반응이 일어나게 한다.

연구자 K는 '공포' 또는 '안정'을 학습시켰을 때 나타나는 신경생물학적 특징을 탐구하기 위해 두 개의 실험을 수행했다.

첫 번째 실험에서 공포를 학습시켰다. 이를 위해 K는 생쥐에게 소리 자극을 준 뒤에 언제나 공포를 일으킬 만한 충격을 가하여, 생쥐에게 이 소리가 충격을 예고한다는 것을 학습시켰다. 이렇게 학습된 생쥐는 해당 소리 자극을 받으면 방어적인 행동을 취했다. 이 생쥐의 경우, 청각시상으로 전달된 소리 자극 신호는 학습을 수행하기 전 상태에서 전달되는 것보다 훨씬 센 강도의 신호로 증폭되어 측핵으로 전달된다. 이 증폭된 강도의 신호는 중핵을 거쳐 신체의 여러 기관에 전달되고 이는 학습된 공포 반응을 일으킨다.

두 번째 실험에서는 안정을 학습시켰다. 이를 위해 K는 다른 생쥐에게 소리 자극을 준 뒤에 항상 어떤 충격도 주지 않아서, 생쥐에게 이 소리가 안정을 예고한다는 것을 학습시켰다. 이렇게 학습된 생쥐는 이 소리를 들어도 방어적인 행동을 전혀 취하지 않았다. 이 경우 소리 자극 신호를 받은 청각시상에서 만들어진 신호가 측핵으로 전달되는 것이 억제되기 때문에 측핵에 전달된 신호는 매우 미약해진다. 대신 청각시상은 뇌의 선조체에서 반응을 일으킬 수 있는 자극 신호를 만들어서 선조체에 전달한다. 선조체는 안정 상태와 같은 긍정적이고 좋은 느낌을 느낄 수 있게 하는 것에 관여하는 뇌 영역인데, 선조체에서 반응이 세게 나타나면 안정감을 느끼게 되어 학습된 안정 반응을 일으킨다.

① 중핵에서 만들어진 신호의 세기가 강한 경우에는 학습된 안정 반응이 나타난다.

② 학습된 공포 반응을 일으키지 않는 소리 자극은 선조체에서 약한 반응이 일어나게 한다.

③ 학습된 공포 반응을 일으키는 소리 자극은 청각시상에서 선조체로 전달되는 자극 신호를 억제한다.

④ 학습된 안정 반응을 일으키는 청각시상에서 받는 소리 자극 신호는 학습된 공포 반응을 일으키는 청각시상에서 받는 소리 자극 신호보다 약하다.

⑤ 학습된 안정 반응을 일으키는 경우와 학습된 공포 반응을 일으키는 경우 모두, 청각시상에서 측핵으로 전달되는 신호의 세기가 학습하기 전과 달라진다.

## 10 상중하

**다음 글의 〈실험 결과〉에서 추론할 수 있는 것은?**

연구자 K는 동물의 뇌 구조 변화가 일어나는 방식을 규명하기 위해 다음의 실험을 수행했다. 실험용 쥐를 총 세 개의 실험군으로 나누었다. 실험군 1의 쥐에게는 운동은 최소화하면서 학습을 시키는 '학습 위주 경험'을 하도록 훈련시켰다. 실험군 2의 쥐에게는 특별한 기술을 학습할 필요 없이 수행할 수 있는 쳇바퀴 돌리기를 통해 '운동 위주 경험'을 하도록 훈련시켰다. 실험군 3의 쥐에게는 어떠한 학습이나 운동도 시키지 않았다.

〈실험 결과〉

• 뇌 신경세포 한 개당 시냅스의 수는 실험군 1의 쥐에서 크게 증가했고 실험군 2와 3의 쥐에서는 거의 변하지 않았다.

• 뇌 신경세포 한 개당 모세혈관의 수는 실험군 2의 쥐에서 크게 증가했고 실험군 1과 3의 쥐에서는 거의 변하지 않았다.

• 실험군 1의 쥐에서는 대뇌 피질의 지각 영역에서 구조 변화가 나타났고, 실험군 2의 쥐에서는 대뇌 피질의 운동 영역과 더불어 운동 활동을 조절하는 소뇌에서 구조 변화가 나타났다. 실험군 3의 쥐에서는 뇌 구조 변화가 거의 나타나지 않았다.

① 대뇌 피질의 구조 변화는 학습 위주 경험보다 운동 위주 경험에 더 큰 영향을 받는다.

② 학습 위주 경험은 뇌의 신경세포당 시냅스의 수에, 운동 위주 경험은 뇌의 신경세포당 모세혈관의 수에 영향을 미친다.

③ 학습 위주 경험과 운동 위주 경험은 뇌의 특정 부위에 있는 신경세포의 수를 늘려 그 부위의 뇌 구조를 변하게 한다.

④ 특정 형태의 경험으로 인해 뇌의 특정 영역에 발생한 구조 변화가 뇌의 신경세포당 모세혈관 또는 시냅스의 수를 변화시킨다.

⑤ 뇌가 영역별로 특별한 구조를 갖는 것이 그 영역에서 신경세포당 모세혈관 또는 시냅스의 수를 변화시켜 특정 형태의 경험을 더 잘 수행할 수 있게 한다.

## 11 상중하

**다음 글에 대한 분석으로 적절한 것만을 〈보기〉에서 모두 고르면?**

'자연화'란 자연과학의 방법론에 따라 자연과학이 수용하는 존재론을 토대 삼아 연구를 수행한다는 의미이다. 심리학을 자연과학의 하나라고 생각하는 철학자 A는, 인식론의 자연화를 주장하기 위해 다음의 〈논증〉을 제시하였다.

〈논증〉

(1) 전통적 인식론은 적어도 다음의 두 가지 목표를 가진다. 첫째, 세계에 관한 믿음을 정당화하는 것이고, 둘째, 세계에 관한 믿음을 나타내는 문장을 감각 경험을 나타내는 문장으로 번역하는 것이다.

(2) 전통적 인식론은 첫째 목표도 달성할 수 없고 둘째 목표도 달성할 수 없다.

(3) 만약 전통적 인식론이 이 두 가지 목표 중 어느 하나라도 달성할 수가 없다면, 전통적 인식론은 폐기되어야 한다.

(4) 전통적 인식론은 폐기되어야 한다.

(5) 만약 전통적 인식론이 폐기되어야 한다면, 인식론자는 전통적 인식론 대신 심리학을 연구해야 한다.

(6) 인식론자는 전통적 인식론 대신 심리학을 연구해야 한다.

┤ 보기 ├

ㄱ. 전통적 인식론의 목표에 (1)의 '두 가지 목표' 외에 "세계에 관한 믿음이 형성되는 과정을 규명하는 것"이 추가된다면, 위 논증에서 (6)은 도출되지 않는다.

ㄴ. (2)를 "전통적 인식론은 첫째 목표를 달성할 수 없거나 둘째 목표를 달성할 수 없다."로 바꾸어도 위 논증에서 (6)이 도출된다.

ㄷ. (4)는 논증 안의 어떤 진술들로부터 나오는 결론일 뿐만 아니라 논증 안의 다른 진술의 전제이기도 하다.

① ㄱ  　　② ㄷ  　　③ ㄱ, ㄴ
④ ㄴ, ㄷ  　　⑤ ㄱ, ㄴ, ㄷ

## 12 상 중 하

다음 글에 대한 분석으로 적절한 것만을 〈보기〉에서 모두 고르면?

어떤 사람이 당신에게 다음과 같이 제안했다고 하자. 당신은 호화 여행을 즐기게 된다. 다만 먼저 10만 원을 내야 한다. 여기에 하나의 추가 조건이 있다. 그것은 제안자의 말인 아래의 (1)이 참이면 그는 10만 원을 돌려주지 않고 약속대로 호화 여행은 제공하는 반면, (1)이 거짓이면 그는 10만 원을 돌려주고 약속대로 호화 여행도 제공한다는 것이다.

(1) 나는 당신에게 10만 원을 돌려주거나 ⓐ <u>당신은 나에게 10억 원을 지불한다.</u>

당신은 이 제안을 받아들였고 10만 원을 그에게 주었다. 이때 어떤 결과가 따를지 검토해 보자. (1)은 참이거나 거짓일 것이다. (1)이 거짓이라고 가정해 보자. 그러면 추가 조건에 따라 그는 당신에게 10만 원을 돌려준다. 또한 가정상 (1)이 거짓이므로, ㉠ <u>그는 당신에게 10만 원을 돌려주지 않는다.</u> 결국 (1)이 거짓이라고 가정하면 그는 당신에게 10만 원을 돌려준다는 것과 돌려주지 않는다는 것이 모두 성립한다. 이는 가능하지 않다. 따라서 ㉡ <u>(1)은 참일 수밖에 없다.</u> 그런데 (1)이 참이라면 추가 조건에 따라 그는 당신에게 10만 원을 돌려주지 않는다. 따라서 ⓐ가 반드시 참이어야 한다. 즉, ㉢ <u>당신은 그에게 10억 원을 지불한다.</u>

┌ 보기 ┐
ㄱ. ㉠을 추론하는 데는 'A이거나 B'의 형식을 가진 문장이 거짓이면 A도 B도 모두 반드시 거짓이라는 원리가 사용되었다.
ㄴ. ㉡을 추론하는 데는 어떤 가정하에서 같은 문장의 긍정과 부정이 모두 성립하는 경우 그 가정의 부정은 반드시 참이라는 원리가 사용되었다.
ㄷ. ㉢을 추론하는 데는 'A이거나 B'라는 형식의 참인 문장에서 A가 거짓인 경우 B는 반드시 참이라는 원리가 사용되었다.

① ㄱ
② ㄷ
③ ㄱ, ㄴ
④ ㄴ, ㄷ
⑤ ㄱ, ㄴ, ㄷ

## 13 상 중 하

다음 글의 ㉠ ~ ㉯에 들어갈 내용에 대한 설명으로 가장 적절한 것은?

○○도는 2022년부터 '공공 기관 통합 채용' 시스템을 운영하여 공공 기관의 채용에 대한 체계적 관리와 비리 발생 예방을 도모할 계획이다. 기존에는 ○○도 산하 공공 기관들이 채용 전(全) 과정을 각기 주관하여 시행하였으나, 2022년부터는 ○○도가 채용 과정에 참여하기로 하였다. ○○도와 산하 공공 기관들이 '따로, 또 같이'하는 통합 채용을 통해 채용 과정의 투명성을 확보하고 기관별 특성에 맞는 인재 선발을 용이하게 하려는 것이다.

○○도는 채용 공고와 원서 접수를 하고 필기시험을 주관한다. 나머지 절차는 ○○도 산하 공공 기관이 주관하여 서류 심사 후 면접시험을 거쳐 합격자를 발표한다. 기존 채용 절차에서 서류 심사에 이어 필기시험을 치던 순서를 맞바꾸었는데, 이는 지원자에게 응시 기회를 확대 제공하기 위해서이다. 절차 변화에 대한 지원자의 혼란을 줄이기 위해 기존의 나머지 채용 절차는 그대로 유지하였다. 또 ○○도는 기존의 필기시험 과목인 영어·한국사·일반상식을 국가직무능력표준 기반 평가로 바꾸어 기존과 달리 실무 능력을 평가해서 인재를 선발할 수 있도록 제도를 보완하였다. ○○도는 이런 통합 채용 절차를 알기 쉽게 기존 채용 절차와 개선 채용 절차를 비교해서 도표로 나타내었다.

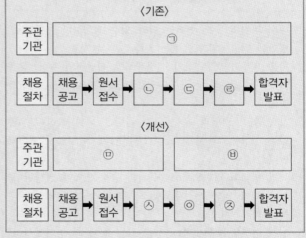

〈기존〉

| 주관 기관 | ㉠ | | | | |
|---|---|---|---|---|---|
| 채용 절차 | 채용 공고 → | 원서 접수 → | ㉡ → | ㉢ → | ㉣ → 합격자 발표 |

〈개선〉

| 주관 기관 | ㉤ | | ㉥ | |
|---|---|---|---|---|
| 채용 절차 | 채용 공고 → | 원서 접수 → | ㉦ → | ㉧ → ㉨ → 합격자 발표 |

① 개선 이후 ㉠에 해당하는 기관이 주관하는 채용 업무의 양은 이전과 동일할 것이다.
② ㉠과 같은 주관 기관이 들어가는 것은 ㉥이 아니라 ㉤이다.
③ ㉡과 ㉧에는 같은 채용 절차가 들어간다.
④ ㉢과 ㉦에서 지원자들이 평가받는 능력은 같다.
⑤ ㉣을 주관하는 기관과 ㉨을 주관하는 기관은 다르다.

## 14 상중하

다음 글의 〈표〉에 대한 판단으로 적절한 것만을 〈보기〉에서 모두 고르면?

법제처 주무관 갑은 지방자치단체를 대상으로 조례 입안을 지원하고 있다. 갑은 지방자치단체가 조례 입안 지원 신청을 하는 경우, 두 가지 기준에 따라 나누어 신청안들을 정리하고 있다. 해당 조례안의 입법 예고를 완료하였는지 여부를 기준으로 '완료'와 '미완료'로 나누고, 과거에 입안을 지원하였던 조례안 중에 최근에 접수된 조례안과 내용이 유사한 사례가 있는지를 판단하여 유사 사례 '있음'과 '없음'으로 나눈다. 유사 사례가 존재하지 않는 경우에만 갑은 팀장인 을에게 그 접수된 조례안의 주요 내용을 보고해야 한다.

최근 접수된 조례안 (가)는 지난 분기에 지원하였던 조례안과 많은 부분 유사한 내용을 담고 있다. 입법 예고는 현재 진행 중이다. 조례안 (나)의 경우는 입법 예고가 완료된 후에 접수되었고, 그 주요 내용이 지난해에 지원한 조례안의 주요 내용과 유사하다. 조례안 (다)는 주요 내용이 기존에 지원하였던 조례안과 유사성이 전혀 없는 새로운 내용을 규정하고 있으며, 입법 예고가 진행되지 않았다.

이상의 내용을 다음과 같은 형식으로 나타낼 수 있다.

〈표〉 입안 지원 신청 조례안별 분류

| 기준＼조례안 | (가) | (나) | (다) |
|---|---|---|---|
| A | ㉠ | ㉡ | ㉢ |
| B | ㉣ | ㉤ | ㉥ |

┤ 보기 ├
ㄱ. A에 유사 사례의 유무를 따지는 기준이 들어가면, ㉣과 ㉥이 같다.
ㄴ. B에 따라 을에 대한 갑의 보고 여부가 결정된다면, ㉠과 ㉢은 같다.
ㄷ. ㉣과 ㉤이 같으면, ㉠과 ㉡이 같다.

① ㄱ
② ㄷ
③ ㄱ, ㄴ
④ ㄴ, ㄷ
⑤ ㄱ, ㄴ, ㄷ

## 15 상중하

다음 대화의 ㉠으로 적절한 것만을 〈보기〉에서 모두 고르면?

갑: 우리 지역 장애인의 체육 활동을 지원하기 위한 '장애인 스포츠강좌 지원사업'의 집행 실적이 저조하다고 합니다. 지원 바우처를 제대로 사용하지 못하고 있다는 의미인데요. 비장애인을 대상으로 하는 '일반 스포츠강좌 지원사업'은 인기가 많아 예산이 금방 소진된다고 합니다. 과연 어디에 문제점이 있는 것일까요?

을: 바우처를 수월하게 사용하려면 사용 가능한 가맹 시설이 많이 있어야 합니다. 우리 지역의 '장애인 스포츠강좌 지원사업' 가맹 시설은 10개소이며 '일반 스포츠강좌 지원사업' 가맹 시설은 300개소입니다. 그런데 장애인들은 비장애인들에 비해 바우처를 사용하기 훨씬 어렵습니다. 혹시 장애인의 수에 비해 장애인 대상 가맹 시설의 수가 비장애인의 경우보다 턱없이 적어서 그런 것 아닐까요?

병: 글쎄요, 제 생각은 조금 다릅니다. 바우처 지원액이 너무 적은 것은 아닐까요? 장애인을 대상으로 하는 스포츠강좌는 보조인력 비용 등 추가 비용으로 인해, 비장애인 대상 강좌보다 수강료가 높을 수 있습니다. 바우처를 사용한다 해도 자기 부담금이 여전히 크다면 장애인들은 스포츠강좌를 이용하기 어려울 것입니다.

정: 하지만 제가 보기엔 장애인들의 주요 연령대가 사업에서 제외된 것 같습니다. 현재 본 사업의 대상 연령은 만 12세에서 만 49세까지인데, 장애인 인구의 고령자 인구 비율이 비장애인 인구에 비해 높다는 사실을 고려하면, 대상 연령의 상한을 적어도 만 64세까지 높여야 한다고 생각합니다.

갑: 모두들 좋은 의견 감사합니다. 오늘 회의에서 논의된 내용을 확인하기 위해 ㉠ 필요한 자료를 조사해 주세요.

┤ 보기 ├
ㄱ. 장애인 및 비장애인 각각의 인구 대비 '스포츠강좌 지원사업' 가맹 시설 수
ㄴ. 장애인과 비장애인 각각 '스포츠강좌 지원사업'에 참여하기 위해 본인이 부담해야 하는 금액
ㄷ. 만 50세에서 만 64세까지의 장애인 중 스포츠강좌 수강을 희망하는 인구와 만 50세에서 만 64세까지의 비장애인 중 스포츠강좌 수강을 희망하는 인구

① ㄴ
② ㄷ
③ ㄱ, ㄴ
④ ㄱ, ㄷ
⑤ ㄱ, ㄴ, ㄷ

## 16 ♥♥♥

**다음 글에서 추론할 수 있는 것만을 〈보기〉에서 모두 고르면?**

갑: 조(粗)출생률은 인구 1천 명당 출생아 수를 의미합니다. 조출생률은 인구 규모가 상이한 지역이나 시점 간의 출산 수준을 간편하게 비교할 때 유용한 지표입니다. 예를 들어, 2016년에 세종시보다 인구 규모가 훨씬 큰 경기도의 출생아 수는 10만 5천 명으로 세종시의 3천 명보다 많지만, 조출생률은 경기도가 8.4명이고 세종시는 14.6명입니다. 출산 수준은 세종시가 더 높다는 의미입니다.

을: 그렇군요. 그럼 합계 출산율은 무엇인가요?

갑: 합계 출산율은 여성 한 명이 평생 동안 낳을 것으로 예상되는 출생아 수를 의미합니다. 여성이 실제 평생 동안 낳은 아이 수를 측정하는 것은 가임 기간 35년이 지나야 산출할 수 있다는 문제가 있습니다. 이에 비해 합계 출산율은 여성 1명이 출산 가능한 시기를 15세부터 49세까지로 가정하고 그 사이의 각 연령대 출산율을 모두 합해서 얻습니다. 15 ~ 19세 연령대 출산율은 한 해 동안 15 ~ 19세 여성에게서 태어난 출생아 수를 15 ~ 19세 여성의 수로 나눈 수치인데, 15 ~ 19세부터 45 ~ 49세까지 7개 구간 각각의 연령대 출산율을 모두 합한 것이 합계 출산율입니다. 합계 출산율은 한 여성이 가임 기간 내내 특정 시기의 연령대 출산율 패턴을 그대로 따른다는 가정을 전제로 산출하므로 실제 출산 현실과 차이가 있을 수 있습니다.

을: 그렇다면 조출생률과 합계 출산율을 구별하는 이유가 뭐죠?

갑: 조출생률과 달리 합계 출산율은 성비 및 연령 구조에 따른 출산 수준의 차이를 표준화할 수 있는 장점이 있습니다. 예를 들어, 이스라엘의 합계 출산율은 3.0인 반면 남아프리카공화국은 2.5 가량입니다. 하지만 조출생률은 거의 비슷하지요. 이것은 남아프리카공화국의 경우 전체 인구 대비 젊은 여성의 비율이 이스라엘보다 높기 때문입니다.

**┤ 보기 ├**

ㄱ. 조출생률을 계산할 때는 전체 인구 대비 여성의 비율은 고려하지 않는다.

ㄴ. 두 나라가 인구수와 조출생률에 차이가 없다면 각 나라의 합계 출산율에는 차이가 없다.

ㄷ. 합계 출산율은 한 명의 여성이 일생 동안 출산한 출생아의 수를 집계한 자료를 바탕으로 산출한다.

① ㄱ  　　　　　　　② ㄴ
③ ㄱ, ㄷ  　　　　　④ ㄴ, ㄷ
⑤ ㄱ, ㄴ, ㄷ

# 02 언어

## 1 빈칸(Blank)

정답 및 해설 226P

### 유형설명

빈칸 유형은 문제에서 "⬚⬚⬚⬚⬚에 **들어갈** 내용으로 …"이라는 구절이 들어가는 유형으로서, 다음과 같은 변형된 구절로도 출제된다. 난도는 지속적으로 높아지고 있는 추세이다.

| 기본 | 빈칸에 들어갈 내용 … |
| --- | --- |

**변형**
- 문맥상 빈칸에 들어갈 진술로 가장 적절한 것 …
- ⓐ와 ⓑ에 들어갈 말 …
- (A)~(C)에 들어갈 내용으로 옳은 것 …
- (가)와 (나)에 들어갈 말 …
- (가)~(다)에 들어갈 진술을 <보기>에서 …
- (가)와 (라)에 가장 적절한 말을 <보기>에서 …

### 평가영역

- **분석력**: 제시문의 구성을 파악하는 능력
- **추리력**: 제시문 빈칸의 앞뒤 문맥을 살피면서 빈칸에 들어갈 내용을 생각하는 능력,
- **논리력**: 적절한 선택지(<보기>)가 제시문의 구성 및 문맥과 적절성이 있는지를 판단하는 능력

## 기출문제 분석 │ 접근 : 요약형(Ⓢ, summary)

이 유형을 대표하는 아래의 문제를 가지고 **3단계 접근방법**을 통해서 그 풀이 방식을 자세하게 알아보자.

---

**01** 다음 글의 빈칸에 들어갈 내용으로 가장 적절한 것은? ²⁰¹⁶년도 민간경력
상중하

> 현상의 원인을 찾는 방법들 가운데 최선의 설명을 이용하는 방법이 있다. 우리는 주어진 현상을 일으키는 원인을 찾아 이 원인이 그 현상을 일으켰다고 말함으로써 현상을 설명하곤 한다. 우리는 여러 가지 가능한 설명들 중에서 가장 좋은 설명에 나오는 원인이 현상의 진정한 원인이라고 결론 내릴 수 있다.
>
> 지구에 조수 현상이 있는데 이 현상의 원인은 무엇일까? 우리는 조수 현상을 일으킬 수 있는 원인들을 일종의 가설로서 설정할 수 있다. 만일 지구의 물과 달 사이에 중력이나 자기력 같은 인력이 작용한다면, 이런 인력은 지구에 조수 현상을 일으키는 원인일 수 있다. 지구와 달 사이에 유동 물질이 있고 그 물질이 지구를 누른다면, 이런 누름은 지구에 조수 현상을 일으키는 원인일 수 있다. 지구가 등속도로 자전하지 않아 지구 전체가 흔들거린다면, 이런 지구의 흔들거림은 지구에 조수 현상을 일으키는 원인일 수 있다.
>
> 우리는 이런 설명들을 견주어 어떤 것이 다른 것보다 낫다는 것을 언제든 주장할 수 있으며, 나은 순으로 줄을 세워 가장 좋은 설명을 찾을 수 있다. 우리는 조수 현상에 대한 설명들로, 지구의 물과 달 사이에 인력 때문에 조수가 생긴다는 설명, 지구와 달 사이의 물질이 지구를 누르기 때문에 조수가 생긴다는 설명, 지구 전체의 흔들거림 때문에 조수가 생긴다는 설명을 갖고 있다. 이 설명들 가운데 지구 전체의 흔들거림 때문에 조수가 생긴다는 설명보다 지구와 달 사이의 물질이 지구를 누르기 때문에 조수가 생긴다는 설명이 더 낫다. [＿＿＿＿＿＿＿＿＿＿＿]. 따라서 우리는 조수 현상의 원인이 지구의 물과 달 사이에 작용하는 인력이라고 결론 내릴 수 있다.

① 지구 전체의 흔들거림 때문에 조수가 생긴다는 설명보다 지구와 달 사이에 인력 때문에 조수가 생긴다는 설명이 더 낫다.

② 지구의 물과 달 사이에 인력 때문에 조수가 생긴다는 설명보다 지구 전체의 흔들거림 때문에 조수가 생긴다는 설명이 더 낫다.

③ 지구와 달 사이의 물질이 지구를 누르기 때문에 조수가 생긴다는 설명보다 지구 전체의 흔들거림 때문에 조수가 생긴다는 설명이 더 낫다.

④ 지구의 물과 달 사이에 인력 때문에 조수가 생긴다는 설명보다 지구와 달 사이의 물질이 지구를 누르기 때문에 조수가 생긴다는 설명이 더 낫다.

⑤ 지구와 달 사이의 물질이 지구를 누르기 때문에 조수가 생긴다는 설명보다 지구의 물과 달 사이에 인력 때문에 조수가 생긴다는 설명이 더 낫다.

---

**유형공략**

- step 1. 유형과 선택지 파악

문제를 읽고 그 유형을 파악한다. 위의 대표문제의 경우 **"빈칸에 들어갈 내용"**이라는 구절이 있으므로 **빈칸 유형**임을 알 수 있다.

그 다음으로는 선택지의 각 진술을 세로로 빠르게 읽으면서 **선택지** 간의 **어떠한 차이**가 있는지를 파악한다. 위의 경우 선택지가 모두 '(B) 때문에 조수가 생긴다는 설명<u>보다</u> (A) 때문에 조수가 생긴다는 설명<u>이 더 낫다.</u>'라는 형식의 비교 문장으로 구성되어 있다. (게다가 (A)와 (B)에는 '흔들거림/ 인력/ 누르기'가 돌아가면서 반복되어 사용되고 있음까지도 파악한다면 더욱 바람직할 것이다.) 이는 'step 2'의 단계에서 제시문을 읽을 때, 어떠한 설명 내용이 있고 비교될 수 있는 세부 내용은 무엇인지에 초점을 맞추도록 하는 역할을 한다.

- step 2. 제시문 요약 읽기 및 빈칸 앞뒤 문맥 찾기

앞서 정리한 선택지의 '(B) 때문에 조수가 생긴다는 설명보다 (A) 때문에 조수가 생긴다는 설명이 더 낫다.'라는 형식의 비교 문장을 바탕으로, 제시문의 필요한 내용만을 선택적으로 **요약하듯이 빠르게** 읽는다.

게다가 유의할 점은 제시문의 문장들은 빈칸을 추론하는 데 있어서 필요한 정보들을 반드시 가지고 있다는 점이다. 다시 말해 제시문에 적절한 빈칸을 찾아내기 위해서는, **빈칸의 앞뒤 문맥**을 활용하도록 구성되어 있으므로 그 관련 있는 내용을 표시하고 정리하며 새로운 정보를 유도하며 찾아야 한다는 것이다.

- step 3. 선택지 판단

'step 2'에서 찾은 정보들을 바탕으로, 각 선택지와 비교한 후 그 선택지의 '적절함' 여부를 판단한다.

최종적으로 다시 한 번 정리하자면, 빈칸 유형은 1) 유형 및 선택지 파악, 2) 제시문 요약 읽기 및 빈칸 앞뒤 문맥 찾기, 3) 선택지 판단이라는 접근방법으로 풀이할 수 있다.

보다 나은 이해를 돕기 위해, 앞서 정리했던 접근방법을 순서에 따라 다음과 같이 도식화해 보았다.

| step 1. 유형 및 선택지 파악 | | |
|---|---|---|
| 문제유형 파악 | "… 빈칸에 들어갈 내용 …" | '빈칸'으로 보아 빈칸 유형임을 파악한다. |
| 선택지 ① | (지구 전체의 흔들거림) 때문에 조수가 생긴다는 설명보다 (지구와 달 사이에 인력) 때문에 조수가 생긴다는 설명이 더 낫다. | |
| 선택지 ② | (지구의 물과 달 사이에 인력) 때문에 조수가 생긴다는 설명보다 (지구 전체의 흔들거림) 때문에 조수가 생긴다는 설명이 더 낫다. | |
| 선택지 ③ | (지구와 달 사이의 물질이 지구를 누르기) 때문에 조수가 생긴다는 설명보다 (지구 전체의 흔들거림) 때문에 조수가 생긴다는 설명이 더 낫다. | |
| 선택지 ④ | (지구의 물과 달 사이에 인력) 때문에 조수가 생긴다는 설명보다 (지구와 달 사이의 물질이 지구를 누르기) 때문에 조수가 생긴다는 설명이 더 낫다. | |
| 선택지 ⑤ | (지구와 달 사이의 물질이 지구를 누르기) 때문에 조수가 생긴다는 설명보다 (지구의 물과 달 사이에 인력) 때문에 조수가 생긴다는 설명이 더 낫다. | |
| 선택지 파악 | (B, 흔들거림/인력/누르기) 때문에 조수가 생긴다는 설명보다 (A, 흔들거림/인력/누르기) 때문에 조수가 생긴다는 설명이 더 낫다. | (B)와 (A)의 내용을 제시문에 맞게 선택하는 문제임을 파악한다. |

| step 2-1. 제시문 요약 읽기 | |
|---|---|
| 요약 읽기 | 현상의 원인을 찾는 방법들 가운데 최선의 설명을 이용하는 방법이 있다. ~~우리는 주어진 현상을 일으키는 원인을 찾아 이 원인이 그 현상을 일으켰다고 말함으로써 현상을 설명하곤 한다.~~ 우리는 여러 가지 가능한 설명들 중에서 가장 좋은 설명에 나오는 원인이 현상의 진정한 원인이라고 결론 내릴 수 있다.<br><br>지구에 조수 현상이 있는데 이 현상의 원인은 무엇일까? ~~우리는 조수 현상을 일으킬 수 있는 원인들을 일종의 가설로서 설정할 수 있다.~~ 만일 지구의 물과 달 사이에 중력이나 자기력 같은 인력이 작용한다면, ~~이런 인력은 지구에 조수 현상을 일으키는 원인일 수 있다.~~ 지구와 달 사이에 유동 물질이 있고 그 물질이 지구를 누른다면, ~~이런 누름은 지구에 조수 현상을 일으키는 원인일 수 있다.~~ 지구가 등속도로 자전하지 않아 지구 전체가 흔들거린다면, ~~이런 지구의 흔들거림은 지구에 조수 현상을 일으키~~는 원인일 수 있다.<br><br>우리는 이런 설명들을 견주어 어떤 것이 다른 것보다 낫다는 것을 언제든 주장할 수 있으며, 나은 순으로 줄을 세워 가장 좋은 설명을 찾을 수 있다. ~~우리는 조수 현상에 대한 설명들로, 지구의 물과 달 사이에 인력 때문에 조수가 생긴다는 설명, 지구와 달 사이의 물질이 지구를 누르기 때문에 조수가 생긴다는 설명, 지구 전체의 흔들거림 때문에 조수가 생긴다는 설명을 갖고 있다.~~ 이 설명들 가운데 지구 전체의 흔들거림 때문에 조수가 생긴다는 설명보다 지구와 달 사이의 물질이 지구를 누르기 때문에 조수가 생긴다는 설명이 더 낫다. _____. 따라서 우리는 조수 현상의 원인이 지구의 물과 달 사이에 작용하는 인력이라고 결론 내릴 수 있다. | 관련 있는 내용만 선택적으로 읽는 요약 읽기를 통해 문제풀이 시간을 절약한다. |

| step 2-2. 빈칸 앞뒤 문맥 찾기(새로운 정보 유도) | |
|---|---|
| 앞뒤 문맥 | 1) 지구 전체의 흔들거림 때문에 조수가 생긴다는 설명보다 지구와 달 사이의 물질이 지구를 누르기 때문에 조수가 생긴다는 설명이 더 낫다.<br>2) [_____]. 따라서 조수현상의 원인이 지구의 물과 달 사이에 작용하는 인력이라고 결론 내릴 수 있다. | 앞뒤 문맥을 보면서 빈칸에 적절한 새로운 정보를 유도한다.<br>1) 흔들거림 보다 누르기가 낫다.<br>2) 누르기보다 인력이 낫다.<br>∴ 인력이다. |

| [3 step. 선택지 판단] 빈칸 최종 확인 | | |
|---|---|---|
| 선택지 ⑤ | (지구와 달 사이의 물질이 지구를 누르기) 때문에 조수가 생긴다는 설명보다 (지구의 물과 달 사이에 인력) 때문에 조수가 생긴다는 설명이 더 낫다. | |
| 새로운 정보 | | 2) 누르기보다 인력이 낫다.<br>∴ ⑤는 새로운 정보 2)와 부합하므로 정답이다. |

이상으로 빈칸 유형에 대한 접근방식을 설명해 보았다.

다음은 본 유형의 문제를 풀이할 때 알아두면 유용한 인문/사회/과학계열별 내용들에 빈칸을 추가시켜 놓았다. 빈칸의 내용을 추리하기 위해 반드시 읽어야 하는 내용은 무엇인지 생각해 보고, 빈칸의 내용도 추리해보도록 하자.

## (1) 내용공략 : 인문계열

### 연습문제

제시문의 (1)과 (2), 그리고 밑줄 친 부분들을 모두 참고하여 빈칸에 적절한 내용을 적어 보시오. <sup>2016년도 대수능 변형</sup>

논리실증주의자와 포퍼는 지식을 수학적 지식이나 논리학 지식처럼 경험과 무관한 것과 과학적 지식처럼 경험에 의존하는 것으로 구분한다. 그중 과학적 지식은 과학적 방법에 의해 누적된다고 주장한다. 가설은 과학적 지식의 후보가 되는 것인데, 그들은 가설로부터 논리적으로 도출된 예측을 관찰이나 실험 등의 경험을 통해 맞는지 틀리는지 판단함으로써 그 가설을 시험하는 과학적 방법을 제시한다. 논리실증주의자는 예측이 맞을 경우에, 포퍼는 예측이 틀리지 않는 한, 그 예측을 도출한 가설이 하나씩 새로운 지식으로 추가된다고 주장한다.

하지만 콰인은 (1) 가설만 가지고서 예측을 논리적으로 도출할 수 없다고 본다. 예를 들어 새로 발견된 금속 M은 열을 받으면 팽창한다는 가설만 가지고는 열을 받은 M이 팽창할 것이라는 예측을 이끌어낼 수 없다. 먼저 지금까지 관찰한 모든 금속은 열을 받으면 팽창한다는 기존의 지식과 M에 열을 가했다는 조건 등이 필요하다. 이렇게 (2) 예측은 가설, 기존의 지식들, 여러 조건 등을 모두 합쳐야만 논리적 으로 도출된다는 것이다. 그러므로 예측이 거짓으로 밝혀지면 정확히 무엇 때문에 예측에 실패한 것인지 알 수 없다는 것이다. 이로부터 콰인은 [                    ]이 경험을 통한 시험 대상이 된다는 총체주의를 제안한다.

**정답** 개별적인 **가설**뿐만 아니라 **기존의 지식들**과 **여러 조건** 등을 모두 포함하는 전체 지식

## (2) 내용공략 : 사회계열

### 연습문제

제시문의 (1)~(4) 그리고 밑줄 친 부분들을 모두 참고하여 빈칸 ⑦과 ⓒ에 적절한 정책 수단의 특성을 적어 보시오. <sup>2017년도 대수능 변형</sup>

정부는 국민 생활에 영향을 미치는 활동의 총체인 정책의 목표를 효과적으로 달성하기 위해 정책 수단의 특성을 고려하여 정책을 수행한다. 정책 수단은 강제성, 직접성, 자동성, 가시성의 네 가지 측면에서 다양한 특성을 갖는다. (1) 강제성은 정부가 개인이나 집단의 행위를 제한하는 정도로서, 유해 식품 판매 규제는 강제성이 높다. (2) 직접성은 정부가 공공활동의 수행과 재원 조달에 직접 관여하는 정도를 의미한다. 정부가 정책을 직접 수행하지 않고 민간에 위탁하여 수행하게 하는 것은 직접성이 낮다. (3) 자동성은 정책을 수행하기 위해 별도의 행정 기구를 설립하지 않고 기존의 조직을 활용하는 정도를 말한다. 전기 자동차 보조금 제도를 기존의 시청 환경과에서 시행하는 것은 자동성이 높다. (4) 가시성은 예산 수립 과정에서 정책을 수행하기 위한 재원이 명시적으로 드러나는 정도이다. 일반적으로 사회 규제의 정도를 조절하는 것은 예산 지출을 수반하지 않으므로 가시성이 낮다.

단기의 환율이 기초 경제 여건과 괴리되어 과도하게 급등락하거나 균형 환율 수준으로부터 장기간 이탈하는 등의 문제가 심화되는 경우를 예방하고 이에 대처하기 위해 정부는 다양한 정책 수단을 동원한다. 오버슈팅의 원인인 물가 경직성을 완화하기 위한 정책 수단 중 ⑦ [      ] 이 낮은 사례로는 외환의 수급 불균형 해소를 위해 관련 정보를 신속하고 정확하게 공개하거나 불필요한 가격 규제를 축소하는 것을 들 수 있다.

한편 오버슈팅에 따른 부정적 파급 효과를 완화하기 위해 <u>정부는</u> 환율 변동으로 가격이 급등한 수입 필수 품목에 대한 세금을 <u>조절함</u>으로써 내수가 급격히 위축되는 것을 방지하려고 하기도 한다. 또한 환율 급등락으로 인한 피해에 대비하여 수출입 기업에 환율 변동 보험을 제공하거나, 외화 차입 시 지급 보증을 제공하기도 한다. 이러한 정책 수단은 ［ ⓛ ］이 <u>높은 특성</u>을 가진다. 이와 같이 정부는 기초 경제 여건을 반영한 환율의 추세는 용인하되, 사전적 또는 사후적인 미세 조정 정책 수단을 활용하여 환율의 단기 급등락에 따른 위험으로부터 실물 경제와 금융 시장의 안정을 도모하는 정책을 수행한다.

**정답** ㉠ 강제성, ㉡ 직접성

## ⑶ 내용공략 : 자연계열

**연습문제**

**제시문의 밑줄 친 부분들을 모두 참고한 후, 제시문에서 사용된 단어를 가지고 빈칸 ㉠~㉢을 채워 보시오.** 2016년도 대수능 변형

탄수화물은 사람을 비롯한 동물이 생존하는 데 필수적인 에너지원이다. 탄수화물은 섬유소와 비섬유소로 구분된다. 사람은 체내에서 합성한 효소를 이용하여 곡류의 녹말과 같은 비섬유소를 포도당으로 분해하고 이를 소장에서 흡수하여 에너지원으로 이용한다. 반면, 사람은 풀이나 채소의 주성분인 셀룰로스와 같은 섬유소를 포도당으로 분해하는 효소를 합성하지 못하므로, 섬유소를 소장에서 이용하지 못한다. 소, 양, 사슴과 같은 <u>반추동물</u>도 섬유소를 분해하는 효소를 합성하지 못하는 것은 마찬가지이지만, <u>비섬유소와 섬유소를 모두 에너지원으로 이용</u>하며 살아간다.

위가 넷으로 나누어진 반추 동물의 첫째 위인 반추위에는 여러 종류의 미생물이 서식하고 있다. 그 중 피브로박터수시노젠(F)은 섬유소를 분해하는 대표적인 미생물이다. F가 가진 효소 복합체는 셀룰로스를 노출시킨 후 이를 포도당으로 분해한다. F는 이 포도당을 자신의 세포 내에서 <u>대사 과정을 거쳐 에너지원으로 이용</u>하여 생존을 유지하고 개체 수를 늘림으로써 생장한다. 이런 대사 과정에서 <u>아세트산</u>, 숙신산 등이 <u>대사산물로 발생</u>하고 이를 자신의 세포 외부로 배출한다. 반추위에서 미생물들이 생성한 <u>아세트산은 반추 동물의</u> 세포로 직접 흡수되어 생존에 필요한 <u>에너지를 생성</u>하는 데 주로 이용되고 체지방을 합성하는 데에도 쓰인다.

반추위에는 비섬유소인 녹말을 분해하는 <u>스트렙토코쿠스보비스(S)</u>도 서식한다. 이 <u>미생물은</u> 반추 동물이 섭취한 녹말을 포도당으로 분해하고, 이 포도당을 자신의 세포 내에서 <u>대사 과정을 통해 자신에게 필요한 에너지원</u>으로 이용한다. 이 때 S는 자신의 세포 내의 산성도에 따라 세포 외부로 배출하는 대사산물이 달라진다. 산성도를 알려 주는 수소 이온 농도 지수(pH)가 7.0 정도로 중성이고 생장 속도가 느린 경우에는 아세트산, 에탄올 등이 대사산물로 배출된다. 반면 산성도가 높아져 pH가 6.0 이하로 떨어지거나 녹말의 양이 충분하여 생장 속도가 빠를 때는 <u>젖산이 대사산물로</u> 배출된다. 반추위에서 <u>젖산</u>은 반추동물의 세포로 직접 흡수되어 <u>반추 동물에게 필요한 에너지를 생성</u>하는 데 이용되거나 아세트산 또는 프로피온산을 대사산물로 배출하는 <u>다른 미생물의 에너지원</u>으로 이용된다.

따라서 반추 동물이 섭취한 섬유소와 비섬유소는 반추위에서 반추위 미생물의 ［ ㉠ ］이 되고, 이를 이용하여 생장하는 반추위 미생물이 대사 과정을 통해 생성한 ［ ⓛ ］은 반추 동물의 ［ ㉢ ］으로 이용된다.

**정답** ㉠ 에너지원, ㉡ 대사산물(⑩ 아세트산, 젖산), ㉢ 에너지원

## 기출문제 분석　접근 : 추리형(g, guess)

빈칸 유형은 대체로 요약형의 비중이 높지만, 최근 빈칸 유형에서는 추리형의 비중이 높아지고 있는 추세이다. 언어논리형이란 앞서의 논리 참거짓 또는 논리 추론에서 사용되는 증명방법들을 제시문에서 사용하며 그 전제나 결론을 빈칸으로 묻는 변형된 문제라고 보면 된다. 따라서 이 유형이 나타난 아래의 문제를 가지고 조금 더 알아보자. 난이도는 높은 편에 속한다.

**02** 다음 글의 (가)와 (나)에 들어갈 진술을 〈보기〉에서 골라 알맞게 짝지은 것은? <sup>2015년도 5급 공채</sup>

상중하

　　사실 진술로부터 당위 진술을 도출할 수 없다는 것을 명시적으로 주장한 최초의 인물은 영국의 철학자 데이비드 흄이었다. 그의 주장은 논리적으로 타당하다고 할 수 있다. 그 이유를 이해하기 위해 일단 명제 P와 Q가 있는데 Q는 P로부터 도출될 수 있는 것이라 가정해 보자. 즉, P가 Q를 논리적으로 함축하는 경우를 생각해 보자. 가령, "비가 오고 구름이 끼어 있다."는 "비가 온다."를 논리적으로 함축한다. 이제 이 두 문장이 다음과 같이 결합되는 경우를 생각해 보자.

　　"비가 오고 구름이 끼어 있지만, 비가 오지 않는다."

　　이 명제는 분명히 자기모순적인 명제이다. 왜냐하면 "비가 오고 비가 오지 않는다."라는 자기모순적인 명제를 포함하고 있기 때문이다. 이러한 결과를 바탕으로, 우리는 이제 다음과 같이 결론지을 수 있다.

|(가)|
|---|

　　우리는 이러한 결론을 이용하여, 사실 진술로부터 당위 진술을 도출할 수 없다고 하는 흄의 주장을 이해해 볼 수 있다. 예를 들어, 명제 A를 "타인을 돕는 행동은 행복을 최대화한다."라고 해보자. 이것은 사실 진술로 이루어진 명제이다. 명제 B를 "우리는 타인을 도와야 한다."라고 해보자. 이것은 당위 진술로 이루어진 명제이다. 물론 "B가 아니다."는 "우리는 타인을 돕지 않아도 된다."가 될 것이다. 이제 우리는 이러한 명제들에 대해 앞의 논리를 그대로 적용시켜 볼 수 있다. 즉, "A이지만 B가 아니다."는 자기모순적인 명제가 아니라는 것이다. 따라서 B는 A로부터 도출되지 않는다. 이 점을 일반화시켜 말하자면 다음과 같다.

|(나)|
|---|

┤ 보기 ├

ㄱ. Q가 P로부터 도출될 수 있다면, "P이지만 Q는 아니다."라는 명제는 자기모순적인 명제이다.

ㄴ. Q가 P로부터 도출될 수 없다면, "P이지만 Q는 아니다."라는 명제는 자기모순적인 명제가 아니다.

ㄷ. 어떤 행동이 행복을 최대화한다는 것으로부터 그 행동을 행하여야만 한다는 것을 도출할 수 없다.

ㄹ. 어떤 행동을 행하여야만 한다는 것으로부터 그 행동이 행복을 최대화한다는 것을 도출할 수 없다.

ㅁ. "어떤 행동이 행복을 최대화한다."라는 명제와 "그 행동을 행하여야만 한다."라는 명제는 둘 다 참일 수 있다.

　　(가)　(나)　　　　　　　　　　　　(가)　(나)
① ㄱ　ㄷ　　　　　　　　　② ㄱ　ㅁ
③ ㄴ　ㄷ　　　　　　　　　④ ㄴ　ㄹ
⑤ ㄴ　ㅁ

**유형공략**

• step 1. 유형과 〈보기〉 파악

문제를 읽고 그 유형을 파악한다. 위의 응용문제의 경우 "{(가)와 (나)에} **들어갈 내용**"이라는 구절이 있으므로 **빈칸 유형**임을 알수 있다.

그 다음으로는 〈보기〉의 각 진술을 세로로 빠르게 읽으면서 〈보기〉 간의 **어떠한 차이**가 있는지를 파악한다. 위의 경우 〈보기〉 ㄱ과 ㄴ이 " Q가 P로부터 도출될 수 있다면/없다면, 'P이지만 Q는 아니다.'라는 명제는 자기모순적인 명제이다/아니다."로 비슷한 구성을 보이고 있으며, 〈보기〉 ㄷ~ㅁ은 "행복을 최대화한다는 것"과 "행동을 행하여야만 한다"는 구절을 가지고 도출할 수 있는지 여부나 진리값을 묻고 있음을 알 수 있다.

• step 2. 제시문 요약 읽기 및 빈칸 앞뒤 문맥 찾기

앞서 정리한 〈보기〉 **진술의 특징을 바탕으로** 제시문의 필요한 내용만을 선택적으로 **요약하듯이 빠르게** 읽으면서 선택지의 핵심적인 내용들과 관련 있는 내용을 추측한다.

그 다음으로는 앞서 말한 바와 같이 제시문의 문장들은 빈칸을 추론하는 데 필요한 정보들을 반드시 가지고 있다는 점이다. 다시 말해 제시문에 적절한 빈칸을 찾아내기 위해서는, **빈칸의 앞뒤 문맥**을 활용하도록 구성되어 있으므로 그 관련 있는 내용을 표시하고 정리하며 새로운 정보를 유도하며 찾아야 한다는 것이다. (다만 너무 많은 정보를 찾으려 하기보다는 〈보기〉 진술의 적절성 여부만을 판단할 수준으로 새로운 정보를 찾는다.)

• step 3. 선택지 판단

'step 2'에서 찾은 정보들을 바탕으로, 각 선택지와 비교한 후 그 선택지의 '적절함' 여부를 판단한다.

최종적으로 다시 한 번 정리하자면, 추리형의 빈칸 유형 역시 1) 유형 및 선택지 파악, 2) 제시문 요약읽기 및 빈칸 앞뒤 문맥찾기, 3) 선택지 판단이라는 접근방법으로 풀이할 수 있다.

다만 2)의 빈칸 앞뒤 문맥을 이해하기 위해 읽는 것이 아니라 새로운 정보를 추리하기 위해 요약 또는 기호화의 과정을 거치면서 이론을 바탕으로 한 **증명방법의 흐름을 파악**해야 하는 것에 유의한다.

## 대표 기출

정답 및 해설 227P

### 01 ⑤❸❸

**다음 글의 (가)와 (나)에 들어갈 말을 적절하게 나열한 것은?**

서양 사람들은 옛날부터 신이 자연 속에 진리를 감추어 놓았다고 믿고 그 진리를 찾기 위해 노력했다. 그들은 숨겨진 진리가 바로 수학이며 자연물 속에 비례의 형태로 숨어 있다고 생각했다. 또한 신이 자연물에 숨겨 놓은 수많은 진리 중에서도 인체 비례야말로 가장 아름다운 진리의 정수로 여겼다. 그래서 서양 사람들은 예로부터 이러한 신의 진리를 드러내기 위해서 완벽한 인체를 구현하는 데 몰두했다. 레오나르도 다빈치의 「인체 비례도」를 보면, 원과 정사각형을 배치하여 사람의 몸을 표현하고 있다. 가장 기본적인 기하 도형이 인체 비례와 관련 있다는 점에 착안하였던 것이다. 르네상스 시대 건축가들은 이러한 기본 기하 도형으로 건축물을 디자인하면 ▢ (가) ▢ 위대한 건물을 지을 수 있다고 생각했다.

건축에서 미적 표준으로 인체 비례를 활용하는 조형적 안목은 서양뿐 아니라 동양에서도 찾을 수 있다. 고대부터 중국이나 우리나라에서도 인체 비례를 건축물 축조에 활용하였다. 불국사의 청운교와 백운교는 3 : 4 : 5 비례의 직각삼각형으로 이루어져 있다. 이와 같은 비례로 건축하는 것을 '구고현(勾股弦)법'이라 한다. 뒤꿈치를 바닥에 대고 무릎을 직각으로 구부린 채 누우면 바닥과 다리 사이에 삼각형이 이루어지는데, 이것이 구고현법의 삼각형이다. 짧은 변인 구(勾)는 넓적다리에, 긴 변인 고(股)는 장딴지에 대응하고, 빗변인 현(弦)은 바닥의 선에 대응한다. 이 삼각형은 고대 서양에서 신성불가침의 삼각형이라 불렸던 것과 동일한 비례를 가지고 있다. 동일한 비례를 아름다움의 기준으로 삼았다는 점에서 ▢ (나) ▢ 는 것을 알 수 있다.

① (가): 인체 비례에 숨겨진 신의 진리를 구현한
   (나): 조형미에 대한 동서양의 안목이 유사하였다
② (가): 신의 진리를 넘어서는 인간의 진리를 구현한
   (나): 인체 실측에 대한 동서양의 계산법이 동일하였다
③ (가): 인체 비례에 숨겨진 신의 진리를 구현한
   (나): 건축물에 대한 동서양의 공간 활용법이 유사하였다
④ (가): 신의 진리를 넘어서는 인간의 진리를 구현한
   (나): 조형미에 대한 동서양의 안목이 유사하였다
⑤ (가): 인체 비례에 숨겨진 신의 진리를 구현한
   (나): 인체 실측에 대한 동서양의 계산법이 동일하였다

### 02 ⑤❸❸

**다음 대화의 빈칸에 들어갈 내용으로 가장 적절한 것은?**

갑: 2022년에 A 보조금이 B 보조금으로 개편되었다고 들었습니다. 2021년에 A 보조금을 수령한 민원인이 B 보조금의 신청과 관련하여 문의하였습니다. 민원인이 중앙부처로 바로 연락하였다는데 B 보조금 신청 자격을 알 수 있을까요?

을: B 보조금 신청 자격은 A 보조금과 같습니다. 해당 지자체에 농업경영정보를 등록한 농업인이어야 하고 지급 대상 토지도 해당 지자체에 등록된 농지 또는 초지여야 합니다.

갑: 네. 민원인의 자격 요건에 변동 사항은 없다는 것을 확인했습니다. 그 외에 다른 제한 사항은 없을까요?

을: 대상자 및 토지 요건을 모두 충족하더라도 전년도에 A 보조금을 부정한 방법으로 수령했다고 판정된 경우에는 B 보조금을 신청할 수가 없어요. 다만 부정한 방법으로 수령했다고 해당 지자체에서 판정하더라도 수령인은 일정 기간 동안 중앙부처에 이의를 제기할 수 있습니다. 이의 제기 심의 기간에는 수령인이 부정한 방법으로 수령하지 않은 것으로 봅니다.

갑: 우리 중앙부처의 2021년 A 보조금 부정 수령 판정 현황이 어떻게 되죠?

을: 2021년 A 보조금 부정 수령 판정 이의 제기 신청 기간은 만료되었습니다. 부정 수령 판정이 총 15건이 있었는데, 그중 11건에 대한 이의 제기 신청이 들어왔고 1건은 심의 후 이의 제기가 받아들여져 인용되었습니다. 9건은 이의 제기가 받아들여지지 않아 기각되었고 나머지 1건은 아직 이의 제기 심의 절차가 진행 중입니다.

갑: 그렇다면 제가 추가로 ▢▢▢▢만 확인하고 나면 다른 사유를 확인하지 않고서도 민원인이 현재 B 보조금 신청 자격이 되는지를 바로 알 수 있겠네요.

① 민원인의 부정 수령 판정 여부, 민원인의 이의 제기 여부, 이의 제기 심의 절차 진행 중인 건이 민원인이 제기한 건인지 여부
② 민원인의 부정 수령 판정 여부, 민원인의 이의 제기 여부, 이의 제기 기각 건에 민원인이 제기한 건이 포함되었는지 여부
③ 민원인의 농업인 및 농지 등록 여부, 민원인의 이의 제기 여부, 이의 제기 심의 절차 진행 중인 건의 심의 완료 여부
④ 민원인의 부정 수령 판정 여부, 민원인의 이의 제기 여부, 이의 제기 인용 건이 민원인이 제기한 건인지 여부
⑤ 민원인의 농업인 및 농지 등록 여부, 민원인의 부정 수령 판정 여부, 민원인의 이의 제기 여부

## 03 상중하

**다음 대화의 빈칸에 들어갈 내용으로 가장 적절한 것은?**

> 갑: 안녕하십니까? 저는 공립학교인 A고등학교 교감입니다. 우리 학교의 교육 방침을 명확히 밝히는 조항을 학교 규칙(이하 '학칙')에 새로 추가하려고 합니다. 이때 준수해야 할 것이 무엇입니까?
>
> 을: 네. 학교에서 학칙을 제정하고자 할 때에는 「초·중등교육법」(이하 '교육법')에 어긋나지 않는 범위에서 제정이 이루어져야 합니다.
>
> 갑: 그렇군요. 그래서 교육법 제8조 제1항의 학교의 장은 '법령'의 범위에서 학칙을 제정할 수 있다는 규정에 근거해서 학칙을 만들고 있습니다. 그런데 최근 우리 도(道) 의회에서 제정한 「학생인권조례」의 내용을 보니, 우리 학교에서 만들고 있는 학칙과 어긋나는 것이 있습니다. 이러한 경우에 법적 판단은 어떻게 됩니까?
>
> 을: ☐
>
> 갑: 교육법 제8조 제1항에서는 '법령'이라는 용어를 사용하고, 제10조 제2항에서는 '조례'라는 용어를 사용하고 있으니 교육법에서는 법령과 조례를 구분하는 것으로 보입니다.
>
> 을: 그것은 다른 문제입니다. 교육법 제10조 제2항의 조례는 법령의 위임을 받아 제정되는 위임 입법입니다. 제8조 제1항에서의 법령에는 조례가 포함된다고 해석하고 있으며, 이 경우에 제10조 제2항의 조례와는 그 성격이 다르다고 할 수 있습니다.

> 갑: 교육법 제8조 제1항은 초·중등학교 운영의 자율과 책임을 위한 것인데 이러한 조례로 인해서 오히려 학교 교육과 운영이 침해당하는 것 아닙니까?
>
> 을: 교육법 제8조 제1항의 목적은 학교의 자율과 책임을 당연히 존중하는 것입니다. 다만 학칙을 제정할 때에도 국가나 지자체에서 반드시 지킬 것을 요구하는 최소한의 한계를 법령의 범위라는 말로 표현한 것입니다. 더욱이 학생들의 학습권, 개성을 실현할 권리 등은 헌법에서 보장된 기본권에서 나오고 교육법 제18조의4에서도 학생의 인권을 보장하도록 규정하고 있습니다. 최근 「학생인권조례」도 이러한 취지에서 제정되었습니다.

① 학칙의 제정을 통하여 학교 운영의 자율과 책임뿐 아니라 학생들의 학습권과 개성을 실현할 권리가 제한될 수 있습니다
② 법령에 조례가 포함된다고 해석할 여지는 없지만 교육법의 체계상 「학생인권조례」를 따라야 합니다
③ 교육법 제10조제2항에 따라 조례는 입법 목적이나 취지와 관계없이 법령에 포함됩니다
④ 「학생인권조례」에는 교육법에 어긋나는 규정이 있지만 학칙은 이 조례를 따라야 합니다
⑤ 법령의 범위에 있는 「학생인권조례」의 내용에 반하는 학칙은 교육법에 저촉됩니다

## 04 상중하

**다음 대화의 빈칸에 들어갈 내용으로 가장 적절한 것은?**

갑 : 국회에서 법률들을 제정하거나 개정할 때, 법률에서 조례를 제정하여 시행하도록 위임하는 경우가 있습니다. 그리고 이런 위임에 따라 지방자치단체에서는 조례를 새로 제정하게 됩니다. 각 지방자치단체가 법률의 위임에 따라 몇 개의 조례를 제정했는지 집계하여 '조례 제정 비율'을 계산하는데, 이 지표는 작년에 이어 올해도 지방자치단체의 업무 평가 기준에 포함되었습니다.

을 : 그렇군요. 그 평가 방식이 구체적으로 어떻게 되고, A시의 작년 평가 결과는 어땠는지 말씀해 주세요.

갑 : 먼저 그해 1월 1일부터 12월 31일까지 법률에서 조례를 제정하도록 위임한 사항이 몇 건인지 확인한 뒤, 그중 12월 31일까지 몇 건이나 조례로 제정되었는지로 평가합니다. 작년에는 법률에서 조례를 제정하도록 위임한 사항이 15건이었는데, 그 중 A시에서 제정한 조례는 9건으로 그 비율은 60%였습니다.

을 : 그러면 올해는 조례 제정 상황이 어떻습니까?

갑 : 1월 1일부터 7월 10일 현재까지 법률에서 조례를 제정하도록 위임한 사항은 10건인데, A시는 이 중 7건을 조례로 제정하였으며 조례로 제정하기 위하여 입법 예고 중인 것은 2건입니다. 현재 시의회에서 조례로 제정되기를 기다리며 계류 중인 것은 없습니다.

을 : 모든 조례는 입법 예고를 거친 뒤 시의회에서 제정되므로, 현재 입법 예고 중인 2건은 입법 예고 기간이 끝나야만 제정될 수 있겠네요. 이 2건의 제정 가능성은 예상할 수 있나요?

갑 : 어떤 조례는 신속히 제정되기도 합니다. 그러나 때로는 시의회가 계속 파행하기도 하고 의원들의 입장에 차이가 커 공전될 수도 있기 때문에 현재 시점에서 조례 제정 가능성을 단정하기는 어렵습니다.

을 : 그러면 A시의 조례 제정 비율과 관련하여 알 수 있는 것은 무엇이 있을까요?

갑 : A시는 [                    ]

① 현재 조례로 제정하기 위하여 입법 예고가 필요한 것이 1건입니다.
② 올 한 해의 조례 제정 비율이 작년보다 높아집니다.
③ 올 한 해 총 9건의 조례를 제정하게 됩니다.
④ 현재 시점을 기준으로 평가를 받으면 조례 제정 비율이 90%입니다.
⑤ 올 한 해 법률에서 조례를 제정하도록 위임받은 사항이 작년보다 줄어듭니다.

## 05 상중하

**다음 글의 빈칸에 들어갈 내용으로 가장 적절한 것은?**

민간 문화 교류 증진을 목적으로 열리는 국제 예술 공연의 개최가 확정되었다. 이번 공연이 민간 문화 교류 증진을 목적으로 열린다면, 공연 예술단의 수석대표는 정부 관료가 맡아서는 안 된다. 만일 공연이 민간 문화 교류 증진을 목적으로 열리고 공연 예술단의 수석대표는 정부 관료가 맡아서는 안 된다면, 공연 예술단의 수석대표는 고전음악 지휘자나 대중음악 제작자가 맡아야 한다. 현재 정부 관료 가운데 고전음악 지휘자나 대중음악 제작자는 없다. 예술단에 수석대표는 반드시 있어야 하며 두 사람 이상이 공동으로 맡을 수도 있다. 전체 세대를 아우를 수 있는 사람이 아니라면 수석대표를 맡아서는 안 된다. 전체 세대를 아우를 수 있는 사람이 극히 드물기에, 위에 나열된 조건을 다 갖춘 사람은 모두 수석대표를 맡는다.

누가 공연 예술단의 수석대표를 맡을 것인가와 더불어, 참가하는 예술인이 누구인가도 많은 관심의 대상이다. 그런데 아이돌 그룹 A가 공연 예술단에 참가하는 것은 분명하다. 왜냐하면 만일 갑이나 을이 수석대표를 맡는다면 A가 공연 예술단에 참가하는데, [          ] 때문이다.

① 갑은 고전음악 지휘자이며 전체 세대를 아우를 수 있기
② 갑이나 을은 대중음악 제작자 또는 고전음악 지휘자이기
③ 갑과 을은 둘 다 정부 관료가 아니며 전체 세대를 아우를 수 있기
④ 을이 대중음악 제작자가 아니라면 전체 세대를 아우를 수 없을 것이기
⑤ 대중음악 제작자나 고전음악 지휘자라면 누구나 전체 세대를 아우를 수 있기

## 06 상중하

**다음 글의 빈칸에 들어갈 내용으로 가장 적절한 것은?**

> 갑: 안녕하십니까. 저는 시청 토목정책과에 근무합니다. 부정 청탁을 받은 때는 신고해야 한다고 들었습니다.
>
> 을: 예, 「부정청탁 및 금품등 수수의 금지에 관한 법률」(이하 '청탁금지법')에서는, 공직자가 부정 청탁을 받았을 때는 명확히 거절 의사를 표현해야 하고, 그랬는데도 상대방이 이후에 다시 동일한 부정 청탁을 해 온다면 소속 기관의 장에게 신고해야 한다고 규정합니다.
>
> 갑: '금품등'에는 접대와 같은 향응도 포함되지요?
>
> 을: 물론이지요. 청탁금지법에 따르면, 공직자는 동일인으로부터 명목에 상관없이 1회 100만 원 혹은 매 회계연도에 300만 원을 초과하는 금품이나 접대를 받을 수 없습니다. 직무 관련성이 있는 경우에는 100만 원 이하라도 대가성 여부와 관계없이 처벌을 받습니다.
>
> 갑: '동일인'이라 하셨는데, 여러 사람이 청탁을 하는 경우는 어떻게 되나요?
>
> 을: 받는 사람을 기준으로 하여 따지게 됩니다. 한 공직자에게 여러 사람이 동일한 부정 청탁을 하며 금품을 제공하려 하였을 때에도 이들의 출처가 같다고 볼 수 있다면 '동일인'으로 해석됩니다. 또한 여러 행위가 계속성 또는 시간적·공간적 근접성이 있다고 판단되면, 합쳐서 1회로 간주될 수 있습니다.
>
> 갑: 실은, 연초에 있었던 지역 축제 때 저를 포함한 우리 시청 직원 90명은 행사에 참여한다는 차원으로 장터에 들러 1인당 8천 원씩을 지불하고 식사를 했는데, 이후에 그 식사는 X 회사 사장인 A의 축제 후원금이 1인당 1만 2천 원씩 들어간 것이라는 사실을 알게 되었습니다. 이에 대하여는 결국 대가성 있는 접대도 아니고 직무 관련성도 없는 것으로 확정되었으며, 추가된 식사비도 축제 주최 측에 돌려주었습니다. 그리고 이달 초에는 Y 회사의 임원인 B가 관급 공사 입찰을 도와 달라고 청탁하면서 100만 원을 건네려 하길래 거절한 적이 있습니다. 그런데 어제는 고교 동창인 C가 찾아와 X 회사 공장 부지의 용도 변경에 힘써 달라며 200만 원을 주려고 해서 단호히 거절하였습니다.
>
> 을: 그러셨군요. 말씀하신 것을 바탕으로 설명드리겠습니다.
>
> _____

① X 회사로부터 받은 접대는 시간적·공간적 근접성으로 보아 청탁금지법을 위반한 향응을 받은 것이 됩니다.

② Y 회사로부터 받은 제안의 내용은 청탁금지법상의 금품이라고는 할 수 없지만 향응에는 포함될 수 있습니다.

③ 청탁금지법상 A와 C는 동일인으로서 부정 청탁을 한 것이 됩니다.

④ 직무 관련성이 없다면 B와 C가 제시한 금액은 청탁금지법상의 허용 한도를 벗어나지 않습니다.

⑤ 현재는 청탁금지법상 C의 청탁을 신고할 의무가 생기지 않지만, C가 같은 청탁을 다시 한다면 신고해야 합니다.

## 2  이해(Understand/Comprehend)

정답 및 해설 234P

### 유형설명

이해 유형은 문제에서 "알 수 있는/없는" 또는 "부합하는/하지 않는"이라는 구절이 들어가는 유형으로서, 다음과 같은 변형된 구절로도 출제된다. 난이도는 낮은 편에 속하지만 출제비율이 높은 만큼 최신 인문·사회·과학 계열의 내용을 독서하며 공부하는 것이 바람직하다.

> **기본**  … 알 수 있는/없는, 부합하는/하지 않는 …

> **변형**
> • …의 견해가 <u>아닌</u> 것 …
> • …에 해당하지 <u>않는</u> 것 …
> • …의 견해와 부합하는 것만을 <보기>에서 …
> • …의 내용과 상충하는 것만을 <보기>에서 …

### 평가영역

• **이해력**: 제시문과 선택지(<보기>)의 의미가 일치하는지 여부를 파악하는 능력
• **추리력**: 선택지 핵심어를 중심으로 제시문 앞뒤 내용을 살피면서 선택지의 진술과 맞는지 여부를 판단하는 능력

## 기출문제 분석　접근

이 유형을 대표하는 아래의 문제를 가지고 **3단계 접근방법**을 통해서 그 풀이방식을 자세하게 알아보자.

**01** 다음 글에서 알 수 있는 것은? 2016년도 5급 공채

상 중 하

> 김치는 넓은 의미에서 소금, 초, 장 등에 '절인 채소'를 말한다. 김치의 어원인 '딤채[沈菜]'도 '담근 채소'라는 뜻이다. 그러므로 깍두기, 오이지, 오이소박이, 단무지는 물론 장아찌까지도 김치류에 속한다고 볼 수 있다. 우리나라의 김치는 '지'라 불렸다. 그래서 짠지, 싱건지, 오이지 등의 김치에는 지금도 '지'가 붙는다. 초기의 김치는 단무지나 장아찌에 가까웠을 것이다.
>
> 처음에는 서양의 피클이나 일본의 쯔께모노와 비슷했던 김치가 이들과 전혀 다른 음식이 된 것은 젓갈과 고춧가루를 쓰기 시작하면서부터이다. 하지만 이때에도 김치의 주재료는 무나 오이였다. 우리가 지금 흔히 먹는 배추김치는 18세기 말 중국으로부터 크고 맛이 좋은 배추 품종을 들여온 뒤로 사람들이 널리 담그기 시작하였고, 20세기 들어와서야 무김치를 능가하게 되었다.
>
> 김치와 관련하여 우리나라 향신료의 대명사로 쓰이는 고추는 생각만큼 오랜 역사를 갖고 있지 못하다. 중미 멕시코가 원산지인 고추는 '남만초'나 '왜겨자'라는 이름으로 16세기 말 조선에 전래되어 17세기부터 서서히 보급되다가 17세기 말부터 가루로 만들어 비로소 김치에 쓰이게 되었다. 조선 전기까지 주요 향신료는 후추, 천초 등이었고, 이 가운데 후추는 값이 비싸 쉽게 얻을 수 없었다. 19세기 무렵에 와서 고추는 향신료로서 압도적인 우위를 차지하게 되었다. 그 결과 후추는 더 이상 고가품이 아니게 되었으며, '산초'라고도 불리는 천초의 경우 지금에 와서는 간혹 추어탕에나 쓰일 정도로 되었다.
>
> 우리나라의 고추는 다른 나라의 고추 품종과 달리 매운 맛에 비해 단 맛 성분이 많고, 색소는 강렬하면서 비타민 C 함유량이 매우 많다. 더구나 고추는 소금이나 젓갈과 어우러져 몸에 좋은 효소를 만들어 낸다. 또 몸의 지방 성분을 산화시켜 열이 나게 함으로써 겨울의 추위를 이기게 하는 기능이 있다. 고추가 김장김치에 사용되기 시작한 것도 이 때문이라고 한다.

① 17세기 와서야 고추를 사용한 김치가 출현하였다.
② 고추가 소금, 젓갈과 어우러져 만들어 내는 효소는 우리 몸에 열이 나게 한다.
③ 고추를 넣은 배추김치를 먹게 된 것은 중국 및 멕시코와의 농산물 교역 덕분이었다.
④ 16세기 이전에는 김치를 담글 때 고추 대신 후추, 천초와 같은 향신료를 사용하였다.
⑤ 젓갈과 고추가 쓰이기 전에는 김치의 제조과정이 서양의 피클이나 일본의 쯔께모노의 그것과 같았다.

**유형공략**

• step 1. 유형 및 선택지의 핵심어 파악

문제를 읽고 그 유형을 파악한다. 위의 대표문제의 경우 **"알 수 있는 것"**이라는 구절이 있으므로 **이해 유형**임을 알 수 있다.

그 다음으로는 선택지의 각 진술에 사용된 **핵심어**를 파악한다. 핵심어를 파악할 때에는 시간과 장소 부사어(⑩ 17세기, 중국)에 유념하고, 추상성은 낮고 구체성이 높은 단어(⑩ 향신료<천초), 일반성은 낮고 전문성이 높은 단어, 빈번하게 사용되기보다는 빈번하지 않게 사용된 단어(⑩ 피클, 쯔께모노) 등을 우선적으로 살핀다. 위의 경우 선택지 ① "17세기", ② "효소", ③ "중국 및 멕시코" ④ "후추, 천초", ⑤ "피클이나 쯔께모노"를 핵심어로 정할 수 있다. 이는 'step 2'의 단계에서 제시문을 읽을 때, 제시문의 어떤 내용에 초점을 맞추어 읽을지 판단하도록 하는 역할을 한다.

• step 2. 선택지 핵심어를 중심으로 제시문 찾아읽기{비교 논리 I (추론) 1a의 step 2}

앞서 정리한 각 선택지의 핵심어를 중심으로 제시문 [3단락(17세기)], [마지막 단락(효소)], [2·3단락(중국 및 멕시코)], [3단락(후추, 천초)], [2단락(피클이나 쯔께모노)]을 찾아가면 읽는다. 이를 다시 순서대로 정리해보면, 1단락은 개념 확인 정도로 지나가며 보고, 2단락을 읽은 후 선택지 ⑤를, 3단락을 읽은 후 선택지 ①, ③, ④를, 마지막으로 끝단락을 읽은 후 선택지 ②를 비교하며 풀이한다는 것이다.

게다가 유의할 점은 제시문과 선택지를 비교할 때, 단어뿐만 아니라 조사(격조사, 보조사, 비교격 조사 등)까지 그리고 문장성분의 부사어까지 꼼꼼하게 살펴야 한다는 점이다. 다시 말해 거의 대부분의 선택지들은 제시문을 바탕으로 변형이 되어 있기 때문에 이 차이를 찾아내기 위해서는 새롭게 변형된 정보를 빠짐없이 찾아내는 것이 중요하다는 것이다.

• step 3. 선택지 판단

'step 2'에서 찾은 정보들을 바탕으로, 각 선택지와 비교한 후 그 선택지의 '알 수 있는지' 여부를 판단한다.

최종적으로 다시 한 번 정리하자면, 이해 유형은 1) 유형 및 선택지의 **핵심어** 파악, 2) 선택지 핵심어를 중심으로 제시문 **찾아읽기**, 3) 선택지 판단이라는 접근방법으로 풀이할 수 있다.

보다 나은 이해를 돕기 위해, 앞서 정리했던 접근방법을 가지고 선택지 ①을 풀이하는 방법을 순서에 따라 다음과 같이 도식화 해 보았다.

| step 1. 유형 및 선택지의 핵심어 파악 | | |
|---|---|---|
| 문제유형 파악 | "… 알 수 있는 것 …" | '알 수 있는 것'으로 보아 이해 유형임을 파악한다. |
| 선택지 ① | 17세기 와서야 고추를 사용한 김치가 출현하였다. | 선택지의 핵심어 파악 |
| step 2. 선택지 핵심어를 중심으로 제시문 찾아읽기 | | |
| 찾아읽기 [3단락] | [1단락] (생략)<br>[2단락] (생략)<br>[3단락] 김치와 관련하여 우리나라 향신료의 대명사로 쓰이는 고추는 생각만큼 오랜 역사를 갖고 있지 못하다. 중미 멕시코가 원산지인 고추는 '남만초'나 '왜겨자'라는 이름으로 16세기 말 조선에 전래되어 17세기부터 서서히 보급되다가 17세기 말부터 가루로 만들어 비로소 김치에 쓰이게 되었다. 조선 전기까지 주요 향신료는 후추, 천초 등이었고, 이 가운데 후추는 값이 비싸 쉽게 얻을 수 없었다. | 제시문에 '17세기'와 관련있는 내용이 처음으로 3단락에서 나타나고 있다. 이를 중심으로 이해한다. |
| step 3. 선택지 판단(선택지의 내용 최종 확인) | | |
| 선택지 ① | 17세기 와서야 고추를 사용한 김치가 출현하였다. | |
| 제시문 [3단락]의 내용 | 고추는 17세기 보급되어 17세기 말 (고추)가루로 만들어 비로소 김치에 쓰이게 되었다. | |
| | | ∴ 선택지 ①과 제시문 [3단락]의 내용은 서로 일치하므로 정답이다. |

이상으로 이해 유형에 대한 접근방식을 설명해 보았다.

다음은 본 유형의 문제를 풀이할 때 알아두면 유용한 인문/사회/과학계열별 내용들이다. 각 내용마다 중요한 문장들을 뽑아 괄호가 들어간 문장들로 정리해 놓았다. 괄호의 내용 중 어느 내용이 '알 수 있는' 또는 '부합하는' 내용으로 맞는지 찾아보도록 하자.

## (1) 내용공략 : 인문계열

**연습문제**

**제시문의 내용을 참고하여 알 수 있는 내용을 괄호 안에서 선택하시오.** 2017년도 대수능 변형

자연에서 발생하는 모든 일은 목적 지향적인가? 자기 몸통보다 더 큰 나뭇가지나 잎사귀를 허둥대며 운반하는 개미들은 분명히 목적을 가진 듯이 보인다. 그런데 가을에 지는 낙엽이나 한밤 중에 쏟아지는 우박도 목적을 가질까? 아리스토텔레스는 모든 자연물이 목적을 추구하는 본성을 타고나며, 외적 원인 아니라 내재적 본성에 따른 운동을 한다는 목적론을 제시한다. 그는 자연물이 단순히 목적을 갖는 데 그치는 것이 아니라 목적을 실현할 능력도 타고나며, 그 목적이 방해받지 않는 한 반드시 실현될 것이고, 그 본성적 목적의 실현은 운동 주체에 항상 바람직한 결과를 가져온다고 믿는다. 아리스토텔레스는 이러한 자신의 견해를 "자연은 헛된 일을 하지 않는다!"라는 말로 요약한다.

근대에 접어들어 모든 사물이 생명력을 갖지 않는 일종의 기계라는 견해가 강조되면서, 아리스토텔레스의 목적론은 비과학적이라는 이유로 많은 비판에 직면한다. 갈릴레이는 목적론적 설명이 과학적 설명으로 사용될 수 없다고 주장하며, 베이컨은 목적에 대한 탐구가 과학에 무익하다고 평가하고, 스피노자는 목적론이 자연에 대한 이해를 왜곡한다고 비판한다. 이들의 비판은 목적론이 인간 이외의 자연물도 이성을 갖는 것으로 의인화한다는 것이다. 그러나 이런 비판과는 달리 아리스토텔레스는 자연물을 생물과 무생물로, 생물을 식물·동물·인간으로 나누고, 인간만이 이성을 지닌다고 생각했다.

일부 현대 학자들은, 근대 사상가들이 당시 과학에 기초한 기계론적 모형이 더 설득력을 갖는다는 일종의 교조적 믿음에 의존했을 뿐, 아리스토텔레스의 목적론을 거부할 충분한 근거를 제시하지 못했다고 비판한다. 이런 맥락에서 볼로틴은 근대과학이 자연에 목적이 없음을 보이지도 못했고 그렇게 하려는 시도조차 하지 않았다고 지적한다. 또한 우드펠드는 목적론적 설명이 과학적 설명은 아니지만, 목적론의 옳고 그름을 확인할 수 없기 때문에 목적론이 거짓이라 할 수도 없다고 지적한다.

첨단 과학의 발전에도 불구하고 생명체의 존재원리와 이유를 정확히 규명하는 과제는 아직 진행 중이다. 자연물의 구성요소에 대한 아리스토텔레스의 탐구는 자연물이 존재하고 운동하는 원리와 이유를 밝히려는 것이었고, 그의 목적론은 지금까지 이어지는 그러한 탐구의 출발점이라 할 수 있다.

1. 아리스토텔레스는 그의 목적론에서 '자연은 헛된 일을 하지 않는다!'고 (강조하면서 자연물도/강조하였지만 인간만이) 이성을 지닌다고 했다.
2. 현대사상가 우드펠드는 아리스토텔레스의 목적론에 대해 그 옳고 그름을 (확인할 때까지는/확인할 수 없기에) 거짓은 아니라고 주장한다.
3. 아리스토텔레스는 개미들도 (외재적 원인/내재적 본성)으로 실현된 목적에 의해 개미들 자체에 바람직한 결과를 실현한다고 주장한다.

**정답** 1. 강조하였지만 인간만이, 2. 확인할 수 없기에, 3. 내재적 본성

## (2) 내용공략 : 사회계열

**연습문제**

제시문의 내용을 참고하여 알 수 있는 내용을 괄호 안에서 선택하시오. <sub></sub>2019년도 대수능 37번 문제 변형

> 국제법에서 일반적으로 조약은 국가나 국제기구들이 그들 사이에 지켜야 할 구체적인 권리와 의무를 명시적으로 합의하여 창출하는 규범이며, 국제 관습법은 조약 체결과 관계없이 국제사회 일반이 받아들여 지키고 있는 보편적인 규범이다. 반면에 경제 관련 국제기구에서 어떤 결정을 하였을 경우, 이 결정 사항 자체는 권고적 효력만 있을 뿐 법적 구속력은 없는 것이 일반적이다. 그런데 국제결제은행 산하의 바젤위원회가 결정한 BIS 비율 규제와 같은 것들이 비회원의 국가에서도 엄격히 준수되는 모습을 종종 보게 된다. 이처럼 일종의 규범적 성격이 나타나는 현실을 어떻게 이해할지에 대한 논의가 있다. 이는 위반에 대한 제재를 통해 국제법의 효력을 확보하는 데 주안점을 두는 일반적 경향을 되돌아보게 한다. 곧 신뢰가 형성하는 구속력에 주목하는 것이다.
>
> BIS 비율은 은행의 재무건전성을 유지하는 데 필요한 최소한의 자기자본 비율을 설정하여 궁극적으로 예금자와 금융 시스템을 보호하기 위해 바젤위원회에서 도입한 것이다. 바젤위원회에서는 BIS 비율이 적어도 규제 비율인 8%는 되어야 한다는 기준을 제시하였다. 이에 대한 식은 다음과 같다.
>
> $$\text{BIS 비율}(\%) = \frac{\text{자기자본}}{\text{위험가중자산}} \times 100 \geq 8(\%)$$
>
> 여기서 자기자본은 은행의 기본자본, 보완자본 및 단기후순위 채무의 합으로, 위험가중자산은 보유자산에 각 자산의 신용위험에 대한 위험 가중치를 곱한 값들의 합으로 구하였다. 위험 가중치는 자산 유형별 신용 위험을 반영하는 것인데, OECD 국가의 국채는 0%, 회사채는 100%가 획일적으로 부여되었다. 이후 금융 자산의 가격 변동에 따른 시장 위험도 반영해야 한다는 요구가 커지자, 바젤위원회는 위험가중자산을 신용 위험에 따른 부분과 시장 위험에 따른 부분의 합으로 새로 정의하여 BIS 비율을 산출하도록 하였다. 신용 위험의 경우와 달리 시장 위험의 측정 방식은 감독 기관의 승인 하에 은행의 선택에 따라 사용할 수 있게 하여 '바젤Ⅰ' 협약이 1996년에 완성되었다.
>
> 금융 혁신의 진전으로 '바젤Ⅰ' 협약의 한계가 드러나자 2004년에 '바젤Ⅱ' 협약이 도입되었다. 여기에서 BIS 비율의 위험가중자산은 신용 위험에 대한 위험 가중치에 자산의 유형과 신용도를 모두 고려하도록 수정되었다. 신용 위험의 측정 방식은 표준 모형이나 내부 모형 가운데 하나를 은행이 이용할 수 있게 되었다. 표준 모형에서는 OECD 국가의 국채는 0%에서 150%까지, 회사채는 20%에서 150%까지 위험 가중치를 구분하여 신용도가 높을수록 낮게 부과한다. 예를 들어 실제 보유한 회사채가 100억 원인데 신용위험 가중치가 20%라면 위험가중자산에서 그 회사채는 20억 원으로 계산된다. 내부 모형은 은행이 선택한 위험 측정방식을 감독 기관의 승인 하에 그 은행이 사용할 수 있도록 하는 것이다. 또한 감독기관은 필요시 위험가중자산에 대한 자기자본의 최저 비율이 규제 비율을 초과하도록 자국 은행에 요구할 수 있게 함으로써 자기자본의 경직된 기준을 보완하고자 했다.
>
> 최근에는 '바젤 Ⅲ' 협약이 발표되면서 자기자본에서 단기 후순위 채무가 제외되었다. 또한 위험가중자산에 대한 기본자본의 비율이 최소 6%가 되게 보완하여 자기자본의 손실 복원력을 강화하였다. 이처럼 새롭게 발표되는 바젤 협약은 이전 협약에 들어 있는 관련 기준을 개정하는 효과가 있다.
>
> 바젤위원회에서는 은행 감독 기준을 협의하에 제정한다. 그 헌장에서는 회원들에게 바젤 기준을 자국에 도입할 의무를 부과한다. 하지만 바젤위원회가 초국가적 감독 권한이 없으며 그의 결정도 법적 구속력이 없다는 것 또한 밝히고 있다. 바젤 기준은 100개가 넘는 국가가 채택하여 따른다. 이는 국제기구의 결정에 형식적으로 구속을 받지 않는 국가에서까지 자발적으로 받아들여 시행하고 있다는 것인데, 이런 현실을 말랑말랑 법(soft law)의 모습이라 설명하기도 한다. 이때 조약이나 국제 관습법은 그에 대비하여 딱딱한 법(hard law)이라 부르게 된다. 바젤 기준도 장래에 딱딱하게 응고될지 모른다.

1. BIS 비율은 (단기후순위 채무/보유자산의 위험가중치)의 값이 커지면 낮아진다.

2. (1996년/2004년) 시장 위험의 측정방식을 은행이 선택할 수 있는 '바젤Ⅰ' 협약은 (도입/완성)되었고, (1996년/2004년) 위험가중자산에 자산 유형과 신용도를 고려하도록 수정한 '바젤Ⅱ' 협약은 (도입/완성)되었다.

3. 조약은 국가나 국제기구들이 그들의 권리와 의무를 (명시적으로 합의한/관습적으로 인정한) 규범으로 (말랑말랑한 법/딱딱한 법)이다.

---

**정답** 1. 보유자산의 위험가중치, 2. 1996년, 완성, 2004년, 도입, 3. 명시적으로 합의한, 딱딱한 법

(3) 내용공략 : 자연계열

## 연습문제

제시문의 내용을 참고하여 알 수 있는 내용을 괄호 안에서 선택하시오. 2017년도 대수능 변형

> 디지털 통신 시스템은 송신기, 채널, 수신기로 구성되며, 전송할 데이터를 빠르고 정확하게 전달하기 위해 부호화 과정을 거쳐 전송한다. 영상, 문자 등의 데이터는 기호 집합에 있는 기호들의 조합이다. 예를 들어 기호 집합 {a, b, c, d, e, f}에서 기호들을 조합한 add, cab, beef 등이 데이터이다. 정보량은 어떤 기호가 발생했다는 것을 알았을 때 얻는 정보의 크기이다. 어떤 기호 집합에서 특정 기호의 발생 확률이 높으면 그 기호의 정보량은 적고, 발생 확률이 낮으면 그 기호의 정보량은 많다. 기호 집합의 평균정보량*을 기호 집합의 엔트로피라고 하는데 모든 기호들이 동일한 발생 확률을 가질 때 그 기호 집합의 엔트로피는 최댓값을 갖는다.
>
> 송신기에서는 소스 부호화, 채널 부호화, 선 부호화를 거쳐 기호를 부호로 변환한다. 소스 부호화는 데이터를 압축하기 위해 기호를 0과 1로 이루어진 부호로 변환하는 과정이다. 어떤 기호가 110과 같은 부호로 변환되었을 때 0 또는 1을 비트라고 하여 이 부호의 비트 수는 3이다. 이때 기호 집합의 엔트로피는 기호 집합에 있는 기호를 부호로 표현하는 데 필요한 평균 비트 수의 최솟값이다. 전송된 부호를 수신기에서 원래의 기호로 복원하려면 부호들의 평균 비트 수가 기호 집합의 엔트로피보다 크거나 같아야 한다. 기호 집합을 엔트로피에 최대한 가까운 평균 비트 수를 갖는 부호들로 변환하는 것을 엔트로피 부호화라 한다. 그중 하나인 '허프만 부호화'에서는 발생 확률이 높은 기호에는 비트 수가 적은 부호를, 발생 확률이 낮은 기호에는 비트 수가 많은 부호를 할당한다.
>
> 채널 부호화는 오류를 검출하고 정정하기 위하여 부호에 잉여정보를 추가하는 과정이다. 송신기에서 부호를 전송하면 채널의 잡음으로 인해 오류가 발생하는데 이 문제를 해결하기 위해 잉여정보를 덧붙여 전송한다. 채널 부호화 중 하나인 '삼중 반복 부호화'는 0과 1을 각각 000과 111로 부호화한다. 이때 수신기에서는 수신한 부호에 0이 과반수인 경우에는 0으로 판단하고 그 이외에는 1로 판단한다. 이렇게 하면 000을 전송했을 때 하나의 비트에서 오류가 생겨 001을 수신해도 0으로 판단하므로 오류는 정정된다. 채널 부호화를 하기 전 부호의 비트 수를, 채널 부호화를 한 후 부호의 비트 수로 나눈 것을 부호율이라 한다. 삼중 반복 부호화의 부호율은 0.33이다.
>
> 채널 부호화를 거친 부호들을 채널을 통해 전송하려면 부호들을 전기 신호로 변환해야 한다. 0 또는 1에 해당하는 전기 신호의 전압을 결정하는 과정이 선 부호화이다. 전압의 결정방법은 선 부호화 방식에 따라 다르다. 선 부호화 중 하나인 '차등 부호화'는 무효의 비트가 0이면 전압을 유지하고 1이면 전압을 변화시킨다. 차등 부호화를 시작할 때는 기준 신호가 필요하다. 수신기에서는 송신기와 동일한 기준 신호를 사용하여, 전압의 변화가 있으면 1로 판단하고 변화가 없으면 0으로 판단한다.
>
> ※ 평균 정보량 : 각 기호의 발생 확률과 정보량을 서로 곱하여 모두 더한 것

1. (삼중 반복 부호화/차등부호화)는 채널을 통해 부호들을 전송하려는 전과정이고, (삼중 반복 부호화/차등부호화)는 오류를 검출하고 정정하기 위해 정보를 추가하는 과정이다.

2. '허프만 부호화'는 발생확률이 낮은 기호에는 비트 수가 (많은/적은) 부호를, 발생확률이 높은 기호에는 비트수가 (많은/적은) 부호를 할당한다.

---

**정답** 1. 차등부호화, 삼중 반복 부호화, 2. 많은, 적은

**참고** 언어U(이해) 내용공략 : 3차원 정리법

PSAT의 언어U(이해) 유형 문제를 빠르게 풀이하기 위해서는 제시문을 꼼꼼하게 모두 읽으면서 이해하는 것이 반드시 유리한 것만은 아니라고 본다. 즉 선택지의 핵심어를 중심으로 제시문의 내용을 이해하는 것, 즉 최소 시간으로 문제를 풀이하는 것이 매우 중요하다.

하지만 최소 시간으로 문제를 풀이하다보면 그 풀이의 정확도가 떨어질까 우려하는 경우가 있을 수 있다. 그래서 시간에 맞추어 문제를 풀이하는 습관과 더불어 그 후 복습할 때, 선택지의 핵심어를 중심으로 제시문의 내용을 정확하게 빠짐없이 이해할 수 있도록 그 내용을 정리하는 방법도 바람직하다. 지속적으로 반복하여 연습하다 보면 굳이 글로 정리하지 않아도 상상만으로도 정리되는 효과를 얻을 수 있으리라 본다.

먼저 주체/객체의 축을 고려하며 제시문의 내용을 정리한다. 육하원칙의 '누가 누구에게(Who/Whom)'에 해당하는 부분으로 대개 문장의 주어/관형어 또는 필수부사어에 나타난다. 제시문과 선택지의 주어를 비교하여 그 일치 여부를 찾는 데 활용할 수 있다.

그 다음으로 시간 흐름의 축을 고려하며 제시문의 내용을 정리한다. 육하원칙의 '언제(When)'에 해당하는 부분으로 대개 문장의 시간 부사어에 나타난다. 제시문과 선택지의 시간 부사어를 비교하여 그 일치 여부를 찾는 데 활용할 수 있다.

마지막으로 공간 이동의 축을 고려하며 제시문의 내용을 정리한다. 육하원칙의 '어디(Where)'에 해당하는 부분으로 대개 문장의 장소 부사어에 나타난다. 제시문과 선택지의 장소 부사어를 비교하여 그 일치 여부를 찾는 데 활용할 수 있다.

그 외 육하원칙의 무엇(What), 어떻게(How), 및 왜(Why)에 해당하는 부분은 주체/객체와 함께 정리한다. 대개 문장의 목적어, 부사어, 및 서술어/보어에 나타난다. 제시문과 선택지의 나머지 부분을 비교하여 그 일치 여부를 찾는 데 활용할 수 있다.

이 방법을 통해 제시문의 내용(예 육하원칙)을 이해하기 쉽게 빠짐없이 정리한다면, PSAT 언어U(이해) 유형 문제를 보다 쉽고도 보다 정확하게 풀이할 수 있으리라 기대한다.

## ■〈예시〉 제시문의 내용과 3차원 정리법

[혁신처(2020), 7급 PSAT 모의평가 문 01. 발췌]

### 1. 주체/객체의 축 + (시간 흐름의 축)

[1단락] (3·1운동 직후 상하이에 모여든) 독립운동가들은 (임시정부를 만들기 위한 첫걸음으로 조소앙이 기초한) 대한민국임시헌장을 채택했다.

[끝단락] (1941년) 대한민국 임시정부는 (이러한 의지를 보다 선명하게 드러낸) 건국강령을 발표하기도 했다.

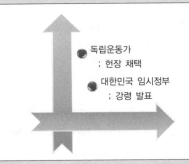

### 2. 시간 흐름의 축

[1단락] 3·1운동 직후 (상하이에 모여든) 독립운동가들은 (임시정부를 만들기 위한 첫걸음으로 조소앙이 기초한) 대한민국임시헌장을 채택했다.

[2단락] 조소앙은 3·1운동이 일어나기 전, (대한제국 황제가 국민의 동의 없이 마음대로 국권을 일제에 넘겼다고 말하면서 국민은 국권을 포기한 적이 밝힌) 대동단결선언을 발표한 적이 있다.

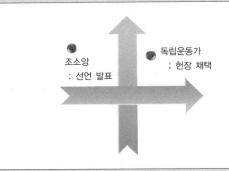

### 3. 공간 이동의 축

[1단락] (3·1운동 직후) 상하이에 모여든 독립운동가들은 (임시정부를 만들기 위한 첫걸음으로 조소앙이 기초한) 대한민국임시헌장을 채택했다.

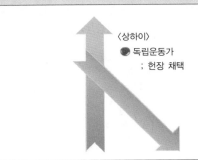

## 01 상중하

**다음 글의 내용과 부합하는 것은?**

979년 송 태종은 거란을 공격하러 가는 길에 고려에 원병을 요청했다. 거란은 고려가 참전할 수도 있다는 염려에서 크게 동요했다. 하지만 고려는 송 태종의 요청에 응하지 않았다. 이후 거란은 송에 보복할 기회를 엿보는 한편, 송과 다시 싸우기 전에 고려를 압박해 앞으로도 송을 군사적으로 돕지 않겠다는 약속을 받아내고자 했다.

당시 거란과 고려 사이에는 압록강이 있었는데, 그 하류 유역에는 여진족이 살고 있었다. 이 여진족은 발해의 지배를 받았었지만, 발해가 거란에 의해 멸망한 후에는 어느 나라에도 속하지 않은 채 독자적 세력을 이루고 있었다. 거란은 이 여진족이 사는 땅을 여러 차례 침범해 대군을 고려로 보내는 데 적합한 길을 확보했다. 이후 993년에 거란 장수 소손녕은 군사를 이끌고 고려에 들어와 몇 개의 성을 공격했다. 이때 소손녕은 "고구려 옛 땅은 거란의 것인데 고려가 감히 그 영역을 차지하고 있으니 군사를 일으켜 그 땅을 찾아가고자 한다."라는 내용의 서신을 보냈다. 이 서신이 오자 고려 국왕 성종과 대다수 대신은 "옛 고구려의 영토에 해당하는 땅을 모두 내놓아야 군대를 거두겠다는 뜻이 아니냐?"라며 놀랐다. 하지만 서희는 소손녕이 보낸 서신의 내용은 핑계일 뿐이라고 주장했다. 그는 고려가 병력을 동원해 거란을 치는 일이 없도록 하겠다는 언질을 주면 소손녕이 철군할 것이라고 말했다. 이렇게 논의가 이어지고 있을 때 안융진에 있는 고려군이 소손녕과 싸워 이겼다는 보고가 들어왔다.

패배한 소손녕은 진군을 멈추고 협상을 원한다는 서신을 보내왔다. 이 서신을 받은 성종은 서희를 보내 협상하게 했다. 소손녕은 서희가 오자 "실은 고려가 송과 친하고 우리와는 소원하게 지내고 있어 침입하게 되었다."라고 했다. 이에 서희는 압록강 하류의 여진족 땅을 고려가 지배할 수 있게 묵인해 준다면, 거란과 국교를 맺을 뿐 아니라 거란과 송이 싸울 때 송을 군사적으로 돕지 않겠다는 뜻을 내비쳤다. 이 말을 들은 소손녕은 서희의 요구를 수용하기로 하고 퇴각했다. 이후 고려는 북쪽 국경 너머로 병력을 보내 압록강 하류의 여진족 땅까지 밀고 들어가 영토를 넓혔으며, 그 지역에 강동 6주를 두었다.

① 거란은 압록강 유역에 살던 여진족이 고려의 백성이라고 주장하였다.

② 여진족은 발해의 지배에서 벗어나기 위해 거란과 함께 고려를 공격하였다.

③ 소손녕은 압록강 유역의 여진족 땅을 빼앗아 강동 6주를 둔 후 그곳을 고려에 넘겼다.

④ 고려는 압록강 하류 유역에 있는 여진족의 땅으로 세력을 확대한 거란을 공격하고자 송 태종과 군사동맹을 맺었다.

⑤ 서희는 고려가 거란에 군사적 적대 행위를 하지 않겠다고 약속하면 소손녕이 군대를 이끌고 돌아갈 것이라고 보았다.

## 02 상중하

**다음 글에서 알 수 있는 것은?**

세종이 즉위한 이듬해 5월에 대마도의 왜구가 충청도 해안에 와서 노략질하는 일이 벌어졌다. 이 왜구는 황해도 해주 앞바다에도 나타나 조선군과 교전을 벌인 후 명의 땅인 요동반도 방향으로 북상했다. 세종에게 왕위를 물려주고 상왕으로 있던 태종은 이종무에게 "북상한 왜구가 본거지로 되돌아가기 전에 대마도를 정벌하라!"라고 명했다. 이에 따라 이종무는 군사를 모아 대마도 정벌에 나섰다.

남북으로 긴 대마도에는 섬을 남과 북의 두 부분으로 나누는 중간에 아소만이라는 곳이 있는데, 이 만의 초입에 두지포라는 요충지가 있었다. 이종무는 이곳을 공격한 후 귀순을 요구하면 대마도주가 응할 것이라 보았다. 그는 6월 20일 두지포에 상륙해 왜인 마을을 불사른 후 계획대로 대마도주에게 서신을 보내 귀순을 요구했다. 하지만 대마도주는 이에 반응을 보이지 않았다. 분노한 이종무는 대마도주를 사로잡아 항복을 받아내기로 하고, 니로라는 곳에 병력을 상륙시켰다. 하지만 그곳에서 조선군은 매복한 적의 공격으로 크게 패했다. 이에 이종무는 군사를 거두어 거제도 견내량으로 돌아왔다.

이종무가 견내량으로 돌아온 다음 날, 태종은 요동반도로 북상했던 대마도의 왜구가 그곳으로부터 남하하던 도중 충청도에서 조운선을 공격했다는 보고를 받았다. 이 사건이 일어난 지 며칠 지나지 않았음을 알게 된 태종은 왜구가 대마도에 당도하기 전에 바다에서 격파해야 한다고 생각하고, 이종무에게 그들을 공격하라고 명했다. 그런데 이 명이 내려진 후에 새로운 보고가 들어왔다. 대마도의 왜구가 요동반도에 상륙했다가 크게 패배하는 바람에 살아남은 자가 겨우 300여 명에 불과하다는 것이었다. 이 보고를 접한 태종은 대마도주가 거느린 병사가 많이 죽어 그 세력이 꺾였으니 그에게 다시금 귀순을 요구하면 응할 것으로 판단했다. 이에 그는 이종무에게 내린 출진 명령을 취소하고, 측근 중 적임자를 골라 대마도주에게 귀순을 요구하는 사신으로 보냈다. 이 사신을 만난 대마도주는 고심 끝에 조선에 귀순하기로 했다.

① 해주 앞바다에 나타나 조선군과 싸운 대마도의 왜구가 요동반도를 향해 북상한 뒤 이종무의 군대가 대마도로 건너갔다.
② 조선이 왜구의 본거지인 대마도를 공격하기로 하자 명의 군대도 대마도까지 가서 정벌에 참여하였다.
③ 이종무는 세종이 대마도에 보내는 사절단에 포함되어 대마도를 여러 차례 방문하였다.
④ 태종은 대마도 정벌을 준비하였지만, 세종의 반대로 뜻을 이루지 못하였다.
⑤ 조선군이 대마도주를 사로잡기 위해 상륙하였다가 패배한 곳은 견내량이다.

## 03

**다음 글에서 알 수 없는 것은?**

인간에 대한 혐오의 감정을 긍정적으로 바라보는 인식을 바탕으로, 이를 사회 안정의 도구로 활용해야 한다거나 법적 판단의 근거로 삼아야 한다는 주장은 영미법의 오래된 역사에서 그리 낯설지 않다. 그러나 혐오의 감정이 특정 개인과 집단을 배척하기 위한 강력한 무기로 이용되었다는 사실을 고려하면 이러한 주장이 얼마나 그릇된 것인지 이해할 수 있다.

일반적으로 우리는 분비물이나 배설물, 악취 등에 대해 그리고 시체와 같이 부패하고 퇴화하는 것들에 대해 혐오의 감정을 갖는다. 인간은 타자를 공격하는 데 이러한 오염물의 이미지를 사용한다. 이때 혐오는 특정 집단을 오염물인 것처럼 취급하고 자신은 오염되지 않은 쪽에 속함으로써 얻게 되는 심리적인 우월감 및 만족감과 연결되어 있다. 역사적으로 볼 때 이런 과정을 거쳐 오염물로 취급된 집단 중 하나가 유대인이다.

중세 이후 반유대주의 세력이 유대인에게 부여한 부정적 이미지는 점액성, 악취, 부패, 불결함과 같은 혐오스러운 것들과 결부되어 있다. 히틀러는 유대인을 깨끗하고 건강한 독일 민족의 몸속에 숨겨진, 썩어 가는 시체 속의 구더기라고 표현했다. 혐오스러운 적대자를 설정함으로써 자신의 야욕을 달성하려 했던 것이다. 불행하게도 대다수의 독일인은 이러한 야만적인 정치적 선동에 동의를 표했다. 심지어 유대인을 암세포, 종양, 세균 등으로 묘사하면서 이들을 비인간적 존재로 전락시키는 의학적 담론이 유행하기도 했다. 비인간적으로 묘사되는 유대인의 이미지는 나치가 만든 허상이었음에도 불구하고, 유대인과 연관된 혐오의 이미지는 아이들이 보는 당대의 동화 속에 담겨 있을 정도로 널리 퍼져 있었다.

① 혐오는 정치적 선동의 도구로 이용되지 않았다.
② 개인뿐만 아니라 집단도 혐오의 대상이 될 수 있다.
③ 혐오의 대상이 되는 집단은 비인간적으로 묘사되기도 한다.
④ 혐오의 감정을 법적 판단의 근거로 삼아야 한다는 입장이 있었다.
⑤ 인간에 대한 혐오의 감정은 타자를 혐오함으로써 주체가 얻을 수 있는 심리적인 만족감과 연관되어 있다.

## 04 상중하

**다음 글에서 알 수 없는 것은?**

'계획적 진부화'는 의도적으로 수명이 짧은 제품이나 서비스를 생산함으로써 소비자들이 새로운 제품을 구매하도록 유도하는 마케팅 전략 중 하나이다. 여기에는 단순히 부품만 교체하는 것이 가능함에도 불구하고 새로운 제품을 구매하도록 유도하는 것도 포함된다.

계획적 진부화의 이유는 무엇일까? 첫째, 기업이 기존 제품의 가격을 인상하기 곤란한 경우, 신제품을 출시한 뒤 여기에 인상된 가격을 매길 수 있기 때문이다. 특히 제품의 기능은 거의 변함없이 디자인만 약간 개선한 신제품을 내놓고 가격을 인상하는 경우도 쉽게 볼 수 있다. 둘째, 중고품 시장에서 거래되는 기존 제품과의 경쟁을 피할 수 있기 때문이다. 자동차처럼 사용 기간이 긴 제품의 경우, 기업은 동일 유형의 제품을 팔고 있는 중고품 판매 업체와 경쟁해야만 한다. 그러나 기업이 새로운 제품을 출시하면, 중고품 시장에서 판매되는 기존 제품은 진부화되고 그 경쟁력도 하락한다. 셋째, 소비자들의 취향이 급속히 변화하는 상황에서 계획적 진부화로 소비자들의 만족도를 높일 수 있기 때문이다. 전통적으로 제품의 사용 기간을 결정짓는 요인은 기능적 특성이나 노후화·손상 등 물리적 특성이 주를 이루었지만, 최근에는 심리적 특성에도 많은 영향을 받고 있다. 이처럼 소비자들의 요구가 다양해지고 그 변화 속도도 빨라지고 있어, 기업들은 이에 대응하기 위해 계획적 진부화를 수행하기도 한다.

기업들은 계획적 진부화를 통해 매출을 확대하고 이익을 늘릴 수 있다. 기존 제품이 사용 가능한 상황에서도 신제품에 대한 소비자들의 수요를 자극하면 구매 의사가 커지기 때문이다. 반면, 기존 제품을 사용하는 소비자 입장에서는 크게 다를 것 없는 신제품 구입으로 불필요한 지출과 실질적인 손실이 발생할 수 있다는 점에서 계획적 진부화는 부정적으로 인식된다. 또한 환경이나 생태를 고려하는 거시적 관점에서도, 계획적 진부화는 소비자들에게 제공하는 가치에 비해 에너지나 자원의 낭비가 심하다는 비판을 받고 있다.

① 계획적 진부화로 소비자들은 불필요한 지출을 할 수 있다.
② 계획적 진부화는 기존 제품과 동일한 중고품의 경쟁력을 높인다.
③ 계획적 진부화는 소비자들의 요구에 대응하기 위하여 수행되기도 한다.
④ 계획적 진부화를 통해 기업은 기존 제품보다 비싼 신제품을 출시할 수 있다.
⑤ 계획적 진부화로 인하여 제품의 실제 사용 기간은 물리적으로 사용 가능한 수명보다 짧아질 수 있다.

## 05 상중하

**다음 글에서 알 수 없는 것은?**

재화나 용역 중에는 비경합적이고 비배제적인 방식으로 소비되는 것들이 있다. 먼저 재화나 용역이 비경합적으로 소비된다는 말은, 그것에 대한 누군가의 소비가 다른 사람의 소비 가능성을 줄어들게 하지 않는다는 것을 뜻한다. 예컨대 10개의 사탕이 있는데 내가 8개를 먹어 버리면 다른 사람이 그 사탕을 소비할 가능성은 그만큼 줄어들게 된다. 반면에 라디오 방송 서비스 같은 경우는 내가 그것을 이용한다고 해서 다른 사람의 소비 가능성이 줄어들게 되지 않는다는 점에서 비경합적이다.

재화나 용역이 비배제적으로 소비된다는 말은, 그것이 공급되었을 때 누군가 그 대가를 지불하지 않았다고 해서 그 사람이 그 재화나 용역을 소비하지 못하도록 배제할 수 없다는 것을 뜻한다. 이러한 의미에서 국방 서비스는 비배제적으로 소비된다. 정부가 국방 서비스를 제공받는 모든 국민에게 그 비용을 지불하도록 하는 정책을 채택했다고 하자. 이때 어떤 국민이 이런 정책에 불만을 표하며 비용 지불을 거부한다고 해도 정부는 그를 국방 서비스의 수혜에서 배제하기 어렵다. 설령 그를 구속하여 감옥에 가두더라도 그는 국방 서비스의 수혜자 범위에서 제외되지 않는다.

비경합적이고 비배제적인 방식으로 소비되는 재화와 용역의 생산과 배분이 시장에서 제대로 이루어질 수 있을까? 국방의 예를 이어나가 보자. 대부분의 국민은 자신의 생명과 재산을 보호받고자 하는 욕구가 있고 국방 서비스에 대한 수요도 있기 마련이다. 그러나 만약 국방 서비스를 시장에서 생산하여 판매한다면, 경제적으로 합리적인 국민은 국방 서비스를 구매하지 않을 것이다. 왜냐하면 다른 이가 구매하는 국방 서비스에 자신도 무임승차할 수 있기 때문이다. 결과적으로 국방 서비스는 과소 생산되는 문제가 발생하고, 그 피해는 모든 국민에게 돌아가게 될 것이다. 따라서 이와 같은 유형의 재화나 용역을 사회적으로 필요한 만큼 생산하기 위해서는 국가가 개입해야 하기에 이런 재화나 용역에는 공공재라는 이름을 붙이는 것이다.

① 유료 공연에서 일정한 돈을 지불하지 않은 사람의 공연장 입장을 차단한다면, 그 공연은 배제적으로 소비될 수 있다.
② 국방 서비스를 소비하는 모든 국민에게 그 비용을 지불하도록 한다면, 그 서비스는 비경합적으로 소비될 수 없다.
③ 이용할 수 있는 수가 한정된 여객기 좌석은 경합적으로 소비될 수 있다.
④ 무임승차를 쉽게 방지할 수 없는 재화나 용역은 과소 생산될 수 있다.
⑤ 라디오 방송 서비스는 여러 사람이 비경합적으로 소비할 수 있다.

## 06 상중하

**다음 글에서 알 수 있는 것은?**

우리나라 국기인 태극기에는 태극 문양과 4괘가 그려져 있는데, 중앙에 있는 태극 문양은 만물이 음양 조화로 생장한다는 것을 상징한다. 또 태극 문양의 좌측 하단에 있는 이괘는 불, 우측 상단에 있는 감괘는 물, 좌측 상단에 있는 건괘는 하늘, 우측 하단에 있는 곤괘는 땅을 각각 상징한다. 4괘가 상징하는 바는 그것이 처음 만들어질 때부터 오늘날까지 변함이 없다.

태극 문양을 그린 기는 개항 이전에도 조선 수군이 사용한 깃발 등 여러 개가 있는데, 태극 문양과 4괘만 사용한 기는 개항 후에 처음 나타났다. 1882년 5월 조미수호조규 체결을 위한 전권대신으로 임명된 이응준은 회담 장소에 내걸 국기가 없어 곤란하다가 회담 직전 태극 문양을 활용해 기를 만들고 그것을 회담장에 걸어두었다. 그 기에 어떤 문양이 담겼는지는 오랫동안 알려지지 않았다. 그런데 2004년 1월 미국 어느 고서점에서 미국 해군부가 조미수호조규 체결 한 달 후에 만든 『해상 국가들의 깃발들』이라는 책이 발견되었다. 이 책에는 이응준이 그린 것으로 짐작되는 '조선의 기'라는 이름의 기가 실려 있다. 그 기의 중앙에는 태극 문양이 있으며 네 모서리에 괘가 하나씩 있는데, 좌측 상단에 감괘, 우측 상단에 건괘, 좌측 하단에 곤괘, 우측 하단에 이괘가 있다.

조선이 국기를 공식적으로 처음 정한 것은 1883년의 일이다. 1882년 9월에 고종은 박영효를 수신사로 삼아 일본에 보내면서, 그에게 조선을 상징하는 기를 만들어 사용해 본 다음 귀국하는 즉시 제출하게 했다.

이에 박영효는 태극 문양이 가운데 있고 4개의 모서리에 각각 하나씩 괘가 있는 기를 만들어 사용한 후 그것을 고종에게 바쳤다. 고종은 이를 조선 국기로 채택하고 통리교섭사무아문으로 하여금 각국 공사관에 배포하게 했다. 이 기는 일본에 의해 강제 병합되기까지 국기로 사용되었는데, 언뜻 보기에 『해상 국가들의 깃발들』에 실린 '조선의 기'와 비슷하다. 하지만 자세히 보면 두 기는 서로 다르다. 조선 국기 좌측 상단에 있는 괘가 '조선의 기'에는 우측 상단에 있고, '조선의 기'의 좌측 상단에 있는 괘는 조선 국기의 우측 상단에 있다. 또 조선 국기의 좌측 하단에 있는 괘는 '조선의 기'의 우측 하단에 있고, '조선의 기'의 좌측 하단에 있는 괘는 조선 국기의 우측 하단에 있다.

① 미국 해군부는 통리교섭사무아문이 각국 공사관에 배포한 국기를 『해상 국가들의 깃발들』에 수록하였다.

② 조미수호조규 체결을 위한 회담 장소에서 사용하고자 이응준이 만든 기는 태극 문양이 담긴 최초의 기다.

③ 통리교섭사무아문이 배포한 기의 우측 상단에 있는 괘와 '조선의 기'의 좌측 하단에 있는 괘가 상징하는 것은 같다.

④ 오늘날 태극기의 우측 하단에 있는 괘와 고종이 조선 국기로 채택한 기의 우측 하단에 있는 괘는 모두 땅을 상징한다.

⑤ 박영효가 그린 기의 좌측 상단에 있는 괘는 물을 상징하고 이응준이 그린 기의 좌측 상단에 있는 괘는 불을 상징한다.

## 3  분해(Divide)

정답 및 해설 239P

### 유형설명

분해 유형은 문제에서 "분석으로 옳은/옳지 않은 것"이라는 구절이 들어가는 유형으로서, 다음과 같은 변형된 구절로도 출제된다. 난이도는 높지도 낮지도 않은 편이다.

> **기본** … 알 수 있는/없는, 부합하는/하지 않는 …

> **변형**
> • 분석으로 적절한/적절하지 <u>않은</u> 것 …
> • 분석으로 적절한/적절하지 <u>않은</u> 것만을 <보기>에서 …
> • ㉠~㉣에 대한 분석으로 가장 적절한 것 …
> • (가)와 (나)를 비교한 것으로 적절한 것만을 <보기>에서 …
> • A~D에 대한 분석으로 적절한 것만을 <보기>에서 …

### 평가영역

• 이해력 : 제시문의 내용과 선택지(<보기>) 진술을 사실적으로 이해하는 능력
• 분석력 : 제시문의 내용과 선택지(<보기>) 진술을 나누어서 비교하며 해석하는 능력

## 기출문제 분석 | 접근

이 유형을 대표하는 아래의 문제를 가지고 **3단계 접근방법**을 통해서 그 풀이방식을 자세하게 알아보자.

**01** 다음 대화에 대한 분석으로 옳지 않은 것은? 2015년도 5급 공채
상 중 하

> A : 과학자는 사실의 기술에 충실해야지, 과학이 초래하는 사회적 영향과 같은 윤리적 문제에 대해서는 고민할 필요가 없습니다. 윤리적 문제는 윤리학자, 정치인, 시민의 몫입니다.
>
> B : 과학과 사회 사이의 관계에 대해 생각할 때 우리는 다음 두 가지를 고려해야 합니다. 첫째, 우리가 사는 사회는 전문가 사회라는 점입니다. 과학과 관련된 윤리적 문제를 전문적으로 연구하는 윤리학자들이 있습니다. 과학이 초래하는 사회적 문제는 이들에게 맡겨두어야지 전문가도 아닌 과학자가 개입할 필요가 없습니다. 둘째, 과학이 불러올 미래의 윤리적 문제는 과학이론의 미래와 마찬가지로 확실하게 예측하기 어렵다는 점입니다. 이런 상황에서 과학자가 윤리적 문제에 집중하다 보면 신약 개발처럼 과학이 가져다 줄 수 있는 엄청난 혜택을 놓치게 될 위험이 있습니다.
>
> C : 과학윤리에 대해 과학자가 전문성이 없는 것은 사실입니다. 하지만 중요한 것은 과학자들과 윤리학자들이 자주 접촉을 하고 상호이해를 높이면서, 과학의 사회적 영향에 대해 과학자, 윤리학자, 시민이 함께 고민하고 해결책을 모색해 보는 것입니다. 또한 미래에 어떤 새로운 과학이론이 등장할지 그리고 그 이론이 어떤 사회적 영향을 가져올지 미리 알기는 어렵다는 점도 중요합니다. 게다가 연구가 일단 진행된 다음에는 그 방향을 돌리기도 힘듭니다. 그렇기에 연구 초기단계에서 가능한 미래의 위험이나 부작용에 대해 자세히 고찰해 보아야 합니다.
>
> D : 과학의 사회적 영향에 대한 논의과정에 과학자들의 참여가 필요합니다. 현재의 과학연구가 계속 진행되었을 때, 그것이 인간사회나 생태계에 미칠 영향을 예측하는 것은 결코 만만한 작업이 아닙니다. 그래서 인문학, 사회과학, 자연과학 등 다양한 분야의 전문가들이 함께 소통해야 합니다. 그렇기에 과학자들이 과학과 관련된 윤리적 문제를 도외시해서는 안 된다고 봅니다.

① A와 B는 과학자가 윤리적 문제에 개입하는 것에 부정적이다.
② B와 C는 과학윤리가 과학자의 전문 분야가 아니라고 본다.
③ B와 C는 과학이론이 앞으로 어떻게 전개될지 정확히 예측하기 어렵다고 본다.
④ B와 D는 과학자의 전문성이 과학이 초래하는 사회적 문제해결에 긍정적 기여를 할 것이라고 본다.
⑤ C와 D는 과학자와 다른 분야 전문가 사이의 협력이 중요하다고 본다.

#### 유형공략

• step 1. 문제 및 선택지 읽고 유형 파악
  문제와 선택지까지 읽고 그 유형을 파악한다. 대개 이러한 유형의 문제인 경우, 문제에서 **"분석으로"**라는 구절이 있고 선택지에서 각 단락 등의 공통점과 차이점을 묻도록 구성되어 있다. 그러한 경우 **분해 유형**이라고 파악한다.
  그 다음으로는 선택지의 각 진술을 빠르게 읽으면서 핵심어를 찾고 풀이하는 순서를 정한다. 여기서 유의할 점은 위의 경우에서 보듯이 각 선택지의 주어부가 "~**와/과** ~**은/는**"이라는 접속조사로 연결되어 있고 서술부가 공통으로 되어 있다는 것이다. 즉 위의 문제는 A/B/C/D 중 두 단락의 공통점으로 옳지 않은 것을 찾는 문제인 것이다.

| 구분 | ① | ② | ③ | ④ | ⑤ |
|---|---|---|---|---|---|
| 주어부 | A와 B는 | B와 C는 | B와 C는 | B와 D는 | C와 D는 |
| 핵심어 | 윤리적 문제 | 전문 분야 | 예측 | 전문성 | 협력 |

이는 'step 2'의 단계에서 제시문을 A/B/C/D 각각 끊어 읽기를 한 후 선택지와 비교하는 접근을 하도록 만든다.

- step 2. 제시문 끊어읽기 및 선택지 교차비교하기

앞서 이해한 선택지의 핵심어를 바탕으로, 제시문을 단락별(⑩ A/B/C/D) 필요한 내용만 선택적으로 **끊어** 읽는다. 다시 말해 위의 경우 제시문의 A만 끊어 읽은 후 선택지 ①과 비교하고, B만 끊어 읽은 후 선택지 ②, ③, ④와 비교하고, C만 끊어 읽은 후 ②, ③, ⑤와 비교하고, 마지막으로 D만 끊어 읽은 후 ④와 비교하면서 제시문과 선택지를 **교차하며 비교**를 하는 것이다.

- step 3. 선택지 판단

'step 2'에서 찾은 정보들을 바탕으로, 각 선택지와 비교하면서 제시문에 대한 '분석'이 옳은지 그른지 여부를 판단한다. (여기서는 제시문의 B 내용에 대해 선택지 ④가 옳지 않은 분석을 했기 때문에 제시문의 B까지만 읽고도 정답을 찾을 수 있다.)

최종적으로 다시 한 번 정리하자면, 분해 유형은 1) 문제 및 선택지 읽고 유형 파악, 2) 제시문 끊어읽기 및 선택지 교차비교하기, 3) 선택지 판단이라는 접근방법으로 풀이할 수 있다.

보다 나은 이해를 돕기 위해, 앞서 정리했던 접근방법을 순서에 따라 다음과 같이 도식화해 보았다. 제시문 B까지만 끊어 읽고 선택지 ①과 ②의 분석을 살펴보도록 하겠다.

| step 1. 문제 및 선택지 읽고 유형 파악 | | |
|---|---|---|
| 문제 읽기 | "… 분석으로 옳지 <u>않은</u> 것 …" | |
| 선택지 읽고 유형 파악 | ① A와 B는 ~ 윤리적 문제<br>② B와 C는 ~ 전문 분야<br>③ B와 C는 ~ 예측<br>④ B와 D는 ~ 전문성<br>⑤ C와 D는 ~ 협력 | |
| | | 문제의 '분석'과 선택지의 '~와/과 ~은/는'으로 보아 분해 유형임을 파악한다. (공통점찾기) |

| step 2. 제시문 끊어읽기 및 선택지 교차비교하기 | | |
|---|---|---|
| 제시문 A<br>(요약하며)<br>끊어읽기 | A: 과학자는 사실에 충실해야지 과학이 초래하는 <u>윤리적 문제</u>에 고민할 필요가 <u>없다</u>. | |
| 선택지 ①<br>비교하기 | ① A(○)와 B는 과학자가 윤리적 문제에 개입하는 것에 부정적이다. | 선택지 ① 핵심어 '윤리적 문제'를 중심으로 제시문 A와 비교하니 선택지 ①의 A부분은 분석으로 옳다. |
| 제시문 B<br>(요약하며)<br>끊어읽기 | B: 과학과 사회의 관계를 생각할 때 다음 두 가지를 고려해야 한다. 첫째, 과학이 초래하는 사회적 문제는 이들(<u>윤리학자</u>)에게 맡겨두어야지 <u>전문가가 아닌 과학자</u>가 개입할 필요가 <u>없다</u>. 둘째, 과학이 불러올 <u>미래의 윤리적 문제는</u> 확실하게 <u>예측하기 어렵다</u>. 과학자가 윤리적 문제에 집중하다 보면 신약 개발처럼 과학 혜택을 놓치게 될 위험이 있다. | |

| 선택지 ① 비교하기 | ① A(○)와 B(○)는 과학자가 윤리적 문제에 개입하는 것에 부정적이다. | 선택지 ① 핵심어 '윤리적 문제'를 중심으로 제시문 B와 비교하니 선택지 ①의 B부분은 분석으로 옳다. |
|---|---|---|
| 선택지 ② 비교하기 | ② B(○)와 C는 과학윤리가 과학자의 전문 분야가 아니라고 본다. | 선택지 ② 핵심어 '전문분야'를 중심으로 제시문 B와 비교하니 선택지 ②의 B부분은 분석으로 옳다. |
| 선택지 ③ 비교하기 | ③ B(○)와 C는 과학이론이 앞으로 어떻게 전개될지 정확히 예측하기 어렵다고 본다. | 선택지 ③ 핵심어 '예측'을 중심으로 제시문 B와 비교하니 선택지 ③의 B부분은 분석으로 옳다. |
| 선택지 ④ 비교하기 | ④ B(×)와 D는 과학자의 전문성이 과학이 초래하는 사회적 문제해결에 긍정적 기여를 할 것이라고 본다. | 선택지 ④ 핵심어 '전문성'을 중심으로 제시문 B와 비교하니 선택지 ④의 B부분은 분석으로 옳지 않다. |

| step 3. 선택지 판단 ||
|---|---|
| | ∴ 분석으로 옳지 않은 것은 선택지 ④이다. |

이상으로 분해 유형에 대한 접근방식을 설명해 보았다.

다음은 본 유형과 유사하게 출제되고 있는 타 시험의 제시문을 참고로 소개해 보았다.

**내용공략** 핵심내용(공통점 또는 차이점) 정리하기

## 연습문제

**올빼미에 대해 알 수 있는 A, B 각각의 생각을 〈표〉 빈칸에 ○, ×로 정리해 보시오.** 2016 LEET 변형

P국의 민사소송에서 당사자란 자기의 이름으로 국가의 권리보호를 요구하는 자와 그 상대방을 말한다. 당사자가 적법하게 소송을 수행할 수 있으려면 당사자능력, 당사자적격, 소송능력 등의 당사자자격을 갖추어야 한다. 당사자능력은 소송의 주체가 될 수 있는 일반적인 능력을 말한다. 대표적으로 살아있는 사람이라면 누구나 민사소송의 주체가 될 수 있다. 당사자적격이란 특정한 소송사건에서 정당한 당사자로서 소송을 수행하고 판결을 받기에 적합한 자격이다. 이는 무의미한 소송을 막고 남의 권리에 대하여 아무나 나서서 소송하는 것을 막는 장치이기도 하다. 소송능력이란 당사자로서 유효하게 소송상의 행위를 하거나 받기 위해 갖추어야 할 능력을 말한다.

A: 인간이 아닌 자연물인 올빼미는 적법하게 소송을 수행할 수 없다. 왜냐하면 소송의 주체가 될 수 있는 당사자능력을 현행법은 사람이나 일정한 단체에만 인정하고 있기 때문이다. 그리고 어떤 존재에게 당사자능력을 인정할지는 소송사건의 성질이나 내용과는 관계없이 일반적으로 정해져야 법과 재판의 안정성을 확보할 수 있다. 따라서 법에서 명시적으로 인정하는 자 이외에는 당사자능력을 추가로 인정할 수 없다.

B: 적법하게 소송을 수행할 수 있는 자격을 누군가에게 인정할지 여부는 그에게 법으로 보호할 이익이 있는지에 따라서 판단해야 한다. 만약 어떤 사람이 살고 있는 곳의 환경이 대규모 공사로 심각하게 훼손될 위험에 처하였다면, 우리는 그 사람에게 이익 침해가 있다고 보아 법으로 보호받을 수 있는 자격과 기회를 인정하여야 한다. 민사소송의 당사자가 갖추어야 할 여러 가지 자격이란 이를 구체화한 것일 뿐이다. 그렇다면 자기가 살고 있는 숲이 파괴될 위험에 처한 올빼미에게 법으로 보호받을 자격과 기회를 부정할 이유는 없다. 다만 원활한 소송진행을 위하여 시민단체가 올빼미를 대리하여 소송을 수행할 수 있을 것이다.

| 〈표〉 | 당사자 능력 | 당사자 적격 | 소송능력 |
|------|-----------|-----------|---------|
| A | (1) | ― | (2) |
| B | ― | (3) | ― |

**정답** (1) ×, (2) ×, (3) ○

---

**속도공략** 표기법

문제를 풀이하기 위해 제시문과 선택지를 읽을 때, 핵심적인 정보를 표시하려는 목적으로 밑줄을 사용하는 경우가 있다. 하지만 제시문과 선택지에 너무 많은 정보가 다양하게 있을 때에는 밑줄만으로는 표시가 부족할 수 있다. 이에 정보를 요약하기 위해 자주 사용하는 표기법 몇 가지를 소개하고자 한다. 단, 다음의 내용은 시간을 절약하기 위한 하나의 권장 사항일 뿐 필수 사항은 아니므로 자신에 맞도록 변형해서 사용하기 바란다.

① 문장성분 표기

㉠ 주어

| 주어 | 표기 | 설명 |
|------|------|------|
| • 갑은 | • <갑>은 | 단독임을 표시 |
| • 을은 | • <을>은 | 단독임을 표시 |
| • 갑과 달리 을은 | • 갑과 달리 <을>은 | 양자의 차이점을 표시 |
| • 을과 달리 갑은 | • 을과 달리 <갑>은 | 양자의 차이점을 표시 |
| • 갑과 을은 | • <갑(과) 을>은 | 양자의 공통점을 표시 |
| • 갑, 을, 병 모두는 | • <갑, 을, 병> (모두)는 | 전체의 공통점을 표시 |
| • A가 B보다 먼저 | • A가 B보다 먼저 ≫ | 비교대상의 선후(先後)를 표시 |
| • A보다 B가 먼저 | • A보다 B가 먼저 ≪ | ― |

ⓒ 서술어

| 서술어 | 표기 | 설명 |
|---|---|---|
| • ~이다. | • ~이다.<br>○ | 긍정임을 표시 |
| • ~이 아니다. | • ~이 아니다.<br>✕ | 부정임을 표시 |
| • ~을 지지/강화한다. | • ~을 지지/강화한다.<br>↑ | 지지/강화함을 표시 |
| • ~을 지지/강화하지 않는다. | • ~을 지지/강화하지 않는다.<br>↑ ✕ | 약화하거나 강화도 약화도 아님을 표시 |
| • ~을 비판/약화한다. | • ~을 비판/약화한다.<br>↓ | 비판/약화함을 표시 |
| • ~을 비판/약화하지 않는다. | • ~을 비판/약화하지 않는다.<br>↓ ✕ | 강화하거나 약화도 강화도 아님을 표시 |
| • A는 B보다 크다/작다. | • A는 B보다 크다/작다.<br>>/< | 대소를 표시 |
| • 이상/이하이다. | • ⬆/⬇ | 대소를 표시 |
| • 초과/미만이다. | • ⇧/⇩ | 대소를 표시 |

ⓒ 부사어

| 부사어 | 표기 | 설명 |
|---|---|---|
| • ~ 시대에는, | • ~ 시대에는,<br>⟵⟶ | 시간을 표시 |
| • ~ 때문에 | • ~ 때문에,<br>○———○ | 이유를 표시 |
| • ~ 곳에서는, | • ~ 곳에서는,<br>└———┘ | 장소를 표시 |
| • ~ 으로, | • ~으로,<br>●———● | 방법을 표시 |
| • 홍길동~, | • 홍길동~,<br>≈≈≈≈≈≈ | 인물을 표시 |

② 문장 표기

문장은 크게 홑문장과 겹문장으로 나뉘고, 겹문장은 안은 문장과 이어진 문장으로 나뉜다. 안은 문장의 안기는 방법에는 **명사절, 관형절, 부사절**, 서술절, 인용절이 있고, 이어진 문장에는 대등적으로 이어진 문장(**나열/대조**)과 종속적으로 이어진 문장(조건, 양보, 원인, 시간 등)이 있다.

| 분류 | 표기 | 설명 |
|---|---|---|
| • 명사절 · 관형절 · 부사절 | • {명사절 · 관형절 · 부사절} | 안긴 문장을 표시 |
| • ~다면 · ~에도 불구하고 · ~때문에 · ~할 때 | • {~다면 · ~에도 불구하고 · ~때문에 · ~할 때} | 종속적으로 이어진 문장을 표시 |
| • ~이고 | • ~이고 | | 대등적으로 이어진 나열을 표시 |
| • ~이지만 | • ~이지만 / | 대등적으로 이어진 대조를 표시 |

③ 제시문 표기

가급적이면 먼저 선택지의 핵심어와 진술을 파악한 후, 이를 기본으로 제시문을 표기하면서 읽는 것을 권한다.

| 분류 | 표기 |
|---|---|
| • 상위 핵심어와 그 내용 | • [상위핵심어] , [내용] |
| • 하위 핵심어와 그 내용 | • (하위핵심어) , (내용) |
| • 핵심내용 | • 핵심내용 |
| • 그러나 · 하지만 | • ＼그러나·하지만＼ |
| • 따라서 · 그러므로 | • ／따라서·그러므로＼ |
| • 단 · 다만 | • ＜단·다만＞ |

이상으로 표기 방법에 대해 몇 가지를 소개해 보았다. 다시 말하지만 하나의 권장사항일 뿐이므로 절약할 수 있는 더욱더 좋은 방법을 찾아나가시기 바란다.

## 대표 기출

정답 및 해설 240P

# 01 상중하

다음 글의 갑 ~ 병에 대한 판단으로 적절한 것만을 〈보기〉에서 모두 고르면?

---

다음 두 삼단논법을 보자.

(1) 모든 춘천시민은 강원도민이다.
　　모든 강원도민은 한국인이다.
　　따라서 모든 춘천시민은 한국인이다.

(2) 모든 수학 고득점자는 우등생이다.
　　모든 과학 고득점자는 우등생이다.
　　따라서 모든 수학 고득점자는 과학 고득점자이다.

(1)은 타당한 삼단논법이지만 (2)는 부당한 삼단논법이다. 하지만 어떤 사람들은 (2)도 타당한 논증이라고 잘못 판단한다. 왜 이런 오류가 발생하는지 설명하기 위해 세 가지 입장이 제시되었다.

갑: 사람들은 '모든 A는 B이다'를 '모든 B는 A이다'로 잘못 바꾸는 경향이 있다. '어떤 A도 B가 아니다'나 '어떤 A는 B이다'라는 형태에서는 A와 B의 자리를 바꾸더라도 아무런 문제가 없다. 하지만 '모든 A는 B이다'라는 형태에서는 A와 B의 자리를 바꾸면 논리적 오류가 생겨난다.

을: 사람들은 '모든 A는 B이다'를 약한 의미로 이해해야 하는데도 강한 의미로 이해하는 잘못을 저지르는 경향이 있다. 여기서 약한 의미란 그것을 'A는 B에 포함된다'로 이해하는 것이고, 강한 의미란 그것을 'A는 B에 포함되고 또한 B는 A에 포함된다'는 뜻에서 'A와 B가 동일하다'로 이해하는 것이다.

병: 사람들은 전제가 모두 '모든 A는 B이다'라는 형태의 명제로 이루어진 것일 경우에는 결론도 그런 형태이기만 하면 타당하다고 생각하고, 전제 가운데 하나가 '어떤 A는 B이다'라는 형태의 명제로 이루어진 것일 경우에는 결론도 그런 형태이기만 하면 타당하다고 생각하는 경향이 있다.

---

**보기**

ㄱ. 대다수의 사람이 "어떤 과학자는 운동선수이다. 어떤 철학자도 과학자가 아니다."라는 전제로부터 "어떤 철학자도 운동선수가 아니다."를 타당하게 도출할 수 있는 결론이라고 응답했다는 심리 실험 결과는 갑에 의해 설명된다.

ㄴ. 대다수의 사람이 "모든 적색 블록은 구멍이 난 블록이다. 모든 적색 블록은 삼각 블록이다."라는 전제로부터 "모든 구멍이 난 블록은 삼각 블록이다."를 타당하게 도출할 수 있는 결론이라고 응답했다는 심리 실험 결과는 을에 의해 설명된다.

ㄷ. 대다수의 사람이 "모든 물리학자는 과학자이다. 어떤 컴퓨터 프로그래머는 과학자이다."라는 전제로부터 "어떤 컴퓨터 프로그래머는 물리학자이다."를 타당하게 도출할 수 있는 결론이라고 응답했다는 심리 실험 결과는 병에 의해 설명된다.

① ㄱ
② ㄷ
③ ㄱ, ㄴ
④ ㄴ, ㄷ
⑤ ㄱ, ㄴ, ㄷ

# CHAPTER

# 03 7급

## 1 맥락형

정답 및 해설 241P

### 유형설명

19년 혁신처 발표 7급 PSAT 언어논리영역 예시문항에서 제시문의 맥락을 살펴보면서 풀이하는 형식이 두 종류로 공개되었다. 하나는 흐름형(flow)이고 나머지 하나는 교정형(reform)인데, 난이도는 어렵지 않은 편에 속하며, 앞서의 예시문항으로만 소개하고자 한다.

① 흐름형

**기본** ㉠~㉤에서 전체 흐름과 맞지 <u>않은</u> 한 곳을 찾아 수정할 때, 가장 적절한 것 …

**변형** 글의 흐름에 맞지 <u>않는</u> 곳을 ㉠~㉤에서 찾아 수정할 때, …
문맥에 맞지 <u>않는</u> 곳을 ㉠~㉤에서 찾아 수정할 때, …

② 교정형

**기본** (가)에 제시된 <작성 원칙>에 따라 (나)의 <자료>를 수정하거나 보완하고자 할 때, 가장 적절한 것 …

**변형** … 에 따라 …<계획안>을 수정 …

### 평가영역

• 이해력: 제시문의 내용적 및 문맥적 흐름을 파악하는 능력
• 논리력: 제시문의 ㉠~㉤ 중 전체 흐름과 맞거나 맞지 않는 내용을 찾아내는 능력

**기출문제 분석** ▶ 접근 : 흐름형(ⓕ, flow)

이 형식을 대표하는 문제를 결정하는 것은 아직까지는 시기상조라 생각되므로, 그 풀이방식을 살펴보기보다는 2019년 혁신처 발표 예시문항을 소개하는 수준으로 접근방법을 정리하고자 한다.

**01** 다음 글의 ㉠~㉤에서 전체 흐름과 맞지 않는 한 곳을 찾아 수정할 때, 가장 적절한 것은? 2019년 혁신처 발표 예시문항
상중하

'거짓말'을 어떻게 정의해야 하는가는 혼란을 일으킬 수 있는 물음입니다. 어떤 사람의 말을 '거짓말'로 만드는 것은 거짓말을 하려는 그 사람의 의도일까요? 아니면 그 말이 사실과 일치하는가의 여부일까요? ㉠ 자신이 거짓이라고 믿는 것을 의도적으로 말하는 사람을 두고 거짓말을 한다고 말하는 것은 당연합니다. 문제는, 자신이 참이라고 믿는 것을 믿는 대로 말했는데 그 말이 사실은 거짓인 경우, 이를 두고 거짓말을 한다고 할 수 있는가 하는 것입니다. 예를 들어서 이런 말을 듣곤 하지 않습니까? "거짓말을 하려고 한 게 아니라 어쩌다 보니 거짓말이 되고 말았다." 참이라고 생각하고 말했는데, 내가 참이라고 생각한 것이 사실과 달라 거짓이 되었다는 의미입니다. 이 경우에는 ㉡ 거짓말을 만드는 것은 말하는 사람의 의도라기보다는 사실과의 일치 여부가 되겠지요. 이런 의미에서 거짓말을 하는 것은 정직하지 않은 것과는 상관없는 일이 됩니다. ㉢ 사실과 일치하는 비용을 참이라고 믿고 말했지만, 결과적으로 거짓말을 하게 되는 셈이니까요. 이런 거짓말을 '결과적 거짓말'이라고 한다면, 자신이 믿는 것과는 반대로 말하는 것을 '의도적 거짓말'이라고 할 수 있을 것입니다. '거짓말'을 결과적 거짓말로 정의할 것인가, 의도적 거짓말로 정의할 것인가는 맥락에 따라서 다를 수 있지만, ㉣ 우리가 '거짓말'에 대해서 갖고 있는 개념에 더 잘 맞는 것은 의도적 거짓말이라고 생각합니다.

'단순히 거짓인 말'과 '거짓말'은 서로 구별되어야 하는 말입니다. 마찬가지로 '우연히 참이 된 말'과 '참말'도 구별되어야겠지요. 가령, 모든 것을 자신이 믿는 바와는 정반대로 말하는 사람을 생각해 봅시다. 만일 이 사람이 '서울은 대한민국의 수도가 아니다.'라고 믿는다면, '서울은 대한민국의 수도이다.'라고 말할 것입니다. 이 경우 그는 사실과의 일치 여부로 보면 참말을 한 셈이지만, 사실과 일치하는 내용을 자신의 믿음대로 말한 사람과는 다른 의미에서 참말을 했다고 해야 하지 않을까요? 다시 말해서, ㉤ 그는 우연히 진실을 말했을 뿐입니다. 이런 사람과, 자신이 믿는 바대로 말하려고 했고 그 결과 진실을 말한 사람은 구별되어야 한다고 생각합니다.

① ㉠을 '자신이 참이라고 믿는 것을 의도적으로 말하는 사람을 두고 거짓말을 한다고 말하는 것은 당연합니다'로 수정한다.
② ㉡을 '거짓말을 만드는 것은 사실과의 일치 여부가 아니라 말하는 사람의 의도가 되겠지요'로 수정한다.
③ ㉢을 '사실과 일치하지 않는 내용을 참이라고 믿고 말했지만, 결과적으로 거짓말을 하게 되는 셈이니까요'로 수정한다.
④ ㉣을 '이 두 가지 거짓말이 모두 참말과 구분된다는 점에서는 동일한 거짓말이라고 생각합니다'로 수정한다.
⑤ ㉤을 '그는 의도적으로 진실을 말하고 있는 것입니다'로 수정한다.

**유형공략**

• step 1. 형식과 선택지 파악
  문제에 "㉠~㉤에서 전체 흐름과 맞지 않는 한 곳을 찾아 **수정**할 때,"라는 구절이 들어 있음을 보면서 **맥락형(흐름형)**임을 이해한다. 그 다음으로는 선택지 ①~⑤의 서술어가 모두 "~ 수정한다."로 구성되어 있음을 파악한다.

• step 2. 제시문 한번 읽기
  제시문의 내용을 처음부터 읽어 내려가면서 전체 흐름과 맞지 않는 곳을 찾는데, ㉠~㉤ 중 반대어가 있는 구절들에 유의하며 읽는다. (문제의 출제원리를 바탕으로 생각해 볼 때, 반대어가 있는 구절이 정답일 경우가 많다.)

• step 3. 선택지 판단
  'step 2'에서 찾은 정보들을 바탕으로, 각 선택지와 비교한 후 그 선택지의 '적절함' 여부를 최종 판단한다.

**기출문제 분석**   접근 : 교정형(ⓡ, reform)

흐름형과 마찬가지로 형식을 대표하는 문제를 결정하는 것은 아직까지는 시기상조라 생각되므로, 그 풀이방식을 살펴보기보다는 2019년 혁신처 발표 예시문항을 소개하는 수준으로 접근방법을 정리하고자 한다.

**02** 다음 (가)에서 제시된 〈작성 원칙〉에 따라 (나)의 〈A시 보도자료〉를 수정하거나 보완하고자 할 때, 가장 적절한 것은?

상중하                                                                        2019년 혁신처 발표 예시문항

---

(가) 〈작성 원칙〉
- 보도자료의 제목 및 부제는 전체 내용을 압축적으로 제시하는 내용을 담아야 한다.
- 첫 단락인 '리드'에서 '누가, 언제, 무엇을, 어떻게, 왜'의 핵심정보를 제시해야 한다.
- 제목과 부제에서 드러나고 있는 핵심 정보를 본문에서 빠짐없이 제시해야 한다.
- 불필요한 잉여 정보를 포함하거나 동일 정보를 필요 이상 반복해서는 안 된다.
- 정보 전개에 필요한 표, 그래프, 그림 등을 적절하게 제공해야 한다.

(나) 〈A시 보도자료〉

<u>ⓐ 봄철 불청객 '황사' 이렇게 대처하겠습니다!</u>
– 대응 체계 강화와 시민 행동 요령 안내 등 철저한 대비로 황사 피해 최소화 –

  <u>ⓑ A시는 매년 봄철(3~5월) 불청객으로 찾아오는 황사 피해를 최소화하기 위해 적극적인 대처 방안을 마련했다.</u> 이에 따라 A시는 황사 대응 체계를 신속하게 가동하고, 시민 행동 요령을 적극적으로 안내할 예정이다. 또 관련부서 및 유관기관과 유기적으로 협조하기로 했다.
  매년 봄철이면 반갑지 않은 손님인 황사가 찾아온다. 황사는 우리 인체에 악영향을 주기 때문에, 시민들의 건강 피해 예방을 위해 철저한 대비가 필요하다. A시의 최근 10년간 연평균 황사 관측일수는 6.1일이며, 이 중 5.1일(83%) 이 봄철(3~5월)에 집중 발생하는 것으로 나타났다.

ⓒ

  기상청의 기상 전망에 따르면 A시의 황사 발생 일수는 4월에는 평년(1.9일)과 비슷하겠으나, 5월에는 평년(2.5일) 보다 많을 것으로 전망된다. 특히 <u>ⓓ 최근 중국 북부지역의 가뭄으로 평년보다 더 강한 황사가 발생할 가능성이 있어</u> 철저하게 대비해야 한다.
  A시에서는 황사 발생시 관련부서 및 유관기관과 유기적으로 협조하여 기후 상황 전파, 도로변과 대규모 공사장 물 뿌리기, 진공청소차를 활용한 청소 등 체계적인 대응을 신속하게 실시하여 황사 피해를 최소화할 계획이다.

ⓔ

① ⓐ을 '불청객 황사, 봄철 국민 건강을 위협하는 주범입니다'로 수정한다.
② ⓑ은 아래 부분에서 반복적으로 설명되는 내용이므로 삭제한다.
③ ⓒ에 최근 30년간 한국의 황사 발생 관측일수를 도표로 제공한다.
④ ⓓ에 이어 중국 북부지역 가뭄 원인과 중국 정부의 대처 방안을 추가한다.
⑤ ⓔ에 시민들이 황사피해를 최소화할 수 있는 행동 요령과 그 안내 계획을 추가한다.

---

**유형공략**

- step 1. 형식 파악

 문제에 "〈원칙〉에 따라 … 〈자료〉를 **수정**하거나 **보완**하고자 할 때,"라는 구절이 들어 있음을 보면서 **맥락형(교정형)**임을 이해한다.

- step 2. 제시문 〈자료〉와 그와 관련된 선택지 비교하며 나눠 읽기

 제시문 〈자료〉의 ⓐ~ⓔ을 읽어 내려가면서 하나씩 순서대로 그와 관련된 선택지 진술 ①~⑤ 역시 짝지어 읽은 후, 그 수정 또는 보완된 부분이 무엇인지 파악한다.

- step 3. 제시문 〈원칙〉 분석하기 및 선택지 판단

 제시문과 선택지 사이의 비교된 부분을 바탕으로, 그와 관련된 〈원칙〉을 찾아 그 〈원칙〉에 따라 적절하게 수정 또는 보완되었는지 여부를 최종 판단한다.

## 대표 기출

정답 및 해설 244P

# 01 ⊕⊕⊛⊛

**다음 글의 ㉠~㉤에서 문맥에 맞지 않는 곳을 찾아 적절하게 수정한 것은?**

반세기 동안 지속되던 냉전 체제가 1991년을 기점으로 붕괴되면서 동유럽 체제가 재편되었다. 동유럽에서는 연방에서 벗어나 많은 국가들이 독립하였다. 이 국가들은 자연스럽게 자본주의 시장경제를 받아들였는데, 이후 몇 년 동안 공통적으로 극심한 경제 위기를 경험하게 되었다. 급기야 IMF(국제통화기금)의 자금 지원을 받게 되는데, 이는 ㉠갑작스럽게 외부로부터 도입한 자본주의 시스템에 적응하는 일이 결코 쉽지 않다는 점을 보여준다.

이 과정에서 해당 국가 국민의 평균 수명이 급격하게 줄어들었는데, 이는 같은 시기 미국, 서유럽 국가들의 평균 수명이 꾸준히 늘었다는 것과 대조적이다. 이러한 현상에 대해 ㉡자본주의 시스템 도입을 적극적으로 지지했던 일부 경제학자들은 오래전부터 이어진 ㉢동유럽 지역 남성들의 과도한 음주와 흡연, 폭력과 살인 같은 비경제적 요소를 주된 원인으로 꼽았다. 즉 경제 체제의 변화와는 관련이 없다는 것이다.

이러한 주장에 의문을 품은 영국의 한 연구자는 해당 국가들의 건강 지표가 IMF의 자금 지원 전후로 어떻게 달라졌는지를 살펴보았다. 여러 사회적 상황을 고려하여 통계 모형을 만들고, ㉣IMF의 자금 지원을 받은 국가와 다른 기관에서 자금 지원을 받은 국가를 비교하였다. 같은 시기 독립한 동유럽 국가 중 슬로베니아만 유일하게 IMF가 아닌 다른 기관에서 돈을 빌렸다. 이때 두 곳의 차이는, IMF는 자금을 지원받은 국가에게 경제와 관련된 구조조정 프로그램을 실시하게 한 반면, 슬로베니아를 지원한 곳은 그렇게 하지 않았다는 점이다. IMF 구조조정 프로그램을 실시한 국가들은 ㉤실시 이전부터 결핵 발생률이 크게 증가했던 것으로 나타났다. 그러나 슬로베니아는 같은 기간에 오히려 결핵 사망률이 감소했다. IMF 구조조정 프로그램의 실시 여부는 국가별 결핵 사망률과 일정한 상관관계가 있었던 것이다.

① ㉠을 "자본주의 시스템을 갖추지 않고 지원을 받는 일"로 수정한다.
② ㉡을 "자본주의 시스템 도입을 적극적으로 반대했던"으로 수정한다.
③ ㉢을 "수출입과 같은 국제 경제적 요소"로 수정한다.
④ ㉣을 "IMF의 자금 지원 직후 경제 성장률이 상승한 국가와 하락한 국가"로 수정한다.
⑤ ㉤을 "실시 이후부터 결핵 사망률이 크게 증가했던 것"으로 수정한다.

## 02 상 중 하

**다음 대화의 ⊙에 따라 〈계획안〉을 수정한 것으로 적절하지 않은 것은?**

갑: 나눠드린 'A시 공공 건축 교육 과정' 계획안을 다 보셨죠? 이제 계획안을 어떻게 수정하면 좋을지 각자의 의견을 자유롭게 말씀해 주십시오.

을: 코로나19 상황을 고려해 대면 교육보다 온라인 교육이 좋겠습니다. 그리고 방역 활동에 모범을 보이는 차원에서 온라인 강의로 진행한다는 점을 강조하는 것이 좋겠습니다. 온라인 강의는 편안한 시간에 접속하여 수강하게 하고, 수강 가능한 기간을 명시해야 합니다. 게다가 온라인으로 진행하면 교육 대상을 A시 시민만이 아닌 모든 희망자로 확대하는 장점이 있습니다.

병: 좋은 의견입니다. 여기에 덧붙여 교육 대상을 공공 건축 업무 관련 공무원과 일반 시민으로 구분하는 것이 좋겠습니다. 관련 공무원과 일반 시민은 기반 지식에서 차이가 커 같은 내용으로 교육하기에 적합하지 않습니다. 업무와 관련된 직무 교육 과정과 일반 시민 수준의 교양 교육 과정으로 따로 운영하는 것이 좋겠습니다.

을: 교육 과정 분리는 좋습니다만, 공무원의 직무 교육은 참고할 자료가 많아 온라인 교육이 비효율적입니다. 직무 교육 과정은 다음에 논의하고, 이번에는 시민 대상 교양 과정으로만 진행하는 것이 좋겠습니다. 그리고 A시의 유명 공공 건축물을 활용해서 A시를 홍보하고 관심을 끌 수 있는 주제의 강의가 있으면 좋겠습니다.

병: 그게 좋겠네요. 마지막으로 덧붙이면 신청 방법이 너무 예전 방식입니다. 시 홈페이지에서 신청 게시판을 찾아가는 방법을 안내할 필요는 있지만, 요즘 같은 모바일 시대에 이것만으로는 부족합니다. A시 공식 애플리케이션에서 바로 신청서를 작성하고 제출할 수 있도록 하면 좋겠습니다.

갑: ⊙ <u>오늘 회의에서 나온 의견을 반영하여 계획안을 수정하도록 하겠습니다.</u> 감사합니다.

┌─ 계획안 ┐

### A시 공공 건축 교육 과정

- 강의 주제: 공공 건축의 미래 / A시의 조경
- 일시: 7. 12.(월) 19:00 ~ 21:00 / 7. 14.(수) 19:00 ~ 21:00
- 장소: A시 청사 본관 5층 대회의실
- 대상: A시 공공 건축에 관심 있는 A시 시민 누구나
- 신청 방법: A시 홈페이지 → '시민참여' → '교육' → '공공 건축 교육 신청 게시판'에서 신청서 작성

① 강의 주제에 "건축가협회 선정 A시의 유명 공공 건축물 TOP3"를 추가한다.

② 일시 항목을 "기간: 7. 12.(월) 06:00 ~ 7. 16.(금) 24:00"으로 바꾼다.

③ 장소 항목을 "교육방식: 코로나19 확산 방지를 위해 온라인 교육으로 진행"으로 바꾼다.

④ 대상을 "A시 공공 건축에 관심 있는 사람 누구나"로 바꾼다.

⑤ 신청 방법을 "A시 공식 애플리케이션을 통한 A시 공공 건축 교육 과정 간편 신청"으로 바꾼다.

## 2 법령형

정답 및 해설 245P

### 유형설명

19년 혁신처 발표 7급 PSAT 언어논리영역 예시문항으로 처음 등장한 후, 20년 혁신처 발표 모의평가 2문항(예 위배, 쟁점)으로도 다시 공개된 7급 법령형은 앞으로 7급 PSAT에서 가장 혁신적인 형식 중 하나가 되리라 예측되고 있다. 기존 유관 PSAT 기출문제와는 매우 차별적인 형식이므로 그 대비가 쉽지 않을 수 있지만 공개되는 기타 모의문제 등을 통해 반드시 대비하여야만 한다. 7급 법령형의 가장 큰 특징은 제시문에 조문이 들어가거나 대화에서 조문을 설명하는 것과 같이 조문이 직접 명시된다는 점에 있다. 난이도는 낮지 않은 편에 속하고 변형 가능성도 있으리라 예측해 본다. 지금까지 분석한 바로는 3가지 하위 형식으로 나누어 볼 수 있다.

 **기본**
㉠의 내용으로 가장 적절한 것 … (예 위배ⓥ, 적용ⓐ)
<논쟁>에 대한 분석으로 적절한 것 … (예 쟁점ⓘ)

**변형**
㉠에 해당하는 내용으로 가장 적절한 것 …
㉠의 내용으로 적절한 것만을 <보기>에서 모두 고르면…

### 평가영역

• **분석력**: 제시문의 사례와 『법령』을 구분하여 파악하는 능력
• **추론력**: 사례로 인하여 『법령』의 요건과 충돌되는 내용을 찾아내는 능력
• **논리력**: 제시문의 사례를 『법령』에 적용하여 이해하는 능력

### 기출문제 분석    접근 : 위배형(ⓥ, violate)

7급 맥락형과 마찬가지로 이 형식을 대표하는 문제를 결정하는 것은 아직까지는 시기상조라 생각되므로, 그 풀이방식을 살펴보기보다는 2019년 혁신처 발표 예시문항(예 위배ⓥ)을 소개하는 수준으로 접근방법을 정리하고자 한다. 국가직 7급 공채에서만 유일하게 출제되는 형식으로, 21년 2문제, 22년 3문제, 23년 2문제가 출제되었다.

# 01
상중하

**다음 글의 ㉠의 내용으로 적절한 것은?** <sup>2019년 혁신처 발표 예시문항</sup>

> ○○시에 주민등록을 두고 있으며 무직인 갑은 만 3세인 손녀의 돌봄을 위해 ○○시 육아종합지원센터 장난감 대여 서비스를 이용하려고 하였다. 하지만 ○○시 육아종합지원센터는 다음의 「○○시 육아종합지원센터 운영규정」(이하 '운영규정'이라 한다)에 따라 갑이 장난감 대여 서비스를 이용할 수 없다고 안내하였다.
>
> ┌─────────────────────────────────────────────────────┐
> 「○○시 육아종합지원센터 운영규정」
> 제95조(회원) ① 본 센터의 각종 서비스를 이용하려는 자는 회원으로 등록되어 있어야 한다.
> ② 회원이 될 수 있는 자는 만 5세 이하 자녀를 둔 ○○시에 주민등록을 두고 있는 자와 ○○시 소재 직장 재직자이다.
> ③ 회원등록을 위해 제출해야 하는 구비서류는 별도로 정한다.
> └─────────────────────────────────────────────────────┘
>
> 그러자 갑은 ○○시가 제정한 다음의 「○○시 육아종합지원센터 설치 및 운영 조례」(이하 '조례'라 한다)에 근거하여 장난감 대여 서비스를 이용하게 해달라는 민원을 제기하였다.
>
> ┌─────────────────────────────────────────────────────┐
> 「○○시 육아종합지원센터 설치 및 운영 조례」
> 제5조(회원) ① 회원은 본 센터에 개인정보를 제공하여 회원등록을 한 자로서 본 센터의 모든 서비스를 이용할 수 있는 자를 말한다.
> ② 회원이 되려는 자는 다음 각 호의 요건을 모두 갖추어야 한다.
> 1. ○○시에 주민등록을 두고 있는 자 또는 ○○시 소재 직장 재직자
> 2. 만 5세 이하 아동의 직계존속 또는 법정보호자
> └─────────────────────────────────────────────────────┘
>
> 갑의 민원을 검토한 ○○시는 운영규정과 조례가 불일치함을 발견하고 <u>㉠ 갑과 같은 조건의 사람들도 장난감 대여 서비스를 이용할 수 있도록 운영규정 또는 조례의 일부를 개정</u>하였다.

① 운영규정 제95조 제1항의 '회원으로 등록되어 있어야 한다'를 '본 센터에 개인정보를 제공하여 회원으로 등록되어 있어야 한다'로 개정한다.

② 운영규정 제95조 제2항의 '만 5세 이하 자녀를 둔'을 '만 5세 이하 아동의 직계존속 또는 법정보호자로서'로 개정한다.

③ 조례 제5조 제1항의 '서비스를 이용할 수 있는 자'를 '서비스를 이용할 수 있는 자의 직계존속 또는 법정보호자'로 개정한다.

④ 조례 제5조 제2항 제1호를 '○○시에 주민등록을 두고 있는 자'로 개정한다.

⑤ 조례 제5조 제2항 제2호를 '만 5세 이하 아동의 부모 또는 법정보호자'로 개정한다.

---

**유형공략** <sup>9)</sup>

• step 1. 형식과 선택지 파악

　제시문의 내용에 『법령』 조문이 들어가 있음을 보면서 **7급 법령형**임을 이해한다.

　그 다음으로는 선택지 ①~⑤의 서술어 "개정(신설/삭제)한다"를 보면서 제시문 『법령』의 어떠한 조(예 제○○조), 항(예 ①, ②), 호(예 1. 2.), 목(예 가. 나.)과 관련이 있는지 파악한다.

• step 2. 제시문 〈사례〉 읽기

　제시문 『법령』을 <u>제외한</u> 나머지의 내용, 즉 〈사례〉를 분석하며 밑줄 친 ㉠의 내용으로 적절한 것을 찾는다. 선택지 ①~⑤에서 개정 조문으로 무엇을 진술하고 있는지<sup>10)</sup> 참고하면 바람직하다.

---

9) 7급 법령형은 앞으로 변형 가능성이 높은 형식이므로 그 공략법도 다양하게 변형되어 나올 수 있음을 미리 밝힌다.

• step 3. 선택지 판단

'step 2'에서 찾은 정보들을 바탕으로, 각 선택지와 비교한 후 그 선택지의 '적절함' 여부를 최종 판단한다.

---

**내용공략** | 임의규정과 강행규정

권리와 의무를 발생시키는 법률행위가 당사자의 의사에 따라 배제 또는 변경되는 것을 임의규정이라 하고, 당사자의 의사에 상관없이 강행되는 것을 강행규정이라 한다.

임의규정에는 주로 공공의 질서유지와 관계되지 않는 사법이 해당되며, 대표적인 예로는 채권법 중 계약법이 있다. 이와 다르게 강행규정이란 당사자의 의사와는 상관없이 강제적으로 적용되는 규정으로, 당사자의 의사에 의하여 그 적용을 배제할 수 있다. 주로 공공의 질서유지와 관계된 공법이 강행규정이다. 특히 사유재산을 규정한 물권이나 법 질서 규정에 관한 법, 경제적 약자를 보호하기 위한 사회 정책 관련 법 등의 대부분은 강행규정이다.

법률상 '~할 수 있다(maybe).'는 임의규정이지만 '~하여야 한다(must).'는 강행 규정인 경우가 많다.

---

**기출문제 분석** | **접근(Approach) : 쟁점형 (①, issue)**

7급 법령형의 쟁점형식은 그 문제의 형식이 공식화되었다고 평가할 만큼 정형화되었다고 본다. 이 문제의 특징은 제시문에서는 법조문과 법조문의 불비(不備) 등으로 인해서 두 사람 사이에서 법 해석을 둘러싸고 논쟁이 나타나고, 선택지에서는 새로운 상황의 진술이 추가된 후 이 두 사람에 대한 적절한 판단을 요구한다. 이 형식을 대표하는 다음의 문제를 가지고 **3단계 접근방법**을 통해서 그 풀이방식에 대해 알아보자.

---

**02** 다음 글의 〈논쟁〉에 대한 분석으로 적절한 것만을 〈보기〉에서 모두 고르면? ²⁰²⁰년 혁신처 발표 모의평가

갑과 을은 M국의 손해사정을 업으로 하는 법인 A, B의 「보험업법」 위반 여부에 대해 논쟁하고 있다. 이 논쟁은 「보험업법」의 일부 규정 속 손해사정사가 상근인지 여부, 그리고 각 법인의 손해사정사가 상근인지 여부가 불분명함에서 비롯되었다. 해당 법의 일부 조항은 다음과 같다.

「보험업법」

제00조(손해사정업의 영업기준) ① 손해사정을 업으로 하려는 법인은 2명 이상의 상근 손해사정사를 두어야 한다. 이 경우 총리령으로 정하는 손해사정사의 구분에 따라 수행할 업무의 종류별로 1명 이상의 상근 손해사정사를 두어야 한다.

② 제1항에 따른 법인이 지점 또는 사무소를 설치하려는 경우에는 각 지점 또는 사무소별로 총리령으로 정하는 손해사정사의 구분에 따라 수행할 업무의 종류별로 1명 이상의 손해사정사를 두어야 한다.

〈논 쟁〉

쟁점1: 법인 A는 총리령으로 정하는 손해사정사의 구분에 따른 업무의 종류가 4개이고 각 종류마다 2명의 손해사정사를 두고 있는데, 갑은 법인 A가 「보험업법」 제00조제1항을 어기고 있다고 주장하지만 을은 그렇지 않다고 주장한다.

쟁점2: 법인 B의 지점 및 사무소 각각은 총리령으로 정하는 손해사정사의 구분에 따른 업무의 종류가 2개씩이고 각 종류마다 1명의 손해사정사를 두고 있는데, 갑은 법인 B가 「보험업법」 제00조 제2항을 어기고 있다고 주장하지만 을은 그렇지 않다고 주장한다.

---

10) 특히 상위법령과 하위법령 중 개정 가능성이 높은 조문은 하위법령의 조문이므로, 관련 없는 상위법령의 조문으로 구성된 선택지를 소거한다.

〈보 기〉
ㄱ. 쟁점1과 관련하여, 법인 A에는 비상근 손해사정사가 2명 근무하고 있지만 이들이 수행하는 업무의 종류가 다르다는 사실이 밝혀진다면, 갑의 주장은 옳지만 을의 주장은 옳지 않다.
ㄴ. 쟁점2와 관련하여, 법인 B의 지점에 근무하는 손해사정사가 비상근일 경우에 갑은 제○○조 제2항의 '손해사정사'가 반드시 상근이어야 한다고 생각하지만 을은 비상근이어도 무방하다고 생각한다는 사실은 법인 B에 대한 갑과 을 사이의 주장 불일치를 설명할 수 있다.
ㄷ. 법인 A 및 그 지점 또는 사무소에 근무하는 손해사정사와 법인 B 및 그 지점 또는 사무소에 근무하는 손해사정사가 모두 상근이라면, 을의 주장은 쟁점1과 쟁점2 모두에서 옳지 않다.

① ㄱ        ② ㄴ        ③ ㄱ, ㄷ        ④ ㄴ, ㄷ        ⑤ ㄱ, ㄴ, ㄷ

**유형공략**

• step 1. 형식 파악
 제시문의 내용에 『법령』조문과 〈쟁점1〉 등이 있음을 보면서 **7급 법령의 쟁점형**임을 파악한다.

• step 2. 제시문 〈쟁점〉과 관련 〈보기〉 진술을 나누어 읽으면서 풀이하기
 위의 대표문제를 가지고 설명하자면, 〈쟁점1〉을 읽고 관련된 〈보기〉의 진술 ㄱ과 ㄷ을 풀이하고, 〈쟁점2〉를 읽고 관련된 〈보기〉의 진술 ㄴ과 ㄷ을 풀이한다. 이 때 『법령』 조문의 관련 조항을 잘 찾아서 선택적으로 읽는 것도 바람직하다. 특히 각 〈보기〉 진술의 서술부가 중요하다는 점에 유의한다. (例 갑의 주장은 옳지만 을은 주장은 옳지 않다.)

• step 3. 선택지 판단
 'step 2'에서 풀이한 판단을 바탕으로, 적절한 또는 적절하지 않은 선택지를 최종 판단한다.

**기출문제 분석**   **접근(Approach) : (조문) 적용형(ⓐ, application)**

7급 법령형의 적용형식은 PSAT 상황판단 법령형과 그 모습만 다를 뿐 문제를 이해한 후 선택지를 추론하여 풀이하는 방식은 비슷하다. 또한 언어 빈칸 유형과 혼합되어 출제된 적이 있으므로 앞으로 그 출제 방향은 다양하리라 추측된다. 이 형식을 대표하는 다음의 문제를 가지고 **3단계 접근방법**을 통해서 그 풀이방식에 대해 살펴보자.

## 03 다음 글의 빈칸에 들어갈 내용으로 가장 적절한 것은? 2021년 7급공채

> 갑: 안녕하십니까. 저는 시청 토목정책과에 근무합니다. 부정청탁을 받은 때는 신고해야 한다고 들었습니다.
> 을: 예, 「부정청탁 및 금품등 수수의 금지에 관한 법률」(이하 '청탁금지법')에서는, 공직자가 부정 청탁을 받았을 때는 명확히 거절 의사를 표현해야 하고, 그랬는데도 상대방이 이후에 다시 동일한 부정 청탁을 해 온다면 소속 기관의 장에게 신고해야 한다고 규정합니다.
> 갑: '금품등'에는 접대와 같은 향응도 포함되지요?
> 을: 물론이지요, 청탁금지법에 따르면, 공직자는 동일인으로부터 명목에 상관없이 1회 100만 원 혹은 매 회계연도에 300만 원을 초과하는 금품이나 접대를 받을 수 없습니다. 직무 관련성이 있는 경우에는 100만 원 이하라도 대가성 여부와 관계없이 처벌을 받습니다.
> 갑: '동일인'이라 하셨는데, 여러 사람이 청탁을 하는 경우는 어떻게 되나요?
> 을: 받는 사람을 기준으로 하여 따지게 됩니다. 한 공직자에게 여러 사람이 동일한 부정청탁을 하며 금품을 제공하려 하였을 때에도 이들의 출처가 같다고 볼 수 있다면 '동일인'으로 해석됩니다. 또한 여러 행위가 계속성 또는 시간적·공간적 근접성이 있다고 판단되면, 합쳐서 1회로 간주될 수 있습니다.
> 갑: 실은 연초에 있었던 지역 축제 때 저를 포함한 우리 시청 직원 90명은 행사에 참여한다는 차원으로 장터에 들러 1인당 8천 원씩을 지불하고 식사를 했는데, 이후에 그 식사는 X회사 사장인 A의 축제 후원금이 1인당 1만 2천 원씩 들어간 것이라는 사실을 알게 되었습니다. 이에 대하여는 결국 대가성 있는 접대도 아니고 직무관련성도 없는 것으로 확정되었으며, 추가된 식사비도 축제 주최 측에 돌려주었습니다. 그리고 이달 초에는 Y회사의 임원인 B가 관급 공사 입찰을 도와달라고 청탁하면서 100만 원을 건네려 하길래 거절한 적이 있습니다. 그런데 어제는 고교 동창인 C가 찾아와 X회사 공장 부지의 용도 변경에 힘써 달라며 200만 원을 주려고 해서 단호히 거절하였습니다.
> 을: 그러셨군요. 말씀하신 것을 바탕으로 설명드리겠습니다. ＿＿＿＿＿＿＿＿＿＿＿＿＿＿＿＿＿＿＿＿＿＿＿＿

① X회사로부터 받은 접대는 시간적·공간적 근접성으로 보아 청탁금지법을 위반한 향응을 받은 것이 됩니다.
② Y회사로부터 받은 제안의 내용은 청탁금지법상의 금품이라고는 할 수 없지만 향응에는 포함될 수 있습니다.
③ 청탁금지법상 A와 C는 동일인으로서 부정 청탁을 한 것이 됩니다.
④ 직무 관련성이 없다면 B와 C가 제시한 금액에는 청탁금지법상의 허용 한도를 벗어나지 않습니다.
⑤ 현재는 청탁금지법상 C의 청탁을 신고할 의무가 생기지 않지만, C가 같은 청탁을 다시 한다면 신고해야 합니다.

---

### 유형공략

- **step 1. 형식 파악**

  제시문의 내용에서 (1)『법령』조문에 대한 설명부(예: 을₁, 을₂, 을₃의 반전표시)와 각 조문이 적용될 사례부(갑₄의 내용)가 나누어 있음을 보면서 **7급 법령의 적용형**임을 파악한다.

- **step 2. 『법령』 조문의 구성 방식 및 실체 관계 이해**

  『법령』조문에 대한 각 대화 내용이 『~법(률)』제○○조 제○항 제○호와 같은 법조문의 형식임을 파악한다. 특히 각 조문이 요건과 효과의 실체적인 관계, 즉 "~라면 ~해야만 한다/할 수 있다."의 의미를 가지고 있는 권리 또는 의무의 관계인지에 특별히 유의한다.

- **step 3. 선택지 판단**

  제시문의 사례부가 『법령』 조문의 어느 요건에 해당하여 이를 **적용**할 때, 선택지의 효과 또는 결과가 적절하게 나타나는지 여부를 최종 판단한다.

# 대표 기출

## 01 상 중 하

다음 글의 〈논쟁〉에 대한 분석으로 적절한 것만을 〈보기〉에서 모두 고르면?

갑과 을은 △△국 「주거법」 제○○조의 해석에 대해 논쟁하고 있다. 그 조문은 다음과 같다.

제○○조(비거주자의 구분) ① 다음 각 호에 해당하는 △△국 국민은 비거주자로 본다.
1. 외국에서 영업활동에 종사하고 있는 사람
2. 2년 이상 외국에 체재하고 있는 사람. 이 경우 일시 귀국하여 3개월 이내의 기간 동안 체재한 경우 그 기간은 외국에 체재한 기간에 포함되는 것으로 본다.
3. 외국인과 혼인하여 배우자의 국적국에 6개월 이상 체재하는 사람
② 국내에서 영업활동에 종사하였거나 6개월 이상 체재하였던 외국인으로서 출국하여 외국에서 3개월 이상 체재 중인 사람의 경우에도 비거주자로 본다.

〈논쟁〉

쟁점 1: △△국 국민인 A는 일본에서 2년 1개월째 학교에 다니고 있다. A는 매년 여름방학과 겨울방학 기간에 일시 귀국하여 2개월씩 체재하였다. 이에 대해, 갑은 A가 △△국 비거주자로 구분된다고 주장하는 반면, 을은 그렇지 않다고 주장한다.

쟁점 2: △△국과 미국 국적을 모두 보유한 복수 국적자 B는 △△국 C 법인에서 임원으로 근무하였다. B는 올해 C 법인의 미국 사무소로 발령받아 1개월째 영업활동에 종사 중이다. 이에 대해, 갑은 B가 △△국 비거주자로 구분된다고 주장하는 반면, 을은 그렇지 않다고 주장한다.

쟁점 3: △△국 국민인 D는 독일 국적의 E와 결혼하여 독일에서 체재 시작 직후부터 5개월째 길거리 음악 연주를 하고 있다. 이에 대해, 갑은 D가 △△국 비거주자로 구분된다고 주장하는 반면, 을은 그렇지 않다고 주장한다.

┤ 보기 ├

ㄱ. 쟁점 1과 관련하여, 일시 귀국하여 체재한 '3개월 이내의 기간'이 귀국할 때마다 체재한 기간의 합으로 확정된다면, 갑의 주장은 옳고 을의 주장은 그르다.

ㄴ. 쟁점 2와 관련하여, 갑은 B를 △△국 국민이라고 생각하지만 을은 외국인이라고 생각하기 때문이라고 하면, 갑과 을 사이의 주장 불일치를 설명할 수 있다.

ㄷ. 쟁점 3과 관련하여, D의 길거리 음악 연주가 영업활동이 아닌 것으로 확정된다면, 갑의 주장은 그르고 을의 주장은 옳다.

① ㄱ  
② ㄷ  
③ ㄱ, ㄴ  
④ ㄴ, ㄷ  
⑤ ㄱ, ㄴ, ㄷ

## 02 상중하

다음 글의 ㉠에 해당하는 내용으로 가장 적절한 것은?

A시에 거주하면서 1세, 2세, 4세의 세 자녀를 기르는 갑은 육아를 위해 집에서 15km 떨어진 키즈 카페인 B카페에 자주 방문한다. B카페는 지역 유일의 키즈 카페라서 언제나 50여 구획의 주차장이 꽉 찰 정도로 성업 중이다. 최근 자동차를 교체하게 된 갑은 친환경 추세에 부응하여 전기차로 구매하였는데, B카페는 전기차 충전 시설이 없었다. 세 자녀를 돌보느라 거주지에서의 자동차 충전 시기를 놓치는 때가 많은 갑은 이러한 불편함을 호소하며 B카페에 전기차 충전 시설 설치를 요청하였다. 하지만 B카페는, 충전 시설을 설치하고 싶지만 비용이 문제라서 A시의 「환경 친화적 자동차의 보급 및 이용 활성화를 위한 조례」(이하 '조례')에 따른 지원금이라도 받아야 간신히 설치할 수 있는 상황인데, 아래의 조문에서 보듯이 B카페는 그에 해당하지 않는다고 설명하였다.

「환경 친화적 자동차의 보급 및 이용 활성화를 위한 조례」
제9조(충전시설 설치대상) ① 주차단위구획 100개 이상을 갖춘 다음 각 호의 시설은 전기자동차 충전시설을 설치하여야 한다.
1. 판매·운수·숙박·운동·위락·관광·휴게·문화시설
2. 500세대 이상의 아파트, 근린생활시설, 기숙사
② 시장은 제1항의 설치대상에 대하여는 설치비용의 반액을 지원하여야 한다.
③ 시장은 제1항의 설치대상에 해당하지 않는 사업장에 대하여도 전기자동차 충전시설의 설치를 권고할 수 있다.

갑은 영유아와 같이 보호가 필요한 이들이 많이 이용하는 키즈 카페 등과 같은 사업장에도 전기차 충전 시설의 설치를 지원해 줄 수 있는 근거를 조례에 마련해 달라는 민원을 제기하였다. 갑의 민원을 검토한 A시 의회는 관련 규정의 보완이 필요하다고 인정하여, ㉠ 조례 제9조를 개정하였고, B카페는 이에 근거한 지원금을 받아 전기차 충전 시설을 설치하게 되었다.

① 제1항 제3호로 "다중이용시설(극장, 음식점, 카페, 주점 등 불특정다수인이 이용하는 시설을 말한다)"을 신설
② 제1항 제3호로 "교통약자(장애인·고령자·임산부·영유아를 동반한 사람, 어린이 등 일상생활에서 이동에 불편을 느끼는 사람을 말한다)를 위한 시설"을 신설
③ 제4항으로 "시장은 제2항에 따른 지원을 할 때 교통약자(장애인·고령자·임산부·영유아를 동반한 사람, 어린이 등 일상생활에서 이동에 불편을 느끼는 사람을 말한다)를 위한 시설을 우선적으로 지원하여야 한다."를 신설
④ 제4항으로 "시장은 제3항의 권고를 받아들이는 사업장에 대하여는 설치비용의 60퍼센트를 지원하여야 한다."를 신설
⑤ 제4항으로 "시장은 전기자동차 충전시설의 의무 설치대상으로서 조기 설치를 희망하는 사업장에는 설치 비용의 전액을 지원할 수 있다."를 신설

# 03 상중하

다음 글의 〈논쟁〉에 대한 분석으로 적절한 것만을 〈보기〉에서 모두 고르면?

갑과 을은 「위원회의 운영에 관한 규정」 제8조에 대한 해석을 놓고 논쟁하고 있다. 그 조문은 다음과 같다.

제8조(위원장 및 위원) ① 위원장은 위촉된 위원들 중에서 투표로 선출한다.
② 위원장과 위원은 한 차례만 연임할 수 있다.
③ 위원장의 사임 등으로 보선된 위원장의 임기는 전임 위원장 임기의 남은 기간으로 한다.

〈논쟁〉

쟁점 1: A는 위원을 한 차례 연임하던 중 그 임기의 마지막 해에 위원장으로 선출되어, 2년에 걸쳐 위원장으로 활동하고 있다. 이에 대해, 갑은 A가 규정을 어기고 있다고 주장하지만, 을은 그렇지 않다고 주장한다.

쟁점 2: B가 위원장을 한 차례 연임하여 활동하던 중에 연임될 때의 투표 절차가 적법하지 않다는 이유로 위원장의 직위가 해제되었는데, 이후의 보선에 B가 출마하였다. 이에 대해, 갑은 B가 선출되면 규정을 어기게 된다고 주장하지만, 을은 그렇지 않다고 주장한다.

쟁점 3: C는 위원장을 한 차례 연임하였고, 다음 위원장으로 선출된 D는 임기 만료 직전에 사퇴하였는데, 이후의 보선에 C가 출마하였다. 이에 대해, 갑은 C가 선출되면 규정을 어기게 된다고 주장하지만, 을은 그렇지 않다고 주장한다.

보기

ㄱ. 쟁점 1과 관련하여, 갑은 위원으로서의 임기가 종료되면 위원장으로서의 자격도 없는 것으로 생각하지만, 을은 위원장이 되는 경우에는 그 임기나 연임 제한이 새롭게 산정된다고 생각하기 때문이라고 하면, 갑과 을 사이의 주장 불일치를 설명할 수 있다.

ㄴ. 쟁점 2와 관련하여, 갑은 위원장이 부적법한 절차로 당선되었더라도 그것이 연임 횟수에 포함된다고 생각하지만, 을은 그렇지 않다고 생각하기 때문이라고 하면, 갑과 을 사이의 주장 불일치를 설명할 수 있다.

ㄷ. 쟁점 3과 관련하여, 위원장 연임 제한의 의미가 '단절되는 일 없이 세 차례 연속하여 위원장이 되는 것만을 막는다'는 것으로 확정된다면, 갑의 주장은 옳고, 을의 주장은 그르다.

① ㄱ        ② ㄷ
③ ㄱ, ㄴ     ④ ㄴ, ㄷ
⑤ ㄱ, ㄴ, ㄷ

# 04 기타

## 1 2문제 연속형

다음은 민간경력·5급공채·입법고시 모든 영역에 걸쳐 출제되는 보편적인 문제는 아니지만, 알아두면 유용하다고 생각한 유형 2가지를 기출문제와 그 해설을 통해 간략하게 소개하고자 한다. 그러한 유형으로는 1. 2문제 연속형, 2. 배열형이 있다.

## 대표 기출

정답 및 해설 255P

### [01~02] 다음 글을 읽고 물음에 답하시오. 2019 5급 PSAT

곤충이 유충에서 성체로 발생하는 과정에서 단단한 외골격은 더 큰 것으로 주기적으로 대체된다. 곤충이 유충, 번데기, 성체로 변화하는 동안, 이러한 외골격의 주기적 대체는 몸 크기를 증가시키는 것과 같은 신체 형태 변화에 필수적이다. 이러한 외골격의 대체를 '탈피'라고 한다. 성체가 된 이후에 탈피하지 않는 곤충들의 경우, 그것들의 최종 탈피는 성체의 특성이 발현되고 유충의 특성이 완전히 상실될 때 일어난다. 이런 유충에서 성체로의 변태 과정을 조절하는 호르몬에는 탈피호르몬과 유충호르몬이 있다.

탈피호르몬은 초기 유충기에 형성된 유충의 전흉선에서 분비된다. 탈피 시기가 되면, 먹이 섭취 활동과 관련된 자극이 유충의 뇌에 전달된다. 이 자극은 이미 뇌의 신경분비세포에서 합성되어 있던 전흉선자극호르몬의 분비를 촉진하여 이 호르몬이 순환계로 방출될 수 있게끔 만든다. 분비된 전흉선자극호르몬은 순환계를 통해 전흉선으로 이동하여, 전흉선에서 허물벗기를 촉진하는 탈피호르몬이 분비되도록 한다. 그리고 탈피호르몬이 분비되면 탈피의 첫 단계인 허물벗기가 시작된다. ㉠성체가 된 이후에 탈피하지 않는 곤충들의 경우, 성체로의 마지막 탈피가 끝난 다음에 탈피호르몬은 없어진다.

유충호르몬은 유충 속에 있는 알라타체라는 기관에서 분비된다. 이 유충호르몬은 탈피 촉진과 무관하며, 유충의 특성이 남아 있게 하는 역할만을 수행한다. 따라서 각각의 탈피 과정에서 분비되는 유충호르몬의 양에 의해서, 탈피 이후 유충으로 남아 있을지, 유충의 특성이 없는 성체로

변태할지가 결정된다. 유충호르몬의 방출량은 유충호르몬의 분비를 억제하는 알로스테틴과 분비를 촉진하는 알로트로핀에 의해 조절된다. 이 알로스테틴과 알로트로핀은 곤충의 뇌에서 분비된다. 한편, 유충호르몬의 방출량이 정해져 있을 때 그 호르몬의 혈중 농도는 유충호르몬에스터라제와 같은 유충호르몬 분해 효소와 유충호르몬결합단백질에 의해 조절된다. 유충호르몬결합단백질은 유충호르몬에스터라제 등의 유충호르몬 분해 효소에 의해서 유충호르몬이 분해되어 혈중 유충호르몬의 농도가 낮아지는 것을 막으며, 유충호르몬을 유충호르몬 작용 조직으로 안전하게 수송한다.

### 01 ⊙⊙⊛⊛

**윗글에서 추론할 수 있는 것만을 〈보기〉에서 모두 고르면?**

┤ 보기 ├

ㄱ. 유충의 전흉선을 제거하면 먹이 섭취 활동과 관련된 자극이 유충의 뇌에 전달될 수 없다.

ㄴ. 변태 과정 중에 있는 곤충에게 유충기부터 알로트로핀을 주입하면, 그것은 성체로 발생하지 않을 수 있다.

ㄷ. 유충호르몬이 없더라도 변태 과정 중 탈피호르몬이 분비되면 탈피가 시작될 수 있다.

① ㄱ          ② ㄴ

③ ㄱ, ㄷ       ④ ㄴ, ㄷ

⑤ ㄱ, ㄴ, ㄷ

## 02 상 중 하

윗글을 토대로 할 때, 다음 〈실험 결과〉에 대한 분석으로 적절한 것만을 〈보기〉에서 모두 고르면?

┌ 실험 결과 ┐

성체가 된 이후에 탈피하지 않는 곤충의 유충기부터 성체로 이어지는 발생 단계별 유충호르몬과 탈피호르몬의 혈중 농도 변화를 관찰하였더니 다음과 같았다.

결과 1: 유충호르몬 혈중 농도는 유충기에 가장 높으며 이후 성체가 될 때까지 점점 감소한다.

결과 2: 유충에서 성체로의 최종 탈피가 일어날 때까지 탈피호르몬은 존재하였고, 그 구간 탈피호르몬 혈중 농도에는 변화가 없었다.

┌ 보기 ┐

ㄱ. 결과 1은 "혈중 유충호르몬에스터라제의 양은 유충기에 가장 많으며 성체기에서 가장 적다."는 가설에 의해서 설명된다.

ㄴ. "성체가 된 이후에 탈피하지 않는 곤충들의 경우, 최종 탈피가 끝난 다음에 전흉선은 파괴되어 사라진다."는 것은 결과 2와 ㉠이 동시에 성립하는 이유를 제시한다.

ㄷ. 결과 1과 결과 2는 함께 "변태 과정에 있는 곤충의 탈피호르몬 대비 유충호르몬의 비율이 작아질수록 그 곤충은 성체의 특성이 두드러진다."는 가설을 지지한다.

① ㄱ
② ㄷ
③ ㄱ, ㄴ
④ ㄴ, ㄷ
⑤ ㄱ, ㄴ, ㄷ

## [03~04] 다음 글을 읽고 물음에 답하시오.

인간은 지구상의 생명이 대량 멸종하는 사태를 맞이하고 있지만, 다른 한편으로는 실험실에서 인공적으로 새로운 생명체를 창조하고 있다. 이런 상황에서, 자연적으로 존재하는 종을 멸종으로부터 보존해야 한다는 생물 다양성의 보존 문제를 어떤 시각으로 바라보아야 할까? A는 생물 다양성을 보존해야 한다고 주장한다. 이를 위해 A는 다음과 같은 도구적 정당화를 제시한다. 우리는 의학적, 농업적, 경제적, 과학적 측면에서 이익을 얻기를 원한다. '생물 다양성 보존'은 이를 위한 하나의 수단으로 간주될 수 있다. 바로 그 수단이 우리가 원하는 이익을 얻는 최선의 수단이라는 것이 A의 첫 번째 전제이다. 그리고 ___(가)___ 는 것이 A의 두 번째 전제이다. 이 전제들로부터 우리에게는 생물 다양성을 보존할 의무와 필요성이 있다는 결론이 나온다.

이에 대해 B는 생물 다양성 보존이 우리가 원하는 이익을 얻는 최선의 수단이 아님을 지적한다. 특히 합성 생물학은 자연에 존재하는 DNA, 유전자, 세포 등을 인공적으로 합성하고 재구성해 새로운 생명체를 창조하는 것을 목표로 한다. B는 우리가 원하는 이익을 얻고자 한다면, 자연적으로 존재하는 생명체들을 대상으로 보존에 애쓰는 것보다는 합성 생물학을 통해 원하는 목표를 더 합리적이고 체계적으로 성취할 수 있을 것이라고 주장한다. 인공적인 생명체의 창조가 우리가 원하는 이익을 얻는 더 좋은 수단이므로, 생물 다양성 보존을 지지하는 도구적 정당화는 설득력을 잃는다는 것이다. 그래서 B는 A가 제시하는 도구적 정당화에 근거하여 생물 다양성을 보존하자고 주장하는 것은 옹호될 수 없다고 말한다.

한편 C는 모든 종은 보존되어야 한다고 주장하면서 생물 다양성 보존을 옹호한다. C는 대상의 가치를 평가할 때 그 대상이 갖는 도구적 가치와 내재적 가치를 구별한다. 대상의 도구적 가치란 그것이 특정 목적을 달성하는 데 얼마나 쓸모가 있느냐에 따라 인정되는 가치이며, 대상의 내재적 가치란 그 대상이 그 자체로 본래부터 갖고 있다고 인정되는 고유한 가치를 말한다. C에 따르면 생명체는 단지 도구적 가치만을 갖는 것이 아니다. 생명체를 오로지 도구적 가치로만 평가하는 것은 생명체를 그저 인간의 목적을 위해 이용되는 수단으로 보는 인간 중심적 태도이지만, C는 그런 태도는 받아들일 수 없다고 본다. 생명체의 내재적 가치 또한 인정해야 한다는 것이다. 그 생명체들이 속한 종 또한 그 쓸모에 따라서만 가치가 있는 것이 아니다. 그리고 내재적 가치를 지니는 것은 모두 보존되어야 한다. 이로부터 모든 종은 보존되어야 한다는 결론에 다다른다. 왜냐하면 ___(나)___ 때문이다.

## 03 상중하

**위 글의 (가)와 (나)에 들어갈 내용을 적절하게 나열한 것은?**

① (가): 어떤 것이 우리가 원하는 이익을 얻는 최선의 수
단이라면 우리에게는 그것을 실행할 의무와 필요
성이 있다
(나): 생명체의 내재적 가치는 종의 다양성으로부터 비
롯되기

② (가): 어떤 것이 우리가 원하는 이익을 얻는 최선의 수
단이 아니라면 우리에게는 그것을 실행할 의무와
필요성이 없다
(나): 생명체의 내재적 가치는 종의 다양성으로부터 비
롯되기

③ (가): 어떤 것이 우리가 원하는 이익을 얻는 최선의 수
단이라면 우리에게는 그것을 실행할 의무와 필요
성이 있다
(나): 모든 종은 그 자체가 본래부터 고유의 가치를 지
니기

④ (가): 어떤 것이 우리가 원하는 이익을 얻는 최선의 수
단이 아니라면 우리에게는 그것을 실행할 의무와
필요성이 없다
(나): 모든 종은 그 자체가 본래부터 고유의 가치를 지
니기

⑤ (가): 우리에게 이익을 제공하는 수단 가운데 생물 다양
성의 보존보다 더 나은 수단은 없다
(나): 모든 종은 그 자체가 본래부터 고유의 가치를 지
니기

## 04 상중하

**위 글에 대한 분석으로 적절한 것만을 〈보기〉에서 모두 고르면?**

┤ 보기 ├
ㄱ. A는 생물 다양성을 보존해야 한다고 주장하지만, B는
보존하지 않아도 된다고 주장한다.
ㄴ. B는 A의 두 전제가 참이더라도 A의 결론이 반드시 참
이 되지는 않는다고 비판한다.
ㄷ. 자연적으로 존재하는 생명체가 도구적 가치를 가지느
냐에 대한 A와 C의 평가는 양립할 수 있다.

① ㄱ          ② ㄷ
③ ㄱ, ㄴ       ④ ㄴ, ㄷ
⑤ ㄱ, ㄴ, ㄷ

---

**[05~06] 다음 글을 읽고 물음에 답하시오.**

미국의 일부 주에서 판사는 형량을 결정하거나 가석방을 허가하는 판단의 보조 자료로 양형 보조 프로그램 X를 활용한다. X는 유죄가 선고된 범죄자를 대상으로 그 사람의 재범 확률을 추정하여 그 결과를 최저 위험군을 뜻하는 1에서 최고 위험군을 뜻하는 10까지의 위험 지수로 평가한다.

2016년 A는 X를 활용하는 플로리다 주 법정에서 선고받았던 7천여 명의 초범들을 대상으로 X의 예측 결과와 석방 후 2년간의 실제 재범 여부를 조사했다. 이 조사 결과를 토대로 한 ⊙ A의 주장은 X가 흑인과 백인을 차별한다는 것이다. 첫째 근거는 백인의 경우 위험 지수 1로 평가된 사람이 가장 많고 10까지 그 비율이 차츰 감소한 데 비하여 흑인의 위험 지수는 1부터 10까지 고르게 분포되었다는 관찰 결과이다. 즉 고위험군으로 분류된 사람의 비율이 백인보다 흑인이 더 크다는 것이었다. 둘째 근거는 예측의 오류와 관련된 것이다. 2년 이내 재범을 (가) 사람 중에서 (나) 으로 잘못 분류되었던 사람의 비율은 흑인의 경우 45%인 반면 백인은 23%에 불과했고, 2년 이내 재범을 (다) 사람 중에서 (라) 으로 잘못 분류되었던 사람의 비율은 흑인의 경우 28%인 반면 백인은 48%로 훨씬 컸다. 종합하자면, 재범을 저지른 사람이든 그렇지 않은 사람이든, 흑인은 편파적으로 고위험군으로 분류된 반면 백인은 편파적으로 저위험군으로 분류된 것이다.

X를 개발한 B는 A의 주장을 반박하는 논문을 발표하였다. B는 X의 목적이 재범 가능성에 대한 예측의 정확성을 높이는 것이며, 그 정확성에는 인종 간에 차이가 나타나지 않는다고 주장했다. B에 따르면, 예측의 정확성을 판단하는 데 있어 중요한 것은 고위험군으로 분류된 사람 중 2년 이내 재범을 저지른 사람의 비율과 저위험군으로 분류된 사람 중 2년 이내 재범을 저지르지 않은 사람의 비율이다. B는 전자의 비율이 백인 59%, 흑인 63%, 후자의 비율이 백인 71%, 흑인 65%라고 분석하고, 이 비율들은 인종 간에 유의미한 차이를 드러내지 않는다고 주장했다. 또 B는 X에 의해서 고위험군 혹은 저위험군으로 분류되기 이전의 흑인과 백인의 재범률, 즉 흑인의 기저재범률과 백인의 기저재범률 간에는 이미 상당한 차이가 있었으며, 이런 애초의 차이가 A가 언급한 예측의 오류 차이를 만들어 냈다고 설명한다. 결국 ⓛ B의 주장은 X가 편파적으로 흑인과 백인의 위험 지수를 평가하지 않는다는 것이다.

하지만 기저재범률의 차이로 인종 간 위험 지수의 차이를 설명하여, X가 인종차별적이라는 주장을 반박하는 것은 잘못이다. 기저재범률에는 미국 사회의 오래된 인종차별적 특징, 즉 흑인이 백인보다 범죄자가 되기 쉬운 사회 환경이 반영되어 있기 때문이다. 처음 범죄를 저질러서 재판을 받아야 하는 흑인을 생각해 보자. 그의 위험 지수를 판정할 때 사용되는 기저재범률은 그와 전혀 상관없는 다른 흑인들이 만들어 낸 것이다. 그런 기저재범률이 전혀 상관없는 사람의 형량이나 가석방 여부에 영향을 주는 것은 잘못이다. 더 나아가 이런 식으로 위험 지수를 평가받아 형량이 정해진 흑인들은 더 오랜 기간 교도소에 있게 될 것이며, 향후 재판받을 흑인들의 위험 지수를 더욱 높이는 결과를 가져오게 될 것이다. 따라서 ⓒ X의 지속적인 사용은 미국 사회의 인종차별을 고착화한다.

## 05 ❋❋❋

윗글의 (가) ~ (라)에 들어갈 말을 적절하게 나열한 것은?

| | (가) | (나) | (다) | (라) |
|---|---|---|---|---|
| ① | 저지르지 않은 | 고위험군 | 저지른 | 저위험군 |
| ② | 저지르지 않은 | 고위험군 | 저지른 | 고위험군 |
| ③ | 저지르지 않은 | 저위험군 | 저지른 | 저위험군 |
| ④ | 저지른 | 고위험군 | 저지르지 않은 | 저위험군 |
| ⑤ | 저지른 | 저위험군 | 저지르지 않은 | 고위험군 |

## 06 ❋❋❋

윗글의 ⊙ ~ ⓒ에 대한 평가로 적절한 것만을 〈보기〉에서 모두 고르면?

**보기**

ㄱ. 강력 범죄자 중 위험지수가 10으로 평가된 사람의 비율이 흑인과 백인 사이에 차이가 없다면, ⊙은 강화된다.

ㄴ. 흑인의 기저재범률이 높을수록 흑인에 대한 X의 재범 가능성 예측이 더 정확해진다면, ⓒ은 약화된다.

ㄷ. X가 특정 범죄자의 재범률을 평가할 때 사용하는 기저재범률이 동종 범죄를 저지른 사람들로부터 얻은 것이라면, ⓒ은 강화되지 않는다.

① ㄱ                              ② ㄷ
③ ㄱ, ㄴ                         ④ ㄴ, ㄷ
⑤ ㄱ, ㄴ, ㄷ

## 2 배열형

정답 및 해설 261P

## 01 상 중 하

**다음 글의 문단을 논리적 순서에 맞게 나열한 것으로 옳은 것은?** 2019 입법고시

㉠ 1964년 허문회 서울대 교수가 필리핀 국제미작연구소에서 새로운 벼 품종 개발에 나섰다. 허 교수는 자포니카와 인디카의 혼합종에 관심을 가졌다. 안남미라고 불리는 인디카 종은 자포니카 종보다 생산성은 높지만 동북아시아 지역에서는 잘 자라지 않는다. 단순히 자포니카와 인디카 종을 교배시켜 새로운 품종을 만들면 대부분 생식을 할 수 없는, 불임 벼가 만들어졌다. 허 교수는 이를 극복하기 위해 자포니카와 인디카를 교배시킨 뒤 불임이 아닌 종자를 다시 인디카와 교배시키는 3원 교배로 '통일벼'를 만드는 데 성공했다. 통일벼는 기존의 자포니카 품종보다 30%나 생산성이 높았다.

㉡ 숟가락이 고려 후기에서야 널리 쓰였다면 그 전에는 숟가락 없이 뜨거운 밥을 어떻게 먹었을까? 믿기 어렵겠지만 조선 시대 이전까지 대부분의 백성들이 쌀밥을 먹지 못했기 때문에 숟가락이 필요 없었다. 조선 시대 이전에는 쌀밥은 귀족과 왕의 전유물이었다. 평민에게 쌀은 아주 귀한 작물이었다. 통일신라 시대에는 평민들은 조나 보리를 먹었고 귀족은 쌀을 먹었다. 밥을 지을 도구도 모자랐다. 밥을 지으려면 높은 온도와 압력을 견딜 수 있는 쇠솥이 필요한데 일반 백성들에게 쇠솥 역시 귀한 물건이었다. 쇠솥이 널리 보급되기 전에는 청동 솥이나 시루를 이용해 쌀과 잡곡을 쪄서 조금씩 떼어 먹거나 죽을 끓여 먹었다.

㉢ 일반 백성들도 쌀밥을 먹을 수 있게 된 것은 조선 영조 때 시작된 모내기 덕분이다. 모내기가 우리나라 역사에 처음 등장한 것은 고려 후기다. 『고려사』에 공민왕 때 백성들이 모내기를 했다는 기록이 있다. 모내기가 전국적으로 실시된 영조 시대와는 400년이나 차이가 난다. 모내기는 왜 이렇게 늦게 전파됐을까? 모내기가 늦게 시작된 이유는 '물' 때문이다. 모내기에는 논을 가득 채울

정도로 많은 물이 필요하다. 실제로 모내기를 하려다 가뭄이 들어 물이 부족해지면 메밀 같은 대체 작물을 심었다. 그래서 조선 초기에는 어명으로 모내기를 금지했다. 관개 시설이 잘 정비돼 물 걱정 없이 농사를 지을 수 있게 된 영조 시대에 이르러서야 모내기를 전국적으로 실시할 수 있게 됐다.

㉣ 통일벼는 1970년부터 농가에 보급됐다. 박정희 정부의 적극적인 지원 아래 1976년에 드디어 쌀 자급에 성공했다. 그 해 수확량은 3,621만 석이었다. 1978년에는 전체 벼 재배 면적의 76.2%에서 통일벼를 재배했고 평균 생산량도 500kg 가까이 뛰어올랐다. 드디어 하얀 쌀밥을 배불리 먹을 수 있게 됐다.

㉤ 모내기가 정착되면서 조선 사회가 크게 흔들렸다. 여유 자금과 노동력이 상공업의 발달을 촉진시켰다. 일 년 내내 농사를 짓기 위해 거름을 만드는 기술도 발전했다. 두레와 같은 공동체 활동이 생긴 것도 이 시기다. 모를 심으려면 마을 사람들이 모여 협동을 해야 했고, 저수지나 보 같은 관개 시설을 정비하기 위해서도 공동체가 필요했다. 이처럼 모내기가 조선의 르네상스를 불러왔지만 백성 대부분은 여전히 배를 곯았다. 당시 조선의 1,000㎡ 당 쌀 생산량은 현재의 10%에 불과했다. 봄철이면 항상 보릿고개에 시달렸다. 우리나라 사람들이 배불리 쌀밥을 먹게 된 것은 250년 뒤인 1976년이다.

㉥ 우리가 밥을 떠먹을 때 사용하는 숟가락을 살펴보면 쌀밥의 역사를 볼 수 있다. 6세기에 만들어진 무령왕릉에서 발견된 청동 숟가락은 손잡이 부분이 볼록해 실제로 쓰기는 어려운 형태였다. 4세기에 만들어진 부산 기장의 젓가락은 길이가 무려 30cm가 넘는다. 이런 비정상적인 숟가락과 젓가락은 왕의 권세를 나타내는 위세용이었거나 귀족층의 전유물이었을 가능성이 크다. 무령왕릉을 제외한 다른 삼국 시대 유적에서는 숟가락이 발굴되지 않았다. 고려 초기의 유적에서도 숟가락이 거의 발굴되지 않았다. 고려 초기까지만 하더라도 숟가락은

최상위 귀족층의 전유물이었다. 숟가락이 본격적으로 사용된 것은 고려 후기 원나라 침략 이후 고깃국 문화가 우리나라에 들어오면서부터다. 따뜻한 국물과 건더기를 먹는 습관이 생기면서 숟가락의 숫자가 폭발적으로 늘어난다.

① ㉠ - ㉣ - ㉤ - ㉥ - ㉢ - ㉣
② ㉠ - ㉣ - ㉥ - ㉤ - ㉣ - ㉢
③ ㉠ - ㉥ - ㉣ - ㉤ - ㉣ - ㉢
④ ㉥ - ㉤ - ㉠ - ㉢ - ㉣ - ㉣
⑤ ㉥ - ㉤ - ㉣ - ㉢ - ㉠ - ㉣

## 02 상중하

**다음 글의 내용 흐름상 가장 적절한 문단 배열의 순서는?**

2018 민간경력자 PSAT

(가) 회전문의 축은 중심에 있다. 축을 중심으로 통상 네 짝의 문이 계속 돌게 되어 있다. 마치 계속 열려 있는 듯한 착각을 일으키지만, 사실은 네 짝의 문이 계속 안 또는 밖을 차단하도록 만든 것이다. 실질적으로는 열려 있는 순간 없이 계속 닫혀 있는 셈이다.

(나) 문은 열림과 닫힘을 위해 존재한다. 이 본연의 기능을 하지 못한다는 점에서 계속 닫혀 있는 문이 무의미하듯이, 계속 열려 있는 문 또한 그 존재 가치와 의미가 없다. 그런데 현대 사회의 문은 대부분의 경우 닫힌 구조로 사람들을 맞고 있다. 따라서 사람들을 환대하는 것이 아니라 박대하고 있다고 할 수 있다. 그 대표적인 예가 회전문이다. 가만히 회전문의 구조와 그 기능을 머릿속에 그려보라. 그것이 어떤 식으로 열리고 닫히는지 알고는 놀랄 것이다.

(다) 회전문은 인간이 만들고 실용화한 문 가운데 가장 문명적이고 가장 발전된 형태로 보일지 모르지만, 사실상 열림을 가장한 닫힘의 연속이기 때문에 오히려 가장 야만적이며 가장 미개한 형태의 문이다.

(라) 또한 회전문을 이용하는 사람들은 회전문의 구조와 운동 메커니즘에 맞추어야 실수 없이 문을 통과해 안으로 들어가거나 밖으로 나올 수 있다. 어린아이, 허약한 사람, 또는 민첩하지 못한 노인은 쉽게 그것에 맞출 수 없다. 더구나 휠체어를 탄 사람이라면 더 말할 나위도 없다. 이들에게 회전문은 문이 아니다. 실질적으로 닫혀 있는 기능만 하는 문은 문이 아니기 때문이다.

① (가) - (나) - (라) - (다)
② (가) - (라) - (나) - (다)
③ (나) - (가) - (라) - (다)
④ (나) - (다) - (라) - (가)
⑤ (다) - (가) - (라) - (나)

**PSAT**
THE언어논리

# 완성과정

# CHAPTER

## 01 2023년 7급

| 시간 | 소요시간 | 배점 | 점수 |
|---|---|---|---|
| 60분 | ___분 / 60분 | 100점(문항당 4점) | ___점 / 100점 |

## 01 상종하

**다음 글에서 알 수 있는 것은?**

고려 정부는 범죄를 예방하고 사회질서를 유지하기 위하여 여러 가지 방책을 마련하였다. 특히, 수도인 개경은 국왕을 위시하여 정부 관료 등 주요 인사들이 거주하고 있을 뿐 아니라 중요 기관이 밀집된 가장 핵심적인 곳이었다. 그래서 고려 정부는 개경의 중요한 기관과 거점을 지키기 위한 군사 조직을 두었다. 도성 안의 관청과 창고를 지키는 간수군, 도성의 여러 성문을 방어하는 위숙군, 시장이나 시가의 주요 장소에 배치되는 검점군이 그것이다. 간수군을 포함한 이들 세 군사 조직은 본연의 업무뿐 아니라 순찰을 비롯한 도성 안의 치안 활동까지 담당하였다.

하지만 개경의 도시화가 진전됨에 따라 전문적인 치안 기구의 필요성이 증대되었다. 이에 성종은 개경 시내를 순찰하고 검문을 실시하는 전문적인 치안 조직인 순검군을 조직하였다. 순검군의 설치는 도성을 방위하고 국왕을 지키는 군대의 기능과 도성의 치안 유지를 위한 경찰의 기능이 분리되고 전문화된 것을 의미한다. 기존 군사 조직은 본연의 업무만을 담당하게 되었으며, 순검군은 치안과 질서 유지를 위하여 도성 안에서 순찰 활동, 도적 체포, 비행이나 불법을 저지르는 사람에 대한 단속 등의 활동을 담당하게 되었다.

그런데 범죄 행위나 정치적 음모, 범죄자의 도피 등은 주로 야간에 많이 일어났다. 이에 정부는 야간 통행을 금지하고 날이 저물면 성문을 닫게 하였으며, 급한 공무나 질병, 출생 등 부득이한 경우에만 사전 신고를 받고 야간에 통행하도록 하였다. 야간 통행이 금지되는 매일 저녁부터 새벽까지 도성 내를 순찰하는 활동, 즉 야경은 순검군의 중요한 업무가 되었다. 순검군은 도성 내의 군사 조직인 간수군, 위숙군, 검점군과 함께 개경의 안전을 책임지는 핵심적인 역할을 수행하였던 것이다.

① 개경은 고려의 다른 어떤 지역보다 범죄 행위가 많이 발생한 곳이었다.
② 순검군이 설치된 이후에도 도성의 성문을 지키는 임무는 위숙군에게 있었다.
③ 야간에 급한 용무로 시내를 통행하려는 사람은 먼저 시가지를 담당하는 검점군에 신고를 하였다.
④ 순검군은 야간 통행이 금지되는 저녁부터 새벽 시간까지 순찰 활동을 하며 성문 방어에도 투입되었다.
⑤ 순검군의 설치 이후에 간수군을 비롯한 개경의 세 군사 조직은 군대의 기능과 경찰의 기능을 모두 수행하였다.

## 02 상종하

**다음 글의 내용과 부합하는 것은?**

고려 숙종 9년에 여진이 고려 동북면에 있는 정주성을 공격하였다. 고려는 윤관을 보내 여진을 막게 하였으며, 윤관이 이끄는 군대는 정주성 북쪽의 벽등수라는 곳에서 여진과 싸워 이겼다. 이에 여진은 사신을 보내 화의를 요청하였고, 고려는 이를 받아들였다. 그러나 윤관은 전투 과정에서 여진의 기병을 만나 고전하였기 때문에 대책을 세워야 한다고 생각하고, 숙종의 허락을 받아 별무반을 창설하였다. 별무반에는 기병인 신기군과 보병인 신보군, 적의 기병을 활로 막아내는 경궁군 등 다양한 부대가 편성되어 있었다.

윤관은 숙종의 뒤를 이은 예종 2년에 별무반을 이끌고 여진 정벌에 나섰다. 그는 정주성 북쪽으로 밀고 올라가 여진의 영주, 웅주, 복주, 길주를 점령하고 그곳에 성을 쌓았다. 이듬해 윤관은 정예 병사 8,000여 명을 이끌고 가한촌이라는 곳으로 나아갔다. 그런데 가한촌은 병목 지형이어서 병력을 지휘하기 어려웠다. 여진은 이러한 지형을 이용하여 길 양쪽에 매복하고 있다가 고려군을 기습하였다. 이때 윤관은 큰 위기를 맞이하였지만 멀리서 이를 본 척준경이 10여 명의 결사대를 이끌고 분전한 덕분에 영주로 탈출할 수 있었다. 이후 윤관은 여진의 끈질긴 공격을 물리치면서 함주, 공험진, 의주, 통태진, 평융진에도 성을 쌓아 총 9개의 성을 완성하였다. 윤관이 별무반을 이끌고 출정한 후 여진 지역에 쌓은 성이 모두 9개였기 때문에 그 지역을 동북 9성이라고 부른다.

하지만 여진은 이후 땅을 되찾기 위하여 여러 차례 웅주와 길주 등을 공격하였다. 윤관이 이끄는 고려군은 가까스로 이를 물리쳤지만, 여진이 성을 둘러싸고 길을 끊는 바람에 고립되는 일이 잦았다. 고려는 윤관 외에도 오연총 등을 파견하여 동북 9성에 대한 방비를 강화하였지만, 전투가 거듭될수록 병사들이 계속 희생되었고 물자 소비도 점점 많아졌다. 그래서 예종 4년에 여진이 자세를 낮추며 강화를 요청했을 때 고려는 이를 받아들이고 여진에 동북 9성 지역을 돌려주기로 하였다.

① 고려는 동북 9성을 방어하는 과정에서 병사들이 계속 희생되고 물자 소비도 늘어났기 때문에 여진의 강화 요청을 받아들였다.
② 오연총은 웅주에 있던 윤관이 여진군에 의해 고립된 사실을 알고 길주로부터 출정하여 그를 구출하였다.
③ 윤관은 여진군과의 끈질긴 전투 끝에 가한촌을 점령하고 그곳에 성을 쌓아 동북 9성을 완성하였다.

④ 척준경은 가한촌 전투에서 패배한 고려군을 이끌고 길주로 후퇴하였다.

⑤ 예종이 즉위하고 다음 해에 신기군과 신보군, 경궁군이 창설되었다.

# 03 상중하

## 다음 글의 핵심 논지로 가장 적절한 것은?

우리는 보통 먹거리의 생산에 대해서는 책임을 묻는 것이 자연스럽다고 생각하면서도 먹거리의 소비는 책임져야 하는 행위로 생각하지 않는다. 우리는 무엇을 먹을 때 좋아하고 익숙한 것 그리고 싸고, 빠르고, 편리한 것을 찾아서 먹을 뿐이다. 그런데 먹는 일에도 윤리적 책임이 동반된다고 생각해 볼 수 있지 않을까?

먹는 행위를 두고 '잘 먹었다' 혹은 '잘 먹는다'고 말할 때 '잘'을 평가하는 기준은 무엇일까? 신체가 요구하는 영양분을 골고루 섭취하는 것은 생물학적 차원에서 잘 먹는 것이고, 섭취하는 음식을 통해 다양한 감각들을 만족시키며 개인의 취향을 계발하는 것은 문화적인 차원에서 잘 먹는 것이다. 그런데 이 경우들의 '잘'은 윤리적 의미를 띠고 있는 것 같지 않다. 이 두 경우는 먹는 행위를 개인적 경험의 차원으로 축소하기 때문이다.

'잘 먹는다'는 것의 윤리적 차원은 우리의 먹는 행위가 그저 개인적 차원에서 일어나는 일이 아니라, 다른 사람들, 동물들, 식물들, 서식지, 토양 등과 관계를 맺는 행위임을 인식하기 시작할 때 비로소 드러난다. 오늘날 먹거리의 전 지구적인 생산·유통·소비 체계 속에서, 우리는 이들을 경제적 자원으로만 간주하는 특정한 방식으로 이들과 관계를 맺고 있다. 그러한 관계의 방식은 공장식 사육, 심각한 동물 학대, 농약과 화학비료 사용에 따른 토양과 물의 오염, 동식물의 생존에 필수적인 서식지 파괴, 전통적인 농민 공동체의 파괴, 불공정한 노동 착취 등을 동반한다.

우리가 무엇을 어떻게 먹는가 하는 것은 결국 우리가 그런 관계망에 속한 인간이나 비인간 존재를 어떻게 대우하고 있는가를 드러내며, 불가피하게 이러한 관계망의 형성이나 유지 혹은 변화에 기여하게 된다. 우리의 먹는 행위에 따라 이런 관계망의 모습은 바뀔 수도 있다. 그렇기에 이러한 관계들은 먹는 행위를 윤리적 반성의 대상으로 끌어 올린다.

① 윤리적으로 잘 먹기 위해서는 육식을 지양해야 한다.
② 먹는 행위에 대해서도 윤리적 차원을 고려하여야 한다.
③ 건강 증진이나 취향 만족을 위한 먹는 행위는 개인적 차원의 평가 대상일 뿐이다.
④ 먹는 행위는 동물, 식물, 토양 등의 비인간 존재와 인간 사이의 관계를 만들어낸다.
⑤ 먹는 행위를 평가할 때에는 먹거리의 소비자보다 생산자의 윤리적 책임을 더 고려하여야 한다.

# 04 상중하

## 다음 글의 핵심 논지로 가장 적절한 것은?

지방분권화 시대를 맞아 지역의 균형 발전과 경제 활성화를 함께 도모할 수 있는 방안으로 지역문화콘텐츠의 역할이 강조되고 있다. 이와 관련하여 생태환경, 문화재, 유적지 등의 지역 자원을 이용해 지역에 생명을 불어넣고 지역의 특화된 가치를 창출하는 사례가 늘고 있다. 지역문화콘텐츠의 성공은 지역 산업의 동력이 될 뿐 아니라 지역민의 문화향유권 확장에 이바지한다는 점에서도 주목할 만하다.

그러나 지역문화콘텐츠의 전망이 밝기만 한 것은 아니다. 지역 내부의 문제로 우수한 문화자원이 빛을 보지 못하거나 특정 축제를 서로 자기 지역에 유치하기 위한 과잉 경쟁으로 지방자치단체가 몸살을 앓기도 한다. 또한, 불필요한 시설과 인프라 구축, 유사한 콘텐츠의 양산 및 미흡한 활용 등의 문제로 지역 예산을 헛되이 낭비한 사례도 적지 않다.

이러한 문제들이 많아지자, ○○부는 유사·중복 축제 행사를 통폐합하는 지방재정법 시행령과 심사 규칙 개정안을 내놓았다. 이 개정안은 특색 없는 콘텐츠를 정리하고 경쟁력 있는 콘텐츠 개발을 장려하는 것이 주목적이다. 하지만 이러한 방식만으로는 지역문화콘텐츠의 성공을 기대하기 어렵다.

그동안 지역문화 정책과 사업이 새로운 콘텐츠를 발굴·제작하는 데만 주력해 온 탓에 향유의 지속성 측면을 고려하지 못했다. 이로 인해, 관련 사업은 일부 향유자만을 대상으로 하거나 단발적인 제작 지원에 그쳐 지역민의 문화자원 향유가 지속되는 데 어려움이 있었다. 향유자에 초점을 둔 실효성 있는 정책을 실현하려면, 향유의 지속성까지 염두에 두어야 한다. 콘텐츠와 향유자를 잇고, 향유자의 향유 경험을 지속시킬 때 콘텐츠는 영속할 수 있다. 향유자에 의한 콘텐츠의 공유와 확산이 활발하게 이루어지는 향유, 아울러 향유자가 콘텐츠의 소비·매개·재생산의 주체가 되는 향유를 위한 방안이 개발되어야 한다. 이러한 방안을 통해 이미 만들어진 우수한 지역문화콘텐츠의 생명력을 연장하고 콘텐츠 향유의 활성화를 꾀할 수 있다.

① 중앙정부와 지방자치단체의 협력을 통해 지역문화콘텐츠의 경쟁력을 강화해야 한다.
② 새로운 콘텐츠의 발굴과 제작을 통해 지역문화콘텐츠의 생명력을 연장하고 활성화해야 한다.
③ 지역문화콘텐츠를 향유자와 연결하고 향유자의 향유 경험을 지속하게 할 방안을 마련해야 한다.
④ 지역문화콘텐츠 향유자 스스로 자신이 콘텐츠의 소비·매개·재생산의 주체임을 인식해야 한다.
⑤ 지역문화콘텐츠가 지역 산업의 발전과 지역민의 문화 향유 기회 확대에 기여할 수 있도록 중앙정부의 경제적 지원이 증대되어야 한다.

PART 02

## 05 상중하

**다음 글의 내용과 부합하지 않는 것은?**

정부는 공공사업 수립·추진 과정에서 사회적 갈등이 예상되는 경우 갈등영향분석을 통해 해결책을 마련하여야 한다. 갈등은 다양한 요인 및 양태 그리고 복잡한 이해관계를 갖고 있다. 따라서 갈등영향분석의 실시 여부는 공공사업의 규모, 유형, 사업 관련 이해집단의 분포 등 다양한 지표들을 고려하여 판단하여야 한다.

갈등영향분석 실시 여부의 대표적인 판단 지표 중 하나는 실시 대상 사업의 경제적 규모이다. 해당 사업을 수행하는 기관장은 예비타당성 조사 실시 기준인 총사업비를 판단 지표로 활용하여 갈등영향분석의 실시 여부를 판단하되, 그 경제적 규모가 실시 기준 이상이라도 갈등 발생 여지가 없거나 미미한 경우에는 갈등관리심의위원회 심의를 거쳐 갈등영향분석을 실시하지 않을 수 있다.

실시 대상 사업의 유형도 갈등영향분석 실시 여부의 판단 지표가 된다. 쓰레기 매립지, 핵폐기물처리장 등 기피 시설의 입지 선정은 지역사회 갈등을 유발하는 대표적 유형이다. 이러한 사업 유형은 경제적 규모와 관계없이 반드시 갈등영향분석이 이루어져야 한다. 해당 사업을 수행하는 기관장은 대상 시설이 기피 시설인지 여부를 판단할 때, 단독으로 판단하지 말고 지역 주민 관점에서 검토할 수 있도록 민간 갈등관리전문가 등의 자문을 거쳐야 한다.

갈등영향분석을 시행하기로 결정했다면, 해당 사업을 수행하는 기관장 주관으로, 갈등관리심의위원회의 자문을 거쳐 해당 사업과 관련된 주요 이해당사자들이 중립적이라고 인정하는 전문가가 갈등영향분석서를 작성하여야 한다. 이렇게 작성된 갈등영향분석서는 반드시 모든 이해당사자들의 회람 후에 해당 기관장에게 보고되고 갈등관리심의위원회에서 심의되어야 한다.

① 정부가 갈등영향분석 실시 여부를 판단할 때 예비타당성 조사 실시 기준인 총사업비를 판단 지표로 활용한다.
② 기피 시설 여부를 판단할 때 해당 사업을 수행하는 기관장이 별도 절차 없이 단독으로 판단해서는 안 된다.
③ 갈등영향분석서는 정부가 주관하여 중립적 전문가의 자문 하에 해당 기관장이 작성하여야 한다.
④ 갈등영향분석서를 작성한 후에는 이해당사자가 회람하는 절차가 있어야 한다.
⑤ 갈등관리심의위원회는 갈등영향분석 실시 여부의 판단에 관여할 수 있다.

## 06 상중하

**다음 글에서 알 수 있는 것은?**

○○시 교육청은 초·중학교 기초학력 부진학생의 기초학력 향상을 위해 3단계의 체계적인 지원체계를 구축하였다. 이는 학습 사각지대에 놓여있는 학생들을 조기에 발견하고, 학생 여건과 특성에 맞는 서비스를 제공하여 기초학력 부진을 해결하기 위한 조치이다.

1단계 지원은 기초학력 부진 판정을 받은 모든 학생을 대상으로 하며, 해당 학생에 대한 지도는 학교 내에서 담임교사가 담당한다. 학교 내에서 교사가 특별학습 프로그램을 진행하는 것이다.

2단계 지원은 기초학력 부진 판정을 받은 학생 중 복합적인 요인으로 어려움을 겪는 것으로 판정된 학생인 복합요인 기초학력 부진학생을 대상으로 권역학습센터에서 이루어진다. 권역학습센터는 권역별 1곳씩 총 5곳에 설치되어 있으며, 이곳에서 학습멘토 프로그램을 운영한다. 이 프로그램에 참여하는 지원 인력은 ○○시의 인증을 받은 학습상담사이며, 기초학력 부진학생의 학습멘토 역할을 담당하게 된다.

3단계 지원은 복합요인 기초학력 부진학생 중 주의력결핍 과잉행동장애 또는 난독증 등의 문제로 학습에 어려움을 겪는 학생을 대상으로 ○○시 학습종합클리닉센터에서 이루어진다. ○○시 학습종합클리닉센터는 교육청 차원에서 지역사회 교육 전문가를 초빙하여 해당 학생들을 위한 전문학습클리닉 프로그램을 운영한다. 이에 더해 소아정신과 전문의 등으로 이루어진 의료지원단을 구성하여 의료적 도움을 줄 수 있도록 한다.

① ○○시 학습종합클리닉센터는 ○○시에 총 5곳이 설치되어 있다.
② 기초학력 부진학생으로 판정된 학생은 학습멘토 프로그램에 참여할 수 없다.
③ 복합요인 기초학력 부진학생으로 판정된 학생 중 의료지원단의 의료적 도움을 받는 학생이 있을 수 있다.
④ 학습멘토 프로그램 및 전문학습클리닉 프로그램에 참여하는 지원 인력은 ○○시의 인증을 받지 않아도 된다.
⑤ 난독증이 있는 학생은 기초학력 부진 판정을 받지 않았더라도 ○○시 학습종합클리닉센터에서 운영하는 프로그램에 참여할 수 있다.

## 07 상중하

다음 대화의 ㉠에 따라 〈안내〉를 수정한 것으로 적절하지 않은 것은?

갑: 지금부터 회의를 시작하겠습니다. 이 자리는 A시 시민안전보험의 안내문을 함께 검토하기 위한 자리입니다. A시 시민안전보험의 내용을 시민들에게 효과적으로 전달하기 위해서 수정 및 보완이 필요한 부분이 있다면 자유롭게 말씀해주시기 바랍니다.

을: 시민안전보험의 혜택을 누릴 수 있는 대상이 더 정확하게 표현되면 좋겠습니다. 단순히 A시에서 생활하는 사람이 아닌 A시에 주민으로 등록한 사람이라는 점이 명확하게 드러나야 한다고 생각합니다.

병: 2024년도부터는 시민안전보험의 보장 항목이 기존의 8종에서 10종으로 확대되었습니다. 보장 항목을 안내하면서 새롭게 추가된 두 가지 항목인 개 물림 사고와 사회재난 사망 사고를 포함하면 좋겠습니다.

정: 시민안전보험의 보험 기간뿐만 아니라 청구 기간에 대한 정보도 필요합니다. 보험 기간 내에 발생한 사고에 대해서 사고 발생 시점을 기준으로 할 때 보험금을 언제까지 청구할 수 있는지에 대한 안내가 추가되면 좋을 것 같습니다.

무: 보험금을 어디로 그리고 어떻게 청구할 수 있는지에 대한 구체적 정보도 부족합니다. 시민안전보험에 관심을 가진 시민이라면 연락처 정보만으로는 부족하다고 여길 것 같습니다. 안내문에 보험금 청구에 필요한 대표적인 서류들을 제시하면 어떨까요?

갑: 좋은 의견을 개진해주셔서 감사합니다. 참고로 최근 민간 기업과의 업무 협약을 통해 A시 누리집뿐만 아니라 코리아톡 앱을 통해서도 A시 시민안전보험에 관한 정보를 확인할 수 있게 되어 이 점 역시 이번에 안내할 계획입니다. 그럼 ㉠오늘 회의에서 논의된 내용을 반영하여 안내문을 수정하도록 하겠습니다. 감사합니다.

┤ 안내 ├
우리 모두의 안전은 2024년 A시 시민안전보험 가입으로!
○ 가입 대상: A시 구성원 누구나
○ 보험 기간: 2024. 1. 1. ~ 2024. 12. 31.
○ 보장 항목: 대중교통 이용 중 상해·후유장애 등 총 8종의 사고 보장
○ 청구 방법: B보험사 통합상담센터로 문의
○ 참고 사항: 자세한 관련 내용은 A시 누리집을 통해서도 확인 가능

① 가입 대상을 'A시에 주민으로 등록한 사람 누구나'로 수정한다.
② 보험 기간을 '2024. 1. 1. ~ 2024. 12. 31. (보험 기간 내 사고발생일로부터 3년 이내 보험금 청구 가능)'로 수정한다.
③ 보장 항목을 '대중교통 이용 중 상해·후유장애, 개 물림 사고, 사회재난 사망 사고 등 총 10종의 사고 보장'으로 수정한다.
④ 청구 방법을 '청구 절차 및 필요 서류는 B보험사 통합상담센터(Tel. 15×× - ××××)로 문의'로 수정한다.
⑤ 참고 사항을 '자세한 관련 내용은 A시 누리집 및 코리아톡 앱을 통해서도 확인 가능'으로 수정한다.

# 08 상중하

다음 대화의 ㉠으로 적절한 것만을 〈보기〉에서 모두 고르면?

갑 : 최근 전동킥보드, 전동휠 등 개인형 이동장치 사고가 급증하고 있습니다. 도대체 무엇 때문에 이러한 현상이 나타나는 것일까요? 이에 대해 여러분은 어떤 의견을 가지고 있나요?

을 : 원동기 면허만 있으면 19세 미만 미성년자도 개인형 이동장치를 이용할 수 있습니다. 하지만 원동기 면허가 없는 사람들도 많이 이용하고 있습니다. 안전 의식이 부족한 이용자가 증가해 사고가 더 많이 발생하는 것이지요.

병 : 저는 개인형 이동장치의 경음기 부착 여부가 사고 발생 확률에 유의미한 영향을 미친다고 생각합니다. 현재 상당수의 개인형 이동장치는 경고음을 낼 수 있는 경음기가 부착되어 있지 않기 때문에 개인형 이동장치가 빠른 속도로 달려와도 주변에서 이를 인지하지 못하는 경우가 많습니다. 이것이 사고가 발생하는 주요한 원인이라고 생각합니다.

정 : 저는 개인형 이동장치를 이용할 수 있는 인프라가 부족하다는 점이 가장 큰 원인이라고 생각합니다. 개인형 이동장치 이용자들은 안전한 운행이 가능한 도로를 원하고 있으나, 그러한 개인형 이동장치 전용도로를 갖춘 지역은 드뭅니다. 이처럼 인프라 수요를 공급이 따라가지 못해 사고가 발생하는 것입니다.

갑 : 여러분 좋은 의견 제시해주셔서 감사합니다. 그렇다면 말씀하신 의견을 검증하기 위해 ㉠필요한 자료를 조사해 주세요.

┤ 보기 ├

ㄱ. 미성년자 중 원동기 면허 취득 비율과 19세 이상 성인 중 원동기 면허 취득 비율

ㄴ. 경음기가 부착된 개인형 이동장치 1대당 평균 사고 발생 건수와 경음기가 부착되지 않은 개인형 이동장치 1대당 평균 사고 발생 건수

ㄷ. 개인형 이동장치 등록 대수가 가장 많은 지역의 개인형 이동장치 사고 발생 건수와 개인형 이동장치 등록 대수가 가장 적은 지역의 개인형 이동장치 사고 발생 건수

① ㄱ
② ㄴ
③ ㄱ, ㄷ
④ ㄴ, ㄷ
⑤ ㄱ, ㄴ, ㄷ

# 09 상중하

다음 글의 (가)와 (나)에 들어갈 말을 적절하게 짝지은 것은?

갑은 국민 개인의 삶의 질을 1부터 10까지의 수치로 평가하고 이 수치를 모두 더해 한 국가의 행복 정도를 정량화한다. 예를 들어, 삶의 질이 모두 5인 100명의 국민으로 구성된 국가의 행복 정도는 500이다.

갑은 이제 국가의 행복 정도가 클수록 더 행복한 국가라고 하면서 어느 국가가 더 행복한 국가인지까지도 서로 비교하고 평가할 수 있다고 주장한다. 하지만 갑의 주장은 받아들이기 어렵다. 행복한 국가라면 그 국가의 대다수 국민이 높은 삶의 질을 누리고 있다고 보는 것이 일반적인 직관인데, 이 직관과 충돌하는 결론이 나오기 때문이다. 예를 들어, A국과 B국의 행복 정도를 비교하는 다음의 경우를 생각해 보자. ＿＿(가)＿＿, B국에서 가장 높은 삶의 질을 지닌 국민이 A국에서 가장 낮은 삶의 질을 지닌 국민보다 삶의 질 수치가 낮다. 그러면 갑은 ＿＿(나)＿＿. 그러나 이러한 결론에 동의할 사람은 거의 없을 것이다.

① (가) : A국의 행복 정도가 B국의 행복 정도보다 더 크지만
   (나) : B국이 A국보다 더 행복한 국가라고 말해야 할 것이다

② (가) : A국의 행복 정도가 B국의 행복 정도보다 더 크지만
   (나) : A국이 B국보다 더 행복한 국가라고 말해야 할 것이다

③ (가) : A국의 행복 정도와 B국의 행복 정도가 같지만
   (나) : B국이 A국보다 더 행복한 국가라고 말해야 할 것이다

④ (가) : B국의 행복 정도가 A국의 행복 정도보다 더 크지만
   (나) : B국이 A국보다 더 행복한 국가라고 말해야 할 것이다

⑤ (가) : B국의 행복 정도가 A국의 행복 정도보다 더 크지만
   (나) : A국이 B국보다 더 행복한 국가라고 말해야 할 것이다

## 10

**다음 글의 (가)와 (나)에 들어갈 말을 〈보기〉에서 골라 적절하게 짝지은 것은?**

고대 철학자 A가 궁극적인 목적으로 삼았던 것은 행복한 삶이었다. 그런데 A가 가진 행복 개념은 현대인들이 가지고 있는 행복 개념과 다소 차이가 있다. 우리가 일상적으로 '행복'이라는 말을 사용할 때는 단순히 주관적 심리 상태를 지칭하는 경우가 많다. 하지만 A는 행복이 주관적 심리 상태만으로는 충분하지 않고, 그런 심리 상태를 뒷받침하는 객관적 조건이 반드시 갖추어져 있어야 한다고 생각했다. 요컨대, A가 사용한 행복 개념에 따르면, (가) . 그러나 A는 행복이 주관적 심리 상태만으로는 충분하지 않다고 하더라도, 주관적 심리 상태가 행복의 필수 조건임은 부정할 수 없다고 보았다. 따라서 A에게는 (나) .

**보기**

ㄱ. 자신이 행복하다고 느끼고 있으면서도 행복하지 않은 경우란 있을 수 없다
ㄴ. 자신이 행복하다고 느끼고 있으면서도 행복하지 않은 경우가 있을 수 있다
ㄷ. 자신이 행복하지 않다고 느끼고 있으면서도 행복한 경우란 있을 수 없다

   (가)     (나)
① ㄱ      ㄴ
② ㄱ      ㄷ
③ ㄴ      ㄱ
④ ㄴ      ㄷ
⑤ ㄷ      ㄴ

## 11

**다음 글에서 추론할 수 있는 것만을 〈보기〉에서 모두 고르면?**

진수는 병원에서 급성 중이염을 진단 받고, 항생제 투여 결과 이틀 만에 크게 호전되었다. 진수의 중이염 증상이 빠르게 호전된 것을 '항생제 투여 때문'이라고 답하는 것은 자연스러운 설명이다. 그런데 이것이 좋은 설명이 되려면, 그러한 증상의 치유에 항생제의 투여가 관련되어 있음을 보여 줄 필요가 있다.

확률의 차이는 이러한 관련성을 보여 주는 한 가지 방식이다. 예컨대 급성 중이염 증상에 대해 항생제 투여 없이 그대로 자연 치유에 맡기는 경우, 그 증상이 치유될 확률이 20%라고 하자. 이를 기준으로 삼아서 항생제 투여가 급성 중이염의 치유에 대해 갖는 긍정적 효과와 부정적 효과를 구분할 수 있다. 가령 항생제 투여를 할 경우에 그 확률이 80%라면, 이는 항생제 투여가 급성 중이염의 치유에 긍정적 효과가 있음을 보여 주는 것이다. 거꾸로, 급성 중이염의 치유를 위해 개발 과정에 있는 신약을 투여했더니 그 확률이 10%라는 조사 결과가 있다면, 이는 신약 투여가 급성 중이염의 치유에 부정적 효과가 있음을 보여 주는 것이다. 물론 두 경우 모두, 급성 중이염의 치유에 투여된 약 이외의 다른 요인이 개입하지 않았다는 점이 보장되어야 한다.

**보기**

ㄱ. 투여된 약이 증상의 치유에 어떠한 효과도 없다는 것을 보이기 위해서는, 약을 투여하더라도 증상이 치유될 확률에 변화가 없을 뿐 아니라 약의 투여 이외의 다른 요인이 개입되지 않았다는 것이 밝혀져야 한다.
ㄴ. 투여된 약이 증상의 치유에 긍정적인 효과가 있다는 것을 보이기 위해서는 증상이 치유될 확률이 약의 투여 이전보다 이후에 더 높아지는 것을 보이는 것으로 충분하다.
ㄷ. 약 투여 이외의 다른 요인이 개입되지 않았다고 전제할 경우에, 투여된 약이 증상의 치유에 긍정적인 효과가 없다는 것을 보이기 위해서는 증상이 치유될 확률이 약의 투여 이전보다 이후에 더 낮아지는 것을 보이는 것이 필요하다.

① ㄱ        ② ㄴ
③ ㄱ, ㄷ    ④ ㄴ, ㄷ
⑤ ㄱ, ㄴ, ㄷ

## 12 상충하

다음 갑 ~ 정의 논쟁에 대한 분석으로 적절한 것만을 〈보기〉에서 모두 고르면?

갑 : 우리는 보통 인간이나 동물이 어떤 특성을 지니고 있어서 그에 부합하는 도덕적 지위를 갖는다고 생각한다. 의식이 바로 그런 특성이다. 나는 인공지능 로봇도 같은 방식으로 그 도덕적 지위를 결정해야 한다고 생각한다. 그래서 우리는 그런 로봇에게 의식이 있는지를 따져 봐야 할 것이다. 나는 인공지능 로봇이 의식을 갖는다고 생각한다.

을 : 도덕적 지위를 결정하는 기준에 대해서는 나도 갑과 생각이 같다. 하지만 나는 바로 그런 이유에서 인공지능 로봇에게 도덕적 지위를 부여할 수 없다고 생각한다. 로봇은 기계이므로 의식을 갖는 것이 가능하지 않기 때문이다.

병 : 나는 인공지능 로봇에게 의식이 있는지 없는지가 그것에게 도덕적 지위를 부여하느냐 마느냐를 결정하는 근거가 될 수 없다고 생각한다. 인공지능 로봇에게 의식이 있을 수도 있겠지만, 인간의 필요에 의해서 만든 도구적 존재에게 도덕적 지위를 부여하는 것은 말이 안 된다.

정 : 어떤 존재의 도덕적 지위는 우리가 그 존재와 어떤 관계를 맺고 있는지에 따라 결정된다. 우리가 로봇과 가족이나 친구와 같은 유의미한 관계를 맺고 있다면, 인공지능 로봇이 의식을 갖지 않는 경우라 해도, 로봇에게 도덕적 지위를 부여해야 한다.

⊢ 보기 ⊢

ㄱ. 을과 정은 인공지능 로봇에게는 의식이 없다고 생각한다.

ㄴ. 인공지능 로봇에게 의식이 있어도 도덕적 지위를 부여할 수 없다고 생각하는 사람이 있다.

ㄷ. 인공지능 로봇에게 실제로 의식이 있다고 밝혀진다면, 네 명 중 한 명은 인공지능 로봇에게 도덕적 지위를 부여해야 하는가에 대한 입장을 바꿔야 한다.

① ㄱ
② ㄴ
③ ㄱ, ㄷ
④ ㄴ, ㄷ
⑤ ㄱ, ㄴ, ㄷ

## 13 상충하

다음 글에서 추론할 수 있는 것만을 〈보기〉에서 모두 고르면?

○○부는 올여름 폭염으로 국가적 전력 부족 사태가 예상됨에 따라 '공공기관 에너지 절약 세부 실천대책'을 발표하였다. 이에 따르면 공공기관은 냉방설비를 가동할 때 냉방 온도를 25℃ 이상으로 설정하여야 한다. 또한 14 ~ 17시에는 불필요한 전기 사용을 자제하여야 한다.

○○부는 추가적으로, 예비전력을 기준으로 전력수급 위기단계를 준비단계(500만kW 미만 400만kW 이상), 관심단계(400만kW 미만 300만kW 이상), 주의단계(300만kW 미만 200만kW 이상), 경계단계(200만kW 미만 100만kW 이상), 심각단계(100만kW 미만) 순의 5단계로 설정하였다. 전력수급 상황에 따라 위기단계가 통보되면 공공기관은 아래 〈표〉에 따라 각 위기단계의 조치 사항을 이행하여야 한다. 이때의 조치 사항에는 그 전 위기단계까지의 조치 사항이 포함되어야 한다.

〈표〉 전력수급 위기단계별 조치 사항

| 위기단계 | 조치 사항 |
|---|---|
| 준비단계 | 실내조명과 승강기 사용 자제 |
| 관심단계 | 냉방 온도 28℃ 이상으로 조정 |
| 주의단계 | 냉방기 사용 중지, 실내조명 50% 이상 소등 |
| 경계단계 | 필수 기기를 제외한 모든 사무기기 전원 차단 |
| 심각단계 | 실내조명 완전 소등, 승강기 가동 중지 |

다만 장애인 승강기는 전력수급 위기단계와 관계없이 상시 가동하여야 한다. 또한 의료기관, 아동 및 노인 등 취약계층 보호시설은 냉방 온도 제한 예외 시설로서 자체적으로 냉방 온도를 설정하여 운영할 수 있다.

⊢ 보기 ⊢

ㄱ. 예비전력이 50만kW일 때 모든 공공기관은 실내조명을 완전 소등하여야 하며, 예비전력이 180만kW일 때는 50% 이상 소등하여야 한다.

ㄴ. 취약계층 보호시설에 해당하지 않는 공공기관은 예비전력이 280만kW일 때 냉방 온도를 24℃로 설정할 수 없으나, 예비전력이 750만kW일 때는 설정할 수 있다.

ㄷ. 전력수급 위기단계가 심각단계일 때 취약계층 보호시설에 해당하는 공공기관은 장애인 승강기를 가동할 수 있으나 취약계층 보호시설에 해당하지 않는 공공기관은 장애인 승강기 가동을 중지하여야 한다.

① ㄱ
② ㄷ
③ ㄱ, ㄴ
④ ㄴ, ㄷ
⑤ ㄱ, ㄴ, ㄷ

## 14 상●하

다음 글의 내용이 참일 때, 반드시 참인 것만을 〈보기〉에서 모두 고르면?

갑은 〈공직 자세 교육과정〉, 〈리더십 교육과정〉, 〈글로벌 교육과정〉, 〈직무 교육과정〉, 〈전문성 교육과정〉의 다섯 개 과정으로 이루어진 공직자 교육 프로그램에 참여할 것을 고려하고 있다. 갑이 〈공직 자세 교육과정〉을 이수한다면 〈리더십 교육과정〉도 이수한다. 또한 갑이 〈글로벌 교육과정〉을 이수한다면 〈직무 교육과정〉과 〈전문성 교육과정〉도 모두 이수한다. 그런데 갑은 〈리더십 교육과정〉을 이수하지 않거나 〈전문성 교육과정〉을 이수하지 않는다.

─┤ 보기 ├─

ㄱ. 갑은 〈공직 자세 교육과정〉을 이수하지 않거나 〈글로벌 교육과정〉을 이수하지 않는다.

ㄴ. 갑이 〈직무 교육과정〉을 이수하지 않는다면 〈글로벌 교육과정〉도 이수하지 않는다.

ㄷ. 갑은 〈공직 자세 교육과정〉을 이수하지 않는다.

① ㄱ        ② ㄷ        ③ ㄱ, ㄴ

④ ㄴ, ㄷ        ⑤ ㄱ, ㄴ, ㄷ

## 15 상●하

다음 글에서 갑이 새롭게 입수한 '정보'로 적절한 것은?

월요일부터 목요일까지 하루에 한 차례씩 시험 출제 회의가 열렸다. 회의에 참석한 시험위원들에 관한 자료를 정리하던 주무관 갑은 다음의 사실을 파악하였다.

○ 월요일에 참석한 시험위원은 모두 수요일에도 참석했다.

○ 화요일에 참석한 시험위원은 누구도 수요일에는 참석하지 않았다.

○ 수요일에 참석한 시험위원 중 적어도 한 사람은 목요일에도 참석했다.

갑은 이 사실에 새롭게 입수한 '정보'를 더하여 "월요일에는 참석하지 않았지만 목요일에는 참석한 시험위원이 적어도 한 사람은 있다."는 것을 알아내었다.

① 월요일에 참석하지 않은 시험위원이 적어도 한 사람은 있다.

② 화요일에 참석하지 않은 시험위원이 적어도 한 사람은 있다.

③ 수요일에 참석한 시험위원 중 적어도 한 사람은 목요일에 참석하지 않았다.

④ 목요일에는 참석하지 않았지만 월요일에는 참석한 시험위원이 적어도 한 사람은 있다.

⑤ 월요일에 참석한 시험위원 중에는 목요일에 참석한 시험위원은 없다.

## 16 상 중 하

다음 글의 내용이 참일 때, 반드시 참인 것만을 〈보기〉에서 모두 고르면?

국제해양환경회의에 5명의 대표자가 참석하여 A, B, C, D 4개 정책을 두고 토론회를 열었다. 대표자들은 모두 각 정책에 대해 찬반 중 하나의 입장을 분명하게 표명했으며, 각자 하나 이상의 정책에 찬성하고 하나 이상의 정책에 반대한 것으로 드러났다. 그들의 입장을 정리한 결과는 다음과 같다.

○ A에 찬성하는 대표자는 2명이다.
○ A에 찬성하는 대표자는 모두 B에 찬성한다.
○ B에 찬성하는 대표자 중에 C에 찬성하는 사람과 반대하는 사람은 동수이다.
○ B와 D에 모두 찬성하는 대표자는 아무도 없다.
○ D에 찬성하는 대표자는 2명이다.
○ D에 찬성하는 대표자는 모두 C에 찬성한다.

┤ 보기 ├
ㄱ. 3개 정책에 반대하는 대표자가 있다.
ㄴ. B에 찬성하는 대표자는 2명이다.
ㄷ. C에 찬성하는 대표자가 가장 많다.

① ㄱ
② ㄴ
③ ㄱ, ㄷ
④ ㄴ, ㄷ
⑤ ㄱ, ㄴ, ㄷ

## 17 상 중 하

다음 글에서 추론할 수 있는 것만을 〈보기〉에서 모두 고르면?

포유동물의 발생 과정에서 폐는 가장 늦게 그 기능을 발휘하는 기관 중 하나이다. 폐 내부의 폐포는 숨을 들이마시면 부풀어 오르는데 이때 폐포로 들어온 공기와 폐포를 둘러싸고 있는 모세혈관의 혈액 사이에 기체교환이 일어난다. 즉 공기 중의 산소를 혈액으로 전달하고 혈액에 있는 이산화탄소가 폐포 내에 있는 공기로 배출된다. 폐포가 정상적으로 기능을 발휘하려면 폐포가 접촉해도 서로 들러붙지 않도록 하는 충분한 양의 계면 활성제가 필요하다. 폐포 세포가 분비하는 이 계면 활성제는 임신 기간이 거의 끝날 때쯤, 즉 사람의 경우 임신 약 34주째쯤, 충분히 폐포에 분비되어 비로소 호흡할 수 있는 폐가 형성된다.

태아의 폐가 정상 기능을 하게 되면 곧이어 출산이 일어난다. 쥐 실험을 통해 호흡이 가능한 폐의 형성과 출산이 어떻게 연동되는지 확인되었다. 임신한 실험 쥐의 출산일이 다가오면, 쥐의 태아 폐포에서는 충분한 양의 계면 활성제가 분비되고 그중 일부가 양수액으로 이동하여 양수액에 있는 휴면 상태의 대식세포를 활성화시킨다. 활성화된 대식세포는 양수액에서 모태 쥐의 자궁 근육 안으로 이동하여, 자궁 근육 안에서 물질 A를 분비하게 한다. 물질 A는 비활성 상태의 효소 B에 작용하여 그것을 활성 상태로 바꾸고 활성화된 효소 B는 자궁 근육 안에서 물질 C가 만들어지게 하는데, 물질 C는 효소 B가 없으면 만들어지지 않는다. 이렇게 만들어진 물질 C가 일정 수준의 농도가 되면 자궁 근육을 수축하게 하여 쥐의 출산이 일어나게 하는데, 물질 C가 일정 수준의 농도에 이르지 않으면 자궁 근육의 수축이 일어나지 않는다.

┤ 보기 ├
ㄱ. 태아 시기 쥐의 폐포에서 물질 A가 충분히 발견되지 않는다면, 그 쥐의 폐는 정상적으로 기능을 발휘할 수 없다.
ㄴ. 임신 초기부터 효소 B가 모두 제거된 상태로 유지된 암쥐는 출산 시기가 되어도 자궁 근육의 수축이 일어나지 않는다.
ㄷ. 출산을 며칠 앞둔 암쥐의 자궁 근육에 물질 C를 주입하여 물질 C가 일정 수준의 농도에 이르게 되면 출산이 유도된다.

① ㄱ
② ㄴ
③ ㄱ, ㄷ
④ ㄴ, ㄷ
⑤ ㄱ, ㄴ, ㄷ

## 18

**다음 글에서 추론할 수 없는 것은?**

물속에서 눈을 뜨면 물체를 뚜렷하게 볼 수 없다. 이는 공기에 대한 각막의 상대 굴절률이 물에 대한 각막의 상대 굴절률과 달라서 물속에서는 상이 망막에 선명하게 맺히기 힘들기 때문이다. 그런데 수경을 쓰면 빛이 공기에서 각막으로 굴절되어 망막에 들어오므로 상이 망막에 선명하게 맺혀서 물체를 뚜렷하게 볼 수 있다.

초기 형태의 수경은 덮개 형태의 두 부분으로 구성되어 있고 두 부분은 각각 오른쪽 눈과 왼쪽 눈을 덮고 있다. 한쪽 부분 안의 공기량이 약 7.5 mL인 이 수경을 쓸 경우 3 m 이상 잠수하면 결막 출혈이 생길 수 있다. 이런 현상은 다음과 같은 이유로 나타난다. 잠수를 하면 몸은 물의 압력인 수압을 받게 되는데, 수압은 잠수 깊이가 깊어질수록 커진다. 잠수 시 수압에 의해 신체가 압박되어 신체의 부피가 줄어들면서 체내 압력이 커져 수압과 같아지게 되는 반면, 수경 내부 공기의 부피는 변하지 않으므로 수경 내의 공기압인 수경 내압은 변하지 않는다. 이때 체내 압력이 수경 내압보다 일정 수준 이상 커지면 안구 안팎에 큰 압력 차이가 나타나 눈의 혈관이 압력차를 견디지 못하고 파열되어 결막 출혈이 일어난다. 초기 형태의 수경을 사용하던 해녀들은 깊이 잠수해 들어갈 때 흔히 이러한 결막 출혈을 경험하였다.

이러한 문제를 극복할 수 있도록 만들어진 수경 '부글래기'는 기존 수경에 공기가 담긴 고무주머니를 추가한 것인데 이 고무주머니는 수경 내부와 연결되어 있다. 이 수경은 잠수 시 수압에 의해 고무주머니가 압축되면, 고무주머니 내의 공기가 수압과 수경 내압이 같아질 때까지 수경 내로 이동하여 안구 안팎에 압력 차이가 나타나는 것을 막아 잠수 시 나타날 수 있는 결막 출혈을 방지한다. 우리나라에서는 모슬포 지역의 해녀들이 부글래기를 사용한 적이 있다.

오늘날 해녀들은 '큰눈' 또는 '왕눈'으로 불리는, 눈뿐만 아니라 코까지 덮는 수경을 사용한다. 이런 수경을 쓰면 잠수 시 수압에 의하여 폐가 압축되어 수압과 수경 내압이 같아질 때까지 폐의 공기가 기도와 비강을 거쳐 수경 내로 들어온다. 따라서 잠수 시 결막 출혈이 일어나지 않는다.

① 부글래기를 쓰고 잠수하면 빛이 공기에서 각막으로 굴절되어 망막에 들어와 물체를 뚜렷하게 볼 수 있다.

② 수경 내압은 큰눈을 쓰고 잠수했을 때보다 초기 형태의 수경을 쓰고 잠수했을 때가 더 크다.

③ 잠수 시 결막 출혈을 방지할 수 있는 수경이 모슬포 지역에서 사용된 적이 있다.

④ 왕눈을 쓰고 잠수하면 수경 내압과 체내 압력이 같아진다.

⑤ 체내 압력은 잠수하기 전보다 잠수했을 때가 더 크다.

## 19

**다음 글의 〈실험〉의 결과를 가장 잘 설명하는 것은?**

소자 X는 전류가 흐르게 되면 빛을 발생시키는 반도체 소자로, p형 반도체와 n형 반도체가 접합된 구조를 가지고 있다. X에 전류가 흐르게 되면, p형 반도체 부분에 정공이 주입되고 n형 반도체 부분에 전자가 주입된다. 이때 p형 반도체와 n형 반도체의 접합 부분에서는 정공과 전자가 서로 만나 광자, 즉 빛이 발생한다. 그런데 X에 주입되는 모든 정공과 전자가 빛을 발생시키지는 않는다. 어떤 정공과 전자는 서로 만나지 못하기도 하고, 어떤 정공과 전자는 서로 만나더라도 빛을 발생시키지 못한다. 내부 양자효율은 주입된 정공−전자 쌍 중 광자로 변환된 것의 비율을 의미한다. 예를 들어, X에 정공−전자 100쌍이 주입되었을 때 이 소자 내부에서 60개의 광자가 발생하였다면, 내부 양자효율은 0.6으로 계산된다. 이는 X의 성능을 나타내는 중요한 지표 중 하나로, X의 불순물 함유율에 의해서만 결정되고, 불순물 함유율이 낮을수록 내부 양자효율은 높아진다.

X의 성능을 나타내는 또 하나의 지표로 외부 양자효율이 있다. 외부 양자효율은 X 내에서 발생한 광자가 X 외부로 방출되는 정도와 관련된 지표이다. X 내에서 발생한 광자가 X를 벗어나는 과정에서 일부는 반사되어 외부로 나가지 못한다. X 내에서 발생한 광자 중 X 외부로 벗어난 광자의 비율이 외부 양자효율로, 예를 들어 X 내에서 발생한 광자가 100개인데 40개의 광자만이 X 외부로 방출되었다면, 외부 양자효율은 0.4인 것이다. 외부 양자효율은 X의 굴절률에 의해서만 결정되며, 굴절률이 클수록 외부 양자효율은 낮아진다. 같은 개수의 정공−전자 쌍이 주입될 경우, X에서 방출되는 광자의 개수는 외부 양자효율과 내부 양자효율을 곱한 값이 클수록 많아진다.

한 연구자는 X의 세 종류 A, B, C에 대해 다음과 같은 실험을 수행하였다. A와 B의 굴절률은 서로 같았지만, 모두 C의 굴절률보다는 작았다.

〈실 험〉

같은 개수의 정공−전자 쌍이 주입되는 회로에 A, B, C를 각각 연결하고 방출되는 광자의 개수를 측정하였다. 실험 결과, 방출되는 광자의 개수는 A가 가장 많았고 B와 C는 같았다.

① 불순물 함유율은 B가 가장 높고, A가 가장 낮다.

② 불순물 함유율은 C가 가장 높고, A가 가장 낮다.

③ 내부 양자효율은 C가 가장 높고, A가 가장 낮다.

④ 내부 양자효율은 A가 B보다 높고, C가 B보다 높다.

⑤ 내부 양자효율은 C가 A보다 높고, C가 B보다 높다.

## 20 상중하

다음 글의 논증에 대한 평가로 적절한 것만을 〈보기〉에서 모두 고르면?

사람의 특징 중 하나는 옷을 입는다는 것이다. 그렇다면 사람은 언제부터 옷을 입기 시작했을까? 사람이 옷을 입기 시작한 시점을 추정하기 위해 몇몇 생물학자들은 사람에 기생하는 이에 주목하였다. 사람을 숙주로 삼아 기생하는 이에는 두 종이 있는데, 하나는 옷에서 살아가며 사람 몸에서 피를 빨아 먹는 '사람 몸니'이고 다른 하나는 사람 두피에서 피를 빨아 먹으며 사는 '사람 머릿니'이다.

사람 몸니가 의복류에 적응한 것을 볼 때, 그것들은 아마 사람이 옷을 입기 시작했던 무렵에 사람 머릿니에서 진화적으로 분기되었을 것이다. 생물의 DNA 염기서열은 시간이 지나면서 조금씩 무작위적으로 변하는데 특정한 서식 환경에서 특정한 염기서열이 선택되면서 해당 서식 환경에 적응한 새로운 종이 생겨난다. 그러므로 현재 사람 몸니와 사람 머릿니의 염기서열의 차이를 이용하여 두 종의 이가 공통 조상에서 분기된 시점을 추정할 수 있다. 이를 위해 우선 두 종의 염기서열을 분석하여 두 종 간의 염기서열에 차이가 나는 비율을 산출한다. 그러나 이것만으로 두 종이 언제 분기되었는지 결정할 수는 없다.

사람 몸니와 사람 머릿니의 분기 시점을 추정하기 위해 침팬지의 털에서 사는 침팬지 이와 사람 머릿니를 이용할 수 있다. 우선 침팬지 이와 사람 머릿니의 염기서열을 비교하여 두 종 간의 염기서열에 차이가 나는 비율을 산출한다. 침팬지와 사람이 공통 조상에서 분기되면서 침팬지 이와 사람 머릿니도 공통 조상에서 분기되었다고 볼 수 있고, 화석학적 증거에 따르면 침팬지와 사람의 분기 시점이 약 550만 년 전이므로, 침팬지 이와 사람 머릿니 사이의 염기서열 차이는 550만 년 동안 누적된 변화로 볼 수 있다. 이로부터 1만 년당 이의 염기서열이 얼마나 변화하는지 계산할 수 있다. 이렇게 계산된 이의 염기서열의 변화율을 사람 머릿니와 사람 몸니의 염기서열의 차이에 적용하면, 사람이 옷을 입기 시작한 시점을 설득력 있게 추정할 수 있다. 연구 결과, 사람이 옷을 입기 시작한 시점은 약 12만 년 전 이후인 것으로 추정된다.

┌ 보기 ┐
ㄱ. 염기서열의 변화가 일정한 속도로 축적되는 것이 사실이라면 이 논증은 강화된다.
ㄴ. 침팬지 이와 사람 머릿니의 염기서열의 차이가 사람 몸니와 사람 머릿니의 염기서열의 차이보다 작다면 이 논증은 약화된다.
ㄷ. 염기서열 비교를 통해 침팬지와 사람의 분기 시점이 침팬지 이와 사람 머릿니의 분기 시점보다 50만 년 뒤였음이 밝혀진다면, 이 논증은 약화된다.

① ㄴ            ② ㄷ
③ ㄱ, ㄴ        ④ ㄱ, ㄷ
⑤ ㄱ, ㄴ, ㄷ

## [21~22] 다음 글을 읽고 물음에 답하시오.

공리주의에 따르면, 행복은 쾌락의 총량에서 고통의 총량을 뺀 값으로 수치화하여 나타낼 수 있고, 어떤 행위에 대한 도덕적 판단은 그 행위가 산출하는 행복의 증감에 의존하고, 더 큰 행복을 낳는 선택을 하는 것이 옳은 행위이다.

공리주의자 A는 한 개체로 인한 행복의 증감을 다른 개체로 인한 행복의 증감으로 대체할 수 있다는 대체가능성 논제를 받아들여, 육식이 도덕적으로 옳은 행위가 될 수 있다고 주장한다. 예를 들어, 닭고기를 먹는 일은 닭에게 죽음을 발생시키지만, 더 많은 닭의 탄생에도 기여한다. 태어나는 닭의 수를 고려하면 육식을 위한 도축은 거기 연루된 고통까지 고려하더라도 닭 전체의 행복의 총량을 증진한다. 왜냐하면 한 동물이 일생 동안 누릴 쾌락의 총량은 고통의 총량보다 크기 때문이다.

공리주의자 B는 A의 주장이 틀렸다고 비판한다. A가 받아들이는 대체가능성 논제가 존재하지 않는 대상의 고통과 쾌락을 도덕적 판단의 근거로 삼기 때문이다.

이에 A는 두 여인의 임신에 관한 다음의 사고실험을 토대로 B의 주장을 반박한다. 갑은 임신 3개월 때 의사로부터 태아에게 심각하지만 쉽게 치유 가능한 건강 문제가 있다는 진단을 받았다. 갑이 부작용 없는 약 하나만 먹으면 아이의 건강 문제는 사라진다. 을은 의사로부터 만일 지금 임신하면 아이가 심각한 건강 문제를 갖게 되지만, 3개월 후에 임신하면 아무런 문제가 없을 것이라는 진단을 받았다. 이 상황에서 갑은 약을 먹지 않아서, 을은 기다리지 않고 임신해서 둘 다 심각한 건강 문제를 가진 아이를 낳았다고 하자. B의 주장에 따르면 둘 사이에는 중요한 차이가 있다. 갑의 경우에는 태어난 아이에게 해악을 끼쳤다고 할 수 있는 반면, 을의 경우는 그렇지 않다. 을이 태어난 아이에게 해악을 끼쳤다고 평가하려면 그 아이가 건강하게 태어날 수도 있었다는 전제가 필요한데, 만일 을이 3개월을 기다려 임신했다면 그 아이가 아닌 다른 아이가 잉태되었을 것이기 때문이다. 그러나 A에 따르면, 갑과 마찬가지로 을도 도덕적 잘못을 저질렀다는 것이 일반적인 직관이므로 이에 반하는 B의 주장은 수용하기 어렵다.

A는 B의 주장을 수용하기 어려운 이유를 미래세대에 대한 도덕적 책임 문제에서도 찾을 수 있다고 말한다. 만일 현세대가 지금과 같은 삶의 방식을 고수한다면, 온난화가 가속되어 지구 환경은 나빠질 것이다. 그 결과 미래세대의 고통이 증가되었다면 현세대는 이에 대한 도덕적 책임이 있다는 것이 일반적인 직관이다. 그러나 B의 주장에 따르면 그렇게 평가할 수 없다. 왜냐하면 현세대가 미래세대를 고려하여 기존과 다른 삶의 방식을 취하게 되면, 현세대가 기존 방식을 고수했을 때와는 다른 구성원으로 이루어진 미래세대가 생겨나기 때문이다. 그래서 을이 태어난 아이에게 잘못을 저질렀다고 말할 수 없는 것과 마찬가지로, 현세대도 미래세대가 겪는 고통에 대해 도덕적 책임이 없다고 말해야 한다. 그러나 A가 보기에 ㉠이는 수용하기 어렵다.

# 21

위 글에 대한 분석으로 적절한 것만을 〈보기〉에서 모두 고르면?

┤ 보기 ├
ㄱ. A의 주장에 따르면, 을의 행위는 도덕적으로 옳은 행위가 아니다.
ㄴ. 갑의 행위에 대한 B의 도덕적 평가는 대체가능성 논제의 수용 여부에 따라 달라지지 않는다.
ㄷ. B의 주장에 따르면, 을의 행위에 대한 도덕적 평가를 할 때 잉태되지 않은 존재의 쾌락이나 고통을 고려해서는 안 된다.

① ㄱ　　　　② ㄷ
③ ㄱ, ㄴ　　④ ㄴ, ㄷ
⑤ ㄱ, ㄴ, ㄷ

# 22

위 글의 ㉠에 대한 평가로 적절한 것만을 〈보기〉에서 모두 고르면?

┤ 보기 ├
ㄱ. 미래세대 구성원이 달라질 경우 미래세대가 누릴 행복의 총량이 변한다면, ㉠은 약화되지 않는다.
ㄴ. 아직 현실에 존재하지 않는다는 이유로 미래세대를 도덕적 고려에서 배제하는 것이 불합리하다면, ㉠은 약화된다.
ㄷ. 일반적인 직관에 반하는 결론이 도출된다고 해도 그러한 직관이 옳은지의 여부가 별도로 평가되어야 한다면, ㉠은 약화된다.

① ㄱ　　　　② ㄴ
③ ㄱ, ㄷ　　④ ㄴ, ㄷ
⑤ ㄱ, ㄴ, ㄷ

# 23

다음 글의 〈표〉에 대한 판단으로 적절한 것만을 〈보기〉에서 모두 고르면?

주무관 갑은 국민이 '적극행정 국민신청'을 하는 경우, '적극행정 국민신청제'의 두 기준을 충족하는지 검토한다. 이때 두 기준을 모두 충족한 신청안에만 적극행정 담당자를 배정하고, 두 기준 중 하나라도 충족하지 못한 신청안은 반려한다.

우선 신청안에 대해 '신청인이 같은 내용으로 민원이나 국민제안을 제출한 적이 있는지 여부'를 기준으로 하여 '제출한 적 있음'과 '제출한 적 없음'을 판단한다. 그리고 '신청인이 이전에 제출한 민원의 거부 또는 국민제안의 불채택 사유가 근거 법령의 미비나 불명확에 해당하는지 여부'를 기준으로 '해당함'과 '해당하지 않음'을 판단한다. 각각의 기준에서 '제출한 적 있음'과 '해당함'을 충족하는 신청안에만 적극행정 담당자가 배정된다.

최근에 접수된 안건 (가)는 신청인이 같은 내용의 민원을 제출한 적이 있으나, 근거 법령의 미비나 불명확 때문이 아니라 민원의 내용이 사인(私人) 간의 권리관계에 관한 것이어서 거부되었다. (나)는 신청인이 같은 내용의 국민제안을 제출한 적이 있으나, 근거 법령이 불명확하다는 이유로 불채택되었다. (다)는 신청인이 같은 내용으로 민원을 제출한 적이 있으나 근거 법령의 미비를 이유로 거부되었다. (라)는 신청인이 같은 내용으로 민원이나 국민제안을 제출한 적이 없었다.

접수된 안건 (가) ~ (라)에 대해 두 기준 및 그것의 충족 여부를 위의 내용을 바탕으로 다음과 같은 형식의 〈표〉로 나타내었다.

〈표〉 적극행정 국민신청안 처리 현황

| 안건<br>기준 | (가) | (나) | (다) | (라) |
|---|---|---|---|---|
| A | ㉠ | ㉡ | ㉢ | ㉣ |
| B | ㉤ | ㉥ | ㉦ | ㉧ |

┤ 보기 ├
ㄱ. A에 '신청인이 같은 내용의 민원이나 국민제안을 제출한 적이 있는지 여부'가 들어가면 ㉠과 ㉡이 같다.
ㄴ. ㉠과 ㉢이 서로 다르다면, B에 '신청인이 이전에 제출한 민원의 거부 또는 국민제안의 불채택 사유가 근거 법령의 미비나 불명확에 해당하는지 여부'가 들어간다.
ㄷ. ㉤과 ㉥이 같다면 ㉦과 ㉧이 같다.

① ㄱ　　　　② ㄴ　　　　③ ㄱ, ㄷ
④ ㄴ, ㄷ　　⑤ ㄱ, ㄴ, ㄷ

## 24 상중하

**다음 대화의 빈칸에 들어갈 말로 가장 적절한 것은?**

갑: 안녕하세요. 저는 A도의회 사무처에 근무하는 ○○○입니다. 「재난안전법」 제25조의2 제5항에 따라, 재난 상황에 대비하여 기능연속성계획을 수립해야 한다는 말씀을 듣고 문의드립니다. A도의회도 기능연속성계획을 수립해야 하는지, 만일 수립해야 한다면 그 업무는 A도의회 의장의 업무인지 궁금합니다.

을: 「재난안전법」상 기능연속성계획을 수립하도록 규정된 기관에는 재난관리책임기관인 중앙행정기관·지방자치단체, 그리고 국회·법원·헌법재판소·중앙선거관리위원회가 있습니다. 재난관리책임기관에서는 해당 기관의 장인 장관이나 시·도지사가, 국회·법원·헌법재판소·중앙선거관리위원회에서는 해당 기관의 행정사무를 처리하는 조직의 장이 기능연속성계획을 수립해야 합니다.

갑: 그러면 도의회는 성격상 유사한 의결기관인 국회의 경우에 준하여 도의회 사무처장이 기능연속성계획을 수립하면 될까요?

을: 도의회가 국회와 같은 의결기관이기는 하지만 국회에 준하여 판단해서는 안 됩니다. 「재난안전법」은 재난관리책임기관을 제3조제5호의 각 목에서 규정하고 있습니다. 가목에서는 중앙행정기관 및 지방자치단체를, 그리고 나목에서는 지방행정기관·공공기관·공공단체 및 재난관리의 대상이 되는 중요 시설의 관리기관 등으로서 대통령령으로 정하는 기관을 규정하고 있습니다. 그리고 「지방자치법」 제37조에 따르면 "지방자치단체에 주민의 대의기관인 의회를 둔다."라고 규정하여 도의회는 지방자치단체의 기관이기 때문에 도의회는 그 자체로 「재난안전법」에 명시된 재난관리책임기관이 아닙니다.

갑: 그렇다면 도의회에 관한 기능연속성계획은 수립되지 않아도 되는 것인가요?

을: 재난 발생 상황에서도 도의회가 연속성 있게 수행할 필요가 있는 핵심 기능이 있다고 판단되는지가 관건이겠습니다. 「재난안전법」상 그것을 판단할 권한은 해당 지방자치단체의 장에게 있습니다.

갑: 예, 그러면 [＿＿＿＿＿＿＿＿＿＿].

① 재난 상황이 발생하면 A도의회의 핵심 기능 유지를 위해 A도지사의 판단을 거쳐 신속하게 기능연속성계획을 수립해야 하겠군요

② A도의회는 재난 발생 시에도 수행해야 할 핵심 기능이 있기에 자체적으로 기능연속성계획을 수립해야 하겠군요

③ A도의회는 재난관리책임기관이므로 A도의회 의장이 재난에 대비한 기능연속성계획을 수립해야 하겠군요

④ A도의회는 국회 같은 차원의 의결기능을 갖고 있지 않으므로 기능연속성계획을 수립할 일이 없겠군요

⑤ A도의회에 관한 기능연속성계획이 수립되어야 하는지 여부는 A도지사의 판단에 따라 결정되겠군요

## 25 상⊙⊙

**다음 글의 ㉠의 내용으로 적절한 것만을 〈보기〉에서 모두 고르면?**

A시에 주민등록을 두고 거주하는 갑은 B시 관내에 있는 고등학교에, B시에 주민등록을 두고 거주하는 을은 A시 관내에 있는 고등학교에 신입생으로 입학하게 되었다. 갑과 을이 입학할 예정인 고등학교는 모두 교복을 입는 학교이다. 갑과 을은 A시와 B시에서 교복 구입비 지원사업을 시행하는 것을 확인하고, 교복 구입비 지원을 받을 수 있을 것으로 기대하였다. 그러나 확인 결과, 둘 중 한 명은 A시와 B시 어느 곳에서도 교복 구입비 지원을 받을 수 없다는 문제가 드러났다. A시와 B시는 ㉠이 학생의 문제를 해결하기 위해 조례의 일부를 개정하려 한다.

┌─────────────────────────────────┐
**「A시 교복 지원 조례」**

제2조(정의) 이 조례에서 사용하는 용어의 뜻은 다음과 같다.
 1. "학교"란 「초·중등교육법」 제2조에 따른 학교 중 A시 관내 중·고등학교를 말한다.
제4조(지원대상) 교복 구입비 지원 대상은 다음 각 호의 어느 하나에 해당하는 사람으로 한다.
 1. 교복을 입는 학교에 신입생으로 입학하는 1학년 학생
 2. 다른 시·도 또는 국외에서 제1호의 학교로 전입학하거나 편입학한 학생
└─────────────────────────────────┘

┌─────────────────────────────────┐
**「B시 교복 지원 조례」**

제2조(정의) 이 조례에서 사용하는 용어의 정의는 다음과 같다.
 1 "학교"란 「초·중등교육법」 제2조 규정에 해당하는 학교를 말한다.
제4조(지원대상) ① 교복 구입비 지원 대상은 B시에 주민등록이 되어 있고, 중·고등학교에 입학하는 학생을 대상으로 한다.
 ② 제1항에 따른 입학생은 당해년도 신입생으로 한다.
└─────────────────────────────────┘

┤ 보기 ├

ㄱ. 「A시 교복 지원 조례」 제2조 제1호의 '학교 중 A시 관내 중·고등학교'를 '학교'로, 제4조 제1호의 '교복을 입는 학교에 신입생으로 입학하는 1학년 학생'을 'A시에 주민등록이 되어 있고, 교복을 입는 A시 관내 학교에 입학하는 신입생'으로 개정한다.

ㄴ. 「A시 교복 지원 조례」 제4조 제1호의 '교복을 입는 학교에 신입생으로 입학하는 1학년 학생'을 'A시에 주민등록이 되어 있고, 교복을 입는 학교에 신입생으로 입학하는 1학년 학생'으로 개정한다.

ㄷ. 「B시 교복 지원 조례」 제4조 제1항의 'B시에 주민등록이 되어 있고, 중·고등학교에 입학하는 학생'을 'B시 관내 중·고등학교에 입학하는 학생'으로 개정한다.

① ㄱ
② ㄷ
③ ㄱ, ㄴ
④ ㄴ, ㄷ
⑤ ㄱ, ㄴ, ㄷ

# 02 2023년 5급

| 시간 | 소요시간 | 배점 | 점수 |
|---|---|---|---|
| 90분 | ___분 / 90분 | 100점(문항당 2.5점) | ___점 / 100점 |

## 01 상 중 하

**다음 글의 내용과 부합하는 것은?**

> 고려는 건국 직후, 송에 사신을 보내 우호 관계를 맺었다. 그러나 거란이 요를 세우고 송을 압박할 정도로 힘이 세지자 고려와 송 관계에 변화가 나타났다. 고려는 귀주대첩에서 요를 물리친 바 있지만, 날로 강해지는 요를 중시해야 한다는 판단에서 송과 관계를 끊고 요와 우호 관계를 맺었다. 이후 송의 신종은 요가 차지한 연운 16주 등을 되찾기 위해 요를 공격하려 했으며, 그에 필요한 물자를 고려에서 지원받고자 했다. 이에 신종은 고려에 사신을 보내 관계를 복원하자고 제안했다. 당시 고려 왕이었던 문종은 송의 문물에 관심이 컸기 때문에 그 기회를 이용해 송으로부터 다양한 문물을 들여와야겠다고 생각하고, 신종의 제안을 받아들였다.
>
> 고려가 관계를 회복하자는 요청에 응하자 신종은 기뻐하였다. 그는 고려 사신이 올 때마다 거액을 들여 환영회를 열고, 고려의 요청을 수용하여 유학생을 받아들였다. 이후 신종은 요를 공격할 때 필요한 물자를 보내 달라고 몇 차례 부탁했다. 하지만 고려는 송에서 서적 등을 들여오는 데에만 관심을 보일 뿐 물자를 보내 달라는 신종의 부탁을 받아들이지는 않았다.
>
> 이후 여진이 금을 세우고 요를 멸망시키는 일이 벌어졌다. 당시 송 휘종은 금을 도와 요를 없애는 데 일조했다. 그러나 금은 요를 없앤 후에 송까지 공격해 휘종을 잡아갔다. 분노한 송은 고려에 함께 금을 정벌하자고 제안했다. 이때 고려의 대신 김부식은 "휘종이 잡혀가던 해에 나는 사신으로 송에 가서 금 군대의 위력을 봤다."라고 하면서 송의 요청을 받아들여서는 안 된다고 했으며, 국왕 인종도 그에 동의했다. 이후에도 송은 "묘청의 난을 진압하는 데 필요한 군대를 보내주겠으니 그 대가로 고려를 거쳐 금을 공격하게 해 달라."라고 요청했다. 이에 인종은 "당신들이 고려를 통해 금을 공격하면 그들도 고려로 밀고 들어올 것이다. 그렇게 되면 귀국은 북쪽에서 밀려오는 금의 육군도 상대하고, 고려를 거쳐 귀국을 공격하는 금의 수군도 상대해야 하는 상황에 빠질 수 있다."라며 거절했다. 이 말에 실망한 송은 1160년대부터 사신의 규모와 횟수를 줄이더니 1170년대 이후 사신을 보내지 않았다.

① 김부식은 금을 함께 공격하자는 송의 요청을 받아들여서는 안 된다고 하였다.

② 고려 인종은 묘청의 난을 진압하기 위하여 금에 군대를 파견해 달라고 요청하였다.

③ 요는 귀주대첩을 계기로 고려와 외교 관계를 끊고 송에 사신을 파견하기 시작하였다.

④ 송은 요를 공격하기 위해 고려에 군대를 보내 함선을 건조하기 위한 준비 작업에 들어갔다.

⑤ 송 신종은 요를 함께 쳐들어가자는 자신의 제안을 고려가 거부한 데 분노해 고려와의 외교 관계를 끊었다.

## 02 상 중 하

**다음 글의 내용과 부합하는 것은?**

> 세조 13년 명 사신이 왔을 때, 세조는 건강이 나빠져 사신을 맞이할 수 없었다. 이에 세조는 승정원에 사신을 성심껏 접대하라고 당부하고 신숙주, 한명회, 구치관에게 승정원에 나가 사신을 제대로 접대하는지 감독하라고 명하였다. 신숙주 등은 이를 계기로 승정원에 상주하게 되었는데, 당시 사람들은 이들을 승정원에 상주하는 재상이라는 의미의 '원상'이라 불렀다. 원상들은 세조가 계유정난을 일으켜 김종서 등을 제거하고 권력을 잡을 때 앞장섰던 사람들로서 의정부의 대신으로 있었다. 이들은 명 사신이 돌아간 뒤에도 여전히 의정부에는 출근하지 않고 매일 승정원에 나갔으며, 그곳에서 왕 대신 국정에 관한 결정을 내리고 관리들이 그 결정을 집행하는지 감독하는 일을 했다.
>
> 세조의 뒤를 이은 예종 때 원상들은 6조의 판서도 겸임하였다. 당시 6조 관원들은 매일 승정원에 가서 원상에게 업무 보고를 올려야 했다. 원상들은 그 보고를 들은 뒤 왕 대신 국정에 관한 결정을 내리고 관원들이 그것을 집행하는지 감독했으며, 왕에게는 자신들이 어떤 결정을 내렸는지 사후에 보고하는 형식을 취하였다. 사실 이들은 예종의 후임을 결정할 때에도 중요한 역할을 하였다. 예종이 사망하던 날 세조의 비 정희왕후 윤씨는 예종의 아들이 유아에 불과하다면서 걱정했는데, 원상들은 이 말을 듣고 그보다 나이가 많은 예종의 조카 자을산군을 왕으로 추대하는 데 합의하였다. 이 결정에 따라 자을산군이 즉위했는데, 그가 바로 성종이다. 정

희왕후는 당시 13세에 불과했던 성종을 대신해 수렴청정을 시작했다. 원상들은 그 수렴청정 기간 내내 예종 때처럼 국정을 처리하고 정희왕후에게는 사후에 찾아가 보고하였다.

이처럼 원상들이 국정을 좌우하자, 국정에 대한 감찰 업무를 맡은 사헌부와 사간원 관료들의 불만이 커졌다. 이들은 원상들이 자기 이해관계에 따라 국정을 처리하고 있다고 비판했다. 이런 비판에 앞장섰던 박시형은 성종 3년에 상소를 올려 원상들이 승정원에서 국정을 보는 관행을 중단해달라고 요청했다. 당시 그의 주청은 받아들여지지 않았지만, 성종 7년 정희왕후가 수렴청정을 그만두자 성종은 원상들이 승정원에 나가 국정을 결정하던 관행을 없앴다.

① 박시형은 승정원을 없애고 의정부를 조정의 최고 관서로 승격시키자고 하였다.
② 정희왕후가 수렴청정할 때 원상들은 승정원에서 국정에 관한 결정을 내리는 일을 하였다.
③ 신숙주는 예종의 아들이 지나치게 어리다는 이유를 내세워 자을산군의 즉위에 반대하였다.
④ 세조는 신숙주, 한명회, 구치관을 원상으로 삼으려는 데 반대하는 김종서를 관직에서 내쫓았다.
⑤ 성종은 원상이 명 사신을 접대하는 임무까지 맡아서는 안 되며 오직 승정원을 감독하는 데 머물러야 한다고 말하였다.

## 03 상중하

### 다음 글에서 알 수 있는 것은?

독일에서 인쇄소를 운영하던 구텐베르크가 금속활자를 발명한 후 민간의 인쇄업자들은 그 기술을 적극 수용했다. 그리하여 구텐베르크의 금속활자가 발명된 이래 약 50년 동안 많게는 1,000개 가까운 인쇄소가 유럽에서 생겨났다. 구텐베르크의 금속활자 발명에는 상업적 동기가 작용했다. 당시 독일에는 라틴어 문법 서적 등 인쇄물에 대한 대중의 수요가 많았는데, 기존의 목판 인쇄는 생산 비용이 너무 높아서 그 수요를 감당하기 어려웠다. 구텐베르크가 금속활자를 발명함으로써 인쇄물의 생산 가격이 낮아지자 다수의 민간업자들은 이 새로운 기술을 활발하게 받아들였다. 그 결과 지식의 독점을 막고 독서 인구를 증가시키는 데 크게 기여했다.

그러나 조선의 경우는 이와 달랐다. 조선 전기에 금속활자로 인쇄를 할 수 있었던 곳은 국가기관인 주자소와 교서관에 불과했다. 조선 후기에도 사정은 크게 달라지지 않았는데, 민간에서 주조한 금속활자가 몇 종 있긴 했지만 극소수 양반가의 소유였을 뿐이었다. 구텐베르크의 금속활자와는 달리, 조선에서 금속활자는 민간에서 거의 수용되지 않았던 것이다. 그 까닭은 무엇인가?

가장 본질적인 요인은 표의문자와 표음문자라는 문자 유형의 차이이다. 조선시대에 금속활자로 인쇄한 것은 대부분 한자로 쓰인 책이었는데, 이를 인쇄하자면 한자 수만큼이나 많은 활자가 필요했다. 실제 조선의 금속활자는 한 번에 주조할 때마다 10만 자를 넘기기 일쑤였다. 조선 전기에 주조된 계미자는 10만 자, 갑인자는 20만 자, 갑진자는 30만 자였으며, 조선 후기에 주조된 오주갑인자와 육주갑인자 역시 각각 15만 자씩이었다. 이에 비해 라틴 자모의 경우 대문자와 소문자를 모두 감안하더라도 수백 자를 넘지 않으므로, 필요한 활자의 수가 절대적으로 적었다. 따라서 민간에서 부담 없이 주조할 수 있었다.

① 조선시대 금속활자는 민간에서 주조되지 않았다.
② 구텐베르크의 금속활자는 조선의 금속활자보다 생산 비용이 더 높았다.
③ 조선시대 금속활자는 시대가 흐를수록 한 번에 주조하는 글자 수가 증가하였다.
④ 구텐베르크의 금속활자와 조선의 금속활자는 모두 지식의 독점을 막고 독서 인구를 증가시키는 결과를 낳았다.
⑤ 활자로 만들어야 할 문자의 유형 차이로 구텐베르크의 금속활자와 조선의 금속활자는 민간의 수용 정도에 있어 차이가 있었다.

## 04 상중하

다음 글에서 알 수 있는 것은?

서유럽에서 중세와 르네상스기에 가장 중요한 어휘적 원천이었던 언어는 라틴어이다. 그 당시에 라틴어는 더 이상 어느 나라에서도 모어로 사용하지 않았지만, 과거 영화로웠던 로마 문명의 후광 속에서 로마가톨릭교회의 행정 및 예배의 언어로서 위신을 전혀 잃지 않고 있었다. 어휘에서도 라틴어의 영향은 여전히 강력했다. 라틴어에서 발달한 로맨스어의 일종인 프랑스어는 이미 라틴어에서 온 어휘를 사용하고 있었는데, 학술적 어휘에서는 당시 사용하던 것보다 더 고형의 라틴어를 다시 차용하기도 하였다.

막강한 제국이었던 로마의 언어가 차용되는 것을 보고, 어휘차용을 일으킨 원인이 꼭 정치적 힘 때문이라고 생각해서는 안 된다. 예를 들어 로마인들은 그리스를 군사적으로 몇 세기 동안 지배하다가 결국에는 합병했는데도 그리스의 문학, 음악, 미술에 계속 압도당해 이 분야의 많은 용어를 그리스어에서 차용하였다. 더 극적인 사례는 바이킹의 경우이다. 현재의 노르망디 지방을 911년에 무력으로 차지한 이 용맹한 전사들은 새 정착지에 매료되어 새로운 분야의 어휘 중 일부만 차용한 것이 아니라 언어 전체를 차용하고 말았다. 그래서 그로부터 155년 후에 그들의 후손이 잉글랜드 연안을 공격할 때에는 고대 노스어가 아닌 고대 프랑스어로 군가를 불렀다.

언어와 문화가 존중받아 어휘의 차용이 일어나기도 하지만 다른 경우도 있다. 새로운 개념이 등장했으나 해당 언어에서 이를 일컫는 어휘가 없을 경우, 즉 '어휘빈칸'이 생겼을 때 이를 보충하는 편리한 수단으로 차용이 일어나기도 한다. 이 경우에 차용되는 어휘는 해당 개념의 발명자의 언어에서가 아니라 그 개념을 소개한 집단의 언어에서 차용될 때가 많다. 예를 들어 기독교 교회의 신학과 예배 의식 관련 개념들은 애초에 아람어, 히브리어, 그리스어 사용자들이 발명한 것이다. 그런데 서유럽에 이 개념들을 소개하고 전파한 자들은 라틴어 사용자였으며, 기독교 교회와 관련된 아주 많은 서유럽어들의 어휘들이 라틴어에 기원을 두게 되었다.

① 그리스가 문화적으로 로마제국을 압도하여 결국 정치적으로 살아남았다.
② 차용하려는 언어에 대한 존중의 의미를 담기 위해 어휘빈칸을 채우게 된다.
③ 라틴어 사용자들이 기독교 교회의 신학과 예배 의식에 관련된 개념들을 서유럽에 퍼뜨렸다.
④ 바이킹이 프랑스 문화에 매료되어 특히 음악 분야의 어휘를 프랑스어에서 많이 차용하였다.
⑤ 프랑스가 르네상스기 이후에 새롭게 채택한 학술적 어휘들은 대부분 당시 유행하던 라틴어 어휘에 기반하였다.

## 05 상중하

다음 글에서 알 수 있는 것은?

예로부터 진실을 부정하는 사람들은 자신이 믿고 싶지 않은 사실에는 지나치게 높은 검증 기준을 들이대는 반면, 자기 의견에 부합하는 것에는 검증 기준을 낮추거나 덮어두고 맹신한다. 그 결과는 일부 사실들이 은폐되는 것으로 끝나지 않는다. 신뢰할 수 있는 방식으로 사실을 수집하고 활용하여 세계에 대한 믿음을 구축하는 과정 자체가 변질된다. 또한, 어떤 사실들은 개인의 감정과 무관하게 참이며 그런 사실들을 찾으려고 노력할 때 우리 모두에게 이익이 된다는 건전한 사고방식이 위협받는다. 진실이 위협받는 위기는 과거에도 늘 있어 왔지만 진실이 밝혀지면 위기는 대부분 해소되었다. 반면 오늘날에는 많은 사람이 거리낌 없이 현실을 왜곡해 자기 생각에 꿰맞추려 하며, 그러한 현상은 광범위하게 나타난다.

최근 유럽에서 '올해의 단어'로 선정된 이른바 '탈진실'은 객관적 사실보다 개인의 신념과 감정에 호소하는 것이 여론 형성에 더 큰 영향을 발휘하는 현상을 의미한다. 대표적 사례로 2016년 영국의 유럽연합 탈퇴 국민투표와 미국의 대선을 들 수 있다. 국가 차원의 중요한 결정을 숙의하는 과정에서 사실이 아닌 터무니없는 주장들이 난무하고 여론 형성에 크게 영향을 미쳤다. 이 같은 탈진실 현상은 어떤 사실이든 마음대로 선별하고 수정할 수 있다는 신념으로 이어져 정치 전략으로 악용되고 있다는 점에서 문제의 심각성이 크다.

탈진실 현상의 발생 원인으로 공적 기관과 전통 미디어에 대한 불신, 정치적 양극화와 포퓰리즘 등 다양한 것들이 언급된다. 이 같은 외부적 요인도 있겠지만 인간 내부에서도 그 요인을 찾아볼 수 있다. 명백한 사실이나 쉽게 확인할 수 있는 사실에 아무 이유 없이 이의를 제기하는 사람은 거의 없다. 이의를 제기하는 이들은 자신이 얻을 수 있는 이익이 있기 때문이다. 불편한 진실 때문에 자신의 감정이 불쾌해지거나 신념을 포기하느니 차라리 진실을 외면하거나 왜곡하는 쪽을 택하는 것이다. 이는 의식 차원에서도 일어나지만 무의식 차원에서도 일어난다.

① 우리의 감정과 무관하게 참인 것은 우리에게 이익이 되지 않는다.
② 탈진실 현상의 발생 원인에는 정치적 요인뿐 아니라 심리적 요인도 있다.
③ 진실을 부정하는 사람은 사실을 검증할 때마다 동일한 검증 기준을 제시한다.
④ 2016년 이후 서구 사회에서 탈진실 현상이 처음 발생하였고 이후 전세계적으로 보편화되었다.
⑤ 신념을 포기하지 않고 진실을 외면하는 것은 무의식 차원에서가 아니라 의식 차원에서 일어난다.

## 06 상중하

**다음 글에서 알 수 없는 것은?**

1982년에 오스트레일리아의 워렌과 마셜 연구팀은 사람의 위장에서 서식하는 세균을 배양하려 시도하였지만 실패를 거듭했다. 그들은 '캠필로박터' 세균을 배양할 때처럼 산소와 이산화탄소를 저농도로 유지하면서 까다로운 조건으로 영양분을 공급하는 특수한 배양법을 채택하고 있었다. 마셜의 조수는 휴가를 보내느라 보통 이틀 정도로 끝내던 배양을 5일 동안 지속하게 되었다. 휴가가 끝났을 때 연구팀은 배양지에 세균의 군집이 형성된 것을 발견하게 되었다. 1987년에 연구팀은 광학 현미경으로 관찰된 형태와 대기 중 산소 농도보다 낮은 산소 농도에서 자라는 특성을 근거로 이 균을 캠필로박터 속에 속한다고 판단하여 이 균을 '캠필로박터 파일로리'라고 명명하였다. 그러나 그 후, 전자현미경에 의해 이 균의 미세 구조가 캠필로박터와 차이가 있음이 관찰되었고, 1989년에는 유전자 분석에 따라 이 균이 캠필로박터와 다른 집단임이 판명되었다. 이에 따라 헬리코박터 속이 신설되고 균의 명칭이 '헬리코박터 파일로리'로 변경되었다.

마셜은 강한 산성 환경인 인간의 위장 속에서 살 수 있는 이 세균에 의해 대부분의 위장 질환이 발생한다는 내용의 가설을 담은 논문을 발표했다. 하지만, "어떤 세균도 위산을 오래 견뎌내지 못한다."라는 학설과 "스트레스나 자극적인 식품을 자주 섭취하는 식습관이 위궤양과 위염을 일으킨다."라는 학설 때문에 이 가설은 쉽게 받아들여지지 않았다. 결국 마셜은 시험관에 배양한 균을 스스로 마셔서 위궤양을 만들어냈고, 그 위궤양을 항생제로 치료하는 데 성공했다. 그제야 학계는 마셜의 가설을 받아들였고, 미국의 국립 보건원은 위궤양의 대부분이 헬리코박터 파일로리에 의한 것이므로 항생제를 처방할 것을 권고하는 의견서를 발표하였다. 오늘날 헬리코박터 파일로리는 세계에서 가장 흔한 만성적인 감염의 원인균으로 알려지게 되었고, 위암의 원인균으로도 인정받았다. 2005년 워렌과 마셜은 이 발견으로 노벨 생리의학상을 수상했다.

① 마셜의 실험은 위궤양과 위염이 스트레스나 자극적인 식품을 자주 섭취하는 식습관에 의해 생길 수 없음을 보여주었다.
② 마셜의 연구팀은 어떤 세균도 위산을 오래 견뎌내지 못한다는 학설이 틀렸음을 증명하였다.
③ 헬리코박터 파일로리는 캠필로박터처럼 저농도의 산소에서 자라는 특성을 갖는다.
④ 헬리코박터 파일로리의 감염은 위암을 일으킬 수 있다는 것이 인정되었다.
⑤ 헬리코박터 파일로리는 캠필로박터와 다른 별개의 속에 속한다.

## 07 상중하

**다음 글에서 알 수 없는 것은?**

몬테카를로 방법은 무작위 추출된 난수를 이용하여 함수의 값을 추정하는 통계학적 방법으로, 물리학과 공학 등의 분야에서 수치 적분이나 최적화 문제 등을 해결하는 데 많이 쓰인다.

원의 넓이를 구하는 문제를 통해 몬테카를로 방법이 어떻게 적용되는지 알아보자. 종이에 한 변의 길이가 2인 정사각형을 그리고 그 안에 반지름이 1인 원을 그렸다고 하자. 다트를 무작위로 계속 던진다면, 원의 넓이는 $\pi$이고 정사각형의 넓이는 4이므로 우리가 그린 정사각형 안에 맞은 다트 중 원의 내부에 존재하는 다트의 상대 빈도는 $\pi/4$일 것이다. 따라서 정사각형 안에 있는 다트와 원 안에 있는 다트의 숫자를 비교한다면, 원의 넓이를 대략적으로 구할 수 있다.

이때 던진 다트의 수가 적다면 실제 원의 넓이와 이 방법으로 얻은 원의 넓이 사이에는 큰 차이가 있겠지만, 더 많은 다트를 던질수록 그 차이는 줄어들 것이다. 이런 식으로 무한히 많은 다트를 던진다면, 최종적으로는 올바른 원의 넓이를 알 수 있을 것이다. 그러나 무한히 많은 다트를 던질 수는 없으므로, 현실적으로는 오차가 일정 수준 이하가 될 때까지 다트를 던지고, 이때 원 내부에 있는 다트의 상대 빈도를 계산함으로써 원의 넓이를 적당한 오차 범위 내에서 추정한다. 해석학적으로 적분하기 극히 어려운 복잡한 도형의 넓이 산출 등에 이러한 추정 방법이 많이 사용된다.

몬테카를로 방법을 적용한 유명한 사례는 미국의 원자폭탄 개발 계획인 맨해튼 프로젝트로, 몬테카를로 방법이라는 이름이 명명된 계기이기도 했다. 핵분열 중 중성자가 원자핵과 충돌하는 과정을 이해하기 위해 사용된 새로운 수학적 방법을 카지노로 유명한 휴양지, 몬테카를로의 이름을 따서 명명한 것이다. 핵분열 과정에서 우라늄 원자핵에 중성자가 충돌하면, 이를 통해 2~3개의 중성자가 방출되고 이 중성자들이 또 다른 원자핵에 충돌하는 연쇄반응이 이어지는데, 이때 중성자의 경로는 매우 복잡해 예측하기 어렵다. 바로 이렇게 복잡한 경로를 추정하고 반응의 결과를 예측하는 데 몬테카를로 방법이 사용된 것이다.

① 핵분열에서 중성자의 경로를 추정하는 데 몬테카를로 방법이 사용되었다.
② 몬테카를로 방법은 무작위 추출된 난수를 이용하여 문제의 답을 찾는 방법이다.
③ 단순한 모양의 도형의 넓이를 추정할 때는 몬테카를로 방법을 적용할 수 없다.
④ 해석학적으로 적분을 통해 넓이를 계산하기 어려운 모양을 가진 도형의 넓이는 몬테카를로 방법으로 추정할 수 있다.
⑤ 몬테카를로 방법으로 원의 넓이를 추정할 경우, 무작위 시행 횟수가 늘어날수록 찾아낸 값이 정답에 가까워지는 경향이 있다.

# 08 상 중 하

**다음 글의 (가) ~ (다)에 들어갈 말을 적절하게 나열한 것은?**

모든 물질은 원자로 구성되어 있다. 원자의 중심에는 양전하를 띠는 핵이, 핵 주변에는 음전하를 띠는 전자가 있다. 전자는 핵과 전자 사이에 작용하는 전자기적 인력 때문에 핵의 주변에 머물러 있게 된다.

원자 궤도상의 전자의 퍼텐셜 에너지 크기는 상황에 따라 다르다. 여기서 에너지란 어떤 일을 함으로써 변화를 유발할 수 있는 능력이며, 한 물체의 '퍼텐셜 에너지'는 그 물체의 상대적 위치 등에 의해 달라지는 힘과 관련된 에너지이다. 예를 들어 댐에 물이 가득 차 있다고 하자. 댐의 수문을 열면 물이 배출되고, 이 물은 중력에 의해 아래로 흐른다. 이렇게 물이 지구 중심 방향으로 이동하는 과정에서 수문을 열기 전 물의 퍼텐셜 에너지 중 일부는 운동 에너지 등 다른 에너지로 바뀐다. 따라서 댐에 저장된 물은 댐 아래의 물보다 더 [ (가) ] 퍼텐셜 에너지를 갖는다.

원자 궤도상의 전자도 핵으로부터 떨어진 거리에 따라 다양한 크기의 퍼텐셜 에너지를 갖는다. 지구상의 물체들을 중력이 붙잡고 있는 것처럼 음전하를 띠는 전자들은 전자기적 인력에 의해 양전하를 띠는 핵에 붙잡혀 있다. 댐 아래의 물을 댐 위로 퍼올리려면 물에 에너지를 투입해야 하는 것처럼 전자를 핵으로부터 멀리 이동시키기 위해서는 전자가 에너지를 [ (나) ] 한다. 따라서 전자가 핵으로부터 멀수록 전자의 퍼텐셜 에너지는 더 크다.

물의 퍼텐셜 에너지 변화는 연속적이다. 전자의 경우는 어떨까? 전자의 퍼텐셜 에너지 크기는 공이 놓인 계단에 비유할 수 있다. 각 계단은 저마다 불연속적이고 정해진 퍼텐셜 에너지 수준을 가지고 있고, 공은 각 계단에 놓일 뿐 계단 사이에 놓이지 않는다. 따라서 공이 어느 계단에 있느냐에 따라 공은 다른 크기의 퍼텐셜 에너지를 가진다. 유사하게 핵과 전자 사이의 거리가 변할 때, 전자의 퍼텐셜 에너지 크기 변화는 [ (다) ]. 각 퍼텐셜 에너지 크기 사이의 중간 에너지를 갖는 경우는 없다는 것이다.

| | (가) | (나) | (다) |
|---|---|---|---|
| ① | 작은 | 잃어야 | 연속적이다 |
| ② | 작은 | 얻어야 | 불연속적이다 |
| ③ | 큰 | 잃어야 | 연속적이다 |
| ④ | 큰 | 얻어야 | 불연속적이다 |
| ⑤ | 큰 | 잃어야 | 불연속적이다 |

# 09 상 중 하

**다음 글의 (가) ~ (라)에 들어갈 말을 적절하게 나열한 것은?**

영화는 이미지와 사운드를 결합하여 의미와 감동을 만들어낸다. 이미지와 사운드의 결합은 대개 다음과 같이 구분된다. 먼저, 사운드가 발생한 원천을 화면을 통해 확인할 수 있는 것을 '인(in) 음향'이라고 한다. 예를 들어, 화면에 배우가 보이면서 그의 대사가 동시에 들리거나 등장인물이 문을 여는 장면이 보이면서 그 문에서 발생한 소리가 동시에 들리는 것이다. 이때의 사운드는 화면에 보이는 피사체로부터 직접 발생하는 것이다.

두 번째는 사운드가 발생한 원천이 화면에 보이지 않는 경우이다. A와 B 두 명의 배우가 대화 중인데, 화면에는 A의 말을 듣고 있는 B만 보인다거나, 어떤 장면의 배경음악으로 기성의 음악이 깔리는 것을 예로 들 수 있다. 이 두 사례는 사운드가 발생한 원천이 화면에 보이지 않는다는 점에서는 동일하지만 그 원천까지 동일하지는 않다. 후자는 사운드의 원천이 화면에서 전개되는 시공간에 속하지 않는 경우로, 이를 '오프(off) 음향'이라고 한다. 전자는 사운드의 원천이 직접적으로 화면에 보이지는 않지만, 화면에 보이는 장면과 동일한 공간에 있다는 것을 앞뒤 맥락을 통해 알 수 있는 경우로, 이를 '화면 밖 음향'이라 한다. 다시 말해, [ (가) ]은 보이지 않는 사운드의 원천이 화면 속의 현실 공간 안에 동시에 존재한다고 추정할 수 있는 것이고, [ (나) ]은 배경음악이나 내레이션과 같이 화면에 보이는 장면과는 다른 시공간의 원천으로부터 나온 것이라고 할 수 있다.

세 종류의 음향을 적절히 활용함으로써 연출자는 자신이 재현하고자 하는 극적 효과를 달성할 수 있다. 화면 속의 어린 아이가 피아노를 연주하고 있고 그 아이가 연주하는 어설픈 피아노 소리가 흘러나오다가 장면이 전환된다. 전환된 장면에는 어른이 된 주인공이 팔짱을 낀 채 말없이 피아노를 바라보고 있고, 유명한 피아니스트의 연주곡이 배경음악으로 깔린다. 여기서 음향은 [ (다) ]에서 [ (라) ]으로 바뀐 것인데, 이를 통해 연출자는 피아노와 관련된 주인공의 복잡한 내면을 효과적으로 그려낼 수 있다.

| | (가) | (나) | (다) | (라) |
|---|---|---|---|---|
| ① | 오프 음향 | 화면 밖 음향 | 인 음향 | 오프 음향 |
| ② | 오프 음향 | 화면 밖 음향 | 오프 음향 | 화면 밖 음향 |
| ③ | 화면 밖 음향 | 오프 음향 | 인 음향 | 화면 밖 음향 |
| ④ | 화면 밖 음향 | 오프 음향 | 인 음향 | 오프 음향 |
| ⑤ | 화면 밖 음향 | 오프 음향 | 오프 음향 | 인 음향 |

## 10 ⊕⊕⊕

**다음 글의 ㉠ ~ ㉤을 문맥에 맞게 수정한 것으로 가장 적절한 것은?**

제2차 세계대전 직후 전쟁과 잔혹 행위에 대한 독일 민족의 죄와 책임을 두고서 논의가 분분할 때, 야스퍼스는 모든 독일인들에게 동일한 책임을 부과하는 것을 경계했다. 그는 ㉠부과되는 책임의 성격이 전쟁 범죄에 가담한 정도에 따라 달라야 한다고 생각했는데, 이에 기반하여 전쟁 범죄와 직간접적으로 연관되어 있는 이들이 감당해야 할 책임을 네 가지로 구분했다.

첫째, 법적 책임이다. 이것은 전쟁에 관한 국제법과 인류의 보편적 자연법에 입각한 것으로, 전범자들이 ㉡나치 독일이 제정한 실정법을 지켰느냐 지키지 않았느냐의 문제는 아니다. 모든 독재자들은 법을 만들어서 합법적으로 통치한다. 문제는 그 법이 자연법의 정신에 어긋나는데도 그 법에 따라 범죄를 저질렀다는 점이다. 이러한 범죄들에 대한 책임은 법정에서 부과될 것이다.

둘째, 정치적 책임이다. 여기서 정치적 책임이란 자신이 ㉢나치 정권의 집권에 반대표를 던졌다고 해서 모면할 수 있는 성질의 것이 아니다. 반대자이건 기권자이건 간에 합법적 절차를 통해 집권한 정권 아래에서 정상적으로 생활한 사람이라면 그 정권이 져야 하는 정치적 책임으로부터 자유로울 수 없다.

셋째, 도의적 책임이다. 이것은 개인의 양심의 법정에서 행해지는 판결로, 법적 책임에 해당하지는 않지만 작위이든 부작위이든 개인이 저지른 도덕적 과오를 의미한다. ㉣마음 속으로 동조하지 않았지만 나쁜 일에 직접 가담했다거나 눈앞에서 벌어지는 불법적인 행위들을 묵과한 경우가 이에 해당한다. 물론, 이것은 어느 누구도 판단할 수 없으며 당사자 자신만이 알 수 있는 것이다.

넷째, 형이상학적 책임이다. 나쁜 일이 행해지는 자리에 있었거나 나쁜 일이 행해졌다는 사실을 알고 있는 사람이 있다. 그는 이 일에 가담한 적이 없고, ㉤마음 속으로 동조한 적도 없으며 오히려 피해자가 될 뻔하기도 했지만, 다행히 그는 나쁜 일의 피해자가 되는 것은 피할 수 있었다. 끔찍한 순간이 지나고 난 후 운 좋게 살아남은 사람이 죽은 사람에 대해 느끼는 죄책감, 즉 살아남은 자의 죄의식을 야스퍼스는 형이상학적 책임이라고 했다.

① ㉠을 "전쟁 범죄에 가담한 정도에 관계없이 모든 이에게 공평한 책임이 부과되어야 한다"로 고친다.
② ㉡을 "나치 독일이 제정한 실정법을 지켰다면 면책될 수 있는 문제이다"로 고친다.
③ ㉢을 "나치 정권의 집권에 반대표를 던졌다면 모면할 수 있는 성질의 것이다"로 고친다.
④ ㉣을 "나쁜 일에 직접 가담하지는 않았더라도 마음 속으로 동조했다거나"로 고친다.
⑤ ㉤을 "마음 속으로 동조했음에도 오히려 피해자가 될 뻔하기도 했지만"으로 고친다.

## 11 ⊕⊕⊕

**다음 글의 ㉠에 대한 판단으로 가장 적절한 것은?**

기본소득이란 "자산 심사나 노동에 대한 요구 없이 모두에게 지급되는 개별적이고 무조건적이며 정기적으로 지급되는 현금"으로 정의된다. 그리고 이 정의에는 기본소득의 지급과 관련한 ㉠다섯 가지 원칙이 담겨 있다.

기본소득의 지급에는 본래 세 가지 원칙이 있었다. 첫째, 기본소득의 가장 핵심이 되는 '보편성' 원칙이다. 기본소득은 누구에게나 실질적 자유를 주고자 하는 이념에 따라 소득이나 자산 수준에 관계없이 국민 모두에게 지급해야 한다. 둘째, '무조건성' 원칙이다. 기본소득은 수급의 대가로 노동이나 구직활동 등을 요구하지 않아야 한다. 왜냐하면 자유를 보장하기 위해서는 어떠한 강제나 요구사항도 있어서는 안 되기 때문이다. 셋째, '개별성' 원칙이다. 기본소득의 이념에서 자유는 개인의 자유를 의미하기 때문에 가구 단위가 아닌 개인 단위로 지급해야 한다.

그런데 2016년 서울에서 열린 기본소득 총회에서 다음의 두 가지 원칙이 추가되었다. 넷째, '정기성' 원칙이다. 기본소득은 일회성으로 끝나는 것이 아니라 정기적인 시간 간격을 두고 지속적으로 지급해야 한다. 다섯째, '현금 지급' 원칙이다. 기본소득은 무엇을 할지에 대한 선택권을 최대한 보장할 수 있도록, 특정 재화 및 서비스 이용을 명시하는 이용권이나 현물이 아니라 현금으로 지급해야 한다.

① 복지 효율성을 높이기 위하여 기본소득을 경제적 취약 계층에만 지급하더라도 보편성 원칙에 어긋나지 않는다.
② 기본소득을 주식에 투자하여 탕진한 실업자에게도 기본소득을 지급한다면 무조건성 원칙에 어긋난다.
③ 미성년자에게는 성인의 80%를 기본소득으로 지급하면 개별성 원칙에 어긋나지 않는다.
④ 매달 지급하는 방식이 아니라 1년에 한 번씩 기본소득을 지급한다면 정기성 원칙에 어긋난다.
⑤ 기본소득을 입출금이 자유로운 예금 계좌에 입금하는 방식으로 지급하면 현금 지급 원칙에 어긋난다.

## 12 상●하

**다음 글에서 추론할 수 있는 것은?**

X는 한국의 500원짜리 동전을 감별할 목적으로 설계·제작된 감별기이다. X에 500원 동전을 집어넣으면 파란불이 켜지고 크기나 무게가 다른 동전을 집어넣으면 빨간불이 켜진다. 기계의 내부상태는 그 기계가 지금 무엇에 대한 상태인가를 나타낸다. X의 내부상태는 C상태와 E상태 두 가지이다. X가 C상태일 때는 파란불이, E상태일 때는 빨간불이 각각 켜진다. X는 500원 동전의 크기와 무게에 정확하게 반응하며 크기나 무게가 다른 동전은 C상태를 야기하지 않는다. X가 설계된 목적 하에서 C는 500원 동전에 관한 상태이고 E는 500원 동전이 아닌 동전에 관한 상태이다. 그 상황에서 X의 파란불은 "투입된 동전이 500원이다."를 의미한다. 논의를 위해 한국의 500원짜리 동전과 미국의 25센트짜리 동전이 크기와 무게에서 같다고 가정하자. 그렇다면 25센트 동전을 X에 넣었을 때도 파란불이 켜질 것이다. 그러나 X는 500원 동전을 감별할 목적으로 설계되었기 때문에, 그 파란불은 "투입된 동전이 500원이다."라는 의미를 갖는다.

그런데 우연한 계기로 X가 미국에 설치되었다고 하자. 미국인들은 동전을 몇 번 넣어보고는 X에 25센트 동전을 넣으면 파란불이 켜지고 다른 동전을 넣으면 빨간불이 켜진다는 사실을 알게 된다. 그 이후부터 미국인들은 25센트 동전을 감별하는 목적으로 X를 사용하기 시작했다. 이제 X는 새로운 사용 목적을 갖게 된 것이다. 이러한 사용 목적 아래에서 미국에 설치된 X의 파란불은 "투입된 동전이 500원이다."가 아니라 "투입된 동전이 25센트이다."라는 의미를 갖는다.

이 사례는 인공물이 표상하는 의미가 고정되지 않는다는 것을 보여준다. X의 사용 목적에 따라 X의 C와 E는 다른 것에 대한 상태가 될 수 있고 X에 표시되는 파란불과 빨간불은 처음 설계 당시 지녔던 것과 다른 의미를 지닐 수 있다.

① 미국에 설치된 X에 빨간불이 켜졌다면 투입된 동전은 500원 동전이 아닐 것이다.
② 미국에 설치된 X에 500원 동전을 투입하여 파란불이 켜졌다면 X의 내부상태는 C가 아닐 것이다.
③ 두 동전을 X에 차례로 투입하여 두 번 모두 E상태가 되었다면 두 동전의 크기와 무게는 같을 것이다.
④ X의 파란불이 "투입된 동전이 500원이다."를 의미하는지의 여부는 X에 투입된 동전이 무엇인지에 의해 결정된다.
⑤ 미국에 설치된 X가 25센트 동전을 감별하는 것이 아닌 다른 목적을 가지더라도 X에 켜진 파란불은 여전히 "투입된 동전이 25센트이다."를 의미할 것이다.

## 13 상●하

**다음 글에서 추론할 수 있는 것은?**

얼핏 보기에 서로 차이가 없는 쇠구슬 두 개가 있다고 하자. 구슬의 생산 공정이 충분히 잘 제어되어 맨눈으로 확인할 수 있는 차이보다 공정의 오차가 작다면, 맨눈만으로 두 구슬을 구분할 수는 없을 것이다. 따라서 이 두 구슬을 순서대로 상자에 넣었다가 무작위로 꺼낸 다음, 어느 구슬이 처음에 넣은 구슬인지 묻는다면 맨눈에 의존해서는 답할 수 없다.

그러나 우리는 두 구슬이 정말로 똑같지는 않음을 알고 있다. 구슬의 표면을 현미경으로 들여다보면 서로 다른 미세한 흠집이 있을 것이고, 이를 이용하여 두 구슬을 구별할 수 있다. 그마저도 가공하여 흠집이 완벽히 일치하더라도 내부 조직의 배열까지 완전히 똑같지는 않을 것이다. 즉 정밀한 측정이 동반된다면 우리는 두 구슬 사이의 차이를 통해 둘을 분명히 구분할 수 있다. 거시 세계의 물체들은 저마다 고유한 이름표를 가지고 있는 셈이다. 결국 거시 세계에서 대상들이 서로 구분 가능 혹은 구분 불가능한지의 결정은 측정에 사용하는 기기의 정밀도에 의존한다.

이제 원자, 중성자, 양성자, 전자 등이 활약하는 미시 세계로 들어가 보자. 임의의 두 전자를 각각 오른손과 왼손에 쥐고 있다가, 이들을 상자에 집어넣은 다음 그 상자에서 전자를 하나 꺼냈을 때, 꺼낸 전자가 어느 손에 있었던 것이냐고 물으면 이 물음에는 아무리 뛰어난 물리학자라도 답할 수 없다. 왜냐하면 모든 전자들의 물리적 속성은 완전히 똑같기 때문이다. 즉 원리적으로 두 전자를 구분할 방법은 전혀 없다. 이처럼 미시 세계의 전자들은 저마다 고유한 이름표를 가지고 있지 않다. 이 때문에 미시 세계에서 구분 가능과 구분 불가능의 결정은 측정에 사용하는 기기의 정밀도에 의존하지 않는다.

① 같은 생산 공정에서 생산된 두 구슬은 구분 불가능하다.
② 미시 세계의 입자들은 종류에 상관없이 물리적 속성이 모두 동일하다.
③ 미시 세계에서 측정 기기의 정밀도가 향상될수록 구분 가능하다고 결정되는 대상들의 수는 감소한다.
④ 거시 세계에서 측정 기기의 정밀도가 향상될수록 구분 가능하다고 결정되는 대상들의 수는 증가한다.
⑤ 거시 세계의 어떤 상황에서 두 물체가 구분 불가능한 것으로 결정된다면, 그 두 물체가 구분 가능하다고 말할 수 있는 다른 상황은 있을 수 없다.

## 14 ⚪⚫⚪

**다음 글에서 추론할 수 있는 것은?**

> 수면은 휴식에 해당한다는 생각이 일반적이다. 하지만 연구 결과에 따르면, 잠을 잘 때 몸과 뇌는 비교적 활발하게 활동하며 편안히 누워서 책을 볼 때보다 더 많은 에너지를 사용한다고 한다. 그럼에도 불구하고 흔히 사람들은 수면이 피로에 지친 몸을 회복시킨다고 생각한다. 그러나 수면과 신체의 피로 사이의 관련성은 그렇게 밀접하지 않다. 오히려 뇌의 온도 상승이 수면에 영향을 미치는 것으로 보는 것이 옳다.
>
> 수면은 렘수면과 비(非)렘수면으로 나뉘는데 사람이 잠들면 비렘수면과 렘수면이 교대로 나타나기를 몇 차례 반복한다. 비렘수면 동안에는 뇌파 중 세타파와 델타파가 나오고 뇌의 활동이 느려지기 때문에 비렘수면을 '서파 수면'이라고도 한다. 반면에 눈동자가 활발하게 움직이는 렘수면 동안에는 뇌파 중 알파파와 베타파가 나오는데 이는 우리 뇌가 깨어 활발히 활동하고 있음을 보여준다. 이 때문에 렘수면을 '역설적 수면'이라고 한다. 렘수면의 목적은 하루 동안 뇌로 입력된 데이터들을 정리해서 데이터 처리 과정을 통해 기억과 사고 과정을 도와 이 정보들을 필요할 때 쉽게 찾도록 하는 것이다. 이런 과정은 뇌의 활동이 활발할 때만 일어난다.
>
> 어떤 원인에 의해 만약 뇌의 온도가 올라가면 렘수면 중 데이터 처리 효율이 떨어지면서 더 긴 렘수면 시간을 요구하게 되고, 그것을 채우지 못하면 정상적인 뇌의 활동에 지장이 생기게 된다. 그렇지만 렘수면의 시간을 늘림으로써 정상적인 뇌의 활동을 계속하기 위해서는 비렘수면의 시간도 함께 증가해야 하기 때문에 전체 수면 시간이 길어지게 된다.

① 뇌의 온도가 올라가면 비렘수면 시간이 감소한다.
② 뇌의 온도는 역설적 수면 동안보다 서파 수면 동안에 더 낮다.
③ 뇌에서 세타파와 델타파가 나오면 기억과 사고 과정을 돕는 수면이 이루어진다.
④ 피로를 높이는 신체 활동이 늘어나면 서파 수면 동안 뇌의 활동이 더 느려진다.
⑤ 알파파와 베타파가 나오는 수면 시간이 길어지면 정상적인 뇌의 활동을 계속하기 위해 전체 수면 시간이 늘어나야 한다.

## 15 ⚫⚫⚪

**다음 글의 빈칸에 들어갈 내용으로 적절하지 않은 것은?**

> △△부에서는 국가 간 정책 교류를 위해 사무관 A ~ E 중 UN에 파견할 사무관을 선정하기로 했다. 파견 여부를 정하기 위해 다음의 기준을 세웠다.
> ○ A를 파견하면 B를 파견한다.
> ○ B를 파견하면 D를 파견하지 않는다.
> ○ C를 파견하면 E를 파견하지 않는다.
> ○ D를 파견하지 않으면 C를 파견한다.
> ○ E를 파견하지 않으면 D를 파견한다.
> 위의 기준으로는 사무관 세 명의 파견 여부가 확정되지만 두 명의 파견 여부는 확정되지 않는다. 하지만 "_____"를 기준으로 추가하면, 모든 사무관의 파견 여부를 확정할 수 있다.

① A를 파견하지 않으면 C를 파견한다.
② B를 파견하지 않으면 C를 파견한다.
③ C를 파견하지 않으면 D를 파견하지 않는다.
④ C를 파견하지 않으면 E를 파견하지 않는다.
⑤ D나 E를 파견하면 C를 파견한다.

## 16 상중하

**다음 글의 내용이 참일 때 반드시 참인 것은?**

영어 회화가 가능한 갑순과 을돌, 중국어 회화가 가능한 병수와 정희를 다음 <배치 원칙>에 따라 총무부, 인사부, 영업부, 자재부에 각 한 명씩 모두 배치하기로 하였다. 네 명 중 병수를 제외한 나머지는 신입사원이고, 갑순만 공인노무사 자격증을 갖고 있다.

<배치 원칙>

○ 총무부와 인사부 중 한 곳에는 공인노무사 자격증을 갖고 있는 사원을 배치한다.

○ 영업부와 자재부 중 한 곳에만 중국어 회화 가능자를 배치한다.

○ 정희를 인사부에도 자재부에도 배치하지 않는다면, 영업부에 배치한다.

○ 영업부와 자재부 중 한 곳에만 신입사원을 배치한다.

이 원칙에 따라 부서를 배치한 결과 일부 사원의 부서만 결정되었다. 이에 다음의 원칙을 추가하였다.

<추가 원칙>

○ 인사부와 영업부에 같은 외국어 회화를 할 수 있는 사원들을 배치한다.

그 결과 <배치 원칙>을 어기지 않으면서 위 네 명의 배치를 다 결정할 수 있었다.

① <배치 원칙>만으로 배치된 갑순의 부서는 영업부이다.
② <배치 원칙>만으로 배치된 을돌의 부서는 자재부이다.
③ <배치 원칙>과 <추가 원칙>에 따라 최종적으로 배치된 병수의 부서는 자재부이다.
④ <배치 원칙>과 <추가 원칙>에 따라 최종적으로 배치된 정희의 부서는 인사부이다.
⑤ <배치 원칙>과 <추가 원칙>에 따라 최종적으로 배치된 갑순의 부서도 을돌의 부서도 총무부가 아니다.

## 17 상중하

**다음 글의 A와 B에 대한 분석으로 적절한 것만을 <보기>에서 모두 고르면?**

유행이란 어떤 새로운 양식이나 현상이 사회에 널리 퍼지는 경향을 의미한다. 유행은 특정한 취향과 기호가 사회 구성원 다수의 승인을 받아 사회 저변으로 확대되는 과정에서 형성된다. 이러한 유행의 형성 원인을 두고 다음의 두 견해가 있다.

A: 유행은 개인의 취향과 기호를 이용하는 산업 자본에 의해 기획되고 만들어진 것이다. 패션쇼나 전시회 등으로 올해의 유행 상품을 만들어낸 기업은 그 상품을 시장에 선보이기 무섭게 바로 내년에 유행시킬 상품을 준비한다. 개인은 자신의 취향이나 기호에 따라 어떤 상품을 선택했다고 착각할 수 있지만 실은 선택해야 할 상품을 기업이 이미 정해 놓은 것이다. 어떤 유행이 오랜 기간 지속되면 기업은 이윤이 줄어들 수밖에 없으므로, 기업은 주기적으로 새로운 유행을 만들어낸다. 더 나아가 기업은 미디어를 적극 활용하여 유행의 변화 속도를 과거보다 더 빠르게 만들었다.

B: 소비자는 자기의 취향과 기호에 의해 상품을 주체적으로 선택한다고 믿지만 실제로는 그렇지 않다. 실상은 다른 사람들과 같아지지 않으면 준거집단에서 소외되어 따돌림당할지도 모른다는 불안이 상품을 선택하고 소비하게 만든다. 소외에 대한 이러한 불안은 소비자들로 하여금 자신의 주변에서 무슨 일이 벌어지고 있는지를 주목하게 한다. 나아가 그렇게 주목한 것들을 추종하고 모방하여 소비하도록 부추긴다. 바로 이와 같은 과정을 거쳐서 결과적으로 유행이 형성되는 것이다.

┤ 보기 ├

ㄱ. A도 B도 유행의 형성 원인이 소비자 개인의 취향과 기호에 의한 주체적 상품 선택이라고 보지 않는다.

ㄴ. B와 달리 A는 소비자들의 모방 심리가 유행에 영향을 미치지 않는다고 주장한다.

ㄷ. A보다 B가 사회에서 유행의 발생과 변화 속도를 더 잘 설명할 수 있다.

① ㄱ
② ㄷ
③ ㄱ, ㄴ
④ ㄴ, ㄷ
⑤ ㄱ, ㄴ, ㄷ

## 18 상 중 하

다음 갑과 을의 논쟁에 대한 평가로 적절한 것만을 〈보기〉에서 모두 고르면?

갑 : 유전자는 자신의 복제본을 더 많이 남기기 위하여 유기체를 활용한다. 그러므로 유기체는 유전자를 실어 나르는 운반체에 불과하다. 유기체는 유전자의 이익을 위하여 행동한다. 유기체의 행동 방식은 유전자를 최대한으로 퍼뜨리기 위한 전략적 선택에 의해 정해지는 것이다. 유기체가 바꿀 수 있는 것이 있다고 해도 이는 본질적이지 않다. 유전자에 의해 결정되는 형질은 인간이 환경이나 행동을 바꾼다고 해서 개선될 수 있는 것이 아니다. 고혈압과 심장병 같은 신체적인 질병뿐 아니라 중독과 행동장애, 대부분의 정신 질환도 그것들을 유발하는 유전자가 있다.

을 : 유전자 결정론은 인간에게 희망보다는 절망을 더 많이 안겨주었다. 모든 것을 유전자가 결정해 버린다면 인간이 바꿀 수 있는 영역은 협소해질 수밖에 없다. 사실 우리가 마음먹고 행동하는 것에 따라 유전자가 반응하며 그것이 우리의 미래 목적을 이루는 데 기여할 수 있다. 중요한 것은 어떤 유전자를 타고났느냐가 아니라 한 사람 한 사람의 삶 속에서 유전자의 활동이 어떻게 조절되느냐의 문제이다. 우리가 먹는 음식과 주거 환경, 생활양식이 모두 유전자의 활동을 조절하여 다른 신체 상태를 유발할 수 있다. 가령 동일한 유전자를 지닌 일란성 쌍둥이라도 신체를 어떤 환경에 노출시키느냐에 따라 치명적인 질병에 걸릴 수도 있고 무병장수할 수도 있다. 우리는 저마다의 행동과 실천으로 삶을 바꿀 수 있다.

┌ 보기 ├
ㄱ. 유전자가 작동되는 방식은 정해져 있어 다른 신체 조건이 변경되어도 바뀔 수 없다는 것이 사실이라면, 갑의 주장이 약화된다.
ㄴ. 고혈압을 유발하는 유전자를 갖고 있더라도 생활환경에 따라 고혈압이 발병하지 않는 것이 사실이라면, 을의 주장이 강화된다.
ㄷ. 대부분의 질병은 특정 유전자가 있어서 생기는 것이 아니라 유전자의 활동이 조절되는 양상에 따라 발병한다는 것이 사실이라면, 갑의 주장은 약화되지만 을의 주장은 강화된다.

① ㄱ
② ㄷ
③ ㄱ, ㄴ
④ ㄴ, ㄷ
⑤ ㄱ, ㄴ, ㄷ

## [19~20] 다음 글을 읽고 물음에 답하시오.

철학자 A는 개념 중에는 절대적 개념이 있다고 주장한다. 그가 절대적 개념 중 하나로 생각하는 '평평함'이라는 개념을 보자. 표면에 작고 사소한 흠집이나 요철이 있으면 그것은 평평함에 아주 가까울 수는 있지만 그 표면은 평평한 것이 아니다. 두 표면이 평평함에 얼마나 근접해 있는가를 비교할 수는 있다. 그러나 두 표면이 둘 다 평평하면서 그중 하나가 다른 하나보다 더 평평한 경우란 있을 수 없다. 표면은 평평하거나 평평하지 않거나 둘 중 하나일 뿐이다. 이처럼 절대적 개념은 정도의 차이를 허용하지 않는 개념이다. 높은 배율의 현미경으로 관찰한다면 아마도 거의 모든 표면에서 크건 작건 흠집이나 요철이 발견될 것이다. 이로부터 A는 우리가 통상 평평하다고 생각하는 것 중에 실제로 평평한 것은 거의 없을 것이라는 결론에 다다른다. 이것은 우리가 절대적 개념을 인정할 때 치러야 할 대가이다.

그렇다면 '지식', 즉 '앎'이라는 개념은 어떨까? '앎'도 '평평함'처럼 알거나 알지 못하거나 둘 중 하나일 뿐일까? 통상 우리가 무언가를 아는 경우는 두 가지이다. 하나는 "나는 이순신에 관해서 안다."처럼 어떤 대상에 관한 지식을 가지는 것이다. 이를 '대상적 지식'이라고 한다. 다른 하나는 "나는 영국의 수도가 런던이라는 사실을 안다."처럼 특정한 사실을 아는 것이다. 이를 '사실적 지식'이라고 한다. 대상적 지식의 경우, 정도의 차이를 허용하는 것이 가능하다고 흔히 생각한다. 예컨대 갑과 을 둘 다 이순신에 관해서 알 때 갑이 을보다 이순신에 관해서 더 안다고 말하곤 하기 때문이다. 하지만 A에 의하면 대상적 지식은 정도의 차이가 없다. 왜 그런지를 알아보기 위해 우선 사실적 지식을 살펴보자. 두 사람이 "영국의 수도는 런던이다."를 알 때, 둘 중 한 사람이 다른 사람보다 그것을 더 안다는 것은 말이 되지 않는다. 즉, [ (가) ] 지식이라는 개념은 절대적 개념이라고 말할 수 있다. 그런데 A는 대상적 지식을 포함한 모든 유형의 지식은 궁극적으로 사실적 지식이라는 전제를 받아들인다. 이순신에 관해 안다는 것은, 가령 이순신은 1545년에 태어났다는 사실, 이순신은 노량해전에서 전사했다는 사실 등을 아는 것이다. 나아가 A는, 거의 모든 [ (나) ] 지식은 의심에서 벗어날 수 없다는 전제, 그리고 어떤 의심의 여지도 없는 것만이 지식이 될 수 있다는 전제를 추가로 받아들인다. A는 이 전제들로부터 우리가 무언가를 안다는 주장들이 거의 모두 거짓이라는 결론에 도달한다.

하지만 철학자 B는 '지식', 즉 '앎'이라는 개념을 절대적 개념으로 간주한다고 해서 반드시 A의 결론이 도출되는 것은 아니라는 반론을 제시한다. 표면에 흠집이나 요철이 있다면 그 표면이 평평한 것이 아니며, 그래서 어떤 표면이 다른 표면보다 더 평평하다고 말하는 것도 성립하지 않는다는 A의 주장은 B도 인정한다. 관건은 무엇을 흠집이나 요철로 간주할 것이냐이다. 그 판단은 고려 중인 문제 상황이 무엇인지에 달려 있다. 자동차 주행을 위한 도로의 표면 상태를 점검하는 상황이라면 그 표면의 미세한 굴곡은 요철로 간주되지 않는다. 따라서 '평평함'을 절대적 개념으로 인정하더라도, 우리는 도로가 평평하다고 얼마든지 말할 수 있다고 B는 지적한다. '지식', 즉 '앎'이라는 개념도 이와 유사하다. 어떤 사실에 대해서든 우리는 그 사실을 알든가 알지 못하든가 둘 중의 하나임을 인정하더라도, ___(다)___ 는 결론이 그로부터 반드시 따라 나오는 것은 아니라고 B는 말한다.

## 19 상중하

### 위 글의 (가) ~ (다)에 들어갈 말을 적절하게 나열한 것은?

① (가): 사실적
  (나): 사실적
  (다): 우리가 아는 것이 거의 없다
② (가): 사실적
  (나): 사실적
  (다): '앎'은 '평평함'과는 달리 절대적 개념이라
③ (가): 사실적
  (나): 대상적
  (다): '앎'은 '평평함'과는 달리 절대적 개념이라
④ (가): 대상적
  (나): 사실적
  (다): 정도의 차이를 허용하지 않는 지식은 거의 없다
⑤ (가): 대상적
  (나): 대상적
  (다): 우리가 아는 것이 거의 없다

## 20 상중하

### 위 글의 A와 B에 대한 분석으로 가장 적절한 것은?

① A에 따르면, '평평함에 근접함'이라는 개념은 절대적 개념이다.
② A에 따르면, "어떤 것이 다른 것보다 더 아름답다."라는 말은 성립하지 않는다.
③ B는 모든 지식이 궁극적으로 사실적 지식이라는 A의 전제를 거부한다.
④ B에 따르면, 아무리 높은 배율로 관찰하더라도 표면의 미세한 굴곡은 발견되지 않을 것이다.
⑤ B에 따르면, 동일한 도로 표면이 어떤 상황에서는 평평하고 다른 상황에서는 평평하지 않다고 말할 수 있다.

## 21 상중하

### 다음 글의 내용과 부합하는 것은?

고려 전기에 수도를 방위하던 2군 6위는 무신 집권기에 접어들어 유명무실해졌다. 권세가가 병력을 빼내 자기 친위병으로 삼았기 때문이다. 공민왕은 이를 바로잡고자 2군 6위를 8위로 개편하고, 그 병력을 권세가가 함부로 빼 가지 못하게 하였다. 하지만 8위는 병력 충원에 실패해 제 기능을 발휘하지 못했다. 한편 지방의 주현군도 무신 집권기 이후 사라졌다. 공민왕은 그 대책 마련을 위해 고심한 끝에 일정 연령의 장정에게 규정에 따라 군역을 부과하던 과거의 방식을 버리고, 각 도 절제사에게 장정을 임의로 뽑아 병사로 삼을 수 있는 권한을 주었다. 이후 절제사들은 주어진 권한을 이용해 뽑은 병사들에게 직접 급여를 주고 사병으로 삼아 세력을 강화하는 데 이용했다. 이런 관행이 정착되면서 절제사 휘하 군대는 모두 그들이 임의로 뽑은 병사들로 채워졌다. 이렇게 절제사들이 거느리게 된 군인들을 '시위패'라고 불렀다.

위화도 회군으로 권력을 잡은 이성계는 삼군도총제부를 만들고, 절제사들이 시위패를 거느리는 것이 부당하다면서 시위패들에 대한 지휘권을 이 기구로 넘기라고 했다. 하지만 절제사들의 거부로 명을 거두어들여야 했다. 이후 조선을 세워 왕이 된 이성계는 삼군도총제부를 의흥삼군부로 개편한 뒤 8위의 지휘권을 그에 귀속시켰다. 또 자신의 사병으로 의흥친군위를 만든 후 그 지휘권도 의흥삼군부에 넘겼다. 이때 이성계는 절제사들에게 시위패에 대한 지휘권도 의흥삼군부에 넘기라고 명했다. 당시에는 이방원 등의 왕자와 공신이 절제사였는데, 이들 역시 자기가 기른 병사들을 하루아침에 의흥삼군부에 넘길 수 없다며 반대했다. 이성계는 이러한

반대에 부딪혀 명을 취소했지만, 즉위한 지 3년 되는 해에 정도전을 의흥삼군부의 책임자인 판사로 임명한 뒤 이 문제를 해결하라고 하였다.

판사가 된 정도전은 진법 훈련을 핑계로 절제사들이 거느린 시위패에 대한 지휘권을 넘겨받으려 하였다. 이성계의 아들인 이방원은 자기가 기른 군인들을 정도전이 빼앗으려 한다며 분노하더니 '왕자의 난'을 일으켜 그를 죽이고 권력을 잡았다. 이방원은 나중에 태조와 정종의 뒤를 이어 왕위에 올랐는데, 신하들의 예상과 달리 즉위 직후 절제사들의 휘하에 있는 모든 군인에 대한 지휘권을 의흥삼군부에 넘겨 버렸다. 이로써 사병의 폐단은 사라졌다.

① 왕자의 난을 계기로 각 도 절제사가 공신 또는 왕자로 대체되었다.
② 지방의 주현군에 속했던 군인들은 조선 초에 8위 아래 배속되었다.
③ 공민왕은 삼군도총제부를 만들어 주현군이 하던 일을 대신 맡게 하였다.
④ 이성계는 조선을 건국하기 전에 의흥친군위와 2군 6위에 대한 지휘권을 포기하였다.
⑤ 이방원이 왕으로 있던 때에 의흥삼군부는 절제사들이 거느린 시위패에 대한 지휘권을 넘겨받았다.

## 22 상 중 하

다음 글에서 알 수 있는 것은?

고구려는 수 문제가 중국을 통일하자 곧 수가 쳐들어오리라 예상했다. 이에 국경으로부터 수도 평양에 이르는 길에 있는 성곽들을 수리하고, 국경에서 평양으로 올 때 꼭 건너야 하는 요하의 강변에 방어 시설을 촘촘하게 배치했다. 예상대로 문제는 598년에 약 30만의 병력을 동원해 고구려를 침공했지만, 고구려의 방어선을 뚫지 못하고 돌아갔다. 문제의 뒤를 이은 양제는 더 많은 병력을 동원해 고구려의 방어선을 뚫어야겠다고 결심했다. 이에 그는 612년 1월 오늘날의 베이징인 탁군에 113만여 명에 달하는 병력을 모은 후 "강물이 불어나는 시기가 되기 전에 요하를 건너 평양을 공격할 수 있도록 준비하라."라고 명하였다. 또 군량 수송 인력을 전투 병력으로 돌리고자 탁군에서 요하로 가는 길의 중간에 있는 회원진에서 두 달 치 군량을 병사 개개인에게 한꺼번에 주고, 스스로 지고 가게 하였다.

당시 양제는 평양에 도착할 무렵에는 병사들에게 지급한 군량이 떨어질 것이라 보았다. 이에 내호아라는 장수에게 배에 군량을 싣고 서둘러 바다를 건너 평양 인근에서 대기하다가 남하하는 수 군대에 보급하라고 지시했다. 내호아는 이 명을 수행하고자 바다를 건너왔지만, 고구려의 고건무에게 패하는 바람에 싣고 간 군량을 모두 잃었다. 양제가 이끄는 군대는 이를 전해 듣지 못한 상태에서 그해 3월 요하에 이르러 도강을 시도했다. 하지만 수 군대는 고구려의 끈질긴 방어로 강을 건너는 데 한 달 넘게 걸렸으며, 갖고 간 군량을 그동안 거의 다 써 버렸다. 우문술 등의 장수는 탁군으로 돌아가 군량을 보충하자고 제안했지만, 양제는 받아들이지 않았다. 그는 별동대를 뽑아 평양을 곧바로 치면 고구려군이 무너질 것이며, 평양 인근에서 내호아를 만나 군량을 받을 수 있을 것이라 말했다. 실제로 양제는 30만 명의 별동대를 선발한 뒤 우중문에게 이를 이끌고 평양으로 향하게 하였다.

이 적군이 압록강과 살수 등을 건너 남하하는 동안 고구려는 지켜보기만 했다. 고구려는 수의 별동대가 군량 부족으로 퇴각할 것으로 보았으며, 돌아가는 적이 강을 건너느라 방비를 소홀히 할 때 치기로 했다. 예상대로 적군이 평양 인근까지 왔다가 철수하자 고구려는 살수 북쪽의 능한 산성 등에 있는 병력을 동원해 살수를 건너는 적의 앞을 막고, 그 남쪽에 주력군을 투입해 크게 격파하였다.

① 수 문제는 내호아에게 바다를 통해 군량을 운송하라는 명령을 내렸다.
② 고건무는 강물을 막았다가 터뜨려 남하하는 우중문의 부대를 저지하였다.
③ 고구려는 평양 근처까지 왔다가 물러나는 수의 별동대가 강을 건널 때 공격하여 승리하였다.
④ 수 양제는 요하 도강을 포기하자는 우문술의 제안을 거부하고 그에게 탁군에 가서 군량을 가져오라고 명령하였다.
⑤ 고구려는 적군이 요하를 지나가지 못하게 하고자 능한 산성에 있는 병력을 요하 건너편으로 보내 적을 치게 하였다.

## 23 상중하

다음 글에서 알 수 있는 것은?

누군가의 행동이 제삼자에게 의도하지 않은 혜택이나 손해를 끼침에도 불구하고 이에 대한 정당한 대가를 받지도 지불하지도 않는 상태를 '외부효과'라고 부른다. 예를 들어, 생산자가 아무런 제재를 받지 않은 채 생산 과정에서 오염 물질을 배출하고 있으며, 그 생산자는 재료비, 인건비, 시설비만 부담할 뿐 오염 물질을 정화하기 위한 비용을 부담하지 않는다고 하자. 이 경우 생산자는 자신이 부담해야 할 오염 물질 정화 비용을 사회에 떠넘겨 더 많은 이익을 취하는 것이다. 이처럼 어떤 제품이 생산될 때 그 생산자가 부담하는 비용의 합과 이것을 포함해 사회 전체가 부담하는 비용 간에 괴리가 발생하는 상태가 외부효과에 해당한다. 이 외부효과로 인해 오염을 유발하는 제품이 사회적인 최적 생산량에 비해 더 많이 생산되는 왜곡이 발생한다.

이와 같은 왜곡은 어떻게 해소할 수 있을까? 시장 외부에서 부담해야 하는 사회적 비용을 개별 생산자가 부담하도록 내부화하면 되는데, 그 수단으로는 환경부담금이나 배출권 거래제 등이 있다. 생산자의 비용이 올라가면 생산자가 제품 판매로 벌어들일 수 있는 이윤이 감소하여 제품 생산량 또한 감소하게 된다.

이와 같이 외부효과를 내부화하는 방안이 세금과 같은 재정적 조치인지에 대하여는 이견이 존재한다. 1999년 스웨덴에서는 화석연료 사용량에 비례하여 정부가 부과한 환경부담금이 세금의 성격을 가진다는 판결이 나온 바 있다. 이와 다른 예로는 EU가 도입한 온실가스 배출권 제도가 있다. 유럽사법재판소는 항공사들이 부담해야 하는 배출권 구입 비용은 세금이 아니라고 판단하였다. 왜냐하면 그 비용은 행정청이 부과하는 것이 아니라 시장에서 결정되기 때문이다. 유럽사법재판소의 이 판결은 배출권 관련 조치가 관세, 세금, 수수료, 공과금이 아니라 시장 기반 조치라는 사실을 명확히 했다.

① 오염을 유발하는 제품의 생산 수량 상한을 정부에서 정해 주면 외부효과는 없다.
② 생산 과정에서 타인에게 혜택을 주어 외부효과를 발생시키는 제품은 사회적으로 초과 생산된다.
③ 외부효과의 내부화를 위해 세금을 부과하는 대신 시장에 맡기면 더 효과적으로 오염 물질을 줄일 수 있다.
④ 항공사가 구매해야 하는 온실가스 배출권 가격이 높아질수록 항공사로 인해 발생하는 외부효과는 커진다.
⑤ 스웨덴에서 부과하는 환경부담금은 EU가 도입한 온실가스 배출권 제도와 달리 그 금액이 시장에서 결정되지 않는다.

## 24 상중하

다음 글에서 알 수 있는 것은?

정보통신과 매스미디어의 급격한 발달은 개인의 성명과 초상이 광고에 이용되는 것까지도 낯설지 않게 만들었다. 특정 인임을 인식할 수 있는 표지 자체가 상업적으로 활용될 수 있는 것이다. 이러한 재산적 가치에 대한 권리로서 '퍼블리시티권'이 등장하였다. 이는 성명·초상·음성 등 개인의 자기동일성에서 유래하는 재산적 가치를 그 개인이 상업적으로 이용할 수 있도록 하는 권리로서, '프라이버시권'이나 '저작권'과 비교해 보면 뚜렷이 특성을 살필 수 있다.

프라이버시권이 보호하려는 것은 사생활의 비밀과 자유이며, 주거나 통신의 불가침도 포함한다. 고도의 정보화 사회에서 개인의 사생활은 언론·출판·미디어의 침해와 공개에 노출될 위험이 갈수록 커지는 실정이기도 하다. 이에 대응하는 프라이버시권의 보호법익은 인간의 존엄성이라 할 수 있다. 따라서 그에 대한 침해에서는 정신적·육체적 고통을 중심으로 손해의 정도를 파악한다. 반면에 퍼블리시티권은 자기동일성의 사업적 가치를 보호법익으로 하기 때문에, 침해가 발생하였을 때는 그 상업적 가치와 함께 가해자가 얻은 이익을 고려하여 손해를 산정한다.

저작권은 저작자가 자신이 창작한 저작물을 경제적으로 이용할 수 있도록 보장하여 사회적으로 유익한 창작을 유도하고 창작물을 불법 사용으로부터 보호한다. 저작권과 퍼블리시티권은 모두 개인의 인격이 깃든 가치를 보호한다고 볼 수 있는데, 보호 대상이 구별된다. 저작권이 보호하려는 대상이 개인의 창작물이고, 퍼블리시티권은 개인의 자기동일성을 식별하는 표지이다. 그리고 저작권은 유형의 매체에 고정된 문학작품, 음악작품, 음성녹음 등 창작물 자체를 보호 대상으로 한다. 퍼블리시티권은 그러한 창작물에 나타나기도 하는 개인의 성명·외관·음성 등 자기동일성의 요소를 그 대상으로 하며, 이들 요소는 성질상 꼭 표현 매체에 고정될 필요가 없다.

① 퍼블리시티권과 저작권은 인격이 밴 재산적 가치로서 수익을 얻을 수 있게 하는 권리이다.
② 프라이버시권은 개인의 사생활과 경제적 이익에 대한 침해를 막기 위하여 등장한 개념이다.
③ 저작권은 창작의 자유를 보장하여 창작물의 이용과 유통에 대한 규제를 해소하는 데 목적이 있다.
④ 퍼블리시티권과 프라이버시권은 보호법익이 서로 같지만 침해되었을 때의 손해산정 기준은 동일할 수 없다.
⑤ 프라이버시권과 저작권은 그 보호 대상이 유형의 표현 매체에 고정되어야 한다는 점에서 퍼블리시티권과 차이가 있다.

## 25 상중하

다음 글에서 알 수 없는 것은?

흔히 인류가 수렵 채집 경제에서 농업 경제로 탈바꿈함으로써 인류 문명의 도약이 이루어졌다고 말한다. 하지만 농업 경제 체제의 기틀을 이루는 최초의 작물로 곡류를 생각하는 것은 옳지 않다. 일년생 작물인 곡류는 해마다 날씨에 따라 그 수확량이 크게 요동친다. 그러므로 식량을 곡류의 수확에 의존하는 농업 경제는 불안할 수밖에 없다. 이에 식량 공급을 안정적으로 확보하기 위하여 과실수를 재배함으로써 농업 경제가 시작되었다는 견해가 힘을 얻는다. 농업 경제의 핵심을 이루는 옛 과실수로는 참나무, 올리브나무, 망고나무 등이 있다. 인간은 안정적인 수확을 얻기 위하여 과실수를 적극적으로 심어 숲을 조성하였다. 과실수는 곡류에 비하여 재배하는 데 손이 많이 가지 않아 노동력 대비 생산량이 월등했기 때문이다.

과실수의 대표적인 사례인 참나무의 열매는 도토리이며, 곡물이 부족한 시대에 인간은 도토리를 먹었다. 참나무는 전 세계 온대와 냉대 지역에 폭넓게 분포되어 쉽게 볼 수 있는 과실수이다. 이러한 참나무의 식생 형성에 인간이 기여한 바가 크다는 것이 확인되고 있다. 다년생인 참나무는 성장이 느리지만, 토양이나 기후에 별로 구애받지 않고 잘 생장하므로 도토리는 돼지와 같은 가축뿐 아니라 인간을 위한 좋은 식량이 되었다. 농부들은 도토리 생산을 늘리기 위하여 여러 지역을 다니며 도토리를 뿌렸고, 참나무는 잡초를 제거하거나 비료를 주는 등의 특별한 관리 없이도 잘 자라 식생이 갈수록 확장되었다. 오늘날 아주 오래전에 형성된 것으로 보이는 참나무 숲들도 실상은 거의 모두가 인간이 조성한 것이다. 해마다 곡물의 생산량이 풍흉에 따라 크게 요동칠 때에도 도토리는 일정한 양이 생산되어 주린 사람들과 가축의 배를 풍족하게 채워주었다. 이를 통해 사람들은 탄수화물, 단백질, 지방을 안정되게 공급받을 수 있는 농업 경제 체제를 구축하였다.

① 노동력 대비 생산량은 곡류보다 과실수가 많았다.
② 일년생 작물인 곡류는 다년생인 참나무에 비해 재배가 쉽다.
③ 도토리는 사람의 식량뿐 아니라 가축의 먹이로도 활용되었다.
④ 도토리의 생산량은 날씨에 별로 구애받지 않고 안정적이었다.
⑤ 현존하는 많은 참나무 숲 중에는 인간이 그 숲의 형성에 기여한 것이 있다.

## 26 상중하

다음 글에서 알 수 있는 것은?

나이가 들면 시간이 흘러가는 것이 젊었을 때와 다르게 느껴진다. 나이가 든 사람과 젊은 사람은 물리적 시간의 경과를 다르게 느낀다고 하는데 그 이유는 무엇일까?

연구자 A는 이 질문과 관련하여 새로운 설명을 제시하였다. A는 시간을 두 종류로 구분하였다. 하나는 객관적으로 측정할 수 있는 물리적 시간인 '시계 시간'이고 다른 하나는 마음으로 그 경과를 지각하는 '마음 시간'이다. 마음 시간은 뇌 속에서 일어나는 이미지 전환에 의해 지각된다. 이 이미지들은 감각기관의 자극을 통해 만들어지고 뇌 속에서 처리되어 저장된다. 그런데 나이가 들어 신경망의 크기와 복잡성이 커지면 신호를 전달하는 경로가 더 길어질 뿐 아니라 신호전달 경로도 활력이 떨어져 신호의 흐름이 둔해지게 된다. 결과적으로 신체가 노화하면 뇌가 이미지를 습득하고 처리하는 속도가 느려져 마음 시간도 느려진다. 따라서 똑같은 물리적 시간에 나이든 사람이 처리하는 이미지 수는 젊은 사람보다 적게 된다. 가령, 젊어서 1시간 동안 N개의 이미지를 처리하고 저장하는 사람은 N개의 이미지의 연쇄에 의해 저장된 사건들이 1시간 동안 일어난 것으로 인지하게 된다. 그런데 나이가 들어서 1시간 동안 N/2개의 이미지만을 처리할 수 있게 되면, 2시간 동안 벌어진 사건들을 N개의 이미지로 저장하게 되어, 이 N개의 이미지의 연쇄를 1시간의 경과로 인식하게 된다. 다시 말해서, 인간의 마음은 자신이 인지한 이미지가 바뀌는 것을 단위로 삼아 시간의 경과를 인식한다.

① 나이가 들면 젊었을 때보다 마음 시간이 더 빨리 간다.
② 시계 시간은 나이가 들어감에 따라 흐르는 속도가 빨라진다.
③ 마음 시간과 시계 시간의 빠르기는 신체 노화에 따라 변한다.
④ 뇌에서 이미지 처리 속도가 느려지면 시계 시간이 더 빠르게 흐르는 것으로 느끼게 된다.
⑤ 신경망의 크기와 복잡성이 클수록 같은 시계 시간 동안 처리할 수 있는 이미지의 수는 많아진다.

## 27 상중하

**다음 글의 (가)와 (나)에 들어갈 말을 적절하게 나열한 것은?**

대략 기원전 900년에서 기원전 200년 사이, 인류의 정신에 자양분이 될 위대한 전통, 중국의 유교와 도교, 인도의 힌두교와 불교, 이스라엘의 유대교, 그리스의 철학적 합리주의가 탄생하였다. 이 시기를 '축의 시대'라고 부르면서 이 시기가 인류의 정신적 발전에서 중심축을 이룬다고 보는 견해가 있다.

축의 시대의 예언자, 철학자, 시인들은 워낙 앞서 나갔으며 그들의 사상은 매우 심오하고 급진적이었다. 그러다 보니 후대인들은 이 현자들의 가르침을 __(가)__ 경향이 있었다. 그래서 후대인들은 종종 축의 시대 현자들이 없애고 싶어했던 바로 그런 종교성을 만들어내기도 하였다. 축의 시대 현자들은 세상의 이치를 궁구하고 살아가는 법을 탐구하였지만 자신의 가르침이 절대적인 맹신의 대상이 되기를 바라지 않았다. 오히려 종교적 가르침을 의심 없이 받아들이지 말고 경험에 비추어 검증할 것을 주문하였다. 그런데 후대인들은 동일한 교의를 믿는 집단을 형성하고 특정 종교의 어떤 조항에 동의하는가를 중요시하여 강제적 교리를 고집하였다.

축의 시대 현자들에게 중요한 것은 무엇을 믿느냐보다 어떻게 행동하느냐였다. 종교의 핵심은 깊은 수준에서 자신을 바꾸는 행동을 하는 것이었다. 축의 시대 이전에는 제의와 동물 희생이 종교적 행위의 중심이었다. 한 존재가 또 다른 수준으로 인도되는 이 신성한 의식에서 신을 경험하였던 것이다. 축의 시대 현자들은 새로운 변화를 도모하였다. 종교적 행위에서 여전히 제의의 가치를 인정했지만, 거기에 새로운 윤리적 의미를 부여하고 __(나)__. 축의 시대 현자들이 추구했던 것은 타인을 배려하는 삶, 즉 자비로운 삶의 실천이었다. 그들은 자비를 자기만족으로 제한할 수 없다는 것을 깨닫고 공동체로 관심을 확대해야 한다고 생각하였다. 그래서 "네가 당하고 싶지 않은 일을 남에게 하지 말라."라는 가르침을 폈다.

① (가): 올바로 이해하지 못하고 자의적으로 받아들이는
　(나): 육체적 고통을 통한 정신적 만족을 강조하였다
② (가): 올바로 이해하지 못하고 자의적으로 받아들이는
　(나): 공동체 내에서의 도덕과 실천을 중요시하였다
③ (가): 체계적인 수행 과정을 통해 제대로 이해하고 수용하는
　(나): 공동체 내에서의 도덕과 실천을 중요시하였다
④ (가): 체계적인 수행 과정을 통해 제대로 이해하고 수용하는
　(나): 육체적 고통을 통한 정신적 만족을 강조하였다
⑤ (가): 체계적인 수행 과정을 통해 제대로 이해하고 수용하는
　(나): 제의의 영역과 윤리의 영역을 엄격히 구분하였다

## 28 상중하

**다음 글의 빈칸에 들어갈 내용으로 가장 적절한 것은?**

앎을 추구하는 사람이라면, 어떤 명제 P가 거짓인 경우에 그 명제를 믿지 않아야 한다. 이 직관을 설명하기 위해 민감성 조건이 제시되었다. 이에 따르면, 명제 P에 대한 믿음이 '민감하다'면, P가 거짓인 가상의 경우에는 P를 믿지 않아야 한다. 민감성 조건을 옹호하는 철학자는, 명제 "지구는 자전한다."를 우리가 안다고 할 수 있는 이유는 그 명제가 참일 뿐만 아니라 민감성 조건을 충족하기 때문이라고 생각한다. 즉, "지구는 자전한다."가 거짓인 가상의 경우에 우리는 그 명제를 믿지 않을 것이기 때문이라는 것이다.

일견 그럴듯해 보이는 민감성 조건의 문제점은 다음과 같은 상황을 고려할 때 잘 드러난다. 철이는 지금 자신의 손자인 민수가 마당에서 건강하게 뛰어놀고 있는 모습을 직접 지켜보면서 "민수가 건강하다."라는 명제 Q를 믿고 있다고 하자. 철이가 Q를 안다고 하려면, Q에 대한 철이의 믿음은 민감성 조건을 충족해야 한다. 하지만 다음과 같은 가상의 경우를 상상해보자. 민수가 크게 다쳐서 병원에 입원했는데, 철이가 매우 신뢰하는 자신의 아들이 "민수가 친구 집에서 건강하게 놀고 있다."라고 철이에게 알려줬다. 이 경우, 철이는 Q를 믿을 것이다. 따라서 Q에 대한 철이의 믿음은 민감성 조건을 충족하지 못하는 것이다.

그러나 지금 마당에서 건강하게 뛰어놀고 있는 모습을 직접 지켜보는 철이가 Q를 알지 못한다고 말하는 것은 분명 잘못이다. 따라서, "__(가)__"라고 결론지을 수 있다.

① 어떤 경우에서도 참인 명제만이 앎의 대상일 수 있다.
② 어떤 명제가 앎의 대상이라고 해서 그 명제에 대한 믿음이 민감할 필요는 없다.
③ 어떤 명제에 대한 믿음이 민감하다는 것은 그 명제를 알기 위한 충분 조건이 아니다.
④ 믿음의 대상이 되는 명제가 참이라는 것은 그 명제를 안다고 하는 것을 보장하지 않는다.
⑤ 어떤 명제가 앎의 대상이라고 해서 믿음의 대상이 되는 그 명제가 반드시 참일 필요는 없다.

## 29 상중하

**다음 글에서 추론할 수 있는 것은?**

신정치경제학자들은 과반수 다수결이 효율적인 방법이라 인정하면서도, 그것이 언제나 사회적 이익의 결과만을 가져오지는 않는다고 말한다. 소수는 극렬하게 반대하고 다수가 미지근하게 찬성하는 안건과 같은 경우에는 과반수 다수결이 오히려 사회 전체의 순손실을 불러오는 선택이 되기도 한다는 것이다. 집단의 의사라고 결정된 사안에 대해서는 그 집단에서 반대한 구성원들도 따라야 하는 고통을 감내해야 하고, 이런 불이익은 '정치적 외부비용'이라고 부른다. 신정치경제학자들은 정치적 외부비용을 줄일 수 있는 대책으로 집단행동에 필요한 의결정족수를 사안별로 합리적으로 조정할 것을 주장한다.

의결정족수는 안건을 가결하는 데 필요한 최소 찬성 인원수라 할 수 있다. 의결정족수가 구성원의 10%이면 이 10%의 동의로 집단행동을 할 수 있다. 이런 동의를 얻어내는 데 치러지는 비용을 '합의도출 비용'이라고 한다. 구성원의 51%보다는 10%에 대하여 동의를 얻기가 훨씬 쉬울 것이다. 따라서 집단에서 구성원의 10%를 의결정족수로 정하면, 합의도출 비용도 적게 들고 집단행동을 하기에도 그만큼 쉬워진다. 그렇지만 그 집단행동은 나머지 구성원 90%에서 볼 때 원하지 않는 것이 될 가능성도 커지고, 정치적 외부비용 또한 그만큼 커질 것이다.

반대로 의결정족수를 구성원의 90%로 하면, 합의도출 비용은 매우 클 것이므로 집단행동도 그만큼 어려워지겠지만, 정치적 외부비용은 작아진다. 나아가 구성원 모두를 의결정족수로 하면, 나를 제외한 나머지 사람들이 독단적으로 나에게 불리한 결정을 내릴 가능성이 제도적으로 차단된다. 정치적 외부비용만 생각하면 이러한 방식이 가장 좋은 의사결정 규칙으로 보일 수 있다. 그러나 모두를 남김없이 설득해내는 일은 사실상 불가능한 경우가 많다. 따라서 정치적 외부비용과 합의도출 비용을 종합적으로 고려한다면, 합리적인 의사결정 규칙은 이 두 비용의 합계를 최소화하는 것이다.

① 의결정족수를 구성원의 100%로 하면 정치적 외부비용이 최소화된다.

② 집단에서 의결에 필요한 구성원 비율이 커질수록 합의도출 비용은 작아진다.

③ 과반수 다수결은 합의도출 비용을 최소화하는 합리적인 의사결정 규칙이다.

④ 의결정족수가 작아질수록 정치적 외부비용과 합의도출 비용의 합계가 작아진다.

⑤ 소수만이 적극 찬성하는 안건일수록 의결정족수를 작게 해야 집단 전체에 유익하다.

## 30 상중하

**다음 글에서 추론할 수 없는 것은?**

1950년 국회 산업위원회는 다음의 사항들을 주요 내용으로 하는 농지개혁법 개정안을 의안으로 올렸다. 첫째, 매수 대상 토지의 지주에 대한 '보상률'과 토지 분배 대상자의 '상환율'을 동일하게 한다. 둘째, 지주에게는 기간을 두어 가며 보상하는 지가증권을 보상금으로 지급한다. 개정의 이유로 정부의 부담을 들었다. 전년도에 통과된 농지개혁법은 평균 수확량의 150%로 지가를 산정하여 정부가 지주에게 보상하고, 분배받는 농민에게는 평균 수확량의 125%를 정부에 상환금으로 내도록 규정한다. 25%의 차액은 정부가 부담하는 부분이다. 이 부담을 정부 재정이 감당할 수 없어 정부가 맡은 몫을 없애고 상환율을 높여 보상률과 같게 되도록 개정한다는 것이다. 그리고 보상금을 지가증권으로 지급하여 인플레이션을 방지하려 하는데, 정부로서는 일시에 보상금을 지출해야 하는 부담을 더는 것이기도 하다.

개정안을 놓고 갑론을박이 벌어졌다. 국회의원 갑은, 현행 농지개혁법이 지주의 농지에서 3정보를 초과하는 부분을 정부가 강제 매수하여 150%만 보상금으로 지급하도록 한다고 비판하였다. 그는 생활이 어려운 중소지주들을 위해서는 이번 개정에서 보상률을 200%로 올려야 한다고 주장하였다. 국회의원 을은, 보상률이 상향된다는 소문이 돌고 있고 그 때문에 150%보다도 높은 가격으로 농지 매매가 성행한다는 실정을 지적하였다. 이어서 그는 현행 농지개혁법이 정하는 그대로 집행될 것으로 믿으며 기다리는 농민들에게 신의를 지켜야 한다고 역설하며 상환율은 반드시 현행대로 유지되어야 한다고 주장하였다. 그러면서 보상률과 상환율을 같게 하는 데에는 전적으로 찬성한다고 하였으며, 보상률을 올리자는 국회의원 갑의 의견에는 적극적으로 반대하였다.

① 농지개혁법 개정안에는 보상금이 일시에 지급되어 물가가 상승하는 데 대한 우려가 반영되어 있다.

② 농지개혁법 개정안에 따르면 농지를 분배받는 사람이 내야 할 상환금은 해당 농지 평균 수확량의 150%가 된다.

③ 국회의원 갑은 경제적 상황이 힘든 지주를 고려해야 한다는 입장이다.

④ 국회의원 을은 상환율 상승을 염려하여 국가 부담 부분을 없애는 것에 반대한다.

⑤ 국회의원 을은 지주가 받을 보상금은 해당 농지 평균 수확량의 125%가 되어야 한다는 입장이다.

# 31 상중하

다음 글의 ㉠을 이끌어내기 위하여 추가해야 할 전제로 적절한 것만을 〈보기〉에서 모두 고르면?

인공지능 및 로봇공학 기술의 발전에 따라 자율적 인공지능을 탑재한 군사로봇에 대한 관심 및 우려가 커지고 있다. 새로운 형태의 군사로봇은 인간의 개입이 없어도 인간을 죽이기로 결정할 수 있다는 점에서 자율적이다. 이러한 군사로봇을 실제 전장에 투입해도 될까? 자율적 군사로봇을 사용한다고 가정해 보자. 자율적 군사로봇을 사용하면 민간인 살상이 발생하는 것은 피할 수 없다. 그런데 자율적 군사로봇을 사용하면 누구에게도 그 결과에 대한 책임을 물을 수 없다. 왜 그런지 살펴보자.

자율적 군사로봇 사용에 의한 민간인 살상이 발생했을 때, 이에 책임질 수 있는 후보는 다음의 셋과 같다. 자율적 군사로봇의 제작자, 자율적 군사로봇을 전장에 내보내는 임무를 준 지휘관, 그리고 로봇 자체이다. 우선 제작상의 문제가 없다면, 제작자에게 책임을 물을 수 없다. 게다가 자율적 군사로봇이 어떤 상황에서 어떤 행동을 할 것인지는 제작자조차 예측하거나 통제할 수 없다. 제작자가 예측하거나 통제할 수 없는 결과에 대해서는 그에게 책임을 물을 수 없다. 다음으로 지휘관은 어떠한가? 지휘관 역시 자율적 군사로봇이 실제 작전 지역에서 어떠한 행동을 할지 예측하거나 통제할 수 없다. 이러한 이유로 지휘관에게 역시 책임을 물을 수 없다. 마지막으로 로봇은 어떠한가? 어떤 결과에 책임을 진다는 것은 그에 대한 처벌을 받는다는 것이다. 그런데 대상에 대한 처벌이 가능하려면 그 대상은 고통을 느낄 수 있어야 한다. 그러나 로봇은 고통을 느낄 수가 없기에 처벌 자체가 로봇에게는 무의미하다. 이렇게 로봇에게도 책임을 물을 수 없는 것이다. 결국 자율적 군사로봇을 사용하면 누구에게도 그 결과에 대한 책임을 물을 수 없다. 따라서 ㉠자율적 군사로봇의 사용은 비윤리적이다.

┌ 보기 ┐

ㄱ. 인간의 통제하에 있는 존재는 책임의 주체가 될 수 없다.

ㄴ. 어떤 행위의 결과에 대해 누구에게도 책임을 물을 수 없다면 그 행위는 비윤리적이다.

ㄷ. 행위자가 예측하거나 통제할 수 없는 결과에 대해서 그에게 책임을 묻는 것은 비윤리적이다.

① ㄱ
② ㄴ
③ ㄱ, ㄷ
④ ㄴ, ㄷ
⑤ ㄱ, ㄴ, ㄷ

# 32 상중하

다음 글을 토대로 할 때 ㉠의 근거로 가장 적절한 것은?

고도의 사회성으로 집단을 이루고 살아가는 쌍살벌은 개체의 얼굴에서 독특하게 나타나는 노란색과 검은색 무늬로 상대방을 구별한다. 시언과 티베츠는 쌍살벌의 개체 인식 능력을 시험하여 이것이 영장류만큼 정교하다는 사실을 발견했다. 말벌이나 꿀벌 등 다른 종류의 벌에 비해 쌍살벌은 같은 종에 속한 개체의 얼굴을 구별하는 뛰어난 능력을 갖고 있다.

쌍살벌은 영장류처럼 큰 뇌를 갖고 있지 않기 때문에 쌍살벌의 뛰어난 얼굴 인식 메커니즘은 뇌를 활용하는 영장류의 방식과는 판이하게 다르다. 동물들이 다른 메커니즘을 통해 유사한 기능을 발휘하는 경우는 아주 많다. 하지만 인지 기능의 경우 어떤 이들은 하등 동물이 비슷한 일을 하는 사례를 들어 큰 뇌를 가진 동물의 고등한 능력에 의문을 제기하곤 한다. 그들은 "벌도 갖고 있는 능력이라면, 그건 고등한 능력이 아니지 않은가?"라고 말한다. 마치 어떤 결과에 이르는 길은 하나밖에 없다는 것처럼 말이다. 하지만 ㉠동물들이 유사한 기능을 발휘하기 위해 항상 유사한 메커니즘이 요구되는 것은 아니다.

상동과 상사는 진화 과정에서 흔히 나타난다. 상동은 생물의 기관이 외관상으로는 다르나 본래 기관의 원형은 동일한 것을 가리킨다. 사람의 손과 박쥐의 날개는 상동기관으로 둘 다 조상의 앞다리에서 유래했다. 정확하게 똑같은 수로 이루어진 뼈가 그것을 입증한다. 반면에 상사는 통상적으로 종류가 다른 생물의 기관에서, 구조는 서로 다르나 그 형상이나 기능이 서로 일치하는 것을 가리킨다. 이는 수렴 진화를 통해, 즉 서로 관계가 먼 생물들이 같은 방향으로 진화하면서 나타난다. 곤충의 날개와 새의 날개는 둘 다 날기 위해 공기를 미는 작용을 하지만 기원과 해부학적 구조가 전혀 다르다. 동물의 인지 기능에도 마찬가지 논리를 적용할 수 있다.

① 쌍살벌과 말벌이 개체 인식 능력에서 차이가 나게 된 것은 상사에 해당한다.

② 영장류가 가지는 사회성과 쌍살벌이 가지는 사회성에는 수준 차이가 있다.

③ 쌍살벌이 큰 뇌가 없어도 영장류처럼 정교한 개체 인식 능력을 갖게 된 것은 상사에 해당한다.

④ 영장류가 얼굴을 보고 개체를 구별하는 것은 고등한 능력임이 쌍살벌의 사례에서 확인된다.

⑤ 박쥐가 날개로 물건을 쥘 수 없다는 것에서 사람이 손으로 물건을 쥐는 능력이 고등한 능력임이 드러난다.

## 33 ⬤⬤⬤

**다음 글의 내용이 참일 때 반드시 참이라고는 할 수 없는 것은?**

> 사무관 갑, 을, 병, 정, 무는 각 부처에 배치될 예정이다. 하나의 부처에 여러 명의 사무관이 배치될 수는 있지만, 한 명의 사무관이 여러 부처에 배치되는 일은 없다. 이들은 다음과 같이 예측하였다.
>
> 갑: 내가 환경부에 배치되면, 을 또한 환경부에 배치된다.
> 을: 내가 환경부에 배치되면, 병은 통일부에 배치된다.
> 병: 갑이 환경부에 배치되지 않으면, 무와 내가 통일부에 배치된다.
> 정: 병이 통일부에 배치되지 않고 갑은 환경부에 배치된다.
> 무: 갑이 통일부에 배치되고 정은 교육부에 배치된다.
>
> 발표 결과 이들 중 네 명의 예측은 옳고 나머지 한 명의 예측은 그른 것으로 드러났다.

① 갑은 통일부에 배치된다.
② 을은 환경부에 배치된다.
③ 병은 통일부에 배치된다.
④ 정은 교육부에 배치된다.
⑤ 무는 통일부에 배치된다.

## 34 ⬤⬤⬤

**다음 글의 내용이 참일 때 반드시 참인 것만을 〈보기〉에서 모두 고르면?**

> 부서에서 검토 중인 과제를 여섯 개의 범주, '중점 추진 과제', '타 부서와 협의가 필요한 과제', '많은 예산이 필요한 과제', '장기 시행 과제', '인력 재배치가 필요한 과제', '즉각적인 효과가 나타나는 과제'로 나누어 검토해 본 결과는 다음과 같다.
>
> ○ 중점 추진 과제 가운데 인력 재배치가 필요한 과제는 없지만 장기 시행 과제는 있다.
> ○ 타 부서와 협의가 필요한 과제 가운데 즉각적인 효과가 나타나는 과제는 없다.
> ○ 많은 예산이 필요한 과제 가운데 즉각적인 효과가 나타나는 과제가 있다.
> ○ 장기 시행 과제 가운데 타 부서와 협의가 필요하지 않은 과제는 모두 인력 재배치가 필요한 과제이다.
> ○ 인력 재배치가 필요한 과제 가운데 많은 예산이 필요한 과제는 없다.

┤ 보기 ├
ㄱ. 장기 시행 과제이면서 즉각적인 효과가 나타나는 과제 가운데는 많은 예산이 필요한 과제가 없다.
ㄴ. 인력 재배치가 필요하지 않은 과제 가운데 즉각적인 효과가 나타나지 않는 과제가 있다.
ㄷ. 장기 시행 과제가 아니면서 많은 예산이 필요한 과제가 있다.

① ㄱ          ② ㄷ
③ ㄱ, ㄴ       ④ ㄴ, ㄷ
⑤ ㄱ, ㄴ, ㄷ

# 35 생중하

**다음 글에서 추론할 수 있는 것만을 〈보기〉에서 모두 고르면?**

동물은 에너지원으로 탄수화물과 지방을 주로 사용한다. 탄수화물을 에너지원으로 많이 사용하면 혈중 젖산 농도가 증가하고, 지방을 에너지원으로 많이 사용하면 혈중 트리글리세리드(TG) 농도가 증가한다.

곰이 계절에 따라 주로 사용하는 에너지원이 무엇인지 알아보기 위해, 곰의 혈액과 배설물을 사용하여 두 건의 연구를 수행했다. 장내 미생물군은 배설물 안에 보존되어 있고, 장내 미생물군의 구성 비율은 미생물군이 에너지원으로 사용할 수 있는 물질이 얼마나 있는지에 따라 변할 수 있다. 장내 미생물군 중 어떤 것은 에너지원으로 탄수화물을 주로 사용하고, 다른 어떤 것은 에너지원으로 지방을 주로 사용한다. 체내환경에서 탄수화물이 많아지면 그것을 주로 사용하는 미생물군의 비율이 증가하고 지방의 경우도 마찬가지다. 이 미생물군들의 작용으로 젖산 또는 TG가 개체의 혈액에 추가로 제공된다.

첫 번째 연구에서 총 10마리의 곰 각각으로부터 여름과 겨울에 혈액을 채취하여 혈중 물질의 농도를 분석하였다. 이 연구로부터 혈중 평균 TG 농도는 겨울이 여름보다 높고, 혈중 평균 젖산 농도는 여름이 겨울보다 높다는 결과를 얻었다. 이로부터 곰이 에너지원으로 주로 사용하는 물질의 종류는 여름과 겨울에 다르다는 것을 알 수 있었다.

두 번째 연구에서 장내 미생물이 없는 무균 쥐를 이용한 실험을 수행하였다. 무균 쥐는 고지방 음식을 섭취하더라도 혈중 TG 농도가 변하지 않고 $50\,\mu$M로 유지된다. 20마리의 무균 쥐를 10마리씩 두 그룹으로 나누어, 그룹 1의 쥐에는 여름에 곰으로부터 채취한 배설물을, 그룹 2의 쥐에는 겨울에 곰으로부터 채취한 배설물을 같은 양만큼 이식하였다. 이후 같은 양의 고지방 음식을 먹었다. 2주 후 쥐의 혈중 TG 농도를 분석하였고, 그룹 1과 그룹 2에서 쥐의 혈중 평균 TG 농도는 각각 $70\,\mu$M과 $110\,\mu$M이었다. 이로부터 곰의 배설물에 있는 장내 미생물이 쥐의 혈중 TG 농도를 높였다는 것을 알 수 있었다.

┌ 보기 ┐

ㄱ. 곰은 에너지원으로 여름보다 겨울에는 탄수화물을, 겨울보다 여름에는 지방을 더 많이 사용한다.

ㄴ. 여름에 곰으로부터 채취한 배설물을 이식한 무균 쥐는 탄수화물을 충분히 섭취해도 혈중 젖산 농도가 증가하지 않는다.

ㄷ. 곰의 경우 전체 장내 미생물군 중 에너지원으로 지방을 주로 사용하는 미생물군이 차지하는 비율은 여름보다 겨울에 더 높다.

① ㄱ ② ㄷ ③ ㄱ, ㄴ ④ ㄴ, ㄷ ⑤ ㄱ, ㄴ, ㄷ

# 36 상중하

**다음 글의 〈실험〉의 결과를 가장 잘 설명하는 것은?**

광센서는 입사한 빛에 의해 전자가 들뜬 상태로 전이하는 현상을 이용한다. 반도체 물질에서 전자가 빛에 의해 에너지를 얻으면 이동이 비교적 자유로운 상태인 '들뜬 상태'가 된다. 그러므로 들뜬 상태의 전자가 얼마나 많은지를 측정하여 빛의 세기를 잴 수 있다. 그런데 빛이 들어오지 않을 때도 전자가 들뜬 상태로 전이하는 경우가 있다. 이러한 전자는 빛에 의해 들뜬 상태가 된 전자와 섞이기 때문에 광센서로 빛의 세기를 정확하게 측정하지 못하게 한다. 이렇게 측정하려는 대상을 교란하는 요인을 '잡음'이라 한다.

빛이 들어오지 않을 때 광센서에서 전자가 들뜬 상태로 전이하는 이유는 크게 두 가지이다. 하나는 열적 현상으로, 광센서 내부의 원자 진동에 의해 원자에 속박된 전자 일부가 큰 에너지를 얻어 들뜬 상태로 전이하는 것이다. 이런 방식으로 들뜬 상태로 전이하는 전자의 수는 원자의 진동이 없는 절대 0도, 즉 $-273\,^\circ$C에서는 0이었다가 광센서의 절대 온도에 정비례하여 증가한다. 다른 하나는 양자 현상이다. 불확정성 원리에 의하면 광센서 내부의 전자 중 일부는 확률적으로 매우 큰 에너지를 가지게 되어 들뜬 상태로 전이한다. 이러한 현상의 발생 정도는 광센서의 종류에 따라 달라질 뿐, 광센서의 온도에 관계없이 일정하다.

열적 현상에 의한 잡음을 '열적 잡음', 양자 현상에 의한 잡음을 '양자 잡음'이라 하며, 두 잡음의 합을 광센서의 전체 잡음이라고 한다. 광센서의 구조와 이를 구성하는 물질에 따라 열적 잡음의 크기와 양자 잡음의 크기는 달라진다.

광센서의 열적 잡음과 양자 잡음의 상대적인 크기를 구하기 위해 다음 실험을 수행하였다.

<실 험>

실온에서 구조와 구성 물질이 다른 광센서 A와 B의 전체 잡음을 측정하고, 광센서의 온도를 높인 후 다시 두 광센서의 전체 잡음의 크기를 측정하였다. 실험 결과, 실온에서는 A와 B의 전체 잡음의 크기가 같았으나, 고온에서는 A의 전체 잡음의 크기가 B의 전체 잡음의 크기보다 컸다.

① 온도 증가분에 대한 열적 잡음 증가분은 A와 B가 같다.

② 온도 증가분에 대한 양자 잡음 증가분은 B가 A보다 크다.

③ 실온에서 열적 잡음은 A가 B보다 크고, 양자 잡음은 B가 A보다 크다.

④ 실온에서 열적 잡음은 B가 A보다 크고, 양자 잡음은 A가 B보다 크다.

⑤ 실온에서 A와 B는 열적 잡음의 크기가 서로 같고, 양자 잡음의 크기도 서로 같다.

## 37 상중하

**다음 글에 대한 분석으로 옳은 것만을 <보기>에서 모두 고르면?**

조건문 '오늘이 3월 4일이면, 내일은 3월 5일이다'는 단순 명제인 '오늘이 3월 4일이다'와 '내일은 3월 5일이다'로 구성된다. 이러한 단순 명제는 그것이 사실에 대응하면 참이고, 그렇지 않으면 거짓이다. 그렇다면 이것들로 구성된 조건문의 참·거짓은 어떻게 결정될까? 보다 일반적으로 임의의 단순 명제인 A와 C로 구성된 조건문 'A이면 C'의 진릿값은 어떻게 결정될까?

견해 (가)에 따르면 조건문 'A이면 C'는 A가 참인데도 C가 거짓인 경우에 거짓이고, 그 나머지 경우에는 모두 참이다. 여기서 A가 거짓인 경우에는 C가 참이든 거짓이든 조건문은 참이 된다. 그러나 A가 거짓인 경우의 진릿값 결정 방식은 우리의 직관에 부합하지 않는 면이 있다.

견해 (나)에 따르면 조건문의 진릿값이 정해지는 방식은 '가능 세계'라는 개념을 이용해야 만족스럽게 제시될 수 있다. 먼저 A가 현실 세계에서 참인 경우를 생각해보자. 이 경우에는 (가)와 다를 바 없이 현실 세계에서 C가 참인지 거짓인지에 따라 조건문의 진릿값이 결정된다. 즉, C가 참이면 조건문은 참이고 C가 거짓이면 조건문은 거짓이다. 다음으로 A가 현실 세계에서 거짓인 경우를 생각해보자. 이 경우에는 A가 참인 것 외에 다른 것은 모두 현실 세계와 같은 가능 세계에서 C가 참인지 거짓인지를 판단해 보는 것이다. 만약 그 가능 세계에서 C가 참이면 조건문은 참이 되고, C가 거짓이면 조건문은 거짓이 된다. 가령 실제 3월에 누군가 "이번 달이 4월이면, 다음 달은 5월이다."라고 말했다면, 이는 참이다. 왜냐하면 '이번 달은 4월이다'가 참이라는 것이 현실 세계와 다르고 그 밖의 것은 모두 현실 세계와 같은 가능 세계에서는 현실 세계처럼 4월의 다음 달은 5월일 것이기 때문이다.

┌ 보기 ┐
ㄱ. (가)에 따르면 실제 3월에 누군가 "이번 달이 4월이면, 다음 달은 5월이다."라고 말했을 때, 이 조건문은 참이다.
ㄴ. (나)에 따르면 실제 3월에 누군가 "이번 달이 3월이면, 다음 달은 4월이다."라고 말했을 때, 이 조건문은 참이다.
ㄷ. (가)에서 거짓인 조건문은 (나)에서도 거짓으로 판정한다.

① ㄱ
② ㄷ
③ ㄱ, ㄴ
④ ㄴ, ㄷ
⑤ ㄱ, ㄴ, ㄷ

## 38 상중하

**다음 대화에 대한 평가로 적절한 것만을 <보기>에서 모두 고르면?**

갑: 어떤 동물들은 대단한 기술을 지닌 것 같아. 비버가 만든 댐은 정말 굉장하지 않아?

을: 그런 것을 '기술'이라고 부를 수 있을까? 기술이라고 부를 수 있는 것은 오직 인간이 만든 인공물로 한정되는 거야. 기술은 부자연스러움을 낳는데, 비버가 본성에 따라 만든 댐은 부자연스러움을 낳지 않거든. 인공물은 언제나 부자연스러움을 가져오지.

갑: 성냥으로 피운 난롯불은 부자연스럽고 번개로 붙은 산불은 자연스럽다고? 도대체 자연스러움과 부자연스러움의 경계선을 어떻게 그을 수 있어? 인간이 만든 것이든 동물이 만든 것이든, 자연을 변화시키고 자연과 맞서기 위해 만들어졌다면, 그것만으로 기술이 되기에 충분해. 그리고 그 만듦이 본성에 따른 것인지는 기술인가의 여부를 결정하는 데 무관해. 비버가 댐을 만드는 것이 비버가 지닌 본성에 따른 것처럼, 인간이 비행기를 만드는 것도 인간의 본성에 따른 것일 수 있거든.

을: 그래, 나도 인간의 기술이 인간 본성에서 비롯했다는 점에 동의할 수 있어. 하지만 어떤 것이 기술이라면, 그 사용에는 그 기술의 기초가 되는 원리에 대한 이해가 반드시 있어. 비버는 그런 이해가 없지. 그리고 어떤 것의 사용에 원리에 대한 이해가 있다면, 그 사용은 반드시 부자연스러움을 낳아.

갑: 너는 부자연스러움이 모호한 개념이라는 비판을 받아들이지 않는구나. 너의 오류는 인공물과 자연물 사이의 경계가 분명하다는 전제로부터 비롯해. 그 경계를 자연스러움과 부자연스러움 사이의 경계로 투사하고 있는 것이지. 하지만 씨 없는 수박을 생각해 봐. 그것은 완전히 인공적인 것도 완전히 자연적인 것도 아니거든.

┌ 보기 ┐
ㄱ. 만들어진 모든 것이 본성의 소산이라는 것은, 갑의 입장도 을의 입장도 약화하지 않는다.
ㄴ. 자연을 변화시킨 인공물이지만 부자연스러움을 낳지 않는 물건이 있다는 것은, 을의 입장을 강화하지 않는다.
ㄷ. 부자연스러움을 낳는 것 중에 원리에 대한 이해 없이 생겨난 물건이 있다는 것은, 을의 입장을 약화한다.

① ㄱ
② ㄷ
③ ㄱ, ㄴ
④ ㄴ, ㄷ
⑤ ㄱ, ㄴ, ㄷ

## [39~40] 다음 글을 읽고 물음에 답하시오.

갑 : 외계에 지성적 존재가 있다면 지구의 인간들은 그들과 의사소통할 수 있을까요? 우주를 보편적으로 지배하는 원리를 포함하는 이론을 외계인이 지니지 않는다면, 그 외계인은 은하계를 누빌 수 있는 우주선 제작과 같은 기술력을 갖추지 못할 것입니다. 외계인이 지닌 이론은 비록 우리의 것과 다른 방식으로 서술될 수는 있지만 그 내용은 동일할 것입니다. 그런 이론이 포함하는 원리는 우주를 보편적으로 지배합니다. 그리고 그런 이론을 지닌 외계인이 있다고 볼 충분한 이유가 있습니다. 그러므로 외계인이 그런 이론을 지닌다면, 그 외계인과 지구인 사이에는 의사소통이 가능할 것입니다.

을 : 상호 의사소통은 오직 공통된 생활양식을 함께했을 때에만 가능합니다. 그런데 원숭이나 고래 혹은 흰개미처럼 우리와 같은 환경 속에서 진화해 온 존재들조차 우리와 생활양식이 엄청나게 다르지요. 그러니 외계의 환경에서 발생하여 근본적으로 다른 진화 경로를 거쳐 온 이들, 즉 외계인들은 우리와 공통된 생활양식을 절대 함께할 수 없습니다.

병 : 지구에서든 우주 어디에서든, 행성의 운행이나 화학반응을 지배하는 원리는 동일하고 그런 원리를 포함하는 이론을 지닌 외계인이 있을 수 있다고 생각합니다. 하지만 그것으로는 의사소통이 이루어지기에 충분하지 않습니다. 그런 원리를 포함하는 이론을 표현하는 일상 언어를 사용하는 것이 추가되어야 합니다. 왜냐하면 그런 이론을 지니고 있더라도 일상 언어의 결여로 인해 의사소통에 실패하는 경우가 있을 수 있기 때문입니다. 결론적으로, 만약 어떤 외계인이 우주의 보편적 원리를 포함하는 이론을 지니고 그런 이론을 표현하는 일상 언어를 사용한다면, 설령 우리와 그들의 일상 언어가 다르더라도 그런 이론을 표현하는 일상 언어를 사용하는 지구인과 의사소통이 가능할 것입니다.

정 : 우주의 보편 원리를 포함하는 이론을 지니고 그것을 표현하는 일상 언어를 사용하는 외계인과 지구인이 있다고 합시다. 우주의 보편 원리를 포함하는 이론과 그것을 표현하는 일상 언어만으로는 이들 사이에 의사소통이 이루어지는 데 충분하지 않습니다. 그에 더해서 생물학적 유사성까지 충족된다면 의사소통이 가능할 것입니다. 생물학적 유사성을 갖기 위해서는 몇 가지 조건이 만족되어야 합니다. 그 중 한 가지는 신체 구조의 유사성입니다. 우리 지구를 방문한 외계인이 우리 인간과 전혀 다른 신체 구조를 지닌다면 우리는 그들의 행동을 우리 행동과 비교할 수 없고 그로 인해 이해도 할 수 없습니다. 그 점에서 신체 구조의 유사성은 생물학적 유사성을 갖기 위해 필요합니다.

## 39 상중하

위 글에 대한 분석으로 적절한 것만을 〈보기〉에서 모두 고르면?

┤ 보기 ├

ㄱ. 갑에 따르면, 외계인이 은하계를 누빌 수 있는 우주선 제작과 같은 기술력을 갖추었다면 그 외계인과 지구인 사이에는 의사소통이 가능하다.

ㄴ. 을의 주장들과 병의 결론이 참이라면, "지구인과 의사소통이 불가능한 외계인은 우주의 보편적 원리를 포함하는 이론도 지니지 않고 그런 이론을 표현하는 일상 언어도 사용하지 않는다."도 참이다.

ㄷ. 갑 ~ 정 중에서, "외계인과 지구인 사이에 의사소통이 가능하다면 그 외계인은 보편적 원리를 포함하는 이론을 표현하는 일상 언어를 사용한다."라고 주장하는 사람은 없다.

① ㄱ          ② ㄴ
③ ㄱ, ㄷ      ④ ㄴ, ㄷ
⑤ ㄱ, ㄴ, ㄷ

## 40 상중하

다음 〈사례〉가 발생했을 때, 위 글의 갑 ~ 정의 입장을 적절하게 평가한 것만을 〈보기〉에서 모두 고르면?

┤ 사례 ├

지구인 김박사는 우주의 보편 원리를 포함하는 이론을 표현하는 일상 언어를 사용한다. 그는 우주선을 타고 안드로메다에 있는 한 행성에 도착했다. 거기서 만난 외계인 A는 지구인과 전혀 다른 신체 구조를 가지고 있으며 생활양식도 지구인과 매우 다르다. 또한 A는 우주의 보편 원리를 포함하는 이론을 갖고 있지 않다. 그는 지구인의 일상 언어를 쓰지 않고 그 행성의 일상 언어만을 사용한다.

┤ 보기 ├

ㄱ. 김박사가 A와 의사소통이 가능하다면, 을의 입장은 약화된다.

ㄴ. 김박사가 A와 의사소통이 가능하다면, 정의 입장은 강화되지 않는다.

ㄷ. 김박사가 A와 의사소통이 불가능하다면, 갑의 입장도 병의 입장도 약화되지 않는다.

① ㄱ          ② ㄷ
③ ㄱ, ㄴ      ④ ㄴ, ㄷ
⑤ ㄱ, ㄴ, ㄷ

# 03 2023년 입법

| 시간 | 소요시간 | 배점 | 점수 |
|---|---|---|---|
| 90분 | ___분 / 90분 | 100점(문항당 2.5점) | ___점 / 100점 |

## 01 상중하

다음 글의 내용과 부합하는 것은?

제임스 플린은 과거의 IQ 테스트 기록에 대한 연구를 시작했다. 그 결과 IQ 점수가 지난 100년 동안 꾸준히, 거의 대부분의 지역에서 상승했다는 결론이 도출되었다. '플린효과'라고 불리게 된 이 현상은 다른 많은 연구에 의해 더욱 확실해졌고, 인간의 지력이 떨어지고 있다고 주장하는 이들에게 반박의 근거를 제공했다. 플린효과는 텔레비전 쇼, 비디오 게임, 인터넷을 옹호하기 위해 동원되어 왔다.

그러나 플린효과가 사람들이 과거와 비교해 오늘날 "더 똑똑해졌다" 또는 "인터넷이 인류의 보편적인 지능을 향상시키고 있음을 증명하고 있다"라고 외치는 주장은 회의적으로 바라볼 필요가 있다. IQ 점수는 매우 오랜 기간 동안 상승했는데, 지속적으로 안정적인 상승세를 보여 10년 단위로 끊어보면 변화의 폭은 극히 미미할 정도였다. 이는 이런 상승세가 최근의 특정 사건이나 기술보다는 사회 특정 부문에서 일어나는 깊이 있고 지속적인 변화를 반영하고 있음을 암시한다.

지적 기술을 측정하기 위해 고안된 다른 보편적인 테스트 점수는 제자리거나 하락하고 있는 듯하다. 미국 내 고등학교 저학년을 대상으로 치러지는 예비대학수학능력평가(PSAT) 시험 결과도 인터넷 이용이 급속히 증가한 시기인 1999년에서 2008년 사이 전혀 상승하지 않았다. 수학 평균 점수는 49.2점에서 48.8점으로 약간 하락하며 안정적인 수준이었으나, 비판적 읽기 부문은 48.3점에서 46.7점으로 하락했고, 작문 영역은 49.2점에서 45.8점으로 하락하였다.

그렇다면 플린효과는 왜 일어나는가? 영양 상태 개선, 정규교육 확대 등 많은 이론이 제시되었지만 가장 신뢰할 만한 설명은 IQ 점수의 향상은 전반적인 지능의 향상보다는 지능에 대한 사람들의 생각의 변화와 더 관련이 있다는 것이다. 19세기 말에 이르기까지 지능에 대한 과학적인 시각이란 대학에서 배우거나 가르치는 사람들에게 국한된 매우 드문 것이었다. 그러나 지난 100년간 경제적, 기술적 그리고 교육적 목적에 따른 변화로 인해 분류, 연관성, 추상적인 추론이 주요 관심사로 부상했고 사람들은 IQ 테스트 개발자들만이 사용했던 과학적 안경을 똑같이 쓰기 시작했다. 우리는 선조들보다 지능이 더 높지는 않지만 지능을 새로운 문제들에 적용하는 법을 배웠다. 구체적인 것으로부터 논리를 분리해냈고, 가설의 영역에 있는 문제들을 다루는 등 지능을 새로운 문제들에 적용하는 법을 배웠다.

① 제임스 플린의 연구에 따르면, 인간의 지능은 전반적으로 지난 100년간 지속적으로 상승해왔다.
② IQ 점수의 향상은 지능에 대한 사람들의 생각의 변화와 관련이 있다.
③ 19세기 이전의 선조들은 가설의 영역에 있는 문제들을 다루는 등의 과학적인 시각을 배우지 못하였다.
④ 인터넷 보급의 확대는 이용자들의 지력 변화에 아무런 영향을 끼치지 못하였다.
⑤ 예비대학수학능력평가와 같은 현대의 시험방식은 주로 학생들의 추상적인 추론 능력을 평가한다.

# 02 상중하

## 다음 글에 대한 추론으로 적절한 것은?

연결납세제도(Consolidated tax return)는 모법인·자법인이 경제적으로 결합되어 있는 경우 경제적 실질에 따라 해당 모법인·자법인을 하나의 과세 단위로 보아 소득을 통산하여 법인세를 과세하는 제도로서 조직형태(사업부 또는 자회사)에 관계없이 세부담이 동일하게 유지되도록 하는 제도이다. 연결납세제도를 적용하는 경우 연결집단 내 개별 법인의 결손금이 통산되어 연결집단의 모든 개별 법인이 각각 개별 납세하는 경우보다 세부담이 감소할 수 있다.

연결납세제도를 도입하게 되면 긍정적인 효과와 부정적인 효과가 발생한다. 연결납세제도의 긍정적인 효과로는 세부담의 공평성과 세제의 중립성 제고를 들 수 있다. 회사를 어떠한 조직형태로 운영할지 결정함에 있어 단일법인인 경우나 자법인을 설립해서 운영하는 경우 모두 경제적 실질이 같을 때 세부담이 동일하기 때문이다.

연결납세제도의 부정적인 효과로는 세수 감소 및 조세행정비용 증가를 들 수 있다. 연결납세제도는 연결집단 내 개별 법인의 소득을 합산하여 과세하는 제도로서 결손금 통산 등으로 인해 연결집단의 소득이 감소할 수 있고, 그 계산과정이 복잡하기 때문이다.

연결납세제도의 유형은 '소득통산형'과 '손익대체형'으로 구분된다. 소득통산형이란 모법인과 자법인을 하나의 법인으로 보아 연결소득을 산출한 후 연결세액을 계산하는 방식을 뜻한다. 손익대체형이란 개별적으로 과세소득을 계산한 후 연결법인 간 결손금의 대체만 인정하는 방식을 뜻한다.

A국은 2008년 12월 26일 「법인세법」 개정 시, 기업의 경영조직 선택에 있어 조세의 중립성을 제고하기 위하여 연결납세제도를 도입하였으며 2010년 1월 1일부터 시행하였다. A국의 연결납세제도는 소득통산형 방식을 채택하고 있는데, 적용대상은 모법인과 '완전 지배' 관계에 있는 자법인으로 내국법인에 한정된다. 여기서 완전 지배란 내국법인이 다른 내국법인의 발행주식총수의 전부(지분율 100%)를 보유하는 경우를 말하며, 내국법인과 그 내국법인의 완전자법인이 보유한 다른 내국법인의 주식 등의 합계가 그 다른 내국법인의 발행주식총수의 전부(100%)인 경우를 포함한다. 다른 내국법인을 완전지배하는 내국법인(완전모법인)과 그 다른 내국법인(완전자법인)은 완전모법인의 납세지 관할 지방국세청장의 승인을 받아 연결납세제도를 적용할 수 있다. 연결납세적용 여부는 선택이지만, 일단 적용하면 과세단위 조작을 통한 조세회피 방지를 위해 5년 동안 계속 적용하여야 한다.

연결납세제도는 OECD 38개국 중 미국·영국·일본·독일 등 24개국에서 시행 중이며, 대체적으로 지분율 100%보다는 완화된 50~95% 기준을 적용하고 있다.

① 연결납세제도는 경제적 실질에 따라 법인세를 과세하여 조세행정비용이 감소할 수 있다.

② 연결집단의 모든 개별 법인이 각각 개별 납세하는 경우 연결납세제도를 적용하는 경우보다 세부담이 증가할 수 있다.

③ A국은 모법인과 자법인을 하나의 법인으로 보아 연결소득을 산출하고 있으며, OECD 국가보다 대체적으로 완화된 지분율 기준을 적용하고 있다.

④ A국은 연결집단 내 개별 법인의 결손금을 2008년 말부터 통산하여 법인세를 과세하고 있다.

⑤ 독일은 A국에 비하여 세수확보보다 조세행정비용을 줄이는 것을 강조한다.

## 03 상중하

다음 글에 대한 추론으로 적절하지 않은 것만을 〈보기〉에서 모두 고르면?

2021년 6월 9일, 엘살바도르는 전세계에서 비트코인을 법정 통화로 승인한 첫 번째 국가가 되었다. 그리고 2022년 4월 7일, 온두라스의 한 경제특구가 비트코인을 포함한 암호화폐를 법정 통화로 채택하였는데, 중앙 정부 차원이 아닌 지자체 차원에서 비트코인을 법정 통화로 채택한 것이다. 그리고 같은 해 4월 21일, 중앙아프리카공화국은 세 번째로 비트코인을 법정 통화로 채택하였다.

개발도상국들이 비트코인을 법정 통화로 채택한 이유는 다음과 같다. 첫째, 송금 비용과 시간을 절약할 수 있기 때문이다. 엘살바도르는 국민의 70%가 기존 은행 시스템을 이용하지 않고 있고, 해외 이민자들이 엘살바도르로 보내는 송금액이 2020년 국내 총생산의 24%를 차지할 정도로 송금 의존도가 높은데, 기존 은행 시스템이 아닌 비트코인 시스템을 사용하면 훨씬 빠르고 저렴하게 송금할 수 있다. 둘째, 미국의 통화 정책으로 인한 인플레이션에 대응하기 위해서이다. 엘살바도르는 자국 화폐인 콜론의 가치가 너무 많이 떨어져 2000년부터 미국의 달러를 법정 통화로 사용하고 있었다. 그런데 코로나19로 인해 미국에서 양적 완화 정책이 시행되었고, 엘살바도르는 달러를 적시에 공급받지 못하고 달러에 의존하던 시스템에 문제가 생겨 이에 대응하기 위해 비트코인을 법정 통화로 채택한 것이다.

미국, 스위스, 싱가포르, 일본, 캐나다 등 일부 선진국은 디지털 자산에 선제적으로 대응하며 규제 프레임 워크를 구축해 왔으며, 디지털 자산의 발행, 서비스 및 과세 영역에서 활발한 논의를 거쳐 각자의 정책을 펼쳐 왔다. 아직 법적으로 명확한 원칙을 수립하지는 못한 상황이지만, 한국보다 3~5년 정도 선제적으로 대응하고 있다.

한국 정부는 대부분의 디지털 자산 시장이 불법이라는 입장 하에 관련 산업을 금지하는 단계였지만, 2022년 5월 루나·테라 사태로 인하여 규제의 정립이 필요하다는 인식이 확산되었다. 그렇지만 디지털 자산 산업의 발전 속도와 흐름을 감안한다면, 새로운 프레임 워크를 통한 규제 정책이 시급한 상황이다. 한편 중국은 한때 디지털 자산 선진국이었으나 2017년부터 시작된 디지털 자산 금지 정책으로 인하여 채굴과 거래가 금지되어 그 위상을 잃게 되었다. 그렇지만 2022년 5월부터 중국이 비트코인 채굴 점유율을 회복하며 전세계 채굴 2위 국가로 재부상하였다. 정부에서 채굴을 전면 금지하였지만, 현지 업계에서는 당국의 감시를 피해 활동을 재개했다는 분석이 나온다.

한편 최근 미국의 증권거래위원회(SEC)와 상품선물거래위원회(CFTC)의 행보를 보면 디지털 자산에 대한 생각을 가늠할 수 있다. 2022년 6월, SEC는 세계 5번째 규모의 토큰인 바이낸스홀딩스가 진행한 BNB의 증권 여부 조사를 시작하였다. 쟁점은 2017년 바이낸스홀딩스가 진행한 BNB 토큰의 판매가 '미등록 증권 판매'에 해당하는지 여부이며, 절차를 밟지 않은 증권 발행으로 판명이 날 경우 법적 조치의 대상이 될 수 있다. 또한 2022년 6월, 미국 상원은 디지털 자산의 규제 기관을 SEC가 아닌 CFTC로 해야 한다는 금융 혁신 법안을 발의하였는데, 이는 게리 갠슬러 미국 SEC 위원장의 주장과 충돌되는 내용이라 주목받고 있으며 테라 사태로 인해 안정성 논란을 빚고 있는 스테이블 코인에 관한 규정 관련 내용도 있다.

**보기**

ㄱ. 지자체 차원에서 법정 통화를 채택하는 국가도 있다.
ㄴ. 다른 국가의 통화정책에 영향을 많이 받는 개발도상국의 경우 비트코인을 법정 통화로 채택하여 대응을 용이하게 할 수 있다.
ㄷ. 일부 선진국은 디지털 자산에 선제적으로 대응하며 규제 프레임 워크를 구축했고, 법적으로 명확한 원칙을 수립한 단계에 이르렀다.
ㄹ. 중국은 디지털 자산 선진국으로 디지털 자산에 대한 규제 없이 혁신을 이루고 있다.
ㅁ. 미국 하원은 디지털 자산의 규제 기관을 상품선물거래위원회로 해야 한다는 금융 혁신 법안을 발의하여 미국 증권거래위원회의 지지를 받고 있다.

① ㄱ, ㄴ, ㅁ
② ㄱ, ㄷ, ㄹ
③ ㄴ, ㄷ, ㄹ
④ ㄴ, ㄷ, ㅁ
⑤ ㄷ, ㄹ, ㅁ

## 04 상 중 하

### 다음 글에 대한 추론으로 적절한 것은?

타미플루는 미국의 제약 회사인 길리어드 사이언스에서 개발되고, 스위스의 다국적 제약 회사인 로슈에서 판매하고 있는 인플루엔자 바이러스 치료제이다. 타미플루는 상품명이며 국제일반명으로 오셀타미비르라 한다. 2009년, 돼지에서 기원한 새로운 호흡기 바이러스 H1N1의 출현으로 세계보건기구(WHO)가 팬데믹을 선언할 당시 항바이러스제로서 맹활약했던 의약품이다. 타미플루는 경구용 캡슐제이며 감염 초기 증상 발현 후 24시간에서 48시간 내 복용해야 적절한 약리 효과가 나타난다.

바이러스 치료제의 경우 바이러스 감염 후 임상 증상이 질환 과정의 후반부에서 나타나기 때문에, 백신에 의한 면역이 바이러스 치료제의 사용보다 훨씬 선호된다. 하지만 백신에 심각한 알레르기가 있는 사람은 백신 접종을 할 수 없는 등 다양한 이유로 백신 접종을 받지 못한 상태에서 바이러스에 감염이 되었다면, 환자의 치료를 위해 항바이러스제가 투여되어야 한다.

타미플루는 길리어드 사이언스 내 한국계 일본인 유기화학자인 김정은 박사 주도 하에 개발이 이루어졌는데, 김정은 박사는 하버드 대학교 화학과 코리(E. J. Corey) 교수와 함께 알코올이 온화한 조건에서 케톤, 알데하이드로 산화되는 코리-김(Corey-Kim) 반응을 개발한 화학자로도 유명하다.

김정은 박사는 1994년 네이처지에 게재된 글락소스미스클라인의 논문을 보고 조류독감 치료제인 타미플루 개발을 시작하게 되었다고 밝혔는데, 타미플루 개발은 매출 2천만 달러에 불과했던 소규모 제약회사 길리어드를 한번에 글로벌 제약 업체의 반열에 올려놓는 중추적인 역할을 하게 된다.

길리어드는 타미플루의 대량 생산에 대한 특허권을 매년 당해 연도 매출액의 22%를 로열티로 받는 조건에 스위스 제약 회사인 로슈에 넘겼다. 이후 로슈가 타미플루의 생산 및 판매권을 독점하게 되었고, 길리어드는 2008년 한 해에만 1억 5,500만 달러를 타미플루의 매출액에 대한 로열티로 벌었다.

타미플루는 2009년 북미에서 발생한 신종 플루의 치료제로서 큰 역할을 했지만, WHO에 의해 팬데믹이 선언된 당시 로슈의 타미플루 생산량에 대한 문제가 크게 대두되었다. 로슈가 보유한 생산 시설을 10년간 완전 가동하더라도 세계 인구의 20% 분량밖에 얻을 수 없었기 때문이었다. 이에, 원활하게 타미플루가 전세계의 환자들에게 공급되기 위해서 특허 소유권자인 로슈의 허락없이 강제로 특허를 사용할 수 있게끔 하는 배타적 권리 강제 실시권 부여의 압력이 거세게 일어났다. 이러한 문제는 2016년 로슈의 특허가 만료됨에 따라 복제약이 개발, 승인, 유통되면서 자연스럽게 해결되었다.

① 타미플루는 2009년 돼지에서 기원한 새로운 호흡기 바이러스를 치료하기 위하여 개발되었다.
② 백신에 심각한 알레르기가 있는 환자의 치료를 위해서는 타미플루를 사용할 수 없다.
③ 2008년 로슈의 타미플루에 대한 매출액은 7억 달러 이상이었을 것이다.
④ 타미플루는 북미에서 발생한 신종 플루의 치료제로서 한국인이 개발하였다.
⑤ 타미플루 특허 소유권자의 허락 없이 강제로 특허를 사용할 수 있게 되어 타미플루 생산량에 대한 문제가 해결되었다.

## 05 상중하

**다음 글의 내용과 부합하지 않는 것은?**

최근 국내 물가상승에 원자재 가격이 가장 큰 영향을 미치는 가운데, 글로벌 공급망 차질이 원달러 환율과 유사한 수준으로 중요한 역할을 하는 것으로 분석되었다. 한편, 우리나라는 미국에 비해 수요압력이 높지 않은 것으로 확인되었다. 여기에는 다양한 원인이 있겠으나, 국내 소비가 구조적 부진에서 완전히 벗어나지 못한 점을 주요 원인으로 들 수 있다. GDP갭을 통해 측정한 수요압력의 영향은 개인서비스를 중심으로 한 일부 품목에 제한되었다. 결과적으로 2022년도 2분기 국내 물가상승률(전기대비)의 60%가 원자재 가격 상승과 공급망 차질로부터 유발되었으며, 수요압력 비중은 1% 수준으로 미미하였다.

이처럼 국내 물가상승의 주요 동인이 글로벌 요인에 있는 만큼, 통화정책을 포함한 국내 정책 대응에 어려움이 많은 상황이다. 국내 인플레이션의 특성을 고려한 정책적 시사점은 다음과 같다. 우선 통화정책과 관련하여, 우리나라는 주요국보다 선제적으로 통화긴축을 실시한 덕분에 점진적인 기준금리 인상경로를 유지하고 있다. 대외요인의 영향에도 불구하고, 금년 들어 상승세를 보이는 기대인플레이션, 개인서비스 품목을 중심으로 한 일부 보복소비(pent-up 소비) 확산 가능성 및 최근 불안정성을 보이는 원달러 환율을 고려할 때 통화긴축의 중요성이 높은 것으로 평가된다. 다만 향후 기준금리 인상경로 결정 시, 미국에 비해 국내에서는 수요압력이 물가상승에 기여하는 바가 크지 않다는 점을 고려할 필요가 있다.

여타 정책 대응의 경우 통화정책과의 일관성 유지를 중요하게 고려하여야 한다. 특히 우리나라를 포함한 여러 국가에서 포괄적 감세 및 보조금 지급을 통해 유가 상승에 대응하고 있는데, 포괄적 지원을 통해 단기충격을 완화하고 인플레이션을 일시적으로 낮추는 효과를 기대할 수 있을 것이다. 하지만 역사적으로 포괄적 에너지 지원정책은 중장기적 유효성이 낮은 것으로 판명되었다. 수요를 유지시킴으로써 공급충격이 지속되는 부작용이 있고 기업의 비용 전가가 용이해질 가능성이 있다. 또한 이러한 정책은 총수요압력 완화를 위한 통화긴축과도 일관되지 않는 측면이 있다. 이런 점들을 고려할 때, 향후 에너지 가격 상승에 대한 대응은 포괄적 지원보다는 저소득층 지원에 초점을 둘 필요가 있다.

향후 중앙은행의 긴축 등에 힘입어 물가상승세가 완화될 수 있을 것이다. 하지만 팬데믹 영향의 지속, 지정학적 갈등 심화, 기후변화 대응 가속화 등의 영향으로, 원자재 가격 및 공급망 문제가 장기적 관점에서 물가 불확실성을 확대하는 구조적 요인으로 자리 잡을 가능성이 있다. 미국·유로지역·영국 중앙은행 총재들 또한 과거와 같은 저물가로 회귀하지 못할 가능성을 제기한 바 있다. 최근의 높은 물가 수준을 고려할 때 중앙은행의 경기변동 조절을 통한 물가안정 노력이 무엇보다 중요할 것이나, 구조적 요인에 의한 물가 불확실성 확대·지속에 대비하기 위한 노력이 병행되어야 할 것이다.

① 수요압력이 물가상승에 기여하는 바는 국내에서보다 미국에서 더 작다.
② 중앙은행의 긴축정책을 통한 물가안정의 향후 기대가 공급 측 문제로 인해 실현되지 않을 수 있다.
③ 선제적인 통화긴축의 실시는 기준금리 인상경로에 영향을 미친다.
④ 국내 물가상승의 주요 원인은 내수보다는 글로벌 요인에 있다.
⑤ 유가 보조금 정책은 통화긴축정책과 상충하는 측면이 있다.

# 06 (상)(중)(하)

**다음 글의 ㉠의 의의로 가장 적절한 것은?**

유럽을 여행하는 많은 사람들이 우선적으로 가는 곳이 아테네의 아크로폴리스다. 그러나 아크로폴리스에서 건축적 감동을 경험하려면 많은 시간이 필요하다. 이미 아테네는 고대의 도시 아테네가 아니다. 우리가 기억하는 페리클레스 시대의 건축과 도시는 폐허의 유적으로 도시 이곳저곳에 흩어져 있을 뿐이다. 이미 문자로 기록된 인류역사의 반에 해당하는 2,500년의 세월이 지난 것이다.

사진으로만 보던 아크로폴리스에 처음 당도했을 때, 나는 대리석 암벽 위에 서 있는 폐허의 석조 건물군이 마치 해독할 수 없는 상형문자처럼 느껴졌다. 박제된 건축의 유적을 보고 무엇을 느낄 수 있을까. 우리가 찾는 수많은 인류의 유산은 대부분 이미 본래의 모습이 아니고 원래의 역할을 하지 않을 뿐 아니라 주변의 모든 것이 달라진 상태이다. 역사적 건축에 대한 탐험은 현장의 자취와 기록을 통해 접근할 수밖에 없다. 현장의 체험과 기록에 대한 지적 접근으로 본래의 모습에 다가갈 수 있는 것이다. 위대한 역사 건축의 실재에 감동하기 위해서는 열린 마음만으로는 부족하다. 페리클레스 시대의 그리스를 아는 것도 중요하지만, 크레타 문명과 미케네의 건축과 도시를 알고 그리스의 신과 그들의 법과 제도를 알 때 아크로폴리스가 보이기 시작하는 것이다. 많지는 않으나 그런 공부를 한 다음 아크로폴리스를 찾았을 때, 순간이었지만 그리스 시대의 아크로폴리스를 느낀 것 같았다. 가슴을 울리는 앎을 위해서는 많은 공부가 우선되어야 한다. 예술의 이해에는 창작만큼의 훈련과 공부가 필요한 것이다.

아크로폴리스는 그냥 거기 서 있는 것이 아니라 2,500년 전에 세운 신들의 도시와 사람의 도시가 현대도시 속에 원형의 공간을 유지하고 있는 것이다. 주변의 마을도 1,000년의 시간을 함께 했다. 아테네의 모든 도시 구역은 아크로폴리스로부터 비롯한다. 아크로폴리스는 올림피아 신전, 아고라, 올림픽 스타디움과 함께 일련의 역사문화적 인프라를 이루고 있다. 20년 전에는 파르테논 신전만 보였고, 10년 전에는 신전의 도시 아크로폴리스만 볼 수 있었으나 지금은 2,500년 된 도시 아테네를 조금은 알 듯하다. 옛 도시의 흔적이 400만 현대 도시 사이에 원래의 모습으로 각인된 것을 본다. 아테네가 아직 인류의 이상도시로 남아있는 것은 아크로폴리스가 아테네 한 가운데 있으면서 끊임없이 역사 속에 존재했기 때문이다.

㉠ <u>역사의 유적</u>은 우리에게 어떤 의미가 있는가. 더욱이 그것이 박물관에 쌓인 것이 아니라 도시에 남아 있는 것일 때는 어떠할까. 지하에 묻힌 옛 도시의 유적은 어떻게 이해할 것인가. 정도 600년이 지난 조선조의 왕도 서울, 1,000년 전에 사라진 신라의 고도 경주, 지상에서 사라진 백제의 도시들을 어찌할 것인가. 현대도시의 뿌리인 아테네와 로마의 도시는 역사의 보존과 개발이라는 상반되는 두 입장의 조화를 어떻게 이루고 있는가. 천년도시 시안과 베이징과 교토는 어떠한가.

이런 화두에 대한 가장 좋은 답이 아테네의 아크로폴리스 언덕이다. 아테네야말로 인간이 도시의 척도가 된 최초의 사례였다. 현대도시의 이상은 아테네에서 시작한 것이다. 아테네가 로마의 지배로 식민도시가 된 후 로마는 아크로폴리스의 암벽 아래 아티쿠스 극장을 세우고 만인의 극장인 디오니소스 극장을 복원하였다. 그리고 2,000년의 시간이 흘렀다. 파르테논 신전이 있는 아티쿠스 극장은 아테네 시민들이 사랑하는 야외극장이 되었다. 위대한 신전 옆에 이민족이 세운 극장이지만 아티쿠스 극장은 아크로폴리스를 더욱 아크로폴리스답게 만드는 역사의 더함을 통해 폐허로부터 부활한 것이다.

인간이 인간에게 남기는 역사의 유적은 어떻게 읽어야 하나. 아테네와 카이로의 이 건축 유산은 나에게 무엇인가. 인간공동체의 일원으로서의 나의 DNA와 이곳은 무슨 상관이 있을까. 알렉산드리아의 불탄 옛 도서관 자리에 세우려 한 건축과 아크로폴리스와 밀양 영남루는 어떠한 관계일까. 건축가가 아닌 사람들이 역사적 건축을 통해서 알 수 있는 것은 무엇일까. 필요에 의해 지어졌던 모든 건축이 지금은 그 기능을 잃고 역사의 유적으로만 남았다. 그러나 아크로폴리스와 기자의 피라미드를 통해 대부분의 사람들은 역사의 기록을 실재한 것으로 알 수 있고, 그리스와 이집트 문명의 사실에 다가설 수 있다. 카이로의 밤은 다른 1,000년의 시간으로 거슬러 가게 한다. 대륙 내부로부터 5,000년 동안 문명을 바다로 향하게 한 나일강은 오늘도 옛 시간을 거슬러 흐른다.

① 건축적 감동을 줄 수 있어야 한다.
② 지적인 방법을 통해 접근할 수 있어야 한다.
③ 도시 원리를 잘 포함하고 있어야 한다.
④ 기능적 특성을 잘 유지하고 있어야 한다.
⑤ 지속적으로 역사와 함께하고 있어야 한다.

## 07 <sup>상중하</sup>

다음 〈진술〉이 모두 참이라고 할 때, 아래의 〈결론〉이 타당하게 도출되기 위해서 추가로 필요한 전제는?

┌ 진술 ┐
○ 화성인이 사랑하는 사람은 착하고 잘생긴 금성인뿐이다.
○ 누군가에게 선물을 잘 사주거나 애정 표현을 한다면 그 사람을 사랑하는 것이다.
○ 갑은 무뚝뚝한 화성인이다.
○ 무뚝뚝한 사람은 누구에게도 애정 표현을 하지 않는다.
○ 착한 사람만이 자신에게 애정 표현하지 않는 사람을 사랑한다.
○ 을은 갑을 사랑한다.

┌ 결론 ┐
을은 잘생긴 금성인이다.

① 을은 착하다.
② 을은 무뚝뚝하지 않다.
③ 갑은 을에게 선물을 잘 사준다.
④ 을은 갑에게 선물을 잘 사준다.
⑤ 갑은 을에게 애정 표현을 하지 않는다.

## 08 <sup>상중하</sup>

다음 글의 내용과 부합하지 않는 것은?

산업사회가 고도화될수록 무형자산(intangible assets)의 가치는 더욱 중요해진다. 자본이나 담보 능력은 부족하나 혁신적인 기술과 창의적인 아이디어를 보유한 창업·벤처기업은 무형자산을 무기로 사업을 일으키고 경쟁력을 강화할 수 있다. 4차 산업혁명 시대에는 혁신기술이 사회변화를 추동해 국가의 경쟁력마저 바꿔 놓는다. 최근 글로벌 이슈가 되고 있는 미국과 중국 간 패권 경쟁은 미래성장산업의 주도권을 선점하기 위한 무형자산 권리 강화 전쟁이라고도 볼 수 있다. 무형자산은 재산적 측면에서 봤을 때 '지식재산'이라고도 할 수 있다. 과거에는 흔히 무형재산 또는 무체재산이라고 하였으나 2011년 「지식재산기본법」이 제정되면서 지식재산으로 일반화되었다. 지식재산에 권리가 부여된 지식재산권은 전통적으로 산업재산권과 저작권으로 구분한다. 산업재산권은 특허권·실용신안권·디자인권·상표권을, 저작권은 저작재산권·저작인격권·저작인접권 등 창작물에 대한 권리를 말한다. 한편 과학기술의 발전과 경제·사회·문화의 변화에 따라 종래 지식재산의 범주에 속하지 않고 새롭게 출현하는 지식재산을 신지식재산이라고 한다. 컴퓨터 프로그래밍, DB와 같은 산업저작권, 반도체 직접회로의 배치설계와 같은 첨단산업저작권, 영업비밀, 지리적 표시 등이 여기에 속한다.

산업재산 또는 지식재산에 대한 평가와 평가 범위 등에 관하여는 현재 다수의 법률에서 이를 규정하고 있다. 먼저 「기술의 이전 및 사업화 촉진에 관한 법률」에서는 산업재산과 신지식재산을 포함한 지식재산을 포괄적으로 '기술'로 정의하였다. 그리고 이를 사업화할 때 발생하는 경제적 가치를 가액·등급·점수로 표현하는 행위를 '기술평가'로 규정하였는데, 이때 기술평가는 지식재산에 대한 평가라고 할 수 있다. 산업통상자원부장관을 비롯한 관계중앙행정기관의 장은 기술평가를 전문적으로 수행하는 기관인 '기술평가기관'을 지정할 수 있다. 「발명진흥법」에서는 특허권·실용신안권·디자인권·상표권을 '산업재산권'으로, 산업재산권의 경제적 가치를 가액·등급·점수 등으로 평가하는 업을 '산업재산권 서비스업'으로 정의하였다. 그리고 특허청장은 산업재산권 서비스업을 영위하는 회사를 '산업재산권 서비스업 전문회사'로 지정할 수 있고, 산업재산권으로 등록된 발명 중 조속한 사업화가 필요하다고 인정된 경우 이를 평가할 수 있는 '발명의 평가기관'을 지정할 수 있다. 「문화산업진흥 기본법」에서는 문화상품 또는 문화기술의 사업화를 통해 발생할 수 있는 경제적 가치를 가액·등급·점수 등으로 표현하는 '가치평가'를 규정하고, 문화체육관광부장관이 이를 전문적으로 평가하는 '가치평가기관'을 지정할 수 있도록 하고 있다.

혁신기술의 창출, 기술 간 융합처럼 기술사업화 시장에서 지식재산의 가치가 증대됨에 따라 이에 대한 가치평가도 중요해지고 있다. 이때 지식재산 가치평가는 지식재산 거래 활성화의 전제가 되므로 전문가에 의한 정확한 평가가 필수적이다. 이에 유·무형 자산에 대한 가치평가 시 평가자의 자격, 업무영역 등에 대한 제도적 보완이 요구되고 있다.

① 지식재산은 본래 다양한 명칭으로 혼용되다가 법률 제정을 통해 일반화되었다.
② 반도체 직접회로의 배치설계는 종래 지식재산의 범주에 속하지 않았다.
③ 「기술의 이전 및 사업화 촉진에 관한 법률」에 따르면 기술평가란 지식재산을 사업화할 때 발생하는 경제적 가치를 가액·등급·점수로 표현하는 행위를 말한다.
④ 「기술의 이전 및 사업화 촉진에 관한 법률」은 전통적 지식재산권인 산업재산권에 한정하여 경제적 가치를 가액·등급·점수 등으로 표현하는 행위를 규정하고 있다.
⑤ 가치평가가 지식재산에 한정하여 이루어지는 것은 아니다.

## 09 상중하

다음 글의 문단을 논리적 순서에 맞게 나열한 것으로 가장 적절한 것은?

(가) 사립대학에 대해서는 포괄적으로 지원·육성하여야 한다고만 규정하고 있을 뿐, 재원이나 범위를 명확히 하지 않고 있기 때문에 재정지원여부와 지원규모는 어디까지나 국가의 재량사항에 속한다. 특히 우리나라 고등교육의 재원은 지금까지 수익자부담의 원칙에 의한 사적 지원에 크게 의존해 왔는데, 이제는 학생등록금, 재단, 사회적 기부 등 어느 것에도 대학재정을 기대하기 힘든 상황에서 "법적 근거를 갖는" 국가지원의 필요성이 제기된다.

(나) 법적으로 보면, 국가는 대학에 대하여 적어도 세 가지의 역할을 가지고 있다. 첫째는 국립대학 설립자로서의 역할이며, 둘째는 국·공·사립대학의 교육에 대한 지도·감독자로서의 역할이고, 셋째는 국·공·사립대학의 교육에 대한 지원·육성자로서의 역할이다.

(다) 국가와 지방자치단체는 대학을 포함한 학교를 설립·경영할 수 있고(「교육기본법」 제11조제1항), 학교의 설립·경영자는 시설·설비 등 대통령령이 정하는 설립기준을 갖추어야 하기 때문에(「교육기본법」 제16조 제1항, 「고등교육법」 제4조제1항), 국가는 그동안 국립대학의 설립자로서 일정한 역할을 수행해 왔다. 또한 국가는 대학을 포함한 학교를 지도·감독하고(「교육기본법」 제17조), 대학은 교육부장관의 지도·감독을 받도록 되어 있기 때문에(「고등교육법」 제5조, 「사립학교법」 제4조 제3항), 국가는 국·공·사립대학에 대한 지도·감독자로서의 역할도 수행해 왔다.

(라) 그러나 국립대학에 대한 재정지원을 제외하고는, 대학교육에 대한 국가 재정지원의 법적근거는 다소 임의적이다. 특히 대학재정 지원을 위한 재원이 명확하게 확보되지 않은 상황에서 국가가 대학에 대하여 재정지원을 할 수는 있으나, 이는 어디까지나 형편에 의해서 할 수도 안 할 수도 있다.

(마) 그러나 대학교육에 대한 지원·육성자로서의 국가의 역할은 상대적으로 소홀히 취급되어 왔다. 「교육기본법」에 지방교육재정에 관한 사항은 특별히 법제화되어 있으나, 대학재정에 관하여는 언급하지 않고 있다. 「고등교육법」 제7조에서 "국가 및 지방자치단체는 학교가 그 목적을 달성하는 데 필요한 재원을 지원·보조할 수 있다"고 규정하여 대학에 대한 국가의 재정지원을 규정하고 있지만, 이는 임의규정에 불과하다. 「고등교육법」 제8조에서는 "국가는 학술·학문연구를 진흥시키기 위하여 실험실습비, 연구조성비, 또는 장학금의 지급 기타 필요한 조치를 강구하여야 한다"고 하여 대학의 실험실습비, 연구조성비, 장학금 등에 관하여는 국가의 책임이 있음을 명확히 하고 있다.

① (가) - (나) - (다) - (라) - (마)
② (가) - (다) - (나) - (마) - (라)
③ (나) - (다) - (가) - (라) - (마)
④ (나) - (다) - (마) - (라) - (가)
⑤ (나) - (마) - (라) - (다) - (가)

## 10 상중하

다음 글의 ㉠의 생각으로 가장 적절하지 않은 것은?

1993년 영국 옥스퍼드대 문화인류학자 ㉠ 로빈 던바 교수는 전세계 원시부족 형태 마을의 구성원 수가 평균 150명 안팎이라는 사실과 원숭이, 유인원 등 영장류의 신피질 크기에 대한 연구를 근거로 한 사람이 사회적 관계를 안정적으로 유지할 수 있는 사람의 수는 100명에서 230명 사이로 평균 150명이라고 발표했다. 던바 교수의 가설은 곧바로 널리 퍼졌고 인맥의 최대치를 뜻하는 150명은 '던바의 수'로 불리게 되었다. '던바의 수'는 우리 사회 여러 분야에 영향을 주었고 관련 연구도 많이 진행되었다.

신피질은 대뇌의 바깥층을 구성하고 운동 명령과 오감, 인지, 공간 추론, 언어 같은 고도의 정신 작용을 맡고 있는 피질 중 가장 마지막으로 진화하였다. 그리고 대뇌 신피질이 클수록 유기체의 정보처리 능력은 커지는데 고릴라의 경우 던바의 수는 50 정도라고 한다.

최근 스웨덴 스톡홀름대 연구진은 '던바의 수'에 문제를 제기하는 논문을 발표하였다. 이들 연구진은 영장류 두뇌에 대한 새로운 데이터와 통계적 방법을 이용해 신피질 크기와 그룹의 크기를 비교해 본 결과, 관계집단의 추정치는 2명에서 520명으로 150명보다 훨씬 작거나 크기 때문에 대뇌 신피질 크기가 관계의 크기를 제한한다고 할 수 없으며 사람들이 노력만 하면 훨씬 더 많은 친구를 가질 수 있다고 주장하였다. 아울러 연구를 이끈 한 교수는 그룹의 크기는 목적에 따라 다르며 모든 목적에 통용되는 단 하나의 그룹 크기를 한정하는 것은 잘못이라고 하였다. 나아가 문화적 영향을 받는 인간과 생물학적 행동 규칙을 따르는 영장류를 같은 차원에서 비교하는 것을 비판하였다. 또 다른 비판자는 지금의 소셜 네트워크는 '던바의 수'보다 훨씬 더 광범위한 관계를 유지할 수 있게 해주기 때문에 '던바의 수'는 소셜 네트워크가 활성화된 현대에 맞지 않다고 비판한다.

이러한 비판들에 던바 교수는 '의미있는 관계를 맺은 사람'은 공항 라운지에서 만났을 때 어색해 하지 않고 인사할 정도로 친숙한 사람, 또는 초대받지 않은 술자리에서 우연히 동석해도 당혹스러워하지 않을 정도의 사람이며 이 숫자는 평균 150명이라고 다시 한번 강조하였다. 던바에 따르면 인간의 관계망은 정서적 친밀도에 따른 여러 층위가 있는데 각 층위의 평균 친구 수는 5, 15, 50, 150명과 같이 친밀도가 떨어질 때마다 네트워크 규모가 약 3배씩 늘어난다. 맨 안쪽 층위인 '가장 믿고 의지하는 절친'은 5명, 이어 친한 친구 15명, 좋은 친구 50명, 그냥 친구 150명, 지인 500명 순으로 점점 커진다. 맨 바깥쪽 층위인 '이름이나 얼굴 정도 아는 사람'은 1,500명 정도에 이른다. 층위가 올라갈수록 접촉 빈도가 낮아지며 이 구조는 오프라인 커뮤니티는 물론 온라인 소셜 네트워크에도 똑같이 적용된다고 그는 강조했다.

그는 "원숭이, 유인원, 돌고래, 코끼리 집단에서도 똑같은 다층 구조를 확인할 수 있다"며 "인간이 가장 많은 층위 구조를 갖고 있을 뿐"이라고 덧붙였다. 다만 '던바의 수'가 일생에 걸쳐 조금씩 달라지는 것은 인정하고 10대 후반에서 20대 초반 사이에 정점을 찍은 뒤 30대에 150명으로 수렴하여 30여 년간 유지되다 다시 감소한다고 하였다.

① 신피질의 크기는 사람보다 고릴라가 크지만 던바의 수는 사람이 더 작다.
② 관계 맺음의 층위에 따라서는 150명보다 훨씬 많은 수의 사람들과도 관계를 맺을 수 있다.
③ 유기체의 정보처리능력과 신피질 크기 사이에는 비례관계가 성립한다.
④ 40대인 사람이 사회적 관계를 안정적으로 유지할 수 있는 사람의 수는 평균 150명이다.
⑤ 특정 개인의 정서적 친밀도에 따른 층위 중 규모가 50명에 속하는 사람은 규모가 150명에 속하는 사람보다 그 개인과의 친밀도가 높다.

## 11 상중하

다음 〈조건〉이 모두 참이라고 할 때, 반드시 참인 것만을 〈보기〉에서 모두 고르면?

┌ 조건 ┐
○ 눈이 오면 스키장에 사람이 많다.
○ 스키장에 사람이 많거나 수영장에 사람이 많으면 차가 막힌다.
○ TV에 특선영화가 상영되면 스키장에 사람이 많지 않다.
○ 눈이 오는 경우에만 수영장에 사람이 많지 않다.

┌ 보기 ┐
ㄱ. TV에 특선영화가 상영되면 수영장에 사람이 많다.
ㄴ. 눈이 오면 차가 막힌다.
ㄷ. 차가 막히지 않으면 TV에 특선영화가 상영된다.

① ㄱ         ② ㄴ
③ ㄱ, ㄴ       ④ ㄱ, ㄷ
⑤ ㄱ, ㄴ, ㄷ

## 12 상중하

**다음 글에 대한 추론으로 적절한 것은?**

전통적인 물리학의 자연법칙이 상정하는 세계에서는 시간성이라는 요소가 사실상 별다른 의미를 지니지 않는다. 뉴턴의 고전물리학에서 우주는 물질이며 거대한 기계장치였다. 우주는 하나의 기계로 간주되었기 때문에 자연법칙은 확정적이고 가역적이다. 고전물리학에서는 기계적인 자연의 법칙을 토대로 몇 가지 변수만 확인하면 과거의 상태로 되돌릴 수 있고, 과거와 현재와 미래의 일을 모두 계산해서 인과적으로 밝혀낼 수도 있다고 여긴다.

20세기 들어 이와는 다른 현대 물리학 이론과 개념이 등장하였다. 상대성이론에서는 시간을 통해 물질세계를 이해하는 길을 열었고, 양자역학에서는 불확정성을 강조했다. 또한 평형 상태가 원래의 비평형 상태로 되돌아가지 않는다는 성질 때문에 자연계에는 매 순간 새로운 질서가 생겨나고 있다는 사실도 깨닫게 되었다. 이들은 모두 시간이 흘러 이미 결정된 사태를 원점으로 다시 돌이킬 수 없다는 비가역성을 특징으로 한다.

20세기 이전에도 볼츠만은 열역학 제2법칙을 통해 닫힌 체계 안에서 열역학의 상태가 비평형에서 평형 상태로 흐르는 현상을, 즉 평형 상태의 엔트로피가 증가하는 현상을 설명하였다. 시간이 관여하는 이상 닫힌 체계는 존재하기 어려운데 열린 체계에서는 모든 물리적, 화학적 현상에서 비가역적 과정에 의해 엔트로피가 생성된다.

자연계에서 벌어지는 비가역적 과정은 거의 언제나 무질서와 함께 질서를 동시에 창출함으로써 변화를 가능하게 한다. 볼츠만이 열역학의 새 개념을 도입한 19세기만 해도 혼돈과 질서란 서로 반대개념일 뿐이며 이들 사이에는 아무런 연관이 없다고 생각했다. 하지만 차츰 이들의 관계가 밝혀지며 혼돈이란 단순히 의미 없는 요동이 아니라 언제라도 질서를 창출할 수 있는, 다시 말해 질서를 내포한 상태라고 보게 되었다. 혼돈의 기본상태는 에너지와 물질이 끊임없이 무질서하게 흐르면서 유지되는 힘찬 요동의 상태이다. 이러한 혼돈의 상태가 이루어진 후에는 지속적으로 그 상태를 안정되게 유지하면서 새로운 구조를 만들기 시작한다.

시간적으로 한 경계를 넘어 버린 사태는 이제 더 이상 그것이 지나가는 궤적을 좇을 수가 없다. 어떤 현상의 출현이 가능했던 특정한 사건의 출발상황에 개입했던 모든 조건을 하나도 빠짐없이 완벽하게 알아낼 수 없기 때문이다. 물론 과학과 기술의 발달에 힘입어 적절한 장치를 구비하고 도움이 될 만한 자료와 상당히 유용한 정보를 많이 뽑아낼 수 있게 되었지만, 어떤 현상이 벌어지는 데 개입할 모든 가능한 정보를 완벽하고 정확하게 미리 산출해 낼 길은 없다.

① 현대 물리학에서는 엔트로피의 증가는 선형적이며 계속 증가하면 폭발하고 자연 소멸하게 된다고 본다.
② 전통 물리학에서는 몇 가지 변수를 확인하더라도 이미 결정된 사태를 과거의 상태로 되돌릴 수 없다고 보았다.
③ 과학의 발달로 현대 물리학은 기존의 막연하던 비결정적인 세계를 인과적으로 정확하게 설명할 수 있게 되었다.
④ 현대 물리학에서는 액체가 열을 뺏기면서 결국 고체가 되는 현상은 반대로 열을 가하면 고체가 액체가 되므로 가역적인 현상이라고 본다.
⑤ 볼츠만이 열역학의 새 개념을 도입한 시기에는 혼돈이 질서를 내포한 상태라고 보지 않았다.

## 13 상중하

**다음 글에 대한 추론으로 적절한 것은?**

유전자 치료는 원하는 유전물질을 사람 몸에 직접 넣거나, 몸 바깥에서 별도의 세포에 넣어 배양한 것을 사람 몸에 다시 넣어 질환을 치료하는 것을 말한다. 유전자 치료는 반드시 유전병에만 사용할 수 있는 치료법은 아니다. 그러나 유전자를 다룰 수 있으므로 유전자 문제로 인한 난치병에 특화해서 사용할 수 있다.

세포 안에 있는 DNA는 우리 몸에 필요한 여러 단백질을 합성할 수 있는 소스 프로그램이다. 프로그램 원본이 손상되면 안 되기 때문에, 세포는 DNA의 복사본을 이용한다. 이 복사본이 mRNA다. 문제는 프로그램 원본에 처음부터 버그가 있을 때다. mRNA가 DNA의 버그까지 복사해서 필요한 단백질을 덜 만들거나, 못 만들거나, 기능을 못하는 이상한 단백질을 만든다. 이렇게 되면 우리 몸에는 이상 증세가 나타난다.

척수성 근위축증의 경우 SMN1 유전자에 버그가 있어 생기는 질병이다. 모든 세포는 일정 기간이 지나면 죽고 그 자리에 새로운 세포가 채워진다. 즉, 각 세포에는 저마다의 생존 주기가 있다. 그런데 이것은 시간이 입력된 것이라기보다는 세포가 스스로 죽게끔 하는 프로그램의 스위치를 켜고 끄는 문제다. 이 스위치를 켜고 끄는 역할을 하는 것이 SMN1, SMN2 유전자다.

두 유전자에는 운동신경세포가 스스로 죽는 프로그램을 가동하지 못하게 하는 역할이 입력되어 있다. 입력된 대로 SMN 단백질이 만들어지면 운동신경 세포의 사멸을 억제한다. 그런데 SMN1 유전자는 SMN 단백질을 만들 수 있지만, SMN2 유전자는 염기서열에 작은 변화가 있어 기능을 못하는 SMN 단백질을 만든다. SMN1 유전자에서 비롯된 정상적인 SMN 단백질이 운동신경세포가 스스로 죽는 현상에 브레이크를 건다.

척수성 근위축증을 앓고 있는 환자는 SMN1 유전자의 이상으로 인해 정상적인 SMN 단백질이 만들어지지 않는다. 브레이크가 없으니, 세포가 스스로 죽는 프로그램이 제멋대로 가동되어 운동신경세포가 죽는다. 죽은 운동신경세포는 근육에 신호를 전달하지 못하고, 근육은 움직이지 않다가 서서히 말라붙어 결국 근육이 멈추게 된다. 스핀라자는 이 문제를 해결하는 유전자 치료제다. 부족한 SMN 단백질을 보충하기 위해, 기능을 못하던 SMN 단백질을 만드는 SMN2 유전자를 이용한다. SMN2 유전자에서 정상 기능을 하는 SMN 단백질을 만들 수 있게 하려는 것이다.

SMN2 유전자도 보통의 유전자처럼 mRNA 복사본이 있다. 스핀라자는 SMN2 mRNA 직전 단계인 SMN2 pre-mRNA에 결합하는 유전자 조각을 넣는다. pre-mRNA는 DNA 전체를 그대로 복사해 놓은 원료 물질이다. pre-mRNA 가운데 단백질을 만드는 데 필요한 유전 정보를 담은 부분을 잘라내면 mRNA가 된다.

이제 스핀라자가 넣은 유전자 조각이 SMN2 pre-mRNA에 결합된다. 이 유전자 조각은 SMN2 유전자에서 기능을 못하는 SMN 단백질을 만들게 했던 염기서열 부분에 결합된다. 이렇게 되면 SMN2 유전자에서 기능을 하는 SMN 단백질을 만들어낼 수 있는 mRNA가 나온다. 그리고 정상 SMN 단백질이 충분하게 발현된다. 세포가 스스로 죽게 하는 프로그램을 막는 브레이크 단백질이 생겨났으니 척수성 근위축증은 치료된다.

① SMN2 유전자는 보통의 유전자와는 달리 mRNA 복사본이 있다.

② 유전자치료제인 스핀라자는 척수성 근위축증을 치료하기 위해서 정상 SMN 단백질이 충분하게 발현될 수 있도록 SMN1 유전자를 생성한다.

③ 유전자 치료는 유전자 문제로 인하여 발생하는 난치 유전병에만 활용할 수 있는 치료법이다.

④ DNA에 버그가 있더라도 그 DNA의 복사본인 mRNA는 정상으로 기능한다.

⑤ 정상적인 SMN 단백질이 없으면 운동신경세포가 스스로 죽는다.

## 14 ●●●

다음 〈조건〉과 〈대화〉가 모두 참이라고 할 때, 반드시 옳은 것은?

┤ 조건 ├

○ 각 위원장은 다음 9개국(미국, 중국, 일본, 러시아, 베트남, 영국, 프랑스, 독일, 스위스) 중 1개국 또는 2개국을 방문한다.

○ 미국, 중국, 일본, 러시아는 다른 국가와 함께 방문할 수 없다.

○ 프랑스나 독일을 방문하는 경우에만 스위스를 방문할 수 있다.

○ 각 위원장은 다른 위원장이 방문하는 국가를 방문할 수 없다.

○ 어떠한 위원장도 방문하지 않는 국가가 있을 수 있다.

┤ 대화 ├

○ 행정안전위원장: 저는 이번에 2개국을 방문할 계획입니다.

○ 보건복지위원장: 저는 영국만큼은 꼭 방문할 계획입니다.

○ 환경노동위원장: 다른 위원장님께서 미국을 방문하시면, 저는 일본을 방문할 계획입니다.

○ 외교통일위원장: 일정상 1개국만 방문해야 한다면, 미국을 방문할 계획입니다.

○ 법제사법위원장: 저는 스위스만큼은 꼭 방문할 계획입니다.

① 외교통일위원장은 2개국을 방문한다.

② 법제사법위원장이 독일을 방문한다면, 보건복지위원장은 프랑스를 방문한다.

③ 중국이나 러시아를 방문하는 위원장이 있다.

④ 베트남을 방문하는 위원장은 독일이나 프랑스를 방문한다.

⑤ 환경노동위원장은 일본을 방문하지 않는다.

## 15 상중하

다음 글에 대한 추론으로 적절하지 않은 것만을 〈보기〉에서 모두 고르면?

최근 들어 한국의 젊은이들 사이에서 신조어 '썸타다'가 널리 사용되고 있다는 것은 주지의 사실이다. 대략적으로 말해 본격적인 연인으로 발전하기 이전 단계의 관계, 혹은 친구보다는 더 가깝지만 연인이 될 만큼 충분히 가깝지는 않은 관계를 의미하는 것으로 이해된다. 내가 누군가와 썸타기 위해서는 무엇보다 그(녀)에 대한 호감을 느낄 뿐만 아니라 그 호감에 대하여 의지적 불확정성을 경험해야 할 필요가 있다.

이러한 썸타기가 어떤 식으로 종료되는가라는 질문을 탐색해 보기로 하자. 이에 대한 답변을 얻기 위해 우리는 먼저 썸타기의 궁극적인 목적에 따라서 썸타기를 두 가지 유형으로 구분할 필요가 있다. 첫번째 유형의 썸타기는 탐색형 썸타기이다. 영희가 철수와 탐색형 썸타기에 임한다는 것은 영희가 철수와 본격적인 교제를 시작할지 말지를 판단하는 것을 최종 목적으로 삼아 썸타기에 나선다는 뜻이다. 철수와 탐색형 썸타기에 나서는 영희에게 썸타기는 철수가 연애를 할만한 인물인지, 철수와의 관계를 연인의 관계로 발전시켜도 괜찮을지 등을 탐색하는 과정이다. 영희는 썸타기에 내재해 있는 의지적 불확정성을 해소하는 것을 최종적인 목적으로 썸타기에 임한다는 것이다.

그런데 썸타기의 유형에 반드시 이러한 탐색형 썸타기만 있는 것은 아니다. 영희가 철수와 썸을 타면서 썸타는 행위 자체를 즐기는 것이 가능하다. 마치 영희가 댄스경연대회에서 우승할 목적으로 철수와 춤을 추는 것도 가능하지만 영희가 춤추는 행위 자체를 즐길 목적으로 철수와 춤을 추는 것이 가능한 것과 같은 이치이다. 이처럼 영희가 썸타기에 내재한 의지적 불확정성을 해소할 목적이 아닌, 썸타기 활동 자체를 즐길 목적으로 철수와의 썸타기에 참여할 수 있다. 이 경우 철수와 썸타는 영희의 목적은 철수가 자신의 연인으로 삼기에 적당한지를 탐색하는 것이 아니라 썸타는 활동 자체로부터 오는 쾌락을 즐기는 것이다. 이를 쾌락형 썸타기라 부르자.

아니카 파이비치와 숀 겔러허는 공동 행위에서 개별 행위자의 공유된 의도와 공유된 주의가 어떤 역할을 수행하는지에 대하여 연구하였다. 이에 따르면 공동 행위는 공동 최종-목표 행위(joint final-goal actions)일 수 있다. 이 공동 최종-목표 행위에서 행위자들은 어떤 최종 목적물을 획득하기 위하여 혹은 최종 상태에 도달하기 위하여 자신들의 행위를 서로 조율한다. 그런데 그 최종 목적물 혹은 상태는 그것을 성취하기 위해서 사용되는 행위자들의 조율된 행위패턴과 무관할 수 있다. 예컨대 여러 행위자가 함께 은행을 상대로 도둑질을 하려고 계획하는 경우, 그들의 최종 목적은 매우 다양한 방식으로 성취될 수 있다. 그런데 행위자들이 자신들의 행위 자체를 최종 목적으로 삼아 공동 행위에 임할 수도 있다. 이를 공동 경로-목표 행위(joint path-goal actions)라 부르자. 이 경우 공유된 의도로부터 그 공동 행위 자체만이 따라 나오고, 그에 따라서 행위자들의 조율된 행위패턴은 다소간 미리 규정되어 있다.

탐색형 썸타기에 임하는 두 사람은 그들의 썸타기와 무관한 어떤 목적을 가지고 있다. 바로 상대방이 자신에 대하여 어떻게 생각하는지, 상대방이 사귈만한 인물인지 등을 탐색하고, 그를 통하여 자신의 의지적 불확정성을 해소하는 것이다. 그런데 이러한 목적이 반드시 썸타기를 통해서만 성취될 필요는 없다. 썸타기는 그러한 목적을 성취하는 하나의 방편일 뿐이다. 한편 쾌락형 썸타기에 임하는 두 사람은 그들의 썸타기와 무관한 어떤 목적을 갖지 않는다. 그들의 목적은 썸타기 자체에서 오는 쾌락을 얻는 것이고, 그것은 반드시 썸타기를 통해서만 성취될 수밖에 없다.

┤ 보기 ├

ㄱ. 탐색형 썸타기는 공동 경로-목표 행위에 해당한다.
ㄴ. 철수와 영희가 서로 썸을 타고 있다는 사실에 서로 동의하더라도 그들의 썸타기는 각각 다른 유형의 썸타기일 수 있다.
ㄷ. 철수와 영희가 서로 공동 최종-목표 행위에 기반한 썸타기를 하고 있다면, 그들의 썸타기는 서로 사귀기를 결정하는 것으로 종료될 수 있다.

① ㄱ       ② ㄴ       ③ ㄱ, ㄷ
④ ㄴ, ㄷ       ⑤ ㄱ, ㄴ, ㄷ

## 16 상 중 하

**다음 글의 ㉠과 ㉡에 들어갈 말을 가장 적절하게 나열한 것은?**

　쿠폰은 상품 및 서비스를 구매할 때, 무료로 혹은 할인하여 구매할 수 있는 징표로써 생산자가 발행한다. 이러한 쿠폰은 대체로 광고로 소비자에게 전달되며 잡지, 신문, 인터넷 등을 통하여 소비자에게 전달되기도 한다. 예를 들어, 자동차 렌트 할인쿠폰은 자동차를 빌리는 소비자가 쿠폰을 가져올 경우 누구에게나 20%의 할인을 해 준다는 징표이다.

　여기에서 우리는 왜 렌터카 회사가 모든 고객에게 20%를 할인해 주면 될 것을 군이 쿠폰을 발행함으로써 쿠폰 디자인에 필요한 비용, 프린트 비용, 소비자에게 쿠폰을 전달하는 비용, 쿠폰을 모으는 비용을 절약하지 않는 것일까 하는 의문을 가질 수 있다. 그 해답은 쿠폰이 바로 ┃ ㉠ ┃을 제공하기 때문이다.

　한 연구는 소비자의 약 20~30%만이 규칙적으로 쿠폰을 신문지나 전단지 등에서 오려서 정리하여 잘 모아두었다가 필요할 때 사용한다고 보고하였다. 이처럼 가격에 민감한 소비자는 인터넷 등을 찾아서 할인쿠폰 정보를 이용하지만, 소득이 높고 시간이 부족한 소비자 집단은 20% 할인에 크게 매력을 느끼지 못하고 할인쿠폰에 관심을 따로 갖지 않는다. 따라서 렌터카 회사는 가격에 민감하지 않은 소비자, 즉 주어진 가격에 기꺼이 상품을 구매할 의지가 있는 집단에게 일률적으로 가격을 할인하여 판매자의 수익금을 감소시킬 이유는 없는 것이다.

　그러나 가격에 민감한 소비자 집단에게는 할인쿠폰이 상품 구매의 커다란 동기가 될 수 있기 때문에, 할인쿠폰은 소비자 수요의 증대 측면에서 중요한 역할을 한다.

　리베이트는 소비자 구매 대금의 일정 비율을 구매 후에 소비자에게 되돌려 주는 판매 전략이며, 리베이트 프로그램 역시 같은 방법으로 이해하면 된다. 예를 들어 한 전자회사가 5% 리베이트 조건에 냉장고를 100만 원에 팔았다면, 소비자는 냉장고를 100만 원에 구입한 것을 증명할 수 있는 영수증을 주어진 기간 내에 전자회사로 보내고 전자회사는 소비자에게 100만 원의 5%인 5만 원을 다시 돌려주는 형태이다.

　이 경우 역시 가격에 민감하지 않은 소비자 집단은 영수증을 챙겨서 주어진 기간 내에 전자회사로 발송하는 일을 번거롭게 생각할 것이지만, 가격에 민감한 소비자 집단은 반드시 영수증을 챙겨 5% 리베이트를 받을 것이다. 따라서 리베이트 역시 할인쿠폰과 마찬가지로 ┃ ㉡ ┃으로 작용한다.

① ㉠: 소비자를 우대하는 하나의 수단
　㉡: 소비자 집단을 가격 민감성에 따라 분리하는 수단
② ㉠: 소비자를 우대하는 하나의 수단
　㉡: 소비자를 저렴한 가격으로 배려하는 수단
③ ㉠: 소비자를 분리하는 하나의 수단
　㉡: 판매자의 수익금을 감소시키는 수단
④ ㉠: 소비자를 분리하는 하나의 수단
　㉡: 소비자 집단을 가격 민감성에 따라 분리하는 수단
⑤ ㉠: 소비자를 분리하는 하나의 수단
　㉡: 소비자를 저렴한 가격으로 배려하는 수단

## 17 상 중 하

**다음 글의 ⊙에 대한 답으로 가장 적절한 것은?**

현대 기호학의 기반을 마련한 찰스 퍼스는 "기호는 인간의 정신에 대해 어떤 대상을 대신할 수 있는 것"이라 정의한다. 퍼스에게 있어서 기호 현상은 항상 세 개의 항으로 이루어지는 삼자 관계. 여기서 말하는 인간의 정신은 바로 퍼스의 독창적인 개념인 해석체에 해당한다. 에코 역시 퍼스의 기호에 대한 정의를 받아들여 "기호는 어떤 것을 의미 있게 대신할 수 있는 다른 모든 것"이라 정의하고 있다.

모든 것은 기호가 될 수 있지만 언제나 기호인 것은 아니다. 모든 것은 자기 자신이 아닌 다른 어떤 것과 자의적 기호 관계를 맺어 기호가 될 수 있기 때문에 다르지 않은 것, 즉 자기 동일자와는 기호 관계를 형성할 수 없다. 자기 동일자와의 관계는 자의적이 아니라 필연적이기 때문이다. 다시 말해서 어떤 것 A는 동일한 자기 자신과는 자의적인 기의-기표 관계를 맺을 수 없고 따라서 A는 A의 기호가 될 수 없다. 즉, 다른 어떤 것을 지시해야지 자기 자신을 지시하는 것은 기호가 아니다. 그렇기에 에코는 어떤 사물이 거울에 비췄을 때, 그 거울에 비친 이미지는 그 사물의 기호가 아니라 주장하고 있다.

퍼스나 에코의 정의를 받아들여 새소리를 새의 기호라 하자. 그렇다면 새의 그림자는 어떨까? 새의 모습이 햇빛에 비친 그림자를 보았을 때 새의 그림자는 새라는 실체의 기호임이 분명하다. 여기서 한걸음 더 나아가 보자. ⊙만약 우리가 새의 모습을 직접 눈으로 봤을 때는 어떨까?

나무에 앉아 있는 새를 직접 본다 하더라도 우리는 그 새의 지극히 일부분만을 보는 것이다. 우리는 사물의 모든 면을 동시에 볼 수 없으며, 관점에 따라 한 번에 제한된 면만을 볼 뿐이다. 우리가 사물이나 대상을 지각할 때, 항상 사물 자체와 우리가 지각한 것 사이에는 일정한 차이가 있기 마련인데, 지각이라는 것은 사물과 우리 몸 사이의 역동적인 관계 속에서 생산되는 것이기 때문이다. 다시 말해서 우리는 새라는 실체를 구성하는 여러 요소(울음소리, 그림자, 머리 모습, 꼬리 모습, 옆모습 등) 중의 일부만을 보고는 새라는 실체를 자각해 내는 것이다. 이렇게 본다면 한 사물을 바라보고 지각하는 과정에도 기호 현상이 있다고 해야 할 것이다. 이는 장미꽃을 보고 장미꽃이라 지각하는 데에도 기호 현상이 있다는 퍼스의 주장과 일맥상통한다.

① 에코와 퍼스 모두 기호 현상이 있다고 했을 것이다.
② 에코는 기호 현상이 있으나, 퍼스는 기호 현상이 없다고 했을 것이다.
③ 에코는 기호 현상이 없으나, 퍼스는 기호 현상이 있다고 했을 것이다.
④ 에코는 관찰한 새의 모습이 새의 기호라고 보았을 것이다.
⑤ 퍼스는 관찰한 새의 모습이 새의 기호가 아니라고 주장할 것이다.

## 18 상 중 하

**다음 글의 ⊙~ⓒ에 들어갈 내용으로 적절한 것을 바르게 짝지은 것은?**

중앙은행이 통화정책을 사용하면 일차적으로 영향을 받는 금융시장이 지불준비금시장(이하 지준시장)이다. 지준시장은 지불준비금을 예치해야 하는 금융기관들이 초단기간 자금을 거래하는 시장으로 정의할 수 있다. 미국의 경우 연방기금금리가 결정되는 연방기금시장이 지준시장이다. 은행의 지불준비금에 대한 수요는 필요 지불준비금과 초과 지불준비금에 의해 발생한다. 은행은 예금주의 예금 인출에 대비하여 필요 지불준비금 이상으로 지불준비금을 확보해야 할 유인이 있다. 어느 정도로 여유 준비금을 가질 것인가는 지불준비금의 형태로 보유하는 것에 대한 기회 비용인 지준시장에서 결정되는 시장 이자율에 의존한다. 지준시장에서 결정되는 이자율을 지준시장 금리로 부르기로 한다. 총 지불준비금은 필요 지불준비금과 초과 지불준비금의 합으로 정의한다.

지준시장 금리가 높아지면 총 지불준비금에 대한 수요는 낮아진다. 지준시장 금리가 낮아지면 총 지불준비금에 대한 수요가 높아진다. 총 지불준비금에 대한 수요곡선이 음의 기울기를 가지는 중요한 이유는 초과 지불준비금이 은행이 법적으로 반드시 쌓아야 하는 지불준비금보다 더 많이 보유하는 여유 지불준비금의 성격을 지니고 있기 때문이다. 지준시장 금리 이외에 다양한 요인에 의해서도 초과 지불준비금의 규모가 달라질 수 있으나 단순화된 모형을 설명하기 위해 다른 요인들에 의한 영향은 없다고 가정한다. 최근 미국의 경우 시중은행이 중앙은행에 예치한 지불준비금에 대하여 이자를 지급하는 정책을 실시하고 있다. 지불준비금에 대하여 적용되는 이자율이 지준시장 금리보다 높으면 은행들이 예금 인출에 대비하기 위해 준비한 여윳돈을 단기로 빌려줘서 얻는 이자소득보다 중앙은행에 예치하는 것으로부터 얻는 소득이 더 크다. 지준시장 금리가 중앙은행이 설정한 지불준비금에 대한 이자율보다 낮아지면 은행의 지불준비금에 대한 수요는 무한히 커진다. 지준시장 수요와 공급을 그래프로 나타내면 x축은 지준시장의 거래량, y축은 지준시장 금리를 나타낸다. 지불준비금에 대한 이자 지급의 효과를 반영하지 않은 수요 곡선은 음의 기울기를 가진 곡선이 된다. 반면, 지불준비금에 대한 이자지급의 효과를 반영한 경우 지준시장 금리가 중앙은행이 지급하는 지불준비금에 대한 이자율보다 높은 부분에서는 [      ⊙      ]를 가진 곡선이고 지준시장 금리가 이보다 낮아지면 수평선이 된다.

은행의 지불준비금에 대한 공급은 어떻게 결정되는가? 지불준비금의 공급은 은행이 어떻게 지불준비금을 조달하는지에 따라서 결정된다. 예를 들어 은행은 지불준비금을 급히 마련해야 하는 시점에서 중앙은행으로부터 대출을 받아서 지불준비금을 마련할 수도 있다. 이와 같이 마련된 지불준비금을 차입 지불준비금으로 정의한다. 이와는 달리 중앙은행의 대출에 의존하지 않고 은행이 직접 조달한 지불준비금이 있다면 이는 은행이 직접 조달한 것으로 분류된다. 이와 같이 마련된 지불준비금을 비차입 지불준비금이라고 한다. 지불준비금의 공급 부분에서 중요한 포인트는 다음과 같다. 중앙은행에 개설된 계좌에 예치하는 모든 금융기관들의 지불준비금을 합한 총량 중에서 비차입 지불준비금의 총량은 중앙은행이 조정하는 것으로 가정한다. 중앙은행이 통화정책을 수행할 수 있는 능력이 있다는 것은 비차입 지불준비금의 규모를 조절할 수 있다는 것을 의미한다. 그 이유는 중앙은행이 실시하는 공개시장조작을 통해 금융기관의 비차입 지불 준비금을 증가시키거나 감소시키는 효과가 발생하기 때문이다. 따라서 지준시장에서 공급곡선은 ⓛ 이 되며 중앙은행이 비차입 지불준비금을 지속적으로 감소시킬 경우 지준시장 금리는 결국 ⓒ 하게 된다.

|     | ㉠ | ⓛ | ⓒ |
|-----|------|------|------|
| ① | 음의 기울기 | 수직선 | 상승 |
| ② | 음의 기울기 | 수직선 | 하락 |
| ③ | 음의 기울기 | 수평선 | 상승 |
| ④ | 양의 기울기 | 수직선 | 상승 |
| ⑤ | 양의 기울기 | 수평선 | 하락 |

# 19 상ㅇ하

## 다음 글의 ㉠에 들어갈 내용으로 가장 적절한 것은?

1960년대 미셸 주베가 발견한 '역설수면'은 신경생물학 역사상 뇌의 신대륙 발견에 못지않은 대사건이었다. 미셸 주베를 중심으로 결성된 학파는 신경해부학과 약학은 물론, 진화생물학과 비교생리학에서도 새로운 연구의 길을 열었다.

정수면이라고 부르는 상태에서는 4단계가 차례로 이어진다. 1단계는 빠르고 폭이 낮은 뇌파를 보인다는 점에서 뇌가 깨어있는 각성상태와 비슷하다. 다만 눈을 감은 각성상태에 수반되는 후두피질의 알파파가 없다는 점만 다를 뿐이다. 2단계는 좀 더 오래 지속되는데 뇌파는 5~7Hz로 리듬이 느려지고 모사방적기계의 굴대처럼 생긴 이상한 파장으로 군데군데 끊긴다. 이것이 빠른 주파수의 수면 방추다. 고립되어 일어나는 큰 뇌파, 케이콤플렉스도 이 단계의 특징이다. 다음은 매우 느리고 폭이 큰 델타파가 수면 방추와 뒤섞여 나타나는 3단계이다. 마지막으로 4단계에서는 혼수상태의 뇌파인 1~3 Hz의 느린 뇌파밖에 나타나지 않는다. 이 단계에서 사람은 깨울 수 없을 정도로 매우 깊은 잠에 빠진다.

물 맑은 호수 가장자리에서 발이 닿지 않는 곳까지 나아가듯이 정수면 1단계에서 4단계로 점진적으로 넘어가다가, 또 다른 변화기가 켜진 듯이 갑자기 새로운 상태로 변화한다. ㉠ 그런데 역설적으로, 근육 긴장이 완전히 사라지는 것만 보아도 알 수 있듯이 그 사람은 그 어느 때보다도 깊게 잠들어 있다. 이러한 상태는 꿈을 꾸는 깊은 수면 동안에 역설적으로 각성과 같은 뇌파가 기록된다는 점에서 역설수면이라는 명칭이 붙었다. 다만 각성상태에서 나오는 신경전달물질은 나오지 않고, 역설수면에서의 피질 활성화에 관여하는 메커니즘, 구조, 신경경로는 각성에 관여하는 그것들과는 다르다. 정수면과 그에 이어지는 역설수면 전체는 대략 90분간의 수면주기를 구성한다. 보통 하룻밤 동안에 5번의 주기가 이어지고 밤이 깊어갈수록 정수면은 점점 약해지고 짧아지지만 역설수면은 길어진다.

① 느린 뇌파는 사라지고 빠른 뇌파가 등장하는 것이다.
② 빠른 뇌파와 느린 뇌파가 반복적으로 나타나는 것이다.
③ 뇌는 꼼짝 않고 잠들어 있지만 근육이 깨어나는 것이다.
④ 1~3Hz의 아주 느린 뇌파가 지속적으로 나타나게 되는 것이다.
⑤ 각성상태에서 나오는 세로토닌, 히스타민 등 신경전달물질이 나오게 되는 것이다.

# 20 상 중 하

**다음 글에 대한 반박의 논리로 옳지 않은 것은?**

심리학자 리처드 헌스타인과 사회학자 찰스 머레이는 논쟁적인 방식으로 IQ와 교육에 관한 논쟁을 다시 불러일으켰다. 그들은 「벨커브: 미국 생활에서 지능과 계급 구조」라는 책에서 IQ를 유전 형질과 연관시키는 누적된 증거가 명백해졌다고 주장했다. 그들은 다양한 인종 집단과 종족 집단 사이의 유의미한 지능적 차이가 유전에 의해서 설명될 수 있다고 말했다.

미국에서 일부 인종 집단은 평균적으로 다른 집단보다 더 높은 IQ를 지닌다. 그 차이가 크지는 않지만 아시아계 미국인은 평균적으로 백인보다 높은 IQ를 지니고 있으며, 아시아계 미국인과 백인들의 평균 IQ는 흑인들의 평균 IQ보다 훨씬 높다.

평균 IQ의 유전적인 차이는 중요한 방식으로 미국 사회의 사회적 격차에 기여했다. 개인이 더 똑똑하면 똑똑할수록 사회적으로 상위에 오를 기회가 더 커진다. 상층에 있는 사람들은 나머지 인구보다 더 똑똑하기 때문에 상층에 있고, 하층에 있는 사람들은 평균적으로 덜 똑똑하기 때문에 하층에 머물러 있다.

156개 연구를 종합하면서 헌스타인과 머레이는 미국 백인과 흑인 집단 간에 평균 IQ 차이가 16이라는 것을 발견했다. 그들은 두 인종 집단 간 IQ 차이는 미국 사회에서의 사회적 격차를 설명할 수 있음을 주장했다.

① IQ 차이는 사회적, 문화적 차이 때문에 발생할 수 있다.
② 소수 인종 집단에 대한 연구결과에서 이러한 집단에 소속된 어린이들이 다수 인종 집단에 속하는 어린이들보다 평균적으로 10~15 정도 낮은 IQ 점수를 얻었다면, 이는 사회적, 문화적 차이의 결과라고 말하기 어렵다.
③ IQ 점수는 유전적 차이가 아니라 스트레스 등의 주변적인 요인들에 의해 영향을 받을 수 있다.
④ 인종과 종족 간 IQ 차이는 유전적인 요인 외에 다양한 요인에 의해서 설명될 수 있다.
⑤ 하층에 있는 사람들이 상층에 있는 사람들에 비해 평균 IQ가 낮지 않다는 연구가 존재한다.

# 21 상 중 하

**다음 글의 내용과 부합하지 않는 것은?**

소위 '인앱결제 강제 방지법' 또는 '구글 갑질 방지법'으로 불리는 「전기통신사업법」 일부개정법률안은 구글·애플 등 앱 마켓을 사실상 독점하는 글로벌 플랫폼 기업의 인앱결제 강제를 방지하기 위한 취지의 법안이다. 앱 마켓은 애플리케이션 개발자가 디지털 콘텐츠 등을 등록·판매하고 이용자가 그 콘텐츠 등을 구매할 수 있도록 거래를 중개하는 공간을 의미하며, 인앱결제는 아이템·상품·콘텐츠 등 애플리케이션 유료 콘텐츠를 구매할 때 앱 마켓 운영업체가 자체적으로 개발한 시스템을 활용해 내부적으로 결제하는 방식을 일컫는다.

인앱결제의 도입으로 인해 앱 이용자의 결제 절차가 편리해진다는 장점이 있지만, 앱 개발자 입장에서는 앱 마켓사업자에게 비싼 결제 수수료를 지불해야 하고 이러한 비용 부담은 종국적으로 앱 이용자에게 전가될 수 있으므로 이들의 권익을 보호할 필요가 있다는 의견이 지속적으로 제기되어 왔다. 이로 인해 여야를 막론하고 인앱결제 강제를 제한하기 위한 다수의 법안이 발의되었고, 국회 과학기술정보방송통신위원회는 1년여간 1회의 공청회, 3회의 법안심사소위원회, 3회의 안건조정위원회를 통해 이해관계자의 의견 수렴과 관계부처 협의를 거치는 등 심도 있는 심사 끝에 법 개정을 하게 되었다. 법안이 국회 본회의를 통과하자 세계 최초의 앱 마켓 규제 입법례로 평가되면서 미국·독일·프랑스 등 주요 국가 외신에서 대서특필하였고, 특히 세계적인 게임사 에픽게임즈 CEO 팀 스위니는 '나는 한국인이다'라는 SNS를 올리며 환영의 뜻을 보이기도 하였다.

통과된 법안 내용을 구체적으로 살펴보면, 앱 마켓사업자가 거래상의 지위를 부당하게 이용하여 모바일콘텐츠 등 제공사업자에게 특정한 결제방식을 사용하도록 강제하는 행위, 앱 마켓사업자가 모바일콘텐츠 등의 심사를 부당하게 지연하는 행위, 앱 마켓사업자가 앱 마켓에서 모바일콘텐츠 등을 부당하게 삭제하는 행위 등을 금지하는 것을 골자로 한다. 2022년 3월 8일 국무회의에서는 동 법안에 대한 후속조치로서 「전기통신사업법 시행령」 개정안을 의결하였는데, 인앱결제 강제 금지행위 등의 구체적인 유형을 규정하고 이를 위반한 경우 관련 매출액의 2% 이하의 과징금, 이행강제금 및 과태료를 부과하도록 하는 내용을 담고 있다.

법안과 후속 시행령 등의 시행을 통해 앱 마켓 산업 참여자의 공정한 경쟁을 촉진하고, 앱 생태계 구성원들이 실질적인 변화를 체감할 수 있을 것으로 전망된다. 실제로, 구글·애플 등은 위와 같은 조치에 따라 기존 인앱결제(마켓사업자 자사결제) 방식 외에 앱 개발사의 내부결제(제3자 결제) 방식을 허용하기로 결정하였다.

① 인앱결제를 활용할 경우, 앱 개발자는 앱 마켓사업자에게 수수료를 지불해야 한다.
② 인앱결제 강제 방지법은 2022년 3월 8일 이전에 국회 본회의를 통과하였다.
③ 아이템·상품·콘텐츠 등 애플리케이션 유료 콘텐츠를 구매할 때 앱 개발사의 내부결제 시스템을 활용해 내부적으로 결제하는 방식은 기존 인앱결제에 해당하지 않는다.
④ 앱 개발자가 앱 마켓에서 모바일콘텐츠 등을 부당하게 삭제할 경우 관련 매출액의 2% 이하의 과징금을 부여받을 수 있다.
⑤ 「전기통신사업법」 일부개정법률안은 세계 최초의 앱 마켓 규제 입법례로 평가받는다.

# 22 상중하

**다음 글에 대한 추론으로 적절한 것은?**

공무원연금 지급정지제도는 1960년에 「공무원연금법」 제정과 함께 도입되었는데, 퇴직연금수급권자가 다시 공무원이 된 때에는 퇴직연금 지급을 정지하도록 한 것이 시초이다. 1975년 개정에서는 출자율 2분의 1 이상의 정부출자기관·재정지원기관으로서 대통령령이 정하는 기관으로부터 보수 기타 급여를 제공받는 경우에도 퇴직연금 전부 또는 일부의 지급을 정지할 수 있도록 하였다. 1988년 개정에서는 전액 지급정지 대상에 「사립학교교원연금법」 적용대상자를 추가하였다.

1995년 개정에서는 국·공유재산의 귀속·무상양여 및 무상대부에 의하여 설립된 기관, 정부 출연에 의해 설립된 기관으로서 총리령이 정하는 기관에서 보수를 제공받고 있는 사람까지 지급제한 대상자를 확장하였고, 정부가 출자한 기관 중 총리령으로 정하는 기관을 연금지급정지 대상기관으로 하여 지급정지 대상의 범위를 확대하고 2000년부터 적용하도록 하였다. 다만, 2003년 선고된 헌법재판소 위헌결정으로 연금지급정지 대상기관에 대한 조항은 효력을 상실하게 되었다.

2000년 개정은 공무원 연금재정의 어려움을 재직자·퇴직자·정부 3자 고통분담으로 극복할 필요가 있다는 사회적 합의에 따라 이루어졌다. 2000년 개정에서는 연금지급대상자의 고용주와 관계없이 사업소득 또는 근로소득이 있는 때에는 연금의 2분의 1 범위내에서 정지할 수 있도록 하여 지급정지 대상자를 확대하면서, 소득의 범위 및 지급정지금액 등에 관해 필요한 사항과 시행일은 대통령령으로 정하도록 하였다. 지급정지 금액의 구체적인 사항은 2005년 법률 개정을 통해 규정되었는데, 소득월액의 월평균액이 전년도 평균임금월액을 초과(초과소득월액이 발생)한 경우 초과소득구간에 따라 초과소득월액의 100분의 10에서 100분의 50까지를 지급정지 할 수 있도록 하면서, 지급정지액은 연금의 2분의 1을 초과할 수 없도록 하였다. 이후 2009년에는 지급정지 비율의 하한과 상한을 각각 100분의 30과 100분의 70으로 상향 조정하였다.

2015년 공무원연금 개혁에 따라 지급정지제도 역시 큰 변화를 겪게 되었다. 국가·지방자치단체가 전액 출자·출연한 공공기관의 임·직원으로 채용되어 전년도 공무원 기준소득월액 평균의 100분의 160 이상의 근로소득금액이 발생하는 경우와 선거에 의한 선출직 공무원에 취임한 경우를 전액 지급정지 대상으로 하였다. 또한, 일부 지급정지의 기준을 전년도 평균임금월액에서 전년도 평균연금월액으로 조정하고 사업소득에 부동산임대소득을 포함하여 지급정지 대상자를 확대하였다.

① 1960년 이후 공무원연금 지급정지제도 개정은 5차례 이루어졌다.
② 1995년 「사립학교교원연금법」 개정에 따라 연금지급정지 대상기관이 확대되었다.
③ 정부가 출자한 기관 중 총리령으로 정하는 기관을 연금지급정지 대상기관으로 하여 지급정지 대상의 범위를 확대하는 개정안은 개정 즉시 적용되지는 않았다.
④ 2005년 법률 개정으로 초과소득월액이 발생한 경우 초과소득월액의 최대 100분의 70까지 지급정지가 가능하게 되었다.
⑤ 2015년 개정으로 일부 지급정지 기준이 전년도 평균연금월액에서 전년도 평균임금월액으로 조정되었다.

## 23 않음함

**다음 글의 내용과 부합하는 것은?**

ESG란 기업의 비재무적 요소인 환경(Environment), 사회(Society), 지배구조(Governance)의 머리글자로, 사회적 책임 혹은 지속가능성의 관점에서 투자의사 결정 시 기업의 재무적 요소와 함께 고려되고 있는 핵심 요소이다. ESG의 근원적 개념은 지속가능성에 있지만, 유사 개념인 CSR, CSV 및 SDGs와 구분된다. CSR은 기업의 사회적 책임에 대한 '선한 기업'의 개념이고, CSV는 사회와 기업 경영의 공유가치 창출 개념으로 '현명한 기업'의 개념이라 할 수 있다. 한편, SDGs는 유엔과 국제사회의 최대 공동목표로서 지속가능경영, ESG 경영, 환경 경영의 가장 중심이 되는 글로벌 기준이다.

지속가능성은 1987년 세계환경개발위원회(WCED)에서 논의하고 정립한 개념으로, 현재와 미래 세대 간의 공평한 활용을 전제로 한 미래 지향적인 개념이다. ESG는 세대 간 공평성을 전제하지는 않지만, 사회가 추구해야 하는 가치를 달성하기 위한 비재무적 요소를 강조하고 있다는 측면에서 지속가능성과 지향점이 같고, 각 경제 주체가 ESG를 잘 추구하면 지속가능성도 제고된다는 면에서 유사한 개념이다.

CSR은 평판 리스크 대응을 위한 기업의 비교적 소극적인 사회적 책임으로 이익과 무관한 사회를 위한 활동이다. 1953년 하워드 보웬은 「기업가의 사회적 책임」에서 CSR의 개념을 본격적으로 제시하며, 기업가의 사회적 의무를 체계적으로 설명하였다. 주주만이 아닌 종업원, 고객, 거래처, 지역사회 등 이해관계자를 고려한 사회적 책임을 다하는 활동을 경영에 반영한 것이다. 시장을 공생의 생태계로 인식하는 자본주의 4.0이 등장하면서 지속가능경영과 함께 기업들의 성숙한 윤리의식에 대한 기대감도 높아졌다. 2010년에는 CSR의 세부 실행지침으로 'ISO 26000'이 국제표준으로 개발되었다.

CSV는 CSR에서 한 단계 더 진화한 개념으로 2011년 하버드대 경제학과 마이클 포터 교수가 주창하였고, 기업의 목적인 경제적 수익과 사회적 가치를 동시에 창출하는 공유가치 창출의 경영 전략이다.

경영의 대가 필립 코틀러는 "소비자의 이성에 호소하던 마켓 1.0 시대와 감성·공감에 호소하던 마켓 2.0의 시대에서, 소비자의 영혼에 호소하는 마켓 3.0의 시대가 도래하였다"고 주장하며, CSV 기반 미래 시장의 경영 전략을 제안했다. CSV는 기업의 핵심역량을 통해 사회적 책임을 다하는 것이 비즈니스 성과로 연결된다는 개념으로, 경제성 측면에서 ESG와 맥을 같이 한다고 볼 수 있다.

CSV의 발상은 2015년 발표된 SDGs로 이어졌다. SDGs는 17개 영역, 169개 실행 목표들이 제시된 지속가능성의 공통 언어라 할 수 있으며, 기업이나 비즈니스와 관계없는 인류 공통의 해결 과제로 2030년까지 달성을 목표로 하고 있다. ESG 경영의 선두 기업들은 SDGs의 여러 세부 목표들을 지침서로 활용하여 지속가능경영 목표를 설정하고 정량 지표로 관리한다. 또한, ESG 각 항목에 대해 달성할 목표를 숫자로 제시하고 매년 지속가능 경영보고서를 통해 업데이트하고 있다.

① ESG란 기업의 재무적 요소와 비재무적 요소를 모두 포함하는 개념으로, 투자의사 결정 시의 핵심 요소이다.
② CSR은 CSV에서 한 단계 더 진화한 개념이다.
③ SDGs는 17개 영역, 169개 실행 목표로 구성된 기업의 해결과제이다.
④ CSR은 기업이 'ISO 26000'을 기반으로 CSV, ESG에 비하여 보다 적극적으로 사회를 위한 활동에 참여하는 개념을 의미한다.
⑤ 선한 기업의 개념과 현명한 기업의 개념은 ESG와 유사하지만 구분되는 개념이다.

## 24 상중하

**다음 글과 〈보기〉에 대한 추론으로 옳지 않은 것은?**

담배갑의 검게 그을린 폐 사진을 보고도 흡연자가 왜 담배를 끊지 않는지 생각해본 적이 있을 것이다. 만약 당신이 흡연자라면, 왜 흡연의 위험성에 대한 인식이 당신의 흡연을 막지 못하는지 궁금해 한 적이 있는가? 또한 실험실에 들어서면 문에 적힌 안전수칙에도 불구하고 학생들이 실험복 착용, 안전화 신기, 음료수 반입금지 등을 무시하는 것을 흔히 볼 수 있다. 담배를 끊게 하거나 실험실 안전 수칙을 준수하도록 하는 더 효과적인 방법은 무엇일까?

2008년, 뉴욕의 한 연구팀은 어떤 병원의 중환자실에서 연구를 수행했다. 그들은 세면대에서 비누로 손 씻는 비율을 높이고 병원 직원들에게 항상 손을 씻도록 상기시키는 임무를 받았다. 그러나 결과는 만족스럽지 않았다. 손을 씻으라는 명령은 무시되었다. 연구팀은 근처의 모든 세면대에 감시 카메라를 설치했다. 병원 직원들에게 이를 알려주고 그들이 병실을 떠날 때마다 비누로 손 씻기를 상기시키는 알람이 울리도록 했다. 하지만 이것도 실패했다. 직원의 10분의 1만이 그 명령을 따랐다. 그다음에 연구원들이 한 일은 모든 세면대에 전광판을 다는 것이었다. 직원들이 손을 씻을 때마다 전광판이 피드백을 제공했다. 이 전광판은 매주 손 씻은 직원의 비율을 표시했다. 그 결과 90%에 달하는 직원들이 비누로 손을 씻으라는 명령을 지킨 것으로 나타났다.

일반적으로 사람을 움직이게 만드는 것은 보상이나 처벌이다. 전광판이 성공한 것은 병원 직원들에게 손을 씻도록 위협하지 않았기 때문이다. 전광판은 손 씻은 직원을 칭찬하며 "잘 하고 있어요!"라고 표현했다. 긍정적인 반응은 직원들로 하여금 손을 씻게 만들었고, 그것이 습관이 되었다. 질병 확산에 대한 두려움을 심어줌으로써 누구나 손을 씻게 할 수 있다고 생각할지도 모른다. 또는 실험실 규칙을 따르지 않았을 때의 위험에 대한 두려움을 심어줌으로써 학생들이 규칙을 준수하도록 이끌 수 있다. 그러나 연구에 따르면 긍정적인 무언가를 제공하는 것이 규칙과 명령에 따르도록 격려하는 데 훨씬 더 효과적이다.

이는 인간의 두뇌가 처벌을 피하기 위해 행동하지 않고, 보상을 받기 위해 행동하도록 설계되었기 때문이다. 처벌은 종종 무행동과 관련되기 때문에 처벌을 통해 사람들의 행동을 격려하는 것은 보상을 제공하는 것에 비해 덜 효과적이다.

13,500개의 온라인 자선 캠페인에 대해 수행한 연구는 긍정적인 이미지 포스터를 사용한 자선 운동가들이 부정적인 이미지 포스터를 사용한 사람들보다 기부금을 받을 가능성이 더 높음을 밝혀냈다. 많은 자선 단체 조직원들과 운동가들이 이제까지 무서운 이미지를 사용해왔기 때문에 이것은 놀라운 일이었다. 시리아와 팔레스타인의 전쟁 희생자들을 위한 운동가들은 폐허와 피가 그려진 포스터를 사용하여 기부금을 요청했고, 끔찍한 상황에 처한 희생자들의 포스터가 기부금 요청을 위해 자주 전시되었다. 그 결과 부정적인 이미지는 좋지 않은 결말을 보여주었고, 그래서 사람들이 대의를 위해 돈을 내놓는 것을 어렵게 만들었다. 반면에 긍정적인 이미지는 희생자들이 나아질 가능성을 암시했고, 기부에 동기를 부여했다. 행복한 아이들의 사진과 같은 긍정적인 이미지는 어떻게 아이들이 전쟁 속에서도 잘 자랄 수 있는지에 대한 단서를 제공한 것이다.

---

### 보기

연구자 갑은 실험 대상자들에게 사과, 오렌지, 망고스틴, 두리안의 사진을 보여주는 실험을 하였다. 첫 번째 실험은 실험 대상자들의 초기 보유금액은 없고, 망고스틴 사진이 표시될 때마다 최대한 빨리 스페이스바를 누르면 실험 대상자들에게 1달러를 주는 식으로 10번 실시되었다. 두 번째 실험은 대상자들의 초기 보유금액이 10달러이고, 망고스틴 사진이 표시될 때마다 스페이스바를 누르지 않으면 1달러를 뺏는 식으로 10번 실시되었다.

① 인간의 두뇌를 고려할 때, 금연 시 보상을 주는 설계방식이 담배갑의 폐 사진보다 금연에 효과적일 것이다.

② 갑이 수행한 첫 번째 실험의 실험 대상자들은 달러를 받기 위해 망고스틴 사진이 표시될 때마다 스페이스바를 열심히 눌렀을 것이다.

③ 갑이 수행한 두 번째 실험의 실험 대상자들은 손을 씻도록 위협받은 병원 직원들의 사례와 같이 상대적으로 과제를 잘 수행하지 못했을 것이다.

④ 갑이 수행한 실험에서 첫 번째 실험의 실험 대상자들이 두 번째 실험의 실험 대상자들보다 평균 최종 보유금액이 많을 것이다.

⑤ 인간의 두뇌는 특정 행동을 할 경우 처벌을 피할 수 있는 경우와 특정 행동을 할 경우 보상을 받는 경우가 큰 차이가 없다고 인식할 것이다.

## 25 상중하

**다음 글의 ㉠에 들어갈 내용으로 적절하지 않은 것은?**

농산물 생산량 증가는 농산물 수입 실시와 함께 가격 폭락의 주요 원인이다. 풍년이 되면 농산물 값이 크게 떨어져 오히려 농민들의 가슴은 타들어 가는 풍년의 역설은 37년 만의 대풍(大豊)인 2013년 가을에 더욱 뚜렷이 나타났다. 농사를 잘 지어 생산량을 늘리는 것은 농민의 보람이지만, 모든 농민이 다 농사를 잘 짓는다면 농산물 가격이 폭락해 모든 농민에게 재앙이 될 수 있다. 이런 현상을 가리켜 구성의 오류 또는 합성의 오류라고 한다.

구성의 오류는 부분에 대해 말할 수 있는 것을 전체에 부당하게 적용하거나 개별적인 요소에 해당되는 것을 집합 전체에 부당하게 적용하는 것인데, 개인적으로는 타당한 행동을 모두 다 같이 할 경우 전체적으로는 부정적인 결과가 초래될 때 쓰는 말이다. 경제학자 존 메이너드 케인스가 말한 절약의 역설이 좋은 예이다. 절약의 역설이란 불황에 저축을 늘리면 개인은 안전감을 느끼겠지만 모두가 다 그렇게 하면 소비가 줄어 경기를 더 악화시키는 결과가 초래된다는 것을 의미한다.

2008년 세계적 금융 위기의 발생 원인 중 하나로 구성의 오류를 들 수 있다. 1990년대 세계 경제의 기본 질서는 영역 간 장벽을 허물고 무한 경쟁을 하는 것이었는데, 그 결과 나타난 현상 중 하나가 은행, 증권, 보험이 얼마든지 겸업을 할 수 있게 된 것이다. 개별 은행이나 개별 보험사로서는 사업의 다각화를 통해 리스크가 더 잘 분산될 수 있었지만, 사회적 차원에서는 시장 전체의 리스크를 막아 주거나 상쇄해 줄 수 있는 기능이 사라지고 말았다. 즉, 남이 물에 빠졌을 때 건져 줄 사람이 없이 다 같이 물에 빠져 난리를 치게 되는 상황이 된 셈이다.

구성의 오류의 반대인 분할의 오류는 어떤 대상에 대해 집단적으로 말할 수는 있어도 이것을 그 부분이나 구성 요소에 적용하면 옳지 못한 경우를 가리키며 분해의 오류라고도 한다. ____㉠____은 분할의 오류에 해당된다.

① 세계적으로 환율이 하락세이므로 일본 화폐의 환율도 하락세일 것이라고 생각하는 것

② 특정 컴퓨터의 무게는 무거우므로 그 컴퓨터 부품의 무게도 무거울 것이라고 생각하는 것

③ 흥부가 제비 다리를 고쳐 주고 부자가 되었으므로 나도 제비 다리를 고쳐 주면 부자가 될 수 있을 것이라고 생각하는 것

④ 특정 책이 쉽게 읽히므로 그 책의 모든 문장도 쉽게 읽힐 것이라고 생각하는 것

⑤ 특정 인물의 얼굴이 예쁘니 그 사람의 코도 예쁠 것이라고 생각하는 것

## 26 상중하

**다음 글의 내용과 부합하지 않는 것만을 〈보기〉에서 모두 고르면?**

글로벌공급망은 하나의 기관과 그 기관에 대한 공급자와 소비자 간에 가공되지 않은 재화를 판매 가능한 상품으로 변환시키는 모든 상호작용에 관하여 서로 협력하는 네트워크를 의미한다. 글로벌공급망 네트워크는 활동, 인적요소, 기술, 정보 그리고 자원을 모두 그 요소로 포함한다. 글로벌공급망은 오랜 기간을 통하여 발전되어 왔다. 오늘날 선도적 글로벌공급망 파트너들은 빠르게, 내재적 그리고 외부적 마찰의 감소를 통한 처리로 재화와 서비스를 최종 소비자의 예상을 뛰어넘는 방식으로 전달함으로써 비교우위를 확보하고 있다. 미국의 아마존과 우리나라의 한 온라인 상품구매 사이트가 24시간도 안 되는 시간 안에 소비자가 주문한 상품을 문 앞에 도착하게 하는 것을 보면 그러한 현상을 실감할 수 있다.

최근 이러한 글로벌공급망의 위험성이 제기되고 있는 이유는 무엇인가? 그 이유는 이해관계자들이 가장 낮은 비용과 가장 효율적인 공급을 위한 생산지를 찾는 방식으로 경제적 우위를 확보함에 따라 분산된 공급망의 발달이다. 이와 같이 분산된 공급망이 발달하게 되면서 복잡한 상호의존성으로부터 발생하는 위험성은 공급망의 어느 한 부분이 영향을 받게 될 때 매우 높은 변동성을 가져올 수 있다.

글로벌공급망의 상호의존성은 더욱 증대되고 있다. 이러한 현상은 앞으로 수십 년간 기관들과 개별국가들이 자신들의 활동 안에서 상호 내부적으로 문제를 해결할 수 있는 가능성이 높아지지 않는 한 지속될 것이다. 중요한 것은 상호의존성과 글로벌공급망의 위험성이 동시에 높아지고 있다는 점이다. 또한 공급망을 형성하고자 하는 동기는 지구상의 특정 지역에 소재하는 민간 기업들의 이익 추구로부터 오지만, 자연재해, 팬데믹, 그리고 인류의 분쟁 등으로 심화되는 공급망에 대한 영향은 어느 특정 지역에 국한되지 않는다. 공급망에 혼란이 발생하게 되면, 그 영향이 인접 산업으로 전이되고, 특정 국가의 경제뿐만 아니라 광범위한 지역 경제와 전세계 경제에 영향을 미치게 된다.

특히, 우리는 글로벌공급망의 혼란이 가져오는 부정적인 영향으로 피해를 보는 사람들에 대한 관심을 가질 필요가 있다. 공급망 혼란은 휴대전화와 같은 고급 기술에 기반한 상품의 가격 인상과 공급부족만을 초래하는 것이 아니다. 우크라이나 전쟁이 식품과 에너지 공급망의 대규모 혼란을 초래함으로써 이러한 상품들의 가격이 급등하였고 모든 나라에서 인플레의 위기를 가져왔다. 부유국들과 부유한 개인들은 이러한 공급부족을 해결하고자 물자를 매점매석함으로써 그것들을 가장 필요로 하는 사람들에 부정적인 영향을 미치게 된다.

실제로 이해당사자들은 상호의존성에 의해서 야기된 공급부족을 대면하게 되면, 자신들의 안전을 위한 방도를 우선시하게 되어 국제 공급 체제의 불안정성을 더욱 키우게 된다. 이러한 관점에서, 글로벌공급망과 관련하여 기업들, 기관들, 또는 정부 간에 상호 커뮤니케이션이 표준화될 필요가 있다. 그렇지 않은 경우, 잘못된 커뮤니케이션, 외부와 단절된 내부적 상호작용성, 공급망 데이터의 분리 및 병목현상 등이 나타날 수 있다. 공급망과 관련한 이해당사자들의 목적은 공급망 안에서 향상된 작동성을 통하여 비용을 낮추고, 효율성을 개선하며 위험성을 경감하는 것이다. 그리고 그 궁극적 혜택은 인류 모두에게 돌아간다.

┌ 보기 ├
ㄱ. 글로벌공급망의 위험성은 더욱 분산된 공급망의 발달로 감소될 수 있다.
ㄴ. 개별 기관이 자신의 활동 안에서 내부적 상호작용성을 높이게 되면 글로벌공급망의 상호의존성은 높아진다.
ㄷ. 글로벌공급망의 위험성 증가와 동시에 기업들과 국가들의 상호의존성 증가가 나타나고 있다.
ㄹ. 글로벌공급망의 혼란은 고급 기술에 기반한 상품에만 관련되는 현상이다.
ㅁ. 글로벌공급망의 혼란은 기본적인 물자를 가장 필요로 하는 사람들에게 부정적인 영향을 미친다.

① ㄱ, ㄴ, ㄹ  　　② ㄱ, ㄷ, ㄹ  　　③ ㄱ, ㄷ, ㅁ
④ ㄴ, ㄷ, ㄹ  　　⑤ ㄴ, ㄹ, ㅁ

## 27 상 중 하

**다음 글의 내용과 부합하는 것만을 〈보기〉에서 모두 고르면?**

2014년 3월 18일, 러시아의 크림반도 병합은 제2차 세계대전 이후 최초로 유럽 대륙 안에서 무력에 의한 국경의 변화를 가져왔다. 유럽의 국제관계를 급진적으로 변화시켰던 희망의 시대가 끝났으며, 이상주의자들이 꿈꾸던 시대가 종식된 것이다. 냉전시대의 핵 균형과 유럽의 새로운 체제가 유럽인들로 하여금 무력에 의한 국가이익 추구 시대를 종식시킬 것이라는 생각을 가지게 하였다. 전세계에서 가장 비극적인 전쟁들로 얼룩진 대륙이 평화의 시대를 누리고 있었던 것이다.

사람들은 유럽연합과 유엔이 유럽 내 개별국들의 행동하는 방식을 근본적으로 바꿀 수 있다고 믿었다. 한편, 이러한 생각에 회의적인 현실주의자들은 아무리 정교하게 의도된 법과 제도라도 결코 국제관계에서 힘의 우월성을 바꾸지는 못할 것이라고 주장하였다. 또 다른 경우, 현대 사회의 삶이 끊임없이 변화한다는 것을 간과한 채, 정치 및 경제 사안에 대한 이념들의 투쟁으로서의 역사는 종언되었다고 생각한 이도 있었다.

크림반도에 대한 러시아의 무력침공은 새롭게 대두되고 있는 신흥강국들의 세계 정치 구도에 대한 자신들의 의지와 자신감을 표출하는 하나의 사례로 평가되고 있다. 러시아, 중국 그리고 인도로 대표되는 신흥강국들은 자신들의 의도를 내세울 수 있는 자신감과 능력을 가지게 되었고, 이를 토대로 유럽, 중동 그리고 동아시아 세 지역에서 기본적인 물질적 차원의 전략적 균형에 대한 근본적인 질문들을 제시하고 있다. 이들 신흥강국들은 또한 기존 국제관계 질서의 구조적 근본에 대해서도 변화의 의지를 천명하고 있는 것이다.

이미 미국과 경제규모 면에서 경쟁하고 있는 중국은 야심으로 무장된 러시아 그리고 인구적으로 초강대국인 인도와 함께 신흥강국 대열을 정비하였다. 중국과 인도 두 나라는 전세계 인구의 3분의 1을 차지하고 있으며, 이들 신흥강국들이 자리하고 있는 지역들은 전세계적으로 매우 중요한 위치이다.

그러나 이들 국가들의 지리적 및 인구 측면에서의 규모는 이들 신흥강국들의 지위를 결정하는 유일한 요소는 아니다. 실제로 오랫동안 지나치게 과도한 인구 비중은 오히려 경제발전에 부담이 되는 것으로 받아들여졌다. 이들 신흥강국들의 비중이 커지고 있는 것은 이들의 잠재적 역량이 실질적 능력과 의지와 결합되어 발현되고 있기 때문이다. 이들 신흥강국들이 서로 다른 이유들로 인해 경제적·물질적 자원들이 늘어나면서 과거와는 달리 스스로의 의지대로 행동할 수 있게 되었다는 것이다. 러시아, 중국 그리고 인도는 향후 더욱더 국제관계 역학구도가 자신들의 이익과 정체성에 부합될 수 있도록 변화시켜가기를 원할 것이다.

┌ 보기 ├
ㄱ. 러시아의 크림반도 병합은 제2차 세계대전 이후 국제관계의 변화 없는 연속성 상에서 이해될 수 있는 사건이었다.
ㄴ. 유럽대륙은 역사적으로 가장 평화적인 국제관계가 발현된 지역이었다.
ㄷ. 크림반도 병합은 신흥강국들의 국제관계에 대한 변화된 자세와 지위를 암시하는 사건이었다.
ㄹ. 러시아, 중국, 인도의 인구 비중은 그 자체로 절대적 중요성을 가지지는 않고, 이들의 경제적 자원의 축적을 통한 국제관계 변화에 대한 능력과 의지가 중요한 요소가 되고 있다.

① ㄱ, ㄴ  　　② ㄱ, ㄷ  　　③ ㄴ, ㄷ
④ ㄴ, ㄹ  　　⑤ ㄷ, ㄹ

# 28 <sub>응⊗⊗</sub>

다음 〈조건〉에 따를 때, 반드시 참인 것만을 〈보기〉에서 모두 고르면?

┌ 조건 ┐
국회는 신임 사무관 A, B, C, D, E, F를 3개의 위원회에 각각 배치하고자 한다. 위원회별로 배치된 인원의 수는 다르며, 각 위원회에 한 명 이상의 신임 사무관을 배치한다.
○ F를 배치하는 위원회에는 E를 함께 배치해야 한다.
○ C를 배치하는 위원회에는 A를 배치할 수 없다.
○ D를 가장 많은 인원이 배치되는 위원회에 배치할 경우, C와 E는 같은 위원회에 배치된다.
○ A가 배치되는 위원회보다 B가 배치되는 위원회의 신임 사무관 수가 더 많다.
○ 각 위원회에는 A~F 이외의 신임 사무관은 없다.

┌ 보기 ┐
ㄱ. A가 배치되는 위원회의 신임 사무관 수가 가장 적다.
ㄴ. C가 배치되는 위원회의 신임 사무관 수가 가장 많다.
ㄷ. E가 배치되는 위원회의 신임 사무관 수가 가장 많다.

① ㄱ        ② ㄷ        ③ ㄱ, ㄴ
④ ㄴ, ㄷ       ⑤ ㄱ, ㄴ, ㄷ

# 29 <sub>응⊗⊛</sub>

다음 글의 내용과 부합하는 것은?

우리나라는 「공공기관의 운영에 관한 법률」을 근거로 공공기관을 정부의 출연·출자 등을 고려하여 기획재정부장관이 지정하는 기관으로 정의하고, 직원 수, 총수입액, 자산 등을 기준으로 공기업·준정부기관·기타공공기관으로 유형화하고 있다.

공공기관 지정 요건을 충족하는 기관 중 직원 정원 50명 이상, 총수입액 30억 원 이상, 자산규모 10억 원 이상인 기관은 공기업·준정부기관으로 분류된다. 공기업은 공기업·준정부기관으로 분류된 기관 중 자체수입비율(총수입액 대비 자체수입액 비중)이 50%(「국가재정법」에 따라 기금을 관리하거나 기금의 관리를 위탁받은 공공기관의 경우 85%) 이상인 기관이 해당되며, 이 중 자산규모 2조원 이상, 자체수입비율 85% 이상인 기관은 시장형 공기업으로, 그렇지 아니한 공기업은 준시장형 공기업으로 분류된다. 이에 따라 2022년 기준으로 시장형 공기업에는 한국가스공사, 한국전력공사 등 15개 기관이 지정되어 있으며, 준시장형 공기업에는 한국토지주택공사, 한국마사회 등 21개 기관이 지정되어 있다.

준정부기관은 공기업·준정부기관으로 분류된 기관 중 공기업으로 분류되지 아니한 기관으로, 다음과 같이 구분하여 지정된다. 기금관리형 준정부기관은 「국가재정법」에 따라 기금을 관리하거나 기금의 관리를 위탁받은 기관으로 국민연금공단, 한국무역보험공사, 중소벤처기업진흥공단, 신용보증기금, 근로복지공단 등이 있다. 위탁집행형 준정부기관은 공공업무의 효율성을 확보하기 위하여 정부업무를 위탁집행하는 기관이며, 대한무역투자진흥공사, 국민건강보험공단, 한국산업인력공단, 한국농어촌공사 등이 있다.

기타공공기관은 공기업과 준정부기관을 제외한 공공기관을 의미하며, 「공공기관의 운영에 관한 법률」 제4장(공기업·준정부기관의 운영)의 규정 등 공공기관의 일부 관리 규정이 적용되지 아니한다. 기타공공기관 중 일부는 연구개발목적기관으로 지정되어 있으며, 구체적으로 기초과학연구원, 국방과학연구소 등이 있다.

공공기관의 예산 및 결산과 관련하여는 「공공기관의 운영에 관한 법률」 외에 「공기업·준정부기관 회계사무규칙」, 「공기업·준정부기관 계약사무규칙」 등에 따라 회계원칙, 지출, 구분회계, 결산수행 등에 관련된 사항이 더욱 세부적으로 명시되어 있다.

① 국방과학연구소의 경우 「공공기관의 운영에 관한 법률」의 모든 규정을 적용받는 것은 아니다.
② 우리나라는 「공공기관의 운영에 관한 법률」을 근거로 공공기관을 정부의 출연·출자 등을 고려하여 행정안전부장관이 지정하는 기관으로 정의한다.
③ 준정부기관의 개수는 공기업의 개수보다 적다.
④ 총수입액 대비 자체수입액 비중이 85% 이상인 기관은 반드시 시장형 공기업이다.
⑤ 한국농어촌공사는 「국가재정법」에 따라 기금을 관리하거나 기금의 관리를 위탁받은 기관이다.

## 30 상중하

**다음 글의 문단을 논리적 순서에 맞게 나열한 것으로 옳은 것은?**

무위이치(無爲而治)는 고대 중국의 이상적 정치형태로서 중국의 3대 사상인 유가·법가·도가 모두에서 정치의 궁극적 실현목표가 되어 왔다. 그 뜻은 「논어」 위령공편에 따르면, "무위로 다스린 이는 순(舜)이 바로 그 사람이다. 무엇을 하였던가? 자기를 공손히 하고 남면(南面)하였을 뿐이다."라는 데서 통치자가 도덕을 닦아 무위로 처하면서도 다스려지지 않음이 없다는 것을 의미한다. 즉, 무위로 처함으로서만 완전한 도덕정치를 펼칠 수 있다는 것이다.

(가) 먼저, 도가의 경우는 소국과민(小國寡民)의 사회관에서 국가와 정치를 부정하고 문명의 이기(利器)를 배척하며 문자의 시대에서 다시 결승(結繩)의 시대로 되돌아가고자 하는 등 문명생활을 통째로 부정하고 있어 연결고리가 제시되지 않고 있다. 무위이치에 대한 연결고리 내지 파급장치를 제시하고 있는 것은 유가와 법가로서 전자는 향약을, 후자는 법과 시스템을 각기 제시하고 있다.

(나) 유가에서 무위이치의 연결고리를 제시한 것은 오직 송(宋)과 조선의 성리학자들 뿐이었다. 이들은 자신들을 주(周)나라의 무위이치와 이를 계승한 공맹사상의 유일하고도 진정한 계승자로 자처하였고 향약을 포함한 자신들의 학문을 고대 유교의 부활로 간주하였다. 즉, 이들은 향약이 도덕적 교화를 목표로 하는 고대의 무위이치의 핵심원리였는데 이것이 춘추전국시대와 진·한·당 시대에 사멸되었다가 송과 조선에서 부활되었다고 주장하고 있다.

(다) 그러나 마을도 아닌 국가에서 단순한 통치자 한 사람의 내면상태가 지극한 도덕의 경지에 이르렀다고 하여 이상적 정치상태가 저절로 구현된다는 것은 경험적 인과관계상 무엇인가 중요한 연결고리가 빠져있는 것이라고 볼 수밖에 없다. 치자의 무위이치가 이상적 정치방식임을 인정한다 하더라도 그것이 가능하기 위해서는 전국의 국민전체에 파급되어야 하며 그러기 위해서는 통치자와 일반국민 사이에 무엇인가 연결고리 내지 파급장치가 반드시 있어야만 한다.

(라) 이 말은 통상인의 경험에 비춘 합리적 사고로는 납득할 수 없다. 물론 오늘날과 같은 민주국가에서 민주적으로 제정된 헌법과 법률이 통치자를 구속하는 것과 달리, 자신이 제정하고 따라서 자신이 얼마든지 이를 어길 수 있는 율령(律令)의 시대에 통치자의 내면적 양심회복이 가장 급선무일 수 있다.

① (다) − (라) − (가) − (나)
② (다) − (라) − (나) − (가)
③ (라) − (나) − (다) − (가)
④ (라) − (다) − (가) − (나)
⑤ (라) − (다) − (나) − (가)

# 31 ◉◉◉

**다음 글에 대한 추론으로 옳은 것은?**

벼 도열병(稻熱病, 벼가 타는 병)은 곰팡이에 의하여 벼 잎이 갈색 반점을 보이다가 심하면 불에 탄 것처럼 말라 죽는 진균병이다. 도열병은 잎에만 발생하는 것이 아니라 벼 생육 전 기간에 걸쳐 다양한 부위에 침입하므로 쌀 수량과 품질을 급격히 저하시킨다.

도열병은 발병 부위에 따라 목도열병, 이삭도열병, 잎도열병 등으로 구분된다. 이 중 목도열병과 이삭도열병은 잎에서 생성된 광합성 산물이 이삭으로 이동하는 것을 저해하여 이삭을 불임 또는 백수로 만들어 수량 감소 및 품질 저하를 초래하게 된다. 도열병 방제에는 저항성 품종 재배 또는 질소질 비료의 시비량 조절, 건전한 종자 파종, 도열병 발생 경감을 위한 재식밀도 조절 등과 같은 재배적 방제법과 항진균제 및 진균병 방제 약제를 사용하는 화학적 방제법이 사용된다. 이 중 화학 약제 살포에 의한 공기·수질·토양 오염으로부터의 환경보호와 기후 온난화의 주범인 탄소 발생량을 감소시킬 수 있는 지속 가능한 농업을 위해서는 저항성 품종 재배가 가장 효과적이고 경제적인 방법으로 인식되고 있다.

하지만 새로운 저항성 품종들이 빈번하게 이병화(새로운 균의 출현으로 저항성을 잃고 병에 취약한 품종이 되는 것)되곤 한다. 도열병 저항성 유전자 붕괴는 도열병균 레이스(race)의 변이 발생으로 인한 새로운 레이스 출현 또는 단일 품종의 대면적 재배에 따른 소수 레이스의 급격한 증가가 원인으로 꼽힌다. 1977년 통일계 품종의 대면적 재배로 도열병이 대발생하였고, 이후 1990년대까지 단일 품종의 급속한 보급에 따른 저항성 붕괴가 보고되었다. 따라서 다양한 균종별 저항성을 유지하기 위해 지속해서 저항성 유전자를 도입하는 품종 개발을 추진하고 있다.

벼 도열병 저항성 주동 유전자(R 유전자)는 최근까지 118개가 존재하는 것으로 밝혀졌고, 이중 Pi-sh, Pi-b, Pi9, Pi5, Pi-k, Pita 등의 유전자들은 분자생물학적으로 동정(시료 중에 포함되는 화학종이 이미 알려진 화학종과 완전히 동일하다는 것을 확인하는 것)되고 특성화되었다. 도열병 저항성의 지속성을 유지하기 위해서는 위에 나열된 다수의 저항성 유전자를 집적시키는 것이 이상적이지만, 하나의 저항성 유전자를 도입할 때에도 긴 육종 연한과 큰 노력이 필요하다. 게다가 특정 저항성 유전자를 도입하더라도 다른 농업적 열악 형질이 동반되는 경우가 많아 품종 개발에 어려움을 겪는다. 하지만 저항성 유전자와 완전히 연관을 이루는 완전마커가 있는 경우, 이를 활용하면 일회친과 반복친의 여교잡(교잡으로 생긴 잡종을 다시 그 양친의 한쪽과 교배시키는 것)을 통해 반복친과 거의 유사하면서 일회친의 저항성 유전자가 도입된 계통을 신속하게 선발하는 것이 가능하다.

기존에 개발된 국내 벼 품종과 육성계통 296개의 3년간(2018~2020년) 잎도열병 밭못자리 검정 결과, 조생종 품종이 상대적으로 중생종이나 중만생종 품종에 비하여 강한 도열병 저항성을 보였다. 이들 조생종의 도열병 저항성은 염색체 6번의 Pi40 저항성 유전자가 작용하고 있는 것으로 확인되었고, 이 유전자의 완전마커도 제작되었다. 이들 Pi40 유전자는 국내에서 수집된 도열병 균주에 대하여 안정적인 저항성을 보였다. 하지만 Pi40 유전자는 출수기를 조절하는 Hd1 유전자와 매우 가깝게 위치하여 교배 시 Pi40 유전자가 도입된 계통은 빠른 출수를 보이는 계통이 대부분이었다. 이러한 결과는 Pi40 유전자와 Hd1 유전자가 동반이입 되기 때문이다. 이러한 유전자 동반이입을 타파하기 위하여 Pi40 유전자에 현품을 여교배한 후 두 유전자 사이의 재조합을 유발하고 완전마커를 활용한 선발을 통하여 Hd1 유전자가 결핍되고 Pi40 유전자가 도입된 중만생 계통이 처음으로 육성되었다. 이러한 결과는 향후 중만생 계통의 도열병 저항성 증진 및 지속성을 유지할 가능성을 높였다.

① 벼의 이삭 부분에서 불에 탄 자국이 발견될 경우, 이는 이삭도열병에 해당한다.
② 도열병 저항성 붕괴를 방지하기 위해 단일 품종의 대면적 재배가 필요하다.
③ 잎도열병의 경우 중생종 품종이 상대적으로 조생종 품종에 비하여 강한 도열병 저항성을 보인다.
④ 새로운 저항성 품종들이 빈번하게 이병화됨에 따라 진균병 방제 약제의 활용도가 저하되고 있다.
⑤ Hd1 유전자가 결핍되고 Pi40 유전자가 도입된 중만생 계통 육성을 통해 도열병 저항성 증진 및 지속성을 유지할 가능성을 높였다.

## 32

**다음 〈조건〉에 따를 때, A~F 중 시험 합격 가능성이 있는 학생만을 모두 고르면?**

┌ 조건 ┐
○ A가 합격하면 B 또는 E 또는 F가 합격한다.
○ C가 불합격하면 B가 불합격하거나 A가 합격한다.
○ D가 합격하면 C가 합격한다.
○ F나 D가 합격하면 A가 불합격한다.
○ E가 합격하면 C가 불합격한다.
○ A가 불합격하거나 B가 불합격한다.
○ E가 불합격하면 F가 합격하고, F가 합격하면 E가 불합격한다.
○ C와 F가 동시에 합격하는 경우는 없다.

① A, B, E
② A, E, F
③ B, C, D
④ B, D, F
⑤ C, D, E

## 33

**다음 글의 내용과 부합하는 것은?**

겨울 한파에도 야외활동이 증가하면서 핫팩이 매우 인기다. 핫팩은 짧은 시간에 난로처럼 뜨끈해져 언 손과 몸을 녹일 수 있기 때문이다. 핫팩은 쇳가루, 톱밥 등의 가루가 들어있어 흔들어 사용하는 가루형과 똑딱이를 눌러 액체가 굳으며 발열하는 액체형으로 나뉘는데 발열의 원리에서 둘은 차이가 있다.

가루형 핫팩은 철의 산화 반응을 이용하는 것으로 보통 흔들거나 주무르면 따뜻해진다. 철이 시간이 지나면 녹이 스는 이유는 철이 산소와 결합하여 산화철인 녹을 만들기 때문이다. 이러한 산화 반응이 일어날 때 열이 발생하는데 이러한 원리를 이용한 것이 바로 가루형 핫팩이다. 가루형 핫팩 안에는 쇳가루와 활성탄, 소금, 톱밥, 질석, 소량의 물이 들어있다. 소금과 활성탄은 쇳가루가 산화되는 속도를 빠르게 해주는 촉매제이며 질석과 톱밥은 단열재 역할을 한다. 일반적으로 철의 산화 반응은 매우 천천히 일어나기 때문에 발생하는 열을 잘 느끼지 못하지만 촉매 역할을 하는 활성탄과 소금을 섞어주면 쇳가루는 빠르게 산화 반응을 일으켜 몇 분 안에 30℃에서 70℃까지 온도가 올라가게 된다.

가루형 핫팩의 겉 포장은 산소와 접촉하지 않게 비닐로 되어 있는데 이를 뜯으면 부직포로 되어 있는 핫팩을 볼 수 있다. 핫팩을 잘 흔들면 안에 있는 쇳가루들이 촉매제, 단열재와 고르게 섞이면서 부직포의 구멍을 통해서 산소와 만나 빠르게 산화 반응이 일어난다. 가루형 핫팩은 가볍고 쉽게 사용할 수 있고 산화 반응의 지속시간 동안 계속 열이 발생하여 10시간 내외의 긴 시간을 사용할 수 있다는 장점이 있지만, 산화 반응이 일어난 뒤에는 별도의 제련 과정을 거치지 않는 한 다시 사용하기 어렵다.

액체형 핫팩은 흔히 똑딱이 손난로라고 한다. 원리는 액체에서 고체로 바뀌는 과정에서 발생하는 열을 이용하는 것이다. 액체형 핫팩에 들어있는 투명한 액체는 바로 아세트산나트륨 과포화용액이다. 아세트산나트륨은 아세트산의 나트륨염으로, 무색의 가루 또는 덩어리이며, 과포화용액이란 용액이 어떤 온도에서 녹을 수 있는 양 이상으로 물질을 함유하고 있어 완전히 녹지 않은 상태를 가리킨다. 과포화용액은 매우 불안정한 상태이기 때문에 작은 충격에도 쉽게 그 상태가 깨지면서 고체로 변하는 성질이 있으며, 아세트산나트륨 과포화용액의 경우 액체에서 고체로 바뀌는 과정에서 에너지가 방출되면서 순간적으로 열이 발생한다. 이러한 원리를 이용하여 액체형 핫팩에 들어있는 버튼을 똑딱 누르게 되면 액체가 하얗게 굳으면서 열이 발생하는 것이다. 딱딱하게 굳은 손난로를 뜨거운 물에 넣으면 원래 상태로 돌아와 다시 사용할 수 있다는 장점이 있지만, 발열 지속 시간이 상대적으로 짧고 비닐 소재의 약한 포장이 손상되어 액체가 샐 수도 있다는 단점이 있다.

① 가루형 핫팩은 철이 촉매제 역할을 하여 산화하며 열을 방출한다.
② 가루형 핫팩의 부직포 포장은 사용 전에 산소를 차단하기 위한 것이다.
③ 액체형 핫팩의 똑딱이는 촉매제를 조금씩 방출하여 열을 발산시키는 역할을 한다.
④ 고체가 된 아세트산나트륨 과포화용액을 뜨거운 물에 넣고 가열하면 다시 액체로 바뀐다.
⑤ 가루형 핫팩과 액체형 핫팩 모두 재활용을 위해서는 산소를 제거하는 과정이 필요하다.

## 34 ⊕⊜⊖

### 다음 글의 내용과 부합하는 것은?

혐기성소화처리란 하수나 하수처리 과정에서 나온 찌꺼기를 혐기성 미생물로 분해하여 처리하는 것을 의미한다. 혐기성소화처리는 용존산소가 존재하지 않는 조건에서 미생물에 의해 분비되는 효소의 작용을 통해 고농도의 유기물을 함유한 폐수를 처리하는 과정이다. 또한 고농도의 폐수 혹은 폐기물의 혐기성소화 과정에서 발생하는 바이오가스를 회수할 수 있으며, 발생하는 하수찌꺼기의 양을 감량화 및 안정화할 수 있다. 경제적 및 환경적 측면에서 혐기성소화처리는 호기성처리보다 더 큰 잠재력을 가지고 있다. 따라서 현재까지 혐기성소화처리에 대한 여러 연구가 진행되고 있으며, 상당 부분 확립된 기술로써 전세계적으로 하수처리에 이용되고 있다.

혐기성소화처리에 이용되는 폐수는 발생원에 따라 휘발성 지방산, 알코올, 포도당 및 탄수화물과 같은 쉽게 분해되는 물질뿐만 아니라 암모니아, 황, 중금속 및 지방과 같은 난생분해성 물질을 함유하고 있다. 난생분해성 물질은 생물학적으로 분해되기 어려운 유기물을 의미하며, 낮은 용해성, 낮은 생분해성 및 높은 독성작용으로 인해 혐기성소화처리 과정에서 미생물 성장과 군집 변화에 대한 저해 작용을 일으킨다. 또한, 난생분해성 물질의 분해 과정과 저해 작용의 경로가 매우 복잡하여 혐기성소화처리에 이용함에 있어 많은 어려움이 따른다. 이러한 물질의 잠재적인 축적은 혐기성소화처리의 실패로 이어지게 된다.

지방은 탄수화물·단백질과 마찬가지로 폐수에서 쉽게 찾을 수 있는 성분이다. 이는 정제된 기름, 도축장 및 낙농 산업 폐수에 고농도로 함유되어 있다. 혐기성소화처리로부터 발생하는 바이오가스의 이론적인 수율은 지방이 1,420L/kg, 탄수화물이 830L/kg, 단백질이 920L/kg로 지방의 기대치가 가장 높다. 하지만 지방은 난생분해성 물질로 지방이 고농도로 함유된 폐수를 혐기성소화처리할 경우 많은 어려움이 따른다. 지방을 적절한 전처리 없이 혐기성소화처리를 할 경우 초산생성미생물과 메탄생성미생물의 저해, 기질과 생산물의 이동 저해, 슬러지 부유, 거품 발생, 라인과 펌프의 막힘 및 가스 포집의 막힘 문제가 발생하게 된다. 혐기성소화처리 과정에서 지방은 가수분해에 의해 글리세롤과 LCFA (Long-Chain Fatty Acid)로 분해된다. LCFA는 β-산화 과정을 통해 초산, 수소 및 메탄으로 전환되지만 낮은 생분해도와 독성작용에 의해 높은 메탄 생산량을 기대하기 어렵다.

혐기성소화처리의 효율을 향상시키기 위한 방법으로 여러 종류의 혐기성 반응조가 고안되었는데, 반응조 내의 기질과 미생물의 혼합, 가스의 배출, 고효율, 반응조 크기의 최소화 등을 원활히 하고자 개선되어 왔다. 혐기성소화처리 초기 단계에서 UASBr(Upflow Anaerobic Sludge Blanket reactor)의 발견은 생물학적 처리에 있어 가장 기본적인 모델이 되었다. 상향류에 의해 미생물들은 응집체와 그래뉼 형태로 응집되었고 생성된 미생물들은 고밀도로 좋은 침강성을 가져 반응조 하부로 침강되었다. 결과적으로 반응조 내에 고농도로 미생물들이 유지되어 반응조의 성능이 향상되었다. 하지만 UASBr은 반응조 하부에 고농도로 축적된 미생물들이 압력을 받아 압축되고, 균열이 생기면서 기질이 반응조 내에 균일하게 분배되지 못하면서 한쪽으로만 상향유속이 생기는 채널링 현상이 발생하게 된다. 슬러지와 폐수의 접촉량을 높이고 유출수의 재순환 및 반응조의 높이를 높여 반응조 내에 미생물이 골고루 분산되도록 고안된 반응조가 EGSBr(Expanded Granular Sludge Blanket reactor)이다. EGSBr은 상향류의 속도가 매우 높아 미생물 간의 접촉 및 미생물과 기질 간의 접촉이 증가하여 물질교환이 증가하게 되고, 결과적으로 반응조의 성능이 향상된다.

이외에도 혐기성소화처리의 효율을 높이기 위한 방법으로 저강도 초음파 처리가 있다. 저강도 초음파 처리는 미생물에 적절한 자극을 주어 활성도를 높여 신진대사를 촉진시키고 미생물 내외부로 기질과 생산물의 물질이동을 향상시켜 기질의 분해 및 바이오가스 생산의 효율을 높이는 방법이다. 메탄 생산 그래뉼에 저강도 초음파를 조사하여 메탄 생산량이 43% 향상되었다고 연구된 바 있다.

① 호기성처리는 발생하는 하수 찌꺼기의 양을 조절하기 쉽다는 장점이 있다.

② 도축장에서 발생한 폐수를 별도의 전처리 없이 혐기성소화처리할 경우 거품이 발생할 수 있다.

③ 현재까지 고안된 혐기성소화처리의 효율을 높이는 방법은 반응조 성능 향상이 유일하다.

④ EGSBr은 폐수 속에 응축된 미생물과 용존산소 등의 물질을 반응조 내에 분산시켜 채널링 현상을 방지할 수 있다.

⑤ 탄수화물, 단백질 및 지방이 모두 포함된 폐수를 혐기성소화처리할 때, 발생하는 바이오가스의 수율은 지방이 탄수화물의 두 배보다 높다.

## 35 상중하

다음 〈조건〉에 따를 때, 〈보기〉에서 반드시 참인 것만을 모두 고르면?

┌ 조건 ┐
- ○ 갑, 을, 병은 A동호회 회원이다.
- ○ A동호회 회원들은 강아지 또는 고양이 중 하나를 키우며, 강아지와 고양이를 둘 다 키우는 사람은 없다.
- ○ A동호회 회원 중 고양이를 키우면서 아이가 있는 사람은 주식 투자를 한다.
- ○ A동호회 회원 중 고양이를 키우면서 아이가 없는 사람은 회사에 다닌다.
- ○ A동호회 회원 중 아이가 없는 사람은 여성이다.
- ○ A동호회 회원 중 강아지를 키우면서 아이가 있는 사람은 회사에 다니지 않는다.

┌ 보기 ┐
- ㄱ. 갑이 회사에 다니면서 아이가 있다면, 그는 고양이를 키운다.
- ㄴ. 을이 여성이 아니고 회사에 다닌다면, 그는 주식 투자를 한다.
- ㄷ. 병이 주식 투자를 하는 여성이라면, 그는 아이가 없다.

① ㄱ
② ㄷ
③ ㄱ, ㄴ
④ ㄴ, ㄷ
⑤ ㄱ, ㄴ, ㄷ

## 36 상중하

다음 글에 근거할 때, 〈보기〉의 ㉠과 ㉡에 들어갈 말을 바르게 나열한 것은?

법률의 해석을 위하여 활용되는 기법으로는 (가)~(마) 등이 있다.

(가) 확장해석이란 법령규정의 문자를 그것이 일반적으로 의미하는 것보다는 확대하여 해석하는 것을 말한다. 확장해석과 관련하여 주의할 점은 형벌규정이나 개인의 권리를 제약하거나 의무를 부과하는 법령규정의 해석에 있어서는 기본적 인권의 보장이라는 원칙에 입각하여 무분별하게 확장해석을 하여서는 안 된다는 것이다.

(나) 축소해석은 확장해석과는 반대로 법령규정의 문자·용어를 일반적으로 사용되는 의미보다 좁게 해석하는 것을 말한다.

(다) 반대해석은 어떤 법령에 어떤 사항이 규정되어 있는 경우에 그 규정내용과 반대의 경우에는 반대의 효과가 생기는 취지의 규정까지도 포함하고 있는 것으로 해석하는 방법이다.

(라) 유추해석은 A와 A'와 같이 서로 유사한 내용에 대하여 A에 대하여만 명문규정이 있고 A'에 대하여는 명문규정이 없는 경우에 A에 관한 규정과 같은 취지의 규정이 A'에 대하여도 있는 것으로 해석하는 방법을 말한다.

(마) 물론해석이란 어떤 법령규정의 입법목적·취지 등을 고려할 때 명문의 규정은 없으나 그것과 같은 취지의 규정이 있다고 해석하는 것이 조리상으로 보아 당연한 것으로 생각되는 경우에 취하여지는 해석방법이다.

┌ 보기 ┐
노래연습장업자가 남성을 접대부로 고용·알선한 경우 이에 대하여 행정처분을 할 수 있는지 여부에 대하여, 법문에서 접대부의 성별을 명확하게 규정하지 않았으므로 굳이 남성과 여성을 구별하여 다룰 이유가 없으며, 입법 당시에는 남성을 접대부로 고용·알선하는 경우가 예견되지 아니하였더라도 입법자의 의도를 추정하여 사회상황에 맞게 관련규정을 적용하는 것이 바람직하다는 판결례는 　　㉠　　 해석에 따른 입장이다.

이에 비하여, 「민법」 제808조 제1항에서 미성년자가 혼인을 할 때에는 부모의 동의를 얻어야 한다는 규정에서 성년자의 혼인에 대해서는 부모의 동의여부에 관한 특별한 규정이 없다 하더라도 부모의 동의를 요하지 아니하는 취지로 해석하는 것은 　　㉡　　 해석에 기반을 둔 것이다.

| | ㉠ | ㉡ |
|---|---|---|
| ① | 물론 | 확장 |
| ② | 물론 | 반대 |
| ③ | 확장 | 유추 |
| ④ | 확장 | 반대 |
| ⑤ | 유추 | 축소 |

# 37 상중하

**다음 글에 대한 추론으로 옳지 않은 것만을 〈보기〉에서 모두 고르면?**

돈을 쓰는 방식을 둘러싼 문제 중에는 행동의 죄뿐만 아니라 태만의 죄도 있다. 실제로 엄청난 손해를 본 사람들이 저지른 금전적인 과실은 행동하지 않음으로써 일어난 것이다. 왜 사람들은 아무런 결정도 내리려 하지 않는 것일까? 왜 변화를 주려 하지 않는 것일까?

전망 이론의 도움을 빌리면 손실 회피와 매몰 비용 오류에 사로잡힌 사람들이 왜 경제적으로 최선이라고 할 수 없는 행동으로 치닫는지를 설명할 수 있다. 예컨대, 주가가 떨어지면 돈을 잃은 고통에서 벗어나기 위해 투자자들은 주식 시장에서 무분별하게 돈을 빼내고 만다. 마찬가지로 자동차를 가지고 있는 사람은 이미 수리하는 데 돈이 많이 들어갔다는 이유만으로 더 많은 돈을 쏟아붓게 된다. 이 두 가지 사례만 보더라도 손실 회피와 매몰 비용 오류로 인해 우리가 어떤 행동을 하게 되는지를 알 수 있다. 그러나 전망 이론은 이에 더해 이 두 가지 성향 때문에 우리가 어떻게 행동을 기피하고 미루게 되는지에 대해서도 설명할 수 있다.

실제로 사람들은 손실 회피와 그 밖의 몇 가지 요인들(특히 후회에 대한 공포와 익숙한 것에 대한 집착)에 영향을 받아 미래를 대비한 수많은 결정의 순간마다 불안감을 내비친다. 이 같은 현상을 결정 마비(decision paralysis)라고 부르기로 한다. 사람들은 TV, 휴가, 업무 등에 대해 거의 무한정한 선택지를 원한다고 생각할지도 모른다. 하지만 무슨 이유에서인지 이렇게 폭발적으로 늘어나는 선택의 자유로 인해 사람들은 오히려 불안에 휩싸이고 선택의 어려움에 직면한다. 선택지의 구성이 훌륭할수록 그러한 경향은 특히 더 두드러진다. 이는 당신이 최대 추구자인지 만족 추구자인지에 따라 더욱 달라진다. 1950년대 저명한 수학자 허버트 사이먼의 연구에서 알 수 있는 이러한 결정적인 차이는 우리 대부분이 결정을 내리는 것에 두 가지 주요 방식을 가지고 있다는 것이다. 최대 추구자들은 선택에 대한 모든 것을 알고 싶어 한다. 그들은 최선의 선택을 하기 위한 선택지를 조사하기 위해 많은 시간과 노력, 감정을 들이기 때문이다. 반면 만족 추구자들은 적당히 좋은 것을 찾고 있으며, 일반적으로 이용 가능한 최선의 정보 및 직감, 신뢰할 수 있는 심사인이라 부르는 조언의 조합을 통해 선택을 내린다.

물론 어떤 이들은 다른 사람들보다 더 최대화하거나 만족하는 성향을 가지고 있지만, 대부분의 사람들은 상황에 따라 두 성향을 번갈아 가며 택한다. 최대화는 자신의 선택에 더욱 확신을 가질 수 있게 하기 때문에 긍정적인 특성이라고 볼 수 있다. 그러나 우리는 최대화의 과정이 많은 이들에게 긍정적인 감정보다는 부정적인 감정을 상기시킬 수 있다고 본다. 그 이유 중 한 가지는 2001년 발표된 연구를 통해 더욱 확실해졌다. 대학 졸업생들을 추적한 실험의 결과에서 최대화를 추구하는 학생들은 적정 만족을 추구하는 학생들보다 평균 20% 더 많은 수입을 얻는 직업을 얻었다. 그러나 적정 만족을 추구하는 학생들은 자신의 선택에 훨씬 더 만족하는 경향을 보였으며, 직장 내 초기 만족도를 유지했다.

왜 이런 일이 일어났을까? 더 나은 결과를 얻지 못했음에도 만족도가 높은 이유는 무엇일까? 만족 추구자들이 최대 추구자보다 행복하다는 점을 시사하는 연구가 많지는 않지만, 그 원인의 일부는 성격으로 돌릴 수도 있겠다. 그러나 이 부분에도 다른 여러 문제에서와 마찬가지로 TMI(Too Much Information, 지나치게 많은 정보)의 부작용이라는 것이 있을 수 있다. 결국 최대화는 결정자에게 너무 많은 선택지를 부여한다. 그리고 우리는 너무 많은 선택지는 오히려 결정을 마비시키고 불안하게 만든다는 것을 안다. 하지만 더 넓은 선택지에서 결정하는 것이 가능할지라도 연구가 시사하는 대로 당신의 선택에 덜 만족하게 될 것이다. 다수의 최대 추구자들처럼 말이다.

---

**보기**

ㄱ. 최대 추구자가 자신의 선택에 확신을 더 강하게 가져 행동에 변화를 주려고 하지 않고 태만의 죄를 보일 수 있다.

ㄴ. 2001년 발표된 연구에서 더 많은 수입에도 불구하고 최대화를 추구하는 학생들의 만족도가 더 낮았던 것은 결정 마비 현상으로 설명할 수 있다.

ㄷ. 2001년 발표된 연구에서 최대화를 추구하는 학생들의 행태는 만족도 면에서 최선이라고 할 수 없는 행동으로 볼 수 있다.

① ㄱ        ② ㄴ
③ ㄷ        ④ ㄱ, ㄴ
⑤ ㄱ, ㄷ

## 38 상중하

다음 글과 〈보기〉의 내용에 비추어 볼 때, 〈보기〉의 ㉠과 ㉡에 들어갈 내용으로 적절한 것은?

서점의 사전적 의미는 '책을 갖추어 놓고 팔거나 사는 가게'이다. 독립서점은 서점의 형태 중 하나로 기존에 시도해보지 않은 콘텐츠를 발굴하고 독자적인 프로그램을 운영하고 있다. 이는 독립서점 이용자들에게 어떤 영향을 주고 있을까? 이는 현재 독립서점이 지니는 특징을 통해 대답할 수 있다. 독립서점은 새로운 독서문화를 주도함으로써 변화하는 사회에서 하나의 미디어로서의 역할을 수행하고 있다.

독립서점은 독립출판물의 유통망으로서 개인이 출판물을 생산해 낸 후 소비자에게 전달하는 과정을 담당한다. 이는 기존의 대형 유통서점보다 낮은 진입장벽으로 작가 개인의 경제적, 심리적 비용을 절감한다. 독립출판물은 책의 상품성보다는 작가의 표현에 중심을 두는 성향이 뚜렷하다. 독립서점과 독립출판은 문화의 생산·수용·유통이 복합적으로 얽혀 특정한 문화적 실천들이 표출된다는 점에서 상업적 범주가 아닌 문화적 영역이다.

독립서점에서는 베스트셀러 위주의 기존 대형서점 유통시스템에서 주목받지 못한 책들을 재조명한다. 서점 고유의 콘셉트에 맞는 책은 출판 시기와 마케팅, 광고에서 밀려난 책이라도 서점 운영자의 전문성을 통해 선택된다. 이처럼 서점의 큐레이션은 소외된 영역, 주제, 콘텐츠를 통해 표현의 자유를 강화한다. 독자들은 서점의 책을 통해 사회에 대한 다양한 관심을 가지며 넓은 세계관을 경험할 수 있다. 뿐만 아니라 독립서점 내 소규모 모임을 통해 공동체 정신의 함양 및 지역 내 커뮤니케이션 확대를 돕는다.

콘텐츠의 소비는 양적 측면을 넘어서 질적 측면으로 다변화되고 있다. 기존 미디어에서 다루지 않은 성 소수자, 환자, 노인, 장애인 등 다양한 크리에이터들이 콘텐츠의 중심에 있다. 콘텐츠 장르의 확산을 통해 콘텐츠 생산자, 즉 사회적 소수자의 의견이 표출되므로 이들의 인권이 함께 강화된다. 독립출판물 자체가 시스템을 뛰쳐나와 제도권에서 담지 못하는 소수의 목소리를 담아내는 것이기 때문이다. 젊은 작가들이 소설을 통해 페미니즘, 소수자 인권에 관한 소재로 출판물을 많이 내기 시작하면서 문학의 지평도 확장되었다.

┤ 보기 ├

테트라드(Tetrad)는 사회에 대한 테크놀로지의 구조적 영향 및 효과에 관한 마셜 매클루언의 이론적 모델이다. 테트라드 모델은 기본적으로 모든 미디어와 테크놀로지가 언어적 구조를 가지고 있다고 본다. 미디어와 테크놀로지가 언어와 유사할 뿐만 아니라 인간이 감각을 통해 환경에 자신을 확장할 수 있는 능력을 제공해 준다는 점에서 언어 그 자체라 할 수 있다는 것이다. 이런 점에서 말의 구조를 테크놀로지에 적용하면, 인간의 인공물이 사회에 미치는 동적이고 구조적인 영향을 파악할 수 있다는 것이다. 달리 말하면, 테트라드 모델은 주어진 미디어가 그것을 받아들이는 사회의 사회문화적 과정을 변화시키는 방식을 이해할 수 있게 해주는 미디어 효과에 관한 이론이다.

매클루언에 따르면, 모든 테크놀로지와 미디어는 네 개의 범주로 구분되는 테트라드 효과를 갖는다. 그 네 범주는 '강화', '퇴화', '역전', 그리고 '부활'이다. 이를 미디어에 적용해 다시 쓰면 다음과 같다.

① 강화: 미디어는 어떤 것을 확대시키고 고양시키는가?
② 퇴화: 미디어는 어떤 것을 약화시키거나 진부하게 만드는가?
③ 역전: 미디어는 잠재력의 한계에 도달했을 때 어떤 것으로 전환·반전되는가?
④ 부활: 미디어는 과거에 폐기되었던 어떤 것을 회복시키는가?

〈독립서점의 미디어 효과〉

| ㉠ | 강화 | 역전 | 콘텐츠 장르의 확산 |
|---|---|---|---|
| ㉡ | 퇴화 | 부활 | 공동체 문화 |

| | ㉠ | ㉡ |
|---|---|---|
| ① | 표현의 자유 확보 | 획일화된 책 소비 |
| ② | 책의 상업성 증가 | 획일화된 책 소비 |
| ③ | 표현의 자유 확보 | 사회에 대한 비판의 욕구 |
| ④ | 책의 상업성 증가 | 사회에 대한 비판의 욕구 |
| ⑤ | 표현의 자유 확보 | 출판문화의 르네상스 구축 |

# 39 👤👤👤

**다음 글의 ㉠에 들어갈 내용으로 가장 적절한 것은?**

양자역학의 여러 가지 식과 원리 중 가장 잘 알려진 것은 아마 하이젠베르크의 불확정성의 원리일 듯하다. 불확정성의 원리는 과학 이외의 분야에서 양자역학을 가져다 쓸 때 가장 많이 다루어지는데, 많은 경우 불확정성이 가지는 의미가 곡해되어 세상은 확률이므로 정해진 것은 아무것도 없다는 불가지론으로 변형되어 사용되기도 한다. 불확정성의 원리에 이런 측면이 전혀 없다고 할 수는 없지만 반대로 불가지론을 지지하는 이론은 아니다. 불확정성의 원리 식은 다음과 같다.

$\triangle x \triangle p \geq$ 상수

델타엑스($\triangle x$)는 위치의 표준편차이고, 델타로우($\triangle p$)는 운동량의 표준편차를 의미한다. 표준편차란 우리가 예상한 평균값과 얼마나 많은 차이가 나는가를 의미하는데, 위치의 표준편차와 운동량의 표준편차의 곱은 아주 작지만 0은 아닌 일정한 상수보다 작을 수 없다는 것이다. 이 뜻은 우리가 입자의 위치를 측정하거나 운동량을 측정할 때 표준편차를 어쩔 수 없이 가진다는 뜻이다. 즉, 입자는 $\triangle x$의 범위에서 발견될 것이라는 뜻이고, 입자가 가진 운동량의 범위는 $\triangle p$라는 뜻이다. 둘 다 적으면 적을수록 정확한 값이라 볼 수 있다. 그런데 이 식에서 어떠한 경우도 둘의 곱이 0이 될 수 없으므로, 위치를 정확하게 측정하려고 하면 할수록 속도의 관측치 오차가 점점 더 커지게 된다. 반대의 상황도 마찬가지로 입자의 속도를 정확하게 측정하려고 하면 입자가 어디 있는지를 관측하기 힘들어진다.

전자를 관찰할 수 있는 현미경이 있다고 가정해 보자. 이 현미경으로 전자를 관측하기 위해서는 전자에 충돌한 빛이 현미경으로 들어와야 한다. 전자의 위치를 정확하게 측정하기 위해서는 파장이 짧아서 에너지가 큰 빛을 사용해야 한다. 이런 빛으로는 전자의 위치를 작은 오차로 측정할 수 있지만, 측정 과정에서 전자의 운동량이 크게 변화한다. 반대로 운동량의 변화를 최소로 하여 운동량의 오차를 줄이려고 하면, 파장이 긴 빛을 사용함에 따라 위치의 오차가 커질 수밖에 없다. 따라서 [ ㉠ ]

논리적인 인식론에서는 어떤 계의 물리적 성질은 측정 가능한 가장 정확한 측정값에 의해 나타나는 것이라 본다. 이것을 다르게 표현하면 만약 어떤 측정값이 이론적으로 어떤 오차보다 더 작아질 수 없다면, 이러한 한계는 물리적 성질 때문이지 측정 장치나 측정 기술 때문이 아니라는 것이다. 즉, 불확정성의 원리는 측정 때문에 생기는 것이 아니라 측정하고자 하는 입자 자체가 가지고 있는 물리적 성질에 기인한다는 것이다.

① 위치와 운동량을 동시에 정확하게 측정하기 위해서는 빛을 사용해서는 안 된다.

② 전자의 운동량을 측정하는 것이 아니라면 전자의 위치는 오차 없이 정확히 측정할 수 있다.

③ 위치와 운동량을 동시에 정확하게 측정하는 것은 불가능하다.

④ 전자를 관측할 때는 빛의 파장을 신중하게 조절해야 한다.

⑤ 전자를 관측하는 것은 불가능하다.

# 40 상 중 하

**다음 글의 논지에 부합하는 것만을 〈보기〉에서 모두 고르면?**

살아 있는 생물이나 그것의 기관을 보면 마치 풍부한 지식과 지능을 갖춘 기술자가 어떤 뚜렷한 목적, 이를테면 날고, 수영하고, 보고, 먹고, 번식하는 것, 더 일반적으로 이야기하면 유전자의 보존과 증식을 위해 정교하게 설계해 놓은 것 같다.

박쥐가 메아리를 이용한다는 것은 생물의 기관들이 훌륭한 설계에 따라 만들어진 것처럼 보인다는 사실을 이야기하기 위해 택할 수 있는 수천 가지 예 중 하나에 불과하다. 동물들은 마치 이론에도 통달하고 실기에서도 천재적인 물리학자나 기술자가 설계한 것 같은 인상을 준다. 그러나 박쥐들이 물리학자들이 이해하는 것과 같은 의미로 그러한 이론을 알고 있으며 이해한다는 증거는 어디에도 없다. 박쥐를 경찰이 사용하는 속도 측정기에 가까운 것이라고 생각해야지 속도 측정기를 설계한 사람이라고 생각하면 안 된다. 속도 측정기를 설계한 사람은 도플러 효과의 원리를 이해하고 있고, 자신이 이해하고 있는 것을 종이 위에 공식으로 표현할 수 있다. 설계자가 이해한 것은 기계의 설계에 반영된다. 하지만 그 기계 자체는 자기가 어떻게 작동되는지 알지 못한다.

전자 장치에 관해 생각해 볼 때, 그 장치가 마치 복잡한 수학 공식을 알고 있는 것처럼 작동할 수 있다는 사실을 이해하기는 어렵지 않다. 이 생각은 살아 있는 기계(생물)의 움직임에도 바로 적용할 수 있다. 박쥐도 하나의 기계이다. 아무런 의식도 없으면서 비행기를 추적하는 유도 미사일처럼 그 내부의 전자 장치는 날개 근육을 움직여서 곤충을 추적하게 만든다. 전자 기술에서 빌려 온 우리의 통찰이 지금까지는 정확했다. 그리고 전자 기술에 대한 경험은 우리로 하여금 어떤 목적과 의식을 가진 설계자가 정교한 기계 장치를 만든 것이라는 생각을 하게 한다. 그러나 살아 있는 기계의 경우에는 이 두 번째의 통찰이 맞지 않다. 살아 있는 기계를 설계한 자는 의식이 없는 자연선택이다.

---

**보기**

ㄱ. 만약 북극곰이 북극의 최고 포식자라면 위장을 위해 굳이 털 색깔이 하얀색으로 진화해야 할 필요는 없는 것 같다. 이는 자연적인 선택의 결과로 보기는 어려울 것이다.

ㄴ. 살아있는 생물은 상상을 초월할 정도로 복잡해 하나의 기계처럼 느껴질 수도 있다. 하지만 이러한 자연의 작품은 누군가에 의해 의식적으로 설계되었다고 보기는 어렵다.

ㄷ. 거미가 집 짓는 것을 몇 시간 동안 앉아서 지켜보면 거미의 조상이 거미줄을 치려는 목적에서 스스로를 설계했다는 생각을 하게 된다.

① ㄱ      ② ㄴ
③ ㄱ, ㄴ      ④ ㄴ, ㄷ
⑤ ㄱ, ㄴ, ㄷ

# PSAT
## THE언어논리

# 정답 및 해설

## PART 01 기본과정

# 01 논리

## 1 참 · 거짓(True/False)

## 01     ▶ ②

**유형공략** '부동산 정책'의 글이 "참일 때, 반드시 참인 것"을 연역적으로 추리하는 문제이다. '반드시 거짓인 것' 또는 '참인지 거짓인지 알 수 없는 것'은 제외시킨다.

제시문의 내용을 중심으로 기호화하면 <아래 1>과 같다.

| 내용 | 기호 |
|---|---|
| **A정책**이 효과적이라면, 부동산 **수요**가 조절되거나 **공급**이 조절된다. | ⅰ) A → 수요∨공급 |
| 부동산 **가격**이 적정수준에서 조절된다면 A정책이 효과적이라고 할 수 있다. | ⅱ) 가격 → A |
| 부동산 가격이 적정수준에서 조절된다면, **물가상승**이 <u>없</u>다는 "전제하"에서 **서민**들의 **삶**이 개선된다. | ⅲ) 가격∧~물가상승 → 서민삶 |
| 부동산 가격은 적정수준에서 조절된다. | ⅳ) 가격(T) |
| 물가가 상승한다면, 부동산 수요가 조절되지 않고 서민들의 삶도 개선되지 않는다. | ⅴ) 물가상승 → ~수요∧~서민삶 |
| 물가가 **상승**한다는 것은 분명하다. | ⅵ) 물가상승(T) |

**내용공략** 제시문의 "부동산 가격이 적정수준에서 조절된다면, 물가상승이 <u>없</u>다는 "전제하"에서 서민들의 삶이 개선된다."를 기호화하는 데 어려움을 겪을 수 있다. 다시 말해 ⅲ)을 '가격 → ~**물가상승**∧서민삶'으로 기호화하지 않도록 유의한다.

① (×) 기호화된 내용으로 볼 때, ⅵ)과 ⅴ)을 합쳐서 'ⅶ) 물가상승(T) → ~수요∧~서민삶'이 참임을 추리할 수 있다. 다시 말해 '물가가 상승하면 부동산 수요가 조절되지 않고 서민들의 삶도 개선되지 않는다.'가 참이다. 따라서 "서민들의 삶이 *개선*된다."라는 선택지의 진술은 반드시 거짓이다.

**내용공략** 조건문(가언명제) 'T(전건) → ?(후건)'이 참이기 위해서는 '후건'의 진리값은 반드시 참이어야 한다. 참고로 조건문(가언명제)의 진리값을 정리해 보았다.

| p | q | p(전건) → q(후건) | q(전건) → p(후건) |
|---|---|---|---|
| T | T | T | T |
| T | F | F | T |
| F | T | T | F |
| F | F | T | T |

② (○) 기호화된 내용으로 볼 때, ⅳ), ⅱ), 그리고 ⅰ)을 합쳐서 'ⅷ) 가격(T) → A → 수요∨공급'이 참임을 추리할 수 있고, ⅶ)에서 '부동산 수요가 조절되지 않는다(~수요).'가 참이므로 ⅷ)의 '가격(T) → A → **수요**∨공급'에서 '부동산 공급이 조절된다(공급).'가 선언지제거법에 의해 참이 된다. 따라서 "부동산 공급이 조절된다."라는 선택지의 진술은 반드시 참이다.

**내용공략** 선언지제거법이란 선언(p∨q)으로 연결된 명제가 참일 때 두 개의 명제 중 하나(p)가 거짓(~p가 참)이면 'p∨q'가 되어 나머지 다른 하나(q)는 반드시 참이라는 직접증명법을 말한다.

③ (×) 'ⅷ) 가격(T) → A → 수요∨공급'에서 [A]가 참임을 알 수 있고, ⅵ) 물가상승(T)이므로, 따라서 "A정책이 효과적이라면, 물가가 상승하지 않는다."라는 선택지의 진술은 반드시 거짓이다.

④ (×) $\dfrac{\text{ⅴ) 물가상승 → ~수요∧~서민삶}}{\text{ⅵ) 물가상승(T)}}$ 로 볼 때, '부동산의 수요가 조절되지 않는다'는 반드시 거짓이다.

⑤ (×) 기호화된 내용으로 볼 때, ⅳ)의 진리값을 참으로 전제하고 있다('부동산의 가격은 적정 수준에서 조절된다(T)'). 따라서 "A정책이 효과적이어도[T], 부동산 가격은 적정 수준에서 조절*되지 않는다*."라는 선택지의 진술은 반드시 거짓이다.

**속도공략** 선택지의 핵심어 'A정책', '수요', '공급', '가격', '물가상승', 그리고 '서민의 삶'을 중심으로 기호화하며 풀이한다.

# 02

▶ ①

**유형공략** '의열단'에 대한 글에서 "변절자는 모두 몇 명인지"를 연역적으로 추리하는 문제이다. 제시문의 내용이 '참일 때 반드시 참인' 선택지의 진술을 찾는 문제이다.

제시문의 핵심내용을 요약하면 <아래 1>과 같다.

> 약산 김원봉 선생은 의열단 내 변절자가 몇 명이나 되는지 세 명의 간부에게 물었다.
> "서른 명 이상입니다." 첫 번째 간부가 말했다.
> "제 생각은 다릅니다. 서른 명보다는 적습니다." 두 번째 간부가 말했다.
> 그러자 세 번째 간부가 말했다.
> "적어도 한 명 이상입니다."
> 다만, 약산 선생은 세 명의 간부는 모두 변절자가 아니지만, **오직 한 명만** 상황을 정확히 파악하고 있다는 것을 알고 있다.

제시문의 **'오직 한 명만'**의 부분을 통해 상황을 정확히 파악한다면 <아래 2>의 Ⅰ, Ⅱ, Ⅲ과 같은 경우의 수 3가지가 나올 수 있다. 각 경우의 참과 거짓을 판단해 보자.

| 구분 | 30명 이상 | 30명 미만 | 1명 이상 | 판단 |
|---|---|---|---|---|
| Ⅰ. 첫 번째 간부만 정확히 파악 | ○ | × | × | 30명 이상이 참이라면 1명 이상도 참이어야 하므로 조건에 위배 |
| Ⅱ. 두 번째 간부만 정확히 파악 | × | ○ | × | 30명 미만이 참이면서 1명 이상은 참이 되지 않으려면, '0명'일 때 유일하게 조건을 모두 '만족' |
| Ⅲ. 세 번째 간부만 정확히 파악 | × | × | ○ | 1명 이상이 참이라면 30명을 기준으로 볼 때 30명 이상과 30명 미만 중 하나는 반드시 참이 되므로 조건에 위배 |

위의 내용으로 볼 때, Ⅱ의 경우만 제시문의 내용을 모두 만족시키므로 최종적으로 의열단 내의 변절자는 모두 "0명"이라는 ①이 정답이다.

**속도공략** 제시문의 조건에 맞는 경우의 수를 고려한 후 각 경우의 수의 참과 거짓을 판단한다.

## 03 ▶ ②

**유형공략** '공무원 채용시 필요한 자질'에 대한 글을 읽고 그 글의 내용이 참일 때 채용될 수 있는 지원자들의 최대 인원을 찾는 문제이다.

제시문의 내용을 요약하면 아래와 같다.

> 공무원 채용시 요구되는 자질은 **자유민주주의** 가치확립, **건전한 국가관**, **헌법가치** 인식, **나라 사랑**이다.
> 이 네 가지 자질 중 **적어도 세 가지 자질을 지닌 사람을 채용**할 것이다.
> 지원자는 **갑, 을, 병, 정**이다.
> ⅰ) **갑**의 자질과 **정**의 자질 중 **적어도 두 개는 일치**한다.
> ⅱ) **헌법가치** 인식은 **병만 가진 자질**이다.
> ⅲ) 만약 지원자가 건전한 국가관의 자질을 지녔다면, 그는 헌법가치 인식의 자질도 지닌다.
>    ('건전한 국가관 → 헌법가치'의 대우명제 '~헌법가치 → ~건전한 국가관')
> ⅳ) **건전한 국가관**의 자질을 지닌 지원자는 **한 명**이다.
> ⅴ) **갑, 병, 정**은 **자유민주주의** 가치확립이라는 자질을 지니고 있다.

요약된 내용으로 볼 때, 아래와 같이 정리해 볼 수 있다.

| 구분 | 갑 | 을 | 병 | 정 | 근거 |
|---|---|---|---|---|---|
| 자유민주주의 | ○ | | ○ | ○ | ⅴ) 갑, 병, 정은 자유민주주의 |
| 헌법가치 | × | × | ○ | × | ⅱ) 헌법가치 인식은 병만 가진 자질 |
| 건전한 국가관 | × | × | | × | ⅲ) 대우명제인 '~헌법가치 → ~건전한 국가관' |
| | | | ○ | | ⅳ) 건전한 국가관 자질을 지닌 지원자는 한 명 |
| 나라 사랑 | ○ | | | ○ | ⅰ) 갑과 정의 자질 중 적어도 두 개는 일치 |

② (○) 이상의 내용으로 볼 때, 적어도 세 가지 자질을 가진 사람이 채용될 수 있는 지원자이므로 '을'은 자유민주주의 가치확립과 나라 사랑의 자질을 가진다 하더라도 두 가지 자질밖에는 갖추지 못한 것이기 때문에 '병'만이 모든 채용조건을 만족시켰음을 알 수 있다. 따라서 "1명"이 채용될 수 있는 지원자들의 최대 인원이다.

**속도공략** 정리된 근거 ⅴ)와 같이 구체적인 내용의 조건에서부터 시작하여 근거 ⅰ)과 같이 추상적인 내용의 조건을 끝으로 하여 문제를 풀어나가는 것이 좋다.

---

**대표 기출** 본문 26~28P

| 01 ④ | 02 ③ | 03 ④ | 04 ③ | 05 ④ | 06 ③ |
|---|---|---|---|---|---|

## 01 ▶ ④

**유형공략** '갑의 수강신청' 글의 내용이 "참일 때, 갑이 반드시" 수강해야 할 과목을 연역적으로 추리하는 문제이다. 제시문의 내용을 기호화하여 풀이한다.

제시문의 충족해야 하는 조건을 기호화하면 <아래>와 같다.

| 조건 | 기호 |
|---|---|
| 갑은 A~E 과목 수강신청을 준비하고 있다. | 갑: A~E |

| | |
|---|---|
| ○ A를 수강하면 B를 수강하지 않고, B를 수강하지 않으면 C를 수강하지 않는다. | i. A → ~B → ~C |
| ○ D를 수강하지 않으면 C를 수강하고, A를 수강하지 않으면 E를 수강하지 않는다. | ii-1. ~D → C<br>⇔ <후건부정: 대우><br>ii-2. ~C → D<br>iii. ~A → ~E |
| ○ E를 수강하지 않으면 C를 수강하지 않는다. | iv. ~E → ~C |

이에 "A를 수강하면"과 "A를 수강하지 않으면"이라는 상반된 구절이 있으므로 이를 중심으로 Ⅰ. 갑이 A를 수강하는 경우와 Ⅱ. 갑이 A를 수강하지 않는 경우로 나누어 풀이해 보자.

Ⅰ. 갑이 **A를 수강**하는 경우

| | A | B | C | D | E |
|---|---|---|---|---|---|
| | ○ | | | | |
| i. A → ~B → ~C | | × | × | | |
| ii-2. ~C → D | | | | ○ | |
| | | | | | ? |

Ⅱ. 갑이 **A를 수강하지 않는** 경우

| | A | B | C | D | E |
|---|---|---|---|---|---|
| | × | | | | |
| iii. ~A → ~E | | | | | × |
| iv. ~E → ~C | | | × | | |
| ii-2. ~C → D | | | | ○ | |
| | | ? | | | |

④ (○) Ⅰ과 Ⅱ의 경우로 볼 때, "D"라는 선택지의 과목이 갑이 반드시 수강해야 할 과목이다.

**속도공략** 제시문의 내용에 "A를 수강하면"과 "A를 수강하지 않으면"이라는 구절이 주어졌으므로, A를 중심으로 경우의 수를 나누어 풀이한다.

# 02 ▶ ③

**유형공략** '자격증 소지 여부' 글의 내용이 "참일 때 반드시 참인 것만을 <보기>에서 모두 고르는" 문제이다. 제시문의 내용을 기호화하여 풀이한다.

제시문의 내용을 전칭명제($^∀$)와 특칭명제($^∃$)로 구분하여 기호화하면 <아래 1>과 같다.

| 내용 | 기호 |
|---|---|
| A, B, C, D 네 종류의 자격증 | A, B, C, D : (4) |
| ○ A와 D를 둘 다 가진 (어떤) 후보자가 있다. | i. $^∃(A∧D)$ |
| ○ (모든 경우에서) B와 D를 둘 다 가진 후보자는 없다. | ii. $^∀(\sim B∨\sim D)$ |
| ○ A나 B를 가진 후보자는 모두 C는 가지고 있지 않다. | iii. $^∀\{(A∨B) → \sim C\}$ |
| ○ A를 가진 후보자는 모두 B는 가지고 있지 않다는 것은 사실이 <u>아니다</u>.<br>(≡A를 가진 어떤 후보자는 B도 가지고 있다.) | iv-1. $\sim\{^∀(A → \sim B)\}$<br><br>⇔ iv-2. $^∃(A∧B)$ |

$$\begin{aligned} \overline{\sim\{{}^{\forall}(A \to \sim B)\}} \\ \equiv \sim\{{}^{\forall}(\sim A \lor \sim B)\} \\ \equiv {}^{\exists}(A \land B) \end{aligned}$$

이에 iv-1에서 iv-2로의 과정은 동치법칙을 활용하여 $\equiv {}^{\exists}(A \land B)$ 으로 이끌어 낼 수 있다.

이를 다시 <아래 1>의 기호화된 내용을 바탕으로 도식화하면 <아래 2>와 같다.

| | | A | B | C | D |
|---|---|---|---|---|---|
| ⅰ. ${}^{\exists}(A \land D)$ | $\exists$ | ( ○ | | ∧ | ○ ) |
| ⅱ. ${}^{\forall}(\sim B \lor \sim D)$ | $\forall$ | | ( × | ∨ | × ) |
| ⅲ. ${}^{\forall}\{(A \lor B) \to \sim C\}$ | $\forall$ | { ( ○ | ∨ | ○ ) → | × } |
| ⅳ-2. ${}^{\exists}(A \land B)$ | $\exists$ | ( ○ | ∧ | ○ ) | |

이 중 모든 경우에서 만족해야 하는 ⅱ를 중심으로 Ⅰ. B도 없고 D도 없는 경우, Ⅱ. B만 없고 D는 있는 경우, Ⅲ. B는 있고 D만 없는 경우라는 세 가지로 나누어서 풀이해 보자.

**Ⅰ. B도 없고 D도 없는 경우:** 이 경우는 $\overline{ⅲ. {}^{\forall}\{(A \lor B) \to \sim C\}}$ 를 만족시킬 수 있다.

| | | A | B | C | D |
|---|---|---|---|---|---|
| Ⅰ. | | | × | | × |
| ⅲ. ${}^{\forall}\{(A \lor B) \to \sim C\}$ | $\forall$ | { ( ○ | ∨ | ○ ) → | × } |

이에 다시 Ⅰ-1. A가 있는 경우와 Ⅰ-2. A가 없는 경우로 나누어진다.

**Ⅰ-1. A가 있는 경우:** $\overline{ⅲ. {}^{\forall}\{(A \lor B) \to \sim C\}}$ 에 따라 <다음1>과 같다.

| | | A | B | C | D |
|---|---|---|---|---|---|
| Ⅰ-1. | | ○ | × | × | × |
| ⅲ. ${}^{\forall}\{(A \lor B) \to \sim C\}$ | $\forall$ | { ( ○ | ∨ | ○ ) → | × } |

**Ⅰ-2. A가 없는 경우:** <다음 2>와 같이 C의 소지 여부는 확정되지 않는다.

| | | A | B | C | D |
|---|---|---|---|---|---|
| Ⅰ-2. | | × | × | ? | × |
| ⅲ. ${}^{\forall}\{(A \lor B) \to \sim C\}$ | $\forall$ | { ( ○ | ∨ | ○ ) → | × } |

**Ⅱ. B만 없고 D는 있는 경우:** $\overline{ⅰ. {}^{\exists}(A \land D)}$ 를 만족시킬 수 있는 유일한 경우로서, <다음 3>과 같다.

| | | A | B | C | D |
|---|---|---|---|---|---|
| Ⅱ. | | ○ (∵ⅰ) | × | × (∵ⅲ) | ○ |
| ⅰ. ${}^{\exists}(A \land D)$ | $\exists$ | ( ○ | | ∧ | ○ ) |
| ⅲ. ${}^{\forall}\{(A \lor B) \to \sim C\}$ | $\forall$ | { ( ○ | ∨ | ○ ) → | × } |

**Ⅲ. B는 있고 D만 없는 경우:** $\overline{ⅳ-2. {}^{\exists}(A \land B)}$ 를 만족시킬 수 있는 유일한 경우로서, <다음 4>와 같다.

| | | A | B | C | D |
|---|---|---|---|---|---|
| Ⅲ. | | ○ (∵ⅳ-2) | ○ | × (∵ⅲ) | × |
| ⅲ. ${}^{\forall}\{(A \lor B) \to \sim C\}$ | $\forall$ | { ( ○ | ∨ | ○ ) → | × } |
| ⅳ-2. ${}^{\exists}(A \land B)$ | $\exists$ | ( ○ | ∧ | ○ ) | |

ㄱ. (○) Ⅰ-1(1종), Ⅰ-2(0 또는 1종), Ⅱ(2종), 그리고 Ⅲ(2종)의 경우인 모든 경우로 볼 때, "네 종류 중 세 종류의 자격증을 가지고 있는 후보자는 (모든 경우에서) 없다."라는 <보기> 진술은 반드시 참이다.

ㄴ. (○) Ⅰ-1, Ⅰ-2, Ⅱ의 경우로 볼 때 B를 가지고 있지 않고, Ⅰ-1, Ⅰ-2, Ⅲ의 경우로 볼 때, D를 가지고 있지 않다. 따라서 모든 경우에서 "어떤 후보자는 B를 가지고 있지 않고, 또 다른 후보자는 D를 가지고 있지 않다."라는 <보기> 진술은 반드시 참이다.

ㄷ. (×) 만일 D를 가지고 있지 않은 후보자는 누구나 C를 가지고 있지 않다[$^\forall$~D → ~C]라는 새로운 진술이 추가된다면, <아래 2>가 모두 참이면서 一. D를 가지고 있는 경우와 二. D를 가지고 있지 않은 경우로 나누어 생각해 볼 수 있다. 각 경우에 대해 풀이해 보자.

一. D를 가지고 있는 경우 (1st, 2nd, 3rd 순으로 풀이하였다.)

|  | | A | B | C | D |
|---|---|---|---|---|---|
| ⅰ. $^\exists$(A∧D) | $\exists$ | ( ○ | | ∧ | ○ ) |
| ⅱ. $^\forall$(~B∨~D) | $\forall$ | | ( × | ∨ | × ) |
| ⅲ. $^\forall$\{(A∨B) → ~C\} | $\forall$ | \{ ( ○ | ∨ ○ ) | → | × \} |
| ~~ⅳ-2. $^\exists$(A∧B)~~ | $\exists$ | ( ○ | ∧ ○ ) | | |
| 一. D를 가지고 있는 경우 | | 2nd ○<br>(∵ ⅰ) | 1st ×<br>(∵ ⅱ) | 3rd ×<br>(∵ ⅲ) | ○ |

이에   $\overline{\text{1st × (∵ ⅱ)}}^{\,B}$   로 인해 一의 경우에서는   $\overline{\text{ⅳ-2. }^\exists\text{(A∧}B\text{)}}$   는 만족시킬 수 없으므로 二의 경우에서 이를 반드시 만족시켜야 함을 알 수 있다. 반대로 一의 경우에서는   $\overline{\text{ⅰ. }^\exists\text{(A∧D)}}$   를 반드시 만족시켜야만 한다. (二의 경우에서는 만족시킬 수 없다.)

二. D를 가지고 있지 않은 경우 (1st, 2nd 순으로 풀이하였다.)

|  | | A | B | C | D |
|---|---|---|---|---|---|
| ~~ⅰ. $^\exists$(A∧D)~~ | $\exists$ | ( ○ | | ∧ | ○ ) |
| ⅱ. $^\forall$(~B∨~D) | $\forall$ | | ( × | ∨ | × ) |
| ⅲ. $^\forall$\{(A∨B) → ~C\} | $\forall$ | \{ ( ○ | ∨ ○ ) | → | × \} |
| ⅳ-2. $^\exists$(A∧B) | $\exists$ | ( ○ | ∧ ○ ) | | |
| 二. D를 가지고 있지 않은 경우 | | 1st ○<br>(∵ ⅳ-2) | 1st ○<br>(∵ ⅳ-2) | 2nd ×<br>(∵ ⅲ) | × |

따라서 "D를 가지고 있지 않은 후보자는 누구나 C를 가지고 있지 않다면, 네 종류 중 한 종류의 자격증만 가지고 있는 후보자가 *있다.*"라는 <보기> 진술은 一과 二의 경우 모두에서 두 종류의 자격증만 가지는 후보자로 성립하므로 반드시 거짓임을 알 수 있다.

최종적으로 볼 때, 반드시 참이라 "ㄱ, ㄴ"을 모두 고른 ③이 정답이다.

속도공략   $\overline{\text{ⅱ. }^\forall\text{(~B∨~D)}}$   를 중심으로, 경우의 수를 나누어 풀이한다.

## 03                                                                      ▶④

유형공략   '사원 업무 선호' 글의 내용이 "참일 때, 반드시 참인 것만을 <보기>에서 모두 고르는"문제이다. 제시문의 내용을 기호화하여 풀이한다.

제시문의 내용을 요약하여 기호화하면 <아래 1>과 같다.

| 내용 | 기호 |
|---|---|
| 민원, 홍보, 인사, 기획 업무에 대한 선호를 조사하였다. | 민, 홍, 인, 기 |
| 민원을 선호하는 사원은 모두 홍보를 선호하였지만, **그 역은 성립하지 않았다.** | i. $^\forall$민 → 홍<br>ii. 홍 → 민[F] ≡ $^\exists$민∧$\boxed{홍}$ |
| 모든 업무 중 인사만을 선호하는 사원은 있었지만, 민원(과) 인사를 모두 선호하는 사원은 없었다. | iii. $^\exists$민∧홍∧$\boxed{인}$∧카<br>iv. ~(민∧인) ≡ ~민∨~인 |
| 넷 중 세 개 이상의 업무를 선호하는 사원도 없었다. | v. 4中2⬇(이하) |
| 갑이 선호하는 업무에는 기획이 포함되어 있었으며, 을이 선호하는 업무에는 민원이 포함되어 있다. | 갑: $\boxed{기}$<br>을: $\boxed{민}$ |

기호화한 내용을 도식화하고 을의 선호하는 업무를 순서대로(1st, 2nd) 추리하면 <아래 2>와 같다.

| | iv. ~민∨~인 / v. 4中2⬇(이하) | | | |
|---|---|---|---|---|
| | 민 | 홍 | 인 | 기 |
| i. $^\forall$민 → 홍 | $^\forall$ ○ | → ○ | | |
| ii. $^\exists$민∧$\boxed{홍}$ | $^\exists$ × | ∧ ○ | | |
| iii. $^\exists$민∧홍∧$\boxed{인}$∧기 | $^\exists$ × | ∧ × | ∧ ○ | ∧ × |
| 갑: $\boxed{기}$ | 갑: | | | ○ |
| 을: $\boxed{민}$ | 을: ○ | 1st<br>○ (∵ i) | 2nd<br>× (∵ v) | 2nd<br>× (∵ v) |

이에 갑은 <u>iv. ~민∨~인</u> 를 만족해야 하므로, 갑이 I. 민원도 인사도 선호하지 않는 경우, II. 민원은 선호하지 않고 인사는 선호하는 경우, III 민원은 선호하고 인사는 선호하지 않는 경우로 나누어 풀이해 보자.

**I. 갑이 민원도 인사도 선호하지 않는 경우**

| I | iv. ~민∨~인 / v. 4中2⬇(이하) | | | |
|---|---|---|---|---|
| | 민 | 홍 | 인 | 기 |
| i. $^\forall$민 → 홍 | $^\forall$ ○ | → ○ | | |
| 갑: $\boxed{기}$ | 갑: × | ? | × | ○ |

**II. 갑이 민원은 선호하지 않고 인사는 선호하는 경우**

| II | iv. ~민∨~인 / v. 4中2⬇(이하) | | | |
|---|---|---|---|---|
| | 민 | 홍 | 인 | 기 |
| 갑: $\boxed{기}$ | 갑: × | × (∵ v) | ○ | ○ |

**III. *갑이 민원은 선호하고 인사는 선호하지 않는 경우*: <u>i. $^\forall$민 → 홍</u> 을 위배하여 성립하지 않는다.**

| III | iv. ~민∨~인 / v. 4中2⬇(이하) | | | |
|---|---|---|---|---|
| | 민 | 홍 | 인 | 기 |
| i. $^\forall$민 → 홍 | $^\forall$ ○ | → ○ | | |
| ~~갑: 기~~ | ~~갑:~~ ~~○~~ | ~~× (∵ v)~~ | ~~×~~ | ~~○~~ |

ㄱ. (×) <아래 2>와 II의 경우를 비교해 볼 때, 갑도 을도 동시에 선호하지 않는 업무가 존재하지 않는다. 따라서 "어떤 업무는 갑도 을도 선호하지 않는다."라는 <보기> 진술은 반드시 참은 아니다.

ㄴ. (○) <아래 2>의 정리된 내용으로 볼 때, ii. ³판∧홍 을 만족시키는 어떤 사원과 을 사원은 모두 홍보 업무를 선호함을 알 수 있다.

| <아래 2>의 정리 | iv. ~민∨~인 / v. 4中2⬇(이하) | | | |
|---|---|---|---|---|
| | 민 | 홍 | 인 | 기 |
| ii. ³판∧홍 | ³ × ∧ ○ | | | |
| 을: 민 | 을: ○ | ○ | × | × |

따라서 "적어도 두 명 이상의 신입사원이 홍보 업무를 선호한다."라는 <보기> 진술은 반드시 참이다.

ㄷ. (○) <아래 2>의 정리된 내용으로 볼 때, 민원과 홍보 업무는 을이 선호하고, 인사 업무는 iii. ³판∧홍∧인∧기 을 만족시키는 어떤 사원이 선호하고, 기획 업무는 갑이 선호함을 알 수 있다.

| <아래 2>의 정리 | iv. ~민∨~인 / v. 4中2⬇(이하) | | | |
|---|---|---|---|---|
| | 민 | 홍 | 인 | 기 |
| iii. ³판∧홍∧인∧기 | ³ × ∧ × ∧ ○ ∧ × | | | |
| 갑: 기 | 갑: | | | ○ |
| 을: 민 | 을: ○ | ○ | × | × |

따라서 "조사 대상이 된 업무(민/호/인/기) 중에, 어떤 신입사원도 선호하지 않는 업무는 없다.[이중부정=긍정]"라는 <보기> 진술은 반드시 참이다. (즉 조사 대상이 된 각각의 업무는 어떤 사원이 선호하는 업무이다.)

최종적으로 반드시 참이라 "ㄴ, ㄷ"을 모두 고른 ④가 정답이다.

**속도공략** <보기> ㄱ의 진술이 반드시 참인지 여부를 판단하기 위해, 갑과 을의 경우부터 풀이를 시작한다.

## 04 ▶③

**유형공략** '연구센터 학술대회 아이디어' 글의 "내용이 참일 때, 반드시 참인 것만을 <보기>에서 모두" 고르는 문제이다. 제시문의 내용을 기호화하여 풀이한다.
제시문의 내용을 요약하며 기호화하면 <아래 1>과 같다.

| 내용 | 기호 |
|---|---|
| A기술원 연구센터 학술대회로 자리를 비운 사이 자료를 훔쳐 갔다. 바다, 다은, 은경, 경아를 용의자로 심문했는데 답변은 아래와 같았다. | 바, 다, 은, 경: 용의자 |
| 바다: 학술대회에서 발표된 아이디어 중 적어도 하나는 참석한 모든 사람들의 관심을 받았어요.<br>　　　다은은 범인이 아니에요 | 바1: ³아이디어 1⬆, ∀참석자<br>바2: ~다 |
| 다은: 학술대회 참석한 사람들은 누구나 학술대회에서 발표된 하나 이상의 아이디어에 관심을 가졌어요.<br>　　　범인은 은경이거나 경아예요. | 다1: ∀참석자, 아이디어 1⬆<br>다2: 은∨경 |
| 은경: 학술대회 참석한 몇몇 사람은 학술대회에서 발표된 아이디어 중 적어도 하나에 관심이 있었어요.<br>　　　경아는 범인이 아니에요. | 은1: ³참석자, 아이디어 1⬆<br>은2: ~경 |
| 경아: 학술대회에 참석한 모든 사람들이 어떤 아이디어에도 관심이 없었어요.<br>　　　범인은 바다예요. | 경1: ∀참석자, ~아이디어<br>경2: 바 |
| 각각 참만을 말하거나 거짓만을 말한 것으로 드러났다. | i. 바, 다, 은, 경: either 참만 or 거짓만 |
| 네 명 중 한 명만 범인 | ii. 바, 다, 은, 경: 1명 범인 |

이에 　다1: ∀참석자, 아이디어 1⬆[전칭긍정]　 과 　경1: ∀참석자, ~아이디어[전칭부정]　 은 서로 양립 불가능한 진술로서 동시에 참일 수 없으므로, I) [다1: 참]∧[경1: 거짓]인 경우, II) [다1: 거짓]∧[경1: 참]인 경우, III) [다1: 거짓]∧[경1: 거짓]인 경우 3가지로 나누어 풀이해 보자.

(또한 　다1: ∀참석자,아이디어 1⬆[전칭긍정]　 과 　은1: ∃참석자,아이디어 1⬆[특칭긍정]　 은 서로 대소관계 진술로서 [다1]이 참이면 [은1]도 참이 된다는 점에도 알아두자.)

I) [다1: 참]∧[경1: 거짓]인 경우 (추리한 내용으로 볼 때, '은경'이 범인임을 알 수 있다.)

| 구분 | I | 1st | 2nd | 3rd | 4th | 5th |
|---|---|---|---|---|---|---|
| 바1: ∃아이디어 1⬆, ∀참석자 | | | | | | T<br>(∵i) |
| 바2: ~다 | | | | | T<br>(∵은) | |
| 다1: ∀참석자, 아이디어 1⬆ | T | | | | | |
| 다2: 은∨경 | | T<br>(∵i) | | 은<br>(∵경2, 선언지제거법) | | |
| 은1: ∃참석자, 아이디어 1⬆ | | | T<br>(∵다1) | | | |
| 은2: ~경 | | | T<br>(∵i) | | | |
| 경1: ∀참석자, ~아이디어 | F | | | | | |
| 경2: 바 | | F<br>(∵i) | | | | |

II) [다1: 거짓]∧[경1: 참]인 경우 (추리한 내용으로 볼 때, '바다'가 범인이라면 [바2: ~다]는 참이어야 하는데 거짓이라 추리되므로 이 경우는 조건에 위배되어 성립하지 않는다.)

| 구분 | II | 1st | 2nd | 3rd |
|---|---|---|---|---|
| 바1: ∃아이디어 1⬆, ∀참석자 | | | F (∵경1) | |
| 바2: ~다 | | | | F (∵i) |
| 다1: ∀참석자, 아이디어 1⬆ | F | | | |
| 다2: 은∨경 | | F (∵i) | | |
| 은1: ∃참석자, 아이디어 1⬆ | | | F (∵경1) | |
| 은2: ~경 | | | | F (∵i) |
| 경1: ∀참석자, ~아이디어 | T | | | |
| 경2: 바 | | T (∵i) | | |

III) [다1: 거짓]∧[경1: 거짓]인 경우 (추리한 내용으로 볼 때, '다은'이 범인임을 알 수 있다.)

| | III | 1st | 2nd | 3rd | 4th | 5th | 6th |
|---|---|---|---|---|---|---|---|
| 바1: ³아이디어 1↑, ∀참석자 | | | | | | | F (∵ i) |
| 바2: ~다 | | | | | | F (∵4th) | |
| 다1: ∀참석자, 아이디어 1↑ | F | | | | | | |
| 다2: 은∨경 | | F (∵ i) | | | | | |
| 은1: ³참석자, 아이디어 1↑ | | | T (∵경1) | | | | |
| 은2: ~경 | | | | T (∵ i) | ∴다 | (∵다2, 은2, 경2) | |
| 경1: ∀참석자, ~아이디어 | F | | | | | | |
| 경2: 바 | | F (∵ i) | | | | | |

ㄱ. (○) I)의 경우로 볼 때, "바다와 은경의 말이 모두 참일 수 있다."라는 <보기>의 진술은 반드시 참이다.
ㄴ. (×) I)의 경우로 볼 때, "다은과 은경의 말이 모두 참인 것은 *가능하지 않다.*"라는 <보기>의 진술은 맞지 않아 반드시 참은 아니다.
ㄷ. (○) I)의 경우로 볼 때, "용의자 중 거짓말한 사람(경아)이 단 한 명이면, 은경이 범인이다."라는 <보기>의 진술은 반드시 참이다.
최종적으로 반드신 참인 것으로 "ㄱ, ㄷ"을 모두 고른 ③이 정답이다.

**속도공략** 제시문의 내용을 기호화하면서 정언명제 간의 관계를 파악한다.


## 05  ▶ ④

**유형공략** '정책 브리핑' 글의 내용이 "참일 때, 반드시 참인 것만을 <보기>에서" 모두 고르는 문제이다. 제시문의 내용을 기호화하여 풀이한다.

제시문의 내용을 요약하여 기호화하면 <아래 1>과 같다.

| 내용 | 기호 |
|---|---|
| 정책 브리핑에 관해 알려진 바는 다음과 같다. | |
| **개인**건강정보 관리 방식 변경에 관한 가안이 정책제안에 포함된다면, **보건**정보의 공적 관리에 관한 가안도 정책제안에 포함될 것이다. | i. 개인 → 보건 |
| 국민건강 **2025**팀이 재편된다면, 앞에 언급한 **두 개**의 가안이 모두 정책제안에 포함될 것이다. | ii. 2025 → <u>개인∧보건</u> |
| **개인**건강정보 관리 방식 변경에 관한 가안이 정책제안에 포함되고 국민건강 2025팀 리더인 **최**팀장이 정책 브리핑을 총괄한다면, 프리젠테이션은 **손**공정씨가 맡게 될 것이다. | iii. 개인∧최 → 손 |
| **보건**정보의 공적 관리에 관한 가안이 정책제안에 포함될 **경우** 국민건강 2025팀이 재편되거나 정책 브리핑 **보도**자료가 대폭 수정될 것이다. | iv. 보건 → 2025∨보도 |
| **최** 팀장이 정책 브리핑을 총괄하면 **손**공정씨가 프리젠테이션을 담당한다는 말이 돌았는데 그 말은 [틀린] 것으로 밝혀졌다. | v. 최 → 손 [F] |

<아래 1>의 기호화된 내용을 연결하며 새로운 정보를 추리하면 <아래 2>와 같다.

| 구분 | 1st | 2nd | 3rd |
|---|---|---|---|
| ⅰ. 개인 → 보건 | | | |
| ⅱ. 2025 → 개인∧보건 | | | ∴2025 : F<br>(∵? → F∧? [T]) |
| ⅲ-1. 개인∧최 → 손<br>⇔ ⅲ-2. ~손 → ~개인∨~최(∵후건부정법) | | ∴~개인 : T<br>(∵T → ?∨F [T]) | |
| ⅳ. 보건 → 2025∨보도 | | | |
| ⅴ. 최 → 손 [F] | 최 : T, 손 : F≡~손 : T<br>(∵T → F [F]) | | |

**내용공략** 참고로 직접증명법 중 몇 가지를 간략하게 소개해 본다.

| 구분 | [전제 1] 참이고, | [전제 2] 참이면, | [결론] 따라서 참이다. |
|---|---|---|---|
| 삼단논법 | p → q | q → r | ∴ p → r |
| 전건긍정법 <참고 : '조건'명제> | p → q | p | ∴ q |
| **후건부정법** <참고 : '대우'명제> | p → q | ~q | ∴ ~p |

ㄱ. (×) <아래 2>의 | 2nd / ∴~개인 : T | 만을 알 수 있을 뿐, | ⅰ. 개인 → 보건 / ⅱ. 2025 → 개인∧보건 / ⅳ. 보건 → 2025∨보도 | 중 어디에서는 [보건]의 진릿값을 알 수 없다. 따라서 "개인정보정보 관리 방식 변경에 관한 가안과 보건정보의 공적 관리에 관한 가안 중 어느 것도 정책제안에 포함되지 않는다[~개인(T)∧~보건(?)]."라는 <보기>의 진술은 참일 수도 있고 거짓일 수도 있으므로, 반드시 참은 아니다.

ㄴ. (○) <아래 2>의 | 1st 최 : T, 손 : F≡~손 : T | 3rd ∴2025 : F | 으로 볼 때, "국민건강 2025팀은 재편되지 않고, 이 팀의 최 팀장이 다음 주 정책 브리핑을 총괄한다[~2025(T)∧최(T)]."라는 <보기>의 진술은 반드시 참이다.

ㄷ. (○) <아래 2>의 | ⅳ. 보건 → 2025(F)∨보도 | 는 반드시 참이므로, 이에 [보건]과 [보도]가 가능한 경우는 Ⅰ. [보건 : T]∧[보도 : T]인 경우, Ⅱ [보건 : F]∧[보도 : T]인 경우, Ⅲ [보건 : F]∧[보도 : F]인 경우로 3가지가 성립한다.
따라서 "보건정보의 공적 관리에 관한 가안이 정책제안에 포함된다면, 다음 주 정책 브리핑을 위해 준비한 보도자료가 대폭 수정될 것이다[보건 → 보도]."라는 <보기>의 진술은 Ⅰ, Ⅱ, Ⅲ의 모든 경우에서 반드시 참이다. (참고로 위 3가지 경우는 모두 반드시 참이어야 하는 'ⅰ'과 'ⅱ'도 만족시킨다.)

**내용공략** <보기> ㄷ을 풀이할 때, 후건분리법과 혼동하지 않는다. 참고로 전건분리법과 후건분리법에 대해서도 간략하게 소개해 본다.

| 구분 | 동치 | | |
|---|---|---|---|
| 전건분리법칙 | (p∨q) → r | ≡ | (p → r)∨(q → r) |
| 후건분리법칙 | p → (q∧r) | ≡ | (p → q)∧(p → r) |

최종적으로 반드시 참인 것으로 "ㄴ, ㄷ"을 모두 고른 ④가 정답이다.

**속도공략** 제시문의 내용이 긴 구절을 중심으로 이루어져 있는 경우에는 한 단어로 기호화하여 풀이하는 것이 중요하다. 특히 긴 구절을 한 단어로 기호화하기 위해서는 (1) '∧(and)'의 의미를 가진 연결조사 '와/가' 및 접속사 '그리고', (2) '→ (if)'의 의미를 가진 조사 '다면', 마지막으로 (3) '∨(or)'의 의미를 가진 접속사 '또는'을 중심으로 그 앞뒤의 구절을 나누어 한 단어로 만드는 것이 필요하다.

**06** ▶ ③

**유형공략** '학회와 해석' 글의 내용이 "참일 때, 반드시 참인 것"을 추리하는 문제이다. 제시문의 내용을 기호화하면서, 두 변인(참석자와 해석)을 나누어 도식화하여 풀이한다.

제시문의 내용을 요약하여 기호화하면 <아래 1>과 같다.

| 내용 | 기호 |
|---|---|
| A, B, C, D를 포함해 총 8명이 학회에 참석했다. 정보는 다음과 같다. | A, B, C, D, 가, 나, 다, 라 |

| 내용 | 기호 |
|---|---|
| • **아인슈타인** 해석, 많은 **세계** 해석, **코펜**하겐 해석, **보른** 해석 말고도 다른 해석들이 있고, 학회 참석한 이들은 각각 **하나**의 해석만 받아들인다. | i. 아, 세, 코, 보, others : only 1 |
| • 상태 오그라듦 **가설**을 받아들이는 이들은 모두 **5**명이고, 나머지는 이 가설을 받아들이지 않는다. | ii. 가설 : total 5 |
| • 상태 오그라듦 **가설**을 받아들이는 이들은 **코펜**하겐 해석이나 **보른** 해석을 받아들인다. | iii. 가설 → either 코 or 보 |
| • **코펜**하겐 해석이나 **보른** 해석을 받아들이는 이들은 상태 오그라듦 **가설**을 받아들인다. | iv. either 코 or 보 → 가설 |
| • B는 코펜하겐 해석을 받아들이고, C는 **보른** 해석을 받아들인다. | v. [B: 코]∧[C: 보] |
| • A와 D는 상태 오그라듦 가설을 받아들인다. | vi. [A: 가설]∧[D: 가설] |
| • 아인슈타인 해석을 받아들이는 이가 있다. | vii. [가, 나, 다, 라: 아 1⬆] |

기호화된 <아래 1>을 중심으로 도식화한 후, 새로운 정보를 추리하면 <아래 2>와 같다.

| | i.<br>아, 세, 코, 보, others<br>: only1 | A | B | C | D | 가 | 나 | 다 | 라 |
|---|---|---|---|---|---|---|---|---|---|
| vii.<br>[가, 나, 다, 라:<br>아 1⬆] | 아 | – | – | – | – | | | | |
| | 세 | – | – | – | – | | | | |
| iii.<br>가설→either 코 or 보 | 코 | 1st ◐<br>(∵iii) | ○<br>(∵v) | – | 1st ◐<br>(∵iii) | | | | |
| iv.<br>either 코 or 보→가설 | 보 | 1st ◑<br>(∵iii) | – | ○ (∵v) | 1st ◑<br>(∵iii) | | | | |
| | others | – | – | – | – | | | | |
| ii.<br>가설: total 5 | 가설 | ○<br>(∵vi) | 2nd ○<br>(∵iv) | 2nd ○<br>(∵iv) | ○<br>(∵vi) | | | | |

① (×) <아래 2>에 선택지 진술의 반례[세: 0]를 적용한 후, 제시문의 기호화된 내용을 위배하지 않고 모두 성립하도록 추리하면 <다음 1>과 같은 경우가 있을 수 있다.

| | i. only1 | A | B | C | D | 가 | 나 | 다 | 라 |
|---|---|---|---|---|---|---|---|---|---|
| vii. [아 1↑] | 아 | − | − | − | − | 1st ○ | | 3rd ○ | 4th ○ |
| | 세 | − | − | − | − | − | − | − | − |
| iii. | 코 | ◐ | ○ | ◐ | ◐ | | 2nd ○ | | |
| iv. | 보 | ● | − | ○ | ◐ | | | | |
| | others | − | − | − | − | | | | |

| | | A | B | C | D | 가 | 나 | 다 | 라 |
|---|---|---|---|---|---|---|---|---|---|
| ii. total 5 | 가설 | ○ | ○ | ○ | ○ | | 2nd ○ | | |

따라서 "적어도 한 명은 많은 세계 해석을 받아들인다.[세: 1↑]"라는 선택지의 진술은 반례가 성립하므로 반드시 참은 아니다.

② (×) <아래 2>에 선택지 진술의 반례[보: 2 → A=D]를 적용한 후, 제시문의 기호화된 내용을 위배하지 않고 모두 성립하도록 추리하면 <다음 2>과 같은 경우가 있을 수 있다.

| | i. only1 | A | B | C | D | 가 | 나 | 다 | 라 |
|---|---|---|---|---|---|---|---|---|---|
| vii. [아 1↑] | 아 | − | − | − | − | | 3rd ○ | 3rd ○ | 3rd ○ |
| | 세 | | | | | | | | |
| iii. | 코 | 2nd ○ | ○ | − | 2nd ○ | | | | |
| iv. | 보 | | − | ○ | | 1st ○ | | | |
| | others | − | | | | | | | |

| | | A | B | C | D | 가 | 나 | 다 | 라 |
|---|---|---|---|---|---|---|---|---|---|
| ii. total 5 | 가설 | ○ | ○ | ○ | ○ | 1st ○ | | | |

따라서 "만일 보른 해석을 받아들이는 이가 두 명이면, A와 D가 받아들이는 해석은 다르다. [보: 2 → A≠D]"라는 선택지의 진술은 반례가 성립하므로 반드시 참은 아니다.

③ (○) <아래 2>에 선택지 진술의 반례[A≠D → ~~코: 2 (미만)~~]을 적용하면, 어떠한 경우라도 그 반례는 성립하지 않는다는 것을 알 수 있다. 하나의 예로 <다음 3>을 들 수 있다.

| | i. only1 | A | B | C | D | 가 | 나 | 다 | 라 |
|---|---|---|---|---|---|---|---|---|---|
| vii. [아 1↑] | 아 | − | − | − | − | | | | |
| | 세 | | | | | | | | |
| iii. | 코 | ⊖ | ⊖ | − | | | | | |
| iv. | 보 | | − | ○ | ○ | | | | |
| | others | − | − | | | | | | |

| | | A | B | C | D | 가 | 나 | 다 | 라 |
|---|---|---|---|---|---|---|---|---|---|
| ii. total 5 | 가설 | ○ | ○ | ○ | ○ | | | | |

따라서 "만일 A와 D가 받아들이는 해석이 다르다면, 적어도 두 명은 코펜하겐 해석을 받아들인다.[A≠D → 코: 2↑]"라는 선택지의 진술은 반드시 참이다.

④ (×) <아래 2>에 선택지 진술의 반례[세 : 1 → **아** : 1]를 적용한 후, 제시문의 기호화된 내용을 위배하지 않고 모두 성립하도록 추리하면 <다음 4>와 같은 경우가 있을 수 있다.

| | i . only1 | A | B | C | D | 가 | 나 | 다 | 라 |
|---|---|---|---|---|---|---|---|---|---|
| vii. [아 1⬆] | 아 | − | − | − | − | | | 3rd ○ | |
| | 세 | − | − | − | − | 1st ○ | | | |
| iii. | 코 | ◑ | ○ | − | ◑ | | 2nd ○ | | |
| iv. | 보 | ◐ | − | ○ | ◐ | | | | |
| | others | − | − | − | − | | | | 4th ○ |

| | | A | B | C | D | 가 | 나 | 다 | 라 |
|---|---|---|---|---|---|---|---|---|---|
| ii. total 5 | 가설 | ○ | ○ | ○ | ○ | | 2nd ○ | | |

따라서 "만일 오직 한 명만이 많은 세계 해석을 받아들인다면, 아인슈타인 해석을 받아들이는 이는 두 명이다.[세 : 1 → 아 : 2]"라는 선택지의 진술은 반례가 성립하므로 반드시 참은 아니다.

⑤ (×) <아래 2>에 선택지 진술의 반례[코 : 3 → (A∧D : ~**보**)]를 적용한 후, 제시문의 기호화된 내용을 위배하지 않고 모두 성립하도록 추리하면 <다음 5>와 같은 경우가 있을 수 있다.

| | i . only1 | A | B | C | D | 가 | 나 | 다 | 라 |
|---|---|---|---|---|---|---|---|---|---|
| vii. [아 1⬆] | 아 | − | − | − | − | | 3rd ○ | 3rd ○ | 3rd ○ |
| | 세 | − | − | − | − | | | | |
| iii. | 코 | 1st ○ | ○ | − | 1st ○ | | | | |
| iv. | 보 | | − | ○ | | 2nd ○ | | | |
| | others | | − | − | | | | | |

| | | A | B | C | D | 가 | 나 | 다 | 라 |
|---|---|---|---|---|---|---|---|---|---|
| ii. total 5 | 가설 | ○ | ○ | ○ | ○ | 2nd ○ | | | |

따라서 "만일 코펜하겐 해석을 받아들이는 이가 세 명이면, A와 D 가운데 적어도 한 명은 보른 해석을 받아들인다.[코 : 3 → (A∨D : 보)]"라는 선택지의 진술은 반례가 성립하므로 반드시 참은 아니다.

**속도공략** 여기에서 각 선택지의 구성이 대부분(②~⑤) 가언명제로 되어 있음을 알 수 있다. 제시문의 내용으로 추리된 정보가 적고, 선택지의 구성이 가언명제인 경우에는 반례를 활용하여 풀이하는 것이 바람직하다. 특히 반례를 활용한다는 것은 가언명제를 [p(T) → q(F)]로 가정하여 풀이한 후 이것이 성립하면 거짓인 경우가 되므로 '반드시 참인 것은 <u>아닌</u> 것'으로 판단한다는 것이다.

## 2 강화·약화

## 01 ▶ ①

**유형공략** '전염병 질병으로부터 보호하는 장치'에 대한 글을 읽고 논리적으로 그 "논지를 강화하는 것만을 <보기>에서 모두" 고르는 문제이다. 제시문의 내용을 지지하는 <보기> 글의 진술은 제시문의 주장을 강화시키는 것이다.

글의 논지를 파악하기 위해 제시문의 내용을 요약하면 다음과 같다.

---

[1단락] 인류의 진화 과정은 개체군의 번영을 훼방하는 비용을 미리 제거하거나 줄이는 방향으로 진행되었다. 이 과정은 병원체를 옮길 만한 사람과 거리를 두는 성향을 만들어냈다. 그 결과 누런 콧물이나 변색된 피부처럼 **병원체에 감염**되었음을 **암시하는 단서**를 보이는 대상에 대해 **혐오나 기피의 정서가 작동**하여 감염 위험이 줄어들게 된다.

[2단락] 그러나 이와 비슷한 위험은 병에 걸린 것으로 보이지 않는 대상에도 있다. 지역에 따라 상이한 기생체가 숙주의 방어를 깨고 침입하는 데 성공하고 숙주는 해당 기생체에 면역을 가지면서 지역에 따라 기생체의 성쇠와 분포가 달라지고 숙주의 면역계도 다르게 진화한다. 다른 지역의 토착 병원균에 적응하여 살아온 **외지인을 배척**하고 **같은 지역사람들끼리 결속**하는 성향은 **전염성 질병**으로부터 스스로를 **보호**하는 효율적인 **장치**였다.

---

ㄱ. (○) 요약한 내용으로 볼 때, [2단락]의 '**외지인을 배척**하고 **같은 지역사람들끼리 결속**하는 성향이 **전염성 질병**으로부터 스스로를 **보호**하는 효율적인 **장치**였다.'는 논지를 정리할 수 있다. 즉 동질성을 가진 지역 사람들과 동질성이 적은 외지인 사이의 경계가 전염성 질병이 있고 없는 경계와 지리적으로 대략 일치하여야 (전염성 질병이 있을 수도 있는) 외지인을 '지역적으로' 배척하는 것이 (외지인 지역에 있는) 전염성 질병도 배척하여 막을 수 있는 효과적인 장치가 될 수 있다. 따라서 "문화와 가치체계의 동질성을 기준으로 한 지역 간 경계가 토착성 전염성 병원균의 지리적 분포의 경계와 일치하였다."라는 <보기> 글은 논지를 지지하여 강화시킨다.

ㄴ. (×) 요약한 내용으로 볼 때, [2단락]의 '**외지인을 배척**하고 **같은 지역사람들끼리 결속**하는 성향이 **전염성 질병**으로부터 스스로를 **보호**하는 효율적인 **장치**였다.'는 논지를 정리할 수 있다. 하지만 병원체의 밀도가 '높아' 질병의 감염 위험이 '강한' 지역에서 병원체의 밀도가 '더 높아' 질병의 감염 위험이 '더 강력한' 지역의 외지인을 배척할 수 있겠지만, 병원체의 밀도가 '낮아' 질병의 감염 위험이 '미미한' 지역의 외지인의 경우에는 배척할지 아닐지 제시문을 통해서는 알 수 없다. 즉 '병원체 밀도'가 '낯선 병원균'과 동의어는 아니다. 따라서 "병원체의 분포 밀도가 낮아 생태적으로 질병의 감염 위험이 미미한 지역일수록 배타적인 집단주의 성향이 *더 강하게* 나타났다."라는 <보기> 글의 진술은 적어도 논지를 강화시키지는 않는다.

ㄷ. (×) 요약한 내용으로 볼 때, [1단락]의 '(병원체 감염의 기회를 줄이기 위해) 병원체를 옮길 만한 사람과 거리를 두는 성향을 만들어냈다.'라는 논지와 [2단락]의 '**외지인을 배척**하고 **같은 지역사람들끼리 결속**하는 성향이 **전염성 질병**으로부터 스스로를 **보호**하는 효율적인 **장치**였다.'라는 논지를 정리할 수 있다.

만일 병원체를 옮길 사람과 거리를 두고 (다른 병원체를 옮길 수 있는) 외지인을 배척하기 위해서는 이에 대해 지역사람들이 '개인차가 거의 없이' 동일하게 평가하고 그 위험에 민감하게 반응하는 것이 필요할 수 있다. 따라서 "특정 지역의 거주민들을 대상으로 한 심리 실험에서 사람들은 원전사고나 기상이변으로 인한 위험에 보편적으로 민감하게 반응한 반면, 전염병의 감염으로 인한 위험을 평가할 때에는 *뚜렷한 개인차*를 보였다."라는 <보기> 글의 진술은 적어도 논지를 강화시키지는 않는다.

**속도공략** 제시문에서 주장하는 '논지'와 이를 뒷받침하는 '논거'를 정확하게 파악한다.

## 대표 기출

01 ④　　02 ⑤　　03 ④　　04 ⑤　　05 ③　　06 ②

---

## 01 ▶ ④

--------------------------------------------

**유형공략** '인간 존엄성' 글의 A~C에 대한 평가로 "적절한 것만을 <보기>에서 모두 고르는" 문제이다. <보기> 진술의 서술어가 "약화/근거/비판"으로 구성되어 있으므로 제시문 A~C의 논지를 중심으로 파악한 후 풀이한다.

제시문 A~C의 논지를 중심으로 요약하면 <아래>와 같다.

| 내용 |
| --- |
| [1단락]　다음은 인간 존엄성 개념에 대한 A~C의 **비판**이다. |
| A：　인간 존엄성은 불명료하고 무용한 개념이다. 결국 쟁점은 자율성 존중이나 생명가치에 관한 문제이며, 존엄성이란 개념은 중요한 기여를 하지 <u>않는다</u>. |
| B：　이(➜ 인간 존엄성)는 인간이 아닌 종과 환경에 대해 인간들이 원하는 것을 마음대로 해도 된다는 오만을 낳았다. |
| C：　인간 존엄성은 (우리 서로를 가치 있게도 하지만,) 인간 외 다른 존재들에 대해 폭력적 처사를 정당화하는 근거로 활용된다. |

ㄱ. (×)

| A：　인간 존엄성은 불명료하고 무용한 개념이다. 결국 쟁점은 자율성 존중이나 생명가치에 관한 문제이며, 존엄성이란 개념은 중요한 기여를 하지 않는다. |
| --- |

이에 A의 논지는 인간 존엄성의 개념은 불명료한 개념이라는 주장임을 알 수 있고, 만일 존엄사와 같은 자율성을 존중하는 법이 시행된다는 새로운 진술이 있다 하더라도 (이와 관련 없이) 그 개념은 불명료한 채로 남으므로 A의 논지를 강화도 약화도 '시키지 <u>않는다</u>'는 것을 미루어 알 수 있다. 따라서 "많은 논란에도 불구하고 존엄사를 인정한 연명의료결정법의 시행은 A의 주장을 ***약화시키는*** 사례이다."라는 <보기>의 진술은 맞지 않아 평가로 적절하지 않다.

ㄴ. (○)

| C：　인간 존엄성은 (우리 서로를 가치 있게도 하지만,) 인간 외 다른 존재들에 대해 폭력적 처사를 정당화하는 근거로 활용된다. |
| --- |

이에 C의 논지는 인간 존엄성의 개념은 인간 외 다른 존재들에 폭력을 정당화하는 개념이라는 비판의 주장임을 알 수 있고, 만일 화장품을 위한 동물실험이 있다는 새로운 진술이 있을 때 동물실험은 폭력적 처사이므로 동물실험을 반대하는 근거로 사용될 수 있음을 미루어 알 수 있다. 따라서 "C의 주장은 화장품의 안전성 검사를 위한 동물실험의 금지(➜ 반대)를 촉구하는 캠페인의 근거로 활용될 수 있다."라는 <보기>의 진술은 평가로 적절하다.

ㄷ. (○)

| B：　이(➜ 인간 존엄성)는 인간이 아닌 종과 환경에 대해 인간들이 원하는 것을 마음대로 해도 된다는 오만을 낳았다. |
| --- |
| C：　인간 존엄성은 (우리 서로를 가치 있게도 하지만,) 인간 외 다른 존재들에 대해 폭력적 처사를 정당화하는 근거로 활용된다. |

이에 B와 C는 인간에게 특권적 지위를 부여하는 인간 중심적인 생각(에서 비롯된 오만이나 폭력)을 비판한다는 점에서 공통적이다."라는 <보기>의 진술은 평가로 적절하다.

최종적으로 평가로 적절한 것이라 "ㄴ, ㄷ"을 고른 ④가 정답이다.

**속도공략** 제시문 내용 A의 논지를 찾고 <보기> ㄱ을 풀이하고, C의 논지를 찾고 ㄴ을 풀이한 후 정답을 선택한다.

## 02 ▶ ⑤

---

**유형공략** '국제표준도서번호(ISBN)' 글에서 "추론할 수 있는 것"을 찾는 문제이다. 선택지의 핵심어를 중심으로 제시문의 내용을 비교하며 추리한다.

제시문의 내용을 요약하여 정리하면 <아래>와 같다.

| 구분 | 내용 |
|------|------|
| [1단락] | 국제표준도서번호(ISBN)는 각종 도서에 부여하는 식별 번호이다. 2007년부터는 13자리의 ISBN-13이 부여되고 있지만, 2006년까지 10자리의 ISBN-10이 부여되었다. |
| [끝단락] | ISBN-10(의) 첫 번째 부분은 국가 또는 언어 권역을 나타내며 대한민국은 89, 영어권은 0을 쓴다. 두 번째 부분은 국가별 ISBN 기관에서 그 국가 각 출판사에 할당한 번호를 나타낸다. 세 번째 부분은 출판사에서 그 책에 임의로 붙인 번호를 나타낸다. 마지막 네 번째 부분은 확인 숫자이다. 이 숫자는 0에서 10까지의 하나가 되는데 10을 써야할 때는 로마 숫자 X를 사용한다. ISBN-10 열 개 숫자에 순서대로 10, 9, ⋯, 2, 1의 가중치를 곱셈의 값을 모두 더한 값이 반드시 11로 나누어 떨어져야 한다. 예를 들어 ISBN-10인 '89-89422-42-6'(은) $(8×10)+(9×9)+(8×8)+⋯ +(4×3)+(2×2)+(6×1)=352$이고 이 값은 11로 나누어 떨어지기 때문에 유효한 번호이다. |
| | [정리] ISBN-10: 국가/언어권 − 국가별 출판사 − 책 − 확인 숫자 |

① (×)

| [정리] ISBN-10: **국가/언어권** − 국가별 출판사 − 책 − 확인 숫자 |

으로 볼 때, 첫 번째 부분에 있는 숫자가 같으면 같은 국가 또는 같은 언어권에서 출판된 책임을 알 수 있다. 따라서 "ISBN-10의 첫 번째 부분에 있는 숫자가 같으면 같은 나라에서 출판된 책이다."라는 선택지 진술은 같은 언어권인 경우에서는 맞지 않으므로 추론할 수 있는 것이 아니다. (같은 영어권의 경우에도 국가는 미국일 수도 또는 영국일 수도 있다.)

② (×)

| [1단락] | 국제표준도서번호(ISBN)는 각종 도서에 부여하는 식별 번호이다. 2007년부터는 13자리의 ISBN-13이 부여되고 있지만, 2006년까지 10자리의 ISBN-10이 부여되었다. |

이에 ISBN-10은 숫자 10자리이고 ISBN-13은 숫자 13자리임을 알 수 있을 뿐 ISBN-13의 생성 원리 및 방법에 대해서는 제시문을 통해서는 알 수 없다. 따라서 "임의의 책의 ISBN-10에 숫자 3자리를 추가하면 그 책의 ISBN-13을 얻는다."라는 선택지 진술은 알 수 없어 추론할 수 있는 것이 아니다.

③ (×)

| [끝단락] | ISBN-10(의) ⋯ 세 번째 부분은 출판사에서 그 책에 '임의로' 붙인 번호를 나타낸다. |

이에 "ISBN-10이 '0-285-00424-7'인 책은 해당 출판사에서 424**번째**로 출판한 책이다."라는 선택지 진술은 맞지 않아 추론할 수 있는 것이 아니다. (즉 해당 출판사가 순서를 나타내며 사용한 번호가 아니라 임의로 붙인 번호에 불과하다.)

④ (×)

| [끝단락] | ISBN-10(의) 첫 번째 부분은 국가 또는 언어 권역을 나타내며 대한민국은 89, 영어권은 0을 쓴다. 두 번째 부분은 국가별 ISBN 기관에서 그 국가 각 출판사에 할당한 번호를 나타낸다. |
| | [정리] ISBN-10: 국가/언어권 − 국가별 출판사 − 책 − 확인 숫자 |

이에 ISBN의 두 번째 부분에 있는 숫자가 같아도 첫 번째 부분에 있는 숫자가 다르다면 상이한 출판사임을 미루어 알 수 있다. 예를 들어 'ISBN-10 : 89(대한민국)-11-＊＊＊＊＊-＊' 'ISBN-10 : 0(영어권)-11--＊＊＊＊＊-＊'의 각각은 대한민국의 출판사, 영어권의 출판사, 즉 서로 다른 상이한 출판사의 책임을 알려준다. 따라서 "ISBN-10의 두 번째 부분에 있는 숫자가 같은 서로 다른 두 권의 책은 **동일**한 출판사에서 출판된 책이다."라는 선택지 진술은 맞지 않아 추론할 수 있는 것이 아니다.

⑤ (○)

| | |
|---|---|
| [끝단락] | ISBN-10(의) … 마지막 네 번째 부분은 확인 숫자이다. 이 숫자는 0에서 10까지의 하나가 되는데 10을 써야 할 때는 로마 숫자 X를 사용한다. ISBN-10 열 개 숫자에 순서대로 10, 9, …, 2, 1의 가중치를 곱해서 각 곱셈의 값을 모두 더한 값이 반드시 11로 나누어 떨어져야 한다. 예를 들어 ISBN-10인 '89-89422-42-6'(은) $(8 \times 10) + (9 \times 9) + (8 \times 8) + \cdots + (4 \times 3) + (2 \times 2) + (6 \times 1) = 352$이고 이 값은 11로 나누어 떨어지기 때문에 유효한 번호이다. |

이에 만일 확인 숫자 앞의 아홉 개의 숫자에 정해진 가중치를 곱하여 합한 값이 11의 배수인 ISBN-10이 유효했다면, 0에서 10까지의 하나인 마지막 열 번째 확인 숫자에 가중치 '1'을 곱한 값도 11의 배수이어야 함을 미루어 알 수 있다. (그래야만 확인 숫자 앞의 아홉 개의 숫자에 정해진 가중치를 곱하여 합한 값[11의 배수]에, 마지막 열 번째 확인 숫자에 가중치 '1'을 곱한 값[11의 배수]을 합해도 11의 배수가 될 수 있다.)
결국 마지막 열 번째 확인 숫자 '0, 1, 2, …, 8, 9, X'에 가중치 '1'을 곱한 값은 '0, 1, 2, …, 9, 10'까지 가능한데, 이 중 '1, 2, …, 9, 10'은 11의 배수가 아니므로 **확인 숫자 '0'**에 가중치 '1'을 곱한 값만이 가능하다. (그래야만 확인 숫자 앞의 아홉 개 숫자에 정해진 가중치를 곱하여 합한 값 자체에 11의 배수가 되는 것이다.) 따라서 "확인 숫자 앞의 아홉 개의 숫자에 정해진 가중치를 곱하여 합한 값이 11의 배수인 ISBN-10이 유효하다면 그 확인 숫자는 반드시 0이어야 한다."라는 선택지 진술은 추론할 수 있는 것이다.

**속도공략** 각 선택지의 공통적인 핵심어인 "ISBN-10"이 있으므로 [끝단락] 중심으로 이해하며 풀이한다.

## 03 ▶④
--------------------------------------------------------------------------------

**유형공략** '동물의 배우자 선택 가설'글의 "㉠과 ㉡에 대한 평가로 적절한 것만을 <보기>에서 모두 고르는" 문제이다. 각 <보기>에서와 같이 새로운 진술이 주어진다면 그 진술이 제시문의 ㉠과 ㉡ 가설을 강화하는지 여부를 묻는 문제이다.

제시문의 ㉠과 ㉡ 가설 및 <실험>의 내용을 요약하여 정리하면 <아래>와 같다.

| 구분 | 내용 |
|---|---|
| [2단락] | 한 과학자는 동물의 배우자 선택에 있어 새로운 배우자 후보가 출연하는 경우, ㉠ 애초의 판단 기준을 유지한다는 가설과 ㉡ 판단 기준에 변화가 발생한다는 가설을 위해 실험하였다. |
| <실험> | X 개구리의 경우, 암컷은 (1) 수컷의 울음소리 **톤**이 **일정**할수록 선호하고 (2) 울음소리 **빈도**가 **높**을수록 선호하였다. (1-1) 수컷 A~C 울음소리 톤은 C가 가장 일정하고 B가 가장 일정하지 않다. (2-1) 울음소리 빈도는 A가 가장 높고 C가 가장 낮다. |
| | [정리] (1-1) 톤: C > A > B, (2-1) 빈도: A > B > C (각 선호순) |
| | 과학자는 A~C의 울음소리를 암컷으로부터 동일한 거리에 있는 다른 위치에서 들려주었다. 상황 1에서는 수컷 **두 마리**의 울음소리만을 들려주었으며, 상황 2에서는 수컷 **세 마리**의 울음소리를 들려주었다. 암컷은 가장 선호하는 쪽으로 이동한다. |

ㄱ. (×)

| |
|---|
| [정리] (1-1) **톤**: C > **A** > **B**, (2-1) 빈도: **A** > **B** > C (각 선호순) |

위의 정리한 내용으로 볼 때, 만일 암컷에게 들려준 소리가 A, B인 상황 1의 경우, 암컷이 A로 이동했다는 새로운 진술이 나온다면 암컷은 수컷 울음소리의 톤과 빈도 중 어느 것이 판단기준이었는지 추리할 수 없지만, 만일 들려준 소리가 A, B, C인 상황 2의 경우, 암컷이 C로 이동했다는 새로운 진술이 나온다면 암컷은 (빈도가 아닌) **톤**이 판단기준이었음을 알 수 있다.
이는 다시 상황 1에서 Ⅰ. 톤이 기준인 경우와 Ⅱ. 빈도가 기준인 경우로 나누어 볼 수 있고, Ⅰ의 경우에는 상황 2도 **톤**이 기준이므로 ㉠ <u>애초의 판단 기준을 유지한다는 가설</u>은 강화되지만 ㉡ <u>판단 기준에 변화가 발생한다는 가설</u>은 강화되지 않는다. 반면 Ⅱ의 경우에는 빈도에서 톤으로 기준이 변화하였으므로 ㉠은 강화되지 않지만 ㉡은 강화된다고 볼 수 있다.
따라서 "상황 1에서 암컷에게 들려준 소리가 A, B인 경우 암컷이 A로, 상황 2에서는 C로 이동했다면, ㉠은 강화되지 않지만 ㉡은 강화된다."라는 <보기>의 진술은 Ⅱ의 경우에'만' 해당하므로 평가로 항상 적절한 것만은 아니다.

ㄴ. (○)

> [정리] (1-1) 톤: **C** > A > **B**, (2-1) 빈도: **A** > B > C (각 선호순)

따라서 "상황 1에서 암컷에게 들려준 소리가 B, C인 경우 (빈도를 기준으로 하여) 암컷이 B로, 상황 2에서는 (역시 빈도를 기준으로 하여) A로 이동했다면, ㉠(판단 기준 **유지**)은 강화되지만 ㉡(판단 기준 변화)은 강화되지 않는다."라는 <보기>의 진술은 평가로 적절하다.

ㄷ. (○)

> [정리] (1-1) **톤: C** > A > B, (2-1) **빈도: A** > B > C (각 선호순)

따라서 "상황 1에서 암컷에게 들려준 소리가 A, C인 경우 (톤을 기준으로 하여) 암컷이 C로, 상황 2에서는 (빈도를 기준으로 바꾸어) A로 이동했다면, ㉠(판단 기준 유지)은 강화되지 않지만 ㉡(판단 기준 **변화**)은 강화된다."라는 <보기>의 진술은 평가로 적절하다.

최종적으로 적절한 것이라 "ㄴ, ㄷ"을 모두 고른 ④가 정답이다.

**내용공략** ㉠ 애초의 판단 기준을 유지한다는 가설을 영가설이라 하고, ㉡ 판단 기준에 변화가 발생한다는 가설을 대립가설이라 한다.

**속도공략** 각 <보기>의 새로운 조건(예) ~다면)에 해당하는 진술의 공통점과 차이점의 구분에 유의하며 ㉠과 ㉡ 가설의 강화여부를 판단한다.

## 04 ▶ ⑤

**유형공략** '빛의 본성에 관한 두 이론' 글의 "㉠ <u>입자이론</u>과 ㉡ <u>파동이론</u>에 대한 평가로 적절한 것만을 <보기>에서 모두 고르는" 문제이다. 각 <보기>의 구성이 ㉠/㉡의 강화/약화여부를 묻고 있으므로 ㉠/㉡의 논지를 공통점과 차이점을 위주로 정리하고 지지/반박 여부를 풀이한다.

제시문 ㉠과 ㉡의 내용을 공통점과 차이점을 중심으로 요약하며 정리하면 <아래>와 같다.

| 구분 | 내용 | |
|---|---|---|
| | ㉠ <u>입자이론</u> | ㉡ <u>파동이론</u> |
| [1단락]<br>물/공기 | 빛(은) 입자들의 흐름(이다). 물속 빛의 속도가 (공기 중 보다) 더 **빠르다.** | 빛은 (매질을) 통해 파동처럼 퍼져 나간다. 물속 빛의 속도가 (공기 중보다) 더 **느리다.** |
| [2단락]<br>색깔 | 공기 중에서건 물속에서건 빛의 속도는 색깔에 따라 달라지지 **않는다.** | 빛의 색깔은 파장에 따라 달라진다. 공기 중에서 파장(➜ 색깔)에 따라 파동의 속도가 달라지지 **않지만,** 물 속에서 달라진다. |
| [끝단락]<br>실험 | 두 빛이 경로 1[물] 또는 2[공기]를 통과한 뒤 평면거울에 도달한다. 평면거울 반사 빛은 스크린에 맺힌다. 두 빛이 서로 다른 속도를 가진다면 (1) 더 **빨리** 평면거울에 도달한 빛일수록 **오른쪽**에, (2) 더 **늦게** 도달한 비칠수록 **왼쪽**에 맺힌다. | |

ㄱ. (○)

| | ㉠ <u>입자이론</u> | ㉡ <u>파동이론</u> |
|---|---|---|
| [1단락] | 빛(은) 입자들의 흐름(이다). 물속 빛의 속도가 (공기 중 보다) 더 **빠르다.** | 빛은 (매질을) 파동처럼 퍼져 나간다. 물속 빛의 속도가 (공기 중보다) 더 **느리다.** |
| [끝단락]<br>실험 | 두 빛이 경로 1[물] 또는 2[공기]를 통과한 뒤 … 두 빛이 서로 다른 속도를 가진다면 (1) 더 **빨리** 평면거울에 도달한 빛일수록 **오른쪽**에, (2) 더 늦게 도달한 비칠수록 왼쪽에 맺힌다. | |

따라서 "색깔이 같은 두 빛이 각각 경로 1[물]과 2[공기]를 통과했을 때, 경로 1[물]을 통과한 빛이 (경로 2를 통과한 빛보다) 스크린의 오른쪽(➜ 더 빨리)에 맺힌다면 (물속에서의 빛이 더 빠르다고 했던) ㉠은 강화되고 (물속에서의 빛이 더 느리다고 했던) ㉡은 약화된다."라는 <보기>의 진술은 평가로 적절하다.

ㄴ. (○)

|  | ⊙ 입자이론 | ⓛ 파동이론 |
|---|---|---|
| [1단락] | 빛(은) 입자들의 흐름(이다). 물속 빛의 속도가 (공기 중 보다) 더 빠르다. | 빛은 (매질을) 파동처럼 퍼져 나간다. **물속 빛의 속도가 (공기 중보다) 더 느리다.** |
| [2단락]<br>색깔 |  | 빛의 색깔은 파장에 따라 달라진다. (공기 중에서 파장(➔ 색깔)에 따라 파동의 속도가 달라지지 않지만), **물속에서** 달라진다. |
|  | 공기 중에서건 물속에서건 빛의 속도는 색깔에 따라 달라지지 않는다. |  |
| [끝단락]<br>실험 | 두 빛이 경로 1[물] 또는 2[공기]를 통과한 뒤 … 두 빛이 서로 다른 속도를 가진다면 (1) **더 빨리** 평면거울에 도달한 빛일수록 **오른쪽**에, (2) **더 늦게** 도달한 비칠수록 **왼쪽**에 맺힌다. |  |

이에 만일 색깔이 다른 두 빛이 경로 1[물]과 2[공기]를 통과했을 때 ⊙에 따르면 (색깔은 상관없으므로) 경로 1[물]의 빛이 더 빨라 오른쪽에 맺혀야 하는데 '왼쪽'에 맺혔다는 새로운 진술이 나온다면 ⊙을 반박하므로 약화된다. 하지만 만일 색깔이 달라 파장이 다른 두 빛이 경로 1[물]과 2[공기]를 통과했을 때 ⓛ에 따르면 (공기 중에서는 상관없지만) 경로 1[물]의 빛이 더 느려 '왼쪽'에 맺혔다는 새로운 진술이 나온다면 ⓛ을 지지하므로 강화된다.

따라서 "색깔이 다른 두 빛 중 하나는 경로 1[물]을, 다른 하나는 경로 2[공기]를 통과했을 때, 경로 1[물]을 통과한 빛이 (경로 2를 통과한 빛보다) 스크린의 왼쪽(➔ 더 늦게)에 맺힌다면 ⊙은 약화되고 ⓛ은 강화된다."라는 <보기>의 진술은 평가로 적절하다.

ㄷ. (○)

|  | ⊙ 입자이론 | ⓛ 파동이론 |
|---|---|---|
| [2단락]<br>색깔 |  | 빛의 색깔은 파장에 따라 달라진다. (공기 중에서 파장(➔ 색깔)에 따라 파동의 속도가 달라지지 않지만), **물속에서 달라진다.** |
|  | 공기 중에서건 **물속에서건** 빛의 속도는 색깔에 따라 **달라지지 않는다.** |  |

따라서 "색깔이 다른 두 빛이 모두 경로 1[물]을 통과했을 때, 두 빛이 스크린에 맺힌 위치가 '다르다'면 (빛의 속도는 색깔에 따라 달라지지 않는다는) ⊙은 약화되고 (빛의 속도는 물속에서 색깔/파장에 따라 달라진다는) ⓛ은 강화된다."라는 <보기>의 진술은 평가로 적절하다.

최종적으로 적절한 것이라 "ㄱ, ㄴ, ㄷ"을 모두 고른 ⑤가 정답이다.

**속도공략** 제시문의 ⊙/ⓛ의 논지를 공통점과 차이점을 위주로 정리한다.

## 05 ▶ ③

**유형공략** '박쥐 X가 수컷 개구리의 위치를 찾는 방법' 글의 <실험 결과>에 대한 판단으로 "적절한 것만을 <보기>에서 모두 고르는" 문제이다. 각 <보기>의 진술에 나타난 "강화한다."라는 서술어로 볼 때, <실험 결과>가 가설을 지지하는지 여부를 판단하여 풀이한다.

제시문의 내용을 크게 <실험>과 그 <결과>로 나누어 요약한 후 <결과>에 대해 추리할 수 있는 내용을 정리하면 <아래>와 같다.

| 내용 |
| --- |
| 박쥐 X가 수컷 개구리 위치를 찾는 방법에는 두 가지가 있다. 하나는 수컷 개구리의 울음소리를 찾아내는 '음탐지' 방법이다. 다른 하나는 울음주머니의 움직임을 포착하는 '초음파탐지.' 방법이다. |

| 〈실험〉 | 〈실험 결과〉 |
| --- | --- |
| 로봇 개구리 A는 수컷 개구리의 울음소리를 내고, 울음주머니도 가지고 있다. B는 수컷 개구리의 울음소리만 내고, 울음주머니는 <u>없다</u>. 같은 수의 A 또는 B를 세 방 안 같은 위치에 두었다.<br><br>• 방 1: 로봇 개구리 소리만 들리는 환경 | • 방 1: A와 B 둘 사이에 차이는 없었다.<br>    (➡ A와 B의 울음주머니의 유무가 의미 없다.: 음탐지) |
| • 방 2: 로봇 개구리 소리뿐만 아니라, 다른 위치에서 로봇 개구리 소리와 같은 소리가 추가로 들리는 환경 | • 방 2: A를 넣은 경우는 공격하고, B를 넣은 경우는 공격하지 않았다.<br>    (➡ 추가로 들리는 같은 소리로 인해 A와 B의 울음주머니의 유무가 의미 있다.: 초음파탐지) |
| • 방 3: 로봇 개구리 소리뿐만 아니라, 다른 위치에서 로봇 개구리 소리와 다른 소리가 추가로 들리는 환경 | • 방 3: A와 B 둘 사이에 차이는 없었다.<br>    (➡ 추가로 들리는 다른 소리로 인해 A와 B의 울음주머니의 유무가 의미 없다.: 음탐지) |

ㄱ. (○)

| 〈실험 결과〉 |
| --- |
| • 방 1: A와 B 둘 사이에 차이는 없었다.(➡ A와 B의 울음주머니의 유무가 의미 없다.: 음탐지) |
| • 방 2: A를 넣은 경우는 공격하고, B를 넣은 경우는 공격하지 않았다.<br>    (➡ '추가로 들리는 같은 소리로 인해' A와 B의 울음주머니의 유무가 의미 있다.: 초음파탐지) |

위의 내용으로 볼 때, "방 1과 2의 〈실험 결과〉는, X가 (추가로 들리는 같은 소리로 인해) 음탐지 방법이 방해를 받는 환경에서는 초음파탐지 방법을 사용한다는 가설을 강화한다."라는 〈보기〉의 진술은 판단으로 적절하다.

ㄴ. (○)

| 〈실험 결과〉 |
| --- |
| • 방 2: A를 넣은 경우는 공격하고, B를 넣은 경우는 공격하지 않았다.<br>    (➡ 추가로 들리는 '같은' 소리로 인해 A와 B의 울음주머니의 유무가 의미 있다.: 초음파탐지) |
| • 방 3: A와 B 둘 사이에 차이는 없었다.<br>    (➡ 추가로 들리는 '다른' 소리로 인해 A와 B의 울음주머니의 유무가 의미 없다.: 음탐지) |

위의 내용으로 볼 때, "방 2와 3의 〈실험 결과〉는, X가 (같은 소리와 다른) 소리의 종류를 구별할 수 있다는 가설을 강화한다."라는 〈보기〉의 진술은 판단으로 적절하다.

ㄷ. (×)

| 〈실험 결과〉 |
| --- |
| • 방 1: A와 B 둘 사이에 차이는 없었다.(➡ A와 B의 울음주머니의 유무가 의미 없다.: 음탐지) |
| • 방 3: A와 B 둘 사이에 차이는 없었다.(➡ 추가로 들리는 다른 소리로 인해 A와 B의 울음주머니의 유무가 의미 없다.: '음탐지') |

위의 내용으로 볼 때, (개구리 소리와 다른 소리가 들리는) 방 3의 〈실험 결과〉는 (개구리 소리에) 음탐지 방법을 사용한다는 가설을 강화하고 초음파탐지 방법을 사용한다는 가설은 강화하지 '않음'을 알 수 있다.

따라서 "방 1과 3의 〈실험 결과〉는 수컷 개구리의 울음소리와 전혀 다른 소리가 들리는 환경에서는 X가 '초음파탐지' 방법을 사용한다는 가설을 *강화한다.*"라는 〈보기〉의 진술은 맞지 않아 판단으로 적절하지 않다.

최종적으로 판단으로 적절한 것으로 "ㄱ, ㄴ"을 모두 고른 ③이 정답이다.

**속도공략**　A와 B의 차이점, 〈실험〉의 차이점, 그로 인한 〈실험 결과〉의 차이점을 중심으로 그 결과의 원인을 무엇인지를 추리한다.

## 06 ▶ ②

유형공략 '연역과 귀납 방법' 글의 ㉠과 ㉡에 대한 평가로 적절한 것만을 "<보기>에서 모두 고르는" 문제이다. 각 <보기>의 진술에 나타난 "반박한다."라는 서술어로 볼 때, 제시문의 ㉠과 ㉡에 상충되는지 여부를 판단하며 풀이한다.

<보기>의 진술에서 사용된 핵심어 "귀추법"과 "경험적 가설"을 중심으로, 제시문의 ㉠과 ㉡의 중요한 내용만을 정리하면 <아래>와 같다.

| 구분 | 내용 |
|---|---|
| [2단락] | ㉠ 귀납적 방법이 철학이라는 지적 작업에서 불필요하다는 견해는 독단적인 철학관에 근거한다. (이런 견해는 철학적 주장이 **경험적 가설**에 의존해서는 안 된다는 편협한 철학관과 '귀납적 방법'의 모호성을 딛고 서 있다. 실제로 신 존재 증명이나 형이상학적 논증 가운데는 귀납적 방법인 **귀추법**을 교묘히 적용하고 있다.) |
| [마지막 단락] | ㉡ 모든 지적 작업에서 귀납적 방법의 필요성을 부정하는 견해는 중요한 성과를 낳기도 하였다. |

이에 ㉠과 ㉡의 주된 [논지]는 '지적 작업에서 귀납적 방법이 필요하지 <u>않다</u>'는 것으로, 다만 ㉠은 철학이라는 [특칭]의 지적 작업에서, 하지만 ㉡은 모든 지적 작업이라는 [전칭]의 지적 작업에서 필요하지 <u>않다</u>는 의미임을 알 수 있다[부정명제]. 게다가 [2단락]에서 (1) 철학에 귀납적 방법이 필요하지 않다면서 이는 경험적 가설에 의존해서는 안 된다는 철학관이라 하였으므로 귀납적 방법과 "경험적 가설"을 (거의) 유사한 의미로 사용했고, (2) "귀추법"은 귀납적 방법이라고 명시했다.

ㄱ. (✕) 만일 철학이 <u>아닌</u> 지적 작업(예: 과학)에서 귀납적 방법이 필요하다는 새로운 진술이 나온다 할지라도, 철학에서 귀납적 방법이 필요하지 않다는 것과는 관련이 '없는' 진술이므로 ㉠을 반박하지도 (지지하지도) 않는다. 따라서 "과학의 탐구가 귀납적 방법에 의해 진행된다는 주장은 ㉠을 반박*한다.*"라는 <보기>의 진술은 맞지 않아 평가로 적절하지 않다.

ㄴ. (○) 만일 [특칭]의 지적 작업에서 귀납적 방법인 귀추법이 '필요하다'는 새로운 진술이 나온다면, 이는 [전칭]의 지적 작업에서 귀납적 방법은 필요하지 않다는 ㉡에 대한 반대 사례가 되므로 ㉡을 반박한다. 따라서 "철학(➔ 특칭)의 일부 논증에서 귀추법의 사용이 불가피하다는 주장은 ㉡을 반박한다."라는 <보기>의 진술은 평가로 적절하다.

ㄷ. (✕) 만일 연역적 방법과 '귀납적 방법'을 모두 사용하는 (어떤 영역의) 지적 작업이 있다는 [특칭]의 새로운 진술이 나온다면, (그 어떤 영역이 철학이라고 명명하기 전까지는) ㉠과는 관련이 없으므로 ㉠을 반박하는지 알 수 없고, [전칭]의 지적 작업에서 귀납적 방법은 필요하지 <u>않다</u>는 ㉡에 대해서는 모순관계의 사례가 되므로 ㉡을 반박한다. 따라서 "연역 논리와 경험적 가설 모두에 의존하는 지적 작업이 있다는 주장은 ㉠과 ㉡을 모두 반박한다."라는 <보기>의 진술은 평가로 적절하지 않다. (㉡만 반박한다.)

최종적으로 평가로 적절한 것으로 "ㄴ"을 고른 ②가 정답이다.

속도공략 제시문의 ㉠과 ㉡에 사용된 "귀납적 방법"과 의미가 유사한 단어들을 놓치지 않는다. (⑩ 귀추법, 경험적 가설 등)

## 3 추론

**기출문제 분석**

01 ②    02 ③    03 ④

---

## 01 ▶②

**유형공략** 'AI의 종류와 그 병원성'의 글에 대한 "추론으로 옳은 것을 <보기>에서 모두" 고르는 문제이다. 제시문을 이해하여 <보기> 글 ㄱ~ㄹ이 각각 옳은지 그른지 여부를 정확하게 파악하는 문제이다.

ㄱ. (○) (첫 번째 단락 2번째 줄) "AI든 ⋯ 독감바이러스든 이들 **인플루엔자 바이러스**는 모두 A, B, C형으로 나뉜다. B형은 **사람**⋯을 감염시키고, **C형**은 **사람**⋯을 감염시킨다. ⋯ 지난 6차례에 걸쳐 유행했던 모든 AI가 A형이고 **사람**에게서도 신종플루 등 심각한 문제를 일으켰던 것 역시 **A형**이다."라는 내용으로 볼 때, "사람이 인플루엔자 바이러스에 감염되었다면, A, B, C형 모두를 의심해 볼 수 있다."라는 <보기> 글은 추론으로 옳다.

ㄴ. (×) (두 번째 단락 아래에서 1번째 줄) "**H5 계열**은 가능한 조합에서도 **병원성**에 있어서는 단연 **으뜸**이다."라는 내용과 (마지막 단락 1번째 줄) "**H5 계열** AI는 모두 감염된 조류에게서 병증을 유발한다. ⋯ H7N9형 AI는 **조류에게서는 전혀 병원성이 없는**데 사람을 감염시키면 ⋯ 극심한 병증을 일으킨다."라는 내용으로 볼 때, 병원성에 있어서 으뜸인 H5 계열이 질병을 일으키는 능력을 크다는 것은 미루어 알 수 있으나, 조류에게 전혀 병원성이 없는 H7계열 H7N9형 AI는 조류에게 가장 위험하다고 볼 수는 '없'다. 따라서 "질병을 일으키는 능력은 H5 계열이 가장 크고, *조류에게 가장 위험*한 것은 H7 계열이다."라는 <보기> 글은 추론으로 옳지 않다.

ㄷ. (×) (마지막 단락 2번째 줄) "지난 2013년 초 ⋯ 발병한 **H7N9형** AI는 ⋯ **사람을 감염**시키면 ⋯ 극심한 병증을 일으킨다. ⋯ 사람 관점에서만 보자면 **현존**하는 AI 중에서 **가장 위험한 것**이 H7N9형이라고 할 수 있다."라는 내용으로 볼 때, 현존하여 유행하는 조류독감 중 H7N9형 AI는 사람을 '감염시키고' 그 위험성도 높다는 것을 알 수 있다. 따라서 "현재 유행하고 있는 조류독감은 *사람을 감염시키지 않으므로* 이전에 유행한 조류독감에 비하여 위험성이 *낮다*."라는 <보기> 글은 추론으로 옳지 않다.

ㄹ. (○) (세 번째 단락 1번째 줄) "2003년도에 처음으로 확인된 H5N1은 ⋯ 사람 감염에서 **60%의 치사율**"이었다는 내용과 (마지막 단락 아래에서 4번째 줄) "현존하는 AI 중에서 가장 위험한 ⋯ **H7N9형**은 사람 감염에서 치사율이 30%에 이른다. 때문에 ⋯ 적극적인 **모니터링** 대상이 되고 있다."라는 내용으로 볼 때, H7N9의 치사율은 H5N1의 치사율보다 낮은 AI이지만 (가장 위험하여) 모니터링 대상이 되고 있으므로 위험이 발생했을 때 이를 해결할 방역시스템의 필요성이 요구된다는 것을 미루어 알 수 있다. 따라서 "H7N9는 치사율이 가장 높은 AI는 아니나 평상시에도 모니터링이 지속적으로 이루어져야 하며 이에 대한 체계적인 방역시스템이 구축되어야 한다."라는 <보기> 글은 추론으로 옳다. (지금 유행하고 있는 H5N6도 사람을 감염시킴을 알 수 있다.)

최종적으로 <보기> "ㄱ, ㄹ"을 모두 고른 ②가 정답이다.

**속도공략** <보기> 글의 핵심어인 ㄱ. 'A, B, C형', ㄴ. 'H5/H7' , ㄷ. '위험성', ㄹ. 'H7N9'을 중심으로 제시문과 비교하며 그 내용을 파악한다.

---

## 02 ▶③

**유형공략** '숫자 고르기 게임'의 글에 대한 "추론으로 옳지 <u>않은</u> 것"을 찾는 문제이다. 제시문에서 <u>찾을 수 없거나</u> 제시문과 '맞지 <u>않은</u>' 선택지의 내용은 추론으로 옳지 <u>않은</u> 것이다.

① (○) (두 번째 단락 1번째 줄) "**규범적 선택**은 **최종적**으로 '0'이 된다."라는 내용과 (마지막 단락 아래에서 4번째 줄) "이 게임을 ⋯ 400번 넘게 시행했다. 그 중 '0'이 이긴 적은 ⋯ **딱 한 번뿐**이었다."라는 내용으로 볼 때, "'숫자 고르기 게임'에서, 선택의 최종 결과는 규범적 선택이 예측하는 결과로 결론 나는 경우(≒ $\frac{1}{400}$ )가 많지 않다."라는 선택지의 진술은 추론으로 옳다.

② (○) (첫 번째 단락 1번째 줄) "'숫자 고르기 게임'⋯ 선택에는 두 가지 방식이 있다. 하나는 규범적 선택이고 다른 하나는 실증적 선택이다."라는 내용, (두 번째 단락 1번째 줄) "사람들이 모두 현명하고 합리적이라고 가정해보자. 그렇다면 **규범적 선택**은 최종적으로 '0'이 된다. ⋯ 다른

참가자들도 모두 현명하고 합리적이라고 믿는다면 '0'이 합리적인 선택이다."라는 내용을 알 수 있다.

이러한 내용으로 볼 때, (숫자 고르기 게임에서 한 참가자가) 최종적으로 0을 선택한다면, (다른 참가자들이 현명하고 합리적이라는 가정 하에) 규범적 선택을 했다는 의미이고, 이를 그룹에 확장하여 적용해도 마찬가지일 것임을 미루어 알 수 있다. 따라서 "실험에 참가한 여러 그룹들 중 어느 한 그룹이 전체적으로 0에 가까운 숫자들을 선택한다면, 그 그룹의 참가자들은 다른 그룹들에 비해 보다 규범적 선택을 많이 했다는 뜻이다."라는 선택지의 진술은 추론으로 옳다.

③ (×) (마지막 단락 1번째 줄) "**실증적 접근법(≒선택)**은 … **심리와 직관이 수학보다 중요한 역할을 한다.**"라는 내용으로 볼 때, "*규범적 선택*에서는 심리와 직관이 수학보다 중요한 역할을 한다."라는 선택지의 진술은 추론으로 옳지 않다.

④ (○) (두 번째 단락 1번째 줄) "**사람들이 모두 현명하고 합리적이라고 가정**해보자. 그렇다면 규범적 선택은 **최종적으로 '0'이** 된다. … **다른 참가자들도 모두 현명하고 합리적이라고 믿는다면** '0'이 합리적인 선택이다."라는 내용으로 볼 때, "대체로 참가자들이 0에 가까운 숫자들을 선택한다면, 다른 참가자들도 자신처럼 현명하고 합리적인 사람이라고 생각했다는 뜻이다."라는 선택지의 진술은 추론으로 옳다.

⑤ (○) (마지막 단락 1번째 줄) "실증적 접근법은 … 심리와 직관이 … 중요한 역할을 한다. 사람들이 **게임 자체를 이해하지 못하는 경우**도 있다. 세계 명문대학의 교수가 95를 고르는 것을 본 적이 있다.… 물리학 교수 한 분이 … **100을 고른** 이유를 말해 주었다. 100으로 평균을 높여서 낮은 숫자를 고르는 **똑똑한 동료들을 골탕 먹이고 싶어서**"라는 내용을 알 수 있다.

이러한 내용으로 볼 때, 100에 가까운 95를 선택한 교수는 게임 자체를 이해하지 못했고 100을 선택한 교수는 (다른 교수들을 골탕 먹이려는) 심리적 이유가 있었음을 알 수 있는데, 이를 그룹에 확장하여 적용해도 마찬가지일 것임을 미루어 알 수 있다. 따라서 "대체로 100에 가까운 숫자를 선택한 사람들이 많은 집단은 게임 자체를 이해하지 못한 사람이 많거나, 다른 심리적 이유가 작용했다고 볼 수 있다."라는 선택지의 진술은 추론으로 옳다.

**속도공략** 선택지의 핵심어 ①과 ③ '규범적 선택', ② '규범적 선택/ 0에 가까운 숫자', ④ '0에 가까운 숫자', ⑤ '100에 가까운 숫자'를 중심으로 제시문을 이해한다.

---

## 03 ▶④

**유형공략** '세 종류의 근육' 글의 <표>에 대한 판단으로 옳은 것만을 <보기>에서 모두" 고르는 문제이다. <표>의 제목이 "근육의 종류와 특징"이고, <표>는 근육의 종류가 어떠한 기준(A/B)으로 구분되어 그 특징을 가지는지 정리한 것이므로 이를 중심으로 제시문의 내용을 요약한 후 <보기> 중 옳은 것을 고른다.

<표> 근육의 종류와 특징을 정리하기 위해, 관련된 제시문의 내용을 요약하면 <아래 1>과 같다.

| 구분 | 내용 |
|---|---|
| [1단락] | 몸에는 세 종류의 근육이 있는데, 두 기준에 따라 두 종류로 분류될 수 있다. 두 기준은 **근섬유에 줄무늬가 있는지** 여부와 근육의 움직임을 우리가 **의식적으로 통제할 수 있는지** 여부이다. |
| [2단락] | 뼈대근육은 (의식적으로 사용할 수 있기 때문에) 수의근이라 하며, (근섬유에 줄무늬가 있어서) 줄무늬근으로 분류된다. |
| [3단락] | 내장근육은 의식적인 통제하에 있는 것이 <u>아니다</u>. 줄무늬가 없어서 민무늬근으로 분류된다. |
| [4단락] | 심장근육은 심장에서만 발견되는데 줄무늬가 있다. (의식적으로 통제할 수 있는 것이 아니기 때문에) 불수의근으로 분류된다. |

| ⟨표⟩ 근육의 종류와 특징 | 기준 ╲ 종류 | 뼈대 근육 | 내장근육 | 심장근육 |
|---|---|---|---|---|
| | A | ㉠ | ㉡ | ㉢ |
| | B | ㉣ | ㉤ | ㉥ |

<아래 1>의 내용으로 볼 때, 제시문 <표>와 가까운 형식으로 근육의 종류와 특징을 <아래 2>와 같이 정리해 볼 수 있다.

| 기준＼종류 | 뼈대 근육 | 내장근육 | 심장근육 |
|---|---|---|---|
| ⅰ. 줄무늬 여부 | 줄무늬근 | 민무늬근 | 줄무늬근 |
| ⅱ. 의식통제 여부 | 수의근 | (불수의근) | 불수의근 |

ㄱ. (×) <아래 2>를 다음과 같이 보자.

| 기준＼종류 | 뼈대 근육 | 내장근육 | 심장근육 |
|---|---|---|---|
| ⅱ. 의식통제 여부 ➜ A | 수의근 | ⓛ (불수의근) | ⓒ 불수의근 |

"ⓛ과 ⓒ이 같은 특징(불수의근)이라면, A에는 **근섬유에 줄무늬가 있는지**를 따지는 기준이 들어간다."라는 <보기> 글은 판단으로 옳지 않다.

ㄴ. (○) <아래 2>를 다음과 같이 보자.

| 기준＼종류 | 뼈대 근육 | 내장근육 | 심장근육 |
|---|---|---|---|
| ⅱ. 의식통제 여부 ➜ B | ⓔ 수의근 | (불수의근) | ⓗ 불수의근 |

"ⓔ과 ⓗ이 다른 특징이라면, B에는 근육의 움직임을 의식적으로 통제할 수 있는지를 따지는 기준이 들어간다."라는 <보기> 글은 판단으로 옳다.

ㄷ. (○) <아래 2>를 다음과 같이 보자.

| 기준＼종류 | 뼈대 근육 | 내장근육 | 심장근육 |
|---|---|---|---|
| ⅱ. 의식통제 여부 | ⓖ **수의근** | (불수의근) | 불수의근 |
| ⅰ. 줄무늬 여부 | 줄무늬근 | ⓜ **민무늬근** | 줄무늬근 |

"ⓖ에 '수의근'이 들어간다면, ⓜ에는 '민무늬근'이 들어가야 한다."라는 <보기> 글은 판단으로 옳다.

최종적으로 볼 때, 판단으로 옳은 것으로 "ㄴ, ㄷ"을 모두 고른 ④가 정답이다.

**속도공략** <표>의 제목인 "근육의 종류와 특징"을 중심으로 제시문의 내용을 이해한다.

---

**대표 기출**  본문 52~60P

| | | | | | | | | | |
|---|---|---|---|---|---|---|---|---|---|
| 01 ① | 02 ③ | 03 ⑤ | 04 ② | 05 ⑤ | 06 ③ | 07 ① | 08 ④ | 09 ⑤ | 10 ② |
| 11 ④ | 12 ⑤ | 13 ③ | 14 ③ | 15 ③ | 16 ① | | | | |

---

**01** ▶ ①

**유형공략** '마스크 착용 규정' 글에서 "추론할 수 **없는** 것"을 찾는 문제이다. 각 선택지의 핵심어를 중심으로 제시문의 <표> 내용과 비교하며 풀이한다.

각 선택지의 핵심어를 중심으로 제시문의 내용을 요약하면 <아래>와 같다.

| 구분 | 내용 |
|---|---|
| [1단락] | 〈표〉 수험생 유형과 증상에 따른 시험장의 구분<br><br>표 아래 참조 |
| [2단락] | 모든 시험장에 **공통적**으로 적용되는 마스크 착용 규정은 다음과 같다. … 둘째, 마스크는 KF99, KF94, KF80의 3개 등급만 허용한다. 숫자가 클수록 방역 효과가 크다. 셋째, 특정 등급의 마스크 의무 착용을 명시한 경우, 높은 등급의 착용은 가능하지만 낮은 등급의 착용은 허용되지 않는다. |
| [끝단락] | 시험장에 따라 **달리** 적용되는 규정은 다음과 같다. 첫째, 생활치료센터에서는 각 센터장 지침을 따라야 한다. 둘째, 특별 방역 시험장에서는 KF99 마스크를 착용해야 한다. 셋째, 소형 강의실과 중대형 강의실에서는 (각각 KF99와 KF94 마스크 착용을 권장하지만) 의무 사항은 <u>아니다</u>. |

〈표〉 수험생 유형과 증상에 따른 시험장의 구분

| 수험생 | 시험장 | 증상 | 세부 시험장 |
|---|---|---|---|
| 확진 수험생 | 생활치료센터 | 유·무 모두 | 센터장이 지정한 센터 내 장소 |
| 자가격리 수험생 | 특별 방역 시험장 | 유 | 외부 차단 1인용 부스 |
| | | 무 | 회의실 |
| 일반 수험생 | 최초 공지한 시험장 | 유 | 소형 강의실 |
| | | 무 | 중대형 강의실 |

① (×)

| 구분 | 내용 |
|---|---|
| [1단락] | 〈표〉 수험생 유형과 증상에 따른 시험장의 구분<br><br>표 아래 참조 |
| [2단락] | 모든 시험장에 **공통적**으로 적용되는 마스크 착용 규정은 다음과 같다. … 둘째, 마스크는 KF99, KF94, KF80의 3개 등급만 허용한다. |
| [끝단락] | 시험장에 따라 **달리** 적용되는 규정은 다음과 같다. 소형 강의실과 중대형 강의실에서는 (각각 KF99와 KF94 마스크 착용을 권장하지만) 의무 사항은 <u>아니다</u>. |

〈표〉 수험생 유형과 증상에 따른 시험장의 구분

| 수험생 | 시험장 | **증상** | 세부 시험장 |
|---|---|---|---|
| **일반 수험생** | 최초 공지한 시험장 | 유 | 소형 강의실 |
| | | 무 | 중대형 강의실 |

따라서 "일반 수험생 중 유증상자(➜ 소형 강의실)는 (각각 KF99와 KF94 마스크 착용을 권장하지만 의무 사항은 <u>아니</u>므로) KF80 마스크를 착용하고 시험을 치를 수 없다."라는 선택지 진술은 맞지 않아 추론할 수 없는 것이다. (시험을 치를 수 있다.)

② (○) ①의 해설을 참고로 할 때, "일반 수험생 중 무증상자(➜ 중대형 강의실)는 KF80 마스크를 착용하고 시험을 치를 수 있다."라는 선택지 진술은 추론할 수 있는 것이다. (유증상자와 마찬가지로 시험을 치를 수 있다.)

③ (○)

| 구분 | 내용 |
|---|---|
| [1단락] | 〈표〉 수험생 유형과 증상에 따른 시험장의 구분<br><br>표 아래 참조 |
| [2단락] | 모든 시험장에 **공통적**으로 적용되는 마스크 착용 규정은 다음과 같다. 둘째, 마스크는 KF99, KF94, KF80의 3개 등급만 허용한다. 셋째, 특정 등급의 마스크 의무 착용을 명시한 경우, 높은 등급의 착용은 가능하지만 낮은 등급의 착용은 허용되지 않는다. |
| [끝단락] | 시험장에 따라 **달리** 적용되는 규정은 다음과 같다. 둘째, 특별 방역 시험장에서는 KF99 **마스크를 착용**해야 한다. |

〈표〉 수험생 유형과 증상에 따른 시험장의 구분

| 수험생 | 시험장 | **증상** | 세부 시험장 |
|---|---|---|---|
| **자가격리 수험생** | 특별 방역 시험장 | 유 | 외부 차단 1인용 부스 |
| | | 무 | 회의실 |

따라서 "자가격리 수험생 중 유증상자(➜ 특별 방역 시험장)는 KF99 마스크를 착용하고 시험을 치를 수 있다."라는 선택지 진술은 추론할 수 있는 것이다.

④ (○) ③의 해설을 참고로 할 때, 따라서 "자가격리 수험생 중 무증상자(➜ 특별 방역 시험장)는 KF94 마스크를 착용하고 시험을 치를 수 없다." 라는 선택지 진술은 추론할 수 있는 것이다. (유증상자와 마찬가지로 KF99 마스크를 착용해야만 시험을 치를 수 있다.)

⑤ (○)

|  | 〈표〉 수험생 유형과 증상에 따른 시험장의 구분 | | | |
|---|---|---|---|---|
| **[1단락]** | 수험생 | 시험장 | 증상 | 세부 시험장 |
|  | 확진 수험생 | 생활치료센터 | 유·무 모두 | 센터장이 지정한 센터 내 장소 |
| **[2단락]** | 모든 시험장에 **공통**적으로 적용되는 마스크 착용 규정은 다음과 같다. … 둘째, 마스크는 KF99, KF94, KF80의 3개 등급만 허용한다. | | | |
| **[끝단락]** | 시험장에 따라 **달리** 적용되는 규정은 다음과 같다. 첫째, 생활치료센터에서는 각 **센터장** 지침을 따라야 한다. | | | |

따라서 "확진 수험생(➜ 생활치료센터)은 생활치료센터장이 (지침으로) 허용하는 경우 KF80 마스크를 착용하고 시험을 치를 수 있다."라는 선택지 진술은 추론할 수 있는 것이다.

**속도공략** 각 선택지의 핵심어 "일반 수험생 중 유·무 증상자/자가격리 수험생 중 유·무 증상자/확진수험생"와 "KF80/94/99마스크 착용"을 중심으로 제시문의 〈표〉와 비교하며 "시험을 치를 수" 있는지 없는지 여부를 판단한다.

# 02　　　　　　　　　　　　　　　　　　　　　　　　　　　　　▶③

**유형공략** '조류 인플루엔자(Avian Influenza, AI) 바이러스 검출' 글의 "〈표〉를 수정한 것으로 적절한 것만을 〈보기〉에서 모두 고르는" 문제이다. 〈보기〉 진술의 핵심어를 중심으로 제시문 〈표〉의 내용과 비교하며 풀이한다.

선택지의 핵심어 '고병원성 AI/검사 중/바이러스 미분리'를 중심으로 제시문의 내용과 〈표〉를 요약하면 〈아래〉와 같다.

| 구분 | 내용 |
|---|---|
| **[2단락]** | 야생 조류 고병원성 AI 바이러스 검출 사례는 2020년 10월 25일부터 11월 21일까지 경기도에서 3건, 충남에서 2건이 발표되었고, 가금류 … 사례는 전국에서 총 3건이 발표되었다. 또한 바이러스 미분리로 분류된 사례는 총 7건이다. 야생 조류 AI 바이러스 검출 현황은 고병원성 AI, 저병원성 AI, 검사 중으로 분류하고, 바이러스 미분리는 야생 조류 AI 바이러스 검출 현황에 포함하지 않는다. 아직 검사 중인 것이 9건이다. 그중 제주도의 경우 11월 22일 고병원성 AI 바이러스 검출 여부를 발표할 예정이다. |
| **[끝단락]** | 갑은 2020년 10월 25일부터 11월 21일까지 야생 조류 AI 바이러스 검출 현황을 〈표〉로 작성하였으나 수정이 필요하다.<br>〈표〉 야생 조류 AI 바이러스 검출 현황<br>(기간: 2020년 10월 25일~2020년 11월 21일)<br><br>| 고병원성 AI | 저병원성 AI | 검사 중 | 바이러스 미분리 |<br>\|---\|---\|---\|---\|<br>| 8건 | 8건 | 9건 | 7건 | |

ㄱ. (○)

| **[2단락]** | 야생 조류 고병원성 AI 바이러스 검출 사례는 2020년 10월 25일부터 11월 21일까지 경기도에서 3건, 충남에서 2건이 발표되었고, '가금류' … 사례는 전국에서 총 3건이 발표되었다. |
|---|---|
| **[끝단락]** | 〈표〉 야생 조류 AI 바이러스 검출 현황<br>(기간: 2020년 10월 25일~2020년 11월 21일)<br><br>| 고병원성 AI |<br>\|---\|<br>| 8건 | |

이에 〈표〉는 야생 조류 현황이므로 고병원성 AI 바이러스 '가금류' 사례 3건은 제외시키고 경기도 3건, 충남 2건만을 합산한 5건으로 수정한다. 따라서 "고병원성 AI 항목의 '8건'을 '5건'으로 수정한다."라는 〈보기〉 진술은 수정한 것으로 적절하다.

ㄴ. (×)

| [2단락] | 야생 조류 고병원성 AI 바이러스 검출 사례는 2020년 10월 25일부터 11월 21일까지 … 아직 **검사 중**인 것이 **9건**이다. |
|---|---|
| [끝단락] | 〈표〉 야생 조류 AI 바이러스 검출 현황<br>(기간 : 2020년 10월 25일~2020년 11월 21일)<br><br>**검사 중**<br>9건 |

이에 "검사 중 항목의 '9건'을 *'8건'으로 수정*한다."라는 <보기> 진술은 맞지 않아 적절하지 않다. (9건이다.)

ㄷ. (○)

| [2단락] | 또한 바이러스 미분리로 분류된 사례는 총 7건이다. 야생 조류 AI 바이러스 검출 현황은 고병원성 AI, 저병원성 AI, 검사 중으로 분류하고, **바이러스 미분리**는 야생 조류 AI 바이러스 검출 현황에 '포함하지 **않는다**'. |
|---|---|
| [끝단락] | 〈표〉 야생 조류 AI 바이러스 검출 현황<br>(기간 : 2020년 10월 25일~2020년 11월 21일)<br><br>*바이러스 미분리*<br>7건 |

이에 바이러스 미분리는 검출 현황에 포함하지 않는다고 하였으므로 "'바이러스 미분리' 항목을 삭제한다."라는 <보기> 진술은 수정한 것으로 적절하다.

최종적으로 수정한 것으로 적절한 것이라 "ㄱ, ㄷ"을 모두 고른 ③이 정답이다.

**속도공략** 각 <보기> 핵심어 "고병원성 AI/검사 중/바이러스 미분리"를 중심으로 제시문의 내용과 〈표〉 제목을 비교하며 순서대로 풀이한다.

## 03 ▶⑤

**유형공략** '루크레티우스에 대한 반박' 글의 "<논증>에 대한 분석으로 적절한 것만을 <보기>에서 모두 고르는" 문제이다. ㉠, ㉡ 및 ㉢을 중심으로 제시문의 내용을 이해한다.

제시문의 <논증> 내용을 요약하여 분석하면 <아래>와 같다.

| 구분 | 〈논증〉 |
|---|---|
| [전제] | (우리는 더 오래 사는 상황을 상상해 볼 수 있다.) 그런데 ㉠ 내가 더 일찍 태어나는 것은 상상할 수 없다. (나의 존재는 수정된 그 특정 정자와 난자의 결합에 기초한다.) |
| [소결] | 그러므로 ㉡ 내가 더 일찍 태어나는 일은 불가능하다. |
| [결론] | 따라서 내가 더 일찍 태어나지 않은 것은 나쁜 일이 될 수 없다. 즉 (죽음 이후와는 달리) ㉢ 태어나기 이전의 비존재는 나쁘다고 말할 수 없다. |

이는 어떤 사건(➜ 내가 더 일찍 태어나는 것)을 상상할 수 없다는 [전제]에서, (상상할 수 없다면) 그 사건은 불가능하다는 [소결]을 낸 후, 그 불가능한 사건 하의 비존재를 나쁘다는 가치판단을 할 수 없다는 [결론]의 <논증>이라고 분석할 수 있다.

ㄱ. (○)

| [전제] | ㉠ 내가 더 일찍 태어나는 것은 상상할 수 없다. (나의 존재는 수정된 그 특정 정자와 난자의 결합에 기초한다.) |
|---|---|

만일 정자와 난자가 수정되었지만 (이를 냉동 보관하여 수정된 시기보다 더 늦게) 태어난 사람이 있고 그 사람이 바로 나라는 새로운 진술을 고려해 본다면, 내가 (수정된 바로 그 시기에) 더 일찍 태어나는 것을 상상해 볼 수 '있다'. 이는 상상할 수 없다는 ㉠을 부정한 것이다. 따라서 "냉동 보관된 정자와 난자가 수정되어 태어난 사람의 경우를 고려하면, ㉠은 거짓이다."라는 <보기> 진술은 분석으로 적절하다.

ㄴ. (○) 만일 '어떤 사건이 가능하면, 그것의 발생을 상상할 수 있다.'라는 전제에서 이를 [후건부정(대우명제)]한 '어떤 사건의 발생을 상상할 수 없다면 어떤 사건은 불가능하다.'라는 전제로 바꾼 후 이를 ⊙에 새로운 전제로 추가하면 <다음 1>과 같다.

| [전제: p] | ⊙ 내가 더 일찍 태어나는 것은 상상할 수 없다. |
| [추가 전제: p → q] | 어떤 사건의 발생을 상상할 수 없다면 어떤 사건은 불가능하다. |
| [소결: q] | 그러므로 ⓒ 내가 더 일찍 태어나는 일은 불가능하다. |

따라서 "⊙에 '어떤 사건이 가능하면, 그것의 발생을 상상할 수 있다.'라는 전제를 추가하면, (전건긍정에 따라) ⓒ을 이끌어 낼 수 있다."라는 <보기> 진술은 분석으로 적절하다.

**내용공략** 직접증명법: 전건긍정과 후건부정

| 구분 | [전제1] 참이고, | [전제2] 참이면, | [결론] 따라서 참이다. |
| --- | --- | --- | --- |
| **전건긍정법** <'조건'명제> | p → q | p | ∴ q |
| **후건부정법** <'대우'명제> | p → q | ~q | ∴ ~p |

ㄷ. (○) 만일 ⓒ에 새로운 전제를 추가하면 <다음 2>와 같다.

| [결론: p] | ⓒ 태어나기 이전의 비존재는 나쁘다(고 말할 수 없다.) |
| [추가 전제: p → q] | '태어나기 이전의 비존재가 나쁘다면, 내가 더 일찍 태어나는 것이 가능하다.' |

이에 [전건긍정(조건명제)]에 따라 '내가 더 일찍 태어나는 것이 가능하다.'라는 새로운 소결이 나오는데 이는

| [소결: ~q] | 그러므로 ⓒ 내가 더 일찍 태어나는 일은 불가능하다. |

의 부정이 된다. 따라서 "ⓒ에 '태어나기 이전의 비존재가 나쁘다면, 내가 더 일찍 태어나는 것이 가능하다.'라는 전제를 추가하면, ⓒ의 부정을 이끌어 낼 수 있다."라는 <보기> 진술은 분석으로 적절하다.

최종적으로 분석으로 적절한 것이라 "ㄱ, ㄴ, ㄷ"을 모두 고른 ⑤가 정답이다.

**속도공략** 제시문의 ⊙, ⓒ 및 ⓒ의 내용을 중심으로 이해하되, 그 나머지 내용은 특별한 내용이 있는지 여부만을 확인한다.

## 04 ▶ ②

**유형공략** '증거와 가설 관계' 논쟁에 대한 "분석으로 적절한 것만을 <보기>에서 모두 고르는" 문제이다. <보기> 진술의 핵심어를 중심으로 제시문 갑의 입장[논지]과 을의 입장[논지]을 이해한다.

갑과 을의 입장[논지]을 중심으로 제시문의 내용을 요약하면 <아래>와 같다.

| 내용 |
| --- |
| 갑: 증거 발견 후 가설의 확률 증가분이 있다면, 증거가 가설을 입증한다. … 그리고 증거 발견 후 가설의 확률 증가분이 클수록, 증거가 가설을 입증하는 정도가 커진다. |
| 을: 증거가 가설이 참일 확률을 높인다고 하더라도, 그 증거가 해당 가설을 입증하지 못할 수 있다. … 증거 발견 후 가설의 확률 증가분이 있고 증거 발견 후 가설이 참일 확률이 1/2보다 크다면, 그리고 그런 경우에만 증거가 가설을 입증한다. |

ㄱ. (×)

| 갑: 증거 발견 후 가설의 확률 증가분이 있다면, 증거가 가설을 입증한다[p → q]. |

이에 갑의 입장인 [p → q]의 그 후건부정인 [~q → ~p], 즉 '증거가 가설을 입장하지 못하면 증거 발견 후 가설의 확률 증가분은 없다.' 역시 갑의 입장과 동일함을 미루어 알 수 있다. 하지만 [p → q]의 그 전건부정인 [~p → ~q]와 그 후건긍정인 [q → p]는 갑의 입장과 반드시 동일하지는 않음도 미루어 알 수 있다.

따라서 "갑의 입장에서, 증거 발견 후 가설의 확률 증가분이 없다면 그 증거가 해당 가설을 입증하지 못한다[~p → ~q]."라는 <보기> 진술은 갑 입장과 반드시 동일한 입장이라 할 수 없으므로 분석으로 적절하지 않다.

ㄴ. (×)

> 을: 증거 발견 후 가설의 확률 증가분이 있고 증거 발견 후 가설이 참일 확률이 1/2보다 크다[p∧q]면, 그리고 <u>그런 경우[p∧q]에만</u> 증거가 가설을 입증한다[r].

이에 을의 입장은 증거가 가설을 입증한다[r]면 증거 발견 '후' 가설의 확률 증가분이 있고 증거 발견 '후' 가설이 참일 확률이 1/2보다 크다[p∧q]는 것을 미루어 알 수 있을 뿐 증거 발견 이전에 어떠한지에 대해서는 알 수 '<u>없</u>'다. {즉 [r → (p∧q)]이다.}

따라서 "을의 입장에서, 어떤 증거가 주어진 가설을 입증할 경우 그 증거 획득 ***이전*** 해당 가설이 참일 확률은 1/2보다 크다."라는 <보기> 진술은 알 수 없어 분석으로 적절하지 않다.

**내용공략** 기호화: 가언명제의 변형

| p일 경우에만 q이다 | 'q → p' 또는 '~p → ~q' |
| --- | --- |

ㄷ. (○)

> 갑: 증거 발견 후 가설의 확률 증가분이 (작더라도) 있다면, 증거가 가설을 (작더라도) 입증한다.

> 을: 증거 발견 후 가설의 확률 증가분이 (작더라도) 있고 증거 발견 후 가설이 참일 확률이 1/2보다 크다면, 그리고 그런 경우에만 증거가 가설을 입증한다.

이에 갑의 입장에서 증거 발견 후 가설의 확률 증가분이 아무리 작더라도 가설을 입증할 수 있었는데, 을의 입장에서는 (그 증거로 가설을 입증할 수 있었다면) 가설의 확률 증가분이 작더라도 있고 그 후 가설이 참일 확률이 1/2보다 커진 경우임을 미루어 알 수 있다. 따라서 "갑의 입장에서 어떤 증거가 주어진 가설을 입증하는 정도가 작더라도, 을의 입장에서 그 증거(로 참일 확률이 1/2보다 커진 경우)가 해당 가설을 입증할 '수' 있다."라는 <보기> 진술은 분석으로 적절하다.

(예를 들어 어떤 증거로 갑의 입장에서 가설을 입증할 수 있었는데 그 가설의 확률 증가분이 2/100와 같이 작지만 그 후 가설이 참일 확률을 49/100에서 51/100으로 50/100(=1/2)보다 크게 만든 경우는 을의 입장도 만족시킨다.)

최종적으로 적절한 것이라 "ㄷ"을 고른 ②가 정답이다.

**속도공략** 제시문의 갑: 입장을 읽고 <보기> ㄱ을 판단하고, 을: 입장을 읽고 ㄴ을 판단한 후 마지막으로 ㄷ을 판단한다. 그리고 제시문의 내용 중 논지가 파악되었다면 그 논지의 [예시: 예를 들어 말하면, 가령], [상술: 상세하게 말하면], 및 [부연: 덧붙여서 말하면] 등의 부차적인 내용은 속독한다.

## 05 ▶ ⑤

**유형공략** '국제표준도서번호(ISBN)' 글에서 "추론할 수 있는 것"을 찾는 문제이다. 선택지의 핵심어를 중심으로 제시문의 내용을 비교하며 추리한다.

제시문의 내용을 요약하여 정리하면 <아래>와 같다.

| 구분 | 내용 |
|------|------|
| [1단락] | 국제표준도서번호(ISBN)는 각종 도서에 부여하는 식별 번호이다. 2007년부터는 13자리의 ISBN-13이 부여되고 있지만, 2006년까지 10자리의 ISBN-10이 부여되었다. |
| [끝단락] | ISBN-10(의) 첫 번째 부분은 국가 또는 언어 권역을 나타내며 대한민국은 89, 영어권은 0을 쓴다. 두 번째 부분은 국가별 ISBN 기관에서 그 국가 각 출판사에 할당한 번호를 나타낸다. 세 번째 부분은 출판사에서 그 책에 임의로 붙인 번호를 나타낸다. 마지막 네 번째 부분은 확인 숫자이다. 이 숫자는 0에서 10까지의 하나가 되는데 10을 써야할 때는 로마 숫자 X를 사용한다. ISBN-10 열 개 숫자에 순서대로 10, 9, …, 2, 1의 가중치를 곱해서 각 곱셈의 값을 모두 더한 값이 반드시 11로 나누어 떨어져야 한다. 예를 들어 ISBN-10인 '89-89422-42-6'(은) $(8 \times 10)+(9 \times 9)+(8 \times 8)+ \cdots +(4 \times 3)+(2 \times 2)+(6 \times 1)=352$이고 이 값은 11로 나누어 떨어지기 때문에 유효한 번호이다. |
| | [정리] ISBN-10: 국가/언어권 - 국가별 출판사 - 책 - 확인 숫자 |

① (×)

| [정리] ISBN-10: **국가/언어권** - 국가별 출판사 - 책 - 확인 숫자 | 으로 볼 때, 첫 번째 부분에 있는 숫자가 같으면 같은 국가 또는 같은 언어권에서 출판된 책임을 알 수 있다. 따라서 "ISBN-10의 첫 번째 부분에 있는 숫자가 같으면 같은 나라에서 출판된 책이다."라는 선택지 진술은 같은 언어권인 경우에서는 맞지 않으므로 추론할 수 있는 것이 아니다. (같은 영어권의 경우에도 국가는 미국일 수도 또는 영국일 수도 있다.)

② (×)

| [1단락] | 국제표준도서번호(ISBN)는 각종 도서에 부여하는 식별 번호이다. 2007년부터는 13자리의 ISBN-13이 부여되고 있지만, 2006년까지 10자리의 ISBN-10이 부여되었다. |

이에 ISBN-10은 숫자 10자리이고 ISBN-13은 숫자 13자리임을 알 수 있을 뿐 ISBN-13의 생성 원리 및 방법에 대해서는 제시문을 통해서는 알 수 없다. 따라서 "임의의 책의 ISBN-10에 숫자 3자리를 추가하면 그 책의 ISBN-13을 얻는다."라는 선택지 진술은 알 수 없어 추론할 수 있는 것이 아니다.

③ (×)

| [끝단락] | ISBN-10(의) … 세 번째 부분은 출판사에서 그 책에 '임의로' 붙인 번호를 나타낸다. |

이에 "ISBN-10이 '0-285-00424-7'인 책은 해당 출판사에서 424**번째**로 출판한 책이다."라는 선택지 진술은 맞지 않아 추론할 수 있는 것이 아니다. (즉 해당 출판사가 순서를 나타내며 사용한 번호가 아니라 임의로 붙인 번호에 불과하다.)

④ (×)

| [끝단락] | ISBN-10(의) 첫 번째 부분은 국가 또는 언어 권역을 나타내며 대한민국은 89, 영어권은 0을 쓴다. 두 번째 부분은 국가별 ISBN 기관에서 그 국가 각 출판사에 할당한 번호를 나타낸다. |
| | [정리] ISBN-10: 국가/언어권 - 국가별 출판사 - 책 - 확인 숫자 |

이에 ISBN의 두 번째 부분에 있는 숫자가 같아도 첫 번째 부분에 있는 숫자가 다르다면 상이한 출판사임을 미루어 알 수 있다. 예를 들어 'ISBN-10 : 89(대한민국)-11-*****-*' 'ISBN-10 : 0(영어권)-11--*****-*'의 각각은 대한민국의 출판사, 영어권의 출판사, 즉 서로 다른 상이한 출판사의 책임을 알려준다. 따라서 "ISBN-10의 두 번째 부분에 있는 숫자가 같은 서로 다른 두 권의 책은 **동일**한 출판사에서 출판된 책이다."라는 선택지 진술은 맞지 않아 추론할 수 있는 것이 아니다.

⑤ (○)

| [끝단락] | ISBN-10(의) … 마지막 네 번째 부분은 확인 숫자이다. 이 숫자는 0에서 10까지의 하나가 되는데 10을 써야할 때는 로마 숫자 X를 사용한다. ISBN-10 열 개 숫자에 순서대로 10, 9, …, 2, 1의 가중치를 곱해서 각 곱셈의 값을 모두 더한 값이 반드시 11로 나누어 떨어져야 한다. 예를 들어 ISBN-10인 '89-89422-42-6'(은) $(8×10)+(9×9)+(8×8)+ \cdots +(4×3)+(2×2)+(6×1)=352$이고 이 값은 11로 나누어 떨어지기 때문에 유효한 번호이다. |
|---|---|

이에 만일 확인 숫자 앞의 아홉 개의 숫자에 정해진 가중치를 곱하여 합한 값이 11의 배수인 ISBN-10이 유효했다면, 0에서 10까지의 하나인 마지막 열 번째 확인 숫자에 가중치 '1'을 곱한 값도 11의 배수이어야 함을 미루어 알 수 있다. (그래야만 확인 숫자 앞의 아홉 개의 숫자에 정해진 가중치를 곱하여 합한 값[11의 배수]에, 마지막 열 번째 확인 숫자에 가중치 '1'을 곱한 값[11의 배수]을 합해도 11의 배수가 될 수 있다.) 결국 마지막 열 번째 확인 숫자 '0, 1, 2, …, 8, 9, X'에 가중치 '1'을 곱한 값은 '0, 1, 2, …, 9, 10'까지 가능한데, 이 중 '1, 2, …, 9, 10'은 11의 배수가 아니므로 **확인 숫자 '0'**에 가중치 '1'을 곱한 값만이 가능하다. (그래야만 확인 숫자 앞의 아홉 개 숫자에 정해진 가중치를 곱하여 합한 값 자체로 11의 배수가 되는 것이다.) 따라서 "확인 숫자 앞의 아홉 개의 숫자에 정해진 가중치를 곱하여 합한 값이 11의 배수인 ISBN-10이 유효하다면 그 확인 숫자는 반드시 0이어야 한다."라는 선택지 진술은 추론할 수 있는 것이다.

**속도공략** 각 선택지의 공통적인 핵심어인 "ISBN-10"이 있으므로 [끝단락] 중심으로 이해하며 풀이한다.

## 06 ▶③

**유형공략** '식물 잎 기공' 글에서 "추론할 수 있는 것만을 <보기>에서 모두 고르는" 문제이다. <보기>의 핵심어를 중심으로 제시문의 내용을 비교하며 추리한다.

<보기>의 핵심어를 중심으로 제시문의 내용을 요약하면 <아래>와 같다.

| 구분 | 내용 |
|---|---|
| [2단락] | 햇빛이 있는 낮에, 청색광이 양성자 펌프를 작동시킨다. 양성자 펌프의 작동은 칼륨이온이 공변세포 안으로 들어오게 한다. 햇빛이 없는 밤이 되면, 양성자 펌프가 작동하지 않고 칼륨이온은 밖으로 빠져나간다. |
| [3단락] | 식물 안 수분량이 줄어 식물이 수분스트레스를 받는다. (그) 식물은 호르몬 A를 분비한다. 결국 식물이 수분스트레스를 받으면 햇빛이 있더라도 기공이 열리지 않는다. |
| [끝단락] | 병원균 α는 독소 B를 만든다. 이 독소 B는 기공이 닫혀 있어야 하는 때에도 열리게 하고, …. |

ㄱ. (○)

| [2단락] | **햇빛이 있는** 낮에, **청색광**이 양성자 펌프를 작동시킨다. 양성자 펌프의 작동은 **칼륨이온**이 **공변세포 안**으로 들어오게 한다. 햇빛이 없는 밤이 되면, 양성자 펌프가 작동하지 않고 칼륨이온은 밖으로 빠져나간다. |
|---|---|

이에 공변세포 안 칼륨이온의 양은, 햇빛이 있는 낮(➜ 청색광)에 (햇빛이 없는 밤보다) 많아지리라 알 수 있다. 만일 햇빛의 청색광을 차단하는 필름으로 식물을 덮는다면 (밤과 비슷한 환경이 되어) 덮지 않아 청색광이 있는)는 경우보다 칼륨이온이 적으리라 미루어 알 수 있다. 따라서 "한 식물의 동일한 공변세포 안에 있는 칼륨이온의 양은, 햇빛이 있는 날에 햇빛의 청색광만 차단하는 필름으로 식물을 덮은 경우[➜ 밤]가 덮지 않은 경우[➜ 낮]보다 적다."라는 <보기> 진술은 추론할 수 있는 것이다.

ㄴ. (×)

| [3단락] | 식물 안 수분량이 줄어 식물이 **수분스트레스를** 받는다. (그) 식물은 호르몬 A를 분비한다. 결국 **식물이 수분스트레스를 받으면 햇빛**이 있더라도 **기공**이 열리지 않는다. |
|---|---|

이에 수분스트레스를 받은 식물은 햇빛이 있는 낮에 기공이 열리지 않음을 미루어 알 수 있다. 따라서 "수분스트레스를 받은 식물에 양성자 펌프의 작동을 못하게 하면 햇빛이 있는 낮에 기공이 *열린다*."라는 <보기> 진술은 맞지 않아 추론할 수 없는 것이다. (제시문의 내용으로만 볼 때에는, 햇빛이 있는 낮에 양성자 펌프 작동을 못하게 하는 상황은 정확하게 추리하기는 어렵다. 단지 양성자 펌프 작동이 기공을 열게 한다는 것을 알 수 있을 뿐이다.)

ㄷ. (○)

| [3단락] | 식물 안 수분량이 줄어 식물이 수분스트레스를 받는다. (그) 식물은 **호르몬 A를 분비**한다. 결국 식물이 수분스트레스를 받으면 **햇빛**이 있더라도 **기공**이 열리지 않는다. |
| [끝단락] | **병원균 α**는 독소 B를 만든다. 이 독소 B는 기공이 닫혀 있어야 하는 때에도 열리게 하고, …. |

이에 "호르몬 A를 분비하는 식물이 햇빛이 있는 낮에 보이는 기공 개폐 상태[열리지 않는다.]와 병원균 α에 감염된 식물이 햇빛이 없는 밤에 보이는 기공 개폐 상태[열린다]는 다르다."라는 <보기> 진술은 추론할 수 있는 것이다.

최종적으로 추론할 수 있는 것이라 "ㄱ, ㄷ"을 모두 고른 ③이 정답이다.

**속도공략** 각 <보기>의 핵심어 ㄱ. "칼륨이온", ㄴ. "수분스트레스/기공", ㄷ. "호르몬 A/ 병원균 α"를 중심으로 제시문의 내용과 비교하며 추리한다.

# 07 ▶ ①

**유형공략** '정책 네트워크' 글의 "판단으로 가장 적절한 것"을 찾는 문제이다. 각 선택지의 핵심어를 중심으로 제시문의 내용과 비교하며 풀이한다.

각 선택지의 핵심어를 중심으로, 제시문의 내용을 요약하면 <아래>와 같다.

| | 내용 |
|---|---|
| [1단락] | 정책 네트워크는 다음 세 가지 모형으로 분류될 수 있다. |
| (표) | |
| [2단락] | A는 안정성이 높고, 행정부 영향력이 작은 정책 분야에서 나타나는 형태이다. 이익집단의 참여를 배제하는 것이 특징이다. |
| [3단락] | B는 이해관계를 같이하는 참여자들로 구성된다. 특정 이슈에 대해 유기적인 연계 속에서 A의 방식보다 더 효과적으로 정책 목표를 달성할 수 있다. 참여자는 정치인, 관료, 조직화된 이익집단, 전문가 집단이다. |
| [끝단락] | C는 (특정 이슈) 참여자는 자율적이고 주도적인 행위자이며 수시로 변경된다. 관료제 영향력이 작고 통제가 약한 분야에서 주로 작동하는데, 참여자가 많아 합의가 어려워 정부가 의견을 조정하는 경우가 발생한다. |

(표)

| 특징 모형 | 상호 의존성 | 외부 참여 가능성 | 합의 효율성 | 지속성 |
|---|---|---|---|---|
| A | 높음 | 낮음 | 높음 | 높음 |
| B | 보통 | 보통 | 보통 | 보통 |
| C | 낮음 | 높음 | 낮음 | 낮음 |

① (○)

| (표) | 특징 모형 | 외부 참여 가능성 |
|---|---|---|
| | C | 높음 |
| [끝단락] | C는 … **관료제 영향력이 작고 통제가 약한 분야에서** 주로 작동…한다. | |

위의 내용으로 볼 때, "외부 참여 가능성이 높은 모형[C]은 관료제의 영향력이 작고 통제가 약한 분야에서 나타나기 쉽다."라는 선택지의 진술은 판단으로 가장 적절하다.

② (×)

| (표) | 모형 ＼ 특징 | 상호 의존성 |
|---|---|---|
| | B | 보통 |

| [3단락] | B는 이해관계를 같이하는 참여자들로 구성된다. 특정 이슈에 대해 유기적인 연계 속에서 A의 방식보다 더 효과적으로 정책 목표를 달성할 수 있다. 참여자는 정치인, 관료, 조직화된 **이익집단**, 전문가 집단이다. |
|---|---|

위의 내용으로 볼 때, "상호 의존성이 보통인 모형[B]에서는 *배타성이 강해*, 다른 이익집단의 참여를 철저하게 *배제한다.*"라는 선택지의 진술은 맞지 않아 판단으로 적절하지 않다.

③ (×)

| (표) | 모형 ＼ 특징 | 합의 효율성 |
|---|---|---|
| | A | **높음** |

| [2단락] | A는 안정성이 높고, 행정부 영향력이 작은 **정책** 분야에서 나타나는 형태이다. |
|---|---|

위의 내용으로 볼 때, "합의 효율성이 높은 모형[A]이 가장 효과적으로 정책 목표를 달성할 수 있다."라는 선택지의 진술은 제시문에서 알 수 없어 판단으로 적절하지 않다.

④ (×)

| [2단락] | A는 안정성이 높고, 행정부 영향력이 작은 정책 분야에서 나타나는 형태이다. **이익집단**의 참여를 배제하는 것이 특징이다. |
|---|---|
| [3단락] | B는 이해관계를 같이하는 참여자들로 구성된다. 특정 이슈에 대해 유기적인 연계 속에서 A의 방식보다 더 효과적으로 **정책** 목표를 달성할 수 있다. |

위의 내용으로 볼 때, A에서는 이익집단이 참여가 배제되므로 그들의 정책 결정 영향력은 (B에 비해) 거의 없거나 적어도 작으리라 생각해 볼 수 있다. "A에 *참여*하는 이익집단의 정책 결정 영향력이 B에 참여하는 이익집단의 정책 결정 영향력보다 *크다.*"라는 선택지의 진술은 판단으로 적절하지 않다.

⑤ (×)

| (표) | 모형 ＼ 특징 | 지속성 |
|---|---|---|
| | C | '낮음' |

| [끝단락] | C는 … **참여자가 많아** 합의가 어려워 정부가 의견을 조정하는 경우가 발생한다. |
|---|---|

위의 내용으로 볼 때, C에서는 참여자의 수가 많을 수 있고, 지속성은 '낮음'을 알 수 있다. 따라서 "C에서는 참여자의 수가 많아질수록 네트워크의 지속성이 *높아진다.*"라는 선택지의 진술은 맞지 않아 판단으로 적절하지 않다.

**속도공략** 선택지의 핵심어 ① "외부 참여 가능성", ② "상호 의존성", ③ "합의 효율성", ④ "정책 결정 영향력", ⑤ "참여자의 수"를 중심으로 제시문의 내용과 비교한다.

## 08
▶ ④

**유형공략** '입자와 양자상태' 글에서 "추론할 수 있는 것만을 <보기>에서 모두 고르는" 문제이다. 각 <보기>의 핵심어를 중심으로 제시문의 내용과 비교하며 추리한다.

<보기>의 핵심어 "BE 방식/FD 방식/MB 방식"의 차이점을 중심으로 제시문의 내용을 요약하면 <아래>와 같다.

| 구분 | 내용 |
|---|---|
| [2단락]<br>MB 방식 | 두 입자(a, b)가 **구별 가능**하고, **하나의 양자 상태에 여러 개의 입자**가 있을 수 있다고 가정하자. a가 1의 양자 상태에 있는 경우는 `ab`, `a b`, `a b` 의 세 가지이고, (a가 2의 양자 상태, 3의 양자 상태에 있는 경우도 각각 세 가지이다.) MB 방식에서 경우의 수는 9이다. |
| [3단락]<br>BE 방식 | 두 입자(a, a)가 **구별되지 않고**, 하나의 양자 상태에 여러 개의 입자가 있을 수 있다고 가정하자. `aa`, `aa`, `aa`, `a a`, `a a`, `a a` 가 가능하다. BE 방식에서 경우의 수는 6이다. |
| [4단락]<br>FD 방식 | 두 입자(a, a)가 **구별되지 않고**, 하나의 양자 상태에 **하나의 입자만** 있을 수 있다고 가정하자. BE 방식과 달리 두 개의 입자가 동시에 있는 경우는 허용되지 않으므로 `a a`, `a a`, `a a` 만 가능하다. FD 방식에서 경우의 수는 3이다. |
| [끝단락] | 양자 상태의 가짓수가 다를 때에도, MB, BE, FD 방식으로 입자들이 놓이게 되고, 경우의 수는 달라질 수 있다. |

ㄱ. (×)

| [3단락]<br>BE 방식 | 두 입자(a, a)가 **구별되지 않고**, 하나의 양자 상태에 여러 개의 입자가 있을 수 있다고 가정하자. `aa`, `aa`, `aa`, `a a`, `a a`, `a a` 가 가능하다. BE 방식에서 경우의 수는 6이다. |
|---|---|

으로 볼 때, 만일 두 개의 입자와 두 가지의 양자 상태라고 가정하면 `aa`, `aa`, `a a` 가 가능하여 BE 방식에서 경우의 수는 '3'임을 알 수 있다. 따라서 "두 개의 입자에 대해, 양자 상태가 두 가지이면 BE 방식에서 경우의 수는 *2*이다."라는 <보기>의 진술은 맞지 않아 추론할 수 있는 것이 아니다.

ㄴ. (○)

| [4단락]<br>FD 방식 | 두 입자(a, a)가 구별되지 않고, 하나의 양자 상태에 하나의 입자만 있을 수 있다고 가정하자. BE 방식과 달리 두 개의 입자가 동시에 있는 경우는 허용되지 않으므로 `a a`, `a a`, `a a` 만 가능하다. FD 방식에서 경우의 수는 3이다. |
|---|---|

으로 볼 때, 만일 두 개의 입자에 네 가지의 양자 상태라고 가정하면 `a a`, `a a`, `a a`, `a a`, `a a`, `a a` 가 가능하여 경우의 수는 6임을 알 수 있고, (제시문의 세 가지의 양자 상태의 경우의 수 3보다) 커진다는 것을 알 수 있다. 따라서 "두 개의 입자에 대해, 양자 상태의 가짓수가 많아지면 FD 방식에서 두 입자가 서로 다른 양자 상태에 각각 있는 경우의 수는 커진다."라는 <보기>의 진술은 추론할 수 있는 것이다.

ㄷ. (○)

| [3단락]<br>BE 방식 | 두 입자(a, a)가 **구별되지 않고**, 하나의 양자 상태에 여러 개의 입자가 있을 수 있다고 가정하자. `aa`, `aa`, `aa`, `a a`, `a a`, `a a` 가 가능하다. BE 방식에서 경우의 수는 6이다. |
|---|---|
| [2단락]<br>MB 방식 | 두 입자(a, b)가 **구별 가능**하고, **하나의 양자 상태에 여러 개의 입자**가 있을 수 있다고 가정하자. a가 1의 양자 상태에 있는 경우는 `ab`, `a b`, `a b` 의 세 가지이고, (a가 2의 양자 상태, 3의 양자 상태에 있는 경우도 각각 세 가지이다.) MB 방식에서 경우의 수는 9이다. |

으로 볼 때, 두 개의 입자에 대해, 양자 상태가 세 가지이면 경우의 수는 BE 방식(경우의 수 6)에서보다 MB 방식(경우의 수 9)에서 크다는 것을 알 수 있었고, 양자 상태가 세 가지 이상이어도 그러하리라 추리할 수 있다. (양자 상태 앞 두 가지를 채우는 방식에서 BE 방식에서는 `a a` 의 1가지이지만 MB 방식에서는 `a b` 와 `b a` 의 2가지로 차이가 나기 때문이다. 이는 조합과 순열의 차이이기도 하다.)
따라서 "두 개의 입자에 대해, 양자 상태가 두 가지 이상이면 경우의 수는 BE 방식에서보다 MB 방식에서 언제나 크다."라는 <보기>의 진술은 추론할 수 있는 것이다.
(참고로 두 개의 입자에 대해, 양자 상태가 두 가지인 경우도 살펴보면 BE 방식에서는 `aa`, `aa`, `a a` 의 세 가지이고, MB 방식에서는 `ab`, `a b`, `ab`, `b a` 의 네 가지이다.)

최종적으로 추론할 수 있는 것으로 "ㄴ, ㄷ"을 모두 고른 ④가 정답이다.

**속도공략** <보기>의 구성이 입자와 양자 상태의 수가 변할 때, "BE 방식/FD 방식/MB 방식"의 경우의 수를 묻는 문제이므로 이를 중심으로 제시문의 내용을 이해한다.

## 09 ▶ ⑤

**유형공략** '공포 또는 안정과 관련된 신경생물학적 특징 실험' 글에서 "추론할 수 있는 것"을 찾는 문제이다. 각 선택지의 핵심어를 중심으로 제시문의 내용을 비교하며 추리한다. (게다가 제시문의 내용이 실험인 경우 그 공통점과 차이점을 유의하여 파악한다.)

제시문의 내용을 두 가지 실험으로 나누어 요약하면 <아래>와 같다.

| 내용 |
| --- |
| 생쥐가 (1) 소리 자극을 받으면 자극 신호는 (2) 뇌의 청각시상, (3) 뇌의 편도의 측핵, (4) 편도의 중핵으로 전달되고, (5) 중핵은 신체 기관에 전달할 신호를 만들어서 (6) 반응이 일어난다.<br>연구자 K는 신경생물학적 특징을 탐구하기 위해 두 개의 실험을 수행했다. |

| [2단락] 공포를 학습 | [3단락] 안정을 학습 |
| --- | --- |
| 생쥐에게 소리 자극을 준 뒤 공포를 일으킬 **충격**을 가하여 학습시켰다. 이 학습된 생쥐는 해당 소리 자극을 받으면 방어적인 행동을 했다. (2-1) 청각시상으로 전달된 소리 자극 신호는 학습을 수행하기 전 상태보다 훨씬 쎈 강도의 신호로 **증폭**되어 (3-1) 측핵으로 전달되고, (4-1) 중핵을 거쳐 (6-1) 학습된 **공포 반응**을 일으킨다. | 다른 생쥐에게 소리 자극을 준 뒤 이 소리가 **안정**을 예고한다는 것을 학습시켰다. 이 학습된 생쥐는 이 소리를 들어도 방어적인 행동을 취하지 않았다. (2-2) 청각시상 신호가 (3-2) 측핵으로 전달되는 것이 **억제**되기 때문에 측핵에 전달된 신호는 미약해진다. 대신 (★) 청각시상은 자극 신호를 만들어서 선조체에 전달한다. 선조체에서 반응이 세게 나타나면 (6-2) 학습된 **안정 반응**을 일으킨다. |

① (×) | [3단락] 안정을 학습 | 한다는 내용 어디에서도 중핵의 신호와 관련된 내용을 전혀 찾을 수 없다. 따라서 "중핵에서 만들어진 신호의 세기가 강한 경우에는 학습된 안정 반응이 나타난다."라는 선택지의 진술은 알 수 없어 추론할 수 있는 것이 아니다.

② (×)

| [3단락] 안정을 학습 |
| --- |
| 다른 생쥐에게 소리 자극을 준 뒤 이 소리가 안정을 예고한다는 것을 학습시켰다. … (★) 청각시상은 자극 신호를 만들어서 선조체에 전달한다. **선조체에서 반응**이 '세게' 나타나면 (6-2) 학습된 안정 반응을 일으킨다. |

위의 내용으로 볼 때, "학습된 공포 반응을 일으키지 <u>않는</u> 소리 자극(㉑ 학습된 안정 반응을 일으키는 소리 자극)은 선조체에서 **약한** 반응이 일어나게 한다."라는 선택지의 진술은 맞지 않아 추론할 수 있는 것이 아니다.

③ (×) | [2단락] 공포를 학습 | 한다는 내용 어디에서도 선조체의 신호와 관련된 내용을 전혀 찾을 수 없다. 따라서 "학습된 공포 반응을 일으키는 소리 자극은 청각시상에서 선조체로 전달되는 자극 신호를 억제한다."라는 선택지의 진술은 알 수 없어 추론할 수 있는 것이 아니다.

④ (×)

| [3단락] 안정을 학습 | [2단락] 공포를 학습 |
| --- | --- |
| (2-2) **청각시상 신호**가 (3-2) 측핵으로 전달되는 것이 억제되기 때문에 측핵에 전달된 신호는 미**약**해진다. …대신 (★) **청각시상**은 **자극 신호**를 만들어서 선조체에 전달한다. | (2-1) **청각시상**으로 전달된 **소리 자극 신호**는 학습을 수행하기 전 상태보다 훨씬 쎈 강도의 신호로 증폭되어 (3-1) 측핵으로 전달되고, (4-1) 중핵을 거쳐 (6-1) 학습된 공포 반응을 일으킨다. |

위의 내용으로 볼 때, 학습된 안정 반응을 일으키는 청각시상에서 (측핵으로 전달해) '주는 신호'는 미약하고 학습된 공포 반응을 일으키는 청각시상에서 (측핵으로 전달해) '주는 신호'는 증폭되므로 전자가 후자보다 약하다고는 생각해 볼 수 있다.

하지만 이는 청각시상에서 주는 신호에 대한 내용이고 청각시상에서 받는 신호에까지 그러하리라 무리하게 추리할 수는 없다. 따라서 "학습된 안정 반응을 일으키는 청각시상에서 받는 소리 자극 신호는 학습된 공포 반응을 일으키는 청각시상에서 받는 소리 자극 신호보다 약하다."라는 선택지의 진술은 알 수 없어 추론할 수 있는 것이 아니다.

⑤ (○)

| [3단락] 안정을 학습 | [2단락] 공포를 학습 |
| --- | --- |
| (2-2) 청각시상 신호가 (3-2) 측핵으로 전달되는 것이 **억제**되기 때문에 측핵에 전달된 신호는 미약해진다. | (2-1) 청각시상으로 전달된 소리 자극 신호는 **학습**을 수행하**기 전** 상태보다 훨씬 쎈 강도의 신호로 **증폭**되어 (3-1) 측핵으로 전달되고, …. |

위의 내용으로 볼 때, "학습된 안정 반응을 일으키는 경우와 학습된 공포 반응을 일으키는 경우 모두, 청각시상에서 측핵으로 전달되는 신호의 세기가 (전자는 억제되고 후자는 증폭되어) 학습하기 전과 달라진다."라는 선택지의 진술은 추론할 수 있는 것이다.

**속도공략** 선택지의 구성이 "학습된 안정 반응"과 "학습된 공포 반응"을 중심으로 되어 있음을 파악한 후, ① "중핵", ② "선조체", ③ "청각시상/선조체", ④ "청각시상/소리 자극 신호", ⑤ "신호의 세기"과 관련된 제시문의 내용을 이해한다.

# 10 ▶②

**유형공략** '동물의 뇌 구조 변화 방식' 글의 "<실험 결과>에서 추론할 수 있는 것"을 찾는 문제이다. 각 선택지의 핵심어를 중심으로 제시문의 내용과 비교하며 추리한다. 제시문의 내용이 실험인 경우 그 공통점과 차이점을 유의하여 파악한다.

제시문의 내용을 실험군으로 나누어 요약하면 <아래>와 같다.

| 내용 | | | |
|---|---|---|---|
| 연구자 K는 동물의 뇌 구조 변화 방식을 규명하기 위해 실험을 수행했다. | | | |
| | 실험군 1의 쥐에게는 '학습 위주 경험'을 훈련시켰다. | 실험군 2의 쥐에게는 '운동 위주 경험'을 훈련시켰다. | 실험군 3의 쥐에게는 어떠한 것도 시키지 않았다. |
| 〈실험결과〉 | | | |
| • 뇌 신경세포 한 개당 시냅스의 수는 | 1에서 크게 **증가**했고 | 2와 | 3에서 변하지 않았다. |
| • 뇌 신경세포 한 개당 모세혈관의 수는 | 1과 | 2에서 **증가**했고 | 3에서 변하지 않았다. |
| | 1에서 대뇌 피질의 **지각** 영역에서 구조 변화가 나타났고, | 2에서 대뇌 피질의 **운동** 영역과 소뇌에서 구조 변화가 나타났다. | 3에서 나타나지 않았다. |

① (×)

| 실험군 1의 쥐에게는 '**학습 위주 경험**'을 훈련시켰다. | 실험군 2의 쥐에게는 '**운동 위주 경험**'을 훈련시켰다. |
|---|---|
| 〈실험결과〉 | |
| 1에서 **대뇌 피질**의 지각 영역에서 **구조 변화**가 나타났고, | 2에서 **대뇌 피질**의 운동 영역과 소뇌에서 **구조 변화**가 나타났다. |

위의 내용으로 볼 때, 대뇌 피질의 구조 변화가 학습 위주 경험의 경우 지각 영역에서, 운동 위주 경험의 경우 운동 영역에서 나타났음을 알 수 있을 뿐, 어느 경우에 더 큰 영향을 받았는지 여부를 비교할 수는 없다. 따라서 "대뇌 피질의 구조 변화는 학습 위주 경험보다 운동 위주 경험에 더 큰 영향을 받는다."라는 선택지의 진술은 알 수 없어 추론할 수 있는 것이 아니다.

② (○)

| | 실험군 1의 쥐에게는 '**학습 위주 경험**'을 훈련시켰다. | 실험군 2의 쥐에게는 '**운동 위주 경험**'을 훈련시켰다. |
|---|---|---|
| 〈실험결과〉 | | |
| • 뇌 신경세포 한 개당 시냅스의 수는 | 1에서 크게 '증가'했고 | 2에서 변하지 않았다. |
| • 뇌 신경세포 한 개당 모세혈관의 수는 | 1에서 변하지 않았다. | 2에서 '증가'했고 |

위의 내용으로 볼 때, "학습 위주 경험은 뇌의 신경세포당 시냅스의 수에, 운동 위주 경험은 뇌의 신경세포당 모세혈관의 수에 (증가하는) 영향을 미친다."라는 선택지의 진술은 제시문과 맞아 추론할 수 있는 것이다.

③ (×) ②의 설명으로 볼 때, 두(학습/운동) 경험이 신경세포당 시냅스 또는 모세혈관의 수에 영향을 주는 것을 알 수 있을 뿐, 신경세포 '수' 자체에게까지 영향을 주는지 여부를 알 수는 없다. 따라서 "학습 위주 경험과 운동 위주 경험은 뇌의 특정 부위에 있는 신경세포의 수를 늘려 그 부위의 뇌 구조를 변하게 한다."라는 선택지의 진술은 알 수 없어 추론할 수 있는 것이 아니다.

④ (×) 요약된 내용으로 볼 때, 학습 또는 운동[원인]이 모세혈관 또는 시냅스의 수를 변화[결과 1]시키고 뇌의 구조도 변화['결과 2']시킨다는 것을 알 수 있다. 따라서 "특정 형태의 경험으로 인해 뇌의 특정 영역에 발생한 구조 변화[원인]가 뇌의 신경세포당 모세혈관 또는 시냅스의 수를 변화[결과]시킨다."라는 선택지의 진술은 뇌의 구조 변화는 원인이 <u>아닌</u> 결과이므로 맞지 않아 추론할 수 있는 것이 아니다.

**내용공략** [논리 I (추론)] 유형 또는 [언어 U (이해)] 유형에서 제시문의 내용 중 '원인과 결과', '시간의 전후', 또는 '충분조건과 필요조건'을 바꾸어 선택지의 진술을 <u>맞지 않게</u> 구성하는 경우가 있음에 유의한다.

⑤ (×) 제시문 어디에서도 뇌의 구조[원인]가 신경세포당 모세혈관 또는 시냅스의 수를 변화[결과]시킨다는 내용을 찾을 수 없다. "뇌가 영역별로 특별한 구조를 갖는 것이 그 영역에서 신경세포당 모세혈관 또는 시냅스의 수를 변화시켜 특정 형태의 경험을 더 잘 수행할 수 있게 한다."라는 선택지의 진술은 알 수 없어 추론할 수 있는 것이 아니다.

**속도공략** 선택지 ①~③ "학습 위주 경험/운동 위주 경험", ④와 ⑤ "모세혈관/시냅스"을 중심으로 제시문을 이해한다.

## 11 ▶④

**유형공략** '철학자 A의 논증' 글에 대한 "분석으로 적절한 것만을 <보기>에서 모두 고르는" 문제이다. 제시문의 <논증>과 <보기>의 진술을 기호화하여 그들 간의 논증 과정을 판단한다.

제시문의 <논증>을 기호화하면 <아래 1>과 같다.

| 〈논증〉 | 기호 |
|---|---|
| (1) 전통적 인식론은 두 가지 목표를 가진다. 첫째, 세계에 관한 믿음을 정당화하는 것이고, 둘째, 세계에 관한 믿음을 나타내는 문장을 감각 경험을 나타내는 문장으로 번역하는 것이다. | (1) 전통: 첫, 둘 |
| (2) 전통적 인식론은 첫째 목표도 달성할 수 없고 둘째 목표도 달성할 수 없다. | (2) 전통: ~첫∧~둘 |
| (3) 만약 전통적 인식론이 이 목표 중 어느 하나라도 달성할 수가 없다면, 폐기되어야 한다. | (3) 전통: ~첫∨~둘 → ~전통 |
| (4) 전통적 인식론은 폐기되어야 한다. | (4) ~전통 [T] |
| (5) 만약 전통적 인식론이 폐기되어야 한다면, 인식론자는 전통적 인식론 대신 심리학을 연구해야 한다. | (5) ~전통 → 인식: 심 |
| (6) 인식론자는 전통적 인식론 대신 심리학을 연구해야 한다. | (6) 인식: 심 [T] |

기호화된 <아래 1>의 내용의 논증 과정을 연결하여 설명하면 <아래 2>와 같다.

| 기호 | 설명 |
|---|---|
| (1) 전통: 첫, 둘 | ― |
| (2) 전통: ~첫∧~둘 | '~첫'과 '~둘'은 각각 [참]이다.<br>(∵ 연언지 분리법) |
| (3) 전통: ~첫∨~둘 → ~전통 | 전건인 '~첫[참]∨~둘[참]' 역시 [참]이므로 후건인 '~전통' 역시 [참]이다. |
| (4) ~전통 [T] | ― |
| (5) ~전통 → 인식: 심 | 전건인 '~전통'이 [참]이므로 후건인 '인식: 심' 역시 [참]이다. |
| (6) 인식: 심 [T] | ― |

ㄱ. (×) <보기> ㄱ의 전건만을 기호화하면 <다음 1>과 같다.

| 〈보기〉 | 기호 |
|---|---|
| ㄱ. 전통적 인식론의 목표에 (셋째로) '두 가지 목표' 외에 "세계에 관한 믿음이 형성되는 과정을 규명하는 것"이 추가된다면, 위 논증에서 (6)은 도출되지 *않는다.* | ㄱ-(1) 전통: 첫, 둘, 셋 |

이를 <논증>에

| ㄱ-(1) 전통: 첫, 둘, 셋 |
|---|
| (2) 전통: ~첫∧~둘 |
| (3) 전통: ~첫∨~둘 → ~전통 |
| (4) ~전통 [T] |
| (5) ~전통 → 인식: 심 |
| (6) 인식: 심 [T] |

와 같이 추가하여도, (2)~(6)의 논증 과정에 영향을 전혀 주지 않고 <아래 2>와 똑같은 과정으로 '도출'되므로 분석으로 적절하지 않다.

ㄴ. (○) <보기> ㄴ에 따라 "(따옴표)"의 진술을 기호화하면 <다음 2>와 같다.

| | |
|---|---|
| ㄴ. (2)를 "전통적 인식론은 첫째 목표를 달성할 수 없거나 둘째 목표를 달성할 수 없다."로 바꾸어도 위 논증에서 (6)이 도출된다. | ㄴ-(2) 전통: ~첫∨~둘<br>∴ (6) |

이를 <논증>에

| (1) 전통: 첫, 둘 |
|---|
| ㄴ-(2) 전통: ~첫∨~둘 |
| (3) 전통: ~첫∨~둘 → ~전통 |
| (4) ~전통 [T] |
| (5) ~전통 → 인식: 심 |
| (6) 인식: 심 [T] |

와 같이 적용하여도, <아래 2>와 똑같은 과정으로 (6)이 '도출'되므로 분석으로 적절하다.

ㄷ. (○)

| (3) 전통: ~첫∨~둘 → ~전통 | 전건인 '~첫[참]∨~둘[참]' 역시 [참]이므로 후건인 '~전통' 역시 [참]이다. |
|---|---|
| (4) ~전통 [T] | — |
| (5) ~전통 → 인식: 심 | 전건인 '~전통'이 [참]이므로 후건인 '인식: 심' 역시 [참]이다. |

위의 내용으로 볼 때, (4)는 (3)의 후건으로서 [소결≒결론]일 뿐만 아니라 계속되는 논증 과정 속에서 (5)의 진술에서 '인식: 심'을 [참]으로 만드는 또 다른 소결이면서 (5)의 전건인 [전제]이기도 함을 알 수 있다. 따라서 "(4)는 논증 안의 어떤 진술들로부터 나오는 결론일 뿐만 아니라 논증 안의 다른 진술의 전제이기도 하다."라는 <보기>의 진술은 분석으로 적절하다.

최종적으로 분석으로 적절한 것으로 "ㄴ, ㄷ"을 모두 고른 ④가 정답이다.

**내용공략** (1) '모든 사람은 죽는다'에서 (2) '어떤 사람은 죽을 것이다'를 이끌어냈다면 (1)은 (2)의 전제가 된다.

**속도공략** 긴 구절을 짧은 기호로 단순화하여 풀이한다.

## 12 ▶ ⑤

**유형공략** '선언명제의 추론 과정' 글에 대한 "분석으로 적절한 것만을 <보기>에서 모두 고르는" 문제이다. 각 <보기>에서의 원리가 ㉠~㉢의 [소결] 또는 [결론]을 내리는 추론 과정에서 사용되었는지 여부를 판단하는 문제이다.

제시문의 내용이 ㉠과 ㉡을 거쳐 ㉢에 이르는 추론 과정임을 파악한 후, 이 과정을 정리하면 <아래>와 같다.

ㄱ. (○)

| [2&3단락] | [마지막 단락] |
|---|---|
| (1) 나는 당신에게 10만 원을 돌려 주거나 ⓐ 당신은 나에게 10억 원을 지불한다. <br> 당신은 10만 원을 그에게 주었다. | 어떤 결과일지 검토해 보자. <br> (1)은 참이거나 거짓일 것이다. (1)이 거짓이라고 가정해보자. 10만 원을 돌려준다 <br> 또한 (1)이 거짓이므로 ㉠ 그는 당신에게 10만 원을 돌려주지 않는다. <br> [∵ 2&3단락 정리내용] |
| ➔ (1)이 거짓이면, 10만 원을 돌려주지 않고, ⓐ 당신은 나에게 10억 원을 지불하지 않는다. [∵ **선언명제의 부정**] | |

위의 내용으로 볼 때, "㉠ 그는 당신에게 10만 원을 돌려주지 않는다."를 추론하는 데는 'A이거나 B'의 형식을 가진 (1) "나는 당신에게 10만 원을 돌려 주거나 ⓐ 당신은 나에게 10억 원을 지불한다."는 문장이 거짓이면 [∵**선언명제의 부정**]에 의해 "10만 원을 돌려주지 않고, ⓐ 당신은 나에게 10억 원을 지불하지 않는다."와 같이 A도 B도 반드시 거짓이라는 원리가 사용되었음을 알 수 있다.

따라서 "㉠을 추론하는 데는 'A이거나 B'의 형식을 가진 문장이 거짓이면 A도 B도 반드시 거짓이라는 원리가 사용되었다."라는 <보기>의 진술은 분석으로 적절하다.

ㄴ. (○)

| [마지막 단락] |
|---|
| 어떤 결과(일)지 검토해 보자. (1)은 참이거나 거짓일 것이다. <br> (1)이 거짓이라고 가정해보자. <➔ 귀류법의 시작> <br> 10만 원을 돌려준다. [∵ 1단락의 추가조건] <br> 또한 (1)이 거짓이므로 ㉠ 그는 당신에게 10만 원을 돌려주지 않는다. [∵ 2&3단락 정리내용] <br> 결국 10만 원을 돌려준다는 것과 돌려주지 않는 것이 모두 성립한다. <br> 이는 가능하지 않다. <➔ 귀류법 : 모순의 발생> <br> 따라서 ㉡ (1)은 참일 수밖에 없다. <➔ 귀류법의 끝> |

위의 내용으로 볼 때, "㉡ (1) '나는 당신에게 10만 원을 돌려 주거나 ⓐ 당신은 나에게 10억 원을 지불한다.'는 참일 수밖에 없다."를 추론하는 데 "(1)이 거짓이라고 가정"<➔ 귀류법의 시작>한 상황하에서 "10만 원을 돌려준다는 것과 돌려주지 않는 것이 모두 성립"하는 것과 같이 '돌려준다'는 같은 문장이 긍정과 부정으로 모두 성립하는 경우 '(1)이 거짓이라던 가정'의 부정, 즉 '(1)은 참'이라는 결론이 도출되는 <귀류법>의 원리가 사용되었음을 알 수 있다.

따라서 "㉡을 추론하는 데는 어떤 가정하에서 같은 문장의 긍정과 부정이 모두 성립하는 경우 그 가정의 부정은 반드시 참이라는 원리가 사용되었다."라는 <보기>의 진술은 분석으로 적절하다.

ㄷ. (○)

| [1단락] | [2&3단락] | [마지막 단락] |
|---|---|---|
| 어떤 사람이 당신에게 제안했다. 당신은 여행을 즐기게 된다. 다만 10만 원을 내야 한다. 추가 조건이 있다. <br> (1)이 **참**이면 10만 원을 돌려주지 <u>않고</u> 약속한 여행을 제공하는 반면, … | (1) 나는 당신에게 10만 원을 돌려 주거나 ⓐ 당신은 나에게 10억 원을 지불한다. | 따라서 ㉡ (1)은 참일 수밖에 없다. <➔귀류법의 끝> <br> 그런데 (1)이 참이면 10만 원을 돌려주지 않는다. [∵ 1단락의 추가조건] <br> 따라서 ⓐ가 반드시 참이어야 한다. <br> [∵ 2&3단락 선언지제거법 적용] <br> 즉 ㉢ 당신은 그에게 10억 원을 지불한다. |

위의 내용으로 볼 때, "㉢ 당신은 그에게 10억 원을 지불한다."을 추론하는 데 "(1) 나는 당신에게 10만 원을 돌려**주거나** ⓐ 당신은 나에게 10억 원을 지불한다."와 같은 'A이거나 B'라는 형식의 문장이 "(1)은 참일 수밖에 없다."고 도출된 문장에서 "(1)이 참이면 10만 원을 돌려주지 않는다.[∵ 1단락의 추가조건]"와 같이 A 선언지가 거짓인 경우 "ⓐ가 반드시 참이어야 한다. [∵ 2&3단락 선언지제거법 적용]"와 같은 B 선언지가 참으로 성립한다는 것을 알 수 있다.

따라서 "ⓒ을 추론하는 데는 'A이거나 B'라는 형식의 참인 문장에서 A가 거짓인 경우 B는 반드시 참이라는 (선언지제거법) 원리가 사용되었다."라는 <보기>의 진술은 분석으로 적절하다.

최종적으로 분석으로 적절한 것으로 "ㄱ, ㄴ, ㄷ"을 모두 고른 ⑤가 정답이다.

**속도공략** <보기>에서 설명되고 있는 원리가 ㄱ. [거짓인 경우의 선언명제: 선언지 모두 거짓], ㄴ. [귀류법], ㄷ. [선언지 제거법]에 대한 질문임을 이해하고 풀이한다.

## 13 ▶③

**유형공략** '○○도 채용시스템' 글의 "⊙~㊈에 들어갈 내용에 대한 설명으로 가장 적절한 것"을 찾는 문제이다. 각 선택지의 진술이 ⊙~㊈ 모두에 대해서 묻고 있으므로 제시문의 내용과 비교하며 빈칸을 채우며 풀이한다.

제시문의 내용을 요약하며 도표에 맞게 도식화하여 정리하면 <아래>와 같다.

| 구분 | 내용 |
|---|---|
| [1단락] | **기존**에는 ○○도 '산하 공공 기관'(➔ ⊙, 이하 산하 기관)들이 전(全) 과정을 **주관**하였으나, 2022년부터는 ○○도가 참여하기로 하였다. |
| [마지막 단락] | ○○도(➔ ⓜ)는 **채용 공고**와 **원서 접수**를 하고 필기시험(➔ ⓢ)을 주관한다. 나머지 절차는 산하 기관(➔ ⓑ)이 서류 심사(➔ ⓞ) 후 면접 시험(➔ ⓩ)을 거쳐 **합격자**를 **발표**한다. 기존 절차에서 서류 심사(➔ ⓛ)에 이어 필기시험(➔ ⓒ)을 치던 순서를 맞바꾸었다. 기존의 나머지 절차는 그대로 유지(➔ ⓔ=ⓩ: 면접시험)하였다. 또 ○○도는 기존의 필기시험 과목인 영어·한국사·일반상식(➔ ⓒ)을 국가직무능력표준 기반 평가(➔ ⓢ)로 바꾸어 선발하도록 제도를 보완하였다. |

[도식 1] 〈기존〉
주관 기관: ⊙ 산하 기관
채용 절차: 채용 공고 → 원서 접수 → ⓛ 서류심사 → ⓒ 필기시험 영·한·일 → ⓔ 면접시험 → 합격자 발표

[도식 2] 〈개선〉
주관 기관: ⓜ ○○도 / ⓑ 산하기관
채용 절차: 채용 공고 → 원서 접수 → ⓢ 필기시험 국가직무능력 → ⓞ 서류심사 → ⓩ 면접시험 → 합격자 발표

① (×) 만일 같은 인원수가 지원한다고 가정한 후 (원서 접수와 필기시험을 주관하지 않으므로) 채용 업무의 양이 이전보다 줄어들 수 있다고 생각해 볼 수 있으나, 이전과 업무의 양이 동일하지 않다고 단정하기도 어렵다. 따라서 "개선 이후 ⊙에 해당하는 기관이 주관하는 채용 업무의 양은 이전과 동일할 것이다."라는 선택지의 진술은 알 수 없어 적절하지 않다.

② (×) [도식 1]과 [도식 2]로 볼 때, "⊙ (산하기관)과 같은 주관 기관이 들어가는 것은 ⓑ*이 아니라* ⓜ*이다.*"라는 선택지의 진술은 맞지 않아 적절하지 않다.

③ (○) [도식 1]과 [도식 2]로 볼 때, "ⓛ과 ⓞ에는 (서류 심사라는) 같은 채용 절차가 들어간다."라는 선택지의 진술은 적절하다.

④ (×) [도식 1]과 [도식 2]로 볼 때, "ⓒ (필기시험: 영·한·일 ➔ 어학능력 및 지적능력)과 ⓢ (필기시험: 국가직무능력)에서 지원자들이 평가받는 능력은 *같다.*"라는 선택지의 진술은 맞지 않아 적절하지 않다.

⑤ (×) [도식 1]과 [도식 2]로 볼 때, "ⓔ (산하기관)을 주관하는 기관과 ㊈(산하기관)을 주관하는 기관은 *다르다.*"라는 선택지의 진술은 맞지 않아 적절하지 않다.

**속도공략** 제시문의 내용을 읽어가면서 ⊙~㊈ 빈칸에 바로 대입하며 정리한다.

## 14 ▶ ③

**유형공략** '조례 입안 지원 신청 분류' 글의 "<표>에 대한 판단으로 적절한 것만을 <보기>에서 모두 고르는" 문제이다. 제시문의 내용에서 주어진, 기준 A와 B를 중심으로 조례안 (가), (나), (다)를 <표>에 맞게 분류한 후 <보기>의 진술과 비교하며 풀이한다.

제시문의 내용 중 기준과 조례안을 중심으로 요약하며 <표>로 도식화하면, <아래>와 같다.

| 내용 | 도식 |
|---|---|
| 갑은 지방자치단체의 조례 입안 지원 신청을 두 가지 기준에 따라 나누어 정리하고 있다.<br>(1) 해당 조례안의 입법예고 여부를 기준으로 '완료'와 '미완료'로 나누고,<br>(2) 과거 조례안 중 최근 조례안과 유사한 사례가 있는지를 판단하여 유사 사례 '있음'과 '없음'으로 나눈다. 유사 사례가 존재하지 <u>않는</u> 경우(➜ '없음')에만 을에게 보고한다. | **〈표〉 입안 지원 신청 조례안별 분류**<br><table><tr><th>기준 \ 조례안</th><th>(가)</th><th>(나)</th><th>(다)</th></tr><tr><td>(1) 입법예고 여부 : '완료'와 '미완료'</td><td></td><td></td><td></td></tr><tr><td>(2) 유사 사례 유무 : '있음'과 '없음(을에게 보고)'</td><td></td><td></td><td></td></tr></table> |
| (가)는 지난 분기 조례안과 유사한 내용을 담고 있다. 입법예고는 진행 중이다.<br>(나)는 입법예고가 완료되었고, 지난해 조례안과 유사하다.<br>(다)는 기존 조례안과 유사성 없는 내용을 규정하고 입법예고가 진행되지 않았다. | **〈표〉 입안 지원 신청 조례안별 분류**<br><table><tr><th>기준 \ 조례안</th><th>(가)</th><th>(나)</th><th>(다)</th></tr><tr><td>(1) 입법예고 여부: '완료'와 '미완료'</td><td>미</td><td>완</td><td>미</td></tr><tr><td>(2) 유사 사례 유무: '있음'과 '없음(을에게 보고)'</td><td>있</td><td>있</td><td>없</td></tr></table> |

**〈표〉 입안 지원 신청 조례안별 분류**

| 기준 \ 조례안 | (가) | (나) | (다) |
|---|---|---|---|
| A | ㉠ | ㉡ | ㉢ |
| B | ㉣ | ㉤ | ㉥ |

ㄱ. (○)

**〈표〉 입안 지원 신청 조례안별 분류**

| 기준 \ 조례안 | (가) | (나) | (다) |
|---|---|---|---|
| A | ㉠ | ㉡ | ㉢ |
| B | ㉣ | ㉤ | ㉥ |

와

**〈표〉 입안 지원 신청 조례안별 분류**

| 기준 \ 조례안 | (가) | (나) | (다) |
|---|---|---|---|
| (2) 유사 사례 유무 '있음'과 '없음(을에게 보고)' | 있 | 있 | 없 |
| (1) 입법예고 여부 : '완료'와 '미완료' | 미 | 완 | 미 |

를 비교해 볼 때,

"A에 유사 사례의 유무를 따지는 기준이 들어가면, ㉣과 ㉥이 (미완료로) 같다."라는 <보기>의 진술은 판단으로 적절하다.

ㄴ. (○)

**〈표〉 입안 지원 신청 조례안별 분류**

| 기준 \ 조례안 | (가) | (나) | (다) |
|---|---|---|---|
| A | ㉠ | ㉡ | ㉢ |
| B | ㉣ | ㉤ | ㉥ |

와

**〈표〉 입안 지원 신청 조례안별 분류**

| 기준 \ 조례안 | (가) | (나) | (다) |
|---|---|---|---|
| (1) 입법예고 여부 ; '완료'와 '미완료' | 미 | 완 | 미 |
| (2) 유사 사례 유무 ; '있음'과 '없음(을에게 보고)' | 있 | 있 | 없 |

를 비교해 볼 때,

"B에 따라 을에 대한 갑의 보고 여부가 결정된다면, ㉠과 ㉢은 (미완료로) 같다."라는 <보기>의 진술은 판단으로 적절하다.

ㄷ. (×)

| 기준 ＼ 조례안 | (가) | (나) | (다) |
|---|---|---|---|
| A | ㉠ | ㉡ | ㉢ |
| B | ㉣ | ㉤ | ㉥ |

〈표〉 입안 지원 신청 조례안별 분류

와

| 기준 ＼ 조례안 | (가) | (나) | (다) |
|---|---|---|---|
| (1) 입법예고 여부 ; '완료'와 '미완료' | *미* | *완* | 미 |
| (2) 유사 사례 유무 ; '있음'과 '없음(을에게 보고)' | 있 | 있 | 없 |

〈표〉 입안 지원 신청 조례안별 분류

를 비교해 볼 때,

"㉣과 ㉤이 (유사 사례 있음으로) 같으면, ㉠과 ㉡이 *같다*."라는 〈보기〉의 진술은 맞지 않아 판단으로 적절하지 않다. (㉠은 미완료이고 ㉡은 완료이므로 같지 않다.)

최종적으로 판단으로 적절한 것으로 "ㄱ, ㄴ"을 모두 고른 ③이 정답이다.

[속도공략] 제시문의 〈기준〉을 중심으로 읽어가면서 〈표〉를 완성한다.

## 15 ▶ ③

[유형공략] '장애인 스포츠강좌 지원사업' 대화의 "㉠ (내용을 확인하기 위해) 필요한 자료로 적절한 것만을 〈보기〉에서 모두 고르는" 문제이다. 각 〈보기〉 진술의 핵심어를 중심으로 제시문의 내용과 비교하며 풀이한다.

각 〈보기〉 진술의 핵심어를 중심으로 제시문의 내용과 요약하여 비교하되, 을, 병, 정의 추측성 주장, 즉 (내용 확인을 위해) 자료가 필요한 주장을 찾는다면 〈아래〉와 같다.

| 내용 | 진술 |
|---|---|
| 을 : (4문) 장애인의 '수'에 비해 장애인 대상 **가맹 시설의 수**가 **비장애인**의 경우보다 적어서 그런 것은 아닐까요? | ㄱ. (○) 장애인 및 비장애인 각각의 인구(➜ 수) 대비 '스포츠강좌 지원사업' 가맹 시설 수 |
| 병 : (2문) 바우처 지원액이 적은 것은 아닐까요? (장애인 **스포츠강좌**는 비장애인 대상 강좌보다 수강료가 높을 수 있습니다. 바우처를 사용해도 자기 **부담금**이 크다면 이용하기 어려울 것입니다.) | ㄴ. (○) 장애인과 비장애인 각각 '스포츠강좌 지원사업'에 참여하기 위해 본인이 부담(➜ 자기 부담금)해야 하는 금액 |
| 정 : (1문) 장애인들의 주요 연령대가 사업에서 제외된 것 같습니다. (현재 대상 연령은 만 12세에서 만 49세지인데, 장애인 인구의 고령자 인구 비율이 비장애인에 비해 높다는 사실을 고려하면 만 64세까지 높여야 한다고 생각합니다.) | ㄷ. (×) 만 50세에서 만 64세까지의 장애인 중 ~~스포츠강좌 수강을 희망하는~~ 인구와 만 50세에서 만 64세까지의 비장애인 중 ~~스포츠강좌 수강을 희망하는~~ 인구 (∵스포츠 강좌 수강을 희망하는지 여부에 대해서는 정은 제시문에서 주장하지 않고 있다.) |

최종적으로 ㉠으로 적절한 것으로 "ㄱ, ㄴ"을 모두 고른 ③이 정답이다.

[속도공략] 〈보기〉의 핵심어 ㄱ. "시설 수", ㄴ. "금액", ㄷ. "인구"를 중심으로 제시문의 내용을 이해한다.

## 16 ▶ ①

[유형공략] '출산율' 글에서 "추론할 수 있는 것만을 〈보기〉에서 모두 고르는" 문제이다. 〈보기〉의 핵심를 중심으로 제시문의 내용과 비교하며 풀이한다.

〈보기〉의 핵심어 "조출생률"과 "합계 출산율"을 중심으로, 제시문의 내용을 요약하면 〈아래〉와 같다.

| 내용 |
| --- |
| 갑 1: 조(粗)출생률은 인구 1천 명당 출생아 수를 의미합니다. |

갑 2: 합계 출산율은 여성 한 명이 평생 동안 낳을 것으로 예상되는 출생아 수를 의미합니다. (여성이 실제 낳은 아이 수를 측정하는 것은 문제가 있습니다.) 이에 비해 합계 출산율은 여성 1명이 출생 가능한 시기를 15세부터 49세까지로 가정하고 그 사이의 각 연령대 출산율을 모두 합해서 얻습니다. 15~19세 연령대 출산율은 15~19세 여성에게서 태어난 출생아 수를 15~19세 여성의 수로 나눈 수치

[➜ 연령대 출산율 $= \dfrac{\text{연령대 여성에게서 태어난 출생아 수}}{\text{연령대 여성의 수}}$ ]

인데 45~49세까지 7개 구간 각각의 연령대 출산율을 모두 합한 것이 합계 출산율입니다. 합계 출산율은 한 여성이 가임 기간 내내 특정 시기의 연령대 출산율 패턴을 따른다는 가정을 전제로 산출합니다.

ㄱ. (○)

| |
| --- |
| 갑 1: 조(粗)출생률은 인구 1천 명당 출생아 수를 의미합니다. |

라는 내용으로 볼 때, "조출생률을 계산할 때는 전체 인구 대비 여성의 비율은 고려하지 <u>않는다</u>."라는 <보기>의 진술은 추론할 수 있는 것이다.

ㄴ. (×)

| |
| --- |
| 갑 1: 조(粗)출생률은 인구 1천 명당 출생아 수를 의미합니다. |

갑 2: 합계 출산율은 여성 한 명이 평생 동안 낳을 것으로 예상되는 출생아 수를 의미합니다. 합계 출산율은 여성 1명이 출생 가능한 시기를 15세부터 49세까지로 가정하고 그 사이의 각 연령대 출산율을 모두 합해서 얻습니다. 7개 구간 각각의 연령대 출산율을 모두 합한 것이 합계 출산율입니다.

[➜ 연령대 출산율 $A_k = \dfrac{\text{연령대 여성에게서 태어난 출생아 수}}{\text{연령대 여성의 수}}$ ]

[➜ 합계 출산율 $B = \displaystyle\sum_{k=1}^{7}$ 연령대 출산율 $A_k$ ]

합계 출산율은 한 여성이 가임 기간 내내 특정 시기의 연령대 출산율 패턴을 따른다는 가정을 전제로 산출합니다.

위의 내용으로 볼 때, 만일 갑, 을이라는 두 국가가 인구수와 조출생률이 같지만 남녀의 성비가 다르다면, 연령대 여성의 수[연령대 출산율의 분모]가 다를 수 있고, 이는 연령대 출산율과 합계 출산율에 영향을 준다.

따라서 "두 나라가 인구수와 조출생률에 차이가 없다면 각 나라의 합계 출산율에는 차이가 *없다*."라는 <보기>의 진술은 맞지 않아 추론할 수 있는 것이 아니다.

**내용공략** 참고로 인구수와 조출생률이 같지만 남녀의 성비가 달라 연령대 출산율이 달라질 수 있는 구체적인 사례를 하나 살펴보자. 만일

| 구분 | 인구수 | 조출생률 | 남 : 여 성비 | 15~49세 여성의 수 | 출생아 수 |
| --- | --- | --- | --- | --- | --- |
| 갑 | 2,000명 | 20 | 1:1 | 500명 | 20명 |
| 을 | 2,000명 | 20 | 0:1 | 1,000명 | 20명 |

이라고 가정한 후, 연령대 구간 특히 [1]구간 15~19세의 여성 및 [7]구간 45~49세의 여성의 수와 그 연령대 여성이 낳은 출생아의 수를 <다음>과 같이 임의적으로 정해보자.

| 구분 | [1] 15~19세 여성의 수 | [1] 구간 출생아 수 | [2]~[6] 20~44세 여성의 수 | [2]~[6] 구간 출생아 수 | [7] 45~49세 여성의 수 | [7] 주간 출생아 수 |
| --- | --- | --- | --- | --- | --- | --- |
| 갑 | 100명 | 4명 | 300명 | 12명 | 100명 | 4명 |
| 을 | 200명 | 8명 | 600명 | 4명 | 200명 | 8명 |

이에 [1]구간과 [7]구간을 제외한 나머지 [2]~[6] 구간에서 각 연령대 출산율은 '매우' 달라지리라 생각할 수 있고, [1]구간에서 [7]구간까지의 각 연령대 출산율을 모두 합산한 합계 출산율 역시 '매우' 달라지리라 미루어 알 수 있다.

ㄷ. (×)

| |
| --- |
| 갑 2: (여성이 실제 낳은 아이 수를 측정하는 것은 문제가 있습니다.) … **합계 출산율은 한 여성이** 가임 기간 내내 '특정 시기의 연령대 출산율 패턴을 따른다는 가정을 전제로' **산출**합니다. |

라는 내용으로 볼 때, "합계 출산율은 한 명의 여성이 일생 동안 *출산한 출생아의 수를 집계한 자료를 바탕으로* 산출한다."라는 <보기>의 진술은 맞지 않아 추론할 수 있는 것이 아니다.

최종적으로 추론할 수 있는 것으로 "ㄱ"을 고른 ①이 정답이다.

**속도공략** <보기>의 핵심어 ㄱ. "조출생률", ㄴ.과 ㄷ. "합계 출산율"을 중심으로 제시문의 내용을 이해한다.

# CHAPTER 02 언어

## 1 빈칸(Blank)

### 기출문제 분석

01 ⑤       02 ①

---

## 01

▶ ⑤

**유형공략** '현상의 원인을 찾는 방법'에 대한 글을 읽고, 빈칸에 들어갈 내용을 추리하는 문제이다.

제시문을 요약하면 다음과 같다.

> (첫 번째 단락 요약) 현상의 원인을 찾는 방법들 가운데 최선의 설명을 이용하는 방법이 있다. 가장 좋은 설명에서 나오는 원인이 현상의 진정한 원인이라고 결론 내릴 수 있다.
> (두 번째 단락 요약) 지구에 조수현상이 있는데 그 원인은 무엇일까? 그 원인은 여러 가설로 설정할 수 있다. 만일 지구의 물과 달 사이에 중력이나 자기력과 같은 인력이 작용한다면, 만일 지구와 달 사이에 유동물질이 지구를 누른다면, 만일 지구가 등속도로 자전하지 않아 지구 전체가 흔들거린다면, 지구에 조수를 일으키는 원인이 될 수 있다.
> (마지막 단락 요약) 이런 설명들을 견주어 어떤 것이 다른 것보다 낫다는 것을 주장 할 수 있으며 나은 순서를 정해 가장 좋은 설명을 찾을 수 있다. **지구 전체의 흔들거림 때문에 조수가 생긴다는 설명보다 지구와 달 사이의 물질이 지구를 누르기 때문에 조수가 생긴다는 설명이 더 낫다.** _____. **따라서 조수현상의 원인이 지구의 물과 달 사이에 작용하는 인력이라고 결론 내릴 수 있다.**

⑤ (○) 요약된 내용으로 볼 때, 조수현상의 원인을 '지구의 물과 달 사이에 작용하는 인력 때문'이라고 결론내리기 위해서는 빈칸에 '지구와 달 사이의 물질이 지구를 누르기 때문'이라는 설명보다 '지구의 물과 달 사이에 작용하는 인력 때문'이라는 것과 관련된 설명이 들어가는 것이 더 낫다는 내용이 들어가야 함을 알 수 있다. 따라서 "지구와 달 사이의 물질이 지구를 누르기 때문에 조수가 생긴다는 설명보다 지구의 물과 달 사이의 인력 때문에 조수가 생긴다는 설명이 더 낫다."라는 선택지의 진술이 빈칸에 들어갈 내용으로 적절하다.

**속도공략** 제시문에서 'A 설명보다 B 설명이 더 낫고, **B 설명이 C 설명보다 더 나으면**' C 설명이 가장 좋은 설명'이라고 하고 있다. 게다가 선택지는 '~라는 설명이 ~라는 설명보다 더 낫다.'라는 형식으로 구성되어 있다. 따라서 제시문의 빈칸은 바로 'B 설명이 C 설명보다 더 낫다.'라는 내용을 찾는 것으로 이를 선택지에서 찾으면 된다.

---

## 02

▶ ①

**유형공략** '사실 진술과 당위 진술간의 관계에 관한 데이비드 흄의 주장'에 대한 글을 읽고 [ (가) ]와 [ (나) ]에 들어갈 진술을 <보기> 글과 비교하며 추리하는 문제이다. 빈칸에 <보기> 글을 넣어보며 풀이한다.

제시문의 내용을 [ (가) ]까지만 기호화하며 요약하면 <아래 1>과 같다.

> 사실 진술로부터 당위 진술을 도출할 수 없다는 것을 주장한 최초의 인물은 데이비드 흄이었다. 그의 주장을 이해하기 위해 일단 명제 P와 Q가 있는데 Q는 P로부터 **도출될 수 있는 것**이라 가정해 보자. 가령 "비가 오고 구름이 끼어 있다(P)."는 "비가 온다(Q)."를 논리적으로 함축한다. 이제 다음의 경우를 생각해 보자.

> "비가 오고 구름이 끼어(P) 있지만 비가 오지(Q) **않는다**."
>
> 이 명제는 분명히 **자기 모순적인 명제**이다. 왜냐하면 "비가 오고 비가 오지 않는다(~Q∧Q)"라는 자기모순적인 명제를 포함하고 있기 때문이다. **다음과 같이 결론**지을 수 있다.
>
> | (가) |
> | --- |

ㄱ. (○) <아래 1>의 요약한 내용으로 볼 때, "비가 온다(Q)."가 "비가 오고 구름이 끼어 있다(P)."로부터 도출될 수 있다면 "비가 오고 구름이 끼어(P) 있지만 비가 오지(Q) 않는다."라는 명제는 "비가 오고 비가 오지 않는다(~Q∧Q)."를 포함하고 있으므로 **자기 모순적인 명제**임을 알 수 있다.

따라서 "Q가 P로부터 도출될 수 있다면, 'P이지만 Q는 아니다'라는 명제는 자기모순적인 명제이다."라는 선택지의 내용은 빈칸 (가)에 들어갈 진술로 적절하다.

ㄴ. (×) 앞서의 ㄱ의 설명으로 볼 때, "Q가 P로부터 도출될 수 **없다면**, 'P이지만 Q는 아니다'라는 명제는 자기모순적인 명제가 **아니다**."라는 선택지의 내용은 제시문의 진술과 반대가 되므로 빈칸 (가)에 들어갈 진술로 적절하지 않다.

제시문의 내용을 | (가) | 이후부터 | (나) | 까지 분석하며 요약하면 <아래 2>과 같다.

> 우리는 이러한 결론을 이용하여, 사실 진술로부터 당위 진술을 도출할 수 없다고 하는 흄의 주장을 이해할 수 있다. 예를 들어, **명제 A**를 "**타인을 돕는 행동은 행복을 최대화한다**[사실진술 명제]."라고 해보자. **명제 B**를 "**우리는 타인을 도와야 한다**[당위진술 명제]."라고 해보자. 물론 "B가 아니다."는 "우리는 타인을 돕지 않아도 된다."가 될 것이다. 이제 이러한 명제들에 대해 앞의 논리를 적용시켜 볼 수 있다. 따라서 **B는 A로부터 도출되지 않는다.** 이점을 **일반화**시키면 다음과 같다.
>
> | (나) |
> | --- |

ㄷ. (○) <아래 2>의 요약한 내용으로 볼 때, "따라서 B는 A로부터 도출되지 않는다."를 순서만 바꾸어 'A[사실진술 명제]로부터 B[당위진술 명제]는 도출할 수 없다'와 같음을 알 수 있다. 즉 "[명제A] 타인을 돕는 행동(어떤 행동)은 행복을 최대화한다"는 것으로부터 "[명제B] 우리는 타인을 도와야 한다[명제B, 당위진술 명제]."는 행동(그 행동)을 행하여야만 한다는 것을 도출할 수 없다는 것이다.

따라서 "어떤 행동이 행복을 최대화한다는 것으로부터 그 행동을 행하여야만 한다는 것을 도출할 수 없다."라는 선택지의 내용은 빈칸 (나)에 들어갈 진술로 적절하다.

ㄹ. (×) 앞서의 ㄷ의 설명으로 볼 때, "어떤 행동을 행하여야만 한다는 것*으로부터* 그 행동이 행복을 최대화*한다는 것을 도출할 수 없다*."라는 선택지의 내용은 제시문의 진술과 반대가 되므로 빈칸 (나)에 들어갈 진술로 적절하지 않다.

ㅁ. (×) 앞서의 ㄷ의 설명으로 볼 때, "'어떤 행동이 행복을 최대화한다.'라는 명제와 '그 행동을 행하여야만 한다.'라는 명제는 **둘 다 참**일 수 있다."라는 선택지의 내용은 제시문에서 '참/거짓'에 대한 진술을 찾을 수 없으므로 빈칸 (다)에 들어갈 진술로 적절하지 않다.

**속도공략** <보기> 글의 구성이 ㄱ과 ㄴ이 비슷하므로 이를 제시문과 비교하며 | (가) | 의 진술을 찾고 ㄷ과 ㄹ이 비슷하므로 이를 제시문과 비교하며 | (나) | 의 진술을 찾되, '~ 있다면/없다면 자기모순적인 명제이다/아니다'와 'A/B으로부터 B/A을 도출할 수 없다.'라는 핵심구절을 중심으로 이해한다.

---

**대표 기출** 본문 69~72P

01 ①　　02 ②　　03 ⑤　　04 ①　　05 ①　　06 ⑤

---

## 01 ▶①

**유형공략** '신의 진리와 건축' 글의 " | (가) | 와 | (나) | "에 들어갈 말을 적절하게 나열한 것을 찾는 문제이다. 각 선택지의 진술 중 제시문 빈칸의 앞뒤 문맥과 어울리는 진술을 찾는다.

제시문 빈칸 | (가) | 앞뒤 문맥을 요약한 후 각 선택지의 진술과 비교하면 <아래 1>과 같다.

| [1단락] |
|---|

서양 사람들은 옛날부터 신이 자연 속에 진리를 감추어 놓았다고 믿고 그 진리를 찾기 위해 노력했다. 또한 신(의) 진리 중에서 인체 비례야말로 가자 아름다운 진리의 정수로 여겼다. … (르네상스 시대 건축가들은 기본 도형으로) 건축물을 디자인하면 (가) 위대한 건물을 지을 수 있다고 생각했다.

| ①/③/⑤ (○) | ②/④ (×) |
|---|---|
| (가) (인체 비례에 숨겨진) **신의 진리**를 구현한 | (가) (신의 진리를 넘어서는) *인간*의 진리를 구현한 |

이에 빈칸 (가)에는 서양 사람들이 찾았던 '신의 진리'와 관련된 말이 (인간의 진리보다) 더 적절하리라 미루어 알 수 있다.

다음으로 제시문 빈칸 ⎡ (나) ⎤ 앞뒤 문맥을 요약한 후 선택지 ①/③/⑤의 진술과 비교하면 <아래 2>와 같다.

| [끝단락] |
|---|

건축에서 미적 표준으로 인체 비례를 활용하는 조형적 안목은 서양뿐 아니라 동양에서도 찾을 수 있다. 중국이나 우리나라에서도 인체 비례를 건축물 축조에 활용하였다. … (구 고현법의) 삼각형은 고대 서양에서 신성불가침의 삼각형과 동일한 비례를 가지고 있다. 동일한 비례를 아름다움의 기준으로 삼았다는 점에서 (나) 는 것을 알 수 있다.

| ① (○) | ③ (×) | ⑤ (×) |
|---|---|---|
| (인체 비례) **조형미**에 대한 **동서양의 안목**이 유사하였다 | 건축물에 대한 동서양의 *공간 활용법*이 유사하였다 | *인체 실측*에 대한 동서양의 *계산*법이 동일하였다 |

이에 [끝단락]에서는 (공간을 나누어 이용한다는 의미의) 공간 활용법, (인체 비례를 구하기 위한) 계산법, (실제로 인체를 측정했다는 의미의) 인체 실측에 대한 내용을 찾을 수 없다.

**속도공략** 각 선택지 진술의 차이점을 대조한 후 제시문 빈칸 앞뒤 내용과 비교하며 풀이한다.

# 02 ▶ ②

**유형공략** 'A/B 보조금' 대화의 "빈칸에 들어갈 내용으로 가장 적절한 것"을 찾는 문제이다.

제시문 을의 대화를 중심으로, 민원인이 B 보조금 신청 자격이 되는지 여부에 대한 긍정적인 의미의 적극적(+) 요건과 부정적인 의미의 소극적(−) 요건으로 나누어 정리하면 <아래>와 같다.

| 대화 | |
|---|---|
| 갑₁: 21년 A 보조금을 수령한 민원인이 (22년) B 보조금 신청(을) 문의하였습니다. | |
| **(적극적 요건)** | **(소극적 요건)** |
| 을₁: B 보조금 자격은 A와 같습니다.<br><br>(1)농업경영정보를 등록한 농업인이고 (2)토지도 등록된 농지 또는 초지여야 합니다. | |
| 을₂:<br><br>(다만 부정 수령했다고 지자체에서 판정하더라도 수령인은 이의를 제기할 수 있습니다.) 이의 제기 심의 기간에는 부정 수령하지 않은 것으로 봅니다 (➔ B 신청 할 수 있어요). | 전년도에 A를 부정 수령했다고 판정된 경우 B를 신청할 수 없어요. |
| 을₃:<br><br>(그중 11건에 이의 제기 신청이 들어왔고)<br><br>1건은 이의 제기가 인용되었습니다.<br><br>나머지 1건은 심의가 진행 중입니다. | 21년 부정 수령 판정이 총 15건이 있었는데,<br><br>9건은 이의 제기가 기각되었고, |
| 갑₄: 제가 ⎡ ⎤만 확인하면 다른 사유를 확인하지 않고도 민원인(의) B 신청 자격(을) 알 수 있겠네요. | |

이에 [을]의 대화 내용 중 **소극적 요건**(➔ B 신청 **불가**)에 해당하는 (1) 민원인의 부정 수령 판정 여부, (2) 민원인의 이의 제기 여부, (3) 그 이의 제기의 기각 여부의 3가지만 확인하면 민원인에게 B 보조금 신청 자격이 있는지 여부를 판단할 수 있다. 만일 민원인이 21년 A 보조금을 부정 수령하였다는 판정을 받고난 후 이의를 제기하였지만 그 이의가 이유가 없다고 기각되었다면, 민원인은 22년 B 보조금을 신청할 수 <u>없는</u> 자격임을 알 수 있다.

② (○) 따라서 "민원인의 부정 수령 판정 여부, 민원인의 이의 제기 여부, 이의 제기 기각 건에 민원인이 제기한 건이 포함되었는지 여부"라는 선택지의 진술은 빈칸에 들어갈 내용으로 가장 적절하다.

**속도공략** 각 선택지 진술의 구성부분인 "민원인의 부정 수령 판정 여부", "이의 제기 심의 절차 진행 중인 건/이의 제기 기각/이의 제기 인용이 민원이 제기한 건인지 여부", "민원인의 농업인 및 농지 등록 여부" 순으로 적절한지 여부를 살핀다. ("민원인의 이의 제기 여부"는 모든 선택지에 포함되어 있으므로 살필 필요가 없다.)

## 03 ▶ ⑤

**유형공략** '학교 규칙 제정(이하 '학칙'), 「학생인권조례」(이하 '조례') 그리고 「초·중등교육법」(이하 '교육법') 대화의 "빈칸에 들어갈 내용으로 가장 적절한 것"을 찾는 문제이다.

학칙, 「조례」 및 「교육법」을 중심으로 빈칸 앞뒤 갑과 을의 대화 내용을 요약하면 <아래>와 같다.

| 내용 |
|---|
| 을₁: 학칙을 제정할 때 「교육법」에 어긋나지 <u>않는</u> 제정이 이루어져야 합니다. |
| 갑₂: 교육법 제8조 제1항 학교의 장은 '법령'의 범위에서 학칙을 제정할 수 있다는 규정에 근거해 학칙을 만들고 있습니다. 　도(道) 의회 「조례」를 보니 학칙과 어긋나는 것이 있습니다. 법적 판단은? |
| 을₂: ［　　　　　　　　　　　　　　　　　　　　］ |
| 갑₃: 교육법에서는 법령과 조례를 구분하는 것으로 보입니다. |
| 을₃: (교육법 제10조 제2항 조례는 위임입법입니다.) 제8조 제1항 법령에는 조례가 포함된다고 해석합니다. |
| 을₄: 교육법 제8조 제1항의 목적은 학교의 자율과 책임을 존중(합)니다. 다만 학칙을 제정할 때 최소한의 한계를 법령의 범위라고 표현한 것입니다. 　「(학생인권)조례」도 이러한 취지(➔ 학생인권보장)에서 제정되었습니다. |

① (×) <아래>의 빈칸 앞뒤 내용으로 볼 때, 학칙의 제정 및 학생들의 학습권과 개성에 대한 내용을 찾을 수 없다. 따라서 "학칙의 제정을 통하여 학교 운영의 자율과 책임뿐 아니라 학생들의 학습권과 개성을 실현할 권리가 제한될 수 있습니다."라는 선택지의 진술은 빈칸 내용으로 적절하지 않다.

② (×)

> 을₃: (교육법 …) 제8조 제1항 **법령에는 조례가 포함된다**고 해석합니다.

라는 내용으로 볼 때, 따라서 "법령에 조례가 포함된다고 해석할 여지는 **없지만** 교육법의 체계상 「학생인권조례」를 따라야 합니다."라는 선택지의 진술은 맞지 않아 빈칸 내용으로 적절하지 않다.

③ (×)

> 을₃: (교육법 **제10조 제2항 조례**는 위임입법입니다.) 제8조 제1항 법령에는 조례가 포함된다고 해석합니다.

위의 내용으로 볼 때, 교육법 제10조 제2항 조례가 위임입법이라는 내용을 알 수 있을 뿐 법령에 포함되는지 여부에 대한 내용으로 해석하기 어렵다. 따라서 "교육법 제10조 제2항에 따라 조례는 (입법 목적이나 취지와 관계없이) 법령에 포함됩니다."라는 선택지의 진술은 빈칸 내용으로 적절하지 않다.

④ (×)

> 갑₂: 교육법 제8조 제1항 학교의 장은 '법령'의 범위에서 학칙을 제정할 수 있다는 규정에 근거해 학칙을 만들고 있습니다. 　도(道) 의회 「조례」를 보니 학칙과 어긋나는 것이 있습니다.

위의 내용으로 볼 때, 어떤 학칙 내에는 조례에 어긋나는 규정이 있음을 알 수 있을 뿐 조례가 법령에 어긋나는 것이 있는지 여부는 알 수 없다. 따라서 "「학생인권조례」에는 교육법에 어긋나는 규정이 *있지만* 학칙은 이 조례를 따라야 합니다."라는 선택지의 진술은 알 수 없어 빈칸 내용으로 적절하지 않다.

⑤ (○)

| 갑₂: | 교육법 제8조 제1항 학교의 장은 '**법령**'의 **범위**에서 학칙을 제정할 수 있다는 규정에 근거해 학칙을 만들고 있습니다. | 도(道) 의회 「조례」를 보니 학칙과 어긋나는 것이 있습니다. 법적 판단은? |
|---|---|---|
| 을₂: | | |
| 갑₃: | 교육법에서는 법령과 조례를 구분하는 것으로 보입니다. | |
| 을₃: | (교육법 제10조 제2항 조례는 위임입법입니다.) 제8조 제1항 **법령**에는 **조례**가 '포함'된다고 해석합니다. | |

위의 내용으로 볼 때, 교육법 제8조 제1항에 근거하여 (조례가 포함되는) 법령의 범위에서 학칙을 제정할 수 있다고 했으므로, 조례(⊂법령)의 내용에 반하는 학칙은 교육법에 저촉된다는 법적 판단을 내릴 수 있다. 따라서 "법령의 범위에 있는 「학생인권조례」의 내용에 반하는 학칙은 교육법에 저촉됩니다."라는 선택지의 진술은 빈칸 내용으로 적절하다.

**속도공략** 각 선택지를 넣어보며 빈칸 앞뒤 맥락과 비교하며 풀이한다.

## 04  ▶ ①

**유형공략** '조례 제정 비율'과 관련한 "대화의 빈칸에 들어갈 내용으로 가장 적절한 것"을 찾는 문제이다. 각 선택지의 진술 중 제시문의 빈칸의 앞뒤 문맥과 어울리는 진술을 찾는다.

"A시의 조례 제정 비율"과 관련한 제시문의 내용을 요약하여 정리하면 <아래>와 같다.

| 내용 |
|---|
| 갑1: 각 지방자치단체가 법률의 위임에 따라 몇 개의 조례를 제정했는지 집계하여 '조례 제정 비율'을 계산합니다. |
| 을1: A시의 작년 평가 결과를 말씀해 주세요. |
| 갑2: 먼저 그해 1월 1일부터 12월 31일까지 법률에서 조례를 제정하도록 위임한 사항이 몇 건인지 확인한 뒤, 그중 12월 31일까지 몇 건이나 조례로 제정되었는지 평가합니다. 작년에는 위임한 사항이 15건이었는데, A시에서 제정한 조례는 9건으로 그 비율은 60%였습니다. |

$$[\text{정리 1}]\ \text{조례 제정 비율} = \frac{\text{1월 1일부터 12월 31일까지 제정한 조례의 수}}{\text{1월 1일부터 12월 31일까지 법률 위임 조례의 수}}$$

$$[\text{정리 2}]\ \text{작년 (1월 1일부터 12월 31일까지)}\,A\,\text{시 조례 제정 비율} = \frac{9}{15} = 0.6$$

| |
|---|
| 을2: 올해는 조례 제정 상황이 어떻습니까? |
| 갑3: <u>1월 1일부터 7월 10일까지</u> 법률에서 조례를 제정하도록 위임한 사항은 10건인데, A시는 이 중 7건을 조례로 제정하였으며 입법예고 중인 것은 2건입니다. |

$$[\text{정리 3}]\ \text{올해 1월 1일부터 7월 10일까지}\,A\,\text{시 조례 제정 비율} = \frac{7}{10} = 0.7$$

$$[\text{정리 4}]\ \text{법률 위임 조례(10건)} = \text{조례 제정(7건)} + \text{입법 예고 중(2건)} + \text{'필요 입법 예고(1건)'}$$

| |
|---|
| 을3: 현재 입법예고 중인 2건은 제정될 수 있겠네요. |
| 갑4: 현재 시점에서 조례 제정 가능성을 단정하기는 어렵습니다. |
| 을4: A시의 조례 제정 비율과 관련하여 알 수 있는 것은 무엇이 있을까요? |
| 갑5: A시는 [ ] |

① (○)

[정리 4] 법률 위임 조례(10건)＝조례 제정(7건)＋입법 예고 중(2건)＋'**필요 입법 예고(1건)**'　　　로 볼 때,

"현재 조례로 제정하기 위하여 입법예고가 필요한 것이 1건입니다."라는 선택지의 진술은 빈칸에 들어갈 내용으로 적절하다.

② (×)

[정리 3] 올해 1월 1일부터 7월 10일까지 $A$시 조례 제정 비율 $= \dfrac{7}{10} = 0.7$

[정리 1] 조례 제정 비율 $= \dfrac{1월\ 1일부터\ 12월\ 31일까지\ 제정한\ 조례의\ 수}{1월\ 1일부터\ 12월\ 31일까지\ 법률\ 위임\ 조례의\ 수}$　　　로 볼 때,

[정리 2] 작년 (1월 1일부터 12월 31일까지)$A$시 조례 제정 비율 $= \dfrac{9}{15} = 0.6$

[정리 3]의 0.7이 [정리 2]의 0.6보다 높다는 것은 알 수 있으나, 만일 올해 7월 10일 이후 12월 31일까지 법률 위임 조례의 수([정리 1]의 분모)가 폭발적으로 증가하는 반면 위임 조례가 그와 비례하여 제정되지 못한다면, 조례 제정 비율이 0.6보다도 낮아질 수 있다. (예 $\dfrac{10}{20} = 0.5$) 따라서 "올 한 해의 조례 제정 비율이 작년보다 높아집니다."라는 선택지의 진술은 반드시 맞는 것은 아니므로 빈칸에 들어갈 내용으로 적절하지 않다.

③ (×)

갑3:　<u>1월 1일부터 7월 10일까지</u> 법률에서 조례를 제정하도록 위임한 사항은 10건인데, A시는 이 중 7건을 조례로 제정하였으며 입법예고 중인 것은 2건입니다.

으로 볼 때, 올해 7월 10일까지 7건의 조례를 제정하였음을 알 수 있을 뿐, 남은 올 한 해 동안 몇 건의 조례가 제정될지는 알 수 없다. 따라서 "올 한 해 총 9건의 조례를 제정하게 됩니다."라는 선택지의 진술은 알 수 없어 빈칸에 들어갈 내용으로 적절하지 않다.

④ (×)

[정리 3] 올해 1월 1일부터 7월 10일까지 $A$시 조례 제정 비율 $= \dfrac{7}{10} = 0.7$

으로 볼 때, 현재 조례 제정 비율은 70%임을 알 수 있다. 따라서 "현재 시점을 기준으로 평가를 받으면 조례 제정 비율이 *90%*입니다."라는 선택지의 진술은 맞지 않아 빈칸에 들어갈 내용으로 적절하지 않다.

⑤ (×)

갑3:　<u>1월 1일부터 7월 10일까지</u> 법률에서 조례를 제정하도록 위임한 사항은 '10건'인데, A시는 이 중 7건을 조례로 제정하였으며 입법예고 중인 것은 2건입니다.

갑2:　작년에는 위임한 사항이 '15건'이었는데, A시에서 제정한 조례는 9건으로 그 비율은 60%였습니다.

으로 볼 때, 올해 7월 10일까지 법률에서 조례를 제정하도록 위임받은 사항은 10건이고 작년 위임받은 사항은 15건으로 줄어든 것처럼 보일 수 있으나 올해 7월 10일 이후 12월 31일까지 위임받는 사항이 늘어날 수 있으므로 작년과 단순 비교하기는 어렵다. 따라서 "올 한 해 법률에서 조례를 제정하도록 위임받은 사항이 작년보다 줄어듭니다."라는 선택지의 진술은 알 수 없어 빈칸에 들어갈 내용으로 적절하지 않다.

**내용공략** 조례 제정 비율과 관련한 진술의 적절성을 추리할 때, "현재 시점"과 "올 한 해"의 차이점에 유의한다.

**속도공략** 제시문 빈칸 앞에서 을4가 "조례 제정 비율"과 관련하여 알 수 있는 것을 묻고 있으므로 이를 중심으로 내용을 이해한다.

## 05　　　　　　　　　　　　　　　　　　　　　　　　　　　　　　　　　▶ ①

**유형공략** '민간 국제 예술 공연 개최' 글의 "빈칸에 들어갈 내용을 가장 적절한 것"을 찾는 문제이다. 각 선택지의 진술을 빈칸 앞뒤 문맥에 맞는 내용인지 넣어보며 풀이한다.

제시문의 내용을 요약하여 기호화하면 <아래>와 같다.

| 내용 | 기호 |
|---|---|
| 민간 문화 교류 증진 공연의 개최가 확정되었다. | $^\exists$민간[T] |
| 이번 공연이 민간 문화 교류 증진 목적으로 열린다면, 예술단 수석대표는 정부 관료가 맡아서는 안 된다. | i. $^\exists$공연: 민간[T] → 수석: ~관료 |
| 만일 공연이 민간 문화 교류 증진 목적으로 열리고 예술단 수석대표는 정부 관료가 맡아서는 안 된다면, 예술단 수석대표는 고전음악 지휘자나 대중음악 제작자가 맡아야 한다. | ii. 공연: 민간∧수석: ~관료<br>→ 수석: 고전∨대중 |
| (현재) 정부 관료 가운데 고전음악 지휘자나 대중음악 제작자는 없다. | iii-1. 관료: ~(고전∨대중)<br>⇔ iii-2. 관료: ~고전∧~대중 |
| 예술단에 수석대표는 반드시 있어야 하며 두 사람 이상이 공동으로 맡을 수도 있다. | (iv. 수석: 1⬆[T])<br>v. 수석: 1∨2⬆[T] |
| 전체 세대를 아우를 수 있는 사람이 아니라면 수석대표를 맡아서는 안 된다. | vi-1. ~전체 → ~수석<br>⇔ vi-2. 수석 → 전체 (∵후건부정) |
| 전체 세대를 아우를 수 있는 사람이 극히 드물기에, 위 조건을 다 갖춘 사람은 모두 수석대표를 맡는다. | vii. ( i ~vi 참이면 → 수석) |
| 아이돌 그룹 A가 예술단에 참가하는 것은 분명하다. | viii. $^\exists$A[T] |
| 만일 갑이나 을이 수석대표를 맡는다면 A가 공연예술단에 참가하는데, ☐ 때문이다. | ix. 수석: 갑∨을 → A ∵ ☐ |

문제를 풀이하기에 앞서 $\boxed{\text{ix. 수석: 갑∨을 → A ∵ ☐}}$ 을 분석해 본다면, 이는 가언명제이므로 그 명제의 전건 <수석: 갑∨을>을 '참'으로 만드는 ☐ 를 선택지 ①~⑤에서 찾아 그 때문에 그 후건 <A>가 '참'이 되도록 하자는 것임을 알 수 있다. {즉 **갑이나 을이** (이번 민간 공연) $\boxed{\text{수석대표가 되었}}$ 때문에 그로 인해 **대표를 맡는다면 A가 예술단에 참가하는 것은 분명**해진다는 것에 부합한다는 것이다.} 결국 $\boxed{\text{vii. ( i ~vi 참이면 → 수석)}}$ 이므로 갑 또는 을이 (이번 공연에서) 수석대표가 되기 위해서는 갑 또는 을이 i ~vi의 조건을 모두 만족시키면 된다.

① (○) "갑은 고전음악 지휘자이며 전체 세대를 아우를 수 있기"라는 선택지의 진술은

iii-2. 관료: ~**고전(f)**∧~대중

i. $^\exists$공연: 민간[T] → 수석: ~**관료(t)**

ii. 공연: 민간[T]∧**수석**: ~**관료(t)** → **수석**: **고전(t)**∨대중

vi-2. **수석(t)** → **전체(t)**

(iv. **수석**: 1 ⑭ [T]) v. 수석: 1∨2⬆[T]

를 모두 만족시키므로 빈칸의 내용으로 적절하다. (즉 iii-2. 갑은 고전음악 지휘자로서 관료가 아니고, 관료가 아니므로 수석대표가 될 수 있고 vi-2. 수석 대표인 경우 전체 세대도 아우를 수 있으므로 모든 조건을 만족시킨다.)

② (×) "갑이나 을은 대중음악 제작자 또는 고전음악 지휘자이기"라는 선택지의 진술은 $\boxed{\text{vi-2. 수석 → 전체}}$ 를 반드시 참으로는 만족시키지 못하므로 빈칸의 내용으로 적절하지 않다.

③ (×) "갑과 을은 둘 다 정부관료가 아니며 전체 세대를 아우를 수 있기"라는 선택지의 진술은

$\boxed{\text{ii. 공연: 민간[T]∧수석: ~관료(t) → 수석: 고전∨대중}}$ 의 후건을 참으로 만족시키지 못하므로 빈칸의 내용으로 적절하지 않다.

④ (×) "을이 대중음악 제작자가 아니라면 전체 세대를 아우를 수 없을 것이기"라는 선택지의 진술은 하나의 진술일 뿐 (을이 고전음악 지휘자일 경우에는) 그 타당성도 갖추지 못하였으므로 빈칸의 내용으로 적절하지 않다.

⑤ (×) "대중음악 제작자나 고전음악 지휘자라면 누구나 전체 세대를 아우를 수 있기"라는 선택지의 진술은 전칭명제일 뿐, 특칭명제인 갑과 을에 대한 정보가 아니므로, 갑과 을에 대한 추리를 진행할 수 없어 빈칸의 내용으로 적절하지 않다.

**속도공략** 선택지 ①~⑤의 진술을 빈칸에 넣어보며 풀이하되, 제시문의 [끝단락] 마지막 문장이 "만일 [조건]하다면 [결론]하는데, ☐ 때문이다." 로 구성되어 있으므로, 이는 ☐ 이 [전제]로 추가되어 [조건]과 함께 [결론]을 이끌어 낼 수 있는 것을 찾는 문제임을 파악한다. 또한 전칭명제와 특칭명제의 구분에도 유의한다.

## 06　　　　　　　　　　　　　　　　　　　　　　　　　　　　　　　　　　　　　　　　　　▶ ⑤

유형공략 『부정청탁 및 금품등 수수의 금지에 관한 법률(이하 '청탁금지법')』의 "빈칸에 들어갈 내용으로 가장 적절한 것"을 찾는 문제이다. 각 선택지의 구성이 청탁금지법 적용 사례에 해당하는지 여부를 묻는 문제이므로 관련 법률을 중심으로 내용을 정리하며 풀이한다.

'청탁금지법'과 관련된 내용과 각 사례를 요약하면 <아래>와 같다.

| 내용 |
|---|
| 을₁: 『부정청탁 및 금품등 수수의 금지에 관한 법률(이하 '청탁금지법')에서는, 공직자가 부정 청탁을 받았을 때 (1) 거절 의사를 표현해야 하고, (2) 상대방이 이후 동일한 부정 청탁을 해 온다면 소속 기관의 장에게 **신고**해야 한다고 규정합니다. |
| 을₂: ('금품등'에는 접대와 같은 **향응**도 포함)지요. (3) 공직자는 동일인으로부터 명목에 상관없이 1회 100만 원 혹은 매 회계연도(➜ 1년)에 300만 원을 초과하는 금품이나 접대를 받을 수 없습니다. (4) **직무 관련성**이 있는 경우에는 100만 원 이하라도 처벌을 받습니다. |
| 을₃: ('동일인'은) 받는 사람을 기준으로 (합)니다. (5) 한 공직자에게 여러 사람이 동일한 부정 청탁을 하며 금품을 제공하려 하였을 때에도 출처가 같다면 '동일인'으로 해석됩니다. 또한 (6) 여러 행위가 계속성 또는 **시간적·공간적 근접성**이 있다고 판단되면, 1회로 간주될 수 있습니다. |
| 갑₄: 연초 우리 시청 직원 90명은 장터에 들러 1인당 8천 원씩 지불하고 식사를 했는데, 이후 그 식사는 X회사 사장인 A의 후원금이 ( i ) 1인당 1만 2천 원씩 들어간 것이라는 알(았)습니다. 대가성 있는 접대가 <u>아니고</u> 직무관련성도 <u>없는</u> 것으로 확정되었으며, 추가 식사비도 돌려주었습니다. 그리고 ( ii ) Y회사 임원인 B가 입찰을 도와달라고 청탁하면서 100만 원을 건네길래 거절한 적이 있습니다. 그런데 ( iii ) 어제 C가 찾아와 X회사 공장 부지 용도 변경에 힘써 달라며 200만 원을 주려고 해서 거절하였습니다. |
| 을₃: 설명드리겠습니다. [　　　　　　　　　　　　　　　　　　] |

① (×)

| 을₂: ('금품등'에는 접대와 같은 **향응**도 포함)지요. (3) 공직자는 동일인으로부터 명목에 상관없이 1회 100만 원 혹은 매 회계연도(➜ 1년)에 300만 원을 초과하는 금품이나 접대를 받을 수 <u>없습니다</u>. |
|---|
| 갑₄: 연초 우리 시청 직원 90명은 장터에 들러 1인당 8천 원씩 지불하고 식사를 했는데, 이후 그 식사는 X회사 사장인 A의 후원금이 ( i ) 1인당 1만 2천 원씩 들어간 것이라는 알(았)습니다. 대가성 있는 접대가 <u>아니고</u> 직무관련성도 <u>없는</u> 것으로 확정되었으며, 추가 식사비도 돌려주었습니다. |

위의 '청탁금지법' 관련 내용 (3)에 따를 때, 공직자(1인)는 (직무 관련성이 <u>없는</u> 경우) 1회 100만 원을 초과하는 접대를 받을 수 없을 뿐 1회 (100만 원을 초과하지 않는) 1만 2천 원 식사는 접대 받을 수 있다. 따라서 "X회사로부터 받은 접대는 시간적·공간적 근접성으로 보아 청탁금지법을 위반한 향응을 받은 것이 *됩니다*."라는 선택지의 진술은 맞지 않아 적절하지 않다.

② (×)

| 을₂: (4) **직무 관련성**이 있는 경우에는 100만 원 이하(금품)라도 처벌을 받습니다. |
|---|
| 갑₄: ( ii ) Y회사 임원인 B가 입찰을 도와달라고 청탁(➜ 직무 관련성 有)하면서 100만 원을 건네길래 거절한 적이 있습니다. |

위의 '청탁금지법' 관련 내용 (4)에 따를 때, (입찰을 도와달라는 청탁과 같이) 직무 관련성이 있는 경우에는 100만 원 이하라도 처벌을 받으므로 청탁금지법상의 처벌대상이 되는 금품임을 알 수 있다. 따라서 "Y회사로부터 받은 제안의 내용은 청탁금지법상의 금품이라고는 할 수 *없지만* 향응에는 포함될 수 있습니다."라는 선택지의 진술은 맞지 않아 적절하지 않다.

③ (×)

| 을₂: (4) **직무 관련성**이 있는 경우에는 100만 원 이하라도 처벌을 받습니다. |
|---|
| 을₃: ('동일인'은) 받는 사람을 기준으로 (합)니다. (5) 한 공직자에게 여러 사람이 동일한 부정 청탁을 하며 금품을 제공하려 하였을 때에도 출처가 같다면 '동일인'으로 해석됩니다. |
| 갑₄: 연초 우리 시청 직원 90명은 1인당 8천 원씩 지불하고 식사를 했는데, 이후 그 식사는 X회사 사장인 A의 후원금이 ( i ) 1인당 1만2천 원씩 들어간 것이라는 알(았)습니다. 대가성 있는 접대가 <u>아니고</u> 직무관련성도 <u>없는</u> 것으로 확정되었으며, 추가 식사비도 돌려주었습니다. 그런데 ( iii ) 어제 C가 찾아와 X회사 공장 부지 용도 변경에 힘써 달라며 200만 원을 주려고 해서 거절하였습니다. |

위의 선택지 ①의 해설과 '청탁금지법' 관련 내용 (5)에 따를 때 A는 부정 청탁을 한 것이 <u>아니지만</u>, (4)에 따를 때, 공장 부지 용도 변경은 직

무 관련성이 있으므로 C는 부정 청탁을 한 것임을 미루어 알 수 있다. 따라서 "청탁금지법상 *A와 C는 동일인으로서* 부정 청탁을 한 것이 됩니다."라는 선택지의 진술은 적절하지 않다. (게다가 A와 C가 동일인인지 여부는 한 공직자에게 청탁을 했는지 여부와 그 출처가 X회사 법인으로 동일한지 여부에 대한 추가 내용이 있어야 판단할 수 있다고 본다.)

④ (×)

> 을₂: ('금품등'에는 접대와 같은 **향응**도 포함되)지요. (3) 공직자는 동일인으로부터 명목에 상관없이 1회 100만 원 혹은 매 회계연도(➔ 1년)에 300만 원을
> 초과하는 금품이나 접대를 받을 수 <u>없습니다.</u>

> 갑₄: (ⅱ) Y회사 임원인 B가 입찰을 도와달라고 청탁하면서 100만 원을 건네길래 거절한 적이 있습니다. 그런데 (ⅲ) 어제 C가 찾아와 X회사 공장 부
> 지 용도 변경에 힘써 달라며 200만 원을 주려고 해서 거절하였습니다.

만일 직무 관련성이 없다는 가정하에 적용되는 '청탁금지법' 관련 내용 (3)에 따를 때, 1회 100만 원을 '초과(+)'하는 금품은 받을 수 없으므로 B의 100만 원은 그 허용 한도를 벗어나지 않았으나 C의 200만 원은 이를 벗어났음을 알 수 있다. 따라서 "직무 관련성이 없다면 B와 *C가 제시한 금액*은 청탁금지법상의 허용 한도를 벗어나지 *않습니다.*"라는 선택지의 진술은 맞지 않아 적절하지 않다.

⑤ (○)

> 을₁: 『부정청탁 및 금품등 수수의 금지에 관한 법률(이하 '청탁금지법')에서는, 공직자가 부정 청탁을 받았을 때 (1) 거절 의사를 표현해야 하고, (2) 상
> 대방이 이후 동일한 부정 청탁을 해 온다면 소속 기관의 장에게 **신고**해야 한다고 규정합니다.

> 을₂: (4) **직무 관련성**이 있는 경우에는 100만 원 이하라도 처벌을 받습니다.

> 갑₄: (ⅲ) 어제 C가 찾아와 X회사 공장 부지 용도 변경에 힘써 달라며 200만 원을 주려고 해서 거절하였습니다.

직무 관련성이 있어 100만 원 이하의 금품도 처벌받는 부정 청탁일 때 적용되는 '청탁금지법' 관련 내용 (1)과 (2)에 따를 때, C의 처음의 청탁은 (신고하지 않고) 거절 의사만 표현하면 현재로서는 충분하지만 만일 그와 같은 (부정) 청탁을 다시 한다면 소속 기관의 장에게 신고해야 함을 알 수 있다. 따라서 "현재는 청탁금지법상 C의 청탁을 신고할 의무가 생기지 않지만, C가 같은 청탁을 다시 한다면 신고해야 합니다."라는 선택지의 진술은 적절하다.

**속도공략** '청탁금지법'과 관련된 선택지의 핵심어 ① "시간적·공간적 근접성/향응", ② "금품/향응", ③ "동일인/부정 청탁", ④ "직무 관련성", ⑤ "신고"를 중심으로 제시문의 내용과 비교한다.

## 2    이해(Understand/Comprehend)

**기출문제 분석** 본문 74P

01 ①

# 01 ▶ ①

**유형공략** '김치의 기원과 그 변화'에 대한 글을 읽고 사실적으로 "알 수 있는 것"을 찾는 문제이다. 제시문에서 '찾을 수 없'거나 제시문과 '맞지 않은' 선택지의 내용은 알 수 있는 것이 아니다.

① (○) (세 번째 단락 2번째 줄) "**고추**는 … 16세기 말 조선에 전래되어 17세기부터 서서히 보급되다가 **17세기 말부터 가루**로 만들어 … **김치**에 쓰이게 되었다."라는 내용으로 볼 때, 17세기 말부터 고춧가루를 사용한 김치가 쓰이게 되었음을 알 수 있다. 따라서 "17세기에 와서야 고추를 사용한 김치가 출현하였다."라는 선택지의 내용은 알 수 있다.

② (×) (마지막 단락 2번째 줄) "**고추**는 **소금**이나 **젓갈**과 어우러져 몸에 좋은 **효소**를 만들어 낸다. 또 (고추는) 몸의 지방 성분을 산화시켜 **열**이 나게 함으로써 … 추위를 이기게 하는 기능이 있다."라는 내용으로 볼 때, 고추는 소금, 젓갈과 어우러져 효소를 만들고, (효소가 아닌 고추가) 열이 나게 하는 기능이 있음을 알 수 있다. 따라서 "고추가 소금, 젓갈과 어우러져 만들어 내는 **효소**는 우리 몸에 열이 나게 한다."라는 선택지의 내용은 맞지 않다.

**내용공략** 제시문 마지막 단락을 구성하는 문장의 각 주어부들은 [1문장] '우리나라의 **고추는** … 많고, (고추의) 색소는 … 많다', [2문장] '더구나 **고추는** … 다.', 그리고 [마지막 문장] '고추가 … 한다.'이므로 [3문장] '또 (주어 생략) … 기능이 있다.'의 주어 역시 '고추'임을 추리해 낸다.

③ (×) (두 번째 단락 2번째 줄) "**배추김치**는 18세기 말 **중국**으로부터 … **배추품종**을 들여온 뒤로 … 널리 담그기 시작…"했다는 내용과 (세 번째 단락 2번째 줄) "중미 **멕시코**가 원산지인 **고추**는 … 16세기 말 조선에 **전래**되어 … 17세기 말부터 **가루**로 만들어 **비로소 김치**에 쓰이게 되었다."라는 내용으로 볼 때, 배추김치를 널리 담그기 시작한 것은 중국에서 품종을 들여왔기 때문이고 고춧가루를 넣은 김치를 먹게 된 것은 멕시코가 고추를 조선에 전래해 주었기 때문이라는 진술이 있을 뿐 교역을 통해서 배추와 고추가 유입되었는지 여부는 제시문에서 찾을 수 없다. 따라서 "고추를 넣은 배추김치를 먹게 된 것은 중국 및 멕시코와의 농산물 *교역* 덕분이었다."라는 선택지의 내용은 알 수 없다.

④ (×) (첫 번째 단락 아래에서 2번째 줄) "초기의 김치는 단무지나 장아찌에 가까웠을 것이다."라는 내용, (세 번째 단락 1번째 줄) "김치와 관련하여 우리나라 향신료… 고추"라는 내용, 그리고 (같은 단락 5번째 줄) "조선 전기까지 주요 향신료는 후추, 천초 등이었고, … **후추**는 값이 비싸 **쉽게 얻을 수 없었다**."라는 내용으로 볼 때, 초기의 김치는 단무지나 장아찌와 유사했고 후추를 얻기는 어려웠다는 것을 알 수 있을 뿐 후추가 김치에 사용되었는지 여부는 제시문에서 찾을 수 없다. 따라서 "16세기 이전에는 김치를 담글 때 고추 대신 *후추*, 천초와 같은 향신료를 사용하였다."라는 선택지의 내용은 알 수 없다.

⑤ (×) (두 번째 단락 1번째 줄) "처음에는 **서양의 피클이나 일본의 쯔께모노와 비슷**했던 **김치**가 이들과 **전혀 다른 음식**이 된 것은 **젓갈과 고춧가루를 쓰기 시작**하면서 부터이다."라는 내용으로 볼 때, 젓갈과 고춧가루를 쓰기 시작하기 전의 김치는 서양의 피클이나 일본의 쯔께모노와 '비슷'했을 뿐 그 제조과정들이 서로 같았다고 볼 수는 없다. 따라서 "젓갈과 고추가 쓰이기 전에는 김치의 제조과정이 서양의 피클이나 일본의 쯔께모노의 그것과 *같았다*."라는 선택지의 내용은 맞지 않다.

**속도공략** 선택지 ① '17세기'[세 번째 단락], ② '효소'[마지막 단락], ③ '중국 및 멕시코'[두 번째, 세 번째 단락], ④ '후추, 천초'[세 번째 단락], ⑤ '피클이나 쯔께모노'[두 번째 단락]를 중심으로 제시문을 이해한다.

---

**대표 기출**

본문 81~84P

01 ⑤      02 ①      03 ①      04 ②      05 ②      06 ④

---

## 01

▶ ⑤

**유형공략** '서희와 강동 6주' 글의 "내용과 부합"하는 것을 찾는 문제이다. 각 선택지의 핵심어를 중심으로 제시문의 내용을 이해한다.

① (×) (두 번째 단락 1번째 줄) "**거란**과 고려 사이에는 **압록강**이 있었는데, 그 … 유역에는 **여진족**이 살고 있었다. … 거란은 이 여진족이 사는 땅을 … 침범해 … 길을 확보했다."라는 내용을 알 수 있을 뿐, "거란은 (압록강 유역에 살던) 여진족이 고려의 백성이라고 주장하였다."라는 선택지의 진술은 제시문에서 찾을 수 없어 부합하지 않는다.

② (×) (두 번째 단락 2번째 줄) "**여진족은 발해의 지배**를 받았었지만, 발해가 … 멸망한 후 … 독자적 세력을 이루고 있었다."라는 내용을 알 수 있을 뿐, "여진족은 (발해의 지배에서 벗어나기 위해 거란과 함께) 고려를 공격하였다."라는 선택지의 진술은 제시문에서 찾을 수 없어 부합하지 않는다.

③ (×) (두 번째 단락 5번째 줄) "거란은 … 여진족이 사는 땅을 … 침범해 … 길을 확보했다."라는 내용과 (마지막 단락 아래에서 2번째 줄) "고려는 … **압록강** 하류의 **여진족** 땅까지 밀고 들어가 … **강동 6주**를 두었다."라는 내용으로 볼 때, 강동 6주를 둔 주체는 고려임을 알 수 있다. 따라서 "*소손녕*은 (압록강 유역의 여진족 땅을 빼앗아) 강동 6주를 둔 후 그곳을 고려에 넘겼다."라는 선택지의 진술은 제시문의 내용과 맞지 않아 부합하지 않는다.

④ (×) (첫 번째 단락 1번째 줄) "송 태종은 거란을 공격하러 가는 길에 고려에 원병을 요청했다. 하지만 고려는 송 태종의 요청에 응하지 <u>않았다</u>."라는 내용을 알 수 있을 뿐, "고려는 (압록강 하류 유역에 있는 여진족의 땅으로 세력을 확대한 거란을 공격하고자) 송 태종과 군사동맹을 맺었다."라는 선택지의 진술은 제시문에서 찾을 수도 없고 제시문과 맞지도 않아 부합하지 않는다.

⑤ (○) (두 번째 단락 아래에서 5번째 줄) "그[서희]는 **고려**가 병력을 동원해 **거란**을 치는 일이 없도록 하겠다는 언질을 하면 **소손녕**이 철군할 것이라고 말했다."라는 내용으로 볼 때, "서희는 고려가 거란에 군사적 적대 행위를 하지 않겠다고 약속(➜ 언질)하면 소손녕이 군대를 이끌고 돌아갈 것(➜ 철군)이라고 보았다."라는 선택지의 진술은 부합하는 것이다.

**속도공략** 각 선택지의 핵심어 ① "거란/여진족/백성", ② "여진족/고려/공격", ③ "소손녕/강동 6주", ④ "고려/송 태종/군사동맹", ⑤ "서희/군사적 적대행위"를 중심으로 제시문의 내용을 이해한다.

## 02 ▶ ①

**유형공략** '대마도 정벌' 글에서 "알 수 있는 것"을 찾는 문제이다. 각 선택지의 핵심어를 중심으로 제시문의 내용을 이해한다.

① (○) (첫 번째 단락 2번째 줄) "이[대마도] **왜구**는 황해도 **해주 앞바다에도 나타나 조선군과** 교전을 벌인 후 … **요동반도** 방향으로 **북상**했다. … 태종은 이종무에게 '북상한 왜구가 되돌아가기 전에 대마도를 정벌하라!'라고 명했다. 이에 따라 **이종무**는 군사를 모아 **대마도** 정벌에 나섰다."라는 내용으로 볼 때, "(해주 앞바다에 나타나 조선군과 싸운 대마도의 왜구가 요동반도를 향해 북상한 뒤) 이종무의 군대가 대마도로 건너갔다."라는 선택지의 진술은 알 수 있다.

② (×) (첫 번째 단락 2번째 줄) "왜구는 … **명**의 땅인 요동반도 방향으로 북상했다."라는 내용을 알 수 있을 뿐, "(조선이 왜구의 본거지인 대마도를 공격하기로 하자) 명의 군대도 대마도까지 가서 정벌에 참여하였다."라는 선택지의 진술은 제시문에서 찾을 수 없어 알 수 있는 것이 아니다.

③ (×) (첫 번째 단락 아래에서 3번째 줄) "태종은 **이종무**에게 '… **대마도**를 정벌하라!'라고 명했다."라는 내용과 (마지막 단락 4번째 줄) "태종은 … 이종무에게 그들[왜구]을 공격하라고 명했다."라는 내용으로 볼 때 이종무는 태종의 명을 받았음을 알 수 있을 뿐 세종의 사절단에 포함되었는지 여부는 제시문에서 찾을 수 없다. 따라서 "이종무는 (세종이 대마도에 보내는 사절단에 포함되어) 대마도를 여러 차례 방문하였다."라는 선택지의 진술은 알 수 없다.

④ (×) (첫 번째 단락 4번째 줄) "**세종**에게 왕위를 물려주고 상왕으로 있던 **태종**은 이종무에게 '… **대마도**를 정벌하라!'라고 명했다."라는 내용으로 볼 때, "태종은 대마도 정벌을 준비하였지만, 세종의 *반대*로 뜻을 이루지 못하였다."라는 선택지의 진술은 맞지 않아 알 수 있는 것이 아니다.

⑤ (×) (두 번째 단락 1번째 줄) "**대마도** … 아소만…의 초입에 두지포라는 요충지가 있었다. … 니로라는 곳에 병력을 **상륙**시켰…지만 그곳에서 **조선군**은 … 크게 **패**했다. 이에 이종무는 … 거제도 **견내량**으로 돌아왔다."라는 내용을 찾을 수 있다. 따라서 "(조선군이 대마도주를 사로잡기 위해 상륙하였다가 패배한) 곳은 *견내량이다.*"라는 선택지의 진술은 제시문의 내용과 맞지 않아 알 수 있는 것이 아니다. (조선군이 패배한 곳은 니로이고 회군한 곳이 견내량이다.)

**속도공략** 각 선택지의 핵심어 ① "왜구/북상/이종무의 군대", ② "조선/대마도/명의 군대", ③ "이종무/세종", ④ "태종/세종", ⑤ "견내량"을 중심으로 제시문의 내용을 이해하며 풀이한다.

## 03 ▶ ①

**유형공략** '혐오의 감정' 글에서 "알 수 없는 것"을 찾는 문제이다. 각 선택지의 핵심어를 중심으로 제시문의 내용을 이해하며 풀이한다. 제시문의 내용과 맞지 않거나 제시문에서 찾을 수 없는 내용은 알 수 없는 것이다.

① (×) (마지막 단락 1번째 줄) "유대인에 …(대)한 부정적 이미지는 … **혐오**스러운 것들과 결부되어 있다. … 독일인은 이러한 야만적인 **정치적 선동**에 동의를 표했다."라는 내용으로 볼 때, 유대인에 대한 독일인의 혐오는 정치적 선동으로 이용되었음을 알 수 있다. 따라서 "혐오는 정치적 선동의 도구로 이용되지 **않았다**."라는 선택지의 진술은 맞지 않아 알 수 없는 것이다.

② (○) (첫 번째 단락 4번째 줄) "**혐오**의 감정이 … **개인**과 **집단**을 배척하기 위한 … 무기로 이용되었다."라는 내용으로 볼 때, "개인뿐만 아니라 집단도 (배척하기 위한 목적으로) 혐오의 대상이 될 수 있다."라는 선택지의 진술은 알 수 있는 것이다.

③ (○) (마지막 단락 1번째 줄) "유대인에 …(대)한 부정적 이미지는 … **혐오**스러운 것들과 결부되어 있다. … 심지어 유대인을 … **비인간적** 존재로 전락시키는 … 담론이 유행"했다는 내용으로 볼 때, "혐오의 대상이 되는 집단(➡ ⑩ 유대인)은 비인간적으로 묘사되기도 한다."라는 선택지의 진술은 알 수 있는 것이다.

④ (○) (첫 번째 단락 1번째 줄) "**혐오의 감정을** … **법적 판단의 근거로 삼아야 한다는** 주장은 영미법…에서 그리 낯설지 않다."라는 내용으로 볼 때, "혐오의 감정을 법적 판단의 근거로 삼아야 한다는 (영미법의) 입장이 있었다."라는 선택지의 진술은 알 수 있는 것이다.

⑤ (○) (두 번째 단락 3번째 줄) "**인간**은 타자를 공격하는 데 … 오염물의 이미지를 사용한다. 이때 **혐오**는 … 자신은 오염되지 않은 쪽에 속함으로써 **얻…는 심리적인** 우월감 및 **만족감**과 연결되어 있다."라는 내용으로 볼 때, "인간에 대한 혐오의 감정은 타자를 혐오함으로써 주체(➡ 자신)가 얻을 수 있는 심리적인 만족감과 연관되어 있다."라는 선택지의 진술은 알 수 있는 것이다.

**속도공략** 각 선택지의 핵심어 ① "정치적 선동", ② "개인/집단", ③ "비인간적", ④ "법적 판단", ⑤ "만족감"을 중심으로 제시문의 내용을 이해한다.

## 04 ▶ ②

**유형공략** '계획적 진부화' 글에서 "알 수 <u>없는</u> 것"을 찾는 문제이다. 각 선택지의 핵심어를 중심으로 제시문의 내용을 이해하며 풀이한다. 제시문의 내용과 맞지 <u>않거나</u> 제시문에서 찾을 수 <u>없는</u> 내용은 알 수 <u>없는</u> 것이다.

① (○) (마지막 단락 4번째 줄) "**소비자** 입장에서는 … **불필요한 지출**…이 발생**할 수 있다**는 점에서 **계획적 진부화**는 부정적으로 인식된다."라는 내용으로 볼 때, "계획적 진부화로 소비자들은 불필요한 지출을 할 수 있다."라는 선택지의 진술은 알 수 있는 것이다.

② (×) (두 번째 단락 1번째 줄) "**계획적 진부화**의 이유는 무엇일까? … 둘째, 중고품 시장에서 거래되는 기존 제품과의 경쟁을 피할 수 있기 때문이다. … 기업이 새로운 제품을 출시하면, **중고품** 시장 … 기존 제품은 진부화되고 그[중고품] **경쟁력**도 '하락'한다."라는 내용으로 볼 때, "계획적 진부화는 (기존 제품과 동일한) 중고품의 경쟁력을 <u>높인다</u>."라는 선택지의 진술은 맞지 않아 알 수 없는 것이다. (계획적 진부화는 새로운 제품의 경쟁력을 높일 수 있다.)

③ (○) (두 번째 단락 아래에서 8번째 줄) "셋째, 소비자들의 취향이 … 변화하는 상황에서 **계획적 진부화로 소비자들의** 만족도를 높일 수 있"다는 내용으로 볼 때, "계획적 진부화는 소비자들의 요구(➜ 만족도)에 대응하기 위하여 수행되기도 한다."라는 선택지의 진술은 알 수 있는 것이다.

④ (○) (두 번째 단락 1번째 줄) "**계획적 진부화**의 이유는 무엇일까? 첫째, **기업이** … **신제품을 출시**한 뒤 … 인상된 가격을 매길 수 있기 때문이다."라는 내용으로 볼 때, "계획적 진부화를 통해 기업은 {기존 제품보다} 비싼(➜ 인상된 가격) 신제품을 출시할 수 있다."라는 선택지의 진술은 알 수 있는 것이다.

⑤ (○) (마지막 단락 1번째 줄) "기업들은 **계획적 진부화**를 통해 … 이익을 늘릴 수 있다. 기존 **제품이 사용** 가능한 상황에서도 신제품에 대한 … 수요를 자극하면 구매 의사가 커지기 때문이다."라는 내용으로 볼 때, 계획적 진부화는 기존 제품이 사용 가능해도 신제품을 구입하게 한다면 기존 제품의 사용 기간을 짧게 하는 결과를 가져오리라 미루어 알 수 있다. 따라서 "계획적 진부화로 인하여 (기존) 제품의 실제 사용 기간은 {물리적으로 사용 가능한 수명보다} 짧아질 수 있다."라는 선택지의 진술은 알 수 있는 것이다.

**속도공략** 각 선택지의 핵심어 ① "지출", ② "중고품의 경쟁력", ③ "소비자들의 요구", ④ "비싼 신제품", ⑤ "실제 사용 기간"을 중심으로 제시문의 내용을 이해한다.

## 05 ▶ ②

**유형공략** '재화와 용역의 비경합/비배제적 방식' 글에서 "알 수 <u>없는</u> 것"을 찾는 문제이다. 각 선택지의 핵심어를 중심으로 제시문의 내용과 비교하며 풀이하되 내용에서 찾을 수 <u>없거나</u> 내용과 맞지 <u>않은</u> 진술을 찾는다.

① (○) (두 번째 단락 1번째 줄) "재화나 용역이 비<u>배제</u>적으로 **소비**된다는 말은, … 대가를 **지불**하지 않았다고 해서 (그 사람이 그 재화나 용역을 소비하지 <u>못하도록</u>) 배제할 수 <u>없다</u>는 것을 뜻한다."라는 내용으로 볼 때, 어떤 사람이 재화나 용역의 대가를 지불하지 <u>않아서</u> (그 재화나 용역을 소비하지 <u>못하도록</u>) 배제할 수 '있다'는 것은 '배제적'으로 소비된다는 것을 뜻하는 것이라 미루어 알 수 있다.

따라서 "유료 공연에서 일정한 돈을 지불하지 <u>않은</u> 사람의 공연장 입장을 차단(➜ 배제)한다면, 그 공연은 배제적으로 소비될 수 있다."라는 선택지의 진술은 알 수 있는 것이다.

② (×) (첫 번째 단락 1번째 줄) "재화나 용역이 비<u>경합</u>적으로 소비된다는 말은, 그것에 대한 누군가의 소비가 다른 사람의 소비 가능성을 줄어들게 하지 <u>않는다</u>는 것을 뜻한다."라는 내용과 (두 번째 단락 5번째 줄) "정부가 **국방 서비스**를 제공받는 **모든 국민에게 그 비용을 지불하도록** 하는 정책을 채택했다고 하자. … 비용 지불을 거부한다고 해도 정부는 그를 국방 서비스의 수혜에서 배제하기 어렵다(➜ 그도 소비 가능성을 줄이지 않고 국방 서비스를 소비한다)."라는 내용을 찾을 수 있다.

이에 정부가 국방 서비스를 (제공받아) 소비하는 모든 국민에게 그 비용을 지불하도록 해도, (국민은 그 비용 지불을 거부해도 비용 지불을 한 것과 마찬가지로) 그 서비스를 (소비 가능성이 줄지 않은 채) 비경합적으로 소비할 수 '있음'을 미루어 알 수 있다. 따라서 "국방 서비스를 소비하는 모든 국민에게 그 비용을 지불하도록 한다면, 그 서비스는 비경합적으로 소비될 수 <u>없다</u>(➜ **경합**적으로 소비할 수 있다)."라는 선택지의 진술은 맞지 않아 알 수 없는 것이다.

③ (○) (첫 번째 단락 아래에서 2번째 줄) "다른 사람의 소비 가능성이 줄어들게 되지 <u>않는다</u>는 점에서 비<u>경합적</u>"이라는 내용으로 볼 때, 경합적이라면 다른 사람의 소비 가능성이 줄어든다는 점을 미루어 알 수 있다. 따라서 "이용할 수 있는 수가 한정된(➜ 소비 가능성이 줄어드는) 여객기 좌석은 경합적으로 소비될 수 있다."라는 선택지의 진술은 알 수 있는 것이다.

④ (○) (마지막 단락 7번째 줄) "(국방 서비스를 시장에서 생산하여 판매한다면, … 국민은 국방 서비스를 구매하지 <u>않을</u> 것이다.) 왜냐하면 … **무임승차**할 수 '있기' 때문이다. 결과적으로 국방 서비스는 **과소 생산**되는 문제가 발생"한다는 내용으로 볼 때, "무임승차를 쉽게 '<u>방지할</u> 수 <u>없는</u>(➜ 이중부정 : 쉽게 할 수 있는)' 재화나 용역은 과소 생산될 수 있다."라는 선택지의 진술은 알 수 있는 것이다.

⑤ (○) (첫 번째 단락 아래에서 3번째 줄) "**라디오 방송 서비스…는 … 비경합적**이다."라는 내용으로 볼 때, "라디오 방송 서비스는 여러 사람이 비경합적으로 소비할 수 있다."라는 선택지의 진술은 알 수 있는 것이다.

**속도공략** 선택지의 핵심어 ① "유료 공연/배제적", ② "국방서비스/비경합적~없다", ③ "한정된 여객기/경합적", ④ "무임승차/과소생산", ⑤ "라디오 방송 서비스/비경합적"을 중심으로 제시문의 내용을 이해하며 풀이한다.

## 06 ▶ ④

**유형공략** '태극 문양과 4괘' 글에서 "알 수 있는 것"을 찾는 문제이다. 각 선택지의 핵심어를 중심으로 제시문의 내용과 비교하며 풀이한다.

① (×) (두 번째 단락 3번째 줄) "조미수호조규 체결을 위한 … '이응준'은 … 회담 직전 … 기를 만들고 … 회담장에 걸어두었다. … **미군 해군부**가 조미수호조규 체결 한 달 후에 만든 『**해상 국가들의 깃발들**』… 책에는 이응준이 그린 … '조선의 기'…가 실려 있다."라는 내용으로 볼 때, "미군 해군부는 **통리교섭사무아문**이 각국 공사관에 배포한 국기를 『해상 국가들의 깃발들』에 수록하였다."라는 선택지의 진술은 맞지 않다.

② (×) (두 번째 단락 1번째 줄) "**태극 문양**을 그린 기는 개항 이전에도 … 여러 개가 있는 있"다는 내용과 선택지 ①의 해설로 볼 때, "조미수호조규 체결을 위한 회담 장소에서 사용하고자 이용준이 만든 기는 태극 문양이 담긴 *最*초의 기다."라는 선택지의 진술은 맞지 않다. (태극 문양이 담긴 기는 이용준이 만든 기 이전에도 있었다.)

이후 선택지의 핵심어 '괘'와 관련된 제시문의 내용을 요약한 후, 도식화하여 정리하면 <아래>와 같다.

| 구분 | 내용 | 정리 |
|---|---|---|
| [1단락]<br>태극기 | 우리나라 국기인 태극기에는 태극 문양 좌측 하단 이괘는 불, 우측 상단 감괘는 물, 좌측 상단 건괘는 하늘, 우측 하단 곤괘는 땅을 상징한다. (4괘가 상징하는 바는 오늘날까지 변함이 없다.) | (좌상) 건: 하늘　(우상) 감: 물<br><br>(좌하) 이: 불　(우하) 곤: 땅 |
| [2단락]<br>이응준<br>'조선의 기' | 좌측 상단 감괘, 우측 상단에 건괘, 좌측 하단에 곤괘, 우측 하단에 이괘가 있다. | (좌상)감　(우상)건<br><br>(좌하)곤　(우하)이 |
| [끝단락]<br>박영효의 기<br>고종 채택 (조선 국기)<br>통리교섭사무아문 배포 | (1) 조선 국기 좌측 상단 괘가 '조선의 기' 우측 상단에 있고,<br>(2) '조선의 기' 좌측 상단 괘가 조선 국기 우측 상단에 있다.<br>(3) 조선 국기 좌측 하단 괘는 '조선의 기' 우측 하단에 있고,<br>(4) '조선의 기' 좌측 하단 괘는 조선 국기 우측 하단에 있다. | (1) 건　(2) 감<br><br>(3) 이　(4) 곤 |

③ (×)

| [끝단락]<br>**통리교섭사무아문** 배포 | (1) 건　**(2) 감**<br><br>(3) 이　(4) 곤 | 와 | [2단락]<br>이응준<br>'조선의 기' | (좌상)감　(우상)건<br><br>**(좌하)곤**　(우하)이 | 로 볼 때, |

"통리교섭사무아문이 배포한 기의 우측 상단의 괘(감: 물)와 '조선의 기'의 좌측 하단에 있는 괘(곤: 땅)가 상징하는 것은 같다."라는 선택지의 진술은 맞지 않아 알 수 있는 것이 아니다.

④ (○)

| [1단락]<br>**태극기** | (좌상) 건: 하늘　(우상) 감: 물<br>(좌하) 이: 불　**(우하) 곤: 땅** | 와 | [끝단락]<br>고종 채택(조선 국기) | (1) 건　(2) 감<br>(3) 이　**(4) 곤** | 로 볼 때, |

"오늘날 태극기의 우측 하단에 있는 괘(곤)와 고종이 조선 국기로 채택한 기의 우측 하단에 있는 괘(곤)는 모두 땅을 상징한다."라는 선택지의 진술은 알 수 있다.

⑤ (×)

| [끝단락]<br>박영효의 기 | **(1) 건** | (2) 감 |
| | (3) 이 | (4) 곤 |

와

| [2단락]<br>이응준 '조선의 기' | **(1) 건** | (2) 감 |
| | (3) 이 | (4) 곤 |

로 볼 때,

"박영효가 그린 기의 좌측 상단에 있는 괘(건)는 물을 상징하고 이응준이 그린 기의 좌측 상단에 있는 괘(감)는 불을 상징한다."라는 선택지의 진술은 맞지 않아 알 수 있는 것이 아니다. (건은 하늘을, 감은 물을 상징한다.)

**속도공략** 선택지의 핵심어 ① "통리교섭사무아문 / 『해상 국가들의 깃발들』", ② "이응준", ③~⑤ "괘"를 중심으로 제시문의 내용을 이해하고 추리한다.

---

## 3 ▶ 분해

**기출문제 분석**

본문 86P

01 ④

---

## 01 ▶④

**유형공략** A~D의 '과학과 윤리' 대화에 대한 "분석으로 옳지 <u>않은</u> 것"을 고르는 문제이다.

제시문의 대화 A~D를 분석하기 위해 요약하면 다음과 같다.

> A: 과학자는 사실에 충실해야지 과학이 초래하는 **윤리**적 문제에 고민할 필요가 **없다**.
> B: 과학과 사회의 관계를 생각할 때 다음 두 가지를 고려해야 한다. 첫째, 과학이 초래하는 사회적 문제는 이들(**윤리학자**)에게 맡겨두어야지 전문가가 아닌 과학자가 개입할 필요가 **없다**. 둘째, 과학이 불러올 미래의 윤리적 문제는 확실하게 **예측하기 어렵다**. 과학자가 윤리적 문제에 집중하다 보면 신약 개발처럼 과학 혜택을 놓치게 될 위험이 있다.
> C: 과학윤리에서 과학자가 **전문성**이 **없는** 것은 사실이다. <u>하지만</u> 중요한 것은 과학자들과 윤리학자들이 **함께** 고민하고 **해결책**을 모색하는 것이다. 또한 어떤 새로운 과학이론이 등장할지 그리고 그 이론이 어떤 사회적 영향을 가져올지 **미리 알기는 어렵**고 연구가 진행되면 그 방향을 돌리기도 힘들다. 그렇기에 연구 초기단계에서 미래의 위험이나 부작용에 대해 자세히 고찰해야 한다.
> D: 과학의 사회적 영향에 대한 논의에 과학자들의 **참여**가 **필요**하다. 현재 과학연구가 계속 진행되었을 때, 그 영향을 **예측**하는 것은 결코 **만만한 작업이 아니다**. 그래서 다양한 전문가들이 **함께** 소통하고 과학자들이 과학과 관련된 윤리적 문제를 도외시해서는 **안된다**.

① (○) 요약된 A의 내용으로 볼 때, '과학자는 과학이 초래하는 **윤리**적 문제에 고민할 필요가 **없다**.'라고 했고, 요약된 B의 내용으로 볼 때, '과학이 초래하는 사회적 문제는 이들(윤리학자)에게 맡겨두어야지 과학자가 개입할 필요가 **없다**.'고 했음을 알 수 있다. 따라서 "A와 B는 과학자가 윤리적 문제에 개입하는 것에 부정적이다."라는 진술은 분석으로 옳다.

② (○) 요약된 B의 내용으로 볼 때, '과학이 초래하는 사회적 문제는 전문가가 아닌 과학자가 개입할 필요가 **없다**.'라고 했고, 요약된 C의 내용으로 볼 때 '과학윤리에서 과학자가 **전문성**이 **없는** 것은 사실이다.'라고 했음을 알 수 있다. 따라서 "B와 C는 과학윤리가 과학자의 전문분야가 아니라고 본다."라는 진술은 분석으로 옳다.

③ (○) 요약된 B의 내용으로 볼 때, '과학이 불러올 미래의 윤리적 문제는 확실하게 **예측하기 어렵다**.'고 했고, 요약된 C의 내용으로 볼 때, '어떤 이론이 등장할지 그리고 그 이론이 어떤 영향을 가져올지 **미리 알기는 어렵**'다고 했음을 알 수 있다. 따라서 "B와 C는 과학이론이 앞으로 어떻게 전개될지 정확히 예측하기 어렵다고 본다."라는 진술은 분석으로 옳다.

④ (×) 요약된 B의 내용으로 볼 때, '과학자가 윤리적 문제에 집중하다 보면 신약 개발처럼 과학 혜택을 놓치게 될 위험이 있다.'라고 했음을 알 수 있다. 이는 과학자의 전문성을 과학이 초래하는 사회적 문제해결에 집중하다 보면 과학의 혜택이 가져오는 긍정적 기여를 놓칠 것이라는 의견일 뿐 사회적 문제해결에 긍정적 기여를 할 것이라는 의견은 '아님'을 추리할 수 있다. 요약된 D의 내용으로 볼 때, '다양한 전문가들이 함께 소통하고 과학자들이 과학과 관련된 윤리적 문제를 도외시해서는 **안된다**.'라고 했음을 알 수 있다. 이는 과학자가 사회적 문제해결에 긍정적 기여를 할 가능성은 있다는 의견임을 추리할 수 있다. 따라서 "*B*와 D는 과학자의 전문성이 과학이 초래하는 사회적 문제해결에 긍정적 기여를 할 것이라고 본다."라는 진술은 분석으로 옳지 않다.

⑤ (○) 요약된 C의 내용으로 볼 때, '과학자들과 윤리학자들이 **함께** 고민하고 **해결책**을 모색'하는 협력이 중요하다고 했고, 요약된 D의 내용으로 볼 때, '다양한 전문가들이 **함께 소통**하고 과학자들이 과학과 관련된 윤리적 문제를 도외시해서는 **안된다**.'고 하면서 협력의 중요성을 인정했음을 추리할 수 있다. 따라서 "C와 D는 과학자와 다른 분야 전문가 사이의 협력이 중요하다고 본다."라는 진술은 분석으로 옳다.

**속도공략** ① '윤리적 문제', ② '전문', ③ '예측', ④ '전문성', ⑤ '협력'의 핵심어를 중심으로 제시문 A~D의 대화 내용을 비교하며 풀이한다.

## 대표 기출
본문 92P

01 ④

# 01
▶ ④

**유형공략** '부당한 삼단논법의 오류 발생에 대한 설명' 글의 "갑 ~ 병에 대한 판단으로 적절한 것만을 <보기>에서 모두 고르는" 문제이다.

ㄱ. (×) 제시문의 내용 중 갑의 입장을 요약하면 <아래 1>과 같다.

| 내용 |
|---|
| 갑: 사람들은 '모든 A는 B이다'를 '모든 B는 A이다'로 잘못 바꾸는 경향이 있다. '모든 A는 B이다(➜ 전칭긍정)'라는 형태에서는 A와 B의 자리를 바꾸면 논리적 오류가 생겨난다. |

이에 전칭긍정의 [전제]에서 (A와 B의 자리를 바꾼) 새로운 전칭긍정의 [결론]을 도출하면 오류라는 것임을 알 수 있다.
따라서 "대다수의 사람이 '어떤 과학자는 운동선수이다(➜ 특칭긍정). 어떤 철학자도 과학자가 아니다(➜ 전칭부정).'라는 전제로부터 '어떤 철학자도 운동선수가 아니다(➜ 새로운 전칭부정).'를 타당하게 도출할 수 있는 결론이라고 응답했다는 심리 실험 결과는 갑에 의해 설명된다."라는 <보기>의 진술은 갑과는 관련이 없어 판단으로 적절하지 않다.

ㄴ. (○) 제시문의 내용 중 을의 입장을 요약하면 <아래 2>와 같다.

| 내용 |
|---|
| 을: 사람들은 '모든 A는 B이다(➜ 전칭긍정)'를 약한 의미로 이해해야 하는데도 강한 의미로 이해하는 잘못이 있다. 약한 의미란 'A는 B에 포함된다[A⊂B≡A→B]'로 이해하는 것이고, 강한 의미란 'A는 B에 포함되고[A⊂B≡A→B] 또한 B는 A에 포함된다[B⊂A≡B→A]'는 뜻에서 'A와 B가 동일하다[A≡B]'로 이해하는 것이다. |

이에 만일 '모든 A는 B이다. 모든 A는 C이다.'라는 전제로부터 '모든 B는 C이다.'라는 결론을 도출했다면 '을'의 입장과 같이 전칭긍정명제를 강한 의미로 해석하여 'A와 B가 동일하다' 그리고 'A와 C가 동일하다'라는 전제에서 '(A를 매개로) B와 C가 동일하다'라는 결론을 내리는 것임을 알 수 있다.
따라서 "대다수의 사람이 '모든 적색 블록(A)은 구멍이 난 블록(B)이다. 모든 적색 블록(A)은 삼각 블록(C)이다.'라는 전제로부터 '모든 구멍이 난 블록(B)은 삼각 블록(C)이다.'를 타당하게 도출할 수 있는 결론이라고 응답했다는 심리 실험 결과는 을에 의해 설명된다."라는 <보기>의 진술은 판단으로 적절하다.

ㄷ. (○) 제시문의 내용 중 병의 입장을 요약하면 <아래 3>과 같다.

| 내용 |
|---|
| 병: 사람들은 전제가 모두 '모든 A는 B이다'라는 형태(➜ 전칭긍정)의 명제로 이루어진 것일 경우 결론도 그런 형태(➜ 전칭긍정)이기만 하면 타당하다고 생각하고, 전제 가운데 하나가 '어떤 A는 B이다'라는 형태(➜ 특칭긍정)의 명제로 이루어진 것일 경우 결론도 그런 형태(➜ 특칭긍정)이기만 하면 타당하다고 생각하는 경향이 있다. |

이에 "대다수의 사람이 '모든 물리학자는 과학자이다. 어떤 컴퓨터 프로그래머는 과학자이다(➜ 특칭긍정).'라는 전제로부터 '어떤 컴퓨터프로그래머는 물리학자이다(➜ 특칭긍정).'를 타당하게 도출할 수 있는 결론이라고 응답했다는 심리 실험 결과는 병에 의해 설명된다."라는 <보기>의 진술은 판단으로 적절하다.

최종적으로 판단으로 적절한 것으로 "ㄴ, ㄷ"을 모두 고른 ④가 정답이다.

**속도공략** <보기>의 진술이 각각 갑, 을, 병에 대한 설명되는지 여부를 나누어 묻고 있으므로 제시문의 갑, 을, 병 역시 각각 나누어 <보기>와 하나씩 비교하며 풀이한다.

# CHAPTER

# 03 7급

## 1 맥락형

**기출문제 분석** 본문 94~95P

01 ③  02 ⑤

---

## 01 ▶ ③

**유형공략** '거짓말의 정의' 글의 "⊙~⊚에서 전체 흐름과 맞지 <u>않는</u> 한 곳을 찾아 수정할 때" 가장 적절한 것을 찾는 문제이다. 제시문의 ⊙~⊚과 선택지의 진술을 바꿔보면서 전체 흐름에 맞지 않아 수정할 곳을 찾아 ⊙~⊚ 대신 진술로 선택하되, ⊙~⊚ 앞뒤의 관련 내용을 기준으로 유의하여 살펴본다.

제시문 ⊙~⊚의 관련 앞뒤 구절을 중심으로 선택지 ①~⑤의 [수정내용]을 포함하여 요약하면 <아래>와 같다.

| 내용 : 거짓말과 참말의 정의 |
|---|
| [도입] 어떤 사람의 말을 '거짓말'로 만드는 것은 거짓말을 하려는 그 사람의 의도일까요? 아니면 그 말이 사실과 일치하는가의 여부일까요? ⊙ 자신이 [거짓/ ① 참]이라고 믿는 것을 의도적으로 말하는 사람을 두고 거짓말을 한다고 말하는 것은 당연합니다. |
| [주장 1] 문제는 자신이 참이라고 믿는 것을 믿는 대로 말했는데 그 말이 사실은 거짓인 경우, 거짓말을 한다고 할 수 있는가입니다. 예를 들어 "거짓말을 하려던 게 아니라 어쩌다 보니 거짓말이 되고 말았다." 참이라고 말했는데, 그것이 사실과 달라 거짓이 되었다는 의미입니다. 이 경우 ⓛ 거짓말을 만드는 것은 [말하는 사람의 의도라기보다는 사실과의 일치 여부/ ② 사실과의 일치 여부가 아니라 말하는 사람의 의도]가 되겠지요. |
| [평가] 이런 의미에서 거짓말을 하는 것은 정직하지 않은 것과는 상관없는 일이 됩니다. ⓒ 사실과 일치[하는/ ③ 하지 않는] 내용을 참이라고 믿고 말했지만, 결과적으로 거짓말을 하게 되는 셈이니까요. |
| [주장 2] 이런 거짓말을 '결과적 거짓말'이라고 한다면, 자신이 믿는 것과는 반대로 말하는 것을 '의도적 거짓말'이라고 할 수 있을 것입니다. '거짓말'의 정의는 맥락에 따라서 다를 수 있지만, ⓔ [우리가 '거짓말'에 대해서 갖고 있는 개념에 더 잘 맞는 것은 의도적 거짓말이라고 생각합니다./ ④ 이 두 가지 거짓말이 모두 참말과 구분된다는 점에서는 동일한 거짓말이라고 생각합니다.] '단순히 거짓인 말'과 '거짓말'은 서로 구별되어야 하는 말입니다. |
| [주장 3] 마찬가지로 '우연히 참이 된 말'과 '참말'도 구별되어야겠지요. 가령, 모든 것을 자신이 믿는 바와 정반대로 말하는 사람이 '서울은 대한민국의 수도가 아니다.'라고 믿는다면, '서울은 대한민국의 수도이다.'라고 말할 것입니다. 사실 일치 여부로 보면 참말을 한 셈이지만 사실과 일치하는 내용을 자신의 믿음대로 말한 사람과는 다른 의미에서 참말을 했다고 해야 하지 않을까요? 다시 말해서 ⓜ 그는 [우연히/ ⑤ 의도적으로] 진실을 말했을 뿐입니다. |

① (×)

> [도입] ⊙ 자신이 [**거짓**/ ⊕ **참**]이라고 믿는 것을 의도적으로 말하는 사람을 두고 **거짓말을 한다고 말하는 것은 당연**합니다.

으로 볼 때, "⊙을 '자신이 참이라고 믿는 것을 의도적으로 말하는 사람을 두고 거짓말을 한다고 말하는 것은 당연합니다'로 수정한다."라는 선택지의 진술은 상식에 맞지 않으므로 적절하지 않다.

② (×)

> [주장 1] 문제는 **자신이 참이라고 믿는 것을 믿는 대로 말했는데** 그 말이 사실은 거짓인 경우, 거짓말을 한다고 할 수 있는가입니다. 예를 들어 "거짓말을 하려던 게 아니라 어쩌다 보니 거짓말이 되고 말았다." 참이라고 말했는데, 그것이 **사실과 달라 거짓**이 되었다는 의미입니다. 이 경우 ⓛ **거짓말을 만드는 것은** [말하는 사람의 의도(→ **참**)라기보다는 **사실과의 일치**(→ **거짓**) **여부**/ ② 사실과의 일치 여부가 아니라 말하는 사람의 의도]가 되겠지요.

으로 볼 때, "ⓛ을 '거짓말을 만드는 것은 사실과의 일치 여부가 아니라 말하는 사람의 의도가 되겠지요'로 수정한다."라는 선택지의 진술은 적절하지 않다.

③ ( ○ )

> [평가] 이런(늑 자신이 참이라고 믿는 사실을 정직하게 믿는 대로 말했지만 **사실과 달라** 거짓이 된다는) 의미에서 거짓말을 하는 것은 정직하지 않은 것과는 상관없는 일이 됩니다. ㉢ **사실과 일치**[하는/ ③ **하지 않는**] 내용을 참이라고 믿고 말했지만, <u>결과적으로 거짓말을 하게 되는 셈이니까요.</u>

으로 볼 때, "㉢을 '사실과 일치하지 않는 내용을 참이라고 믿고 말했지만, 결과적으로 거짓말을 하게 되는 셈이니까요'로 수정한다."라는 선택지의 진술은 적절하다.

④ ( × )

> [주장 2] 이런(늑 자신이 참이라고 믿는 사실을 정직하게 믿는 대로 말했지만 사실과 달라 거짓이 되는) 거짓말을 '결과적 거짓말'이라고 한다면, 자신이 믿는 것과는 반대로 말하는 것을 '의도적 거짓말'이라고 할 수 있을 것입니다. '거짓말'의 정의는 맥락에 따라서 다를 수 있지만, ㉣ [우리가 '거짓말'에 대해서 갖고 있는 개념에 더 잘 맞는 것은 (결과적 거짓말인 단순히 거짓인 말이라기보다는) 의도적 거짓말이라고 생각합니다./ ④ <s>이 두 가지 거짓말이 모두 참말과 구분된다는 점에서는 동일한 거짓말이라고 생각합니다.</s>] '단순히 거짓인 말'과 '(의도적) 거짓말'은 **서로 구별**되어야 하는 말입니다.

으로 볼 때, "㉣을 '이 두 가지 거짓말이 모두 참말과 구분된다는 점에서는 동일한 거짓말이라고 생각합니다'로 수정한다."라는 선택지의 진술은 적절하지 않다.

⑤ ( × )

> [주장 3] 마찬가지로 '우연히 참이 된 말'과 '참말'도 구별되어야겠지요. 가령, 모든 것을 자신이 믿는 바와 정반대로 말하는 **사람이** '서울은 대한민국의 수도가 아니다.'라고 믿는다면, '서울은 대한민국의 수도이다.'라고 말할 것입니다. 사실 일치 여부로 보면 (**우연히**) 참말을 한 셈이지만 사실과 일치하는 내용을 자신의 믿음대로 말한 사람과는 다른 의미에서 참말을 했다고 해야 하지 않을까요? 다시 말해서 ㉤ <u>그는 [**우연히**/ ⑤ **의도적으로**] 진실을 말했을 뿐입니다.</u>

따라서 "㉤을 '그는 의도적으로 진실을 말하고 있는 것입니다'로 수정한다."라는 선택지의 진술은 적절하지 않다.

**내용공략** 참고로 제시문의 내용을 바탕으로 참말과 거짓말을 분류하여 보았다.

| 구분 | 의도 | 사실과 일치 |
|---|---|---|
| 단순히 거짓인 말 | 참 | × |
| 거짓말 | 거짓 | × |
| 우연히 참이 된 말 | 거짓 | ○ |
| 참말 | 참 | ○ |

**속도공략** 선택지 ①~③ 및 ⑤의 구성이 제시문에서 ① "참", ② "사실과의 일치 여부/말하는 사람의 의도(순서교정)", ③ "하지 않는", ⑤ "의도적으로/말하고 있는 것입니다."와 같이 그 일부분만을 수정한 것임을 파악한다.

## 02 ▶⑤

**유형공략** '황사 피해 최소화 방안' 글의 (가)에 제시된 <작성 원칙>에 따라 (나)의 <A시 보도자료>를 "수정하거나 보완하고자" 할 때 가장 적절한 것을 찾는 문제이다. 제시문 ㉠~㉤의 해당 <보도자료> 내용을 선택지의 진술과 비교하며, <작성 원칙>에 근거했는지 여부를 판단한다.

제시문의 (나) <A시 보도자료>를 요약한 후, 관련된 (가) <작성 원칙>을 재정리하면 <아래>와 같다.

| 구분 | (나) 〈A시 보도자료〉 | (가) 〈작성 원칙〉 |
|---|---|---|
| [제목]<br><br>[부제] | ⊙ 봄철 불청객 '황사' 이렇게 대처하겠습니다!<br><br>─ 대응 체계 강화와 시민 행동 요령 안내 등 철저한 대비로 황사 피해 최소화 ─ | • 1 제목 및 부제는 전체 내용을 압축적으로 제시하는 내용 |
| [리드] | ⓛ A시는 매년 봄철(3~5월) 불청객으로 찾아오는 황사 피해를 최소화하기 위해 적극적인 대처 방안을 마련했다. 이에 따라 A시는 황사 대응 체계를 신속하게 가동하고, 시민 행동 요령을 적극적으로 안내할 예정이다. | • 2 '리드'에서 '누가, 언제, 무엇을, 어떻게, 왜'의 핵심정보를 제시 |
| [본문]<br>2단락 | A시의 최근 10년간 연평균 황사 관측일수는 6.1일이며, 이 중 5.1일(83%)이 봄철(3~5월)에 집중 발생하는 것으로 나타났다.<br><br>ⓒ | • 3-1 제목과 부제에서의 핵심 정보를 본문에서 빠짐없이 제시<br>• 3-2 잉여 정보, 동일 정보를 필요 이상 반복 ×<br>• 3-3 필요한 표, 그래프, 그림 등을 적절하게 제공 |
| [본문]<br>3단락 | 특히 ⓔ 최근 중국 북부지역의 가뭄으로 평년보다 더 강한 황사가 발생할 가능성이 있어 철저하게 대비해야 한다. | |
| [본문]<br>마지막 단락 | A시에서는 황사 발생시 관련부서 및 유관기관과 유기적으로 협조하여 …체계적인 대응을 신속하게 실시하여 황사 피해를 최소화할 계획이다.<br><br>ⓜ | |

① (×)

| [제목]<br><br>[부제] | ⊙ 봄철 불청객 '황사' 이렇게 대처하겠습니다!<br><br>─ 대응 체계 강화와 시민 행동 요령 안내 등 철저한 대비로 황사 피해 최소화 ─ | • 1 제목 및 부제는 전체 내용을 압축적으로 제시하는 내용 |
|---|---|---|

으로 볼 때, "⊙을 '불청객 황사, 봄철 국민 건강을 위협하는 주범입니다'로 수정한다."라는 선택지의 진술은 제목이 부제조차도 포함하지 못하므로 수정하거나 보완하는 것으로는 적절하지 않다.

② (×)

| [리드] | ⓛ A시는 매년 봄철(3~5월) 불청객으로 찾아오는 황사 피해를 최소화하기 위해 적극적인 대처 방안을 마련했다. 이에 따라 A시는 황사 대응 체계를 신속하게 가동하고, 시민 행동 요령을 적극적으로 안내할 예정이다. | • 2 '리드'에서 '누가, 언제, 무엇을, 어떻게, 왜'의 핵심정보를 제시 |
|---|---|---|

으로 볼 때, "ⓛ은 아래 부분에서 반복적으로 설명되는 내용이므로 삭제한다."라는 선택지의 진술은 ⓛ의 아래 부분에서 나오는 내용은 A시 대처 방안 마련 이후 그 다음 계획으로서 반복적인 설명이 아니므로 수정하거나 보완하는 것으로는 적절하지 않다.

③ (×)

| [본문]<br>2단락 | A시의 최근 '10년간' 연평균 황사 관측일수는 6.1일이며, 이 중 5.1일(83%)이 봄철(3~5월)에 집중 발생하는 것으로 나타났다.<br><br>ⓒ | • 3-2 잉여 정보, 동일 정보를 필요 이상 반복 ×<br>• 3-3 필요한 표, 그래프, 그림 등을 적절하게 제공 |
|---|---|---|

으로 볼 때, "ⓒ에 최근 30년간 한국의 황사 발생 관측일수를 도표로 제공한다."라는 선택지의 진술은 최근 '10년간' 발생했다는 황사 관측일수 내용에 비해 잉여정보(30년)의 도표가 되므로 수정하거나 보완하는 것으로는 적절하지 않다.

④ (×)

| [본문]<br>3단락 | 특히 ⓔ 최근 중국 북부지역의 가뭄으로 평년보다 더 강한 황사가 발생할 가능성이 있어 철저하게 대비해야 한다. | • 3-1 제목과 부제에서의 핵심 정보를 본문에서 빠짐없이 제시<br>• 3-2 잉여 정보, 동일 정보를 필요 이상 반복 × |
|---|---|---|

으로 볼 때, "ⓔ에 이어 중국 북부지역 가뭄 원인과 중국 정부의 대처 방안을 추가한다."라는 선택지의 진술은 제목과 부제의 핵심 정보도 아니면서 잉여 정보에 해당하므로 수정하거나 보완하는 것으로는 적절하지 않다.

⑤ (○)

| [부제] | － 대응 체계 강화와 '시민 행동 요령 안내' 등 철저한 대비로 황사 피해 최소화 － | |
|---|---|---|
| [본문] 마지막 단락 | A시에서는 황사 발생시 관련부서 및 유관기관과 유기적으로 협조하여 …체계적인 대응을 신속하게 실시하여 황사 피해를 최소화할 계획이다. ⬚ ㉤ | • 3-1 제목과 부제에서의 핵심 정보를 본문에서 빠짐없이 제시 |

으로 볼 때, "㉤에 시민들이 황사피해를 최소화할 수 있는 행동 요령과 그 안내 계획을 추가한다."라는 선택지의 진술은 [부제]의 시민 행동 요령 안내에 관한 내용을 추가하는 것이므로 수정하거나 보완하는 것으로 가장 적절하다.

**내용공략** 퍼블리시티

퍼블리시티는 방송 퍼블리시티, 신문 퍼블리시티, 그리고 인터넷 퍼블리시티로 구분할 수 있다. 모든 퍼블리시티는 통상 기사체 문장으로 작성되는데, 이 중 신문 퍼블리시티는 표제(제목), 부제, 리드, 본문 등으로 구성되어 있다.[행정PR매뉴얼, 2014., 홍장선] 이 중 **리드**란 신문의 기사, 논설 따위에서 본문의 맨 앞에 그 요지를 추려서 쓴 짧은 문장을 말한다. [표준국어대사전]

**속도공략** 제시문 (나) <A시 보도자료> ㉠~㉤의 각각을 순서대로 하나씩 (가) <작성 원칙>과 비교하며 그 적절함의 여부를 판단한다.

---

**대표 기출**                                                                 본문 96~97P

01 ⑤          02 ⑤

---

# 01                                                                 ▶⑤

**유형공략** 'IMF(국제통화기금)의 자금 지원' 글의 밑줄 "㉠~㉤에서 문맥에 맞지 <u>않는</u> 곳을 찾아 적절하게 수정한 것"을 찾는 문제이다. 밑줄 ㉠~㉤과 그 앞뒤 2~3문장을 중점적으로 비교하며 이해한다.

밑줄 ㉠~㉤과 그 앞뒤 2~3문장을 중심으로 제시문의 내용을 요약하며 적절한지 여부를 (고딕체의 해설을 참고하여) 비교하면 <아래>와 같다.

| 구분 | 내용 |
|---|---|
| [1단락] | 이[동유럽] 국가들은 자본주의 <u>시장경제</u>를 받아들인 후 극심한 <u>경제위기</u>를 경험하게 되고 IMF(국제통화기금)의 <u>자금 지원</u>을 받게 되는데, 이는 ㉠ 갑작스럽게 외부로부터 도입한 자본주의 시스템에 적응하는 일이 (경제위기와 자금 지원까지로 이어진 만큼) 결코 쉽지 않다는 점을 보여준다. |
| [2단락] | 해당 국가 국민의 평균 수명이 급격하게 줄어들었는데, 같은 시기 미국, 서유럽 국가들과 대조적이다. 이 현상에 대해 (동유럽 국가의) ㉡ 자본주의 시스템 도입을 적극적으로 지지했던 일부 경제학자들은 (자본주의 시스템이라는 경제적 요소의 장점을 주장해야 하므로 평균 수명이 단축을) ㉢ 동유럽 지역 남성들의 과도한 음주와 흡연, 폭력과 살인 같은 비경제적 요소를 주된 원인으로 꼽았다. 즉 경제 체제와는 관련이 없다는 것이다. |
| [끝단락] | 영국의 한 연구자는 ㉣ IMF의 자금 지원을 받은 국가와 다른 기관에서 자금 지원을 받은 국가를 (그 차이점을 중심으로) 비교하였다. 같은 시기 독립한 동유럽 국가 중 <u>슬로베니아만 유일하게 IMF가 아닌 다른 기관</u>에서 돈을 빌렸다. IMF는 자금을 지원받는 국가에게 경제 구조조정프로그램을 실시한 반면, 슬로베니아를 지원한 곳은 그렇게 하지 않았다(➔ 구조조정을 하지 않았다). IMF 구조조정 프로그램을 실시한 국가들은 ㉤ 실시 *이전*부터 결핵 발생률이 크게 증가했던 것으로 나타났다. 그러나 슬로베니아는 같은 기간 결핵 사망률이 감소했다. |

이에 밑줄 ㉤ 내용의 앞뒤 맥락을 살펴볼 때, [끝단락]의 영국 연구자는 IMF의 자금이 "지원된 **이후** 시점부터" 그 지원을 받은 국가와 받지 않은 국가의 차이점, 그리고 구조조정을 한 국가와 하지 않은 국가를 대비하며 이를 원인으로, 결핵 발생(사망)의 증가하는 결과가 나타났다는 주장을 하고 있음을 미루어 알 수 있다. (㉤과 같이 자금이 지원된 이전을 대비한다면 이들 간의 공통적인 원인으로 인한 공통적인 결과가 주장되리라 본다.)

⑤ (○) 따라서 "㉤을 '실시 이후부터 결핵 사망률이 크게 증가했던 것'으로 수정한다."는 선택지의 진술은 적절하다.

**속도공략** 제시문 밑줄 ㉠~㉤과 그 앞뒤 문맥이 서로 어울리는지 여부를 중심으로 내용을 이해한 후, 어울리지 않을 때 선택지 진술을 살피며 적절하게 수정되었는지 여부를 확인한다.

## 02 ▶ ⑤

**유형공략** 'A시 공공 건축 교육 과정' 대화 중 "㉠ 오늘 회의에서 나온 의견에 따라 <계획안>을 수정한 것으로 적절하지 <u>않은</u> 것"을 찾는 문제이다. <계획안>과 선택지의 진술을 비교한 후 관련 제시문의 내용을 이해하며 풀이한다.

<계획안> 및 선택지와 관련된 제시문의 내용만을 요약한 후 풀이하면 <아래>와 같다.

| 〈계획안〉 | 내용 | 선택지 |
|---|---|---|
| • **강의 주제**: 공공 건축의 미래/A시의 조경 +( ) | 을2: (3문) **A시 유명 공공 건축물**을 활용할 수 있는 주제의 강의… | ① ( ○ ) 강의 주제에 "건축가협회 선정 A시의 유명 공공 건축물 TOP3"를 추가한다. |
| • ~~일시:~~ ~~7.12.(월) 19:00~21:00/~~ ~~7.14.(수) 19:00~21:00~~ | 을1: (3문) 온라인 강의는 편안한 시간에 접속하게 하고 수강 가능한 **기간**을 명시… | ② ( ○ ) 일시 항목을 "기간: 7.12.(월) 06:00~7.16(금) 24:00"으로 바꾼다. |
| • ~~장소: A시 청사 본관 5층 대회의실~~ | 을1: (1문) **온라인 교육**이 좋겠습니다. | ③ ( ○ ) 장소 항목을 "교육방식: 코로나19 확산 방지를 위해 온라인 교육으로 진행"으로 바꾼다. |
| • **대상**: A시 공공 건축에 관심 있는 ~~A시 시민~~ 누구나 | 을1: (4문) 교육 **대상**을 A시 시민만이 아닌 모든 희망자로 확대… | ④ ( ○ ) 대상을 "A시 공공 건축에 관심 있는 사람 누구나 (➔ 모든 희망자)"로 바꾼다. |
| | 병1: (1문) 교육 대상을 업무 관련 공무원과 일반 시민으로 구분… | |
| | 을2: (2문) 시민 대상 교육 과정으로만 진행 | (단, 업무 관련 공무원은 '관심 있는 사람 누구나'에서 제외되었다고 해석한다. 물론 공무원도 한 시민으로서는 참여할 수 있으리라 본다.) |
| • **신청 방법**: A시 홈페이지 → … → '게시판'에서 신청서 작성 +( ) | 병2: (2문) 시 홈페이지에서 신청 게시판을 찾아가는 방법을 안내로는 부족합니다. **A시 공식 애플리케이션**에서도 **신청**서를 작성하고 제출… | ⑤ ( × ) 신청 방법을 "A시 공식 애플리케이션을 통한 A시 공공 건축 교육 과정 간편 신청"으로 ~~바꾼다~~. (∵ A시 홈페이지 신청 게시판으로는 부족하여 A시 공식 애플리케이션 신청서 작성도 필요하다고 했으므로 이를 '추가'한다는 진술이어야 적절하다.) |

**속도공략** 선택지가 "<계획안> 강의 주제, 일시, 장소, 대상, 신청 방법"으로 구성되어 있으므로 이에 관련 있는 제시문의 내용을 중심으로 이해한다.

## 2 법령형

**기출문제 분석** 본문 99~102P

01 ② 02 ② 03 ⑤

## 01 ▶ ②

**유형공략** '○○시 육아센터'의 "㉠ (갑과 같은 조건의 사람들도 장남감 대여 서비스를 이용할 수 있도록) 운영규정 및 조례의 일부 개정 내용으로 적절한 것"을 찾는 문제이다. 선택지 법령(조·항·호·목) 개정안의 진술을 중심으로 제시문의 내용을 바꿔가며 ㉠ 개정 이유에 맞는 적절한 선택지 진술을 찾는다.

제시문의 사실관계 내용을 갑과 ○○시의 입장을 중심으로 요약하였다.

| 내용 | |
| --- | --- |
| 갑 | ○○시 |
| ○○시에 주민등록을 두고 있으며 무직인 갑은 만 3세인 손녀의 돌봄을 위해 ○○시 육아종합지원센터 장난감 대여 서비스를 이용하려 하자, | ○○시 센터는 「○○시 육아종합지원센터 운영규정」에 따라 갑이 해당 서비스를 이용할 수 없다고 안내하였고, |
| 그러자 갑은 「○○시 육아종합지원센터 설치 및 운영 '조례」에 근거'하여 해당 서비스를 이용하게 해달라는 민원을 제기하였으며, | 이에 ○○시는 운영규정과 조례가 불일치하여 ㉠ 갑과 같은 조건(주민등록+무직+만 3세 손녀)의 사람들도 그 서비스를 이용할 수 있도록 '운영규정' 또는 조례의 일부를 '개정'하였다. |

위의 내용으로 볼 때, **조례에 근거**하여 **운영규정을 개정**해야 갑이 주장하는 이유에 합당함을 알 수 있다.

이에 제시문의 운영규정과 조례의 내용을 선택지 진술과 비교하였다.

| 내용 | | 진술 |
| --- | --- | --- |
| 「○○시 육아종합지원센터 운영규정」<br><br>제95조(회원)<br>① 본 센터의 각종 서비스를 이용하려는 자는 <u>회원으로 등록되어 있어야 한다.</u><br><br>② 회원이 될 수 있는 자는 <u>만 5세 이하 자녀를 둔</u> ○○시에 주민등록을 두고 있는 자와 ○○시 소재 직장 재직자이다.<br><br>③ (생략) | ①<br><br><br><br>②<br><br><br><br>③ | 제95조(회원)<br>① 본 센터의 각종 서비스를 이용하려는 자는 <u>본 센터에 개인정보를 제공하여</u> 회원으로 등록되어 있어야 한다.<br>② 회원이 될 수 있는 자는 만 5세 이하 <u>아동의 직계존속 또는 법정보호자로서</u> ○○시에 주민등록을 두고 있는 자와 ○○시 소재 직장 재직자이다.<br><br>③ (같음) |
| 「○○시 육아종합지원센터 설치 및 운영 조례」<br><br>제5조(회원)<br>① 회원은 본 센터에 개인정보를 제공하여 회원등록을 한 자로서 본 센터의 모든 <u>서비스를 이용할 수 있는</u> 자를 말한다.<br><br>② 회원이 되려는 자는 다음 각 호의 요건을 모두 갖추어야 한다.<br>  1. <u>○○시에 주민등록을 두고 있는 자 또는 ○○시 소재 직장 재직자</u><br>  2. <u>만 5세 이하 아동의 직계존속 또는 법정보호자</u> | ③<br><br><br><br><br>④<br><br>⑤ | 제5조(회원)<br>① 회원은 본 센터에 개인정보를 제공하여 회원등록을 한 자로서 본 센터의 모든 <u>서비스를 이용할 수 있는 자의 직계존속 또는 법정보호자</u>를 말한다.<br>② (같음)<br><br>  1. <u>○○시에 주민등록을 두고 있는 자</u><br><br>  2. <u>만 5세 이하 아동의 부모 또는 법정보호자</u> |

① (×)

| 내용 | | 진술 |
| --- | --- | --- |
| 「○○시 육아종합지원센터 운영규정」<br><br>제95조(회원)<br>① 본 센터의 각종 서비스를 이용하려는 자는 <u>회원으로 등록되어 있어야 한다.</u> | ① | 제95조(회원)<br>① 본 센터의 각종 서비스를 이용하려는 자는 <u>본 센터에 개인정보를 제공하여 회원으로 등록되어 있어야 한다.</u> |

으로 볼 때, 운영규정을 개정하지 않아도 <u>갑과 같은 조건(주민등록+무직+만3세 손녀)의 사람들</u>은 개인정보를 제공하기만 하면 해당서비스를 이용할 수 있으므로 제시문의 사실관계와 맞지 않아 ㉠의 내용으로 적절하지 않다.

② (○)

| 내용 | | 진술 |
|---|---|---|
| 「○○시 육아종합지원센터 운영규정」<br><br>제95조(회원)<br><br>② 회원이 될 수 있는 자는 <u>만 5세 이하 자녀를 둔</u> ○○시에 주민<br>등록을 두고 있는 자와 ○○시 소재 직장 재직자이다. | ② | 제95조(회원)<br><br>② 회원이 될 수 있는 자는 <u>만 5세 이하 아동의 직계존속 또는 법정보호자</u><br><u>로서</u> ○○시에 주민등록을 두고 있는 자와 ○○시 소재 직장 재직자이다. |
| 「○○시 육아종합지원센터 설치 및 운영 조례」<br><br>제5조(회원)<br><br>② 회원이 되려는 자는 다음 각 호의 요건을 모두 갖추어야 한다.<br><u>2. 만 5세 이하 아동의 직계존속 또는 법정보호자</u> | | |

으로 볼 때, 운영규정 제95조 제2항이 "만 5세 이하 자녀를 둔 자"로만 규정되어 있어 <u>갑과 같은 조건(주민등록+무직+'만3세 손녀')의 사람들</u>은 해당 서비스를 이용할 수 없다. 따라서 조례 제5조 제2항 제2호 "2. 만 5세 이하 아동의 **직계존속** 또는 법정보호자"에 일치하도록 운영규정 해당 조항을 "<u>만 5세 이하 아동의 직계존속</u>"으로 개정하는 것이 손녀를 둔 갑과 같은 조건의 사람도 해당 서비스를 이용할 수 있으므로 ㉠의 내용으로 적절하다.

③ (×)

④ (×)

⑤ (×) <아래 1>의 내용으로 볼 때, 조례에 근거하여 운영규정을 개정해야 한다고 했으므로 운영규정이 아닌 '조례'를 개정한 선택지의 진술들은 ㉠의 내용으로 적절하지 않다.

**속도공략** 선택지 법령(조·항·호·목) 개정안의 진술을 중심으로 제시문의 내용을 바꿔놓고 본래의 내용과 개정된 진술 중에서 양자 선택하는 방법으로 ㉠에 맞는 적절한 선택지를 찾는다.

# 02　　　　　　　　　　　　　　　　　　　　　　　　　　　　　　▶ ②

**유형공략** 7급 법령형 ①

'「보험업법」 손해사정업' 글의 "<논쟁>"에 대한 분석으로 적절한 것만을 <보기>에서 모두" 고르는 문제이다. <보기> 글을 읽고 제시문의 <쟁점>과 관련된 갑과 을의 주장을 판단하는 문제임을 파악한 후, 제시문의 내용을 <조문>, <사례>, 및 <사례>를 둘러싼 <쟁점>으로 나누어 이해하며 풀이한다.

제시문의 내용을 <조문>, <사례>, 및 <사례>를 둘러싼 <쟁점>으로 나누어 정리하면 <아래1>과 같다.

| 구분 | 내용 |
|---|---|
| [1단락] | 갑과 을은 법인 A, B의 「보험업법」 위반에 대해 논쟁하고 있다. 이 논쟁은 「보험업법」의 규정 속 손해사정사가 상근인지, 그리고 각 법인의 손해사정사가 상근인지 여부가 불분명함에서 비롯되었다. |

| 「보험업법」 | 제○○조 (손해사정업의 영업기준) | |
|---|---|---|
| (조문) | ① 손해사정을 업으로 하려는 **법인**은 **2명 이상의 상근** 손해사정사를 두어야 한다. 이 경우 … 업무의 종류별로 1명 이상의 상근 손해사정사를 두어야 한다. | ② 제1항에 따른 법인이 **지점 또는 사무소**를 설치하려는 경우에는 각 지점 또는 사무소별로 … 업무의 종류별로 1명 이상의 (　) 손해사정사를 두어야 한다. |

| <논쟁> | 쟁점1 | 쟁점2 |
|---|---|---|
| (사례) | **법인 A**는 … 업무의 종류가 4개이고, 각 종류마다 **2명**의 손해사정사를 두고 있는데, | 법인 B의 **지점** 및 **사무소** 각각은 … 업무의 종류가 2개씩이고 각 종류마다 1명의 손해사정사를 두고 있는데, |
| (쟁점) | 갑은 법인 A가 「보험업법」 제○○조제1항을 어기고 있다고 주장하지만, 을은 그렇지 않다고 주장한다. | 갑은 법인 B가 「보험업법」 제○○조제2항을 어기고 있다고 주장하지만 을은 그렇지 않다고 주장한다. |

ㄱ. (×) "쟁점1과 관련하여" 제시문의 (조문, 사례 및 쟁점) 내용과 함께 정리하고 도식화하여 판단하면 <아래2>와 같다.

| 조문 및 사례 | | 쟁점 |
|---|---|---|
| [조문]<br>제○○조 | ① 손해사정을 업으로 하려는 **법인은 2명 이상의 상근** 손해사정사를 두어야 한다. 이 경우 … 업무의 종류별로 1명 이상의 상근 손해사정사를 두어야 한다. | |
| [제시문]<br>(사례) | 법인 A는 … 업무의 종류가 4개이고, 각 종류마다 2명의 손해사정사를 두고 있는데, | |
| <보기> ㄱ.<br>(사례) | "법인 A에는 비상근 손해사정사가 2명 근무하고 있지만 이들이 수행하는 업무의 종류가 다르다는 사실이 밝혀진다면," | |

| {도식화}<br>법인A | 업무 | I | II | III | IV |
|---|---|---|---|---|---|
| | [조문] | ⊢<br><br>1명↑<br>상근 | 2명↑<br>1명↑<br>상근 | 상근<br><br>1명↑<br>상근 | ⊣<br><br>1명↑<br>상근 |
| | (사례) | 2명 | 2명 | 2명 | 2명 |
| | if<br>ㄱ. (사례) | 1명<br>비상근 | 1명<br>비상근 | | |
| | then<br>나머지 | 1명 상근 | 1명 상근 | 2명 상근 | 2명 상근 |

결국, 법인A는 「보험업법」을 어기지 않았으므로 (법을 어긴다는) 갑은 주장은 옳지 않고 (그렇지 않다는) 을의 주장은 옳다.

| [제시문]<br>(쟁점) | | 갑은 법인 A가 「보험업법」제○○조 제1항을 *어기고 있다고 주장*하지만, 을은 그렇지 않다고 주장한다. |
|---|---|---|

따라서 "쟁점1과 관련하여, 법인 A에는 비상근 손해사정사가 2명 근무하고 있지만 이들이 수행하는 업무의 종류가 다르다는 사실이 밝혀진다면, 갑의 주장은 *옳지만* 을의 주장은 *옳지 않다*."라는 <보기> 글은 분석으로 적절하지 않다.

ㄴ. (○)

"쟁점2와 관련하여" 제시문의 (조문, 사례 및 쟁점) 내용과 함께 정리하고 도식화하여 판단하면 <아래3>과 같다.

| 조문 및 사례 | | 쟁점 |
|---|---|---|
| [조문]<br>제○○조 | ② 제1항에 따른 법인이 **지점 또는 사무소**를 설치하려는 경우에는 각 지점 또는 사무소별로 … 업무의 종류별로 1명 이상의 (  ) 손해사정사를 두어야 한다. | |
| [제시문]<br>(사례) | 법인 B의 **지점** 및 **사무소** 각각은 … 업무의 종류가 2개씩이고 각 종류마다 1명의 손해사정사를 두고 있는데, | |
| <보기><br>ㄴ.(사례) | "법인 B의 지점에 근무하는 손해사정사가 비상근일 경우에" | |

| {도식화}<br>법인B | 업무 | I | II |
|---|---|---|---|
| | [조문] | 1명↑<br>(  ) | 1명↑<br>(  ) |
| | (사례) | 1명 | 1명 |
| | ㄴ. (사례) | 비상근 | 비상근 |

결국, 조문을 상근이어야 한다고 (갑과 같이) 해석하면 법인 B는 「보험업법」을 어기는 것이고, 조문을 (을과 같이) 비상근이어도 무방하다고 해석하면 법인 B는 법을 어기지 않는 것이다.

| [제시문]<br>(쟁점) | | 갑은 법인 B가 「보험업법」 제○○조 제2항을 어기고 있다고 주장하지만 을은 그렇지 않다고 주장한다. |
|---|---|---|

따라서 "쟁점2와 관련하여, 법인 B의 지점에 근무하는 손해사정사가 비상근일 경우에 갑은 제○○조제2항의 '손해사정사'가 반드시 상근이어야 한다고 생각하지만 을은 비상근이어도 무방하다고 생각한다는 사실은 법인 B에 대한 갑과 을 사이의 주장 불일치를 설명할 수 있다."라는 <보기> 글은 분석으로 적절하다.

ㄷ. (×) "법인 A(4가지 업무 × 2명 손해사정사 = 8명) 및 그 지점 또는 사무소에 근무하는 손해사정사와 법인 B 및 그 지점 또는 사무소(2가지 업무 × 1명 손해사정사 = 2명)에 근무하는 손해사정사가 모두 상근이라면, (법을 어기지 않았다는) 을의 주장은 쟁점1과 쟁점2 모두에서 **옳지 않다**."라는 <보기> 글은 분석으로 적절하지 않다.

(을의 주장은 쟁점 모두에서 옳다. 즉 법인은 2명 이상의 상근 사정사를 두고 업무별로 1명 이상의 상근 사정사를 두기만 한다면 법의 제1항 및 제2항의 요건을 모두 충족시킨다. 그런데 법인 A는 8명의 상근 사정사를 두었고 업무별로 1명 이상인 2명씩 상근 사정사를 두었으며 법인 B는 2명의 상근 사정사를 두었고 업무별로 1명의 상근 사정사를 두었기 때문이다.)

**속도공략** 제시문의 내용을 <조문>, <사례>, 및 <사례>를 둘러싼 <쟁점>으로 나누어 정확하게 이해하는 점에 유의한다.

## 03 ▶ ⑤

**유형공략** 언논B + 7급법령 + 언어D

『부정청탁 및 금품등 수수의 금지에 관한 법률(이하 '청탁금지법')』의 "**빈칸**에 들어갈 내용으로 가장 적절한 것"을 찾는 문제이다. 각 선택지의 구성이 청탁금지법 적용 사례에 해당하는지 여부를 묻는 문제이므로 관련 법률을 중심으로 내용을 정리하며 풀이한다.

'청탁금지법'과 관련된 내용과 각 사례를 요약하면 <아래>와 같다.

| 내용 |
|---|
| 을₁: 『부정청탁 및 금품등 수수의 금지에 관한 법률(이하 '청탁금지법')』에서는, 공직자가 부정 청탁을 받았을 때 (1) 거절 의사를 표현해야 하고, (2) 상대방이 이후 동일한 부정 청탁을 해 온다면 소속 기관의 장에게 **신고**해야 한다고 규정합니다. |
| 을₂: ('금품등'에는 접대와 같은 **향응**도 포함되)지요. (3) 공직자는 동일인으로부터 명목에 상관없이 1회 100만 원 혹은 매 회계연도(➜ 1년)에 300만 원을 초과하는 금품이나 접대를 받을 수 없습니다. (4) **직무 관련성**이 있는 경우에는 100만 원 이하라도 처벌을 받습니다. |
| 을₃: ('**동일인**'은) 받는 사람을 기준으로 (합)니다. (5) 한 공직자에게 여러 사람이 동일한 부정 청탁을 하며 금품을 제공하려 하였을 때에도 출처가 같다면 '동일인'으로 해석됩니다. 또한 (6) 여러 행위가 계속성 또는 **시간적·공간적 근접성**이 있다고 판단되면, 1회로 간주될 수 있습니다. |
| 갑₄: 연초 우리 시청 직원 90명은 장터에 들러 1인당 8천 원씩 지불하고 식사를 했는데, 이후 그 식사는 X회사 사장인 A의 후원금이 (ⅰ) 1인당 1만2천 원씩 들어간 것이라는 걸 알(았)습니다. 대가성 있는 접대가 <u>아니고</u> 직무관련성도 <u>없는</u> 것으로 확정되었으며, 추가 식사비도 돌려주었습니다. 그리고 (ⅱ) Y회사 임원인 B가 입찰을 도와달라고 청탁하면서 100만 원을 건네길래 거절한 적이 있습니다. 그런데 (ⅲ) 어제 C가 찾아와 X회사 공장 부지 용도 변경에 힘써 달라며 200만 원을 주려고 해서 거절하였습니다. |
| 을₃: 설명드리겠습니다. [                                              ] |

① (×)

| 을₂: ('금품등'에는 접대와 같은 **향응**도 포함되)지요. (3) 공직자는 동일인으로부터 명목에 상관없이 1회 100만 원 혹은 매 회계연도(➜ 1년)에 300만 원을 초과하는 금품이나 접대를 받을 수 없습니다. |
|---|
| 갑₄: 연초 우리 시청 직원 90명은 장터에 들러 1인당 8천 원씩 지불하고 식사를 했는데, 이후 그 식사는 X회사 사장인 A의 후원금이 (ⅰ) 1인당 1만2천 원씩 들어간 것이라는 걸 알(았)습니다. 대가성 있는 접대가 <u>아니고</u> 직무관련성도 <u>없는</u> 것으로 확정되었으며, 추가 식사비도 돌려주었습니다. |

위의 '청탁금지법' 관련 내용 (3)에 따를 때, 공직자(1인)는 (직무 관련성이 <u>없는</u> 경우) 1회 100만 원을 초과하는 접대를 받을 수 없을 뿐 1회 (100만원을 초과하지 않는) 1만 2천 원 식사는 접대 받을 수 있다. 따라서 "X회사로부터 받은 접대는 시간적·공간적 근접성으로 보아 청탁금지법을 위반한 향응을 받은 것이 **됩니다.**"라는 선택지의 진술은 맞지 않아 적절하지 않다.

② (×)

| 을₂ : | (4) **직무 관련성**이 있는 경우에는 100만 원 이하 (금품)라도 처벌을 받습니다. |
|---|---|
| 갑₄ : | (ii) Y회사 임원인 B가 입찰을 도와달라고 청탁(➜직무 관련성 有)하면서 100만 원을 건네길래 거절한 적이 있습니다. |

위의 '청탁금지법' 관련 내용 (4)에 따를 때, (입찰을 도와달라는 청탁과 같이) 직무 관련성이 있는 경우에는 100만 원 이하라도 처벌을 받으므로 청탁금지법상의 처벌대상이 되는 금품임을 알 수 있다. 따라서 "Y회사로부터 받은 제안의 내용은 청탁금지법상의 금품이라고는 할 수 *없지만* 향응에는 포함될 수 있습니다."라는 선택지의 진술은 맞지 않아 적절하지 않다.

③ (×)

| 을₂ : | (4) **직무 관련성**이 있는 경우에는 100만 원 이하라도 처벌을 받습니다. |
|---|---|
| 을₃ : | ('**동일인**'은) 받는 사람을 기준으로 (합)니다. (5) 한 공직자에게 여러 사람이 동일한 부정 청탁을 하며 금품을 제공하려 하였을 때에도 출처가 같다면 '동일인'으로 해석됩니다. |
| 갑₄ : | 연초 우리 시청 직원 90명은 1인당 8천 원씩 지불하고 식사를 했는데, 이후 그 식사는 X회사 사장인 A의 후원금이 ( i ) 1인당 1만2천 원씩 들어간 것이라는 알(았)습니다. 대가성 있는 접대가 <u>아니고</u> 직무관련성도 <u>없는</u> 것으로 확정되었으며, 추가 식사비도 돌려주었습니다. 그런데 (iii) 어제 C가 찾아와 X회사 공장 부지 용도 변경에 힘써 달라며 200만 원을 주려고 해서 거절하였습니다. |

위의 선택지 ①의 해설과 '청탁금지법' 관련 내용 (5)에 따를 때 A는 부정 청탁을 한 것이 <u>아니지만</u>, (4)에 따를 때, 공장 부지 용도 변경은 직무 관련성이 있으므로 C는 부정 청탁을 한 것임을 미루어 알 수 있다. 따라서 "청탁금지법상 *A*와 C는 *동일인으로서* 부정 청탁을 한 것이 됩니다."라는 선택지의 진술은 적절하지 않다. (게다가 A와 C가 동일인인지 여부는 한 공직자에게 청탁을 했는지 여부와 그 출처가 X회사 법인으로 동일한지 여부에 대한 추가 내용이 있어야 판단할 수 있다고 본다.)

④ (×)

| 을₂ : | ('금품등'에는 접대와 같은 **향응**도 포함되)지요. (3) 공직자는 동일인으로부터 명목에 상관없이 1회 100만 원 혹은 매 회계연도(➜1년)에 300만 원을 초과하는 금품이나 접대를 받을 수 <u>없습니다</u>. |
|---|---|
| 갑₄ : | (ii) Y회사 임원인 B가 입찰을 도와달라고 청탁하면서 100만 원을 건네길래 거절한 적이 있습니다. 그런데 (iii) 어제 C가 찾아와 X회사 공장 부지 용도 변경에 힘써 달라며 200만 원을 주려고 해서 거절하였습니다. |

만일 직무 관련성이 없다는 가정 하에 적용되는 '청탁금지법' 관련 내용 (3)에 따를 때, 1회 100만 원을 '초과(+)'하는 금품은 받을 수 없으므로 B의 100만 원은 그 허용 한도를 벗어나지 않았으나 C의 200만 원은 이를 벗어났음을 알 수 있다. 따라서 "직무 관련성이 없다면 B와 *C가 제시한 금액*은 청탁금지법상의 허용 한도를 벗어나지 *않습니다.*"라는 선택지의 진술은 맞지 않아 적절하지 않다.

⑤ (○)

| 을₁ : | 『부정청탁 및 금품등 수수의 금지에 관한 법률(이하 '청탁금지법')에서는, 공직자가 부정 청탁을 받았을 때 (1) 거절 의사를 표현해야 하고, (2) 상대방이 이후 동일한 부정 청탁을 해 온다면 소속 기관의 장에게 **신고**해야 한다고 규정합니다. |
|---|---|
| 을₂ : | (4) **직무 관련성**이 있는 경우에는 100만 원 이하라도 처벌을 받습니다. |
| 갑₄ : | (iii) 어제 C가 찾아와 X회사 공장 부지 용도 변경에 힘써 달라며 200만 원을 주려고 해서 거절하였습니다. |

직무 관련성이 있어 100만 원 이하의 금품도 처벌받는 부정 청탁일 때 적용되는 '청탁금지법' 관련 내용 (1)과 (2)에 따를 때, C의 처음의 청탁은 (신고하지 않고) 거절 의사만 표현하면 현재로서는 충분하지만 만일 그와 같은 (부정) 청탁을 다시 한다면 소속 기관의 장에게 신고해야 함을 알 수 있다. 따라서 "현재는 청탁금지법상 C의 청탁을 신고할 의무가 생기지 않지만, C가 같은 청탁을 다시 한다면 신고해야 합니다."라는 선택지의 진술은 적절하다.

**속도공략** '청탁금지법'과 관련된 선택지의 핵심어 ① "시간적·공간적 근접성/향응", ② "금품/향응", ③ "동일인/부정 청탁", ④ "직무 관련성", ⑤ "신고"를 중심으로 제시문의 내용과 비교한다.

**대표 기출**

| 01 ④ | 02 ④ | 03 ③ |

## 01 ▶ ④

**유형공략** | '「주거법」 비거주자의 구분' 글의 "<논쟁>에 대한 분석으로 적절한 것만을 <보기>에서 모두 고르는" 문제이다. <보기>의 진술이 각각 제시문의 쟁점 1, 2, 3에 대한 갑과 을의 주장 불일치 또는 각 주장의 옳고 그름을 묻고 있으므로, 쟁점을 하나씩 나눈 후 관련 법 및 <보기>와 비교하며 풀이한다.

제시문의 △△국 「주거법」을 정리하면 <아래>와 같다.

---

### 「주거법」 제○○조(비거주자의 구분)

① 다음 각 호에 해당하는 **△△국 국민**은 비거주자로 본다.
 1. 외국에서 영업활동 …
 2. 2년 이상 외국에 체재하고 있는 사람. 이 경우 일시 귀국하여 3개월 이내의 기간 동안 체재한 경우 그 기간은 외국에 체재한 기간에 포함 …
 3. 외국인과 혼인하여 배우자의 국적국에 6개월 이상 체재 …
② 국내에서 영업활동에 종사하였거나 6개월 이상 체재하였던 **외국인**으로서 출국하여 외국에서 3개월 이상 체재 중인 사람의 경우에도 비거주자로 본다.

---

이에 ①항은 **△△국 국민**, ②항은 **외국인** 중에서 비거주자를 구분한 조항임을 알 수 있다.

ㄱ. (×) 제시문의 <논쟁> 중 쟁점1을 요약한 후 관련 조항과 비교하면 <다음 1>과 같다.

---

### <논쟁>

쟁점1: △△국 국민인 A는 일본에서 **2년** 1개월째 학교에 다니고 있다. A는 매년 여름방학과 겨울방학 기간에 일시 귀국하여 2개월씩 체재하였다. 이에 대해, 갑은 A가 △△국 비거주자라고 주장하는 반면, 을은 그렇지 않다고 주장한다.

---

### 「주거법」 제○○조(비거주자의 구분)

① 다음 각 호에 해당하는 △△국 국민은 비거주자로 본다.
 2. **2년** 이상 외국에 체재하고 있는 사람. 이 경우 일시 귀국하여 **3개월** 이내의 기간 동안 체재한 경우 그 기간은 외국에 체재한 기간에 포함 …

---

따라서 "쟁점 1과 관련하여, (「주거법」 제○○조 ①항 2호의) 일시 귀국하여 체재한 '3개월 이내의 기간'이 귀국할 때마다 체재한 기간의 합으로 확정된다면, (여름방학 2개월, 겨울방학 2개월, 적어도 총 4개월 이상이 되고, 이는 법령의 '3개월 이내의 기간'을 위배하여 외국에 체재한 기간으로 포함되지 않고, 이를 다시 2년 1개월에서 감산한다면 2년 이상 외국에 체재한 것이 되지 않으므로, 결국 비거주자로 구분되지 않아 비거주자라 주장한 갑은 그르고 을은 옳다는 것을 미루어 알 수 있다. 결국) 갑의 주장은 *옳고* 을의 주장은 *그르다*."라는 <보기>의 진술은 맞지 않아 분석으로 적절하지 않다.

ㄴ. (○) 제시문 <논쟁> 중 쟁점 2를 요약한 후 관련 조항과 비교하면 <다음 2>와 같다.

---

### <논쟁>

쟁점2: △△국 국민과 미국 국적을 모두 보유한 복수 국적자 B는 △△국 C법인에서 임원으로 근무하였다. B는 올해 C법인의 미국(➜ 외국) 사무소로 발령받아 1개월째 **영업활동** 중이다. 이에 대해 갑은 B가 △△국 비거주자라고 주장하는 반면, 을은 그렇지 않다고 주장한다.

---

### 「주거법」 제○○조(비거주자의 구분)

① 다음 각 호에 해당하는 **△△국 국민**은 비거주자로 본다.
 1. 외국(➜ 미국)에서 영업활동 …

---

따라서 "쟁점 2와 관련하여, 갑은 B를 △△국 국민이라고 생각하지만 을은 외국인이라고 생각하기 때문이라고 하면, (갑은 △△국 국민 B를 「주거법」 제○○조 ①항 1호에 따라 비거주자라고 주장하는 반면, 을은 외국인 B를 「주거법」 제○○조 ①항 1호에 해당하지 않아 비거주자라고 보지 않을 것이므로) 갑과 을 사이의 주장 불일치를 설명할 수 있다."라는 <보기>의 진술은 분석으로 적절하다. (또한 을은 외국인 B를 ②항에 따르는 비거주자라고도 주장할 수 없을 것이다. 왜냐하면 외국에서의 체재기간이 1개월밖에 되지 못했기 때문이다.)

ㄷ. (○) 제시문의 <논쟁> 중 쟁점 3을 요약한 후 관련 조항과 비교하면 <다음3>과 같다.

| 〈논쟁〉 |
| --- |
| 쟁점3 : △△국 국민인 D는 독일 국적의 E(➔ 외국인)와 결혼하여 독일에서 체재 시작부터 '5'개월째 길거리 음악 연주를 하고 있다. 이에 대해, 갑은 D가 △△국 비거주자로 구분된다고 주장하는 반면, 을은 그렇지 않다고 주장한다. |

| 「주거법」제○○조(비거주자의 구분) |
| --- |
| ① 다음 각 호에 해당하는 △△국 국민은 비거주자로 본다.<br>1. 외국에서 영업활동 …<br>3. 외국인(➔ 독일 국적의 E)과 혼인하여 배우자의 국적국(➔ 독일)에 '6'개월 이상 체재 … |

따라서 "쟁점3과 관련하여, (△△국 국민) D의 길거리 음악 연주가 영업활동이 <u>아닌</u> 것으로 확정된다면, (△△국 국민 D를 「주거법」제○○조 ①항 1호 '외국에서 영업활동' 요건에 해당하지 않아서 그리고 같은 항 3호 '6개월 이상 체재' 요건에 1개월이 부족하여 D를 △△국 비거주자는 아니라고 적용할 수 있다. D를 △△국 비거주자라고 한) 갑의 주장은 그르고 (D를 △△국 비거주자라고 하지 <u>않은</u>) 을의 주장은 옳다."라는 <보기>의 진술은 분석으로 적절하다.

최종적으로 분석으로 적절한 것이라 "ㄴ, ㄷ"을 모두 고른 ④가 정답이다.

**속도공략** 쟁점1을 읽고 <보기> ㄱ을, 쟁점2를 읽고 <보기> ㄴ을, 그리고 쟁점3을 읽고 <보기> ㄷ을 판단한다.

## 02 ▶④

**유형공략** '환경 친화적 자동차 지원금' 글의 "⊙ 조례 제9조를 개정에 해당하는 내용으로 가장 적절한 것"을 찾는 문제이다. 선택지의 구성이 모두 조례의 조문을 '신설하여 개정'하는 내용이므로 이를 중심으로 제시문의 <사례>를 이해하며 풀이한다.

제시문의 <사례>를 요약하면 <아래 1>과 같다.

| 구분 | 〈사례〉 |
| --- | --- |
| [1단락] | A시에 거주하면서 세 자녀를 기르는 갑은 키즈 카페인 B카페에 방문한다. B카페는 **50여 구획** 주차장이 (있)다. 갑은 친환경 전기차(를) 구매하였는데, B카페는 전기차 충전 시설이 없었다. B카페는 충전 시설을 설치하고 싶지만 비용이 문제라서 A시의 「환경 친화적 자동차의 보급 및 이용 활성화를 위한 조례」(이하 '**조례**') **지원금**이라도 받아야 설치할 수 있는데, B카페는 그에 해당하지 <u>않는</u>다고 하였다. |
| [2단락] | 갑은 영유아 키즈 카페 등에도 **전기차 충전 시설의 설치를 지원**해 줄 **근거**를 **조례**에 마련해 달라는 민원을 제기하였다. A시 의회는 ⊙ 조례 제9조를 개정하였고 B카페는 지원금을 받아 시설을 설치하게 되었다. |

제시문의 「조례」를 적용 경로가 다른 두 부분으로 나눈 후, <사례>에 해당되지 않는 조문을 소거하면 <아래 2>와 같다.

| 「환경 친화적 자동차의 보급 및 이용 활성화를 위한 조례」 | |
| --- | --- |
| 제9조(충전시설 설치대상) | |
| ① ~~주차단위구획 *100개 이상*을 갖춘 다음 각 호의 시설은 전기자동차 충전시설을 설치하여야 한다.~~<br>1. (생략)<br>2. (생략)<br>(∵ [1단락] B카페 주차구획은 50여 개) | ③ 시장은 제1항의 설치대상에 해당하지 않는 사업장에 대하여도 전기자동차 충전시설의 설치를 권고할 수 있다. |
| ② ~~시장은 *제1항의 설치대상*에 대하여는 설치비용의 반액을 지원하여야 한다.~~<br>(∵ 이미 B카페는 주차구획의 부족으로 인해 제1항의 대상이 아님) | |

① (×)

> ① 주차단위구획 *100개 이상*을 갖춘 다음 각 호의 시설은 전기자동차 충전시설을 설치하여야 한다.
> 1. (생략)  2. (생략)
>
> (∵ [1단락] B카페 주차구획은 50여 개)

만일 주차단위구획 100개 이상이 요건인 제1항의 하위조문으로 조례를 개정한다면, B카페는 (다중이용시설의 카페이기는 하지만) 그 주차장이 50여 구획의 시설이므로 지원금을 받을 수 없다. 따라서 "*제1항 제3호*로 '다중이용시설(극장, 음식점, 카페, 주점 등 불특정다수인이 이용하는 시설을 말한다)'을 신설"한다는 선택지의 진술은 적절하지 않다.

② (×) 선택지 ①의 해설로 볼 때, "*제1항 제3호*로 '교통약자(장애인·고령자·임산부·영유아를 동반한 사람, 어린이 등 일상생활에서 이동에 불편을 느끼는 사람을 말한다)를 위한 시설'을 신설"한다는 선택지의 진술 역시 적절하지 않다.

③ (×)

> ② 시장은 *제1항의 설치대상*에 대하여는 설치비용의 반액을 지원하여야 한다.
>
> (∵ 이미 B카페는 주차구획의 부족으로 인해 제1항의 대상이 아님)

만일 제2항의 하위조문으로 조례를 개정한다면, 제2항 역시 제1항의 설치 대상임을 전제로 한 조문이므로 B카페는 (교통약자를 위한 시설이기는 하지만) 지원금을 받을 수 없다. 따라서 "제4항으로 '시장은 *제2항*에 따른 지원을 할 때 교통약자(장애인·고령자·임산부·영유아를 동반한 사람, 어린이 등 일상생활에서 이동에 불편을 느끼는 사람을 말한다)를 위한 시설을 우선적으로 지원하여야 한다.'를 신설"한다는 선택지의 진술은 적절하지 않다.

④ (○)

> ③ 시장은 제1항의 설치대상에 해당하지 <u>않는</u> 사업장에 대하여도 전기자동차 충전시설의 설치를 권고할 수 있다.

만일 B카페가 제1항의 설치대상에 해당하지는 않지만(∵ 주차단위구획 부족) 전기차 충전시설을 설치하라는 제3항의 '시장의 권고'를 받아들인다는 것을 전제로 A시가 설치비용을 지원한다는 조항이 새로이 신설된다면, B카페도 지원금을 받을 수 있어 ㉠의 개정 내용으로 적절함을 알 수 있다. 따라서 "제4항으로 '시장은 제3항의 권고를 받아들이는 사업장에 대하여는 설치비용의 60퍼센트를 지원하여야 한다.'를 신설"한다는 선택지의 진술은 적절하다.

⑤ (×) 만일 설치 비용을 지원한다는 조항이 신설된다고 할지라도 전기차 충전시설의 의무 설치대상을 전제로 한다는 신설 조항이라면, 이는 「조례」 제1항 "… 전기자동차 충전시설을 설치하여야 한다."의 대상이라는 의미이므로 동항 제1호와 제2호에 해당하지 않는 B카페는 설치 비용의 지원금을 받을 수 없다. 따라서 "제4항으로 '시장은 전기자동차 충전시설의 *의무* 설치대상으로서 조기 설치를 희망하는 사업장에는 설치 비용의 전액을 지원할 수 있다.'를 신설"한다는 선택지의 진술은 적절하지 않다.

**속도공략**  제시문의 <사례>를 중심으로 선택지의 진술 중에서 신설하여 개정되어야 하는 조문(항, 호, 목)을 파악하되, <사례>와 관련 <u>없는</u> 조문은 바로 소거한다.

# 03  ▶ ③

**유형공략**  '위원과 위원장의 연임' 글의 "<논쟁>에 대한 분석으로 적절한 것만을 <보기>에서 모두 고르는" 문제이다. <보기>의 진술이 각각 제시문의 쟁점 1, 2, 3에 대한 갑과 을의 주장 불일치 또는 각 주장의 옳고 그름을 묻고 있으므로 쟁점을 하나씩 나누어 <보기>와 비교하며 풀이한다.

제시문의 「위원회의 운영에 관한 규정」중 제8조 연임 규정을 정리하면 <아래>와 같다.

| 「위원회의 운영에 관한 규정」 제8조(위원장 및 위원) |
| --- |
| ② 위원장과 위원은 '한 차례**만 연임**'할 수 있다. |

ㄱ. (○) 제시문의 <논쟁> 중 쟁점 1을 요약하면 <다음 1>과 같다.

| 〈논쟁〉 |
| --- |
| **쟁점 1**: A는 '위원을 한 차례 연임'하던 중 그 임기 마지막 해 위원장으로 선출되어 활동하고 있다. 이에 대해, 갑은 A가 (한 차례만 연임해야 한다는) 규정을 어기고 있다고 주장하지만, 을은 그렇지 않다고 주장한다. |

따라서 "쟁점 1과 관련하여, 갑은 (A가) 위원으로서의 임기가 종료되면 (이미 위원으로 한 차례 연임하였으므로) 위원장으로서의 자격도 없는 것으로 생각하지만, 을은 위원장이 되는 경우에는 그 임기나 연임 제한이 (위원의 연임과는 분리되어 위원장의 임기가) 새롭게 산정된다고 생각하기 때문이라고 하면, 갑과 을 사이의 주장 불일치를 설명할 수 있다."라는 <보기>의 진술은 분석으로 적절하다.

ㄴ. (○) 제시문의 <논쟁> 중 쟁점 2를 요약하면 <다음 2>와 같다.

| 〈논쟁〉 |
| --- |
| **쟁점 2**: B가 위원장을 한 차례 연임하던 중에 연임될 때 투표 절차가 적법하지 않다는 이유로 위원장의 직위가 해제되었는데, 이후 보선에 B가 출마하였다. 이에 대해, 갑은 B가 선출되면 (한 차례만 연임해야 한다는) 규정을 어기게 된다고 주장하지만, 을은 그렇지 않다고 주장한다. |

따라서 "쟁점 2와 관련하여, 갑은 위원장이 부적법한 절차로 당선되었더라도 그것이 연임 횟수에 포함된다고 (보고 연임을 하였으므로 연임 규정을 어기게 된다고) 생각하지만, 을은 그렇지 않다고 (보고 연임을 하지 않았으므로 연임 규정을 어기지 않게 된다고) 생각하기 때문이라고 하면, 갑과 을 사이의 주장 불일치를 설명할 수 있다."라는 <보기>의 진술은 분석으로 적절하다.

ㄷ. (×) 제시문의 <논쟁> 중 쟁점 3을 요약하면 <다음 3>과 같다.

| 〈논쟁〉 |
| --- |
| **쟁점 3**: C는 위원장을 한 차례 연임하였고, 다음 위원장 D는 임기 만료 직전 사퇴하였는데, 이후 보선에 C가 출마하였다. 이에 대해, 갑은 C가 선출되면 (한 차례만 연임할 수 있다는) 규정을 어기게 된다고 주장하지만, 을은 그렇지 않다고 주장한다. |

따라서 "쟁점 3과 관련하여, 위원장 연임 제한의 의미가 '단절되는 일 없이 세 차례 연속하여 위원장이 되는 것만을 막는다'는 것으로 (해석하여 C가 위원장을 연임한 후 다음 위원장으로 있지 않다가 보선으로 출마하더라도 C의 위원장 임기에 단절되는 일이 있었으므로 연임 규정을 어기지 '않은' 것이어서 C를 막을 수 없다고) 확정된다면, 갑의 주장은 *옳고*, 을의 주장은 *그르다*."라는 <보기>의 진술은 분석으로 적절하지 않다. (즉, C는 규정을 어기게 되므로 막아야 한다는 갑의 주장은 '그르고', 그렇지 않다는 을의 주장은 '옳다'.)

최종적으로 분석으로 적절한 것으로 "ㄱ, ㄴ"을 모두 고른 ③이 정답이다.

**내용공략** 재임(再任)/연임(連任)/중임(重任)의 의미

'재임(再任)'이란 '같은 관직에 다시 임명됨'의 의미를 가지는데 보통 '再'가 둘의 의미를 지니므로 3년 임기의 경우 재임을 하면 6년을 하는 것을 말한다.
이에 반해 '연임(連任)'은 연이어서 임명됨의 의미를 지닌 것이어서, '재임'과 차이가 있고 '연임'은 횟수의 제한이 없으므로, 두 번, 세 번, 네 번을 같은 관직에 다시 임명되는 것을 말한다.
한편 임기가 끝난 후 또는 임기 중에 같은 관직에 다시 임명되는 것을 가리켜 '중임(重任)'이라고 한다.

**속도공략** 쟁점 1을 읽고 <보기> ㄱ을, 쟁점 2를 읽고 ㄴ을, 그리고 쟁점 3을 읽고 ㄷ을 판단한다.

# CHAPTER

# 04 기타

## 1 | 2문제 연속형

**대표 기출**

본문 106~109P

| 01 ④ | 02 ④ | 03 ③ | 04 ② | 05 ① | 06 ② |

### | 01~02 |

**유형공략** 하나의 제시문에 두 문제가 출제되는 유형은 대개 제시문의 전반적인 내용을 이해하는 기본문제 하나와 그 이해를 중심으로 추가적인 글(⑩ <실험결과>)의 정보를 활용하는 응용문제 하나로 구성되어 있다. 여기서 추가적인 글은 제시문과 같다고 생각하고 종합적으로 이해한다.

## 01 ▶ ④

**유형공략** 1번 문항은 '곤충의 탈피/유충 호르몬'에 대한 글에서 사실적으로 "추론할 수 있는 것만을 <보기>에서 모두" 고르는 문제이다. <보기> 글의 핵심어를 중심으로 제시문과 비교하며 풀이한다.

ㄱ. (×) (두 번째 단락 1번째 줄) "(탈피호르몬은 … 유충의 전흉선에서 분비된다.) 탈피 시기가 되면 먹이 섭취 활동과 관련된 자극이 유충의 뇌에 전달된다."라는 내용과 (같은 단락 2번째 줄) "이(≒먹이 섭취 활동과 관련된) 자극은 전흉선자극호르몬의 분비를 촉진하여 … 순환계로 방출될 수 있게끔 만든다. 전흉선자극호르몬은 … 전흉선으로 이동하여, 전흉선에서 … 탈피호르몬이 분비되도록 한다."라는 내용을 알 수 있다.
이는 탈피 시기가 되면 먹이 섭취 활동과 관련된 자극이 뇌에 전달된다는 내용이고, 만일 유충의 전흉선을 제거한다면 탈피호르몬이 분비될 수 없음을 미루어 알 수 있다. 따라서 "*유충의 전흉선을 제거하면* 먹이 섭취 활동과 관련된 자극이 유충의 뇌에 전달될 수 *없다.*"라는 <보기> 글의 진술은 제시문과 맞지 않다.

ㄴ. (○) (마지막 단락 4번째 줄) "탈피 과정에서 분비되는 유충호르몬의 양에 의해서, 탈피 이후 유충으로 남아 있을지, 유충의 특성이 없는 성체로 변태할지가 결정된다. 유충호르몬의 방출량은 그 호르몬의 분비를 억제하는 알로스테틴과 분비를 촉진하는 알로트로핀에 의해 조절된다."라는 내용을 알 수 있다.
이는 유충호르몬의 양이 많으면 (탈피 이후) 유충으로 남고, 유충호르몬의 양이 적으면 (유충의 특성이 없는) 성체로 변태한다는 것이다. 여기서 만일 그 호르몬의 분비를 '촉진'하는 알로트로핀을 주입하면 유충호르몬의 양이 많아지므로 (탈피 이후 유충으로 남아) 성체로 발생하지 않을 수 있음을 미루어 알 수 있다. 따라서 "변태 과정 중에 있는 곤충에게 유충기부터 알로트로핀을 주입하면, 그것은 성체로 발생하지 않을 수 있다."라는 <보기> 글의 진술은 추론할 수 있다.

ㄷ. (○) (두 번째 단락 아래에서 4번째 줄) "(전흉선에서) 탈피호르몬이 분비되면 탈피의 첫 단계인 허물벗기가 시작된다."라는 내용과 (마지막 단락 1번째 줄) "유충호르몬은 유충 속에 있는 알라타체라는 기관에서 분비된다. 이 유충호르몬은 탈피 촉진과 무관하며, 유충의 특성이 남아 있게 하는 역할만을 수행한다."라는 내용을 알 수 있다.
이는 유충호르몬은 탈피 촉진과 무관하므로 유충호르몬이 있건 없건 상관없이 만일 탈피호르몬이 분비되면 탈피의 첫 단계가 시작됨을 미루어 알 수 있다. 따라서 "유충호르몬이 없더라도 변태 과정 중 탈피호르몬이 분비되면 탈피가 시작될 수 있다."라는 <보기> 글의 진술은 추론할 수 있다.

최종적으로 추론할 수 있는 것으로 "ㄴ, ㄷ"을 고른 ④가 정답이다.

**속도공략** ㄱ. '전흉선/먹이 섭취', ㄴ. '알로트로핀/성체', ㄷ. '유충호르몬/탈피호르몬'의 핵심어를 중심으로 제시문을 이해한다.

**02** ▶④

---

유형공략 2번 문항은 '곤충의 탈피/유충 호르몬'에 대한 글을 토대로 할 때, <실험 결과>에 대한 "분석으로 적절한 것만을 <보기>에서 모두" 고르는 문제이다. 제시문과 <실험 결과>를 종합한 후, <보기> 글과 비교하며 풀이한다.

ㄱ. (×)

> 결과 1: 유충호르몬 혈중 농도는 유충기에 가장 높으며 이후 성체가 될 때까지 점점 감소한다.

는 내용과 (마지막 단락 아래에서 4번째 줄) "유충호르몬의 방출량이 정해져 있을 때 그 호르몬의 혈중 농도는 유충호르몬에스터라제와 같은 유충호르몬 분해 효소와 유충호르몬결합단백질에 의해 조절된다. 유충호르몬결합단백질은 … 유충호르몬이 분해되어 혈중 유충호르몬의 농도가 낮아지는 것을 막으며, 유충호르몬을 … 안전하게 수송한다."라는 내용을 알 수 있다.

이는 '유충기'와 같이 유충호르몬의 혈중 농도가 높기 위해서는 유충호르몬에스터라제와 같은 호르몬 분해효소가 '적게' 분비되어 호르몬의 농도가 낮아지지 않도록 해야 하고, '성체기'와 같이 유충호르몬의 혈중 농도가 낮기 위해서는 유충호르몬에스터라제와 같은 분해효소가 '많이' 분비되어 호르몬 농도가 낮아지도록 해야 함을 종합적으로 추리할 수 있다. 따라서 "결과 1은 '혈중 유충호르몬에스터라제의 양은 유충기에 가장 *많으며*, 성체기에서 가장 *적다*.'는 가설에 의해서 설명된다."라는 <보기> 글의 진술은 분석으로 적절하지 않다.

ㄴ. (○)

> 결과 2: 유충에서 성체로의 최종 탈피가 일어날 때까지 탈피호르몬은 존재하였고, 그 구간 탈피호르몬 혈중 농도에는 변화가 없었다.

는 내용, (두 번째 단락 1번째 줄) "탈피호르몬은 … 유충의 전흉선에서 분비된다."라는 내용, 그리고 (같은 단락 아래에서 2번째 줄) "㉠ 성체가 된 이후에 탈피하지 않는 곤충들의 경우, 성체로의 마지막 탈피가 끝난 다음에 탈피호르몬은 없어진다."라는 내용을 알 수 있다.

이는 만일 ㉠ 성체가 된 이후에 탈피하지 않는 곤충들은 최종 탈피가 끝난 다음 탈피호르몬이 분비되는 전흉선이 파괴되어 없어진다는 새로운 진술이 추가된다면, 이 곤충들은 [결과 2] '최종 탈피가 일어날 때까지' 전흉선에서 탈피호르몬이 계속 분비되어 '그 호르몬 혈중 농도에 변화가 없다'가 마지막 탈피가 끝난 다음 전흉선이 파괴되어 탈피호르몬은 (더이상 분비되지 않고) 없어진다는 내용과 부합된다. 다시 말해 전흉선이 파괴된다는 것은 탈피호르몬 혈중 농도가 유지되다가 탈피호르몬이 사라지는 이유로 제시될 수 있다. 따라서 "'성체가 된 이후에 탈피하지 않는 곤충들의 경우, 최종 탈피가 끝난 다음에 전흉선은 파괴되어 사라진다.'는 것은 결과 2와 ㉠이 동시에 성립하는 이유를 제시한다."라는 <보기> 글의 진술은 분석으로 적절하다.

ㄷ. (○)

> 결과 1: 유충호르몬 혈중 농도는 유충기에 가장 높으며 이후 **성체가 될 때까지** 점점 **감소**한다.
> 결과 2: 유충에서 **성체**로의 최종 탈피가 일어날 때까지 탈피호르몬은 존재하였고, 그 구간 **탈피호르몬** 혈중 농도에는 **변화가 없었다.**

라는 내용과 (마지막 단락 2번째 줄) "유충호르몬의 양에 의해서, … 유충으로 남아 있을지, … 성체로 변태할지가 결정된다."라는 내용을 알 수 있다.

이는 (다른 조건이 같다는 전제에서) 유충에서 성체의 특성이 두드러지게 나타남(≒변태과정)에 따라, [결과 1] 유충호르몬의 혈중 농도는 낮아지고(∴ 유충호르몬의 양은 작아지고) [결과 2] 탈피호르몬의 혈중 농도는 변화가 없으므로(∴ 탈피호르몬의 양은 변화가 없으므로) 탈피호르몬 대비 유충호르몬의 비율은 작아질 수밖에 없음을 미루어 알 수 있다. 만일 이러한 내용과 같은 가설이 존재한다면 [결과 1/2]는 가설과 부합되어 그 가설을 지지한다. 따라서 "결과 1과 결과 2는 함께 '변태 과정에 있는 곤충의 탈피호르몬 대비 유충호르몬의 비율이 작아질수록 그 곤충은 성체의 특성이 두드러진다.'는 가설을 지지한다."라는 <보기> 글의 진술은 분석으로 적절하다.

속도공략 ㄱ. '유충호르몬에스터라제', ㄴ. '최종 탈피/전흉선', ㄷ. '유충호르몬'의 핵심어를 중심으로 제시문과 <실험 결과>를 종합한 내용을 비교하며 풀이한다.

**03~04**

**유형공략** 하나의 제시문 내용에 2문제가 연속되는 유형으로, 대부분 제시문의 전반적인 내용을 이해하는 기본문제 하나와 이를 바탕으로 한 응용문제 하나로 구성되어 있다. 두 문제를 단순하게 연속적으로 풀기보다는 문제 사이의 연관관계를 살피면서 풀이전략을 세우는 것이 바람직하다. (문 03을 풀이하지 않고서는 문 04를 풀이할 수 없다.)

**03**                                                                                    ▶ ③

**유형공략** '생물 다양성 보존' 글의 " (가) ~ (나) 에 들어갈 내용을 적절하게 나열한 것"에 대해 찾는 문제이다. (가)~(나) 앞뒤 맥락에 따라 각 선택지의 진술을 넣어보며 풀이한다.

[1단락]을 [ (가) ] 앞뒤 맥락을 중심으로 기호화하여 정리한 후 각 선택지 진술과 비교하여 풀이하면 <아래 1>과 같다.

| [1단락] 내용 |
| --- |

'생물 다양성 보존'은 이를 위한 하나의 수단일 수 있다. 바로 그 수단(➔ '생물 다양성 보존')이 최선의 수단이라는 것이 A의 첫 번째 전제이다. 그리고 [(가)]는 것이 A의 두 번째 전제이다. 이 전제들로부터 우리는 **생물 다양성을 보존할 의무와 필요성이 있다**는 결론이 나온다.

[정리]     <전제 1 : p → q> 생물 다양성 보존<p>은 (하나의 수단이자) 최선의 수단<q>이다.
            <전제 2> [(가)]
            <결론 : p → r> 생물 다양성 보존<p>(은) (그) 의무와 필요성이 있다<r>.

| ①/③ (○) | ②/④ (×) | ⑤ (×) |
| --- | --- | --- |
| 어떤 것이 우리가 원하는 이익을 얻는 최선의 수단이라면<q> 우리에게는 그것을 실행할 의무와 필요성이 있다<r>. | 어떤 것이 우리가 원하는 이익을 얻는 최선의 수단이 아니라면<~q> 우리에게는 그것을 실행할 의무와 필요성이 없다<~r>. | 우리에게 이익을 제공하는 수단 가운데 생물 다양성의 보존보다 더 나은 수단은 없다.(➔ 생물 다양성 보존은 최선의 수단이다) |
| [정리] [(가)] : q → r<br>(∵ 3단논법에 의해 **p** → q → r이라는 결론을 이끌어 낼 수 있음) | [정리] ~q → ~r (전제 1과 연결할 수 없음) | [정리] p → q (전제 1과 동일하므로 결론을 이끌어낼 수 없음) |

[끝단락]을 (나) 앞뒤 맥락 중심으로 기호화하여 정리한 후 선택지 ①/③진술과 비교하여 풀이하면 <아래 2>와 같다.

| [끝단락] 내용 |
| --- |

C는 **모든 종은 보존되어야 한다**고 주장하면서 생물 다양성을 옹호한다. … (본래부터 갖고 있는) 내재적 가치를 지니는 것은 모두 보존되어야 한다. 이로부터 모든 종은 보존되어야 한다. 왜냐하면 [(나)] 때문이다.

[정리]     <전제> 왜냐하면 [(나)] 때문이다.
            <소결 : s → u> 내재적 가치를 지니는 것<s>은 모두 보존되어야 한다<u>.
            <결론 : t → u> 모든 종<t>은 보존되어야 한다<u>.

| ④ (×) | ③ (○) |
| --- | --- |
| 생명체의 내재적 가치<s>는 종의 다양성으로부터<p> 비롯되기 | 모든 종<t>은 그 자체가 본래부터 고유의 가치를 지니기<s> |
| [정리] p → s (모든 종<t>에 대한 결론을 이끌어 낼 수 없음) | [정리] t → s (∵ 3단논법에 의해 **t** → s → **u**라는 결론을 이끌어 낼 수 있음) |

**내용공략** 직접증명법 : 3단논법

| 구분 | [전제 1] 참이고, | [전제 2] 참이면, | [결론] 따라서 참이다. |
| --- | --- | --- | --- |
| 3단논법 | p → q | q → r | ∴ p → r |

**속도공략** 각 선택지 구성에서 반복되고 있는 진술을 반복하여 읽지 <u>않으려</u> 유의한다.

**04**　　　　　　　　　　　　　　　　　　　　　　　　　　　　　　　　▶ ②

---

**유형공략** '생물 다양성의 보존' 글에 대한 "분석으로 적절한 것만을 <보기>에서 모두 고르는" 문제이다. 제시문 A, B, 및 C의 주장을 중심으로 내용을 이해한 후 <보기>와 비교하며 풀이한다.

A, B, 및 C의 주장을 중심으로 제시문의 내용을 요약하여 정리하면 <아래>와 같다.

| 구분 | 내용 |
|---|---|
| [1단락] | A는 **생물 다양성을 보존**해야 한다고 주장한다. 이를 위해 도구적 정당화를 제시한다. 우리는 의학적 … 측면에서 이익을 얻기를 원한다. '생물 다양성 보존'은 이를 위한 하나의 수단일 수 있다. 바로 그 수단(➜ '생물 다양성 보존')이 최선의 수단이라는 것이 A의 첫 번째 전제이다. 그리고 ☐(가)☐는 것이 A의 두 번째 전제이다. 이 전제들로부터 우리는 **생물 다양성을 보존할 의무와 필요성이 있다**는 결론이 나온다. |
| [2단락] | B는 생물 다양성 보존이 원하는 이익을 얻는 **최선의 수단이 아님**을 지적한다. 인공적인 생명체 창조가 이익을 얻는 더 좋은 수단이므로 생물 다양성 보존을 지지하는 도구적 정당화(➜ A의 주장)는 설득력을 잃는다. 그래서 B는 A가 제시하는 도구적 정당화에 근거하여 생물 다양성을 보존하자고 주장하는 것은 **옹호될 수 없다**고 말한다. |
| [끝단락] | C는 **모든 좋은 보존되어야 한다**고 주장하면서 생물 다양성을 옹호한다. C는 도구적 가치와 내재적 가치를 구별한다. 생명체를 도구적 가치로만 평가하는 태도는 받아들일 수 없다. 생명체의 내재적 가치 '또한' 인정해야 한다는 것이다. (생명체들 종 또한 쓸모에 따라서만 가치가 있는 것은 아니다.) 그리고 내재적 가치를 지니는 것은 모두 보존되어야 한다. 이로부터 모든 좋은 보존되어야 한다. 왜냐하면 ☐(나)☐ 때문이다. |

ㄱ. (×)

| [1단락] | A는 **생물 다양성을 보존**해야 한다고 주장한다. 이를 위해 도구적 정당화를 제시한다. |
|---|---|
| [2단락] | B는 **생물 다양성 보존**이 원하는 이익을 얻는 **최선의 수단이 아님**을 지적한다. … 인공적인 생명체 창조가 이익을 얻는 더 좋은 수단이므로 생물 다양성 보존을 지지하는 도구적 정당화(➜ A의 주장)는 설득력을 잃는다. 그래서 B는 A가 제시하는 도구적 정당화에 근거하여 생물 다양성을 보존하자고 주장하는 것은 **옹호될 수 없다**고 말한다. |

이에 A는 도구적 정당화를 제시하며 생물 다양성을 보존해야 한다고 주장하지만, B는 도구적 정당화에 대한 A의 주장을 반박하고 있다. 여기에서 [도구적 정당화에 근거하고 생물 다양성을 보존하자]를 <u>반박</u>한다는 것은 3가지 경우로 해석이 가능하다. Ⅰ. 도구적 정당화에 근거하지 <u>않</u>고 생물 다양성을 보존하자는 해석, Ⅱ. 도구적 정당화에 근거하고 생물 다양성을 보존하지 <u>말</u>자는 해석, Ⅲ. 도구적 정당화에 근거하지도 <u>않</u>고 생물 다양성을 보존하지도 <u>말</u>자는 해석이 그것이다. 특히 B의 주장을 통해서는 Ⅰ과 Ⅲ의 해석이 모두 가능하여 생물 다양성 보존에 대해서는 확정할 수 없음을 미루어 알 수 있다.

따라서 "A는 생물 다양성을 보존해야 한다고 주장하지만, B는 보존하지 **않아도** 된다고 주장한다."라는 <보기>의 진술은 분석으로 적절하지 않다. (생각해 볼 때 B의 주장을 생물 다양성은 보존하자는 주장일 수 있다.)

ㄴ. (×)

| [1단락] | A는 **생물 다양성을 보존**해야 한다고 주장한다. '생물 다양성 보존'은 이를 위한 하나의 수단일 수 있다. 바로 그 수단(➜ '생물 다양성 보존')이 최선의 수단이라는 것이 A의 첫 번째 전제이다. |
|---|---|
| [2단락] | B는 **생물 다양성 보존**이 원하는 이익을 얻는 **최선의 수단이 아님**을 지적한다. … 그래서 B는 **A의 주장은 옹호될 수 없다**고 한다. |

위의 내용으로 볼 때, B는 A의 두 전제 중 (생물 다양성 보존이 최선의 수단이라는) 첫 번째 전제가 참은 '아니라고' 하면서 A의 주장은 참이 될 수 없다고 비판하고 있음을 알 수 있다. 따라서 "B는 A의 두 전제가 **참**이더라도 A의 결론이 반드시 참이 되지는 않는다고 비판한다."라는 <보기>의 진술은 분석으로 적절하지 않다.

ㄷ. (○)

| [1단락] | A는 **생물 다양성을 보존**해야 한다고 주장한다. … '생물 다양성 보존'은 이를 위한 하나의 수단(➜ 도구)일 수 있다. |
|---|---|
| [끝단락] | C는 **모든 좋은 보존되어야 한다**고 주장하면서 생물 다양성을 옹호한다. C는 도구적 가치와 내재적 가치를 구별한다. 생명체를 도구적 가치로만 평가하는 태도는 받아들일 수 <u>없다</u>. 생명체의 내재적 가치 '또한' 인정해야 한다는 것이다. |

위의 내용으로 볼 때, 생물 다양성 보존에 대해서 A는 (인간에게) 이익이 된다는 수단(·도구)적 가치를 가진다고 보고 있으며, C는 (도구적 가치로만 평가하는 태도는 받아들일 수 <u>없을</u> 뿐) 도구적 가치와 내재적 가치를 함께 인정하고 있음을 알 수 있다. 이에 A와 C의 평가는 생물 다양성 보존의 도구적 가치라는 측면에서는 양립할 수 있다. 따라서 "자연적으로 존재하는 생명체가 도구적 가치를 가지느냐에 대한 A와 C의 평가는 양립할 수 있다."라는 <보기>의 진술은 분석으로 적절하다.

최종적으로 적절한 것이라 "ㄷ"을 고른 ②가 정답이다.

**속도공략** 제시문 A의 주장을 읽고 보기 ㄱ과 ㄷ을, B의 주장을 읽고 보기 ㄱ, ㄴ을, 그리고 C의 주장을 읽고 ㄷ을 순서대로 풀이한다.

| 05~06 |

**유형공략** 하나의 제시문의 내용에 2문제가 연속되는 유형으로, 대개 제시문의 전반적인 내용을 이해하는 기본문제 하나와 이를 바탕으로 한 응용문제 하나로 구성되어 있다. 제시문을 읽고 두 문제를 연속적으로 풀기보다는 기본문제를 풀이한 후 응용문제를 풀이하는 것이 바람직하다.

## 05                                                             ▶ ①

**유형공략** '미국 양형 보조 프로그램 X' 글을 읽고 "물음에 답하는" 문제이다. 제시문의 " (가)~(라)에 들어갈 말을 적절하게 나열한 것"을 찾는 문제이다. (가)~(라) 앞뒤 문맥에 따라 각 선택지의 진술을 넣어보며 풀이한다.

제시문의 내용을 [2단락]까지만 요약하면 <아래>와 같다.

| 구분 | 내용 |
|------|------|
| [1단락] | X는 유죄가 선고된 범죄자를 대상으로 그의 재범 확률을 추정하여 최저 위험군 1에서 최고 위험군 10까지의 위험지수로 평가한다. |
| [2단락] | A는 X를 활용하(여) 법정에서 선고받았던 초범들을 대상으로 X의 예측 결과와 석방 후 실제 재범 여부를 조사했다. ㉠ A의 주장은 X가 흑인과 백인을 차별한다는 것이다. … 둘째 근거는 **예측의 오류**와 관련된 것이다. 2년 이내 재범을 [가] 사람 중에서 [나] 으로 잘못 분류되었던 사람의 비율은 흑인의 경우 45%인 반면 백인은 23%에 불과했고, 2년 이내 재범을 [다] 사람 중에서 [라] 으로 잘못 분류되었던 사람의 비율은 흑인의 경우 28%인 반면 백인은 48%로 컸다. 종합하자면, 흑인은 편파적으로 고위험군으로 분류된 반면 백인은 편파적으로 저위험군으로 분류된 것이다. |

이에 [2단락]의 종합적인 내용을 흑인은 편파적으로 고위험군으로 분류된 반면 백인은 편파적으로 저위험군으로 분류되었다고 정리하면, (가)와 (나)는 흑인이 억울하게 '높게 예측(45%)'되는 내용과 관련이 있어야 하고, (다)와 (라)는 흑인이 억울하게 '낮게 예측(28%)'되는 내용과 관련이 있어야 함을 미루어 알 수 있다. 결국 (가: 저지르지 않은/*저지른*) 사람을 (나: 고위험군/*저위험군*)으로 억울하게 높게 예측한 것이고, (다: 저지른/*저지르지 않은*) 사람을 (라: 저위험군/*고위험군*)으로 억울하게 낮게 예측한 것이 된다.

① (○) 따라서 빈칸에 들어갈 말로 (가) '저지르지 않은', (나) '고위험군', (다) '저지른', (라) '저위험군'을 적절하게 나열한 것이 정답이다.

**속도공략** 선택지 ①~⑤가 (제시문 [2단락]까지만 읽고도) (가)와 (다)는 "저지르지 않은/저지른"에서 고르고, (나)와 (라)는 "고위험군/저위험군"에서 고를 수 있도록 구성되어 있으므로 양자 중 하나를 선택하면서 풀이한다.

## 06                                                             ▶ ②

**유형공략** '미국 양형 보조 프로그램 X' 글의 "㉠ A의 주장, ㉡ B의 주장, ㉢ X의 지속적인 사용은 미국 사회의 인종차별을 고착화한다에 대한 평가로 적절한 것만을 <보기>에서 모두" 고르는 문제이다. 각 <보기> 진술의 서술어가 "강화된다/약화된다/강화되지 않는다."로 구성되어 있으므로 각 진술이 ㉠~㉢을 지지하는지 반박하는지 여부를 판단한다.

ㄱ. (×) 제시문 ㉠을 중심으로 요약하면 <아래 1>과 같다.

| 구분 | 내용 |
|------|------|
| [2단락] | X의 예측 결과와 석방 후 2년간 실제 재범 여부 조사 결과를 토대로 한 ㉠ A의 주장은 X가 흑인과 백인을 차별한다는 것이다 [주장]. 첫째 근거는 고위험군(➔ 최고 위험군 10)으로 분류된 **사람의 비율이 백인**보다 **흑인**이 '더 크다'는 것이었다. 둘째 근거는 흑인은 편파적으로 고위험군으로 분류된 반면 백인은 저위험군으로 분류된 것이다. |

이에 만일 최고 위험군 10으로 평가된 사람의 비율이 백인과 흑인이 비슷하다는 새로운 진술이 나온다면, 고위험군 사람의 비율이 백인보다 흑인이 더 크다는 것을 근거로 X가 백인과 흑인을 차별한다는 ㉠ A의 주장의 근거를 반박하므로 ㉠은 약화된다.
따라서 "강력 범죄자 중 위험지수가 10으로 평가된 사람의 비율이 흑인과 백인 사이에 차이가 없다면, ㉠은 *강화*된다."라는 <보기>의 진술은 평가로 맞지 않아 적절하지 않다.

ㄴ. (×) 제시문 ⓛ을 중심으로 요약하면 <아래 2>와 같다.

| 구분 | 내용 |
|---|---|
| [3단락] | X를 개발한 B는 A의 주장을 반박하는 논문을 발표하였다. (**예측**의 **정확**성을 판단하는 데 있어 중요한 것은 고위험군으로 분류된 사람 중 2년 이내 재범을 저지른 사람의 비율과 저위험군으로 분류된 사람 중 2년 이내 재범을 저지르지 않은 사람의 비율이다.) 이 비율들은 인종 간 유의미한 차이를 드러내지 않는다고 [주장]했다. (또 B는 고/저 위험군으로 분류되기 이전 흑인과 백인의 재범률, 즉 **흑인의 기저재범률**과 백인의 기저재범률 간에는 상당한 차이가 있었으며, 이런 차이가 예측의 오류 차이를 만들어 냈다고 설명한다.) ⓛ <u>B의 주장</u>은 X가 편파적으로 흑인과 백인의 위험 지수를 평가하지 않는다는 것이다. |

이에 만일 (흑인의 기저재범률이 높고 백인의 기저재범률은 낮아 상당한 차이가 있는 상황 때문에 예측의 오류에 차이가 있다는 A의 조사결과는 받아들일 수 있지만, 그럼에도 불구하고) 흑인의 기저재범률이 높을수록 (고위험군으로 분류된 사람 중 재범을 저지른 사람의 비율과 저위험군으로 분류된 사람 중 재범을 저지르지 않은 사람의 비율과 관련) X의 흑인에 대한 재범 가능성 예측은 조금 더 정확해진다는 진술이 나온다면, ⓛ B의 주장과 양립이 가능한 진술로서 적어도 ⓛ이 약화되지는 않는다.

따라서 "흑인의 기저재범률이 높을수록 흑인에 대한 X의 재범 가능성 예측이 더 정확해진다면, ⓛ은 *약화된다.*"라는 <보기>의 진술은 평가로 적절하지 않다.

ㄷ. (○) 제시문 ⓒ을 중심으로 요약하면 <아래 3>과 같다.

| | |
|---|---|
| [마지막 단락] | 하지만 기저재범률의 차이로 인종 간 위험 지수의 차이를 설명하여, X가 인종차별적이라는 주장을 반박하는 것(B)은 잘못이다[주장:소결]. 기저재범률에는 (이미) 흑인이 범죄자가 되기 쉬운 환경이 반영되어 있기 때문이다[근거]. (처음 범죄 재판을 받아야 하는 흑인을 생각해 보자. 그의 위험 지수를 판정할 때 사용되는 **기저재범률**은 그와 상관없는 다른 흑인들이 만들어 낸 것이다. 그런 기저재범률이 상관없는 사람의 형량 여부에 영향을 주는 것은 잘못이다[상술].) 따라서 ⓒ <u>X의 지속적인 사용은 미국 사회의 인종차별을 고착화한다</u>[주장:결론]. |

이에 만일 X에서 특정 범죄자의 재범률을 평가한 후 (범죄 재판과 같은) 판정할 때 사용되는 기저재범률이 동종 범죄를 저지른 사람들로부터 얻은 것일 때, (그 사람들의 구성이 흑인, 백인 등의 모든 인종을 객관적으로 포함한) 다른 사람들로부터 얻은 것이라면, (다른 사람들이 만들어 낸 기저재범률이라는 점에서 ⓒ 근거의 상술 부분을 지지할 수도 있지만) ⓒ 주장의 인종차별을 고착화한다는 부분을 지지하지는 않을 수도 있다.

따라서 "X가 특정 범죄자의 재범률을 평가할 때 사용하는 기저재범률이 동종 범죄를 저지른 사람들로부터 얻은 것이라면, ⓒ은 (반드시) 강화되지(만은) 않는다."라는 <보기>의 진술은 평가로 적절하다.

최종적으로 평가로 적절한 것이라 "ㄷ"을 고른 ②가 정답이다.

**내용공략** "(주장이) 강화되지 않는다."의 의미에는 (1) '(주장이) <u>약화된다</u>', (2-1) '주장과 관련이 없거나 (2-2) 주장을 지지할 수도 반박할 수도 있어 <u>강화도 약화도 아니다</u>', 그리고 (3) '논리의 타당성이 없어 <u>강화/약화를 논할 수 없다</u>'를 모두 포함한다.

**속도공략** 제시문 ⓐ~ⓒ의 [전제(⑩ 근거)]와 [주장]을 파악한다.

## 2　배열형

대표 기출

본문 110~111P

01 ⑤　　　02 ③

## 01

▶ ⑤

**유형공략**　'쌀밥의 역사' 글의 문단을 "논리적 순서에 맞게 나열한 것"으로 옳은 것을 추리하는 문제이다. 각 문단에서 사용되고 있는 핵심어를 연결하여 그 순서를 추리한다.

선택지 ①~⑤에서 배열하는 문단에 따라 제시문의 주요 내용을 살펴보면 <아래>와 같다.

| ①~③ : ㉠ | ④/⑤ : ㉡ |
| --- | --- |
| ~~1964년 허 교수가 벼 품종 개발에 나섰다.~~ 자포니카와 인디카를 교배시킨 뒤 다시 인디카와 교배시키는 3원 교배로 '통일벼'를 만드는 데 성공했고 그 생산성이 높았다. | 우리 **숟가락**을 살펴보면 쌀밥의 역사를 볼 수 있다. 6세기 청동 숟가락은 실제로 쓰기는 어려운 형태였다. … 고려 초기 유적에서 숟가락이 거의 발굴되지 않았다. 숟가락이 본격적으로 사용된 것은 고려 후기로, 고깃국 문화가 우리나라에 들어오면서 그 숫자가 폭발적으로 늘어난다. |

| ④/⑤ : ㉣ |
| --- |
| 숟가락이 고려 후기 널리 쓰였다면 밥을 어떻게 먹었을까? 조선 시대 이전까지 대부분 **백성**들이 쌀밥을 먹지 못했기 때문에 **숟가락**이 필요 없었다. 평민에게 쌀은 아주 귀한 작물이었다. |

| ④ : ㉠ | ⑤ : ㉢ |
| --- | --- |
| ~~1964년~~ 허 교수가 벼 품종 개발에 나섰다. … | 일반 **백성**들도 쌀밥을 먹을 수 있게 된 것은 조선 영조 때 시작된 **모내기** 덕분이다. … 관개 시설이 잘 정비돼 물 걱정 없이 농사를 지을 수 있게 된 영조 시대에 이르러서야 모내기를 전국적으로 실시했다. |

| ⑤ : ㉤ |
| --- |
| **모내기**가 정착되면서 조선사회가 크게 흔들렸다. … 모내기가 조선의 르네상스를 불러왔지만 백성 대부분은 배를 곯았고 쌀 **생산량**은 현재의 10%에 불과했다. 우리나라 사람들이 배불리 쌀밥을 먹게 되는 것은 1976년이다. |

| ⑤ : ㉠ |
| --- |
| 1964년 허 교수가 벼 품종 개발에 나섰다. 자포니카와 인디카를 교배시킨 뒤 다시 인디카와 교배시키는 3원 교배로 '**통일벼**'를 만드는 데 성공했고 그 생산성이 높았다. |

| ⑤ : ㉢ |
| --- |
| **통일벼**는 1970년부터 농가에 보급됐다. … 드디어 하얀 쌀밥을 배불리 먹을 수 있게 됐다. |

⑤ (○) 이상의 내용으로 볼 때, "㉡ – ㉣ – ㉢ – ㉤ – ㉠ – ㉢"라는 선택지의 진술은 논리적 순서에 맞게 나열한 것으로 옳다.

**속도공략**　각 선택지의 문단 나열에 따라 제시문과 비교하며 그 나열을 추리하되, 맞지 않는 선택지는 즉시 소거한다. 특히 선택지의 시작 '㉠/ ㉡' 중에서 시작의 내용으로는 다소 어색한 구체적인 사례 '㉠'을 바로 소거하는 것이 바람직하다.

## 02 ▶ ③

---

**유형공략** '회전문의 구조와 의의'에 대한 글을 읽고 그 글의 흐름상 가장 적절한 문단 배열의 순서를 추리하는 문제이다.

제시문의 내용을 간략하게 요약하면 <아래>와 같다.

> (가) **회전문**의 축은 중심. 축은 돌지만~ 사실 네 짝의 문이 안 또는 밖을 차단. 실질적으로 계속 **닫혀 있는 셈이다.**
> (나) **문**은 열림과 닫힘을 위해 존재. 계속 닫혀 있는 문이 무의미하듯이 계속 열려 있는 문 또한 그 존재 가치와 의미가 없다. **현대 사회의 문**은 닫힌 구조. **그 대표적인 예가 회전문**
> (다) **회전문**은 가장 발전된 형태로 보이지만 **가장 야만적이며 가장 미개한 형태의 문**
> (라) **또한** 회전문의 구조와 운동에 맞추어야 문을 통과. 어린아이, 허약, 노인~ 이들에게 **회전문은 문이 아니다.**

③ (○) 간략하게 요약한 내용으로 볼 때, (나: 도입)는 회전문을 설명하기 위해 그보다 상위개념인 문에 대해 설명한 서론부이고 (다: 결론)는 회전문은 가장 야만적이고 미개한 문이라는 결론부임을 생각해 볼 수 있다. 게다가 (가: 논거)에서는 회전문의 닫혀있는 구조를 비판하고 (라)에서는 사회적 약자에게 불편한 문이라고 비판한다. 이들 중 (라) 앞에 '또한'이라는 접속부사가 있는 것으로 보아 순서상 (가)가 먼저임을 알 수 있다. 따라서 최종적으로 정리하면 "(나: 도입) ‒ (가: 논거 1) ‒ (라: 논거 2) ‒ (다: 주장의 결론)"라는 선택지가 내용 흐름상 가장 적절한 문단 배열의 순서이다.

**속도공략** 전체 문단을 처음부터 끝까지 정확하게 배열한다는 생각으로 제시문을 읽기보다는 (가)와 (나)를 읽고 난 후 (나)가 먼저, 그 다음 (다)를 읽고 난 후 (다)보다 (나)가 먼저, 그 다음 (라)를 읽고 나서 (다)보다 (라)가 먼저임을 파악하는 애벌읽기를 하고 그 다음 최종적으로 배열을 정리하는 것도 좋다.

# 정답 및 해설

## PART 02 완성과정

**PSAT**
THE언어논리

# 01 2023년 7급

## 기출문제 분석

본문 114~127P

| 01 ② | 02 ① | 03 ② | 04 ③ | 05 ③ | 06 ③ | 07 ④ | 08 ② | 09 ④ | 10 ④ |
| 11 ① | 12 ④ | 13 ① | 14 ③ | 15 ⑤ | 16 ⑤ | 17 ④ | 18 ② | 19 ④ | 20 ⑤ |
| 21 ⑤ | 22 ③ | 23 ① | 24 ⑤ | 25 ② | | | | | |

## 01 ▶ ②

**유형공략** '고려 정부의 범죄 예방 및 사회 질서 방책' 글에서 "알 수 있는 것"을 찾는 문제이다. 각 선택지의 핵심어를 중심으로 제시문의 내용을 이해한다.

① (×) (첫 번째 단락 2번째 줄) "개경은 국왕을 위시하여 정부 관료 등 주요 인사들이 거주하고 있을 뿐 아니라 중요 기관이 밀집된 가장 핵심적인 곳이었다."라는 내용을 제시문에서 찾을 수 있을 뿐, 개경과 범죄 행위와의 관련된 내용은 찾을 수 없다. 따라서 "개경은 (고려의 다른 어떤 지역보다) 범죄 행위가 많이 발생한 곳이었다."라는 선택지의 진술은 제시문에서는 알 수 없다.

② (○) (첫 번째 단락 아래에서 4번째 줄) "**도성의** 여러 **성문**을 방어하는 **위숙군**…을 포함한 군사 조직은 … 도성 안의 치안 활동까지 담당하였다."라는 내용과 (두 번째 단락 4번째 줄) "**순검군의 설치는** … 군대의 기능과 … 경찰의 기능이 분리…된 것을 의미한다. 기존 군사 조직(➔ 위숙군)은 본연의 업무(➔ 도성의 성문을 방어)만을 담당"하였다는 내용을 찾을 수 있다. 따라서 "순검군이 설치된 이후에도 도성의 성문을 지키는 임무는 위숙군에게 있었다."라는 선택지의 진술은 알 수 있는 것이다.

③ (×) (첫 번째 단락 아래에서 3번째 줄) [군사조직] **시가**의 주요 장소에 배치되는 **검점군**"이라는 내용과 (마지막 단락 2번째 줄) "정부는 **야간** 통행을 금지…하였으며, **급한** 공무 등 부득이한 경우에만 사전 **신고**를 받고 … 야간에 통행하도록 하였다. … 야경은 '순검군'의 중요한 업무가 되었다."라는 내용을 찾을 수 있다.
이에 야간에 급한 공무 등으로 통행하려는 사람은 신고를 하였다는 것을 알 수 있을 뿐 이를 검점군에 했는지 순검군에 했는지 정확하게 알 수는 없다. (다만 순검군에 했으리라 미루어 생각해 볼 수 있을 뿐이다.) 따라서 "야간에 급한 용무로 시내를 통행하려는 사람은 먼저 시가지를 담당하는 검점군에 신고를 하였다."라는 선택지의 진술은 정확하게 알 수 있는 것은 아니다.

④ (×) (첫 번째 단락 아래에서 4번째 줄) [군사조직] 도성의 여러 **성문**을 **방어**하는 위숙군"이라는 내용과 (두 번째 단락 4번째 줄) "**순검군의 설치는** … 군대의 기능과 … 경찰의 기능이 분리…된 것을 의미한다."라는 내용과 (마지막 단락 아래에서 4번째 줄) "**야간 통행이 금지되는** 매일 **저녁부터 새벽까지** 도성 내를 **순찰**하는 … 야경은 순검군의 중요한 업무가 되었다."라는 내용을 찾을 수 있다.
이에 순검군은 (그 설치 이후 군대와 경찰의 기능이 분리되었으므로)

야간 통행이 금지되는 저녁부터 새벽까지 순찰(➔ 경찰) 활동은 하였지만 성문 방어는 위숙군이 투입되었으리라 미루어 알 수 있다. 따라서 "순검군은 야간 통행이 금지되는 저녁부터 새벽 시간까지 순찰 활동을 하며 **성문 방어에도 투입**되었다."라는 선택지의 진술은 맞지 않아 알 수 있는 것이 아니다.

⑤ (×) 선택지 ④의 해설로 볼 때, 순검군의 설치는 군대의 기능과 경찰의 기능이 분리된 것을 의미하므로 군사 조직은 군대의 기능만을 수행했으리라 알 수 있다. 따라서 "순검군의 설치 이후에 간수군을 비롯한 개경의 세 군사 조직은 군대의 기능과 **경찰의 기능을 모두 수행**하였다."라는 선택지의 진술은 맞지 않아 알 수 있는 것이 아니다.

**속도공략** 선택지 ① "범죄", ② "순검군/위숙군", ③ "야간/검점군", ④ "순검군", ⑤ "군대/경찰"을 중심으로 제시문의 내용을 이해하며 풀이한다.

## 02 ▶ ①

**유형공략** '윤관과 동북9성' 글의 "내용과 부합하는 것"을 찾는 문제이다. 각 선택지의 핵심어를 중심으로 제시문의 내용을 이해한다.

① (○) (마지막 단락 4번째 줄) "**고려는** … 동북 9성에 대한 방비를 강화하였지만, … 병사들이 계속 희생되었고 물자 소비도 점점 많아졌다. 그래서 예종 4년에 여진이 … 강화를 요청했을 때 고려는 이를 받아들이고"라는 내용으로 볼 때, "고려는 동북 9성을 방어하는 과정에서 병사들이 계속 희생되고 물자 소비도 늘어났기 때문에 여진의 강화 요청을 받아들였다."라는 선택지의 진술은 부합하는 것이다.

② (×) (마지막 단락 4번째 줄) "고려는 윤관 외에도 오연총 등을 파견하여 동북 9성에 대한 방비를 강화"했다는 내용을 알 수 있을 뿐 그 외 오연총에 관한 내용을 제시문에서 찾을 수 없다. 따라서 "오연총은 웅주에 있던 윤관이 여진군에 의해 고립된 사실을 알고 길주로부터 출정하여 그를 구출하였다."라는 선택지의 진술은 알 수 없어 부합하지 않는 것이다.

③ (×) (두 번째 단락 1번째 줄) "윤관은 … 여진의 영주, 웅주, 복주, 길주를 점령하고 … 성을 쌓았다. 이듬해 윤관은 … **가한촌**…으로 나아갔다. … 윤관은 **여진**의 **끈질긴** 공격을 물리치면서 함주, 공험진, 의주, 통태진, 평윤진에도 **성을 쌓아** 총 9개의 성을 완성하였다. … 그 지역을 **동북 9성**이라고 부른다."라는 내용을 찾을 수 있다.

하지만 윤관이 가한촌을 점령하였는지 여부에 대한 관련 내용을 찾을 수 없고 가한촌에는 성을 쌓지 않았으므로 "윤관은 여진군과의 끈질긴 전투 끝에 가한촌을 점령하고 그곳에 성을 쌓아 동북 9성을 완성하였다."라는 선택지의 진술은 알 수 없으면서도 또한 맞지 않은 부분도 있어 부합하지 않는 것이다.

④ (×) (두 번째 단락 1번째 줄) "윤관은 … 길주를 점령하고 그곳에 성을 쌓았다."라는 내용과 (7번째 줄) "윤관은 (가한촌에서) 큰 위기를 맞이하였지만 … **척준경**이 … 결사대를 이끌고 분전한 덕분에 '영주'로 탈출할 수 있었다."라는 내용으로 볼 때, "척준경은 가한촌 전투에서 패배한 고려군을 이끌고 *길주*로 후퇴하였다."라는 선택지의 진술은 맞지 않아 부합하지 않는 것이다. (영주로 후퇴했으리라 미루어 알 수 있다.)

⑤ (×) (첫 번째 단락 5번째 줄) "윤관은 … '숙종'의 허락을 받아 별무반을 **창설**하였다. 별무반에는 **신기군과** … **신보군**, … **경궁군** 등 다양한 부대가 편성되어 있었다."라는 내용으로 볼 때, "*예종이 즉위하고 다음 해에* 신기군과 신보군, 경궁군이 창설되었다."라는 선택지의 진술은 맞지 않아 부합하지 않는 것이다.

**속도공략** 선택지 ① "강화", ② "오연총", ③ "윤관/가한촌", ④ "척준경", ⑤ "예종"을 중심으로 제시문의 내용을 이해하며 풀이한다.

---

## 03 ▶ ②

**유형공략** '먹는 일'의 "핵심 논지로 가장 적절한 것"을 찾는 문제이다. 각 단락의 핵심 문장과 모두 관련된 논지의 진술을 찾는다.
각 단락의 핵심 문장을 중심으로 제시문의 내용을 요약하면 <아래>와 같다.

| 구분 | 내용 |
|---|---|
| [1단락] | 먹는 일에도 윤리적 책임이 동반된다고 생각해 볼 수 있지 않을까? |
| [2단락] | 먹는 행위…의 '잘'…은 무엇일까? … 영양분을 섭취하는 생물학적 차원…, 개인의 취향을 개발하는 … 문화적 차원… 경우들의 '잘'은 윤리적 의미를 띠고 있는 것 같지 <u>않다</u>. 이는 먹는 행위를 개인적 경험 차원으로 축소하기 때문이다. |
| [3단락] | '잘 먹는다'는 것의 윤리적 차원은 … 사람들, 동물들, 식물들, 서식지, 토양 등과 관계를 맺는 행위를 인식하기 시작할 때 … 드러난다. |
| [4단락] | 우리가 무엇을 어떻게 먹는가 하는 것은 결국 … 관계망에 속한 존재를 어떻게 대우하고 있는가를 드러내며, … 관계망의 형성이나 유지 혹은 변화에 기여한다. … 이러한 관계들은 **먹는 행위를 윤리적 반성의 대상으로** … 올린다. |

① (×) "윤리적으로 잘 먹기 위해서는 육식을 지양해야 한다."라는 선택지의 진술은 제시문의 내용과 아무런 관련이 없으므로 논지로 적절하지 않다.

② (○)

---

| [1단락] | **먹는 일에도** 윤리적 책임이 동반된다고 생각해 볼 수 있지 않을까? |
|---|---|
| [3단락] | '잘 먹는다'는 것의 윤리적 차원은 … 사람들, 동물들, 식물들, 서식지, 토양 등과 관계를 맺는 행위를 인식하기 시작할 때 … 드러난다. |
| [4단락] | 우리가 무엇을 어떻게 먹는가 하는 것은 결국 … 관계망에 속한 존재를 어떻게 대우하고 있는가를 드러내며, … 관계망의 형성이나 유지 혹은 변화에 기여한다. … 이러한 관계들은 **먹는 행위를 윤리적 반성의 대상으로** … 올린다. |

위의 내용으로 볼 때, "먹는 행위에 대해서도 (사람들, 동물들, 식물들, 서식지, 토양 등의 관계를 맺는 행위라고 인식하며 그 관계망의 형성, 유지 또는 변화에 기여하는) 윤리적 차원을 고려해야 한다."라는 선택지의 진술은 핵심논지로 가장 적절하다.

③ (×)

| [2단락] | 먹는 행위…의 '잘'…은 무엇일까? … 영양분을 섭취하는 생물학적 차원…, 개인의 **취향**을 개발하는 … 문화적 차원… 경우들의 '잘'은 윤리적 의미를 띠고 있는 것 같지 <u>않다</u>. 이는 먹는 행위를 **개인적** 경험 **차원**으로 축소하기 때문이다. |
|---|---|

위의 내용으로 볼 때, "건강 증진이나 취향 만족을 위한 먹는 행위는 개인적 차원의 평가 대상일 뿐이다."라는 선택지의 진술은 [2단락]에만 해당하고 먹는 행위의 윤리적 차원이 언급되지 않았으므로 핵심 논지로 적절하지 않다.

④ (×)

| [3단락] | '잘 먹는다'는 것의 윤리적 차원은 … 사람들, **동물들**, **식물들**, 서식지, **토양** 등과 **관계**를 맺는 행위를 인식하기 시작할 때 … 드러난다. |
|---|---|

위의 내용으로 볼 때, "먹는 행위는 동물, 식물, 토양 등의 비인간 존재와 인간 사이의 관계를 만들어낸다."라는 선택지의 진술은 먹는 행위의 윤리적 차원이 시작되는 단계에 불과하므로 핵심 논지로 적절하지 않다.

⑤ (×) "먹는 행위를 평가할 때에는 먹거리의 소비자보다 생산자의 윤리적 책임을 *더* 고려해야 한다."라는 선택지의 진술은 제시문 어디에서도 먹거리에 관한 소비자와 생산자 사이의 비교 개념이 나오지 않았으므로 핵심 논지로 적절하지 않다.

**속도공략** 각 단락의 핵심 문장을 찾은 후, 이를 정리하며 핵심 논지를 찾는다. (반복되어 강조되는 용어 등이 핵심이다.)

---

## 04 ▶ ③

**유형공략** '지역문화콘텐츠' 글의 "핵심 논지로 가장 적절한 것"을 찾는 문제이다. 각 단락의 핵심 문장과 모두 관련된 논지의 진술을 찾는다.
각 단락의 핵심 문장을 중심으로 제시문의 내용을 요약하면 <아래>와 같다.

| 구분 | 내용 |
|---|---|
| [1단락] | 지방분권화 시대를 맞아 … 지역문화콘텐츠의 역할이 강조되고 있다. |
| [2단락] | 그러나 지역문화콘텐츠의 전망이 밝기만 한 것은 아니다. |
| [3단락] | 문제들이 많아지자, ○○부는 유사·중복 행사를 통폐합하는 시행령과 규칙 개정안을 내놓았다. 하지만 이 방식만으로는 지역문화콘텐츠의 성공을 기대하기 어렵다. |
| [끝단락] | 그동안 … 향유의 지속성 측면을 고려하지 못했다. 향유자에 의한 콘텐츠의 공유와 확산이 이루어지…(고) 향유자가 콘텐츠의 소비·매개·재생산의 주체가 되는 방안이 개발되어야 한다. 이러한 방안을 통해 **지역문화콘텐츠**의 생명력을 연장하고 활성화를 꾀할 수 있다. |

① (×) "중앙정부와 지방자치단체의 협력을 통해 지역문화콘텐츠의 경쟁력을 강화해야 한다."라는 선택지의 진술은 향유자와 관련된 [**끝단락**] 내용이 누락되어 핵심 논지로 적절하지 않다.

② (×) "*새로운 콘텐츠의 발굴과 제작을 통해* 지역문화콘텐츠의 생명력을 연장하고 활성화해야 한다."라는 선택지의 진술은 향유의 지속성 측면을 고려해야 한다는 [**끝단락**] 내용과 부합하지 않아 핵심 논지로 적절하지 않다.

③ (○)

| 구분 | 내용 |
|---|---|
| [1단락] | 지방분권화 시대를 맞아 … 지역문화콘텐츠의 역할이 강조되고 있다. |
| [2단락] | 그러나 지역문화콘텐츠의 전망이 밝기만 한 것은 아니다. |
| [끝단락] | 그동안 … 향유의 지속성 측면을 고려하지 못했다. **향유자**에 의한 콘텐츠의 공유와 확산이 이루어지…(고) **향유자가 콘텐츠의 소비·매개·재생산의 주체**가 되는 방안이 개발되어야 한다. 이러한 방안을 통해 **지역문화콘텐츠**의 생명력을 연장하고 활성화를 꾀할 수 있다. |

위의 내용으로 볼 때, "(지방분권화 시대를 맞아) 지역문화콘텐츠를 향유자와 연결(➔ 공유와 확산)하고 향유자의 향유 경험을 (➔소비·매개·재생산하여) 지속하게 할 방안을 마련해야 한다."라는 선택지의 진술은 핵심 논지로 적절하다.

④ (×) "지역문화콘텐츠 향유자 *스스로 자신이* 콘텐츠의 소비·매개·재생산의 주체임을 인식해야 한다."라는 선택지의 진술은 [끝단락]의 내용과 부합하지 않아 핵심 논지로 적절하지 않다. (향유자가 주체가 되는 방안을 '개발'하는 것과 향유자 스스로가 이를 인식하는 것은 별개이다.)

⑤ (×) "지역문화콘텐츠가 지역 산업의 발전과 지역민의 문화 향유 기회 확대에 기여할 수 있도록 중앙정부의 경제적 지원이 증대되어야 한다."라는 선택지의 진술은 제시문 어디에서도 중앙정부의 재정적 지원에 대한 주장이 나오지 않았으므로 핵심 논지로는 적절하지 않다.

**속도공략** 각 단락의 핵심 문장을 찾은 후, 이를 정리하며 핵심 논지를 찾는다.

## 05 ▶③

**유형공략** '갈등영향분석' 글의 내용과 "부합하지 <u>않는</u> 것"을 찾는 문제이다. 각 선택지의 핵심어를 중심으로 제시문의 내용을 이해한다.

① (○) (두 번째 단락 1번째 줄) "**갈등영향분석 실시 여부**의 대표적인 **판단** 지표 중 하나는 실시 대상 사업의 경제적 규모이다. … (정부) 기관장은 **예비타당성 조사 실시 기준인 총사업비를 판단 지표로 활용하여 갈등영향분석의 실시 여부를 판단**"한다는 내용으로 볼 때, "정부가 갈등영향분석 실시 여부를 판단할 때 예비타당성 조사 실시 기준인 총사업비를 판단 지표로 활용한다."라는 선택지의 진술은 부합하는 것이다.

② (○) (세 번째 단락 아래에서 4번째 줄) "기관장은 **기피 시설**인지 **여부를 판단할 때**, … 민간 갈등관리전문가 등의 자문을 거쳐야 한다."라는 내용으로 볼 때, "기피 시설 여부를 판단할 때 해당 사업을 수행하는 기관장이 별도 절차 <u>없이</u> 단독으로 판단해서는 안 된다(➔ 전문가 등의 자문과 같은 별도 절차 후 판단해야 한다.)."라는 선택지의 진술은 부합하는 것이다.

③ (×) (마지막 단락 1번째 줄) "갈등영향분석을 시행하기로 결정했다면, … (정부) 기관장 **주관**으로 갈등관리심의위원회의 자문을 거쳐 … **중립적**이라고 인정하는 '**전문가**'가 **갈등영향분석서**를 작성하여야 한다."라는 내용으로 볼 때, "갈등영향분석서는 정부가 주관하여 중립적 전문가의 자문하에 *해당 기관장*이 작성하여야 한다."라는 선택지의 진술은 맞지 않아 부합하지 않는 것이다. (갈등관리심의위원회가 중립적 전문가인지 여부는 명확하지 않다.)

④ (○) (마지막 단락 아래에서 3번째 줄) "**작성**된 **갈등영향분석서**는 반드시 모든 **이해당사자**들의 **회람** 후에 해당 기관장에게 보고…되어야 한다."라는 내용으로 볼 때, "갈등영향분석서를 작성한 후에는 이해당사자가 회람하는 절차가 있어야 한다."라는 선택지의 진술은 부합하는 것이다.

⑤ (○) (두 번째 단락 1번째 줄) "갈등영향분석 실시 여부의 … 판단 지표 중 하나는 … 대상 사업의 경제적 규모이다. … 그 경제적 규모가 실시 기준 이상이라도 갈등 발생 여지가 없거나 미미한 경우에는 **갈등관리심의위원회** 심의를 거쳐 **갈등영향분석**을 **실시하지 <u>않을 수</u> 있다.**"라는 내용으로 볼 때, "갈등관리심의위원회는 갈등영향분석 실시 여부의 판단에 관여할 수 있다."라는 선택지의 진술은 부합하는 것이다. (특히 갈등관리심의위원회는 그 분석 실시를 하지 않는다는 판단을 할 때 심의과정에서 관여할 수 있음을 알 수 있다.)

**속도공략** 선택지 ① "총사업비", ② "기피 시설", ③ "갈등영향분석서", ④ "회람", ⑤ "갈등관리심의위원회"를 중심으로 제시문의 내용을 이해하며 풀이한다.

## 06 ▶ ③

**유형공략** '초·중학교 기초학력 부진학생 지원체계' 글에서 "알 수 있는 것"을 찾는 문제이다. 각 선택지의 핵심어를 중심으로 제시문의 내용을 이해한다.

① (×) (첫 번째 단락 1번째 줄) "○○시 교육청은 … 기초학력 부진학생…을 위해 3단계 … 지원체계를 구축하였다."라는 내용, (세 번째 단락 1번째 줄) "2단계 지원은 … 권역학습센터에서 이루어진다. 권역학습센터는 … **총 5곳에 설치**"되었다는 내용, 그리고 (마지막 단락 1번째 줄) "3단계 지원은 … ○○시 **학습종합클리닉센터**는 … 전문학습클리닉 프로그램을 운영한다."라는 내용을 찾을 수 있다.
이에 ○○시 권역학습센터가 총 5곳이 설치되어 있음을 알 수 있을 뿐 학습종합클리닉센터가 어떠한지에 대해서는 제시문에서 알 수 없다. 따라서 "○○시 학습종합클리닉센터는 ○○시에 총 5곳이 설치되어 있다."라는 선택지의 진술은 알 수 없다.
② (×) (세 번째 단락 1번째 줄) "**기초학력 부진 판정**을 받은 **학생** 중 복합적인 요인으로 어려움을 겪는 … 학생…을 대상으로 … 권역학습센터에서 … **학습멘토 프로그램**을 운영"한다는 내용으로 볼 때, "기초학력 부진학생으로 판정된 학생 (중 복합적은 요인으로 어려움을 겪는 학생)은 학습멘토 프로그램에 참여할 수 *없다*."라는 선택지의 진술은 맞지 않아 알 수 있는 것이 아니다.
③ (○) (마지막 단락 1번째 줄) "3단계 지원은 **복합요인 기초학력 부진학생** 중 주의력결핍과잉행동장애 … 등의 문제로 학습에 어려움을 겪는 학생을 대상으로 … 전문의 등으로 이루어진 **의료지원단**을 구성하여 **의료적 도움**을 줄 수 있도록 한다."라는 내용으로 볼 때, "복합요인 기초학력 부진학생으로 판정된 학생 중 (행동장애 등의 문제가 있는 학생은) 의료지원단의 의료적 도움을 받는 학생이 있을 수 있다."라는 선택지의 진술은 알 수 있는 것이다.
④ (×) (세 번째 단락 아래에서 3번째 줄) "**학습멘토 프로그램**…에 **참여하는 지원 인력**은 ○○시의 인증을 '받은' 학습상담사"라는 내용으로 볼 때, "학습멘토 프로그램 및 전문학습클리닉 프로그램에 참여하는 지원 인력은 ○○시의 인증을 *받지 않아도 된다*."라는 선택지의 진술은 맞지 않아 알 수 있는 것이 아니다.
⑤ (×) (세 번째 단락 1번째 줄) "**기초학력 부진 판정**을 받은 학생 중 복합적인 요인으로 어려움을 겪는 것으로 **판정**된 학생인 **복합요인 기초학력 부진학생**"이라는 내용과 (마지막 단락 1번째 줄) "3단계 지원은 **복합요인 기초학력 부진학생** '중' … **난독증** 등의 문제로 학습에 어려움을 겪는 학생을 대상으로 ○○**시 학습종합클리닉센터**에서 이루어진다. … 센터는 … 해당 학생들(➔ 기초학력 부진 판정+복합적 요인으로 어려움을 겪는 것으로 판정+난독증의 학생)을 위한 전문학습클리닉 **프로그램**을 운영한다."라는 내용을 찾을 수 있다.
이에 난독증이 있는 학생은 기초학력 부진 판정을 받아야만 ○○시 학습종합클리닉센터에서 운영하는 프로그램에 참여할 수 있음을 알 수 있다. 따라서 "난독증이 있는 학생은 기초학력 부진 판정을 받지 *않았더라도* ○○시 학습종합클리닉센터에서 운영하는 프로그램에 참여할 수 있다."라는 선택지의 진술은 맞지 않아 알 수 있는 것이 아니다.

**속도공략** 선택지 ① "학습종합클리닉센터/5곳", ② "기초학력 부진학생/멘토", ③ "복합요인 기초학력 부진학생/의료", ④ "인증", ⑤ "난독증"을 중심으로 제시문의 내용을 이해하며 풀이한다.

## 07 ▶ ④

**유형공략** '시민 안전 보험 안내문' 대화의 "ⓐ 오늘 회의에서 논의된 내용에 따라 <안내>를 수정한 것으로 적절하지 <u>않은</u> 것"을 찾는 문제이다.
<안내>와 ⓐ을 중심으로 관련된 제시문 내용만을 요약한 후 선택지의 전술과 비교하여 풀이하면 <아래>와 같다.

| <안내> | 내용 | 진술 |
|---|---|---|
| ○ 가입 대상: … | 을: **A시**에 **등록**된 **사람**이라는 점이 명확하게 드러나야 합니다. | ① … 'A시에 주민으로 등록한 사람 누구나'로 수정한다. (○) (∵을의 내용과 부합한다.) |
| ○ 보험 기간: … | 정: **보험 기간**뿐만 아니라 **청구 기간**에 대한 정보도 필요합니다. 사고 발생 시점을 기준으로 **보험금**을 언제까지 **청구**할 수 있는지 안내가 추가되면 좋습니다. | ② … '2024.1.1.~2024.12.31. (보험 기간 내 사고발생일로부터 3년 이내 보험금 청구 가능)'로 수정한다. (○) (∵정의 내용과 부합한다.) |
| ○ 보장 항목: … | 병: **보장 항목**을 안내하면서 **개 물림 사고**와 **사회재난 사망 사고**를 포함하면 좋습니다. | ③ … '대중교통 이용 중 상해·후유장애, 개 물림 사고, 사회재난 사망 사고 등 총 10종의 사고 보장'으로 수정한다. (○) (∵병의 내용과 부합한다.) |
| ○ 청구 방법: … | 무: 보험금을 어디로 어떻게 **청구**할 수 있는지 정보도 부족합니다. 연락처 정보만으로 부족하고 안내문에 보험금 청구에 **필요**한 대표적인 **서류**들을 '제시'하면 어떨까요? | ④ … '청구 절차 및 필요 서류는 B보험사 통합상담센터 (Tel. 15××-××××)로 **문의**로 수정한다. (×) (∵무는 필요서류를 '제시' 해야 한다고 주장했는데 센터로 문의하라고 잘못 수정되어 있다.) |
| ○ 참고 사항: … | 갑2: 참고로 **A시 누리집**뿐만 아니라 **코리아톡 앱**을 통해서도 A시 보험 정보를 **확인**할 수 있게 안내할 계획입니다. | ⑤ … '자세한 관련 내용은 A시 누리집 및 코리아톡 앱을 통해서도 확인 가능'으로 수정한다. (○) (∵갑2의 내용과 부합한다.) |

**속도공략** 선택지가 <안내>문의 가입대상, 보험기간, 보장 항목, 청구 방법, 참고 사항으로 구성되어 있으므로 이와 관련된 제시문 내용을 중심으로 이해하며 풀이한다.

## 08 ▶ ②

유형공략 '개인형 이동장치 사고' 관련 대화의 "㉠ 필요한 자료"로 적절한 것만을 <보기>에서 모두 고르는 문제이다.
의견을 내고 있는 "갑, 을, 병"을 중심으로 제시문 대화를 요약하면 <아래>와 같다.

| 대화 |
|---|
| 갑₁: 개인형 이동장치 사고가 급증하고 있습니다. 무엇 때문(인지) 의견 있나요? |
| 을: (원동기 면허만 있으면 개인형 이동장치를 이용할 수 있습니다.) 하지만 면허가 <u>없는</u> 사람들도 많이 이용하고 있습니다. 안전의식이 부족…해 사고가 더 많이 발생하는 것이지요. |
| 병: 개인형 이동장치의 경음기 부착 여부가 사고 발생 확률에 영향을 미친다고 생각합니다. (경음기가 부착되어 있지 않기 때문에 이동장치…를 인지하지 못하는 경우가 많습니다. 사고 발생 주요 원인이라고 생각합니다.) |
| 정: 인프라가 부족하다는 점이 가장 큰 원인이라고 생각합니다. 개인형 이동장치 전용도로를 갖춘 지역은 드뭅니다. 인프라(➔ 전용도로) 수요를 공급이 따라가지 못해 사고가 발생(합)니다. |
| 갑₂: 말씀하신 의견을 검증하기 위해 ㉠ 필요한 자료를 조사해 주세요. |

ㄱ. (×)

| 을: 하지만 면허가 <u>없는</u> 사람들도 많이 이용하고 있습니다. 안전의식이 부족…해 사고가 더 많이 발생하는 것이지요. |
|---|

위의 내용으로 볼 때, "미성년자 중 원동기 면허 취득 비율과 19세 이상 성인 중 원동기 면허[유(有)] 취득 비율"이라는 <보기> 진술과 같은 연령별 면허 취득 비율은 면허 유무(有無)별 사고비율과는 관련이 없으므로 을의 주장을 검증하기 위한 ㉠으로 적절하지 않다.

ㄴ. (○)

| 병: 개인형 이동장치의 경음기 부착 여부가 사고 발생 확률에 영향을 미친다고 생각합니다. |
|---|

위의 내용으로 볼 때, "경음기가 부착된 개인형 이동장치 1대당 평균 사고 발생 건수와 경음기가 <u>부착되지 않은</u> 개인형 이동장치 1대당 평균 사고 발생 건수"라는 <보기> 진술은 병의 주장을 검증하기 위한 ㉠으로 적절하다.

ㄷ. (×)

| 정: 인프라가 부족하다는 점이 가장 큰 원인이라고 생각합니다. 개인형 이동장치 전용도로를 갖춘 지역은 드뭅니다. 인프라(➔ 전용도로) 수요를 공급이 따라가지 못해 사고가 발생(합)니다. |
|---|

위의 내용으로 볼 때, "개인형 이동장치 등록대수가 가장 많은 지역의 개인형 이동장치 사고 발생 건수와 개인형 이동장치 등록대수가 가장 적은 지역의 개인형 이동장치 사고 발생 건수"라는 <보기> 진술과 같은 지역별 등록대수 다수 여부는 개인형 이동장치 전용도로 인프라 유무(有無) 지역과는 관련이 없으므로 병의 주장을 검증하기 위한 ㉠으로 적절하지 않다. 최종적으로 추론할 수 있는 것이라 "ㄴ"을 고른 ②가 정답이다.

속도공략 "갑, 을, 병"의 의견을 검증하기 위한 자료를 중심으로 이해하며 풀이한다.

## 09 ▶ ④

유형공략 '삶의 질과 행복 정도' 글의 " (가) 와 (나) 에 들어갈 말을 적절하게 짝지은 것"을 찾는 문제이다. 각 선택지의 진술 중 제시문 빈칸의 앞뒤 문맥과 어울리는 진술을 찾는다.

④ (○) 제시문 빈칸 (가) 와 (나) 앞뒤 문맥을 요약한 후 각 선택지의 진술과 비교하면 <아래1>과 같다.

| [1·2–1단락] |
|---|
| 갑은 국민 개인의 삶의 질을 1부터 10까지 수치로 평가하고 모두 더해한 국가의 행복 정도를 정량화한다. / 갑은 국가 행복 정도가 클수록 더 행복한 국가라고 하면서 더 행복한 국가인지 비교…할 수 있다고 주장한다. 하지만 갑의 주장은 받아들이기 어렵다. 행복한 국가라면 대다수 국민이 높은 삶의 질을 누리…는 것이 일반적인 직관인데, 이 직관과 충돌하는 결론이 나오기 때문이다. 예를 들어, A국과 B국의 행복 정도를 비교하는 다음의 경우를 생각해 보자. (가), B국에서 가장 높은 삶의 질을 지닌 국민이 (A국에서 가장 낮은 삶의 질을 지닌 국민보다) 삶의 질 수치가 낮다. |

| ①/② | ③ | ④/⑤ |
|---|---|---|
| A국의 행복 정도가 (B국의 행복 정도보다) ~~더 크지만~~ | A국의 행복 정도와 B국의 행복 정도가 ~~같지만~~ | B국의 행복 정도가 (A국의 행복 정도보다) 더 크지만 |

이에 B국에서 가장 높은 삶의 질을 지닌 국민이 (A국에서 가장 낮은 삶의 질을 지닌 국민보다) 삶의 질 수치가 낮은 경우, 일반적인 직관과 충돌하는 것은 B국의 행복 정도가 (A국의 행복 정도보다) 큰 경우로서 이는 빈칸 (가)의 내용으로 적절하다. 즉 (A국에 비해) B국은 행복 정도가 '크지만' B국의 높은 삶의 질이 오히려 A국의 낮은 삶의 질보다도 '낮을 때' 직관과 충돌한다.

다음으로 빈칸 (가) 의 내용을 포함하여 제시문 빈칸 (나) 앞뒤 문맥을 요약한 후 선택지 ④/⑤의 진술과 비교하면 <아래2>와 같다.

| [2–2단락] |
|---|
| … 갑은 국가 행복 정도가 클수록 더 행복한 국가라고 하면서 어느 국가가 더 행복한 국가인지 … 평가할 수 있다고 주장한다. … (가) : B국의 행복 정도가 (A국의 행복 정도보다) 더 크…(다) 그러면 갑은 (나). 그러나 이러한 결론에 동의할 사람은 거의 없을 것이다. |

| ④ | ⑤ |
|---|---|
| B국이 (A국보다) 더 행복한 국가라고 말해야 할 것이다. | A국이 (B국보다) 더 행복한 국가라고 ~~말해야 할 것이다.~~ |

결국 갑은 국가 행복 정도가 클수록 더 행복한 국가라고 하였으므로, (가) 와 같이 B국의 '행복 정도가 큰' 경우, 갑은 B국이 '더 행복한' 국가라는 경우가 빈칸 (나)에 들어갈 내용으로 적절하다.

**속도공략** 행복 정도에 대한 갑의 주장과 삶의 질에 대한 직관을 이해하며 풀이한다.

# 10 ▶ ④

**유형공략** '고대 철학자 A의 행복 개념' 글의 " (가) 와 (나) 에 들어갈 말을 <보기>에서 골라 적절하게 짝지은 것"을 추리하는 문제이다. 기호화하여 추리하되 각 선택지 진술 중 제시문 빈칸의 앞뒤 문맥과 어울리는 진술을 찾는다.

제시문의 내용을 요약하여 기호화하면 <아래1>과 같다.

| 내용 | 기호 |
|---|---|
| A는 행복이 주관적 심리상태만으로는 **충분**하지 않고 그런 심리상태를 뒷받침하는 객관적 조건이 반드시 갖추어져 있어야 했다고 생각했다. | (주관적 심리 ↛ 행복) i. 주관적 심리∧객관적 조건→행복 |
| **요컨대** A가 사용한 행복개념에 따르면, (가) . | 요컨대 (가) |
| 그러나 A는 행복이 주관적 심리상태만으로는 충분하지 않더라도 주관적 심리상태가 행복의 **필수 조건**임은 부정할 수 없다고 보았다. | (주관적 심리↛행복) ii. 행복→주관적 심리 |
| **따라서** A에게는 (나) . | 따라서 (나) |

다음으로 빈칸 (가)에 들어갈 수 있는 <보기> 진술을 <아래2>와 같이 기호화한 후 풀이하면 <아래2>와 같다.

| <보기> | 기호 |
|---|---|
| ㄱ. 자신이 행복하다고 느끼고 있으면서도(➜ 주관적 심리) 행복하지 않은 경우란 있을 수 **없다**. | ~(³주관적 심리∧~행복) ⇔~주관적 심리∨행복 ⇔³주관적 심리→행복 (∵함축법칙) |
| ㄴ. 자신이 행복하다고 느끼고 있으면서도 행복하지 않은 경우가 있을 수 있다. | ³주관적 심리∧~행복 |
| ㄷ. 자신이 행복하지 않다고 느끼고 있으면서도 행복한 경우란 있을 수 **없다**. | ~(³~주관적 심리∧행복) ⇔~주관적 심리∨~행복 ⇔행복→ 주관적 심리 (∵함축법칙) |

이에 <아래1>의

| (주관적 심리 ↛행복) i. 주관적 심리∧객관적 조건→행복 |
|---|
| 요컨대 (가) |

에 들어갈 수

있는 <보기> 진술은

| ㄱ. ~~주관적 심리 →행복~~ (∵ 전건 미충족) |
|---|
| ㄴ. ³주관적 심리∧~행복 |
| ㄷ. ~~행복 → 주관적 심리~~ (∵ 후건 긍정의 오류 [역]) |

임을 알 수 있다. 즉 자신이 행복하다고 (주관적 심리로) 느끼고 있지만 (객관적 조건이 뒷받침되지 않은 경우) 행복하지 않을 수 있다.

또한 | (주관적 심리↛행복) ii. 행복→주관적 심리 |
|---|
| 따라서 (나) |

에 들어갈 수 있는 <보기> 진술은 같은 의미를 가지고 있는

| ㄱ. ~~주관적 심리 →행복~~ |
|---|
| ㄷ. 행복→ 주관적 심리 |

임을 알 수 있다.

**내용공략** | 함축법칙 | ~p∨q ⇔ p→q |

**속도공략** 가언명제[p→q]가 참일 경우, 전건인 p를 '충분조건', 후건인 q를 '필요조건'이라고 하는 것에 유의하며, 기호화하여 풀이한다.

# 11 ▶ ①

**유형공략** '증상의 치유' 글에서 논리적으로 "추론할 수 있는 것만을 <보기>에서 모두 고르는" 문제이다.

<보기>의 핵심어를 중심으로 제시문의 내용을 요약하며 정리하면 <아래>와 같다.

| | 내용 |
|---|---|
| [1단락] | 좋은 설명이 되려면, 증상의 치우에 항생제(➜ 약) 투여가 관련 있음을 보여줄 필요가 있다. |
| [끝단락] | 확률의 차이는 이 관련성을 보여 주는 한 가지 방식이다. 예컨대 (1) 급성 중이염 증상에 항생제 투여 없이 자연 치유에 맡기는 경우 치유될 확률이 20%라 하자. 이를 기준으로 긍정적 효과와 부정적 효과를 구분할 수 있다. (2) 항생제 투여를 할 경우 그 확률이 80%라면 긍정적 효과가 있는 것이다. (3) 신약을 투여했더니 그 확률이 10%라면 부정적 효과가 있는 것이다. 두 경우(➜ (2)와 (3)) 모두 투여된 약 이외 다른 요인이 개입하지 **않았**다는 점이 보장되어야 한다. |

[정리1] 자연 치유확률 20%
[정리2-1, 사례] 다른요인 無 ∧ 항생제 투여 ∧ 치유확률 80% → 긍정효과
　[정리2-2] 다른요인 無 ∧ 항생제 투여 ∧ 치유확률 20%초과 → 긍정효과
[정리3-1, 사례] 다른요인 無 ∧ 신약투여 ∧ 치유확률 10% → 부정효과
　[정리3-2] 다른요인 無 ∧ 신약투여 ∧ 치유확률 20%미만 → 부정효과

이에 다른 요인이 개입하지 않았다는 것이 보장될 때, 만일 약을 투여한 후 치유확률이 20%였다면 (자연 치유확률과 같아서) 그 약은 긍정적인 효과도 부정적인 효과도 보이지 않는다는 것도 미루어 알 수 있다.

ㄱ. (○)

> [정리2-1, 사례] 다른요인 無 ∧ 항생제 투여 ∧ 치유확률 80% → 긍정효과
> [정리2-3] ~긍정효과→~다른요인 無∨~항생제 투여(F)∨~치유확률 20%초과
> [정리3-1, 사례] 다른요인 無 ∧ 신약투여 ∧ 치유확률 10% → 부정효과
> [정리3-3] ~부정효과→~다른요인 無∨~신약투여(F)∨~치유확률 20%미만

이에 <아래>의 [정리2-1, 3-1]을 바탕으로 [후건부정]하여 [정리2-3, 3-3]의 추론한 내용으로 볼 때, "투여된 약이 증상의 치유에 어떠한 효과(➜ 긍정/부정 효과)도 없다는 것을 보이기 위해서는 약을 투여하더라도 증상이 치유될 확률(20%)에 변화가 없을 뿐 아니라(즉 초과도 아니고 미만도 아니면서) 약의 투여 이외의 다른 요인이 개입되지 않았다는 것이 밝혀져야 한다."라는 <보기> 진술은 추론할 수 있는 것이다.

ㄴ. (✕)

> [정리2-1, 사례] 다른요인 無 ∧ 항생제 투여 ∧ 치유확률 80% → 긍정효과

의 내용으로 볼 때, "투여된 약이 증상의 치유에 긍정적인 효과가 있다는 것[결과]을 보이기 위해서는 증상이 치유될 확률이 {약의 투여 이전(20%)보다} 이후에 더 높아지는 것을 보이는 것으로 충분하다."라는 <보기> 진술은 맞지 않아 추론할 수 없는 것이다. {다른 요인이 개입되지 않은 경우 (치유될 확률이 더 높이 초과되는 것뿐만 아니라 약이 투여되었다는 것)까지 보여야 충분하다.}

ㄷ. (✕)

> [정리1] 자연 치유확률 20%
> [정리2-1, 사례] 다른요인 無 ∧ 항생제 투여 ∧ 치유확률 80% → 긍정효과
> [정리3-1, 사례] 다른요인 無 ∧ 신약투여 ∧ 치유확률 10% → 부정효과

의 내용으로 볼 때, 투여된 약이 긍정적인 효과가 없다는 것은 [정리3-1]과 같이 부정적인 효과가 있거나 또는 [정리1]과 같이 (긍정적인 효과도 부정적인 효과도 아닌) 자연 치유 확률과 같은 효과를 보이는 것임을 미루어 알 수 있다.

따라서 "약 투여 이외의 다른 요인이 개입되지 않았다고 전제할 경우에, 투여된 약이 증상의 치유에 긍정적인 효과가 없다는 것을 보이기 위해서는 증상이 치유될 확률이 (약의 투여 이전보다) 이후에 더 낮아지는 것을 보이는 것이 필요하다."라는 <보기> 진술은 [정리1]과 같이 증상이 치유될 확률이 20%인 경우를 포함하지 못하므로 맞지 않아 추론할 수 없는 것이다. (즉 긍정적인 효과가 없는 것에는 치유될 확률이 정체되는 경우도 있으므로 치유될 확률이 더 낮아지는 것이 꼭 필요하지는 않다.)

최종적으로 추론할 수 있는 것이라 "ㄱ"을 모두 고른 ①이 정답이다.

**속도공략** <보기> ㄱ. "확률/개입", ㄴ/ㄷ. "긍정"을 중심으로 제시문의 내용을 이해하며 풀이한다.

## 12 ▶ ④

**유형공략** 다음 갑~정의 '인공지능 로봇의 도덕적 지위' 논쟁에 대한 "분석으로 적절한 것만을 <보기>에서 모두 고르는" 문제이다. 갑~정의 내용을 읽고 관련된 <보기>를 나누어 풀이한다.

각 <보기> 진술의 핵심어인 "인공지능 로봇 / 도덕적 지위"를 중심으로 갑~정의 내용(주장)을 요약하며 정리하면 <아래>와 같다.

| 내용 |
| --- |
| 갑: 보통 인간이나 동물이 어떤 특성(➜ 의식)을 지니고 있어서 도덕적 지위를 갖는다고 생각한다. 의식이 바로 그런 특성이다. 인공지능 로봇도 같은 방식으로 … 따져 봐야 할 것이다. 나는 인공지능 로봇이 의식을 갖는다고 생각한다. (➜ ∴ 로봇이 도덕적 지위를 갖는다.) |
| 을: 도덕적 지위 기준에 대해서 갑과 생각이 같다. 하지만 인공지능 로봇에게 도덕적 지위를 부여할 수 없다고 생각한다. 로봇은 의식을 갖는 것이 가능하지 않기 때문이다. |
| 병: 인공지능 로봇에게 의식이 있는지 없는지가 도덕적 지위를 결정하는 근거가 될 수 없다고 생각한다. 도구적 존재에게 도덕적 지위를 부여하는 것은 말이 안 된다. |
| 정: 어떤 존재의 도덕적 지위는 우리가 그 존재와 어떤 관계를 맺는지에 따라 결정된다. 우리가 로봇과 유의미한 관계를 맺고 있다면, 인공지능 로봇이 의식을 갖지 않아도, 로봇에게 도덕적 지위를 부여해야 한다. |

ㄱ. (✕)

> 을: … 로봇은 의식을 갖는 것이 가능하지 않기 때문이다.
> 정: … 우리가 로봇과 유의미한 관계를 맺고 있다면, 인공지능 로봇이 의식을 갖지 않아도, 로봇에게 도덕적 지위를 부여해야 한다.

위의 내용으로 볼 때, 을은 인공지능 로봇에게 의식이 없다고 생각하지만 정은 (로봇에게 의식이 있는지 없는지 여부를 단정하지 않은 채) 단지 의식이 없어도 도덕적 지위를 부여한다고 주장한다. 따라서 "을과 정은 인공지능 로봇에게는 의식이 없다고 생각한다."라는 <보기> 진술은 맞지 않아 분석으로 적절하지 않다. (특히 정은 로봇이 의식을 가지는지 여부에 대해 불가지론자일 수 있고, 그렇다면 정은 로봇이 의식이 있다고도 없다고도 생각하지 않을 것이다. 단지, 우리와 유의미한 관계를 맺는 로봇이 의식이 있다면 이 또한 도덕적 지위를 부여하는 것이 당연하다고 생각하리라 미루어 알 수 있다.)

ㄴ. (○)

> 병: (인공지능 로봇에게 의식이 있는지 없는지가 도덕적 지위를 결정하는 근거가 될 수 없다고 생각한다.) 도구적 존재(➜ 로봇)에게 도덕적 지위를 부여하는 것은 말이 안 된다.

위의 내용으로 볼 때, "(갑~정 중에서) 인공지능 로봇에게 의식이 있어도 (없어도) 도덕적 지위를 부여할 수 없다고 생각하는 사람(➜ 병)이 있다."라는 <보기> 진술은 분석으로 적절하다.

ㄷ. (○)

| | |
|---|---|
| 갑 | 보통 인간이나 동물이 어떤 특성(➜ 의식)을 지니고 있어서 도덕적 지위를 갖는다고 생각한다. 의식이 바로 그런 특성이다. … 나는 인공지능 로봇이 의식을 갖는다고 생각한다. (➜ ∴ 로봇이 도덕적 지위를 갖는다.) |
| 을 | 도덕적 지위 기준에 대해서 갑과 생각이 같다. 하지만 인공지능 로봇에게 도덕적 지위를 부여할 수 없다고 생각한다. 로봇은 의식을 갖는 것이 가능하지 않기 때문이다. |
| 병 | 인공지능 로봇에게 의식이 있는지 없는지가 도덕적 지위를 결정하는 근거가 될 수 없다고 생각한다. 도구적 존재에게 도덕적 지위를 부여하는 것은 말이 안 된다. |
| 정 | 어떤 존재의 도덕적 지위는 우리가 그 존재와 어떤 관계를 맺는지에 따라 결정된다. 우리가 로봇과 유의미한 관계를 맺고 있다면, 인공지능 로봇이 의식을 갖지 않아도, 로봇에게 도덕적 지위를 부여해야 한다. |

위의 내용으로 볼 때, (1) 갑은 로봇이 의식이 있어 도덕적 지위를 갖는다고 주장하므로 실제로 로봇에게 의식이 있다는 새로운 진술이 나와도 입장이 바뀌지 않는다. (2) 을은 의식이 있다면 도덕적 지위를 갖는다는 갑과 동일한 기준을 가지고 있지만 로봇이 의식이 없어 도덕적 지위를 갖지 않는다는 입장이었지만, 실제로 로봇에게 의식이 있다는 새로운 진술이 나온다면 갑과 같이 도덕적 지위를 갖는다고 입장을 '바꾸리라' 미루어 알 수 있다. (3) 병은 어떠한 새로운 진술이 나온다 할지라도 로봇에게 도덕적 지위를 부여하지 않을 것이므로 입장이 바뀌지 않는다. (4) 정은 로봇과 유의미한 관계를 맺고 있다면, 실제로 로봇에게 의식이 있다는 새로운 진술이 나와도 (로봇이 의식을 갖지 않아도 도덕적 지위를 부여한다고 했듯이) 도덕적 지위를 부여할 것이므로 입장이 바뀌지 않는다.

따라서 "(갑~정 중에서) 인공지능 로봇에게 실제로 의식이 있다고 밝혀진다면, 네 명 중 한 명(➜ 을)은 인공지능 로봇에게 도덕적 지위를 부여해야 하는가에 대한 입장을 바꿔야 한다."라는 <보기> 진술은 분석으로 적절하다. (참고로 정은 실제로 우리가 로봇과 유의미한 관계를 맺지 않고 있다는 새로운 진술이 나온다면 입장이 바뀌리라 알 수 있다.)

최종적으로 적절한 것이라 "ㄴ, ㄷ"을 고른 ④가 정답이다.

**속도공략** 제시문의 갑~정의 주장을 각각 읽고 <보기> ㄴ과 ㄷ을 풀이하되, 을과 정을 읽고난 후에는 <보기> ㄱ도 풀이한다.

## 13 ▶①

**유형공략** '국가적 전력부족 시대' 글에서 "추론할 수 있는 것만을 <보기>에서 모두 고르는" 문제이다. 각 <보기>의 핵심어를 중심으로 제시문의 내용을 이해한다.

각 <보기>의 핵심어를 중심으로 제시문 내용을 요약하며 정리하면 <아래>와 같다.

| 구분 | 내용 |
|---|---|
| [1단락] | ○○부에 따르면 (Ⅰ) 공공기관은 냉방 온도를 25℃ 이상으로 설정하여야 한다. 또한 (Ⅱ) 14~17시에는 불필요한 전기 사용을 자제하여야 한다. |
| [2단락]<br>〈표〉 | ○○부는 전력수립 위기단계를 5단계로 설정하였다. (1) 위기단계가 통보되면 공공기관은 아래 <표>에 따라 각 조치사항을 이행하여야 한다. (2) 그 전 위기단계까지의 조치 사항이 포함되어야 한다. |

〈표〉 전력수급 위기단계별 조치 사항

| 위기단계 | 조치사항 |
|---|---|
| 준비단계<br>(500만kW 미만 400만kW 이상) | 실내조명과 승강기 사용 자제 |
| 관심단계<br>(400만kW 미만 300만kW 이상) | 냉방 온도 28℃ 이상으로 조정 |
| 주의단계<br>(300만kW 미만 200만kW 이상) | 냉방기 사용 중지, 실내조명 50% 이상 소등 |
| 경계단계<br>(200만kW 미만 100만kW 이상) | 필수 기기 제외한 모든 사무기기 전원 차단 |
| 심각단계<br>(100만kW 미만) | 실내조명 완전 소등, 승강기 가동 중지 |

| 구분 | 내용 |
|---|---|
| [끝단락] | (3) 다만 장애인 승강기는 위기단계와 관계없이 상시 가동하여야 한다. (4) 의료기관, 아동 및 노인 등 취약계층 보호시설은 예외시설로서 자체적으로 냉방 온도를 설정하여 운영할 수 있다. |

ㄱ. (○)

| | |
|---|---|
| [2단락]<br>〈표〉 | ○○부는 전력수립 위기단계를 5단계로 설정하였다. (1) 위기단계가 통보되면 공공기관은 각 조치사항을 이행하여야 한다. (2) 그 전 위기단계까지의 조치 사항이 포함되어야 한다. |

〈표〉 전력수급 위기단계별 조치 사항

| 위기단계 | 조치사항 |
|---|---|
| 주의단계<br>(300만kW미만 200만kW이상) | 냉방기 사용 중지, 실내조명 **50% 이상 소등** |
| **경계**단계<br>(200만kW미만 100만kW이상) | 필수 기기 제외한 모든 사무기기 전원 차단 |
| **심각**단계<br>(100만kW 미만) | **실내조명 완전 소등**, 승강기 가동 중지 |

위의 내용으로 볼 때, "예비전력이 50만kW일 때(➜ 심각단계) 모든 공공기관은 실내조명을 완전 소등하여야 하며, 예비전력이 180만kW일 때(➜ 경계단계)는 (그 전 위기단계인 주의단계 조치사항까지 이행해야 하므로) 50% 이상 소등하여야 한다."라는 <보기> 진술은 추론할 수 있는 것이다.

ㄴ. (×)

| [끝단락] | … (4) 의료기관, 아동 및 노인 등 **취약계층 보호시설**은 예외시설로서 자체적으로 **냉방 온도를 설정**하여 운영할 수 있다. |
|---|---|

위의 내용으로 볼 때, 취약계층 보호시설에 해당하지 **않는** '의료기관'은 예외시설로서 예비전력에 상관없이 냉방 온도를 설정할 수 있음을 알 수 있다. 따라서 "취약계층 보호시설에 해당하지 <u>않는</u> 공공기관은 예비전력이 280만kW일 때 냉방 온도를 24℃로 설정할 수 **없으나**, 예비전력이 750만kW일 때는 설정할 수 있다."라는 <보기> 진술은 맞지 않아 추론할 수 없는 것이다.

ㄷ. (×)

| [끝단락] | (3) 다만 **장애인 승강기**는 위기단계와 관계없이 상시 **가동**하여야 한다. … |
|---|---|

위의 내용으로 볼 때, (전력수급 위기단계가 심각단계인지 그리고 취약계층 보호시설인지 여부와 상관없이) 공공기관은 장애인 승강기를 (중지하는 것 없이) '상시 가동'하여야 함을 알 수 있다. 따라서 "전력수급 위기단계가 심각단계일 때 취약계층 보호시설에 해당하는 공공기관은 장애인 승강기를 가동할 수 있으나 취약계층 보호시설에 해당하지 <u>않는</u> 공공기관은 장애인 승강기 가동을 **중지하여야 한다**."라는 <보기> 진술은 맞지 않아 추론할 수 없는 것이다.

최종적으로 추론할 수 있는 것이라 "ㄱ"을 고른 ①이 정답이다.

**속도공략** <보기> ㄱ. "소등", ㄴ. "냉방 온도", ㄷ. "승강기"를 중심으로 제시문의 내용을 이해하며 풀이한다.

# 14 ▶③

**유형공략** '갑의 <교육과정> 이수' 글의 내용이 "참일 때 반드시 참인 것만을 <보기>에서 모두 고르는" 문제이다. 제시문의 내용을 기호화하여 풀이한다.

제시문의 내용을 요약하여 기호화하면 <아래1>과 같다.

| 내용 | 기호 |
|---|---|
| 갑은 <공직 자세 교육과정>, <리더십>, <글로벌>, <직무>, <전문성>의 다섯 개(의) 교육 프로그램에 참여…하고 있다. | 갑(5): 공, 리, 글, 직, 전. |
| 갑이 <공직 자세>(를) 이수한다면 <리더십>도 이수한다. | i. 갑: 공→리 |
| 또한 갑이 <글로벌>을 이수한다면 <직무>와 <전문성>도 이수한다. | ii-1. 갑: 글→(직∧전) ⇔ ii-2. 갑: (~직∨~전)→~글 |
| 갑은 <리더십>을 이수하지 <u>않거나</u> <전문성>을 이수하지 <u>않는다</u>. | iii. 갑: ~리∨~전 |

기호화된 <아래1>을 도식화하면 <아래2>와 같다.

| 갑: O/× | 공 | 리 | 글 | 직 | 전 |
|---|---|---|---|---|---|
| i. 공→리 | ○ | → ○ | | | |
| ii-1. 글→(직∧전) | | | ○ → | (○ ∧ | ○) |
| ⇔  ii-2. (~직∨~전)→~글 | | | × ← | (× ∨ | ×) |
| iii. ~리∨~전 | | × | ∨ | | × |

이에 [ i. 공→리 ] 가 참인 경우를 중심으로 경우를 나누어 보면 I. <공직 자세>가 참이고 <리더십>도 참인 경우, II. <공직 자세>가 거짓이고 <리더십>이 참인 경우, III. <공직 자세>가 거짓이고 <리더십>도 거짓인 경우의 3가지가 있다. 각 경우를 풀이해 보자.

I. <공직 자세>가 참(True)이고 <리더십>도 참(True)인 경우 : 순서대로(1st, 2nd…) 풀이해보자

| 갑: O/× | 공 | 리 | 글 | 직 | 전 |
|---|---|---|---|---|---|
| i. 공→리 | ○ | → ○ | | | |
| ii-2. (~직∨~전)→~글 | | | × ← | (× ∨ | ×) |
| iii. ~리∨~전 | | × | ∨ | | × |
| I. 공:T, 리:T | ○ | ○ | | | |
| 1st | | | | | × (∵iii) |
| 2nd | | | | × (∵ii-2) | ? |

II. <공직 자세>가 거짓(False)이고 <리더십>이 참(True)인 경우

| 갑: O/× | 공 | 리 | 글 | 직 | 전 |
|---|---|---|---|---|---|
| i. 공→리 | ○ | → ○ | | | |
| ii-2. (~직∨~전)→~글 | | | × ← | (× ∨ | ×) |
| iii. ~리∨~전 | | × | ∨ | | × |
| II. 공:F, 리:T | × | ○ | | | |
| 1st | | | | | × (∵iii) |
| 2nd | | | | × (∵ii-2) | ? |

III. <공직 자세>가 거짓(False)이고 <리더십>도 거짓(False)인 경우

| 갑: O/× | 공 | 리 | 글 | 직 | 전 |
|---|---|---|---|---|---|
| i. 공→리 | ○ | → ○ | | | |
| ii-1. 글→(직∧전) | | | ○ → | (○ ∧ | ○) |
| iii. ~리∨~전 | | × | ∨ | | × |
| III. 공:F, 리:F | × | × | ? | ? | ? |

ㄱ. (○) I의 경우에서는 갑은 <글로벌 교육과정>을 이수하지 않고, II와 III의 경우에서는 갑은 <공직 자세 교육과정>을 이수하지 않으므로, "갑은 <공직 자세 교육과정>을 이수하지 않거나 <글로벌 교육과정>을 이수하지 않는다[갑: ~공∨~글]."라는 <보기> 진술은 반드시 참이다.

ㄴ. (○)  ii-1. 갑: 글→(직∧전)  은 제시문의 기호화된 내용으로 문제의 발문에서 참이라 하였으므로 이를 [후건분리]한  ii-1. 갑: 글→직  도 반드시 참이다. 따라서 "갑이 <직무 교육과정>을 이수하지 않는다면 <글로벌 교육과정>도 이수하지 않는다[갑: ~직→~글].''라는 <보기> 진술은 반드시 참인  ii-1. 갑: 글→직  의 [후건부정]한 명제이므로 이 역시 반드시 참이다.

ㄷ. (×) Ⅰ의 경우로 볼 때 갑은 <공직 자세 교육과정>을 이수하므로, "갑은 <공직 자세 교육과정>을 이수하지 <u>않는다</u>.''라는 <보기> 진술은 반드시 참은 아니다.

최종적으로 반드시 참이라 "ㄱ, ㄴ''을 모두 고른 ③이 정답이다.

 내용공략 1  명제의 동치(同値): 후건부정, 후건분리 및 드모르간 법칙

| 구 분 | 동 | 치 (≒) |
|---|---|---|
| 대우법칙(후건부정) | p→q | ~q→~p |
| 후건분리법칙 | p→(q∧r) | (p→q)∧(p→r) |
| 드 모르간 법칙 | ~(A∨B) | ~A∧~B |
| | ~(A∧B) | ~A∨~B |

 내용공략 2  가언명제 진릿값과 그 경우의 수

| 내용 (기호화) | 진리값과 그 경우의 수 | |
|---|---|---|
| | if (~이면) | then (그 경우의 수는 ~이다.) |
| 만약 p이면 q이다(p→q). | T | Ⅰ. p는 T, q는 T, Ⅱ. p는 F, q는 T, Ⅲ. p도 F, q도 F. |
| | F | Ⅰ. p는 T, q는 F. |

 내용공략 3  참고로 Ⅲ. <공직 자세>가 거짓(False)이고 <리더십>도 거짓(False)인 경우에 대한 모든 경우(5 가지)를 풀이하면 <아래3>과 같다.

| 갑: ○/× | 공 | 리 | 글 | 직 | 전 |
|---|---|---|---|---|---|
| ⅰ. 공→리 | ○ | → ○ | | | |
| ⅱ-1. 글→(직∧전) | | | ○ | → (○ ∧ | ○) |
| ⅲ. ~리∨~전 | | × | ∨ | | × |
| Ⅲ. 공:F, 리:F | × | × | | | |
| -1. 글:T | | | ○ | | ○1 |
| -2. 글:F | | | × | | |
| -1. 직:T | | | | ○ | |
| -1. 전:T | | | | | ○2 |
| -2. 전:F | | | | | ×3 |
| -2. 직:F | | | | × | |
| -1. 전:T | | | | | ○4 |
| -2. 전:F | | | | | ×5 |

 속도공략  기호화하여 경우의 수를 나누어 풀이한다.

## 15                                      ▶ ⑤

 유형공략  '시험 출제 회의' 글에서 갑이 새롭게 입수한 '정보'로 "적절한 것''을 추리하는 문제이다. 기호화하여 풀이한다.

제시문의 내용을 기호화하면 <아래1>과 같다.

| 내용 | 기호 |
|---|---|
| 월요일부터 목요일까지 하루에 한 차례 회의가 열렸다. | 월~목:1일 1회○ |
| 갑은 다음의 사실을 확인하였다. | |
| ○월요일에 참석한 위원은 **모두** 수요일에 참석했다. | [전제ⅰ]. <sup>∀</sup>월→수 |
| ○화요일에 참석한 위원은 **누구도** 수요일에 참석하지 않았다. | [전제ⅱ]. <sup>∀</sup>화→~수 |
| ○수요일에 참석한 위원 중 **적어도 한** 사람은 목요일에도 참석했다. | [전제ⅲ]. <sup>∃</sup>(수∧목) |
| 갑은 새롭게 입수한 '정보(➜전제)'를 더하여 | + 추가해야 할 전제 |
| "월요일에는 참석하지 않았지만 목요일에는 참석한 시험위원이 **적어도 한** 사람은 있다.''는 것을 알아내었다. | [결론(∴)] <sup>∃</sup>(~월∧목) |

이는 [전제ⅰ]~[전제ⅲ]에 선택지 ①~⑤ 중 하나를  추가해야 할 전제  로 적절하게 넣어  [결론(∴)] <sup>∃</sup>(~월∧목)  을 이끌어 내는 문제임을 알 수 있다. 여기서  [전제ⅲ]. <sup>∃</sup>(수∧목)  은 [특칭명제]이므로

 [전제ⅰ]. <sup>∀</sup>월→수 
 [전제ⅱ]. <sup>∀</sup>화→~수  와 같은 [전칭명제]의 조건을 따르면서,  추가해야 할 전제  를 통하여  [결론(∴)] <sup>∃</sup>(~월∧목)  인 [특칭명제]를 이끌어 내는 명제임에 유의하자.

기호화된 <아래1>의 내용을 도식화하면 <아래2>와 같다.

| | 월 | 화 | 수 | 목 |
|---|---|---|---|---|
| [전제ⅰ]. <sup>∀</sup>월→수 | ○ | → | ○ | |
| [전제ⅱ]. <sup>∀</sup>화→~수 | | ○ | → × | |
| [전제ⅲ]. <sup>∃</sup>(수∧목) | | | <sup>∃</sup>(○ ∧ | ○) |
| + [추가해야 할 전제] | | | | |
| [결론(∴)] <sup>∃</sup>(~월∧목) | <sup>∃</sup>(× ∧ | | | ○) |

다음으로 선택지 ①~⑤의 기호화된 내용을 하나씩 넣어보며 풀이해 보자.

① (×) "월요일에 참석하지 <u>않은</u> 시험위원이 적어도 한 사람은 있다 [<sup>∃</sup>~월].''라는 선택지의 진술을 <아래2>에 넣어보면 <다음1>과 같다.

| | 월 | 화 | 수 | 목 |
|---|---|---|---|---|
| [전제 i ]. $^\forall$월→수 | ○ | → | | ○ |
| [전제 ii ]. $^\forall$화→~수 | | ○ | → | × |
| [전제 iii ]. $^\exists$(수∧목) | | | $^\exists$(○ | ∧ ○) |
| + [추가해야 할 전제] | ① [$^{31}$~월] × | | | |
| [결론(∴)] $^\exists$(~월∧목) | | ∧ | $^\exists$(× ∧ | ○) |

이에 월요일 회의에 참석하지 않은 어떤 한 시험위원이 있음을 알 수 있을 뿐, 이를 통해서는 [전제 iii ]. $^\exists$(수∧목) 의 시험위원이 월요일에도 참석하지 않은 위원이라고 연결하여 추리할 수 없으므로 적절하지 않다.

② (×) "화요일에 참석하지 않은 시험위원이 적어도 한 사람은 있다 [$^\exists$~화]."라는 선택지의 진술을 <아래2>에 넣어보면 <다음2>와 같다.

| | 월 | 화 | 수 | 목 |
|---|---|---|---|---|
| [전제 i ]. $^\forall$월→수 | ○ | → | | ○ |
| [전제 ii ]. $^\forall$화→~수 | | ○ | → | × |
| [전제 iii ]. $^\exists$(수∧목) | | | $^\exists$(○ | ∧ ○) |
| + [추가해야 할 전제] | | ② [$^{32}$~화] × | ○ | |
| [결론(∴)] $^\exists$(~월∧목) | | ∧ | $^\exists$(× ∧ | ○) |

이에 화요일에 참석하지 않는 시험위원이 있음을 알 수 있을 뿐, 이를 통해서는 [전제 iii ]. $^\exists$(수∧목) 의 시험위원이 월요일에도 참석하지 않은 위원이라고 연결하여 추리할 수 없으므로 적절하지 않다.

③ (×) "수요일에 참석한 시험위원 중 적어도 한 사람은 목요일에 참석하지 않았다.[$^\exists$수∧~목]"라는 선택지의 진술을 <아래2>에 넣어보면 <다음3>과 같다.

| | 월 | 화 | 수 | 목 |
|---|---|---|---|---|
| [전제 i ]. $^\forall$월→수 | | ○ | → | ○ |
| [전제 ii ]. $^\forall$화→~수 | | | ○ | → × |
| [전제 iii ]. $^\exists$(수∧목) | | | $^\exists$(○ ∧ ○) | |
| + [추가해야 할 전제] | ③ [$^{33}$수∧~목] | | ○ | × |
| [결론(∴)] $^\exists$(~월∧목) | ∧ | $^\exists$(× ∧ | | ○) |

이는 목요일에 참석한다는 [결론]을 위배하므로 적절하지 않다.

④ (×) 선택지 ③의 해설과 같은 원리로, "목요일에는 참석하지 않았지만 월요일에는 참석한 시험위원이 적어도 한 사람은 있다[$^\exists$~목∧월]."라는 선택지의 진술은 [결론]을 위배하므로 적절하지 않다.

⑤ (○) "월요일에 참석한 시험위원 중에는 목요일에 참석한 시험위원은 없다[$^\forall$월→~목]."라는 선택지의 진술을 [후건부정]한 [$^\forall$목→~월]을 <아래2>에 넣어보면 <다음4>와 같이 [전제 iii ]. $^\exists$(수∧목) 의 위원이 월요일에 참석하지 않는 위원이 되어 [결론(∴)] $^\exists$(~월∧목) 이 추리되므로 새로운 입수한 정보로서 적절하다.

| | 월 | 화 | 수 | 목 |
|---|---|---|---|---|
| [전제 i ]. $^\forall$월→수 | ○ | → | | ○ |
| [전제 ii ]. $^\forall$화→~수 | | ○ | → | × |
| [전제 iii ]. $^\exists$(수∧목) | | | $^\exists$(○ | ∧ ○) |
| | | × (∴⑤) | | |
| + [추가해야 할 전제] | ⑤ [$^\forall$목→~월] × | | | ← ○$^\forall$ |
| [결론(∴)] $^\exists$(~월∧목) | | ∧ | $^\exists$(× ∧ | ○) |

**내용공략** 명제의 동치(同値) : 후건부정

| 구분 | 동 | 치 (≒) |
|---|---|---|
| 대우법칙(후건부정) | p→q | ~q→~p |

**속도공략** 기호화하여 풀이하되 전칭명제($\forall$)와 특칭명제($\exists$) 구별에 유의한다.

# 16 ▶ ⑤

**유형공략** '해양환경회의 찬성과 반대' 글의 내용이 "참일 때 반드시 참인 것만을 <보기>에서 모두 고르는" 문제이다. 제시문의 내용을 기호화하여 풀이한다.

제시문의 내용을 요약하여 기호화하면 <아래1>과 같다.

| 내용 | 기호 |
|---|---|
| 회의에 5명 대표자가 참석하여 A, B, C, D 4개 정책을 두고 토론회를 열었다. | 대(5명): A, B, C, D(4개) |
| 대표자 모두 각 정책에 찬반 중 하나를 표명했으며, | i . 대: ○/× |
| 각자 하나 이상의 정책에 찬성하고 하나 이상의 정책에 반대한다. (➔ 4개 정책 모두에 찬성하거나 4개 정책 모두에 반대하는 경우는 없다.) | ii . 대: 1⬆○, 1⬆× (➔ All 4 ○/× 無) |
| ○ A에 찬성하는 대표자는 2명이다. | iii . A: 2○ |
| ○ A에 찬성하는 대표자는 모두 B에 찬성한다. | iv-1 $^\forall$A→B ⇔ iv-2 $^\forall$~B→~A (∴후건부정) |
| ○ B에 찬성하는 대표자 중에 C에 찬성하는 사람과 반대하는 사람은 동수이다. | v. B 중 n(C)=n(~C) |
| ○ B와 D에 모두 찬성하는 대표자는 아무도 없다. | vi-1. ~(B∧D) ⇔ vi-2. ~B∨~D (∴드 모르간) |
| ○ D에 찬성하는 대표자는 2명이다. | vii. D: 2○ |
| ○ D에 찬성하는 대표자는 모두 C에 찬성한다. | viii. $^\forall$D→C |

<아래1>의 기호화된 내용을 도식화하면 <아래2>와 같다.

| | iii. A:<br>2○ | v. B 중<br>n(C)=n(~C) | | vii. D:<br>2○ |
|---|---|---|---|---|
| | A | B | C | D |
| iv-1. $^\forall$A→B | ○ | → | ○ | |
| ⇔ (∵대우) | | | | |
| iv-2. $^\forall$~B→~A | × | ← | × | |
| vi-2. ~B∨~D | | (× | ∨ | ×) |
| viii. $^\forall$D→C | | | ○ | ← ○ |

| i. 대: ○/× | 대1 | | | | |
|---|---|---|---|---|---|
| | 대2 | | | | |
| ii. 대: 1↑○, 1↑× | 대3 | | | | |
| (➜ All 4 ○/× 無) | 대4 | | | | |
| | 대5 | | | | |

이에 **iii. A: 2○** 를 시작으로 순서대로(아랫첨자 참조) 추리를 한 후, 그 다음으로는 **vii. D: 2○** 를 중심으로 추리를 <아래 3>과 같이 이어서 해 보자.

| | iii. A:<br>2○ | v. B 중<br>n(C)=n(~C) | | vii. D:<br>2○ |
|---|---|---|---|---|
| | A | B | C | D |
| iv-1. $^\forall$A→B | ○ | → | ○ | |
| ⇔ (∵대우) | | | | |
| iv-2. $^\forall$~B→~A | × | ← | × | |
| vi-2. ~B∨~D | | (× | ∨ | ×) |
| viii. $^\forall$D→C | | | ○ | ← ○ |

| | | A | B | C | D |
|---|---|---|---|---|---|
| i. 대: ○/× | 대1 | ○1<br>(∵iv-1) | ○2 | ?4 | ×3<br>(∵vi-2) |
| | 대2 | ○1<br>(∵iv-1) | ○2 | ?4 | ×3<br>(∵vi-2) |
| ii. 대: 1↑○, 1↑× | 대3 | ×8<br>(∵iv-2) | ×7<br>(∵vi-2) | ○6<br>(∵viii) | ○5 |
| (➜ All 4 ○/× 無) | 대4 | ×8<br>(∵iv-2) | ×7<br>(∵vi-2) | ○6<br>(∵viii) | ○5 |
| | 대5 | ×9<br>(∵iii) | ×10<br>(∵v) | ○11<br>(∵ii) | ×9<br>(∵iii) |

(특히 **×10 (∵v)** 자리에 찬성이 배치되면 B에 찬성하는 대표자가 3사람이 되므로 **v. B 중 n(C)=n(~C)** 즉, B에 찬성하는 대표자 중에 C에 찬성하는 사람과 반대하는 사람이 동수가 되는 경우가 성립될 수 없으므로 B에 반대하는 대표자밖에는 올 수 없음에 유의한다.)

ㄱ. (○) <아래 3>의

| 대5 | ×9 | ×10 | ○11 | ×9 |
|---|---|---|---|---|

로 볼 때, "3개 정책에 반대하는 대표자(5)가 있다."라는 <보기> 진술은 반드시 참이다.

| | A | B | C | D |
|---|---|---|---|---|
| 대1 | ○1 | ○2 | ?4 | ×3 |
| 대2 | ○1 | ○2 | ?4 | ×3 |
| 대3 | ×8 | ×7 | ○6 | ○5 |
| 대4 | ×8 | ×7 | ○6 | ○5 |
| 대5 | ×9 | ×10 | ○11 | ×9 |

ㄴ. (○) <아래 3>의

로 볼 때, "B에 찬성하는 대표자는 2명이다."라는 <보기> 진술은 반드시 참이다.

ㄷ. (○) 보기 ㄴ. 해설의 표를 참고하여 볼 때, "C에 찬성하는 대표자가 (3명 이상으로) 가장 많다."라는 <보기> 진술은 반드시 참이다.

최종적으로 반드시 참이라 "ㄱ, ㄴ, ㄷ"을 모두 고른 ⑤가 정답이다.

**속도공략** 기호화한 후 도식화하여 풀이한다.

## 17 ▶④

**유형공략** '폐 기능과 출산' 글에서 "추론할 수 있는 것만을 <보기>에서 모두 고르는" 문제이다. 각 <보기>의 핵심어를 중심으로 제시문의 내용을 이해한다.

각 <보기>의 핵심어를 중심으로 제시문의 내용을 요약하면 <아래>와 같다.

| 구분 | 내용 |
|---|---|
| [1단락] | 폐포가 정상적인 기능을 하려면 계면 활성제가 필요하다. 폐포 세포가 분비하는 계면활성제는 임신이 끝날 때쯤 분비되어 호흡할 수 있는 폐가 형성된다. |
| [끝단락] | 실험을 통해 폐의 형성과 출산이 연동되는지 확인되었다. 쥐의 출산일이 다가오면, (1) 쥐의 태아 폐포에서 계면 활성제가 분비되고 그 일부가 양수액으로 이동하여 양수액의 대식세포를 활성화시킨다. (2) 활성화된 대식세포는 모태 쥐의 자궁 근육 안으로 이동하여, 자궁 근육 안에서 **물질 A**를 분비하게 한다. (3) 물질 A는 효소 B(를) 활성 상태로 바꾸고 활성화된 **효소 B**는 자궁 근육 안에서 물질 C가 만들어지게 하는데, **물질 C**는 효소 B가 없으면 만들어지지 않는다. (4) 이 물질 C가 일정 농도가 되면 자궁 근육을 수축하게 하여 출산이 일어나는데, C가 일정 농도에 이르지 않으면 자궁 근육 수축이 일어나지 않는다. |

ㄱ. (×)

| [1단락] | … **폐포** 세포가 분비하는 계면 활성제는 임신이 끝날 때쯤 분비되어 호흡할 수 있는 폐가 형성된다. |
|---|---|
| [끝단락] | … 쥐의 출산일이 다가오면, (1) 쥐의 태아 폐포에서 계면 활성제가 분비되고 그 일부가 … 양수액의 대식세포를 활성화시킨다. (2) 활성화된 대식세포는 모태 쥐의 자궁 근육 안으로 이동하여, 자궁 근육 안에서 **물질 A**를 분비하게 한다. (3) 물질 A는 효소 B(를) 활성 상태로 바꾸고 … |

위의 내용으로 볼 때, 태아 시기 쥐의 폐포에서는 계면 활성제가 분비되어 발견되리라 미루어 알 수 있을 뿐 물질 A까지 발견되는지 여부를 알기는 어렵다. 따라서 "태아 시기 쥐의 폐포에서 물질 A가 충분히 발견되지 <u>않는</u>다면, 그 쥐의 폐는 정상적으로 기능을 발휘할 수 <u>없</u>다."라는 <보기> 진술은 (단정적으로는) 추론할 수 있는 것은 아니다. (다만 '모태 쥐의 자궁 근육'에서 물질 A를 발견할 수 있으리라 추리할 수 있다.)

ㄴ. (○)

| [끝단락] | 실험을 통해 폐의 형성과 출산이 연동되는지 확인되었다. … (3) … **효소 B**는 자궁 근육 안에서 물질 C가 만들어지게 하는데, 물질 C는 효소 B가 <u>없으면</u> 만들어지지 <u>않는</u>다. (4) 이 물질 C가 일정 농도가 되면 자궁 근육을 수축하게 하여 출산이 일어나는데, C가 일정 농도에 이르지 <u>않으면</u> **자궁 근육 수축이 일어나지 않는다.** |
| --- | --- |

위의 내용으로 볼 때, 효소 B가 없으면 물질 C가 만들어지지 않아 일정 농도에 이르지 못하여 결국 자궁 근육 수축이 일어나지 <u>않으리라</u> 알 수 있다. 따라서 "임신 초기부터 효소 B가 모두 제거된 상태로 유지된 암쥐는 (이후에도 효소 B가 없으므로) 출산 시기가 되어도 자궁 근육의 수축이 일어나지 않는다."라는 <보기> 진술은 추론할 수 있는 것이다.

ㄷ. (○) <보기> ㄴ. 해설로 볼 때, 물질 C가 일정 농도가 되면 자궁 근육을 수축하여 출산이 일어난다 하였으므로, 인위적으로 물질 C를 일정 농도에 이르게 하여도 출산이 유도될 수 있으리라 미루어 알 수 있다. 따라서 "출산을 며칠 앞둔 암쥐의 자궁 근육에 물질 C를 주입하여 물질 C가 일정 수준의 농도에 이르게 되면 출산이 유도된다."라는 <보기> 진술은 추론할 수 있는 것이다.

최종적으로 추론할 수 있는 것이라 "ㄴ, ㄷ"을 모두 고른 ④가 정답이다.

**속도공략** <보기> ㄱ. "A", ㄴ. "B", ㄷ. "C"를 중심으로 제시문의 내용을 이해하며 추리하되 태아 쥐와 모태 쥐의 관계에 유의하며 이해한다.

# 18 ▶ ②

**유형공략** '수경의 역할' 글에서 "추론할 수 <u>없는</u> 것"을 찾는 문제이다. 각 선택지의 핵심어를 중심으로 제시문의 내용을 이해한다.

각 선택지 핵심어를 중심으로 제시문 내용을 요약하며 정리하면 <아래>와 같다.

| 구분 | 내용 |
| --- | --- |
| [1단락] | 수경을 쓰면 (물속에서) 물체를 뚜렷하게 볼 수 있다. 수경을 쓰면 빛이 공기에서 각막으로 굴절되어 망막에 들어오므로 … 물체를 뚜렷하게 볼 수 있다. |
| [2단락] | 초기 형태의 수경은 … 3m 이상 잠수하면 결막 출혈이 생길 수 있다. (1) 잠수를 하면 수압을 받게 되는데 수압은 잠수 깊이가 깊어질수록 커진다. 신체가 압박되어 신체의 부피가 줄어들면서 체내 압력이 커져 수압과 같아지는 반면, 수경 내부 공기 부피는 변하지 않으므로 수경 내압은 변하지 않는다. (2) 체내 압력이 수경 내압보다 커지면 … 결막 출혈이 일어난다. |
| | ● 초기 형태 수경: 결막 출혈<br>[정리1] 잠수깊이 ∝ 수압 ∝ 1/체내부피 ∝ 체내압력 (≒수압), 수경내압: 불변<br>[정리2] if 체내압력 > 수경내압, then 결막출혈 |
| [3단락] | 이 문제를 극복하도록 수경 '부글래기'는 기존 수경에 공기가 담긴 고무주머니를 추가한 것인데 수경 내부와 연결되어 있어 압력 차이를 막아 결막 출혈을 방지한다. 모슬포 지역 해녀들이 부글래기를 사용한 적이 있다. |
| [끝단락] | 오늘날 해녀들은 '큰눈' 또는 '왕눈'으로 불리는 눈뿐만 아니라 코까지 덮는 수경을 사용한다. 폐가 압축되어 수압과 수경 내압이 같아질 때까지 폐의 공기가 수경 내로 들어온다. 잠수 시 결막 출혈이 일어나지 <u>않는</u>다. |

① (○)

| [1단락] | 수경을 쓰면 (물속에서) 물체를 뚜렷하게 볼 수 있다. 수경을 쓰면 **빛이 공기에서 각막으로 굴절되어 망막에 들어오**므로 … **물체를 뚜렷하게 볼 수 있다.** |
| --- | --- |
| [3단락] | 이 문제를 극복하도록 수경 **'부글래기'**는 … 결막 출혈을 방지한다. … |

위의 내용으로 볼 때, "부글래기를 쓰고 잠수하면 빛이 공기에서 각막으로 굴절되어 망막에 들어와 물체를 뚜렷하게 볼 수 있다."라는 선택지의 진술은 추론할 수 있는 것이다.

② (×)

| | ● 초기 형태 수경: 결막 출혈 [정리1] … **수경내압: 불변** |
| --- | --- |
| [끝단락] | 오늘날 해녀들은 '큰눈' 또는 '왕눈'으로 불리는 눈뿐만 아니라 코까지 덮는 수경을 사용한다. 폐가 압축(➜ 체내 부피 감소, 수경내압 증가)되어 … 잠수 시 결막 출혈이 일어나지 않는다. |

위의 내용으로 볼 때, 수경 내압은 큰눈을 쓰고 잠수했을 때 증가되므로 이보다 초기 형태의 수경을 쓰고 잠수했을 때가 불변하여 더 작음을 미루어 알 수 있다. "수경 내압은 (큰눈을 쓰고 잠수했을 때보다) 초기 형태의 수경을 쓰고 잠수했을 때가 *더 크다*."라는 선택지의 진술은 맞지 않아 추론할 수 없는 것이다.

③ ( ○ )

| [3단락] | 이 문제(➜ 결막 출혈)를 극복하도록 **수경** '부글래기'는 … 결막 출혈을 방지한다. **모슬포 지역** 해녀들이 부글래기를 **사용**한 적이 있다. |
|---|---|

위의 내용으로 볼 때, "잠수 시 결막 출혈을 방지할 수 있는 수경(➜ 부글래기)이 모슬포 지역에서 사용된 적이 있다."라는 선택지의 진술은 추론할 수 있는 것이다.

④ ( ○ )

| [3단락] | 이 문제(➜ 결막 출혈)를 극복하도록 **수경** '부글래기'는 … 결막 출혈을 방지한다. **모슬포 지역** 해녀들이 부글래기를 **사용**한 적이 있다. |
|---|---|

위의 내용으로 볼 때, 왕눈을 쓰고 잠수하면 수압이 높아질수록 수경 내압도 높아져 같아지는데 폐의 공기가 수경 내로 들어오기 때문임을 알 수 있고 (폐와 수경의 압력이 균형 상태가 될 때까지 폐의 공기가 수경 내로 들어오리라 추리한다면) 수경 내압과 체내 압력 역시 같아지리라 미루어 알 수 있다. 따라서 "왕눈을 쓰고 잠수하면 수경 내압과 체내 압력이 같아진다."라는 선택지의 진술은 추론할 수 있는 것이다. (또한 결막 출혈이 일어나지 <u>않</u>는다면 수압과 체내 압력이 같아졌기 때문이리라 이역시 미루어 알 수 있다.)

⑤ ( ○ )

- ● 초기 형태 수경 : 결막 출혈,
- [정리1] 잠수깊이 ∝ **수압** ∝ 1/체내부피 ∝ **체내압력** (≒수압)

의 정리된 내용으로 볼 때, "체내 압력은 (잠수하기 전보다) 잠수했을 때가 (기압보다 수압이 커지므로 수압에 비례하여) 더 크다."라는 선택지의 진술은 추론할 수 있는 것이다.

**내용공략** 파스칼의 압력(p)공식

$$pressure\,(p) = \frac{F}{A} \text{ (F는 힘, A는 면적)}$$

**속도공략** 선택지 ① "부글래기", ② "수경 내압", ③ "모슬포", ④ "왕눈", ⑤ "체내 압력"을 중심으로 제시문의 내용을 이해하며 풀이한다.

# 19 ▶ ④

**유형공략** '소자 X와 빛' 글의 "<실험>의 결과를 가장 잘 설명하는 것"을 찾는 문제이다. '불순물 함유율'과 '내부 양자효율'을 중심으로 제시문의 내용을 이해한다.

'불순물 함유율'과 '내부 양자효율'을 중심으로, 제시문의 내용을 요약하며 정리하면 <아래1>과 같다.

| 구분 | 내용 |
|---|---|
| [1단락] | 소자 X는 빛을 발생시키는 반도체 소자로 p형 반도체와 n형 반도체가 접합된 구조를 가지고 있다. 접합 부분에서는 정공과 전자가 만나 광자, 빛이 발생한다. … (1-1) **내부** 양자효율은 주입된 정공-전자 쌍 중 광자로 변환된 것의 비율을 의미한다. (정공-전자 100쌍…에서 60개의 광자가 발생하면, 0.6이다.) (1-2) 이는 X의 성능 지표 중 하나로, X의 **불순물 함유율**에 의해서만 결정되고, 불순물 함유율이 낮을수록 내부 양자효율은 높아진다.i |
| | [정리1] [*X*, 엑스] 성능지표 1<br>**내부 양자효율** = (변환)광자수/(주입)정공-전자수 ∝ (only) 1/**불순물 함유율** |
| [2단락] | X의 성능 또 하나의 지표로 외부 양자효율이 있다. (2-1) 외부 양자효율은 X 내 광자가 X 외부로 방출되는 정도와 관련된 지표이다. X 내 광자 … 일부는 반사되어 외부로 나가지 못한다. (X 내 광자가 100개인데 40개 광자만이 외부로 방출되었다면, 외부 양자효율은 0.4이다.) (2-2) 외부 양자효율은 X의 굴절률(➜ 반사율)에 의해서만 결정되며, 굴절률이 클수록 외부 양자효율은 낮아진다. (3) (같은 개수 정공-전자 쌍이 주입될 경우,) X에서 방출되는 광자 개수는 외부 양자효율과 내부 양자효율을 곱한 값이 클수록 많아진다. |
| | [정리2] [*X*] 성능지표 2<br>외부 양자효율 = [*X*] 외부(방출)광자수/[*X*] 내부광자수 ∝ (only) 1/굴절률<br>[정리3] [*X*] 방출 광자개수 ∝ 외부 양자효율 × 내부 양자효율 |
| [끝단락] | 한 연구자는 X의 세 종류 A, B, C에 대해 실험을 수행하였다. (4) A와 B의 굴절률은 서로 같았지만, 모두 C의 굴절률보다는 작았다.<br><실험><br>(같은 개수의 정공-전자 쌍이 주입되는 회로에) A, B, C를 각각 연결한 결과 (5) 광자의 개수는 A가 가장 많았고, B와 C는 같았다. |
| | [정리4] 굴절률; [XC] > [XA] = [XB]<br>[정리5] 광자개수; [XA] > [XB] = [XC] |

<아래1>의 내용 중

[정리4] **굴절률** ; [XC] > [XA]=[XB]
[정리5] **광자개수** ; [XA] > [XB]=[XC] 를 중심으로 외부 양자효율, 내부 양자효율, 불순문 함유율 순서대로 도식화하여 풀이하면 <아래2>와 같다.

| | 굴절률<br>(외부효율과 반비례)<br>[XC]>[XA]=[XB] | 외부 양자효율 | (방출)광자개수<br>(외부효율×내부효율)<br>[XA]>[XB]=[XC] | 내부 양자효율 | 불순물 함유율<br>(내부효율과 반비례) |
|---|---|---|---|---|---|
| A는 | B와 같다. | B와 같다. | **가장 많다** | B보다 높다. | B보다 높지 않다. |
| B는 | A와 같다. | A와 같다. | C와 같다. | 가장 낮다. | 가장 높다. |
| C는 | 가장 높다 | 가장 낮다 | B와 같다. | B보다 높다. | B보다 높지 않다. |

내부 양자효율의 추론 결과를 더 설명해 보자면, 외부 양자효율은 $[XA] = [XB] > [XC]$ 임을 미루어 알 수 있었고, 외부 양자효율과 내부 양자효율을 곱한 방출된 광자개수는 $[XA] > [XB] = [XC]$ 임을 알 수 있었다. 먼저 A와 B를 비교해 보면 A와 B의 외부 양자효율이 같은 상황에서 이에 내부 양자효율을 곱한 (방출)광자개수가 A가 B보다 더 큰 결과로 나왔다는 것은 A의 내부 양자효율이 B의 그것보다 컸기 때문이라고 추리할 수 있다. 이어 B와 C를 비교해 보면 B의 외부 양자효율이 C의 그것보다 큰 상황에서 이에 내부 양자효율을 곱한 (방출)광자개수가 같다는 결과로 나왔다는 것은 C의 내부 양자효율이 B의 그것보다 컸기 때문이리라 추리할 수 있다.

① (×) <아래2>로 볼 때, "불순물 함유율은 B가 가장 높고, *A*가 가장 낮다."라는 선택지의 진술은 맞지 않아 잘 설명하는 것이 아니다. (가장 낮은 것은 알 수 없다.)

② (×) <아래2>로 볼 때, "불순물 함유율은 *C*가 가장 높고, *A*가 가장 낮다."라는 선택지의 진술은 맞지 않아 잘 설명하는 것이 아니다. (B가 가장 높고, 가장 낮은 것은 알 수 없다.)

③ (×) <아래2>로 볼 때, "내부 양자효율은 C가 가장 높고, *A*가 가장 낮다."라는 선택지의 진술은 맞지 않아 잘 설명하는 것이 아니다. (가장 높은 것은 알 수 없고, B가 가장 낮다.)

④ (○) <아래2>로 볼 때, "내부 양자효율은 A가 B보다 높고, C가 B보다 높다."라는 선택지의 진술은 가장 잘 설명하는 것이다.

⑤ (×) <아래2>로 볼 때, "내부 양자효율은 C가 A보다 **높고**, C가 B보다 높다."라는 선택지의 진술은 맞지 않아 잘 설명하는 것이 아니다. (C와 A 중 무엇은 더 높은지 알 수 없다.)

**속도공략** 선택지 ①② "불순물 함유율", ③④⑤ "내부 양자효율"을 중심으로 제시문의 내용을 이해하며 풀이하되, 비례/반비례 관계에 유의한다.

# 20 ▶ ⑤

**유형공략** '몸니와 머릿니' 글의 "논증에 대한 평가로 적절한 것만을 <보기>에서 모두 고르는" 문제이다. <보기>의 새로운 진술이 제시문의 논증을 "강화/약화"하는지 추리하는 것으로 <보기>의 진술이 제시문의 논증을 지지하면 강화, 지지하지 않으면 약화이다.

<보기>의 핵심어를 중심으로 제시문의 논증을 요약하면 <아래>와 같다.

| 구분 | 논증 |
| --- | --- |
| [2단락] | 사람 몸니(는) … 사람 머릿니에서 진화적으로 분기되었을 것이다. (생물 DNA 염기서열은 시간이 지나면서 무작위적으로 변하는데 특정한 환경에서 특정한 염기서열이 선택되면서 새로운 종이 생겨난다.) 그러므로 현재 사람 몸니와 사람 머릿니의 염기서열의 차이를 이용하여 두 종의 이가 공통 조상에서 분기된 **시점을 추정**할 수 있다. (이를 위해 두 종의 염기서열을 분석하여) 두 종 간의 **염기서열에 차이가 나는 비율**을 산출한다. 그러나 이것만으로 두 종이 언제 분기되었는지 결정할 수는 <u>없다</u>. |

| [끝단락] :유비추론 | 사람 몸니와 사람 머릿니의 분기 시점을 추정하기 위해 침팬지 이와 사람 머릿니를 이용할 수 있다. 우선 침팬지 이와 사람 머릿니의 염기서열을 비교하여 두 종 간 **염기서열에 차이가 나는 비율을 산출**한다. (침팬지 이와 사람 머릿니도 공통 조상에서 분기되었다고 볼 수 있고 화석학적 증거에 따르면 침팬지와 사람의 분기 시점이 약 550만 년 전이므로 침팬지 이와 사람 머릿니 사이의 염기서열 차이는 550만 년 동안 누적된 변화로 볼 수 있다.) 이로부터 1만 년당 이의 염기서열이 얼마나 변화하는지 계산할 수 있다. 이렇게 계산된 이의 염기서열 변화율을 사람 머릿니와 사람 몸니의 염기서열의 차이에 적용하면 사람이 옷을 입기 시작 시점을 추정할 수 있다. 약 12만 년 전 이후인 것으로 추정된다. |
| --- | --- |

ㄱ. (○)

| [끝단락] :유비추론 | … (침팬지 이와 사람 머릿니도 공통 조상에서 분기되었다고 볼 수 있고 화석학적 증거에 따르면 침팬지와 사람의 분기 시점이 약 550만 년 전이므로 침팬지 이와 사람 머릿니 사이의 염기서열 차이는 550만 년 동안 누적된 변화로 볼 수 있다.) 이로부터 1만 년당 이의 **염기서열**이 얼마나 **변화**하는지 계산할 수 있다. |
| --- | --- |

위의 내용으로 볼 때, (침팬지 이와 사람 머릿니의) 염기서열의 차이를 (550만 년 동안) 일정한 속도로 누적된 변화라 보고 (이를 나누어 1만 년 단위당) 염기서열이 얼마나 변화했는지 계산할 수 있다는 논증임을 알 수 있다.

따라서 "염기서열의 변화가 일정한 속도로 축적(➡ 누적)되는 것이 사실이라면 (염기서열의 그 차이도 알 수 있고) 이 논증은 강화된다."라는 <보기>의 진술은 적절하다.

ㄴ. (○)

| [끝단락] :유비추론 | 화석학적 증거에 따르면 약 550만 년 전이므로 침팬지와 사람의 분기 시점이 **침팬지 이와 사람 머릿니** 사이의 **염기서열 차이**는 550만 년 동안 누적된 변화로 볼 수 있다. 이로부터 1만 년당 이의 염기서열이 얼마나 변화하는지 계산할 수 있다. 이렇게 계산된 이의 염기서열 변화율을 **사람 머릿니와 사람 몸니의 염기서열의 차이**에 적용하면 사람이 옷을 입기 시작 시점을 추정할 수 있다. 약 12만 년 전 이후인 것으로 추정된다. |
| --- | --- |

위의 내용으로 볼 때, 침팬지 이와 사람 머릿니의 550만 년 동안 누적된 염기서열의 차이를 1만 년당으로 환산하여 12만 년 동안 누적된 사람 머릿니와 사람 몸니의 염기서열의 차이에 적용하고 있는 논증임을 알 수 있다. 이와 더불어 시간의 길이에 따라 누적되어 염기서열의 차이가 나타난다는 것은 시간과 염기서열의 차이가 '비례 관계'이리라 미루어 알 수 있다.

따라서 "침팬지 이와 사람 머릿니의 염기서열의 (550만 년의) 차이가 {사람 몸니와 사람 머릿니의 염기서열의 (12만 년의) 차이보다} 작다면 (비례 관계가 <u>아니라</u>는 것이므로) 이 논증은 약화된다."라는 <보기>의 진술은 적절하다.

ㄷ. (○)

| [끝단락]<br>:유비추론 | 침팬지 이와 사람 머릿니도 공통 조상에서 분기되었다고 볼 수 있고 화석학적 증거에 따르면 **침팬지와 사람의 분기 시점**이 약 550만 년 전이므로 **침팬지 이와 사람 머릿니** 사이의 염기서열 차이는 550만 년 동안 누적된 변화로 볼 수 있다. |
|---|---|

위의 (염기서열 비교를 바탕으로 한) 내용으로 볼 때, 침팬지와 사람의 분기 시점['先']은 약 550만 년 전이므로 (침팬지와 사람이 먼저 분기되고 그 이후 분기된) 침팬지 이와 사람 머릿니['後'] 역시 550만 년 동안 그 염기서열을 변화시켰으리라 미루어 알 수 있다.

따라서 "염기서열 비교를 통해 침팬지와 사람의 분기 시점[後]이 (침팬지 이와 사람 머릿니의 분기 시점[先]보다) 50만 년 뒤였음이 밝혀진다면, (시간의 선후관계가 일치하지 <u>않으므로</u>) 이 논증은 약화된다."라는 <보기>의 진술은 적절하다.

최종적으로 적절한 것이라 "ㄱ, ㄴ, ㄷ"을 모두 고른 ⑤가 정답이다.

**속도공략** <보기> 진술의 핵심어를 중심으로 제시문의 논증을 이해하며 풀이한다.

## | 21~22 |

**유형공략** 하나의 제시문에 두 문제가 출제되는 유형으로, 대개 제시문의 전반적인 내용을 이해하는 기본문제 하나와 이를 바탕으로 한 응용문제 하나로 구성되어 있다.

## 21 ▶ ⑤

**유형공략** '공리주의와 행복' 글에 대한 "분석으로 적절한 것만을 <보기>에서 모두 고르는" 문제이다. 갑과 을의 행위에 대한 A와 B의 주장을 중심으로 풀이한다.

(갑과 을의 행위에 대한) A와 B의 주장을 중심으로 제시문의 내용을 요약하면 <아래>와 같다.

| 구분 | 내용 |
|---|---|
| [2단락] | A는 한 개체로 인한 행복의 증감을 다른 개체로 인한 행복의 증감으로 대체할 수 있다는 대체가능성 논제를 받아들(인)다. (예를 들어, 닭고기를 먹는 일은 … 연루된 고통까지 고려하더라도 닭 전체의 행복의 총량을 증진한다.) |
| [3단락] | B는 A의 주장(을) 비판한다. {A(의) 대체가능성 논제가 존재하지 <u>않는</u> 대상(의 고통과 쾌락)을 도덕적 판단의 근거로 삼기 때문이다.} |
| [4-1단락] | A는 두 여인의 임신에 관한 사고실험을 토대로 B의 주장을 반박한다. |

| [4-2단락] | 갑은 임신 3개월 때 태아에게 치유 가능한 건강 문제가 있다는 진단을 받았다. 갑이 약 하나만 먹으면 아이의 건강 문제는 사라진다. | 을은 지금 임신하면 아이가 심각한 건강문제를 갖지만, 3개월 후 임신하면 아무런 문제가 없을 것이라는 진단을 받았다. |
|---|---|---|
|  | 갑은 약을 먹지 않아서, 을은 기다리지 않아서 둘 다 심각한 건강 문제를 가진 아이를 낳았다고 하자. | |
| [4-3단락] | B의 주장에 따르면 둘 사이에는 중요한 차이가 있다. | |
|  | 갑은 태어난 아이에게 해악을 끼쳤고 | 을은 그렇지 않다. 아이에게 해악을 끼쳤다고 평가하려면 전제가 필요한데, 을이 3개월 기다려 임신했다면 다른 아이가 잉태되었을 것이기 때문이다. |
| [4-4단락] | 그러나 A에 따르면 갑과 마찬가지로 을도 도덕적 잘못을 저질렀다는 것이 일반적인 직관이다. | |

ㄱ. (○)

| [4-1단락] | A는 두 여인의 임신에 관한 사고실험을 토대로 B의 주장을 반박한다. | |
|---|---|---|
| [4-2단락] | 갑은 임신 3개월 때 태아에게 치유 가능한 건강 문제가 있다는 진단을 받았다. 갑이 약 하나만 먹으면 아이의 건강 문제는 사라진다. | 을은 지금 임신하면 아이가 심각한 건강문제를 갖지만, 3개월 후 임신하면 아무런 문제가 없을 것이라는 진단을 받았다. |
|  | 갑은 약을 먹지 않아서, 을은 기다리지 않아서 둘 다 심각한 건강 문제를 가진 아이를 낳았다고 하자. | |
| [4-4단락] | 그러나 **A에 따르면** 갑과 마찬가지로 **을도** 도덕적 '잘못'을 저질렀다는 것이 일반적인 직관이다. | |

위의 내용으로 볼 때, "A의 주장에 따르면, 을의 행위는 도덕적으로 옳은 행위가 아니다(➡잘못을 저질렀다)."라는 <보기> 진술은 분석으로 적절하다.

ㄴ. (○)

| [3단락] | B는 A의 주장(을) 비판한다. {A(의) 대체가능성 논제가 존재하지 <u>않는</u> 대상(의 고통과 쾌락)을 도덕적 판단의 근거로 삼기 때문이다.} | |
|---|---|---|
| [4-2단락] | 갑은 임신 3개월 때 태아에게 치유 가능한 건강 문제가 있다는 진단을 받았다. 갑이 약 하나만 먹으면 아이의 건강 문제는 사라진다. | 을은 지금 임신하면 아이가 심각한 건강문제를 갖지만, 3개월 후 임신하면 아무런 문제가 없을 것이라는 진단을 받았다. |
|  | 갑은 약을 먹지 않아서, 을은 기다리지 않아서 둘 다 심각한 건강 문제를 가진 아이를 낳았다고 하자. | |
| [4-3단락] | B의 주장에 따르면 둘 사이에는 중요한 차이가 있다. | |
|  | **갑**은 태어난 아이에게 해악을 '끼쳤고' | 을은 그렇지 않다. 아이에게 해악을 끼쳤다고 평가하려면 전제가 필요한데, 을이 3개월 기다려 임신했다면 다른 아이가 잉태되었을 것이기 때문이다. |

위 [4-3단락] 내용을 중심으로 볼 때, (존재하지 않는 대상이 없고 이미 임신 3개월의 태아만이 있는) 갑의 행위에 대한 B의 도덕적 평가는 (그 태아에 대해) 해악으로 보고 있다. 따라서 "갑의 행위에 대한 B의 도덕적 평가는 대체가능성 논제의 수용 여부에 따라 달라지지 않는다."라는 <보기> 진술은 분석으로 적절하다. (다만 '을'의 행위에 대한 B의 도덕적 평가는 대체가능성 논제를 수용하지 않으므로 해악은 아니라고 보리라 미루어 알 수 있고, <보기> ㄴ의 진술처럼 대체가능성 논제를 수용한다면 3개월 전후 아기의 행복 증감 여부를 산출하여 도덕적 평가가 달라질 수 있을 뿐이다.)

ㄷ. (○)

| [3단락] | B는 A의 주장(을) 비판한다. {A(의) 대체가능성 논제가 존재하지 <u>않는</u> 대상(의 고통과 쾌락)을 도덕적 판단의 근거로 삼기 때문이다.} |
|---|---|
| [4-3단락] | B의 **주장에 따르면** 둘 사이에는 중요한 차이가 있다. |
| | 갑은 태어난 아이에게 해악을 끼쳤고 |
| | 을은 그렇지 않다(➔ 태어난 아이에게 해악을 끼쳤다고 볼 수 없다.). 아이에게 해악을 끼쳤다고 평가하려면 전제가 필요한데, 을이 3개월 기다려 임신했다면 다른 아이가 잉태되었을 것이기 때문이다. |

위의 내용으로 볼 때, "B의 주장에 따르면, 을의 행위에 대한 도덕적 평가를 할 때 (A의 대체가능성 논제처럼) 잉태되지 <u>않은</u> 존재의 쾌락이나 고통을 고려해서는 안 된다. (결국 을의 행위는 갑의 행위와 다르게 해악을 끼쳤다고 볼 수 없다.)"라는 <보기> 진술은 분석으로 적절하다. 최종적으로 적절한 것이라 "ㄱ, ㄴ, ㄷ"을 모두 고른 ⑤가 정답이다.

**속도공략** 갑과 을에 대한 제시문 A의 주장과 B의 주장을 정확히 구분하여 이해한다.

## 22 ▶③

**유형공략** '공리주의와 행복' 글의 "A가 보기에 ㉠ <u>이는 수용하기 어렵다</u>에 대한 평가로 적절한 것만을 <보기>에서 모두 고르는" 문제이다. 앞 문항에서 정리된 내용을 참조하며 ㉠이 있는 [끝단락]도 요약한 후 정리하면 <아래>와 같다.

| [끝단락] | A는 B의 주장을 수용하기 <u>어려운</u> 이유를 미래세대에 대한 도덕적 책임에서도 찾을 수 있다고 말한다. (만일 현세대가 삶의 방식을 고수한 결과 미래세대의 고통이 증가되었다면 현세대는 도덕적 책임이 있다는 것이 직관이다.) |
|---|---|
| | 그러나 B의 주장에 따르면 그렇게 평가할 수 <u>없다</u>. 현세대가 다른 삶의 방식을 취하면 다른 구성원(의) 미래세대가 생겨나기 때문이다. 그래서 현세대도 미래세대 고통에 대해 도덕적 책임이 <u>없다</u>고 말해야 한다. 그러나 A가 보기에 ㉠ <u>이는 수용하기 어렵다</u>. |

이에 ㉠은 (현 세대가 그 미래세대에게 고통을 주리라 미루어 알 수 있어도, 존재하지 <u>않는</u> 다른 구성원의 미래세대는 대체가능성이 <u>없어</u> 도덕적 책임도 <u>없다</u>는 B의 주장을 수용하기 어렵다는 (결국, 미래세대는 대체가능성의 개념으로 도덕적 책임을 평가하는) **A의 주장**임을 알 수 있다.

ㄱ. (○) "미래세대 구성원이 달라질 경우 미래세대가 누릴 행복의 총량이 변한다면, (미래세대의 행복의 증감이라는 대체가능성을 중심으로 주장하는 A를 지지하므로 A의 주장인) ㉠은 약화되지 않는다."라는 <보기> 진술은 평가로 적절하다.

ㄴ. (×) "아직 현실에 존재하지 않는다는 이유로 미래세대를 도덕적 고려에서 배제하는 것이 불합리하다면, (이 역시 대체가능성의 개념으로 미래세대를 도덕적 고려에서 고려해야 합리적이라는 A의 주장을 지지하여 ㉠을 강화하므로) ㉠은 *약화*된다."라는 <보기> 진술은 맞지 않아 평가로 적절하지 않다.

ㄷ. (○)

| [끝단락] | A는 B의 주장을 수용하기 <u>어려운</u> 이유를 미래세대에 대한 도덕적 책임에서도 찾을 수 있다고 말한다. (만일 현세대가 삶의 방식을 고수한 결과 미래세대의 고통이 증가되었다면 현세대는 도덕적 책임이 있다는 것이 **직관**이다.) … |
|---|---|

위의 내용으로 볼 때, A는 직관에 근거하여[전제] B를 반박하고 있다[결론]. 이에 직관 자체를 평가해야 한다는 새로운 진술이 나온다면 A의 전제를 비판하는 것이므로 A의 주장을 약화한다. 따라서 "(일반적인 직관에 반하는 결론이 도출된다고 해도 그러한) 직관이 옳은지의 여부가 별도로 평가되어야 한다면, (A의 주장인) ㉠은 약화된다."라는 <보기> 진술은 평가로 적절하다.

최종적으로 적절한 것이라 "ㄱ, ㄷ"을 모두 고른 ③이 정답이다.

**속도공략** 대체가능성을 중심으로 A와 B의 주장의 차이를 구분한 후, ㉠은 A의 주장임에 유의하며 풀이한다.

## 23 ▶①

**유형공략** '적극행정 국민신청안 처리 현황' 글의 "<표>에 대한 판단으로 적절한 것만을 <보기>에서 모두 고르는" 문제이다. 제시문의 <표>에 맞게 (가)~(라) 안건을 정리한 후 풀이한다.

제시문 (가)~(라) 안건을 제시문 <표>에 맞게 순서대로 정리하면 <아래>와 같다.

| [1단락] | 정리 |
|---|---|
| 갑은 국민이 '적극행정 국민신청'을 하는 경우, 두 기준을 충족하는지 검토한다. 두 기준을 모두 충족한 신청인에만 담당자를 배정한다. | if 2기준 충족, then 배정 |

**[2단락]**

신청안에 대해 '신청인이 같은 내용으로 **민원**이나 국민제안을 **제출**한 적이 있는지 여부(➔ 원안 제출)'를 '있음(➔ ○)'과 '없음(➔ ×)'을 판단한다.
그리고 '신청인이 이전에 제출한 민원의 거부 또는 국민제안의 불채택 사유가 근거 **법령**의 미비나 **불**명확(➔ **법령 불비**)에 해당하는지 여부'를 '해당함(➔ ○)'과 '해당하지 않음(➔ ×)'을 판단한다.

| 기준 ＼ 안건 | (가) | (나) | (다) | (라) |
|---|---|---|---|---|
| 원안 제출 | | | | |
| 법령 불비 | | | | |

**[3단락]**

(가)는 같은 민원을 제출한 적이 있으나, 사인 권리관계로 거부되었다.
(나)는 같은 국민제안을 제출한 적이 있으나, 근거 법령이 불명확하…다.
(다)는 같은 민원을 제출한 적이 있으나 근거 법령의 불명확하…다.
(라)는 같은 민원이나 국민제안을 제출한 적이 없었다.

| 기준 ＼ 안건 | (가) | (나) | (다) | (라) |
|---|---|---|---|---|
| 원안 제출 | ○ | ○ | ○ | × |
| 법령 불비 | × | ○ | ○ | 無 |

**〈표〉 적극행정 국민신청안 처리 현황**

| 기준 ＼ 안건 | (가) | (나) | (다) | (라) |
|---|---|---|---|---|
| A | ㉠ | ㉡ | ㉢ | ㉣ |
| B | ㉤ | ㉥ | ㉦ | ㉧ |

ㄱ. (○)

**〈표〉 적극행정 국민신청안 처리 현황**

| 기준 ＼ 안건 | (가) | (나) | (다) | (라) |
|---|---|---|---|---|
| A | ㉠ | ㉡ | ㉢ | ㉣ |
| B | ㉤ | ㉥ | ㉦ | ㉧ |

와

| 기준 ＼ 안건 | (가) | (나) | (다) | (라) |
|---|---|---|---|---|
| 원안 제출 | ○ | ○ | ○ | × |
| 법령 불비 | × | ○ | ○ | 無 |

를 비교해 볼 때, "A에 신청인이 같은 내용의 민원이나 국민제안을 제출한 적이 있는지 여부가 들어가면 ㉠과 ㉡이 (제출한 적 있음으로) 같다."라는 〈보기〉 진술은 적절하다.

ㄴ. (×)

**〈표〉 적극행정 국민신청안 처리 현황**

| 기준 ＼ 안건 | (가) | (나) | (다) | (라) |
|---|---|---|---|---|
| A | ㉠ | ㉡ | ㉢ | ㉣ |
| B | ㉤ | ㉥ | ㉦ | ㉧ |

와

| 기준 ＼ 안건 | (가) | (나) | (다) | (라) |
|---|---|---|---|---|
| 법령 불비 | × | ○ | ○ | 無 |
| 원안 제출 | ○ | ○ | ○ | × |

를 비교해 볼 때, "㉠(해당하지 않음)과 ㉢(해당함)이 서로 다르다면, B에 '신청인이 이전에 제출한 민원의 거부 또는 국민제안의 불채택 사유가 근거 법령의 미비나 불명확에 해당하는지 여부(➔ 법령 불비)'가 *들어간다.*"라는 〈보기〉 진술은 맞지 않아 적절하지 않다. ('신청인이 같은 내용으로 **민원**이나 국민**제안**을 **제출**한 적이 있는지 여부(➔ 원안 제출)가 들어간다.}

ㄷ. (×)

**〈표〉 적극행정 국민신청안 처리 현황**

| 기준 ＼ 안건 | (가) | (나) | (다) | (라) |
|---|---|---|---|---|
| A | ㉠ | ㉡ | ㉢ | ㉣ |
| B | ㉤ | ㉥ | ㉦ | ㉧ |

와

| 기준 ＼ 안건 | (가) | (나) | (다) | (라) |
|---|---|---|---|---|
| 법령 불비 | × | ○ | ○ | 無 |
| 원안 제출 | ○ | ○ | ○ | × |

를 비교해 볼 때, "㉤과 ㉥이 (제출한 적 있음으로) 같다면 ㉦과 ㉧이 *같다.*"라는 〈보기〉 진술은 맞지 않아 적절하지 않다. (㉦(제출한 적 있음)과 ㉧(제출한 적 없음)으로 다르다.}

최종적으로 추론할 수 있는 것이라 "ㄱ"을 고른 ①이 정답이다.

**속도공략** 제시문의 <표>와 유사하게 (가)~(라)의 내용을 정리한 후, 각 <보기> 진술을 새롭게 적용하며 풀이한다.

## 24  ▶ ⑤

**유형공략** 「재난안전법」 기능연속성계획' 대화의 "빈칸에 들어갈 말로 가장 적절한 것"을 추리하는 문제이다. 각 선택지 진술 중 제시문 빈칸의 앞뒤 문맥과 어울리는 진술을 찾는다.

각 선택지 핵심어인 "A도의회와 기능연속성계획"을 중심으로, 제시문 대화를 요약하면 <아래>와 같다.

| 대화 |
|---|
| 갑1: A도의회…입니다. 「재난안전법」…에 따라 재난 상황에 대비하여 기능연속성계획을 수립해야 한다는 말씀을 듣고 A도의회 의장의 업무인지 궁금합니다. |
| 을1: 「재난안전법」상 기능연속성계획을 수립하도록 규정된 기관에는 재난관리책임기관인 …지방자치단체…가 있습니다. 재난관리책임기관에서는 해당 기관의 장 … 이 기능연속성계획을 수립해야 합니다. |
| 갑2: 그러면 도의회는 성격상 유사한 의결기관인 국회의 경우에 준하여 도의회 사무처장이 기능연속성계획을 수립하면 될까요? |
| 을2: 국회에 준하여 판단해서는 안 됩니다. 「재난안전법」은 … 대통령령으로 정하는 기관을 규정하고 있습니다. 그리고 「지방자치법」…에 따르면 … 도의회는 지방자치단체의 기관이기 때문에 그 자체로「재난안전법」에 명시된 재난관리책임기관이 <u>아닙니다</u>. |
| 갑3: 그러면 도의회에 관한 기능연속성계획은 수립되지 않아도 되(나)요? |
| 을3: 재난 발생 상황에서도 도의회가 연속성 있게 수행할 필요가 있는 핵심 기능이 있는지가 관건(입)니다. 「재난안전법」상 그것을 판단할 권한은 해당 지방자치단체의 장에게 있습니다. |
| 갑4: 그러면 |

① (×)

갑1: A도의회…입니다. 「재난안전법」…에 따라 재난 상황에 '대비'하여 **기능연속성계획**을 수립해야 한다는 말씀을 듣고 **A도의회** 의장의 업무인지 궁금합니다.

을3: 재난 발생 상황에서'도' 도의회가 연속성 있게 수행할 필요가 있는 핵심 기능이 있는지가 관건(입)니다. 「재난안전법」상 그것을 판단할 권한은 해당 지방자치단체의 장(➜ A도지사)에게 있습니다.

위의 내용으로 볼 때, (재난 상황이 발생해도 도의회가 연속성 있게 수행할 핵심 기능이 있는지를) 지방자치단체의 장인 A도지사의 판단을 거쳐 재난 상황에 '대비'하는 기능연속성계획을 수립해야 함을 알 수 있다.

따라서 "재난 상황이 발생*하면* (A도의회의 핵심 기능 유지를 위해 A도지사의 판단을 거쳐 신속하게) 기능연속성계획을 수립해야 하겠군요."라는 선택지의 진술은 시간 관계가 맞지 않아 적절하지 않다. (행

정계획은 재난 상황이 발생하면 기능을 유지할 지 또한 그 기능은 무엇인지 등을 재난 상황이 발생하기 '전'에 수립하는 것이다.)

② (×)

을3: **재난 발생** 상황에서도 **도의회**가 연속성 있게 **수행할** 필요가 있는 **핵심 기능**이 있는지가 관건(입)니다. 「재난안전법」상 그것을 판단할 권한은 해당 지방자치단체의 장에게 있습니다.

위의 내용으로 볼 때, "A도의회는 재난 발생 시에도 수행해야 할 핵심 기능이 *있기에 자체적으로* 기능연속성계획을 수립해야 하겠군요."라는 선택지의 진술은 맞지 않아 적절하지 않다. (핵심 기능이 있는지 지방자치단체의 장이 판단한 후, 있다면 계획을 수립하리라 미루어 알 수 있다.)

③ (×)

을2: …「지방자치법」…에 따르면 … **도의회**는 지방자치단체의 기관이기 때문에 그 자체로「재난안전법」에 명시된 **재난관리책임기관**이 '<u>아닙니다</u>.'

위의 내용으로 볼 때, "A도의회는 재난관리책임기관*이므로* A도의회 의장이 재난에 대비한 기능연속성계획을 수립해야 하겠군요."라는 선택지의 진술은 맞지 않아 적절하지 않다.

④ (×)

갑2: **도의회**는 성격상 유사한 '**의결기관**'인 국회의 경우에 준하여 도의회 사무처장이 기능연속성계획을 수립하면 될까요?

위의 내용으로 볼 때, "A도의회는 국회 같은 차원의 의결기능을 *갖고 있지 않으므로* 기능연속성계획을 수립할 일이 없겠군요."라는 선택지의 진술은 맞지 않아 적절하지 않다. (A도의회는 국회가 가지는 의결기관의 유사한 기능을 가지리라 미루어 알 수 있다.)

⑤ (○)

갑3: 도의회에 관한 **기능연속성계획**은 **수립**되지 않아도 되(나)요?

을3: 재난 발생 상황에서도 도의회가 연속성 있게 수행할 필요가 있는 핵심 기능이 있는지가 관건(입)니다. 「재난안전법」상 그것을(➜ **연속성** 있게 수행할 필요가 있는 핵심 **기능**)을 (수립해야 하는지) **판단**할 권한은 해당 지방자치단체의 장(➜ 도지사)에게 있습니다.

위의 내용으로 볼 때, "A도의회에 관한 기능연속성계획이 수립되어야 하는지 여부는 A도지사의 판단에 따라 결정되겠군요."라는 선택지의 진술은 적절하다. (만일 A도지사가 재난 상황에서 A도의회에 핵심 기능이 있다고 판단한다면 재난에 대비하여 그 계획은 수립되어야 하리라 미루어 알 수 있다. 참고로 지방자치단체가 B시라면 그 판단은 시장이 하리라 이역시 미루어 알 수 있다.)

**속도공략** 「지방자치법」을 중심으로 도의회의 역할을 이해하며 풀이하되, 기능연속성계획은 재난 발생 이전 재난에 대비하여 세우는 계획임에 유의한다.

## 25 ▶ ②

--------------------------------------------

**유형공략** '교복 지원 조례' 글의 "㉠ 이 학생의 문제를 해결하기 위해 조례의 일부를 개정하는 내용으로 적절한 것만을 <보기에서 모두 고르는" 문제이다.

각 <보기>의 개정될 진술을 중심으로, 제시문 사례와 법령(조례)를 이해하며 요약한 후 ㉠과 관련된 문제를 정리하면 <아래>와 같다.

| [1단락 : 사례] |
|---|

A시에 주민등록을 두고 거주하는 갑은 B시 관내 고등학교에, B시에 주민등록을 두고 거주하는 을은 A시 관내 고등학교에 입학하게 되었다. 갑과 을이 입학할 고등학교는 모두 교복을 입는다. 갑과 을은 A시와 B시에 교복 구입비 지원사업을 확인하고 지원을 받을 수 있을 것으로 기대하였다. 그러나, 둘 중 한 명은 A시와 B시 어느 곳에서도 지원을 받을 수 없다는 문제가 드러났다. ㉠ 이 학생의 문제를 해결하기 위해 조례의 일부를 개정하려 한다.

| 「A시 교복 지원 조례」 | 「B시 교복 지원 조례」 |
|---|---|
| 제2조(정의) (생략)<br>　1. "**학교**"란 「초·중등교육법」…<br>**A시 관내 중·고등학교**를 말한다.<br>제4조(지원대상) (생략)<br>　1. 교복을 입는 **학교**에 신입생으로 입학하는 1학년 학생<br>　2. (생략) | 제2조(정의) (생략)<br>　1. "**학교**"란 「초·중등교육법」…<br>학교를 말한다.<br>제4조(지원대상) ① 지원대상은 **B시**에 **주민등록**이 되어 있고, 중·고등학교에 입학하는 학생…(이)다.<br>② (생략) |

이에 A시 주민등록이 있고 B시 관내 고등학교 신입생으로 입학하는 갑은「A시 … 조례」제2조제1호와 제4조제1호에 따른 (교복을 입는 A시 관내 중·고등)학교에 신입생으로 입학하는 학생이 아니므로 지원을 받을 수 없고, B시 주민등록이 있지 않으므로 「B시 … 조례」제4조 제1항에 따라서도 지원을 받을 수 없어, A시와 B시 어느 곳에서도 지원을 받을 수 없는 문제가 드러났다.
{반면에 B시 주민등록이 있고 A시 관내 고등학교 신입생으로 입학하는 을은 「A시 … 조례」 제2조 제1호와 제4조 제1호에 따라 (교복을 입는 A시 관내 중·고등)학교에 신입생으로 입학하는 학생이므로 지원을 받을 수 있고, B시 주민등록이 있고 고등학교에 입학하므로 「B시 … 조례」 제2조 제1호와 제4조 제1항에 따라서도 지원을 받을 수 있다.}
ㄱ. (×)

| 「A시 교복 지원 조례」 | <보기> ㄱ. A시 개정조례 |
|---|---|
| 제2조(정의) (생략)<br>　1. "**학교**"란 「초·중등교육법」…<br>**A시 관내 중·고등학교**를 말한다.<br>제4조(지원대상) (생략)<br>　1. 교복을 입는 **학교**에 신입생으로 입학하는 1학년 학생<br>　2. (생략) | 제2조(정의) (생략)<br>　1. "**학교**"란 「초·중등교육법」…<br>**학교**를 말한다.<br>제4조(지원대상) (생략)<br>　1. **A시**에 **주민등록**이 되어 있고, 교복을 입는 **A시 관내** 학교에 입학하는 신입생<br>　2. (생략) |

이에 A시 주민등록이 있고 B시 관내 고등학교 신입생으로 입학하는 갑은 따라서 "「A시 교복 지원 조례」 제2조 제1호의 '학교 중 A시 관내 중·고등학교'를 '학교'로, 제4조 제1호의 '교복을 입는 학교에 신입생으로 입학하는 1학년 학생'을 '*A시*에 주민등록이 되어 있고, 교복을 입는 A시 관내 학교에 입학하는 신입생'으로 개정한다." 해도 B시 관내 고등학교 신입생으로 입학하는 갑은 지원을 받지 못하므로 <보기> 진술을 적절하지 않다.
ㄴ. (×)

| 「A시 교복 지원 조례」 | <보기> ㄴ. A시 개정조례 |
|---|---|
| 제2조(정의) (생략)'<br>　1. "**학교**"란 「초·중등교육법」…<br>A시 관내 중·고등학교를 말한다.<br>제4조(지원대상) (생략)<br>　1. 교복을 입는 **학교**에 신입생으로 입학하는 1학년 학생<br>　2. (생략) | 제2조(정의) (생략)'<br>　1. "**학교**"란 「초·중등교육법」…<br>A시 관내 중·고등학교를 말한다.<br>제4조(지원대상) (생략)<br>　1. **A시**에 **주민등록**이 되어 있고, 교복을 입는 학교에 신입생으로 입학하는 1학년 학생<br>　2. (생략) |

이에 A시 주민등록이 있고 'B시' 관내 고등학교 신입생으로 입학하는 갑은 「A시 교복 지원 조례」 제4조 제1호의 '교복을 입는 학교에 신입생으로 입학하는 1학년 학생'을 'A시에 주민등록이 되어 있고, 교복을 입는 (A시) 학교에 신입생으로 입학하는 1학년 학생'으로 개정한다." 해도 B시 관내 고등학교 신입생으로 입학하는 갑은 (제2조 제1항의 "A시"를 삭제하지 않는 한) 지원을 받지 못하므로 <보기> 진술은 적절하지 않다.
ㄷ. (○)

| 「B시 교복 지원 조례」 | <보기> ㄷ. B시 개정조례 |
|---|---|
| 제2조(정의) (생략)<br>　1. "**학교**"란 「초·중등교육법」…<br>학교를 말한다.<br>제4조(지원대상) ① 지원대상은 **B시**에 주민등록이 되어 있고, 중·고등학교에 입학하는 학생…(이)다.<br>② (생략) | 제2조(정의) (생략)<br>　1. "**학교**"란 「초·중등교육법」…<br>학교를 말한다.<br>제4조(지원대상) ① 지원대상은 **B시 관내 중·고등학교에 입학하는** 학생…(이)다.<br><br>② (생략) |

이에 (A시 주민등록이 있고) 'B시' 관내 고등학교 신입생으로 입학하는 갑은 "「B시 교복 지원 조례」 제4조 제1항의 'B시에 주민등록이 되어 있고, 중·고등학교에 입학하는 학생'을 'B시 관내 중·고등학교에 입학하는 학생'으로 개정한다."면, A시 주민등록에 상관없이 지원을 받을 수 있으므로, 이 <보기> 진술은 적절하다.
최종적으로 적절한 것이라 "ㄷ"을 고른 ②가 정답이다.

**속도공략** 개정될 「조례」를 중심으로 판단하여 풀이한다.

# CHAPTER

# 02 2023년 5급

## 기출문제 분석

| 01 ① | 02 ② | 03 ⑤ | 04 ③ | 05 ② | 06 ① | 07 ③ | 08 ④ | 09 ④ | 10 ④ |
| 11 ③ | 12 ① | 13 ④ | 14 ⑤ | 15 ④ | 16 ④ | 17 ① | 18 ④ | 19 ① | 20 ⑤ |
| 21 ⑤ | 22 ③ | 23 ⑤ | 24 ① | 25 ② | 26 ④ | 27 ② | 28 ④ | 29 ① | 30 ④ |
| 31 ② | 32 ③ | 33 ② | 34 ⑤ | 35 ② | 36 ③ | 37 ⑤ | 38 ④ | 39 ③ | 40 ⑤ |

## 01 ▶ ①

**유형공략** '고려와 송의 관계' 글의 내용과 "부합하는 것"을 사실적으로 찾는 문제이다. 선택지의 핵심어를 중심으로 제시문의 내용을 이해한다.

① (○) (마지막 단락 5번째 줄) "**송**은 고려와 **함께 금**을 정벌하자고 제안했다. … **김부식**은 … **송의 요청을 받아들여서는 안 된다**고 했으며"라는 내용으로 볼 때, "김부식은 금을 함께 공격(➔ 정벌)하자는 송의 요청을 받아들여서는 안 된다고 하였다."라는 선택지의 진술은 부합하는 것이다.

② (×) (마지막 단락 8번째 줄) "송은 '묘청의 난을 진압하는데 … **군대**를 보내주겠으니 그 대가로 고려를 거쳐 **금**을 공격하게 해 달라.'라고 요청했다. 이에 인종은 … 거절했다."라는 내용으로 볼 때, 송은 묘청의 난을 진압하기 위하여 군대를 보내주겠으니 금을 공격하게 해달라고 요청하였을 뿐, 고려 인종이 금에 요청하였는지 여부는 알 수 없다. 따라서 "*고려 인종*은 묘청의 난을 진압하기 위하여 금에 군대를 파견해 달라고 *요청하였다.*"라는 선택지의 진술은 알 수 없어 부합하는 것이 아니다.

③ (×) (첫 번째 단락 3번째 줄) "**고려**는 **귀주대첩**에서 **요**를 물리친 바 있지만, … 요를 중시해야 한다는 판단에서 송과 관계를 끊고 요와 우호 관계를 맺었다."라는 내용으로 볼 때, 요는 귀주대첩 이후 고려와 우호적인 외교 관계를 '맺었음'을 알 수 있다. 따라서 "요는 귀주대첩을 계기로 고려와 외교 관계를 *끊고* 송에 사신을 파견하기 시작하였다."라는 선택지의 진술은 맞지 않아 부합하는 것이 아니다.

④ (×) "송은 요를 공격하기 위해 고려에 군대를 보내 함선을 건조하기 위한 준비 작업에 들어갔다."라는 선택지의 진술은 제시문에서 관련 내용을 찾을 수 없어 부합하는 것이 아니다.

⑤ (×) (마지막 단락 4번째 줄) "**송**은 고려와 **함께 금**을 정벌하자고 제안했다. 김부식은 … 송의 요청을 받아들여서는 **안** 된다고 했으며, 국왕 인종도 … 동의했다. 실망한 송은 … 1170년대 이후 사신을 보내지 않았다."라는 내용을 제시문에서 찾을 수 있다. 이에 송은 금을 함께 정벌하자는 제안을 고려가 거부하자 고려에 사신을 보내지 않았음을 알 수 있을 뿐 "송 신종은 요를 함께 쳐들어가자는 자신의 제안을 고려가 거부한 데 분노해 고려와의 외교 관계를 끊었다."라는 선택지의 진술은 제시문에서 관련 내용을 찾을 수 없어 부합하는 것이 아니다.

**속도공략** 선택지 ① "김부식/금/송", ② "고려 인종/금", ③ "요/귀주대첩", ④ "송/요/함선", ⑤ "송 신종/요/고려"를 중심으로 제시문의 내용을 이해하며 풀이한다.

## 02 ▶ ②

**유형공략** '승정원의 원상' 글의 내용과 "부합하는 것"을 사실적으로 찾는 문제이다. 각 선택지의 핵심어를 중심으로 제시문의 내용을 이해한다.

① (×) (마지막 단락 4번째 줄) "**박시형**은 … 상소를 올려 원상들이 **승정원**에서 국정을 보는 관행을 중단해달라고 요청했다."라는 내용을 알 수 있을 뿐, "박시형은 승정원을 없애고 의정부를 조정의 최고 관서로 승격시키자고 하였다."라는 선택지의 진술은 제시문에서 관련 내용을 찾을 수 없어 부합하지 않는 것이다.

② (○) (첫 번째 단락 6번째 줄) "**승정원**에 상주하는 재상이라는 의미의 '**원상**'"이라는 내용과 (두 번째 단락 아래에서 4번째 줄) "**정희왕후**는 … 성종을 대신해 **수렴청정**을 시작했다. **원상**들은 그 수렴청정 기간 내내 **국정**을 '처리'하고 정희왕후에게는 사후에 … 보고하였다."는 내용을 찾을 수 있다. 따라서 "정희왕후가 수렴청정할 때 원상들은 승정원에서 국정에 관한 결정(➔ 처리)을 내리는 일을 하였다."라는 선택지의 진술은 부합하는 것이다.

③ (×) (첫 번째 단락 4번째 줄) "신숙주 등은 … 승정원에 상주하게 되었는데, … 이들을 '원상'이라 불렀다."라는 내용과 (두 번째 단락 7번째 줄) "세조의 비 정희왕후…는 **예종의 아들**이 유아에 불과하다면서 걱정했는데, 원상들(➔ 신숙주 등)은 … **자을산군**을 왕으로 추대하는 데 '합의'하였다."라는 내용을 찾을 수 있다. 따라서 "신숙주는 예종의 아들이 지나치게 어리다는 이유를 내세워 자을산군의 즉위에 **반대**하였다."라는 선택지의 진술은 맞지 않아 부합하지 않는 것이다.

④ (×) (첫 번째 단락 2번째 줄) "**세조**는 … **신숙주, 한명회, 구치관**에게 승정원에 나가 사신을 … 접대하는지 감독하라고 명하였다. 신숙주 등은 … 승정원에 상주하게 되었는데, … 이들을 '**원상**'이라 불렀다."라는 내용과 (아래에서 6번째 줄) "원상들은 세조가 … 김종서 등

을 제거하고 권력을 잡을 때 앞장섰던 사람들"이라는 내용을 찾을 수 있을 뿐, "세조는 신숙주, 한명회, 구치관을 원상으로 삼으려는 데 반대하는 김종서를 관직에서 내쫓았다."라는 선택지의 진술은 제시문에서 관련 내용을 찾을 수 없어 부합하지 않는 것이다. (세조는 신숙주, 한명회, 구치관을 앞장 세워 김종서를 제거했음을 알 수 있을 뿐이다.)
⑤ (×) (마지막 단락 아래에서 2번째 줄) "**성종은 원상들이 승정원**에 나가 국정을 결정하던 관행을 없앴다."라는 내용을 알 수 있을 뿐, "성종은 원상이 명 사신을 접대하는 임무까지 맡아서는 안 되며 오직 승정원을 감독하는 데 머물러야 한다고 말하였다."라는 선택지의 진술은 제시문에서 관련 내용을 찾을 수 없어 부합하지 않는 것이다.

**속도공략** 선택지 ① "박시형", ② "정희왕후", ③ "신숙주", ④ "세조", ⑤ "성종"을 중심으로 제시문의 내용을 이해하며 풀이한다.

## 03 ▶ ⑤

**유형공략** '독일과 조선의 금속활자' 글에서 "알 수 있는 것"을 사실적으로 찾는 문제이다. 각 선택지의 핵심어를 중심으로 제시문의 내용을 이해한다.

① (×) (두 번째 단락 1번째 줄) "**조선**의 경우 … 조선 후기에… **민간에서 주조**한 **금속활자**가 몇 종 '있긴' 했지만"이라는 내용으로 볼 때, "조선시대 금속활자는 민간에서 주조되지 *않았다*."라는 선택지의 진술은 맞지 않아 알 수 있는 것이 아니다.
② (×) (첫 번째 단락 아래에서 4번째 줄) "**구텐베르크가 금속활자를 발명**함으로써 … (라틴어 문법 서적 등을 포함한) 생산 가격이 낮아지자"라는 내용과 (마지막 단락 4번째 줄) "**조선의 금속활자**는 한 번에 주조할 때마다 10만 자를 넘기기 일쑤였다. … 이에 비해 (구텐베르크 금속활자를 사용할 수 있는) 라틴자모의 경우 … 수백 자를 넘지 않으므로 … 민간에서 부담 없이 주조할 수 있었다."라는 내용을 찾을 수 있다.
이에 수백 자를 넘지 않는 구텐베르크의 금속활자는 주조할 때 10만 자를 넘기는 조선의 금속활자보다 생산 비용이 더 낮았으리라 미루어 알 수 있다. 따라서 "구텐베르크의 금속활자는 조선의 금속활자보다 생산 비용이 더 *높았다*."라는 선택지의 진술은 맞지 않아 알 수 있는 것이 아니다.
③ (×) (마지막 단락 4번째 줄) "조선의 금속활자는 한 번에 주조할 때마다 10만 자를 넘기기 일쑤였다. 조선 전기에 계미자는 10만 자, 갑인자는 20만 자, 갑진자는 '30만' 자였으며, 조선 후기에 … 오주갑인자와 육주갑인자 역시 각각 '15만' 자씩이었다."라는 내용을 찾을 수 있다.
이에 조선 전기 금속활자 중 갑진자는 30만 자, 조선 후기 갑인자는 15만 자였음을 볼 때 시대가 흐를수록 글자 수가 반드시 '증가하지는 *않았음*'을 알 수 있다. "조선시대 금속활자는 시대가 흐를수록 한 번에 주조하는 글자 수가 *증가*하였다."라는 선택지의 진술은 맞지 않아 알 수 있는 것이 아니다.
④ (×) (첫 번째 단락 아래에서 4번째 줄) "구텐베르크가 금속활자를 발명함으로써 … 그 결과 지식의 독점을 막고 독서 인구를 증가"시켰다는 내용을 알 수 있을 뿐, 조선의 금속활자도 그러했는지 제시문에

서 관련 내용을 찾을 수 없다.
따라서 "구텐베르크의 금속활자와 조선의 금속활자는 '모두' 지식의 독점을 막고 독서 인구를 증가시키는 결과를 낳았다."라는 선택지의 진술까지는 알 수 없다.
⑤ (○) (두 번째 단락 아래에서 3번째 줄) "**구텐베르크의 금속활자**와는 '달리', 조선에서 **금속활자**는 민간에서 거의 **수용**되지 않았던 것이다. 그 까닭은 무엇인가?"라는 내용과 (세 번째 단락 1번째 줄) "가장 본질적인 요인(➔ 까닭)은 **문자 유형의 차이**이다. … 조선의 금속활자는 … 주조할 때마다 10만 자를 넘기(고) … 이에 비해 라틴 자모(➔ 구텐베르크의 금속활자)의 경우 … 수백 자를 넘지 않"는다는 내용을 찾을 수 있다.
따라서 "활자로 만들어야(➔ 주조) 할 문자의 유형 차이로 구텐베르크의 금속활자와 조선의 금속활자는 민간의 수용 정도에 있어 차이가 있었다."라는 선택지의 진술은 미루어 알 수 있는 것이다.

**속도공략** 선택지 ① "민간", ② "생산 비용", ③ "주조", ④ "지식의 독점", ⑤ "민간의 수용"을 중심으로 제시문의 내용을 이해하며 풀이한다.

## 04 ▶ ③

**유형공략** '어휘 차용' 글에서 "알 수 있는 것"을 사실적으로 찾는 문제이다. 각 선택지의 핵심어를 중심으로 제시문을 이해한다.

① (×) (두 번째 단락 1번째 줄) "**로마**의 … 어휘차용을 … **정치적** 힘 때문이라고 생각해서는 안 된다. 예를 들어 로마인들은 **그리스**를 군사적으로 … 지배하다가 결국 … 합병했는데도 **그리스**의 문학, 음악, 미술에 … **압도**당해 … 그리스어에서 차용하였다."라는 내용을 찾을 수 있다.
이에 그리스가 문화적(➔ 문학, 음악, 미술)으로 로마를 압도하였지만, (로마에 의해 정치) 군사적으로 지배당하고 **결국** 합병되어 (정치적으로) '살아남지 **못했음**'을 미루어 알 수 있다. 따라서 "그리스가 문화적으로 로마제국을 압도하여 결국 정치적으로 *살아남았다*."라는 선택지의 진술은 맞지 않아 알 수 있는 것이 아니다.
② (×) (마지막 단락 2번째 줄) "새로운 개념이 등장했으나 해당 언어에서 이를 일컫는 어휘가 없을 경우, 즉 '**어휘빈칸**'이 생겼을 때 … **차용**이 일어나기도 한다."라는 내용을 찾을 수 있을 뿐, 차용하려는 언어에 대한 존중의 의미 여부에 대해서는 제시문에서 관련 내용을 찾을 수 없다. 따라서 "차용하려는 언어에 대한 존중의 의미를 담기 위해 어휘빈칸을 채우게 된다."라는 선택지의 진술은 알 수 없다.
③ (○) (마지막 단락 아래에서 5번째 줄) "**기독교 교회의 신학과 예배 의식 관련 개념들**은 애초에 아람어 … 사용자들이 발명한 것이다. 그런데 **서유럽**에 이 개념들을 소개하고 전파한 자들은 **라틴어 사용자**였"다는 내용으로 볼 때, "(발명한 자들이 아닌) 라틴어 사용자들이 기독교 교회의 신학과 예배 의식에 관련된 개념들을 서유럽에 퍼뜨렸다(➔ 전파)."라는 선택지의 진술은 알 수 있는 것이다.
④ (×) (두 번째 단락 6번째 줄) "**바이킹**의 경우, … 노르망디 지방을 … 차지한 … 전사들은 새 정착지에 **매료되어** … 언어 전체를 **차용하**

고 말았다. (그래서 … 그들의 후손이 … 잉글랜드(를) … 공격할 때… 고대 프랑스어로 군가를 불렀다.)"라는 내용을 찾을 수 있을 뿐 특히 음악 분야의 어휘를 많이 차용하였는지 여부를 알 수는 없다. 따라서 "바이킹이 프랑스 문화에 매료되어 특히 음악 분야의 어휘를 프랑스어에서 많이 차용하였다."라는 선택지의 진술은 알 수 없다. (언어 전체를 차용했으므로 음악 분야의 어휘를 '모두' 차용했으리라 생각해 볼 수 있다.)

**내용공략** 노르망디(Normandie)

프랑스 서북부 지명으로 동쪽으로 센강이 흐르고, 서부에는 코탕탱반도가 영국에 돌출해 있다. 제2차 세계 대전 연합군의 상륙 작전이 펼쳐진 곳으로 유명하다. [표준국어대사전]

⑤ (×) (첫 번째 단락 1번째 줄) "서유럽에서 … 르네상스기에 … 원천 … 언어는 라틴어이다."라는 내용과 (아래에서 4번째 줄) "라틴어에서 발달한 로맨스어의 일종인 **프랑스어**는 이미 라틴어 … 어휘를 사용하고 있었는데, **학술적 어휘**에서는 **당시** 사용한 것보다 더 고형의 라틴어를 다시 차용하기도 하였다."라는 내용을 찾을 수 있다.

이에 프랑스가 사용한 학술적 어휘들은 (르네상스기) 당시 사용하던 라틴어 어휘보다 '더 고형'의 라틴어에 기반하였으리라 미루어 알 수 있다. 따라서 "프랑스가 르네상스기 이후에 새롭게 채택한 학술적 어휘들은 대부분 당시 유행(➔ 사용)*하던* 라틴어 어휘에 기반하였다."라는 선택지의 진술은 맞지 않아 알 수 있는 것이 아니다.

**속도공략** 선택지 ① "그리스", ② "어휘빈칸", ③ "기독교 교회", ④ "바이킹", ⑤ "학술적 어휘"를 중심으로 제시문의 내용을 이해하되, 소거하며 풀이한다.

## 05 ▶ ②

**유형공략** '탈진실' 글에서 "알 수 있는 것"을 사실적으로 찾는 문제이다. 각 선택지의 핵심어를 중심으로 제시문의 내용을 이해한다.

① (×) (첫 번째 단락 6번째 줄) "어떤 사실들은 개인의 **감정과 무관하게 참**이며 그런 (참인) 사실들을 찾으려고 노력할 때 우리 모두**에게 이익이** 된다'는 건전한 사고방식이 위협받는다."라는 내용으로 볼 때, "우리의 감정과 무관하게 참인 것은 우리에게 이익이 *되지 않는다*.'라는 선택지의 진술은 같지 않아 알 수 있는 것이 아니다.

② (○) (세 번째 단락 1번째 줄) "**탈진실 현상의 발생 원인**으로 … **정치적 양극화** 등 … 외부적 요인도 있겠지만 인간 내부 … 요인을 찾아볼 수 있다. … 감정이 불쾌해지…느니 차라리 진실을 … 왜곡하는 쪽을 택하는 것이다."라는 내용으로 볼 때, "탈진실 현상의 발생 원인에는 정치적 요인뿐 아니라 심리적 요인(➔ 예 인간 내부 감정)도 있다."라는 선택지의 진술은 알 수 있는 것이다.

③ (×) (첫 번째 단락 1번째 줄) "**진실을 부정하는 사람**들은 자신이 믿고 싶지 않은 사실에는 … '높은' 검증 기준을 들이대는 반면, 자기 의견에 부합하는 것에는 **검증 기준**을 '낮추거나 … 맹신한다."라는 내용으로 볼 때, "진실을 부정하는 사람은 사실을 검증할 때마다 **동일한** 검증 기준

을 *제시한다*."라는 선택지의 진술은 맞지 않아 알 수 있는 것이 아니다.

④ (×) (두 번째 단락 1번째 줄) "'**탈진실**'…(의) '**대표적**' 사례로 2016년 영국의 … 국민투표와 미국의 대선을 들 수 있다."라는 내용을 알 수 있을 뿐, 2016년 탈진실 현상이 처음 발생했는지 이후 보편화되었는지 여부는 제시문에서 관련 내용을 찾을 수 없다. 따라서 "2016년 이후 서구 사회(➔ 영국, 미국)에서 탈진실 현상이 처음 발생하였고 이후 전세계적으로 보편화되었다."라는 선택지의 진술은 알 수 없다.

⑤ (×) (마지막 단락 아래에서 4번째 줄) "불편한 진실 때문에 … **신념을 포기**하느니 … (신념을 포기하지 않고) **진실을 외면하**…는 쪽을 택하는 것이다. 이는 **의식 차원에서'도'** 일어나지만 **무의식 차원에서** '도' 일어난다."라는 내용으로 볼 때, "신념을 포기하지 않고 진실을 외면하는 것은 무의식 차원에서가 *아니라* 의식 차원에서 일어난다."라는 선택지의 진술은 맞지 않아 알 수 있는 것이 아니다.

**속도공략** 선택지 ① "참", ② "탈진실/발생 원인", ③ "검증 기준", ④ "2016년 이후", ⑤ "무의식/의식"을 중심으로 제시문의 내용을 이해하되, 소거하며 풀이한다.

## 06 ▶ ①

**유형공략** '헬리코박터 파일로리' 글에서 "알 수 <u>없는</u> 것"을 사실적으로 찾는 문제이다. 각 선택지의 핵심어를 중심으로 제시문의 내용을 이해한다.

① (×) (두 번째 단락 1번째 줄) "마셜은 … 이 세균[헬리코박터 파일로리]에 의해 대부분의 위장 질환이 발생한다는 … 가설을 … 발표했다. 하지만 … '**스트레스나 자극적인 식품을 자주 섭취하는 식습관이 위궤양과 위염을** 일으킨다.'라는 학설 때문에 이 가설을 쉽게 받아들여지지 <u>않았다</u>. 결국 **마셜**은 … 균을 … 마셔서 **위궤양**을 만들어냈고, … 항생제로 치료하는 데 성공했다. … 학계는 마셜의 가설을 받아들였고, 미국…은 위궤양의 대부분이 헬리코박터 파일로리에 의한 것이(고), … 오늘날 … 위암의 원인균으로도 인정받았다."라는 내용을 찾을 수 있다.

이에 마셜은 위궤양 등의 위장질환이 헬리코박터 파일로리(➔ 세균)에 의해 발생한다는 가설을 증명하였지만 (물론 이 세균은 위암의 원인균으로도 인정받았다.) 스트레스나 자극적인 식품을 자주 섭취하는 식습관에 의해 생길 수 없다는 반례의 실험을 한 것은 아니다. 따라서 "마셜의 실험은 위궤양과 위염이 스트레스나 자극적인 식품을 자주 섭취하는 식습관에 의해 생길 수 **없음**을 보여주었다."라는 선택지의 진술은 맞지 않아 알 수 없는 것이다. (위궤양의 원인 대부분이 이 세균에 의한 것이라고 인정했어도 그 나머지 부분에서 스트레스나 자극적인 식품의 식습관에 의한 것을 부정하는 것으로 해석하기는 어렵다. 이들은 양립가능하다.)

② (○) (두 번째 단락 1번째 줄) "마셜은 강한 산성 환경인 인간의 위장 속에서 살 수 있는 이 세균[헬리코박터 파일로리]에 의해 대부분의 위장 질환이 발생한다는 … 가설을 발표했다. 하지만 '**어떤 세균도 위산을 오래 견뎌내지 못한다**.'라는 학설 … 때문에 … 쉽게 받아들여지지 않았다. 결국 마셜은 … 균을 스스로 마셔서 위궤양을 만들어냈"

다는 내용을 찾을 수 있다.

이에 마셜은 헬리코박터 파일로리 세균을 마셔 그 세균이 위산을 '견디고' 위궤양을 만들어냈음을 증명했으므로 어떤 세균도 위산을 견뎌내지 못한다는 학설의 반례를 제시하며 그 학설이 틀렸음을 증명했으리라 미루어 알 수 있다. 따라서 "마셜의 연구팀은 어떤 세균도 위산을 오래 견뎌내지 **못한**다는 학설이 **틀렸음**을 증명하였다."라는 선택지의 진술은 알 수 있는 것이다.

③ ( ○ ) (첫 번째 단락 1번째 줄) "마셜 연구팀은 … 위장에서 서식하는 세균을 배양하려 시도하였지만 실패를 거듭했다. … '캠필로박터' 세균을 배양할 때처럼 **산소**…를 **저농도로** 유지하면서 … 있었다. … 연구팀은 … 낮은 산소 농도에서 **자라는 특성을** 근거로 이 균을 … '**캠필로박터** 파일로리'라고 명명하였다. 그러나 … 이 균(이) … 차이가 있음이 관찰되었고, … '**헬리코박터 파일로리**'로 변경되었다."라는 내용을 찾을 수 있다.

이에 헬리코박터 파일로리는 캠필로박터처럼 저농도의 산소에서 자라는 특성을 가지고 있어 이를 캠필로박터 파일로리라 (잘못) 명명했던 것을 알 수 있다. 따라서 "헬리코박터 파일로리는 캠필로박터처럼 저농도의 산소에서 자라는 특성을 갖는다."라는 선택지의 진술은 알 수 있는 것이다.

④ ( ○ ) (두 번째 단락 아래에서 4번째 줄) "**헬리코박터 파일로리**는 … **위암**의 원인균으로도 인정받았다."라는 내용으로 볼 때, "헬리코박터 파일로리의 감염(➜ **원인**)은 위암을 일으킬 수 있다는 것이 인정되었다."라는 선택지의 진술은 알 수 있는 것이다.

⑤ ( ○ ) (첫 번째 단락 아래에서 3번째 줄) "이 균이 **캠필로박터**와 **다른** 집단임이 판명되었다. 이에 따라 **헬리코박터 속**이 신설되…었다."라는 내용으로 볼 때, "헬리코박터 파일로리는 캠필로박터와 다른 별개의 속(➜ **다른 집단**)에 속한다."라는 선택지의 진술은 알 수 있는 것이다.

**속도공략** 선택지 ① "스트레스", ② "위산", ③ "저농도의 산소", ④ "위암", ⑤ "별개의 속"을 중심으로 제시문의 내용을 이해하며 풀이한다.

---

## 07 ▶③

**유형공략** '몬테카를로 방법' 글에서 "알 수 **없는** 것"을 사실적으로 찾는 문제이다. 각 선택지의 핵심어를 중심으로 제시문의 내용을 이해한다.

① ( ○ ) (마지막 단락 1번째 줄) "**몬테카를로 방법**을 적용한 … 사례…로, **핵분열** 중 **중성자**가 원자핵과 충돌하는 과정을 이해하기 위해 사용된 … 방법"이라는 내용으로 볼 때, "핵분열에서 중성자의 경로를 추정하는 데 몬테카를로 방법이 사용되었다."라는 선택지의 진술은 알 수 있는 것이다.

② ( ○ ) (첫 번째 단락 1번째 줄) "**몬테카를로 방법은 무작위 추출된 난수를 이용하여** … 물리학과 공학 등의 분야에서 … **문제** 등을 해결하는 데 많이 쓰인다."라는 내용으로 볼 때, "몬테카를로 방법은 무작위 추출된 난수를 이용하여 문제의 답을 찾는 방법이다."라는 선택지의 진술은 알 수 있는 것이다.

③ ( × ) (두 번째 단락 1번째 줄) "원의 **넓이를** 구하는 문제를 통해

---

… **몬테카를로 방법**이 어떻게 **적용**되는지 알아보자. … 정사각형 안에 있는 다트와 원 안에 있는 다트의 숫자를 비교한다면, 원의 넓이를 … 구할 수 '**있다**'."라는 내용으로 볼 때, "단순한 모양의 도형(➜ 원)의 넓이를 추정할 때는 몬테카를로 방법을 적용할 수 *없다*."라는 선택지의 진술은 맞지 않아 알 수 없는 것이다.

④ ( ○ ) (첫 번째 단락 1번째 줄) "**몬테카를로 방법**은 … 적분… 문제 등을 해결하는 데 많이 쓰인다."라는 내용과 (세 번째 단락 아래에서 2번째 줄) "**해석학적으로 적분**하기 극히 **어려운** 복잡한 **도형의 넓이** 산출 등에 이러한 (몬테카를로) **추정** 방법이 많이 사용된다."라는 내용으로 볼 때, "해석학적으로 적분을 통해 넓이를 계산(➜ **산출**)하기 어려운 모양을 가진 도형의 넓이는 몬테카를로 방법으로 추정할 수 있다."라는 선택지의 진술은 알 수 있는 것이다.

⑤ ( ○ ) (두 번째 단락 1번째 줄) "**원의 넓이**를 구하는 문제를 통해 **몬테카를로 방법**이 어떻게 적용되는지 알아보자."라는 내용과 (세 번째 단락 1번째 줄) "던진 다트의 수가 적다면 실제 원의 넓이와 이(➜ 몬테카를로) 방법으로 얻은 원의 넓이 사이에는 큰 차이가 있겠지만 … 무한히 많은 다트를 던진다면, 최종적으로 올바른 **원의 넓이**를 알 수 있을 것이다."라는 내용을 찾을 수 있다.

이에 (다트의 수를 활용한) 몬테카를로 방법으로 원의 넓이를 추정할 경우, (다트를 던지는 시행 횟수가 적으면 실제 원의 넓이와 차이가 있겠지만 무한히 시행 횟수를 늘린다면 실제 원의 넓이를 올바르게 알 수 있다고 했으므로 무언가를 조작하지 않는 무작위로) 시행 횟수를 늘릴수록 정답에 가까워지리라 미루어 알 수 있다. 따라서 "몬테카를로 방법으로 원의 넓이를 추정할 경우, 무작위 시행 횟수가 늘어날수록 찾아낸 값이 정답에 가까워지는 경향이 있다."라는 선택지의 진술은 알 수 있는 것이다.

**속도공략** 선택지 ① "중성자", ② "무작위 추출/난수", ③ "넓이", ④ "적분", ⑤ "원"을 중심으로 제시문의 내용을 이해하며 풀이한다.

---

## 08 ▶④

**유형공략** '원자의 퍼텐셜' 글의 " (가) ~ (다) 에 들어갈 말을 적절하게 나열한 것"을 찾는 문제이다. 빈칸 앞뒤 맥락의 제시문 내용을 참고하며 풀이한다.

빈칸 앞뒤 맥락의 제시문의 내용을 요약하면서 풀이하면 <아래>와 같다.

| 구분 | 내용 |
|---|---|
| [2단락] | 한 물체의 '퍼텐셜 에너지'는 그 물체의 상대적 위치 등에 의해 달라지는 힘과 관련된 에너지이다. 예를 들어 댐의 수문을 열면 물은 중력에 의해 지구 중심 방향으로 이동하는 과정에서 수문을 열기 전 물의 퍼텐셜 에너지 중 일부는 운동 에너지 등 다른 에너지로 바뀐다. 따라서 댐에 저장된 물(의 퍼텐셜 에너지)은 ((다른 에너지로 바뀌면서 원래 에너지가 소비된) 댐 아래의 물(의 퍼텐셜 에너지)보다) 더 (가): ~~작은~~ / 큰 퍼텐셜 에너지를 갖는다. |
| [3단락] | 원자 궤도상의 전자도 핵으로부터 떨어진 거리에 따라 다양한 크기의 퍼텐셜 에너지를 갖는다. 댐 아래의 물을 댐 위로 퍼올리려면 물에 에너지를 '투입'해야 하는 것처럼 전자를 핵으로부터 멀리 이동시키기 위해서는 전자가 에너지를 (나): ~~잃어야~~ / 얻어야 한다. |
| [끝단락] | (물의 퍼텐셜 에너지 변화는 연속적이다.) 전자의 퍼텐셜 에너지 크기는 공이 놓인 계단에 비유할 수 있다. 각 계단은 저마다 '불연속'이고 정해진 퍼텐셜 에너지 수준을 가지고 있…다. 공이 어느 계단에 있느냐에 따라 공은 '다른' '크기'의 퍼텐셜 에너지를 가진다. 유사하게 핵과 전자 사이의 거리가 변할 때, '크기' 변화는 (다): ~~연속적이다~~ / 불연속적이다. |

④ (○) (가)~(다)에 들어갈 말을 적절하게 나열한

| (가) | (나) | (다) |
|---|---|---|
| 큰 | 얻어야 | 불연속적이다. |

"라는 선택지의 진술이 정답이다.

**속도공략** 각 선택지의 구성이 (가) "작은/큰", (나) "잃어야/얻어야", (다) "연속적/불연속이다"로 구성되어 있으므로 제시문의 앞뒤 맥락을 참고하며 양자택일하여 풀이한다.

## 09 ▶ ④

**유형공략** '이미지와 사운드' 글의 빈칸 " (가) ~ (라) "에 들어갈 말을 적절하게 나열한 것을 찾는 문제이다. 선택지의 진술을 넣어가며 빈칸 앞뒤 내용과의 적절한 여부를 판단한다.

빈칸 앞뒤 맥락의 제시문 내용을 요약/정리하면서 풀이하면 <아래>와 같다.

| 구분 | 내용 |
|---|---|
| [1단락] | [영화] 이미지와 사운드의 결합은 다음과 같이 구분된다. 먼저, 사운드가 발생한 원천을 화면을 통해 '확인'할 수 있는 것을 (1) '인(in) 음향'이라고 한다. |
| [2-1단락] | 두 번째는 사운드가 발생한 원천이 화면에 보이지 않는 경우이다. (2) A와 B 두 명의 배우가 대화 중인데 B만 보인다거나, (3) 배경화면으로 기성의 음악이 깔리는 것을 (볼) 수 있다. … 후자(3)는 사운드의 원천이 화면 시공간에 속하지 않는 경우로 '오프(off) 음향'이라고 한다. |
| [2-2단락] | 전자(2)는 사운드의 원천이 화면에 보이지는 않지만 화면 장면과 동일한 공간에 있다는 것을 알 수 있는 경우로 '화면 밖 음향'이라 한다. 다시 말해, (가): ~~오프 음향~~ / 화면 밖 음향 은 사운드 원천이 화면 속 (동일한) 현실 공간 안에 존재한다고 추정할 수 있는 것이고 |
| [2-3단락] | (나): 오프 음향 은 (배경음악과 같이) 화면 장면과는 '다른' (→ [2-1단락] 화면 시공간에 속하지 않는) 시공간의 원천으로부터 나온 것이다. |
| [끝단락] | 세 종류의 음향을 활용함으로써 극적 효과를 달성할 수 있다. 화면 속 어린아이가 피아노를 연주하고 있고(→ (1) 인 음향) 전환된 장면에는 어른이 된 주인공이 말없이 피아노를 바라보고 있고, 연주곡 (→ (3) 오프음향)이 배경음악으로 깔린다. 여기서 음향은 (사운드의 원천을 화면의 어린아이 연주를 통해 '확인'할 수 있는) (다): 인 음향 / ~~오프 음향~~ 에서 (화면의 어른이 서있는 장면과는 '다른' 연주실 공간의 원천으로부터 나온) (라): 화면 밖 음향 / ~~오프 음향~~ 으로 바뀐 것이다. |

④ (○) (가)~(라)에 들어갈 말을

| (가) | (나) | (다) | (라) |
|---|---|---|---|

"화면 밖 음향 오프 음향 인 음향 오프 음향"이라고 나열한 선택지의 진술이 정답이다.

**속도공략** 각 선택지의 구성이 (가)와 (나) "오프/화면 밖", (다)와 (라) "인/오프/화면 밖"으로 구성되어 있으므로 제시문의 앞뒤 맥락과 비교하며 선택하여 풀이한다.((가)를 정확하게 풀이하면, (다)와 (라)만 풀이하면 된다.)

## 10 ▶ ④

**유형공략** '제2차 대전 독일 민족의 죄와 책임에 관한 야스퍼스의 주장' 글의 "㉠~㉢을 문맥에 맞게 수정한 것으로 가장 적절한 것"을 찾는 문제이다. ㉠~㉢을 중심으로 앞뒤 맥락과 비교하며 그 문맥에 맞지 않은 것을 찾은 후 선택지를 보며 적절한지 여부를 판단한다.

제시문의 내용을 요약한 후 선택지의 진술과 비교하면 <아래>와 같다.

| 구분 | 내용 | 진술 |
|---|---|---|
| [1단락] | 제2차 대전 직후 독일 민족의 죄와 책임을 두고서 야스퍼스는 모든 독일인에게 동일한 책임을 부과하는 것을 경계했다. 그는 ⊙ 부과되는 책임의 성격이 전쟁 범죄에 가담한 정도에 따라 '달라야 한다'고 생각했는데, 전쟁 범죄와 직간접적으로 연관되어 있는 이들(의) 책임을 네 가지로 구분했다. | ① (×) "⊙을 '전쟁 범죄에 가담한 정도에 관계없이 모든 이에게 **공평한 책임**이 부과되어야 한다'로 고친다."라는 선택지 진술은 앞뒤 맥락과 맞지 않다. <br> (∵야스퍼스는 모든 독일인의 전쟁범죄에 동일한 책임을 부과하는 것을 경계하여 반대하고 '공평하지 않은' 네 가지 책임으로 다르게 부과해야 한다는 주장이다.) |
| [2단락] | 첫째, 법적 책임이다. 국제법과 보편적 자연법에 입각한 것으로, 전범자들이 ⓒ 나치 독일이 제정한 실정법을 지켰느냐 지키지 않았느냐의 문제는 아니다. 모든 독재자들은 법을 만들어 합법적으로 통치한다. 문제는 그 (독재자의 실정)법이 자연법의 정신에 어긋나는데도 그 법에 따라 범죄를 저질렀다는 점이다. 이 책임은 법정에서 부과될 것이다. | ② (×) "ⓒ을 '나치 독일이 제정한 실정법을 지켰다**면 면책될 수 있는** 문제이다'로 고친다."라는 선택지의 진술은 앞뒤 맥락과 맞지 않다. <br> (∵나치 독일을 포함한 독재자들은 합법적으로 통치했더라도 그 합법은 자연법의 정신에 어긋났기 때문에 면책될 수 '없고' 자연법에 어긋나는 범죄를 저질렀다는 주장이다.) |
| [3단락] | 둘째, 정치적 책임이다. ⓒ 나치 정권의 집권에 반대표를 던졌다고 해서 모면할 수 있는 성질의 것이 아니다. 반대자이건 간에 정권 아래에서 생활한 사람이라면 그 정권이 져야 하는 정치적 책임으로부터 자유로울 수 없다. | ③ (×) "ⓒ을 '나치 정권의 집권에 반대표를 던졌다면 모면할 수 **있는** 성질의 것이다'로 고친다."라는 선택지의 진술은 뒤의 맥락과 맞지 않다. <br> (∵나치 정권에서 생활한 사람이면 무조건 정치적 책임을 모면할 수 '없고' 그 책임으로부터 자유로울 수 없다는 주장이다.) |
| [4단락] | 셋째, 도의적 책임이다. 법적 책임에 해당하지는 않지만 개인이 저지른 도덕적 과오를 의미한다. ㉑ 마음 속으로 동조*하지 않았지만* 나쁜 일에 직접 가담*했다*거나 불법적인 행위들을 묵과한 경우(이)다. 당사자 자신만이 알 수 있는 것이다. | ④ (○) "㉑을 '나쁜 일에 직접 가담하지 않았더라도 마음 속으로 동조했다거나'로 고친다."라는 선택지의 진술은 (불법적인 행위를 마음 속으로 묵과하여) 그 마음을 먹은 자신만이 알 수 있다는 맥락과 맞으므로 가장 적절하다. |
| [끝단락] | 넷째, 형이상학적 책임이다. 나쁜 일…에 가담한 적이 없고, ㉤ 마음 속으로 동조한 적도 없으며 오히려 피해자가 될 뻔하기도 했지만 다행히 그는 나쁜 일의 피해자 되는 것은 피할 수 있었다. 운 좋게 살아남은 사람이 죽은 사람에 느끼는 죄책감…이…다. | ⑤ (×) "㉤을 '마음 속으로 **동조했음**에도 오히려 피해자가 될 뻔하기도 했지만'으로 고친다."라는 선택지의 진술은 앞의 맥락과 맞지 않다. <br> (∵마음 속으로 동조했다면 앞의 셋째 책임인 도의적 책임이 되므로 형이상학적 책임으로 구분될 수 없으므로 맞지 않다.) |

**속도공략** 제시문의 내용을 읽어 내려가면서 ⊙~㉤ 중 앞 뒤 문맥과 맞지 않은 것을 찾은 후, 해당 선택지의 진술로 가서 맞게 수정되었는지 확인하며 풀이한다.

## 11 ▶ ③

**유형공략** '기본소득 지급' 글의 ⊙ 다섯 가지 원칙에 대한 판단으로 가장 적절한 것을 찾는 문제이다. 각 선택지의 핵심어를 중심으로 제시문의 내용을 이해하며 어긋나는지 여부를 비교하며 풀이한다.

각 선택지의 핵심어가 ⊙ 다섯 가지 원칙을 포함하고 있음을 파악하면서 제시문의 내용을 요약하면 <아래>와 같다.

| 구분 | 내용 |
|---|---|
| [2단락] | 기본소득 지급에는 본래 세 가지 원칙이 있다. 첫째, '보편성' 원칙이다. (소득이나 자산 수준에 관계없이) 국민 모두에게 지급한다. 둘째, '무조건성' 원칙이다. (수급의 대가로) 노동이나 구직 활동 등을 요구하지 않아야 한다. 셋째, '개별성' 원칙이다. 개인 단위로 지급해야 한다. |
| [끝단락] | 두 가지 원칙이 추가되었다. 넷째, '정기성' 원칙이다. (일회성이 아니라) 정기적인 시간 간격을 두고 지속적으로 지급해야 한다. 다섯째, '현금 지급' 원칙이다. (선택권을 보장할 수 있도록 특정 재화 및 이용권이나 현물이 아니라) 현금으로 지급해야 한다. |

① (×)

| [2단락] | 기본소득 지급에는 본래 세 가지 원칙이 있다. 첫째, '보편성' 원칙이다. (소득이나 자산 수준에 관계없이) 국민 모두에게 지급한다. … |
|---|---|

위의 내용으로 볼 때, 만일 (자산 수준이 많은 경제적 부유 계층은 지급하지 않고) 취약계층만 지급한다면 (국민 모두에게 지급하는 것이 아니므로) 보편성 원칙에 '어긋난다'. 따라서 "복지 효율성을 높이기 위하여 기본소득을 경제적 취약 계층에만 지급하더라도 보편성 원칙에 *어긋나지 않는다*."라는 선택지의 진술은 맞지 않아 적절하지 않다.

② (×)

| [2단락] | 기본소득 지급에는 본래 세 가지 원칙이 있다. … 둘째, '무조건성' 원칙이다. (수급의 대가로) 노동이나 구직 활동 등을 요구하지 않아야 한다. … |
|---|---|

위의 내용으로 볼 때, 만일 주식에 투자하여 탕진한 실업자라도 (수급의 대가로) 노동이나 구직 활동을 요구하지 않는다면 무조건성 원칙에 어긋나지 않는다. 따라서 "기본소득을 주식에 투자하여 탕진한 실업자에게도 기본소득을 지급한다면 무조건성 원칙에 *어긋난다*."라는 선택지의 진술은 맞지 않아 적절하지 않다.

③ (○)

| [2단락] | 기본소득 지급에는 본래 세 가지 원칙이 있다. … 셋째, '개별성' 원칙이다. 개인 단위로 지급해야 한다. |
|---|---|

위의 내용으로 볼 때, 만일 미성년자에게도 (액수에 상관없이) 개인 단위로 지급한다면 개별성 원칙에 어긋나지 않는다. 따라서 "미성년자에게는 (성인의 80%를) 기본소득으로 (개인 단위로) 지급하면 개별성 원칙에 어긋나지 않는다."라는 선택지의 진술은 적절하다.

④ (×)

| [끝단락] | 두 가지 원칙이 추가되었다. 넷째, '정기성' 원칙이다. (일회성이 아니라) 정기적인 시간 간격을 두고 지속적으로 지급해야 한다. … |
|---|---|

위의 내용으로 볼 때, 만일 (1달이던지 1년이던지) 정기적인 시간 간격으로 지속적으로 지급한다면 정기성 원칙에 어긋나지 않는다. (즉 시간의 길이에 대해서는 언급하지 않고 있다.) 따라서 "매달 지급하는 방식이 아니라,) 1년에 한 번씩 기본소득을 (정기적으로) 지급한다면 정기성 원칙에 *어긋난다*."라는 선택지의 진술은 맞지 않아 적절하지 않다.

⑤ (×)

| [끝단락] | 두 가지 원칙이 추가되었다. … 다섯째, '현금 지급' 원칙이다. (선택권을 보장할 수 있도록 특정 재화 및 이용권이나 현물이 아니라) 현금으로 지급해야 한다. |
|---|---|

위의 내용으로 볼 때, 만일 기본소득을 (특정 재화, 이용권, 현물이 아니라 예금 계좌에) 현금으로 입금한다면 현금 지급 원칙에 어긋나지 않는다.
따라서 "기본소득을 입출금이 자유로운 예금 계좌에 입금하는 방식으로 지급하면 현금 지급 원칙에 *어긋난다*."라는 선택지의 진술은 맞지 않아 적절하지 않다.

**속도공략** ㉠ 다섯 가지 원칙과 각 선택지의 핵심어를 중심으로 제시문의 내용을 요약하여 이해한다.

## 12 ▶ ①

**유형공략** 'X 감별기' 글에서 논리적으로 "추론할 수 있는 것"을 이끌어 내는 문제이다. 각 선택지의 핵심어를 중심으로 제시문의 내용을 이해하며 정리한다.

제시문의 내용을 요약한 후 기호화하여 정리하면 <아래>와 같다.

| 구분 | 내용 |
|---|---|
| [1단락] | X는 (한국) 500원 동전 감별할 목적으로 제작된 감별기이다. (500원 넣으면 파란불이 켜지고 크기나 무게가 다른 동전을 넣으면 빨간불이 켜진다.)<br>X 내부상태는 C와 E 두 가지이다. C일 때 파란불이, E일 때 빨간불이 켜진다.<br>(X의 설계 목적에서 C는 500원 동전에 관한 상태이고 E는 500원 동전이 아닌 동전에 관한 상태이다.)<br>X의 파란불(➜ C)은 "투입 동전이 500원이다."를 의미한다.<br>한국의 500원 동전과 미국의 25센트 동전이 크기와 무게가 같다고 가정하자. |
| [2단락] | (X가 미국에 설치되었다고 하자. …)<br>미국인들은 25센트 동전을 감별할 목적으로 X를 사용했다. 이제 X는 새로운 목적을 갖게 된다. 이런 목적에서 미국 X의 파란불(➜ C)은 "투입 동전이 500원이다."가 아니라 "투입 동전이 25센트이다."라는 의미이다. |
| [끝단락] | 이 사례는 인공물이 표상 의미가 고정되지 않는다는 것을 보여준다.<br>X의 사용 목적에 따라 X의 C와 E는 다른 것에 대한 상태가 될 수 있고 X의 파란불(➜ C)과 빨간불은 처음 설계의 것과 다른 의미를 지닐 수 있다. |
| | [정리 : 선후인과]<br>X 목적(한국/미국)→{C(파)와 E(빨):**다른 상태**(크기와 무게)}∧{C(파)와 E(빨):**다른 의미**(500₩/25¢, 동전이다/아니다)} |

① (○)

[정리 : 선후인과]
X 목적(한국/미국)→{C(파)와 E(빨): 다른 상태(크기나 무게)}∧{C(파)와 E(빨): 다른 의미(500₩/25¢, 동전이다/아니다)}

위의 정리된 내용으로 볼 때, 만일 미국에 설치된 X에 빨간불이 켜졌다면 (25센트의 크기와 무게의 상태가 아니므로 25센트 동전이 아니리라 알 수 있고) 이는 500원 동전도 아니리라 미루어 알 수 있다. 따라서 "미국에 설치된 X에 빨간불이 켜졌다면 투입된 동전은 500원 동전이 아닐 것이다."라는 선택지의 진술은 추론할 수 있는 것이다.

② (×)

> [정리 : 선후인과]
> X 목적(한국/미국)→{C(파)와 E(빨): 다른 상태(크기나 무게)}∧{C(파)와 E(빨): 다른 의미(500₩/25¢, 동전이다/아니다)}

위의 정리된 내용으로 볼 때, 만일 (25센트를 감별할 목적으로) 미국에 설치된 X에 500원 동전을 투입하여 파란불이 켜졌다면 (25센트의 크기와 무게이므로 25센트라는 표상의 의미를 가지면서도) X의 내부 상태는 C가 '될 것'임을 미루어 알 수 있다. 따라서 "미국에 설치된 X에 500원 동전을 투입하여 파란불이 켜졌다면 X의 내부상태는 C가 **아닐 것**이다."라는 선택지의 진술은 추론할 수 없는 것이다.

③ (×)

> [정리 : 선후인과]
> X 목적(한국/미국)→{C(파)와 E(빨): **다른 상태(크기나 무게)**}∧{C(파)와 E(빨): 다른 의미(500₩/25¢, 동전이다/아니다)}

위의 정리된 내용으로 볼 때, 만일 두 동전을 X에 차례로 투입하여 모두 E상태가 되었다면 (한국 500원 또는 미국 25센트 동전과는 다른 크기와 무게라는 의미를 알 수 있을 뿐) 그 두 동전의 크기와 무게가 '항상 같을 수는 없음'을 미루어 알 수 있다. (물론 낮은 확률일지라도 그 크기와 무게가 같을 수도 있다.) 따라서 "두 동전을 X에 차례로 투입하여 두 번 모두 E상태가 되었다면 두 동전의 크기와 무게는 (항상) 같을 것이다."라는 선택지의 진술은 항상 맞는 것은 아니므로 추론할 수 있는 것이 아니다.

④ (×)

> [정리 : 선후인과]
> X **목적(한국/미국)**→{C(파)와 E(빨): 다른 상태(크기나 무게)}∧{C(파)와 E(빨): 다른 의미(500₩/25¢, **동전이다/아니다)**}

위의 정리된 내용으로 볼 때, X의 파란불이 '투입된 동전이 500원이다.'를 의미하는지의 여부는 (한국에 설치되어 500원짜리 동전을 감별하겠다는) X의 '사용 목적'에 의해 결정되리라 미루어 알 수 있다. 따라서 "X의 파란불이 '투입된 동전이 500원이다.'를 의미하는지의 여부는 X에 투입된 **동전이 무엇인지**에 의해 결정된다."라는 선택지의 진술은 맞지 않아 추론할 수 없는 것이다.

⑤ (×)

> [정리 : 선후인과]
> X **목적(한국/미국)**→{C(파)와 E(빨): 다른 상태(크기나 무게)}∧{C(파)와 E(빨): 다른 의미(500₩/25¢, **동전이다**/아니다)}

위의 정리된 내용으로 볼 때, (미국에 설치된 X는 25센트 동전을 감별할 목적으로 설치된 경우 X에 켜진 파란불이 '투입된 동전이 25센트이다.'를 의미한다는 것을 알 수 있을 뿐) 만일 미국에 설치된 X가 (500원짜리 동전과 같은 크기와 무게가 같은 멕시코 페소 동전을 감별할) 다른 목적으로 설치된 경우 X에 켜진 파란불은 '투입된 동전이 (미국의) 25센트이다.'를 의미하지 **않을** 것임을 미루어 알 수 있다. 따라서 "미국에 설치된 X가 25센트 동전을 감별하는 것이 아닌 다른 목적을 가지더라도 X에 켜진 파란불은 여전히 '투입된 동전이 25센트이다.'를 (반드시) 의미할 것이다."라는 선택지의 진술은 반드시 맞는 것은 아니므로 추론할 수 있는 것이 아니다.

**속도공략** 제시문의 내용은 ([1~2단락]을 전제로 하여) [끝단락]에서 그 결론을 내리고 있음에 유의한다.

## 13 ▶ ④

**유형공략** '쇠구슬' 글에서 "추론할 수 있는 것"을 이끌어 내는 문제이다. 각 선택지의 핵심어를 중심으로 제시문의 내용을 이해한다.

각 선택지의 핵심어를 중심으로 제시문의 내용을 요약하면 <아래>와 같다.

| 구분 | 내용 |
|---|---|
| [1단락] | 얼핏 보기에 차이 없는 쇠구슬 두 개가 있다고 하자. 구슬 생산 공정의 오차가 작다면, 맨눈으로 두 구슬을 구분할 수 없을 것이다. |
| [2단락] | 그러나 두 구슬이 똑같지는 않음을 알고 있다. 현미경으로 보면 서로 다른 미세한 홈집이 있을 것이고, 이를 이용하여 두 구슬을 구별할 수 있다. (홈집이 일치하더라도 … 정밀한 측정이 동반된다면 두 구슬의 차이를 구분할 수 있다.) 결국 거시 세계에서 서로 구분 가능 혹은 불가능한지의 결정은 기기의 정밀도에 의존한다. |
| [끝단락] | 미시 세계로 들어가 보자. 임의의 두 전자를 오른손과 왼손에 쥐고 있다가, 상자에 넣은 다음 꺼낸 전자가 어느 손에 있었던 것이냐고 물으면 아무리 뛰어난 물리학자라도 답할 수 없다. 왜냐하면 모든 전자들의 물리적 속성은 완전히 똑같기 때문이다. 즉 원리적으로 두 전자를 구분할 방법은 없다. (미시 세계에서 구분 가능과 불가능의 결정은 기기의 정밀도에 의존하지 않는다.) |

① (×)

| | |
|---|---|
| [2단락] | 그러나 두 구슬이 똑같지는 않음을 알고 있다. 현미경으로 보면 서로 다른 미세한 홈집이 있을 것이고, 이를 이용하여 두 구슬을 구별할 수 있다. (홈집이 일치하더라도 … 정밀한 측정이 동반된다면 두 구슬의 차이를 구분할 수 있다.) 결국 거시 세계에서 서로 구분 가능 혹은 불가능한지의 결정은 기기의 정밀도에 의존한다. |

위의 내용으로 볼 때, "같은 생산 공정에서 생산된 두 구슬은 구분 **불가능하다**."라는 선택지의 진술은 맞지 않아 추론할 수 없는 것이다.

② (×)

| | |
|---|---|
| [2단락] | 그러나 두 구슬이 똑같지는 않음을 알고 있다. 현미경으로 보면 서로 다른 미세한 홈집이 있을 것이고, 이를 이용하여 두 구슬을 구별할 수 있다. (홈집이 일치하더라도 … 정밀한 측정이 동반된다면 두 구슬의 차이를 구분할 수 있다.) 결국 거시 세계에서 서로 구분 가능 혹은 불가능한지의 결정은 기기의 정밀도에 의존한다. |

위의 내용으로 볼 때, 미시 세계의 '전자'들은 물리적 속성이 동일함을 알 수 있을 뿐, 모든 입자들의 물리적 속성까지 미루어 알 수는 <u>없다</u>. 따라서 "미시 세계의 *입자*들은 종류에 상관없이 물리적 속성이 모두 동일하다."라는 선택지의 진술은 정확하게 알 수 없어 추론할 수 없는 것이다.

③ (×)

| [끝단락] | ··· (미시 세계에서 구분 가능과 불가능의 결정은 **기기의 정밀도**에 의존하지 않는다.) |
|---|---|

위의 내용으로 볼 때, 미시 세계에서 측정 기기의 정밀도가 향상되어도 이에 의존하지 않으므로 그 향상도에 따라서는 구분 가능 여부가 결정되는 대상들의 수는 변하지 '않으리라' 미루어 알 수 있다. 따라서 "미시 세계에서 측정 기기의 정밀도가 향상될수록 구분 가능하다고 결정되는 대상들의 수는 *감소*한다."라는 선택지의 진술은 맞지 않아 추론할 수 없는 것이다. (같은 원리로 그 수가 증가한다는 것 역시도 맞지 않다.)

④ (○)

| [2단락] | 두 구슬이 똑같지는 않음을 알고 있다. 현미경으로 보면 서로 다른 미세한 홈집이 있을 것이고, 이를 이용하여 두 구슬을 구별할 수 있다. (홈집이 일치하더라도 ··· 정밀한 **측정**이 동반된다면 두 구슬의 차이를 구분할 수 있다.) 결국 **거시 세계**에서 서로 구분 가능 혹은 불가능한지의 결정은 **기기의 정밀도**에 의존한다. |
|---|---|

위의 내용으로 볼 때, 미세한 홈집이 일치하여 (현미경으로도) 구분이 안 될지라도 더 정밀한 측정이 동반되면 (구분 불가능하던 대상들이 구분 가능해 질 수 있으므로) 결정되는 대상들은 증가할 수 있다. 따라서 "거시 세계에서 측정 기기의 정밀도가 향상될수록 구분 가능하다고 결정되는 대상들의 수는 증가한다."라는 선택지의 진술은 추론할 수 있는 것이다.

⑤ (×)

| [2단락] | ··· 결국 **거시 세계**에서 서로 구분 가능 혹은 **불가능**한지의 결정은 기기의 정밀도에 의존한다. |
|---|---|

위의 내용으로 볼 때, 거시 세계에서 (일단 두 물체가) 구분 불가능한 것으로 결정되어도 기기의 정밀도가 향상된다면 구분 가능하다고 말할 수 있는 상황이 있을 수 '있다'. 따라서 "거시 세계의 어떤 상황에서 두 물체가 구분 불가능한 것으로 결정된다면, 그 두 물체가 구분 가능하다고 말할 수 있는 다른 상황은 있을 수 *없다*."라는 선택지의 진술은 맞지 않아 추론할 수 없는 것이다.

**내용공략** 입자(≠전자)의 의미

물질의 일부로서 그 물질과 같은 종류의 매우 작은 물체를 의미하며 물리학에서는 물질을 구성하는 미세한 크기의 물체, 즉 소립자, 원자, 분자, 콜로이드 따위를 이른다. [표준국어대사전]

**속도공략** 각 선택지의 핵심어를 중심으로 제시문의 내용을 이해하며 풀이한다.

---

**14** ▶ ⑤

**유형공략** '수면' 글에서 "추론할 수 있는 것"을 이끌어 내는 문제이다. 각 선택지의 핵심어를 중심으로 제시문의 내용을 이해한다.

제시문의 내용을 요약하여 정리하면 <아래>와 같다.

| 구분 | 내용 |
|---|---|
| [1단락] | 수면과 신체의 피로 사이의 관련성은 ··· 밀접하지 않다. |
| [2-1단락] | 수면은 렘수면과 비(非)렘수면으로 나뉘는데, ··· 비렘수면 동안에는 세타파와 델타파가 나오고 ··· 비렘수면을 '서파 수면'이라고도 한다. |
| [2-2단락] | 렘수면 동안에는 ··· 알파파와 베타파가 나오는데 ··· '역설적 수면'이라고 한다. 렘수면의 목적은 ··· 뇌로 입력된 데이터 처리 과정을 통해 기억과 사고 과정을 도와 이 정보들을 ··· 쉽게 찾도록 하는 것이다. ··· 뇌의 활동이 활발할 때만 일어난다. |
| [3단락] | 만약 뇌의 온도가 올라가면 ··· 더 긴 렘수면 시간을 요구하게 ··· 된다. ··· 비렘수면의 시간도 함께 증가···하기 때문에 수면 시간이 길어(진)···다. |
| [정리] 뇌의 온도∝렘수면∝비렘수면∝수면 시간 | |

① (×)

| [(3단락) 정리] **뇌의 온도**∝렘수면∝**비렘수면**∝수면 시간 |
|---|

으로 볼 때, 뇌의 온도가 올라감에 따라 비렘수면 시간도 '증가'함을 알 수 있다. 따라서 "뇌의 온도가 올라가면 비렘수면 시간이 *감소*한다."라는 선택지의 진술은 맞지 않아 추론할 수 있는 것이 아니다.

② (×) 제시문의 내용으로 볼 때, 뇌의 온도와 수면 종류 사이의 관계에 대해서는 찾을 수 없다. 따라서 "뇌의 온도는 역설적 수면 동안보다 서파 수면 동안에 더 낮다."라는 선택지의 진술은 알 수 없어 추론할 수 있는 것이 아니다.

③ (×)

| [2-1단락] | 비렘수면 동안에는 **세타파와 델타파**가 나오고 ··· |
|---|---|
| [2-2단락] | 렘수면의 목적은 ··· **기억과 사고 과정**을 도와 ··· |

라는 내용으로 볼 때, "뇌에서 세타파와 델타파가 나오면(➜비렘수면) 기억과 사고 과정을 돕는 수면(➜렘수면)이 *이루어진다*."라는 선택지의 진술은 맞지 않아 추론할 수 있는 것이 아니다.

④ (×)

| [1단락] | 수면과 **신체**의 **피로** 사이의 관련성은 ··· 밀접하지 않다. |
|---|---|

는 내용만 알 수 있을 뿐, 신체 활동과 뇌의 활동 사이의 관련성에 대해서는 제시문의 내용에서 찾을 수 없다. 따라서 "피로를 높이는 신체 활동이 늘어나면 서파 수면 동안 뇌의 활동이 더 느려진다."라는 선택지의 진술은 알 수 없어 추론할 수 있는 것이 아니다.

⑤ (○)

| [2-2단락] | 렘수면 동안에는 ··· **알파파와 베타파**가 나오는데 ··· |
|---|---|
| [(3단락) 정리] 뇌의 온도∝렘수면∝비렘수면∝**수면 시간** | |

으로 볼 때, 렘수면이 길어지면 수면 시간도 길어짐을 알 수 있다. 따라서 "알파파와 베타파가 나오는 수면(➡렘수면) 시간이 길어지면 (정상적인 뇌의 활동을 계속하기 위해) 전체 수면 시간이 늘어나야 한다."라는 선택지의 진술은 추론할 수 있는 것이다.

**속도공략** 선택지 ① "뇌의 온도/비렘수면", ② "역설적/서파 수면", ③ "세타파/델타파", ④ "피로", ⑤ "알파파/베타파"를 중심으로 제시문의 내용을 이해하며 풀이한다.

## 15 ▶ ④

**유형공략** 언어B + (논리TF)

'△△부 파견' 글의 빈칸에 들어갈 내용으로 적절하지 않은 것을 고르는 문제이다. 빈칸에 선택지의 진술을 넣어가며 빈칸 앞뒤 내용과 적절하지 않은 것을 판단한다.

제시문의 내용을 요약하여 기호화한 후 정리하면 <아래1>과 같다.

| 내용 | 기호 |
|---|---|
| △△부는 A ~ E 중 파견 사무관을 선정(한)다. | A ~ E. |
| ○ A를 파견하면 B를 파견한다. | i. A→B |
| ○ B를 파견하면 D를 파견하지 않는다. | ii. B→~D |
| ○ C를 파견하면 E를 파견하지 않는다. | iii. C→~E |
| ○ D를 파견하지 않으면 C를 파견한다. | iv. ~D→C |
| ○ E를 파견하지 않으면 D를 파견한다. | v. ~E→D |
| | [ i ~ v 정리]<br>A→B→~D→C→~E→D<br>(∵3단논법) |
| 위의 기준으로 사무관 세 명의 파견 여부가 확정되지만 두 명의 파견 여부는 확정되지 않는다. | 3명: 안다, 2명: 모른다 |
| 하지만 "＿＿＿"를 추가하면 모든 사무관의 파견 여부를 확정할 수 있다. | +＿＿＿, ∴ 5명: 안다. |

이에 [ i ~ v 정리] A→B→~D→C→~E→D 에서 사무관 3명의 파견 여부를 알 수 있고, 빈칸 ＿＿＿ 에 하나의 전제를 추가하여 5명의 파견 여부를 확정하는 문제임을 알 수 있다.
먼저 [ i ~ v 정리] A→B→~D→C→~E→D 에서 사무관 D는 반드시 파견(➡ 참)되는 것을 알 수 있다. 왜냐하면 ~D→D 라는 조건명제가 참이기 위해서는 "~D(거짓)→D(참)"으로만 성립하기 때문이다. 그 다음 A→B→~D→C→~E→D 을 [후건부정법(대우)]을 사용하면 A→B→~D≡D→~B→~A 이므로 B는 파견되지 않고 A도 파견되지 않음을 추리할 수 있다.

결국 사무관 D(파견), B(파견×)와 A(파견×)의 파견 여부가 확정되고 [D, ~B, ~A], C와 E의 파견 여부를 확정하기 위해 각 선택지의 진술을 기호화한 후 [정리]된 내용과 비교하여 전건이 참일 때 후건도 참이라는 [전건긍정법]으로 풀이하면 <아래2>와 같다.

| | | A→B→~D→C→~E→E<br>D. ~B, ~A |
|---|---|---|
| 진술 | 기호 | 확정여부 |
| ① (○) A를 파견하지 않으면 C를 파견한다. | ~A→C | C, ~E |
| ② (○) B를 파견하지 않으면 C를 파견한다. | ~B→C | C, ~E |
| ③ (○) C를 파견하지 않으면 D를 파견하지 않는다. | ~C→~D<br>≡ D→C | C, ~E |
| ④ (×) C를 파견하지 않으면 E를 파견하지 않는다. | ~C→~E | ? |
| ⑤ (○) D나 E를 파견하면 C를 파견한다. | (D∨E)→C | C, ~E |

④의 경우, E가 거짓일 때 C의 진릿값이 결정되지 않는다(≒ C의 파견여부를 확정할 수 없다).

**내용공략** 직접증명법

| | [전제1]<br>참이고, | [전제2]<br>참이면, | [결론]<br>따라서 참이다. |
|---|---|---|---|
| 삼단논법 | p→q | q→r | ∴ p→(q)→r |
| 전건긍정법<br><참고: '조건'명제> | p→q | p | ∴ q |
| 후건부정법<br><참고: '대우'명제> | p→q | ~q | ∴ ~p |

**속도공략** 제시문의 빈칸에 각 선택지의 진술을 "넣어보면서" 적절성 여부를 풀이한다.

## 16 ▶ ④

**유형공략** 논리TF

'신입사원 배치' 글의 내용이 "참일 때 반드시 참"인 것을 연역적으로 추리하는 문제이다. 제시문의 내용을 기호화/도식화하되 <선택지>의 구성이 <배치 원칙>에 따라 풀이하는 것과 <추가 원칙>까지 보고 풀이하는 것으로 나뉘어 있음에 유의한다.

제시문 내용을 요약·정리하며 <배치 원칙>까지 기호/도식화하면 <아래1>과 같다.

| 내용 | 기호 / 도식 |
|---|---|

영어(하는) 갑순과 을돌, 중국어(하는) 병수와 정희를 <배치 원칙>에 따라 총무부, 인사부, 영업부, 자재부에 각 **한 명**씩 배치(한)다.
네 명 중 병수를 제외한 나머지는 신입이고,
갑순만 자격증을 가지고 있다.

| | new 갑:E+자 | new 을:E | 병:C | new 정:C |
|---|---|---|---|---|
| 총무1 | | | | |
| 인사1 | | | | |
| 영업1 | | | | |
| 자재1 | | | | |

<배치 원칙>

○1 총무부와 인사부 중 한 곳에는 자격증 있는 사원(≒갑)을 배치

○2 영업부와 자재부 중 한 곳에만 **중국어** 가능자를 배치

| | new 갑:E+자 | new 을:E | 병:C | new 정:C |
|---|---|---|---|---|
| 총무1 | | | | |
| 인사1 | | | | |
| 영업1 | | | 1 | 곳 |
| 자재1 | | | 1 | C |

○3 정희를 인사부에도 자재부에도 배치하지 않는다면 영업부에 배치 → ○3 -1정: (~인∧~자)→영 ⇔ ○3-2. 정: ~영→(인∨자)

○4 영업부와 자재부 중 한 곳에만 신입 배치 → ○4 either 영 or 자 : 신입

≒[○4 정리] (신입이 아닌) 병수가 영업부 또는 자재부 중 하나에 반드시 배치 → [○4 정리] 병: either 영 or 자

이 원칙에 따라 일부 사원의 부서만 결정.

○1 총무부와 인사부 중 한 곳에는 자격증 있는 사원(≒갑)을 배치
○4 영업부와 자재부 중 한 곳에만 신입 배치

이에 ≒[○4 정리] (신입이 아닌) 병수가 영업부 또는 자재부 중 하나에 반드시 배치 에 따라 일단 4가지 경우를 생각해 볼 수 있다. 이는 Ⅰ. 갑이 총무부에 배치되고 병수가 영업부에 배치되는 경우, Ⅱ. 갑이 총무부에 배치되고 병수가 자재부에 배치되는 경우, Ⅲ. 갑이 인사부에 배치되고 병수가 영업부에 배치되는 경우, Ⅳ. 갑이 인사부에 배치되고 병수가 자재부에 배치되는 경우이다. 각 경우에서 ○3-2. 정: ~영→(인∨자) 를 고려하며 풀이를 시작해 보자. (병을 배치하면 정이 영업부와 자재부에는 배치될 수 없으므로 결과적으로 Ⅰ과 Ⅱ의 경우만 성립한다.)

Ⅰ. 갑이 총무부에 배치되고 병수가 영업부에 배치되는 경우 : 성립

| | new 갑:E+자 | new 을:E | 병:C | new 정:C |
|---|---|---|---|---|
| 총무1 | ○ | – | – | – |
| 인사1 | – | -1 | | ○2 |
| 영업1 | – | – | ○ | – |
| 자재1 | – | ○1 | – | ×(∵ ○2) |

○3-2. 정: ~영→(인∨자)

Ⅱ. 갑이 총무부에 배치되고 병수가 자재부에 배치되는 경우 : 성립

| | new 갑:E+자 | new 을:E | 병:C | new 정:C |
|---|---|---|---|---|
| 총무1 | ○ | – | – | – |
| 인사1 | – | -1 | | ○2 |
| 영업1 | – | ○1 | | ×(∵ ○2) |
| 자재1 | – | – | ○ | |

○3-2. 정: ~영→(인∨자)

Ⅲ. ~~갑이 인사부에 배치되고 병수가 영업부에 배치되는 경우~~ : 불성립 (○3에 위배)

| | new 갑:E+자 | new 을:E | 병:C | new 정:C |
|---|---|---|---|---|
| 총무1 | – | | | ~~이~~ |
| 인사1 | ○ | – | – | – |
| 영업1 | – | – | ○ | – |
| 자재1 | – | | – | ×(∵ ○2) |

○3-2. 정: ~영→(인∨자)

Ⅳ. ~~갑이 인사부에 배치되고 병수가 자재부에 배치되는 경우~~ : 불성립 (○3에 위배)

| | new 갑:E+자 | new 을:E | 병:C | new 정:C |
|---|---|---|---|---|
| 총무1 | – | | | ~~이~~ |
| 인사1 | ○ | – | – | – |
| 영업1 | – | | – | ×(∵ ○2) |
| 자재1 | – | | ○ | |

○3-2. 정: (~인∧~자)→영

위의 Ⅰ과 Ⅱ의 경우를 바탕으로 선택지 ①과 ②의 진술만을 풀이해 보자.

① (×) <배치 원칙>만으로 풀이한 Ⅰ과 Ⅱ의 경우로 볼 때, 갑순의 부서는 총무부이다. 따라서 "<배치 원칙>만으로 배치된 갑순의 부서는 *영업부*이다."라는 선택지의 진술은 반드시 거짓이다.

② (×) <배치 원칙>만으로 풀이한 Ⅰ과 Ⅱ의 경우로 볼 때, 을돌의 부서는 자재부일 수도 있고 영업부일 수도 있다. 따라서 "<배치 원칙>만으로 배치된 을돌의 부서는 자재부이다."라는 선택지의 진술은

참일 수도 거짓일 수도 있어 반드시 참은 아니다.

다음으로는 <배치 원칙>까지 풀이한 위의 Ⅰ과 Ⅱ의 경우를 참고하면서, <추가 원칙>에 따라 선택지 ③~⑤를 풀이해 보자. (결과적으로 Ⅰ의 경우만 성립하여 남는다.) 다시 <추가 원칙>의 내용까지 기호/도식화하면 <아래2>와 같다.

| <추가 원칙> | | | | | 기호 / 도식 | | |
|---|---|---|---|---|---|---|---|
| ○5 인사부와 영업부에 같은 외국어 할 수 있는 사원들을 배치 | | | | | new | new | | new |

| | new | new | | new |
|---|---|---|---|---|
| | 갑:E+자 | 을:E | 병:C | 정:C |
| 총무1 | | | | |
| 인사1 | | | | |
| 영업1 | | | 1 | 곳 |
| 자재1 | | | 1 | C |

그 결과 위 네 명의 배치를 다 결정

Ⅰ. 갑이 총무부에 배치되고 병수가 영업부에 배치되는 경우: 성립 (중국어를 할 수 있는 병수와 정희가 각각 영업부 와 인사부 에 배치)

| | new | new | | new |
|---|---|---|---|---|
| | 갑:E+자 | 을:E | 병:C | 정:C |
| 총무1 | ○ | – | | |
| 인사1 | – | –1 | | ○2 |
| 영업1 | – | – | ○ | |
| 자재1 | – | ○1 | | × (∵ ○2) |

Ⅱ. *갑이 총무부에 배치되고 병수가 자재부에 배치되는 경우*: 불성립 (○5에 위배)

| | new | new | | new |
|---|---|---|---|---|
| | 갑:E+자 | 을:E | 병:C | 정:C |
| 총무1 | ○ | – | | |
| 인사1 | – | –1 | | ○2 |
| 영업1 | – | ○1 | – | × (∵ ○2) |
| 자재1 | | | | |

③ (×) <배치 원칙>과 <추가 원칙>에 따른 Ⅰ의 경우로 볼 때, 병수의 부서는 영업부이다. 따라서 "<배치 원칙>과 <추가 원칙>에 따라 최종적으로 배치된 병수의 부서는 *자재부*이다."라는 선택지의 진술은 반드시 거짓이다.

④ (○) <배치 원칙>과 <추가 원칙>에 따른 Ⅰ의 경우로 볼 때, 정희의 부서는 인사부이다. 따라서 "<배치 원칙>과 <추가 원칙>에 따라 최종적으로 배치된 정희의 부서는 인사부이다."라는 선택지의 진술은 반드시 참이다.

⑤ (×) <배치 원칙>과 <추가 원칙>에 따른 Ⅰ의 경우로 볼 때, 갑순의 부서는 '총무부'이고, 을돌의 부서는 자재부이다. 따라서 "<배치 원칙>과 <추가 원칙>에 따라 최종적으로 배치된 *갑순*의 부서도 을돌의 부서도 총무부가 *아니다*."라는 선택지의 진술은 반드시 참은 아니다.

**속도공략** 기호화하여 풀이한다.

## 17 ▶ ①

**유형공략** '유행의 형성 원인' 글의 A와 B에 대한 "분석으로 적절한 것만을 <보기>에서 모두" 고르는 문제이다. 각 <보기> 진술의 핵심어를 중심으로 A와 B의 내용을 정리한다.

<보기>의 핵심어를 중심으로 A와 B의 내용을 정리하면 <아래>와 같다.

| 내용 |
|---|
| A: 유행은 개인의 취향과 기호를 이용하는 산업 자본에 의해 만들어진 것이다. … 기업은 유행의 변화 속도를 과거보다 더 빠르게 만들었다. |
| B: 소비자는 자기의 취향과 기호에 의해 상품을 주체적으로 선택한다고 믿지만 실제로는 그렇지 않다. … 소외에 대한 … 불안은 … 주목한 것들을 추종하고 모방하여 소비하도록 부추긴다. … 이와 같은 과정을 거쳐서 유행이 형성되는 것이다. |

ㄱ. (○)

| A: 유행은 개인의 취향과 기호를 이용하는 산업 자본에 의해 만들어진 것이다. |
|---|
| B: 소비자는 자기의 취향과 기호에 의해 상품을 주체적으로 선택한다고 믿지만 실제로는 그렇지 않다. |

위의 내용으로 볼 때, A는 유행이 자본에 의해 만들어지고 B는 소비자는 자기의 취향과 기호에 의해 선택한다고 보지 않으므로 "A도 B도 유행의 형성 원인이 소비자 개인의 취향과 기호에 의한 주체적 상품 선택이라고 보지 않는다."라는 <보기> 진술은 분석으로 적절하다.

ㄴ. (×) 제시문 A의 내용으로 볼 때, A는 모방 심리에 대하여 어떠한 주장도 하지 않음을 알 수 있다. 따라서 "(B와 달리) A는 소비자들의 모방 심리가 유행에 영향을 미치지 않는다고 *주장한다*."라는 <보기> 진술은 맞지 않아 분석으로 적절하지 않다.

ㄷ. (×)

> A: 기업은 유행의 변화 속도를 과거보다 더 빠르게 만들었다.

라는 내용을 알 수 있을 뿐, B는 유행의 속도에 대하여 어떠한 주장도 설명도 하지 않음을 알 수 있다. 따라서 "(A보다) B가 사회에서 유행의 발생과 변화 속도를 *더 잘 설명할 수 있다*."라는 <보기> 진술은 맞지 않아 분석으로 적절하지 않다.
최종적으로 적절한 것이라 "ㄱ"을 고른 ①이 정답이다.

**속도공략** <보기> ㄱ. "주체적 상품 선택", ㄴ. "모방 심리", ㄷ. "유행의 발생과 변화"를 중심으로 제시문 A와 B를 정리하되 A를 읽고 <보기> ㄱ, ㄴ, ㄷ을 풀이한 후 B를 읽고 다시 풀이한다.


# 18 ▶④

**유형공략** '갑과 을의 유전자를 둘러싼 논쟁'에 대한 "평가로 적절한 것만을 <보기>에서 모두" 고르는 문제이다. 각 <보기>의 진술에 "약화/강화"가 있으므로, 제시문 갑과 을의 논지를 중심으로 내용을 이해하되 각 진술이 갑과 을의 논지를 반박하는지/지지하는지 평가한다.

제시문의 내용을 갑과 을의 논지를 중심으로 요약하면 <아래>와 같다.

| 내용 |
|---|
| 갑: 유전자는 유기체를 활용한다. … 유전자에 의해 결정되는 형질은 인간이 환경이나 행동을 바꾼다고 개선될 수 있는 것이 아니다. (신체적 질병뿐 아니라 중독, 행동장애, 정신질환도 유발하는 유전자가 있다.) |
| 을: … 중요한 것은 유전자가 아니라 한 사람의 삶 속에서 유전자의 활동이 어떻게 조절되느냐이다. (음식, 주거 환경, 생활양식이 다른 신체 상태를 유발할 수 있다. 행동과 실천으로 삶을 바꿀 수 있다.) |

ㄱ. (×)

> 갑: 유전자는 유기체를 활용한다. … **유전자**에 의해 결정되는 형질은 인간이 환경이나 행동을 바꾼다고 개선될 수 있는 것이 아니다. (신체적 질병뿐 아니라 중독, 행동장애, 정신질환도 유발하는 유전자가 있다.)

위의 내용으로 볼 때, 만일 유전자가 (유기체를) 활용하는 방식이 결정되어 있어 (환경이나 행동으로 신체 조건을 변경해도) 질병 등의 형질을 바꿀 수 없다는 새로운 진술이 나온다면, 적어도 갑의 주장이 약화되지 않는다. 따라서 "유전자가 작동되는 방식은 정해져 있어 다른 신체 조건이 변경되어도 바뀔 수 없다는 것이 사실이라면, 갑의 주장이 *약화된다*."라는 <보기> 진술은 평가로 적절하지 않다.

ㄴ. (○)

> 을: … 중요한 것은 유전자가 아니라 한 사람의 삶 속에서 유전자의 활동이 어떻게 조절되느냐이다. (음식, 주거 **환경**, **생활**양식이 다른 신체 상태를 유발할 수 있다. 행동과 실천으로 삶을 바꿀 수 있다.)

위의 내용으로 볼 때, 만일 어떤 질병을 유발하는 유전자가 있어도 (중요한 것은 그 유전자가 아니라) 생활양식 등에 따라 그 질병을 발병하지 않도록 유발할 수 있다는 새로운 진술이 나온다면, 을의 주장이 강화된다. 따라서 "고혈압을 유발하는 유전자를 갖고 있더라도 생활환경에 따라 고혈압이 발병하지 않는 것이 사실이라면, 을의 주장이 강화된다."라는 <보기> 진술은 적절하다.

ㄷ. (○)

> 갑: … 유전자에 의해 결정되는 형질은 인간이 환경이나 행동을 바꾼다고 개선될 수 있는 것이 아니다. (신체적 **질병**뿐 아니라 중독, 행동장애, 정신질환도 유발하는 **유전자**가 있다.)

> 을: … 중요한 것은 유전자가 아니라 한 사람의 삶 속에서 **유전자의 활동**이 어떻게 조절되느냐이다. (음식, 주거 환경, 생활양식이 다른 신체(→질병 발병) 상태를 유발할 수 있다.)

위의 내용으로 볼 때, 만일 (유전자에 의해 질병이라는 형질이 생기는 것이라는 새로운 진술이 나온다면 갑의 주장이 강화되겠지만 이와 달리) 유전자가 아니라 '유전자의 활동'의 조절 여부에 따라 질병이 유발된다는 새로운 진술이 나온다면, 갑의 주장은 약화되지만 을의 주장은 강화된다. 따라서 "대부분의 질병은 특정 유전자가 있어서 생기는 것이 아니라 유전자의 활동이 조절되는 양상에 따라 발병한다는 것이 사실이라면, 갑의 주장은 약화되지만 을의 주장은 강화된다."라는 <보기> 진술은 적절하다.
최종적으로 적절한 것이라 "ㄴ, ㄷ"을 모두 고른 ④가 정답이다.

**속도공략** 논지(주장, 결론 등)를 중심으로 제시문의 내용을 이해한다.


## 19~20

**유형공략** 하나의 제시문에 두 문제가 출제되는 유형으로, 대개 제시문의 전반적인 내용을 이해하는 기본문제 하나와 이를 바탕으로 한 응용문제 하나로 구성되어 있다. 제시문을 읽고 두 문제를 연속적으로 풀기보다는 두 문제의 구성을 보면서 다양한 읽기 전략으로 풀이하는 것이 바람직하다.


# 19 ▶①

**유형공략** '절대적 개념' 글의 빈칸 "(가) ~ (다)에 들어갈 말을 적절하게 나열한 것"을 찾는 문제이다. 빈칸 앞뒤 맥락의 제시문 내용을 참고하되 선택지의 진술을 넣어가며 풀이한다.

빈칸 (가) 앞뒤 제시문의 내용을 중심으로 요약하며 풀이하면 <아래 1>과 같다.

| [1단락] |
|---|
| 철학자 A는 절대적 개념이 있다고 주장한다. … |

| [2-1단락] |
|---|
| 그렇다면 '지식', 즉 '앎'이라는 개념은 어떨까? 우리가 무엇을 아는 경우는 두 가지이다. 하나는 "나는 이순신에 관해서 안다."처럼 어떤 대상에 관한 지식을 가지는 것이다. 이를 '대상적 지식'이라고 한다. 다른 하나는 "나는 영국의 수도가 런던이라는 사실을 안다."처럼 특정한 사실을 아는 것이다. 이를 '사실적 지식'이라고 한다. |

| [2-2단락] |
|---|
| (대상적 지식의 경우 정도의 차이를 허용하는 것이 가능하다고 생각한다.) 하지만 A에 의하면 대상적 지식은 정도의 차이가 없다. 우선 <u>사실적</u> 지식을 살펴보자. 두 사람이 "영국의 수도는 런던이다."를 알 때, 한 사람이 다른 사람보다 그것을 더 안다는 것은 말이 되지 않는다. 즉 (가) 지식이라는 개념은 절대적 개념이다. |

| ①/②/③ | ④/⑤ |
|---|---|
| 사실적 | ~~대상적~~ |

빈칸 (나) 앞뒤 제시문의 내용을 중심으로 요약하며 풀이하면 <아래 2>와 같다.

| [2-3단락] |
|---|
| 그런데 A는 (대상적 지식을 포함한) <u>모든</u> 유형의 지식은 <u>사실적 지식이라는 전제</u>를 받아들인다. … 나아가 A는 거의 모든 (나) 지식은 (1) 의심에서 벗어날 수 없다는 전제, 그리고 (2) 어떤 의심의 여지도 없는 것만이 지식이 될 수 있다는 전제를 추가로 받아들인다. <u>A는 (이 사실적 지식의 전제들로부터)</u> 우리가 무언가를 안다는 (대상적 지식의) 주장들이 거의 모두 거짓이라는 결론에 도달한다. |

| ① | ② | ③ |
|---|---|---|
| 사실적 | 사실적 | ~~대상적~~ |

빈칸 (다) 앞뒤 제시문의 내용을 중심으로 요약하며 풀이하면 <아래 3>과 같다.

| [3단락] |
|---|
| 하지만 철학자 B는 '지식', 즉 '앎'이라는 개념을 절대적 개념이라고 해서 반드시 A의 결론이 도출되는 것은 아니라는 반론을 제시한다. … 따라서 '평평함'을 절대적 개념으로 인정하더라도, 우리는 도로가 평평하다고 말할 수 있다고 B는 지적한다. '지식', 즉 '앎'이라는 개념도 이와 유사하다. 어떤 사실에 대해서 그 사실을 알든가 알지 못하든가 둘 중 하나(➔ 절대적 개념)임을 인정하더라도 (A의) (다) 는 결론이 반드시 따라 나오는 것은 아니라고 B는 말한다. |

| ① | ② |
|---|---|
| 우리가 아는 것이 거의 없다. (→ 거의 모두 거짓)<br>(∵ [2-3단락]에서 A는 <u>우리가 무언가를 안다는 주장들이 거의 모두 거짓</u>이라는 결론을 도출했으므로, 빈칸 (다)에 이와 유사한 결론이 들어가야만 이에 B가 반론을 제기하는 앞뒤 맥락과 호응을 이룬다.) | ~~'앎'은 '평평함'과는 달리 절대적 개념이다.~~ |

① ( ○ ) (가)~(다)에 들어갈 말을

(가): 사실적
(나): 사실적
"(다): 우리가 아는 것이 거의 없다"라고 적절하게 나열한 진술이 정답이다.

**속도공략** 빈칸 앞뒤 맥락의 제시문 내용에 집중한다.

# 20  ▶ ⑤

**유형공략** '절대적 개념' 글의 "A와 B에 대한 분석으로 가장 적절한 것"을 찾는 문제이다. 각 선택지의 핵심어를 중심으로 제시문의 내용을 이해한다.

선택지의 핵심어를 중심으로 A와 B의 제시문 내용을 요약하면 <아래>와 같다.

| 구분 | 내용 |
|---|---|
| [1단락] | 철학자 A는 절대적 개념이 있다고 주장한다. 그가 절대적 개념 중 하나로 생각하는 '평평함'이라는 개념을 보자. (사소한 흠집이나 요철이 있으면 평평함에 가까울 수는 있지만 평평한 것이 아니다. 두 표면이 평평함에 얼마나 근접해 있는가를 비교할 수는 있다. 그러나 두 표면이 둘 다 평평하면서 그중 하나가 다른 하나보다 더 평평한 경우란 있을 수 없다.) 표면은 평평하거나 평평하지 않거나 둘 중 하나일 뿐이다. 이로부터 A는 우리가 평평하다고 생각하는 것 중에 실제로 평평한 것은 거의 없을 것이라는 결론에 다다른다. |
| [2단락] | 그런데 A는 (대상적 지식을 포함한) 모든 유형의 지식은 <u>사실적</u> 지식이라는 전제를 받아들인다. … 나아가 A는 거의 모든 (나) : <u>사실적</u> 지식은 (1) 의심에서 벗어날 수 없다는 전제, 그리고 (2) 어떤 의심의 여지도 없는 것만이 지식이 될 수 있다는 전제를 추가로 받아들인다. A는 (이 전제들로부터) 우리가 무언가를 안다는 주장들이 거의 모두 거짓이라는 결론에 도달한다. |
| [끝단락] | 하지만 철학자 B는 '지식', 즉 '앎'이라는 개념을 절대적 개념이라고 해서 반드시 A의 결론이 도출되는 것은 아니라는 반론을 제시한다. … (자동차 주행을 위한 도로를 점검(한)다면 그 표면의 미세한 굴곡은 요철로 간주되지 않는다.) 따라서 '평평함'을 절대적 개념으로 인정하더라도, 우리는 도로가 평평하다고 말할 수 있다고 B는 지적한다. '지식', 즉 '앎'이라는 개념도 이와 유사하다. 어떤 사실에 대해서 그 사실을 알든가 알지 못하든가 둘 중 하나(➔ 절대적 개념)임을 인정하더라도 (A의) (다) : 우리가 아는 것이 거의 없다는 결론이 반드시 따라 나오는 것은 아니라고 B는 말한다. |

① ( × )

| [1단락] | 철학자 A는 **절대적 개념**이 있다고 주장한다. 그가 절대적 개념 중 하나로 생각하는 '**평평함**'이라는 개념을 보자. (사소한 흠집이나 요철이 있으면 평평함에 가까울 수는 있지만 평평한 것이 아니다. 두 표면이 평평함에 얼마나 근접해 있는가를 비교할 수는 있다. 그러나 두 표면이 둘 다 평평하면서 그중 하나가 다른 하나보다 더 평평한 경우란 있을 수 **없다**.) 표면은 평평하거나 평평하지 않거나 둘 중 하나일 뿐이다. … |
|---|---|

위의 내용으로 볼 때, A에 따르면 '평평함'이라는 개념은 절대적 개념이다. 이에 (사소한 흠집이나 요철이 있어) '평평함에 근접함' 정도를 비교할 수 있는 개념은 (평평하거나 평평하지 않거나 둘 중 하나와만 관련된 '평평함'이라는) 절대적 개념이 '**아님**'을 알 수 있다. 따라서 "A에 따르면, '평평함에 근접함'이라는 개념은 절대적 개념*이다*."라는 선택지의 진술은 A에 맞지 않아 적절하지 않다.

② ( × )

| [1단락] | 철학자 A는 절대적 개념이 있다고 주장한다. 그가 절대적 개념 중 하나로 생각하는 '평평함'이라는 개념을 보자. (사소한 흠집이나 요철이 있으면 평평함에 가까울 수는 있지만 평평한 것이 아니다. 두 표면이 평평함에 얼마나 근접해 있는가를 비교할 수 **있다**. 그러나 두 표면이 둘 다 평평하면서 그중 하나가 다른 하나보다 더 평평한 경우란 있을 수 **없다**.) … |
|---|---|

위의 내용으로 볼 때, A에 따르면 '어떤 표면이 다른 표면보다 더 평평하다.'라고 평평함에 근접한 정도를 비교할 수는 **있다**. 즉 이 말은 성립'한다'. 그러나 두 표면이 둘 다 평평하면서 그중 한 표면이 다른 한 표면보다 더 평평한 경우는 있을 수 **없다**. 즉 이 말은 성립하지 않는다.

따라서 (평평함과 아름다움이 모두 절대적 개념이라고 가정한 후) "A에 따르면, '어떤 것이 다른 것보다 더 아름답다.'라는 말은 성립하지 *않는다*."라는 선택지의 진술은 A에 맞지 않아 적절하지 않다. (A에 따르면 두 대상이 둘 다 아름다우면서 그중 '어떤 것이 다른 것보다 더 아름답다.'라는 말이 성립하지 않으리라 미루어 알 수 있다.)

③ ( × )

| [1단락] | 철학자 A는 절대적 개념이 있다고 주장한다. … 이로부터 A는 우리가 평평하다고 생각하는 것 중에 실제로 평평한 것은 거의 없을 것이라는 결론에 다다른다. |
|---|---|
| [2단락] | **그런데** A는 (대상적 지식을 포함한) **모든** 유형의 **지식**은 **사실적 지식**이라는 **전제**를 받아들인다. … A는 (이 전제들로부터) 우리가 무언가를 안다는 주장들이 거의 모두 거짓이라는 결론에 도달한다. |
| [끝단락] | **하지만** 철학자 B는 '지식', 즉 '앎'이라는 개념을 절대적 개념이라고 해서 반드시 A의 결론이 도출되는 것은 아니라는 반론을 제시한다. … 따라서 '평평함'을 절대적 개념으로 **인정**하더라도, 우리는 도로가 평평하다고 말할 수 있다고 B는 지적한다. … |

위의 내용으로 볼 때, (A는 절대적 개념이 있다고 주장하면서 모든 유형의 지식은 사실적 지식이라는 전제를 통해 우리는 무언가를 알

수 없다는 결론을 내리지만,) B는 A의 (전제의 앞'전제'인) 절대적 개념을 '인정'하면서 (A가 주장하는 모든 지식이 사실적 지식이라는 전제도 '인정'하리라 미루어 알 수 있지만) A의 결론만은 거부한다는 것을 미루어 알 수 있다. 따라서 "B는 모든 지식이 궁극적으로 사실적 지식이라는 A의 *전제를 거부한다*."라는 선택지의 진술은 맞지 않아 적절하지 않다.

④ ( × )

| [끝단락] | … (자동차 주행을 위한 도로를 점검(한)다면 그 **표면의 미세한 굴곡**은 요철로 간주되지 않는다.) 따라서 '평평함'을 절대적 개념으로 인정하더라도, 우리는 도로가 평평하다고 말할 수 있다고 B는 지적한다. … |
|---|---|

위의 내용으로 볼 때, B는 (도로를 점검한다면) 표면의 미세한 굴곡이 발견'되어도' 단지 요철로 간주하지 않으리라 미루어 알 수 있다. 따라서 "B에 따르면, (아무리 높은 배율로 관찰하더라도) 표면의 미세한 굴곡은 발견**되지 않을 것**이다."라는 선택지의 진술은 적절하지 않다.

⑤ ( ○ )

| [1단락] | 철학자 A는 절대적 개념이 있다고 주장한다. 그가 절대적 개념 중 하나로 생각하는 '평평함'이라는 개념을 보자. … 이로부터 A는 우리가 평평하다고 생각하는 것 중에 실제로 평평한 것은 거의 **없을 것**이라는 결론에 다다른다. |
|---|---|
| [끝단락] | **하지만** 철학자 B는 '지식', 즉 '앎'이라는 개념을 절대적 개념이라고 해서 반드시 A의 결론이 도출되는 것은 아니라는 반론을 제시한다. … (자동차 주행을 위한 도로를 점검(한)다면 그 표면의 미세한 굴곡은 요철로 간주되지 않는다.) 따라서 '평평함'을 절대적 개념으로 **인정하더라도**, 우리는 도로가 평평하다고 말할 수 있다고 B는 지적한다. |

위의 내용으로 볼 때, "B에 따르면, 동일한 도로 표면이 어떤 (도로를 점검하는) 상황에서는 평평하고 (A의 절대적 개념을 인정하는) 다른 상황에서는 평평하지 않다고 말할 수 있다."라는 선택지의 진술은 적절하다. (반드시 A의 결론이 도출되는 것은 아니라는 B의 반론은 때로는 A의 결론으로 때로는 A의 결론과는 다르게 나타난다는 주장임을 알 수 있다.)

**속도공략** 선택지 ①과 ②의 "A/절대적 개념", ③, ④, 그리고 ⑤의 "B/굴곡/평평"을 중심으로 제시문의 내용을 이해하며 풀이한다.

## 21 ▶ ⑤

**유형공략** '고려 및 조선의 군 지휘권' 글의 내용과 "부합하는 것"을 사실적으로 찾는 문제이다. 각 선택지의 핵심어를 중심으로 제시문을 이해한다.

① ( × ) (마지막 단락 4번째 줄) "이방원은 … '**왕자의 난**'을 일으켜 … 권력을 잡았다. 이방원은 … 즉위 직후 **절제사**들의 휘하에 있는 모든 군인에 대한 지휘권을 의흥삼군부에 넘겨 버렸다."라는 내용을 찾을 수 있을 뿐, 각 도 절제사가 누구로 대체되었는지 여부와 관련된 내용은 제시문에서 찾을 수 없다. 따라서 "왕자의 난을 계기로 각 도

절제사가 공신 또는 왕자로 대체되었다."라는 선택지의 진술은 알 수 없어 부합하는 것이 아니다.

② (×) (첫 번째 단락 3번째 줄) "공민왕은 … (수도 방위) 2군 6위를 8위로 개편하…지만 … 제 기능을 발휘하지 못했다. 한편 **지방의 주현군**도 무신 집권기 이후 '사라졌다'. … 각 도 절제사(는) … 사병으로 … 세력을 강화…했다. … 이 … 군인들을 '시위패'라고 불렀다."라는 내용과 (두 번째 단락 4번째 줄) "**조선**을 세워 왕이 된 이성계는 삼군도총제부를 의흥삼군부로 개편한 뒤, 8위의 지휘권을 그(➡삼군부)에 귀속시켰다."라는 내용을 찾을 수 있다.

이에 (고려) 지방의 주현군에 속했던 군인들은 사라졌고, 조선 시대 8위 지휘권을 삼군부에 귀속시켰음을 알 수 있을 뿐, "지방의 주현군에 속했던 군인들은 조선 초에 8위 아래 배속되었다."라는 선택지의 진술과 관련된 내용을 제시문에서 찾을 수 없어 알 수 없으므로 부합하는 것이 아니다.

③ (×) (두 번째 단락 1번째 줄) "'이성계'는 **삼군도총제부를 만들**었다는 내용으로 볼 때, 따라서 "**공민왕**은 삼군도총제부를 만들어 주현군이 하던 일을 대신 맡게 하였다."라는 선택지의 진술은 맞지 않아 부합하는 것이 아니다. (공민왕은 지방의 주현군의 역할을 각 도 절제사의 시위패가 하는 것에 대해 방임했으리라 생각해 볼 수 있다.)

④ (×) (첫 번째 단락 3번째 줄) "공민왕은 **2군 6위를 8위로 개편**"했다는 내용과 (두 번째 단락 4번째 줄) "**조선**을 세워 왕이 된 **이성계는** … 자신의 사병으로 **의흥친군위**를 만든 후 그 **지휘권도** 의흥삼군부에 넘겼다."라는 내용을 찾을 수 있다.

이에 이성계는 조선을 건국한 '후' 의흥친군위의 지휘권을 (의흥삼군부에) 넘겼음을 알 수 있고 (공민왕이 이미 개편했던) 2군 6위에 대해서는 이성계와 관련시킬 수 있는 제시문의 내용을 찾을 수 없다. 따라서 "이성계는 조선을 건국하기 **前**에 의흥친군위와 2군 6위에 대한 지휘권을 포기하였다."라는 선택지의 진술은 맞지 않고 알 수 없어 부합하는 것이 아니다.

⑤ (○) (첫 번째 단락 아래에서 2번째 줄) "절제사들이 거느리게 된 군인들을 '시위패'라고 불렀다."라는 내용과 (마지막 단락 아래에서 4번째 줄) "**이방원**은 … **왕**위에 올랐는데, … 즉위 직후 **절제사들**의 휘하에 있는 모든 군인(➡ 시위패)에 대한 **지휘권**을 의흥삼군부에 넘겨버렸다."라는 내용으로 볼 때, "이방원이 왕으로 있던 때에 의흥삼군부는 절제사들이 거느린 시위패에 대한 지휘권을 넘겨받았다."라는 선택지의 진술은 부합하는 것이다.

**속도공략** 선택지 ① "왕자의 난", ② "주현군/8위", ③ "공민왕/삼군도총제부", ④ "이성계/의흥친군위/2군 6위", ⑤ "이방원/의흥삼군부/시위패"를 중심으로 제시문의 내용을 이해하며 풀이한다.

## 22 ▶ ③

**유형공략** '고구려와 수' 글에서 "알 수 있는 것"을 사실적으로 찾는 문제이다. 각 선택지의 핵심어를 중심으로 제시문의 내용을 이해한다.

① (×) (두 번째 단락 1번째 줄) "[수] '양제'는 … **내호아**…에게 군량을 싣고 **바다를** 건너 … 수 군대에 보급하라고 지시했다."라는 내

용으로 볼 때, "수 **問題**는 내호아에게 바다를 통해 군량을 운송하라는 명령을 내렸다."라는 선택지의 진술은 맞지 않아 알 수 있는 것이 아니다.

② (×) (두 번째 단락 1번째 줄) "내호아는 … 바다를 건너왔지만, 고구려의 **고건무에게** 패(해) … 군량을 모두 잃었다."라는 내용을 찾을 수 있을 뿐, 고건무와 우중문의 전투와 관련된 내용은 제시문에서 찾을 수 없다. 따라서 "고건무는 강물을 막았다가 터뜨려 남하하는 우중문의 부대를 저지하였다."라는 선택지의 진술은 알 수 없다.

③ (○) (마지막 단락 2번째 줄) "**고구려는 수의 별동대가** … 퇴각할 것으로 보았으며, … 강을 건너느라 방비를 소홀히 할 때 치기로 했다. 예상대로 적군이 **평양** 인근**까지 왔다가** 철수하자 고구려는 … 살수(➡ 강)를 건너는 적…을 … 크게 격파하였다."라는 내용으로 볼 때, "고구려는 평양 근처까지 왔다가 물러나는 수의 별동대가 강을 건널 때 공격하여 승리하였다."라는 선택지의 진술은 알 수 있는 것이다.

④ (×) (두 번째 단락 6번째 줄) "**양제**가 이끄는 군대는 … **요하**에 이르러 **도강**을 시도했다. … **우문술** 등의 장수는 **탁군**으로 돌아가 **군량**을 보충하자고 제안했지만, 양제는 받아들이지 **않았다**."라는 내용을 찾을 수 있다.

으로 볼 때, 수 양제는 요하 도강을 포기하지 **않고** 우문술 등의 (탁군에 가서 군량을 보충하자는 제안을) 거부한 채 그(➡ 우문술)에게 탁군에 가서 군량을 가져오라고 명령하지 **않았으리라** 미루어 알 수 있다. 따라서 "수 양제는 요하 도강을 포기하자는 우문술의 제안을 거부하고 그에게 탁군에 가서 **군량을 가져오라고 명령하였다**."라는 선택지의 진술은 맞지 않아 알 수 있는 것이 아니다.

⑤ (×) (두 번째 단락 6번째 줄) "양제가 이끄는 군대는 … 요하에 이르러 도강을 시도했다. 하지만 수 군대는 고구려의 … 방어로 강을 건너는 데 한 달 넘게 걸렸다"는 내용과 (세 번째 단락 아래에서 3번째 줄) "고구려는 … 능한 산성 등에 있는 병력을 동원해 살수를 건너는 적의 앞을 막고 … 크게 격파하였다."라는 내용을 찾을 수 있다.

이에 양제가 이끄는 적군은 요하를 건너갔으며, 고구려는 (퇴각하는) 적군이 '살수'를 지나가지 못하게 하고자 능한 산성에 있는 병력을 동원해 적을 크게 격파하였음을 알 수 있다. 따라서 "고구려는 적군이 **요하**를 지나가지(➡ 도강) 못하게 하고자 능한 산성에 있는 병력을 **요하 건너편**으로 보내 적을 치게 하였다."라는 선택지의 진술은 맞지 않아 알 수 있는 것이 아니다.

**속도공략** 선택지 ① "내호아", ② "고건무/우중문", ③ "별동대", ④ "우문술", ⑤ "능한 산성"을 중심으로 제시문의 내용을 이해하며 풀이한다.

## 23 ▶ ⑤

**유형공략** '온실가스와 외부효과' 글에서 "알 수 있는 것"을 사실적으로 찾는 문제이다. 각 선택지의 핵심어를 중심으로 제시문의 내용을 이해한다.

① (×) (마지막 단락 1번째 줄) "**외부효과**를 내부화하는 방안이 세금과 같은 … 조치인지에 대하여는 이견이 존재한다. 1999년 스웨덴…**정부**가 부과한 환경부담금이 세금의 성격을 가진다는 판결"이 있다는

내용을 알 수 있을 뿐, 그 외 정부와 관련된 정책(ex. 생산 수량 상한)에 대해서는 관련 내용을 찾을 수 없다. 따라서 "오염을 유발하는 제품의 생산 수량 상한을 정부에서 정해주면 외부효과는 없다."라는 선택지의 진술은 알 수 없다.

② (×) (첫 번째 단락 1번째 줄) "누군가의 행동이 제삼자에게 … **혜택**이나 손해를 끼침에도 … 이에 대한 정당한 대가를 받지도 지불하지도 않는 상태를 '**외부효과**'라고 부른다. … **생산 과정**에서 오염 물질을 배출하고 … 정화하기 위한 비용을 부담하지 <u>않</u>는다고 하자. … 생산자는 … 정화비용을 사회에 떠넘겨(➜ 손해를 끼쳐) 더 많은 이익을 취하는 것이다."라는 내용을 찾을 수 있다.

이에 생산 과정에서 타인에게 '손해'를 주어 외부효과를 발생시키는 상태에 관한 내용을 알 수 있을 뿐, 혜택을 주는 상태에 대해서는 관련 내용을 찾을 수 없다. 따라서 "생산 과정에서 타인에게 혜택을 주어 외부효과를 발생시키는 제품은 사회적으로 초과 생산된다."라는 선택지의 진술은 알 수 없다.

③ (×) (마지막 단락 1번째 줄) "**외부효과를 내부화**하는 방안이 **세금**과 같은 … 조치인지에 대하여는 이견이 존재한다. … 이와 다른 예로는 EU가 도입한 온실가스 배출권 제도가 있다. … 판결은 **시장 기반 조치**라는 사실을 명확히 했다."라는 내용을 찾을 수 있을 뿐, 외부효과의 내부화를 위해 시장 기반 조치가 더 효과적인지에 대해서는 관련 내용을 찾을 수 없다. 따라서 "외부효과의 내부화를 위해 세금을 부과하는 대신 시장에 맡기면 더 효과적으로 오염 물질을 줄일 수 있다."라는 선택지의 진술은 알 수 없다.

④ (×) (마지막 단락 아래에서 5번째 줄) "**항공사**들이 부담…하는 배출권 구입 비용은 … 세금이 아니라 … 시장 기반 조치라는 사실을 명확히 했다."라는 내용을 찾을 수 있을 뿐, **온실가스 배출권 가격**과 **외부효과** 사이의 관계에 대해서는 관련 내용을 찾을 수 없다. 따라서 "항공사가 구매해야 하는 온실가스 배출권 가격이 높아질수록 항공사로 인해 발생하는 외부효과는 커진다."라는 선택지의 진술은 알 수 없다.

⑤ (○) (마지막 단락 2번째 줄) "**스웨덴**에서는 … 정부가 부과한 **환경부담금**이 세금의 성격을 가진다는 판결이 나온 바 있다. … 이와 다른 예로는 **EU가 도입한 온실가스 배출권 제도**가 있다. … 유럽사법재판소(는) … 배출권 관련 조치가 … **시장 기반 조치**라는 사실을 명확히 했다."라는 내용을 찾을 수 있다.

이에 스웨덴의 환경부담금은 세금이므로 (EU의 온실가스 배출권 제도의 시장 기반 조치와는 달리) 시장에서 결정되지 <u>않</u>고 정부가 부과하리라 미루어 알 수 있다. 따라서 "스웨덴에서 부과하는 환경부담금은 (EU가 도입한 온실가스 배출권 제도와 달리) 그 금액이 시장에서 결정되지 <u>않</u>는다."라는 선택지의 진술은 알 수 있는 것이다.

**속도공략** 선택지 ① "생산 수량 상한", ② "외부효과/초과생산", ③ "외부효과의 내부화", ④ "항공사", ⑤ "스웨덴"을 중심으로 제시문의 내용을 이해하며 풀이한다.

## 24 ▶ ①

**유형공략** '개인의 성명과 초상의 재산적 가치' 글에서 "알 수 있는 것"을 사실적으로 찾는 문제이다. 각 핵심어의 선택지를 중심으로 제시문의 내용을 이해한다.

① (○) (첫 번째 단락 2번째 줄) "특정인임을 인식할 수 있는 표지 자체가 상업적으로 활용될 수 있는 것이다. … 이러한 **재산적 가치**에 대한 권리로서 '**퍼블리시티권**'이 등장하였다."라는 내용과 (마지막 단락 1번째 줄) "**저작권**은 저작자가 자신이 창작한 저작물을 경제적으로 이용할 수 있도록 보장하(고) … 저작권과 퍼블리시티권은 모두 개인의 **인격**이 깃든 **가치**를 보호"한다는 내용을 찾을 수 있다.

이에 퍼블리시티권과 저작권은 모두 개인의 인격이 깃든 가치를 보호하는데, 퍼블리시티권은 재산적 가치에 대한 권리이고 저작권은 창작한 저작물을 경제적으로 이용하는 권리이므로 수익을 얻을 수 있는 권리임을 미루어 알 수 있다. 따라서 "퍼블리시티권과 저작권은 인격이 밴 재산적 가치로써 수익을 얻을 수 있게 하는 권리이다."라는 선택지의 진술은 알 수 있는 것이다.

② (×) (두 번째 단락 1번째 줄) "**프라이버시권**이 보호하려는 것은 **사생활**의 비밀과 자유"라는 내용을 알 수 있을 뿐, 프라이버시권과 경제적 이익에 대한 침해와 관련된 내용은 제시문에서 찾을 수 없다. 따라서 "프라이버시권은 개인의 사생활과 경제적 이익에 대한 침해를 막기 위하여 등장한 개념이다."라는 선택지의 진술은 프라이버시권과 경제적 이익에 대한 침해 부분에 대해서는 알 수 없다.

③ (×) (마지막 단락 1번째 줄) "**저작권**은 저작자가 자신이 **창작**한 저작물을 경제적으로 이용할 수 있도록 **보장**하여 … (사회적으로 유익한 창작을 유도하고 창작물을 불법 사용으로부터 보호한다.) … 저작권은 … 창작물 자체를 보호 대상으로 한다."라는 내용을 알 수 있을 뿐, 저작권과 창작물의 유통에 대한 규제를 해소하는 것과 관련된 내용은 제시문에서 찾을 수 없다. 따라서 "저작권은 창작의 자유를 보장하여 창작물의 이용과 유통에 대한 규제를 해소하는 데 목적이 있다."라는 선택지의 진술은 저작권과 유통 규제 해소에 대한 부분에 대해서는 알 수 없다.

④ (×) (두 번째 단락 5번째 줄) "**프라이버시권**의 보호법익은 '인간의 존엄성'이…다. … 정신적·육체적 고통을 중심으로 손해의 정도를 파악한다. … 반면에 **퍼블리시티권**은 '자기동일성의 사업적 가치'를 **보호법익**으로 하기 때문에, … 그 … 가치와 … 가해자가 얻은 이익을 고려하여 손해를 산정한다."라는 내용을 찾을 수 있다.

이에 퍼블리시티권과 프라이버시권은 보호법익이 서로 다르고 손해산정 기준도 동일하지 않음을 알 수 있다. 따라서 "퍼블리시티권과 프라이버시권은 보호법익이 *서로 같지만* 침해되었을 때의 손해산정 기준은 동일할 수 없다."라는 선택지의 진술은 맞지 않아 알 수 있는 것이 아니다.

⑤ (×) (마지막 단락 아래에서 5번째 줄) "**저작권**은 유형의 매체에 **고정**된 … 창작물 자체를 보호 대상으로 한다. … **퍼블리시티권**은 … **표현 매체에 고정**될 필요가 <u>없</u>다."라는 내용을 알 수 있을 뿐, 프라이버시권이 유형의 매체에 고정되어야 하는지 여부와 관련된 내용은 제시문에서 찾을 수 없다. 따라서 "프라이버시권과 저작권은 그 보호 대상이 유형의 표현 매체에 고정되어야 한다는 점에서 퍼블리시티권과

차이가 있다."라는 선택지의 진술은 프라이버시권에 대해서는 알 수 없어 알 수 있는 것이 아니다.

**속도공략** 선택지 ① "퍼블리시티권/저작권", ② "프라이버시권"을 중심으로 각 선택지의 부사어를 제시문의 내용과 비교하며 풀이한다.

## 25 ▶ ②

**유형공략** '도토리와 참나무' 글에서 "알 수 <u>없는</u> 것"을 찾는 문제이다. 각 선택지의 핵심어를 중심으로 제시문의 내용을 이해한다.

① (○) (첫 번째 단락 아래에서 3번째 줄) "**과실수**는 **곡류**에 비하여 … **노동력 대비 생산량**이 '월등'"하였다는 내용으로 볼 때, "노동력 대비 생산량은 곡류보다 과실수가 많았다."라는 선택지의 진술은 알 수 있는 것이다.

② (×) (첫 번째 단락 4번째 줄) "**일년생 작물인 곡류**는 … 그 수확량이 크게 요동친다. … 과실수로는 **참나무** … 등이 있다. 과실수는 곡류에 비하여 **재배**하는 데 손이 많이 가지 <u>않</u>"는다는 내용과 (마지막 단락 5번째 줄) "**다년생인 참나무**"라는 내용으로 볼 때, 일년생 작물인 곡류는 (과실수이자) 다년생인 참나무에 비해 재배하는 데 손이 많이 가서 재배가 '어렵다'는 것을 알 수 있다. 따라서 "일년생 작물인 곡류는 다년생인 참나무에 비해 재배가 *쉽다*."라는 선택지의 진술은 맞지 않아 알 수 없는 것이다.

③ (○) (마지막 단락 7번째 줄) "**도토리**는 돼지와 같은 **가축**뿐 아니라 인간을 위한 좋은 식량이 되었다."라는 내용으로 볼 때, "도토리는 사람의 식량뿐 아니라 가축의 먹이로도 활용되었다."라는 선택지의 진술은 알 수 있는 것이다.

④ (○) (마지막 단락 아래에서 4번째 줄) "(곡물의 생산량이 풍흉에 따라 크게 요동칠 때에도) **도토리**는 일정한 양이 생산"된다는 내용으로 볼 때, "도토리의 생산량은 날씨에 별로 구애받지 않고 안정적이었다."라는 선택지의 진술은 알 수 있는 것이다.

⑤ (○) (마지막 단락 2번째 줄) "**참나무**는 전 세계…에 … 쉽게 볼 수 있는 과실수이다. 참나무의 식생 형성에 **인간**이 **기여**한 바가 크다."라는 내용으로 볼 때, "현존하는 많은 참나무 숲 중에는 인간이 그 숲의 형성에 기여한 것이 있다."라는 선택지의 진술은 알 수 있는 것이다.

**속도공략** 선택지 ① "노동력 대비 생산량", ② "재배", ③ "식량/먹이", ④ "생산량/안정적", ⑤ "참나무 숲/인간"을 중심으로 제시문의 내용을 이해하며 풀이한다.

## 26 ▶ ④

**유형공략** '시계시간과 마음시간' 글에서 "알 수 있는 것"을 사실적으로 찾는 문제이다. 각 선택지의 핵심어를 중심으로 제시문의 내용을 이해한다.

① (×) (두 번째 단락 1번째 줄) "{연구자 A는 … 시간을 두 종류로" 구분하였다. 하나는 객관적(이고) … 물리적 시간인 '시계 시간'이고, 다른 하나는 마음으로 그 경과를 지각하는 '마음 시간'이다.} … 신체가 노화하면 … **마음 시간**도 '느려진다.'"라는 내용으로 볼 때, "나이가 들면 (젊었을 때보다) 마음 시간이 *더 빨리* 간다."라는 선택지의 진술은 맞지 않아 알 수 있는 것이 아니다.

② (×) 선택지 ①의 해설로 볼 때, 시계 시간은 객관적이고도 물리적인 시간이므로 나이와 상관없으리라 미루어 알 수 있다. 따라서 "시계 시간은 나이가 들어감에 따라 흐르는 속도가 *빨라진다*."라는 선택지의 진술은 맞지 않아 알 수 있는 것이 아니다.

③ (×) 선택지 ①과 ②의 해설로 볼 때, 신체 노화에 따라 마음 시간은 (느리게) 변해도 객관적인 시계 시간은 변하지 않으리라 미루어 알 수 있다. 따라서 "마음 시간과 *시계 시간*의 빠르기는 신체 노화에 따라 변한다."라는 선택지의 진술은 맞지 않아 알 수 있는 것이 아니다.

④ (○) (마지막 단락 10번째 줄) "신체가 노화하면 **뇌**가 **이미지**를 … **처리**하는 **속도가 느려**져 마음 시간도 느려진다. … 똑같은 물리적 시간(➜시계 시간)에 나이든 사람이 처리하는 이미지 수는 젊은 사람보다 적…다. … 인간의 마음은 자신이 인지한 이미지가 바뀌는 것을 단위로 … 시간의 경과를 인식한다."라는 내용을 찾을 수 있다.
이에 뇌에서 이미지 처리 속도가 느려지는 노화가 일어나면(비록 시계 시간은 객관적·물리적으로 흐를지라도, 이미지 처리 속도와 비례하여 마음 시간도 더 느리게 흐르는 것으로 느끼게 되어 상대적으로) '시계 시간이 빠르게 흐르는 것'으로 느낄 수 있다. 즉 노화가 일어나면 '(마음 시간에 따라) 이 정도 시간이 흘렀겠지?'하면서 시계를 보았다가 '벌써 이렇게 (시계) 시간이 흘렀나!'할 수 있는 것이다. 따라서 "뇌에서 이미지 처리 속도가 느려지면(➜ 노화) 시계 시간이 더 빠르게 흐르는 것으로 느끼게 된다."라는 선택지의 진술은 미루어 알 수 있는 것이다.

⑤ (×) (마지막 단락 7번째 줄) "나이가 들어 **신경망의 크기와 복잡성**이 커지면 … 신호의 흐름이 둔해지게 된다. … 따라서 나이든 사람이 처리하는 이미지 수는 (같은 시계 시간 동안 젊은 사람보다) '적게' 된다."라는 내용으로 볼 때, "신경망의 크기와 복잡성이 클수록(➜ 노화) 같은 시계 시간 동안 처리할 수 있는 이미지의 수는 *많아진다*."라는 선택지의 진술은 맞지 않아 알 수 있는 것이 아니다.

**속도공략** 선택지 ① "마음 시간", ② "시계 시간", ③ "신체 노화", ④ "이미지 처리", ⑤ "신경망"을 중심으로 제시문의 내용을 이해하며 풀이한다.

## 27 ▶ ②

**유형공략** '축의 시대' 글의 빈칸 " (가) 와 (나) 에 들어갈 말을 적절하게 나열한 것"을 찾는 문제이다. 선택지의 구성을 보면서 빈칸 앞뒤 맥락의 내용과 적절한지 여부를 판단한다.

(가)와 (나)의 앞뒤 맥락의 내용을 요약한 후 선택지 진술을 넣어 풀이하면 <아래>와 같다.

| [2단락] | |
|---|---|

축의 시대 예언자…들의 사상은 매우 심오하고 급진적이었다. 그러다 보니 후대인들은 이 현자들(→ 예언자 들)의 가르침을 ＿(가)＿ 경향이 있었다. 그래서 후대인들은 이 현자들이 없애고 싶어했던 … 종교성을 만들어내기도 하였다.

| ①/② | ③/④/⑤ |
|---|---|
| 올바로 이해하지 못하고 자의적으로 받아들이는<br>(∵후대인들이 현자들을 올바로 이해하지 못한 채 없애려던 종교성을 만들어 냈다는 점과 호응된다.) | 체계적인 수행 과정을 통해 제도로 ~~이해하고~~ ~~수용하는~~ |

| [끝단락] | |
|---|---|

축의 시대 현자들에게 중요한 것은 어떻게 행동하느냐였다. … 종교적 행위에서 제의의 가치를 인정했지만, 새로운 윤리적 의미를 부여하고 ＿(나)＿. 축의 시대 현자들이 추구했던 것은 자비로운 삶의 '실천'이었다.

| ㉠ | ㉡ |
|---|---|
| 육체적 고통을 통한 정신적 만족을 강조하였다. | 공동체 내에서의 도덕(→윤리)과 실천을 중요시하였다. |

② (○) (가)와 (나)에 들어갈 말로

(가): 올바로 이해하지 못하고 자의적으로 받아들이는
" (나): 공동체 내에서의 도덕과 실천을 중요시하였다. "을 적절하게 나열한 진술이 정답이다.

**속도공략** 제시문의 빈칸 (가)에 들어갈 말에 대한 선택지가 ①/② "올바로 … 받아들이는"과 ③/④/⑤ "체계적인 … 수용하는"으로 단순하게 구성되어 있으므로 양자택일한 후, (나)를 풀이한다.

# 28 ▶②

---

**유형공략** '앎, 믿음, 그리고 민감성' 글의 "빈칸에 들어갈 내용으로 가장 적절한 것"을 추리하는 문제이다. 선택지의 핵심어를 중심으로 제시문의 내용을 이해한다.

선택지의 핵심어를 중심으로 제시문의 내용을 정리하며 기호화하면 <아래>와 같다.

| 내용 | 정리/기호화 |
|---|---|
| 앎을 추구하는 사람이라면, 어떤 명제 P가 거짓인 경우에 그 명제를 믿지 않아야 한다. | i. 앎 추구→(P(x):F)→(P(x):~믿음)} |
| (민감성 조건이 제시되었다.) | |
| 명제 P에 대한 믿음이 '민감하다'면, P가 거짓인 가상의 경우에는 P를 믿지 않아야 한다. | ii. P(x):믿음민감→ᴴ가상(P(x):F)→(P(x):~믿음)} |

민감성 조건을 옹호하는 철학자는 명제 "지구는 자전한다."를 우리가 안다고 할 수 있는 **이유**는 그 명제가 참일 뿐만 아니라 민감성 조건을 **충족**하기 때문이라고 생각한다.

| iii[철학자:민감성 옹호].<br>{자전:T}∧(자전:민감성충족)→(자전:앎) |

(민감성 조건의 **문제점**은 드러난다.)

| | |
|---|---|
| 철이는 지금 손자 민수가 놀고 있는 모습을 보면서 "민수가 건강하다."는 명제 Q를 믿고 있다고 하자. | ᴴ철이Q(민수건강):믿음 |
| 철이가 Q를 안다고 하려면, Q에 대한 철이의 믿음은 민감성 조건을 충족해야 한다. | ᴴ철이Q:앎→Q: 믿음민감 충족 |
| (하지만 다음의 경우 상상해 보자.) | |
| 민수가 입원했는데, 철이가 신뢰하는 아들이 "민수가 집에서 놀고 있다."라고 알려줬다. | ᴴ가상Q(민수건강)[F] |
| 이 경우, 철이는 Q를 믿을 것이다. | ᴴ철이Q:믿음 |
| 따라서 Q에 대한 철이의 믿음은 민감성을 충족하지 못하는 것이다. | (소결)ᴴ철이Q: 믿음민감 ~충족<br>{∵ ii. ᴴ가상(P(x):F)→(P(x):~믿음) 위배} |
| 그러나 지금 (민수가) 놀고 있는 모습을 직접 지켜보는 철이가 Q를 알지 못한다고 말하는 것은 분명 잘못이다 {→(이중부정) 철이는 Q를 안다}. | (반례)ᴴ철이Q:앎 |

따라서, "＿＿＿"라고 결론지을 수 있다. | (결론)

이에 [ᴴ철이Q(민수건강):믿음]의 상황에서 [ᴴ철이믿음민감 ~충족]해도 [ᴴ철이Q:앎]은 성립한다는 결론이어야 한다. 다시 말해 (민수가 입원했다는 거짓인 가상의 경우라도) 철이가 민수가 놀고 있는 모습을 보면서 **믿고 있는** 상황에서는 "민수가 건강하다."를 **안다는 것은** 믿음에 대한 **민감성을 충족**시키지 **않아도 된다**.

① (×) "어떤 경우에서도 참인 명제**만**이 앎의 대상일 수 있다."라는 선택지의 진술은 적절하지 않다. (철수의 사례와 연관성이 없다.)
② (○) "어떤 명제가 **앎**의 대상이라고 해서 그 명제에 대한 믿음이 **민감**할 필요는 **없다**."라는 선택지의 진술은 가장 적절하다. (즉, 철이/민수의 사례는 ᴴ철이Q:앎[참]→Q: 믿음민감 충족[거짓] 의 사례이다.)
③ (×) "어떤 명제에 대한 믿음이 민감하다는 것은 그 명제를 알기 위한 충분조건이 아니다ᴴ믿음민감 충족↛앎]."라는 선택지의 진술은 적절하지 않다. (저자의 추론과정과 논리적 연결이 되지 않는 진술일 뿐이다. 선택지 ② 진술과의 차이에 유의하자.)
④ (×) "믿음의 대상이 되는 명제가 참이라는 것은 그 명제를 안다고 하는 것을 **보장**하지 않는다."라는 선택지의 진술은 적절하지 않다. (제시문의 내용에서 '보장'이라는 용어를 사용하지 않고 있으므로 이와 연관한 무리한 추리를 하지 않는 것이 바람직하다. 참고로 '보장하지

않는다.'를 기호화하면 '충분조건이 아니다.'로 생각해 볼 수 있다.)
⑤ (×) "어떤 명제가 앎의 대상이라고 해서 믿음의 대상이 되는 그 명제가 반드시 참일 필요는 없다[앎의 대상→믿음:(T∨F)]."라는 선택지의 진술은 (당연한 진술이기는 하지만 빈칸의 내용으로는) 적절하지 않다.

**속도공략** 기호화하여 풀이한다.

## 29 ▶①

**유형공략** '의결 정족수' 글에서 "추론할 수 있는 것"을 찾는 문제이다. 각 진술의 핵심어를 중심으로 제시문의 내용을 이해한다.

각 선택지의 핵심어를 중심으로 제시문의 내용을 요약/정리하면 <아래>와 같다.

| 구분 | 내용 |
|---|---|
| [1단락] | [과반수 다수결] 집단의 의사라고 결정된 사안에 대해서 … 반대한 구성원들도 따라야 하는 고통을 감내해야 하고, 이런 불이익은 '정치적 외부비용'이라고 부른다. |
| [2단락] | 의결정족수는 안건을 가결하는 데 필요한 최소 찬성 인원수다. 의결정족수가 구성원의 10%이면 이 10%의 동의…를 얻어내는 … 비용을 '합의도출 비용'이라고 한다. … 10%로 … 정하면 합의도출 비용도 적…고 집단행동(은) …쉬어(지)…지만 … 정치적 외부비용(은) … 커질 것이다. |
| [정리] | 의결정족수∝합의도출 비용∝집단행동(가능성)∝1/정치적 외부비용 |
| [끝단락] | 따라서 정치적 외부비용과 합의도출 비용을 … 고려한다면 합리적 의사결정 규칙은 이 두 비용의 합계를 최소화하는 것이다. |

① (○) [정리] **의결정족수∝…1/정치적 외부비용** 이라는 내용으로 볼 때, 의결정족수와 정치적 외부비용은 반비례하므로 외결정족수를 최대치로 결정하면 정치적 외부비용은 최소화됨을 미루어 알 수 있다. 따라서 "의결정족수를 구성원의 100%(➔최대치)로 하면 정치적 외부비용이 최소화된다."라는 선택지의 진술은 추론할 수 있는 것이다.

② (×) [정리] **의결정족수∝합의도출 비용** 이라는 내용으로 볼 때, (의결정족수가 커질수록) 의결정족수의 비율도 커지는데 그와 비례하는 합의도출 비용도 '커진다'는 것을 미루어 알 수 있다. 따라서 "집단에서 의결에 필요한 구성원 비율이 커질수록 합의도출 비용은 *작아진다*."라는 선택지의 진술은 맞지 않아 추론할 수 있는 것이 아니다.

③ (×)

| [1단락] | [과반수 다수결] 집단의 의사라고 결정된 사안에 대해서 … 반대한 구성원들도 따라야 하는 고통을 감내해야 하고, 이런 불이익은 '정치적 외부비용'이라고 부른다. |
|---|---|
| [끝단락] | 따라서 정치적 외부비용과 합의도출 비용을 … 고려한다면 합리적 의사결정 규칙은 이 두 비용의 합계를 최소화하는 것이다. |

위의 내용으로 볼 때, 과반수 다수결은 합의도출 비용을 감내하는 의사결정이라는 것을 알 수 있을 뿐 (그 비용과 합의도출 비용을 최소화하는) 합리적인 의사결정 규칙과는 '별개'임을 알 수 있다. 따라서 "과반수 다수결은 합의도출 비용을 최소화하는 합리적인 의사결정 규칙이다."라는 선택지의 진술은 (정확하게 맞지는 않아) 추론할 수 있는 것이 아니다.

④ (×) [정리] **의결정족수∝합의도출 비용∝1/정치적 외부비용** 이라는 내용으로 볼 때, 의결정족수가 작아질수록 (그 반비례 관계인) 정치적 외부비용은 커지고 (그 비례 관계인) 합의도출 비용은 작아지는 것을 알 수 있을 뿐, 그 두 가지 비용의 합계가 작아지는지 여부까지는 (추가 정보가 있지 않는 한) 미루어 알 수는 없다. 따라서 "의결정족수가 작아질수록 정치적 외부비용과 합의도출 비용의 합계가 작아진다."라는 선택지의 진술은 추론할 수 있는 것이 아니다. (정치적 외부비용의 커지는 정도보다 합의도출 비용의 작아지는 정도가 더 커야만 그 둘의 합계가 작아지는 여부를 생각해 볼 수 있다.)

⑤ (×) (첫 번째 단락 3번째 줄) **소수**는 극렬하게 반대하고 다수가 미지근하게 찬성하는 안건 … 경우에는 과반수 다수결이 … 전체 순손실을 불러오는 선택"이라는 내용을 찾을 수 있을 뿐, "소수만이 적극 찬성하는 안건일수록 의결정족수를 작게 해야 집단 전체에 유익한다."라는 선택지의 진술과 관련된 내용은 제시문에서 찾을 수 없어 추론하기 어렵다.

**속도공략** 선택지 ① "의결정족수/정치적 외부비용", ② "의결/비율/합의도출 비용", ③ "과반수 다수결/합의도출 비용"을 중심으로 제시문의 내용을 이해하며 풀이한다.

## 30 ▶④

**유형공략** '농지개혁법 개정안' 글에서 "추론할 수 있는 것"을 찾는 문제이다. 각 진술의 핵심어를 중심으로 제시문의 내용을 이해한다.

각 진술의 핵심어를 중심으로 제시문의 내용을 요약/정리하면 <아래>와 같다.

| 구분 | 내용 |
|---|---|
| [1단락] | 1950년 농지개혁법 개정안(은) … 첫째, 토지의 지주에 대한 '보상률'과 토지 분배 대상자의 '상환율'을 동일하게 한다. 둘째, 지주에게는 … 지가증권을 보상금으로 지급한다. 개정의 이유로 정부의 부담을 들었다. 〔전년도(➔49년) … 농지개혁법은 평균 수확량의 150%로 지가를 산정하여 정부가 지주에게 보상하고 분배받는 농민에게는 평균 수확량의 125%를 정부에 상환금으로 내도록 규정한다. 25% 차액은 정부가 부담하는 부분이다.〕 1) 이 부담을 정부 재정이 감당할 수 없어 … 상환율을 높여 보상률과 같게 되도록 개정한다는 것이다. 그리고 2) 보상금을 지가증권으로 지급하여 인플레이션을 방지하려 하는데, … 정부로서는 일시에 보상금을 지출…하는 부담을 더는 것이기도 하다. |

| [2단락] | 개정안을 놓고 국회의원 갑은 … 생활이 어려운 중소지주들을 위해서 … 보상률을 200%로 올려야 한다고 주장하였다. 국회의원 을은, … 상환율은 … 현행대로 유지(➜평균 수확량의 125%)되어야 (하)고, … 보상률과 상환율을 같게 하는 데 … 찬성(하)…며, 보상률을 올리자는 … 의견에는 반대(➜보상률을 150%에서 125%로 낮추자는 의견)하였다. |
|---|---|

① (○)

| [1단락] | 1950년 농지개혁법 개정안(은) … 둘째, 지주에게는 … **지가증권**을 보상금으로 지급한다. … 그리고 2) **보상금**을 **지가증권**으로 **지급**하여 인플레이션을 방지하려 하는데, … |
|---|---|

위의 내용으로 볼 때, "농지개혁법 개정안에는 보상금이 일시에 지급되어 물가가 상승(➜ 인플레이션)하는 데 대한 우려가 반영되어 있다."라는 선택지의 진술은 추론할 수 있는 것이다.

② (○)

| [1단락] | 1950년 **농지개혁법 개정안**(은) … 첫째, 토지의 지주에 대한 '보상률'과 **토지 분배** 대상자의 '상환율'을 동일하게 한다. (전년도(➜ 49년) … 농지개혁법은 평균 수확량의 150%로 지가를 산정하여 정부가 지주에게 **보상**하고 분배받는 농민에게는 평균 수확량의 125%를 정부에 상환금으로 내도록 규정한다. 25% 차액은 정부가 부담하는 부분이다.) 1) 이 부담을 정부 재정이 감당할 수 없어 … 상환율을 (평균 수확량의 125%에서 '150%'로) 높여 보상률과 같게 되도록 개정한다는 것이다. |
|---|---|

위의 내용으로 볼 때, "농지개혁법 개정안에 따르면 농지를 분배받는 사람이 내야 할 상환금은 해당 농지 평균 수확량의 150%가 된다."라는 선택지의 진술은 추론할 수 있는 것이다.

③ (○)

| [2단락] | 개정안을 놓고 **국회의원 갑**은 … 생활이 어려운 중소**지주**들을 위해서 … 보상률을 200%로 올려야 한다고 주장하였다. |
|---|---|

위의 내용으로 볼 때, "국회의원 갑은 경제적 상황이 힘든 지주를 (보상률을 올려) 고려해야 한다는 입장이다."라는 선택지의 진술은 추론할 수 있는 것이다.

④ (×)

| [1단락] | (전년도(➜ 49년) … 농지개혁법은 평균 수확량의 150%로 지가를 산정하여 정부가 지주에게 보상하고 분배받는 농민에게는 평균 수확량의 125%를 정부에 상환금으로 내도록 규정한다. 25% 차액은 정부가 부담하는 부분이다.) 1) 이 부담을 정부 재정이 감당할 수 없어 … 상환율을 높여 보상률과 같게 되도록 개정한다는 것이다. |
|---|---|
| [2단락] | **국회의원 을**은, … **상환율**은 … 현행대로 유지(➜평균 수확량의 125%)되어야 (하)고, … 보상률과 상환율을 같게 하는 데 … 찬성(하)…며, |

위의 내용으로 볼 때, 국회의원 을은 상환율을 (상승시켜 국가 부담 부분을 없애지 말고 상환율은) 유지하되 보상률과 상환율을 같게 하여 국가 부담 부분을 없애는 것에 찬성하였으리라 미루어 알 수 있다. 따라서 "국회의원 을은 상환율 상승을 염려하여 국가 부담 부분을 없애는 것에 **반대**한다."라는 선택지의 진술은 맞지 않아 추론할 수 없는 것이다.

⑤ (○)

| [2단락] | **국회의원 을**은, … 상환율은 … 현행대로 유지(➜평균 수확량의 125%)되어야 (하)고, … 보상률과 상환율을 같게 하는 데 … 찬성(하)…며, 보상률을 올리자는 … 의견에는 반대(➜보상률을 '150%에서 125%로 낮추자'는 의견에는 찬성)하였다. |
|---|---|

위의 내용으로 볼 때, "국회의원 을은 지주가 받을 보상금은 해당 농지 평균 수확량의 (150%에서 낮추어) 125%가 되어야 한다는 입장이다."라는 선택지의 진술은 추론할 수 있는 것이다.

**내용공략** 정보(町步, 밭두둑 정, 걸음 보)

땅 넓이의 단위로서 1정보는 3,000평이며 약 9,917.4㎡에 해당한다. [표준국어대사전]

**속도공략** 선택지 ① "보상금", ② "상환금", ③ "갑/지주", ④ "을/상환율", ⑤ "수확량"을 중심으로 제시문의 내용을 이해하며 풀이한다.

# 31 ▶ ②

**유형공략** '자율적 군사로봇' 글의 "㉠(결론)을 이끌어내기 위하여 추가해야 할 전제로 적절한 것만을 <보기>에서 모두" 고르는 문제이다. ㉠의 논리적인 흐름을 파악한 후 <보기> 진술을 추가하여 풀이한다.

제시문의 ㉠을 중심으로 [2단락]의 논리적 흐름을 정리하면 <아래1>과 같다.

| [2단락] | 자율적 군사로봇의… 민간인 살상…에 책임질 수 있는 후보는 다음 셋(이)다. |
|---|---|
| 전제 | (1) 제작자, (2) 지휘관, 그리고 (3) 로봇…이다. |
| 소결1 | 우선 제작상 문제가 없다면 제작자에게 '책임을 물을 수 없다.' (자율적 군사로봇 … 행동을 제작자조차 예측하거나 통제할 수 없다. 제작자가 예측/통제할 수 없는 결과에 대해서 그에게 책임을 물을 수 없다.) |
| 소결2 | (다음 지휘관 역시 자율적 군사로봇 … 행동을 예측하거나 통제할 수 없다.) 이러한 이유로 지휘관에게 역시 '책임을 물을 수 없다.' |
| 소결3 | (책임을 진다는 것은 처벌을 받는 것이다. 처벌이 가능하려면 고통을 느낄 수 있어야 한다. 로봇은 고통을 느낄 수 없기에 처벌 자체가 로봇에게 무의미하다.) 로봇에게도 '책임을 물을 수 없는' 것이다. |
| 추가전제 | <보기> ㄱ/ㄴ/ㄷ |
| 결론 | ㉠ 자율적 군사로봇의 사용은 비윤리적이다. |

이에 ㉠ <u>자율적 군사로봇의 사용은 비윤리적이다.</u>라는 [결론]을 이끌어 내기 위하여 (1) 제작자, (2) 지휘관, (3) 로봇을 [전제]로 하여 이들 모두 '책임을 물을 수 없다'는 [소결1/2/3]까지의 논리적 흐름임을 파악할 수 있었다.

결국 [소결] (자율적 군사로봇 사용의) '책임을 물을 수 없다'에서 [결론] ㉠ (자율적 군사로봇의 사용은) 비윤리적이다.를 이끌어내는 데 필요한 [추가전제]가 필요하다. 이에 각 <보기> 진술을 <추가전제>에 넣어 <아래2>와 같이 풀이해 보자.

| [소결] | <보기> | [결론] |
|---|---|---|
| (자율적 군사로봇 사용의) **'책임을 물을 수 없다'** | ㄱ. (×) 인간의 통제하에 있는 존재는 책임의 주체가 될 수 없다. (∵논리 흐름이 ㉠으로 연결되지 않는다.) | ㉠ (자율적 군사로봇의 사용은) **비윤리적**이다. |
| | ㄴ. (○) (어떤 행위의 결과에 대해 누구에게도) **책임을 물을 수 없다면** 그 행위는 **비윤리적**이다. (∵논리 흐름이 ㉠으로 연결된다.) | |
| | ㄷ. (×) 행위자가 예측하거나 통제할 수 없는 결과에 대해서 그에게 책임을 묻는 것은 비윤리적이다. (∵[소결3]과 연결되지 않는다.) | |

## 32 ▶ ③

**유형공략** '상동과 상사' 글을 토대로 할 때 "㉠ 동물들이 유사한 기능을 발휘하기 위해 항상 유사한 매커니즘이 요구되는 것은 아니다"라는 주장의 근거로 가장 적절한 것을 찾는 문제이다.

㉠을 중심으로 제시문의 내용을 요약/정리하면 <아래>와 같다.

| 구분 | 내용 |
|---|---|
| [1단락] | 쌍살벌은 (말벌에 비해) 얼굴을 구별하는 뛰어난 능력을 갖고 있다. |
| [2단락] 주장 | 쌍살벌 얼굴 인식 매커니즘은 영장류의 방식과는 판이하게 다르다. ㉠ 동물들이 유사한 기능(ex.얼굴 인식)을 발휘하기 위해 항상 유사한 매커니즘이 요구되는 것은 아니다. |
| [끝단락] 정의 | (상동은 생물의 기관이 외관상 다르나 기관의 원형은 동일한 것을 가리킨다.) 상사는 종류가 다른 생물의 기관에서 구조는 다르나 그 형상이나 기능이 서로 일치하는 것을 가리킨다. 곤충의 날개와 새의 날개는 해부학적 구조가 전혀 다르다. 동물의 인지 기능에도 마찬가지(이)다. |
| | [정리] 쌍살벌과 영장류의 얼굴 인지 기능은 유사한 기능을 발휘하지만 (곤충과 새의 날개와 같이) 그 구조 또는 매커니즘은 다르고 그 기능만이 일치하는 상사이다. |

③ (○) 정리된 내용으로 볼 때, "쌍살벌이 큰 뇌가 없어도 영장류처럼 정교한 개체 인식 능력(➜ 얼굴 인지 기능)을 갖게 된 것은 (이들의 뇌라는 구조 또는 매커니즘은 다르지만 인식 또는 인지 기능은 일치하는) 상사에 해당한다."라는 선택지의 진술이 가장 적절하다. (즉 이

---

들은 상사이기 때문에 유사한 얼굴 인지 기능을 발휘할 뿐 유사한 뇌의 매커니즘을 요구하는 것은 아니라는 주장으로 이끌어 낼 수 있다.)

**속도공략** 각 선택지의 진술 중 그 진술 '때문에' ㉠ 주장이 이끌어지는지를 판단한다.

## 33 ▶ ②

**유형공략** '부처 배치' 글의 내용이 "참일 때 반드시 참이라고는 할 수 없는 것"을 연역적으로 추리하는 문제이다. 반드시 참이라고는 할 수 없는 것에는 (1) 반드시 거짓인 경우와 (2) 참인지 거짓인지 확정되지 않는 경우가 있다.

제시문의 내용을 요약하여 기호화한 후 도식화하면 <아래>와 같다.

| 내용 | 기호 / 도식 |
|---|---|
| 갑, 을, 병, 정, 무는 각 부처에 배치될 예정. | 갑, 을, 병, 정, 무 |
| 하나의 부처에 여러 명의 사무관이 배치될 수 있지만, 한 명의 사무관이 여러 부처에 배치되는 일은 없다. | 1부처: 여러 사무관 可, 1사무관: 1부처 可. |
| 갑: 내(➜ 갑)가 환경부에 배치되면, 을 또한 환경부에 배치 | 갑. 갑:환→을:환 |
| 을: 내(➜ 을)가 환경부에 배치되면, 병은 통일부에 배치 | 을. 을:환→병:통 |
| | [갑과 을 정리] (∵3단논법) 갑:환→을:환→병:통 |
| 병: 갑이 환경부에 배치되지 않으면, 무와 내(➜ 병)가 통일부에 배치 | 병. 갑:~환→(병∧무):통 |
| 정: 병이 통일부에 배치되지 않고 갑은 환경부에 배치 | 정. (갑:환)∧(병:~통) |
| 무: 갑이 통일부에 배치되고 정은 교육부에 배치 | 무. (갑:통)∧(정:교) |

[도식]

| | 갑1 | 을1 | 병1 | 정1 | 무1 |
|---|---|---|---|---|---|
| 환 | | | | | |
| 통 | | | | | |
| 교 | | | | | |

| 네 명의 예측은 옳고 나머지 한 명의 예측은 그른 것 | 4:참, 1:거짓 |
|---|---|

이에 $\boxed{\text{1사무관: 1부처 可.}}$ 이므로 갑 사무관 역시 1부처에만 배치되어

야 하는데, $\boxed{\begin{array}{l}\text{정. (갑:환)}\wedge\text{(병:}\sim\text{통)} \\ \text{무. (갑:통)}\wedge\text{(정:교)}\end{array}}$ 로써 정 또는 무 사무관의 예측

은 동시에 성립할 수는 없으므로 예측 중 하나가 반드시 거짓이 된다.

동시에 $\boxed{\begin{array}{l}\text{[갑과 을 정리] 갑:환}\rightarrow\text{을:환}\rightarrow\text{병:통} \\ \text{병. 갑:}\sim\text{환}\rightarrow\text{(병}\wedge\text{무):통}\end{array}}$ 로써 갑, 을, 그리고 병의

예측은 반드시 참이 된다($\because$ $\boxed{\text{4:참, 1:거짓}}$ ). 이 참인 명제들을 Ⅰ. 갑
이 환경부에 배치된 경우와 Ⅱ. 갑이 환경부에 배치되지 않은 경우로
나누어 풀이해 보자.

Ⅰ. *갑이 환경부에 배치된 경우* : [정리]에 따른 병 사무관의 배치가 참
인 예측 사이에서 서로 위배

|  | 갑1 | 을1 | 병1 | 정1 | 무1 |
|---|---|---|---|---|---|
| 환 | ○ | ○1<br>($\because$[정리]) | – |  |  |
| 통 | – | – | ~~○1~~<br>($\because$[정리]) |  |  |
| 교 | – |  |  |  |  |

여기서 $\boxed{\begin{array}{l}\text{정. (갑:}\boxed{\text{환}}\text{)}\wedge\text{(병:}\sim\text{통)} \\ \text{무. (갑:}\boxed{\text{통}}\text{)}\wedge\text{(정:교)}\end{array}}$ 중 정의 예측이 옳아야 하는 데, 위
의 도식은 병 사무관이 통일부에 배치되므로 서로 위배되어 이 경우
는 성립하지 않는다.

Ⅱ. 갑이 환경부에 배치되지 않은 경우 : $\boxed{\begin{array}{l}\text{정. (갑:}\boxed{\text{환}}\text{)}\wedge\text{(병:}\sim\text{통)} \\ \text{무. (갑:}\boxed{\text{통}}\text{)}\wedge\text{(정:교)}\end{array}}$ 중
무의 예측이 옳은 경우

|  | 갑1 | 을1 | 병1 | 정1 | 무1 |
|---|---|---|---|---|---|
| 환 | × | – |  |  | – |
| 통 | ○2<br>($\because$무.) |  | ○1<br>($\because$병.) |  | ○1<br>($\because$병.) |
| 교 |  | – | – | ○2<br>($\because$무) | – |

① (○) Ⅱ의 경우로 볼 때, "갑은 통일부에 배치된다."라는 선택지의
진술은 반드시 참이다.
② (△) Ⅱ의 경우로 볼 때, "을은 환경부에 배치된다."라는 선택지의
진술은 을의 배치 여부를 알 수 없으므로 반드시 참이라고는 할 수
없다.
③ (○) Ⅱ의 경우로 볼 때, "병은 통일부에 배치된다."라는 선택지의
진술은 반드시 참이다.
④ (○) Ⅱ의 경우로 볼 때, "정은 교육부에 배치된다."라는 선택지의
진술은 반드시 참이다.
⑤ (○) Ⅱ의 경우로 볼 때, "무는 통일부에 배치된다."라는 선택지의
진술은 반드시 참이다.

$\boxed{\text{속도공략}}$ 갑의 환경부 배치 여부에 대한 경우의 수로 나누어 풀이
한다.

## 34 ▶ ⑤

$\boxed{\text{유형공략}}$ '과제 범주' 글의 내용이 "참일 때 반드시 참인 것만을
<보기>"에서 모두 연역적으로 추리하여 고르는 문제이다.

제시문의 내용을 요약하여 기호화하면 <아래1>과 같다.

| 내용 | 기호 |
|---|---|
| 여섯 개 '**중점** 추진 과제', '타 부서와 **협의**가 필요한 과제', '많은 **예산**이 필요한 과제', '**장기** 시행 과제', '**인력** 재배치가 필요한 과제', '즉각적인 **효과**가 나타나는 과제'로 검토하였다. | 중점, 협의, 예산, 장기, 인력, 효과 |

| 내용 | 기호 |
|---|---|
| ○중점 추진 과제 가운데 인력 재배치가 필요한 과제는 없지만 장기 시행 과제는 있다. | ⅰ. $^\exists$(중점∧장기∧~인력) |
| ○타 부서와 협의가 필요한 과제 가운데 즉각적인 효과가 나타나는 과제는 <u>없다</u>. | ⅱ. $^\forall\sim$(협의∧효과)≡~협의 ∨~효과 |
| ○많은 예산이 필요한 과제 가운데 즉각적인 효과가 나타나는 과제가 있다. | ⅲ. $^\exists$(예산∧효과) |
| ○장기 시행 과제 가운데 타 부서와 협의가 필요하지 <u>않은</u> 과제는 모두 인력 재배치가 필요한 과제이다. | ⅳ. $^\forall$(~협의∧장기)→인력 |
| ○인력 재배치가 필요한 과제 가운데 많은 예산이 필요한 과제는 없다. | ⅴ. $^\forall\sim$(예산∧인력)≡~예산 ∨~인력 |

기호화된 <아래1>을 도식화하면 <아래2>와 같다. 추가적으로 특칭명제들을 전칭명제에 따라 풀이해 보자.

| | 중점 | 협의 | 예산 | 장기 | 인력 | 효과 |
|---|---|---|---|---|---|---|
| ii. $^\forall$~협의∨~효과 | $^\forall$ | (× | ∨ | | | ×) |
| iv. $^\forall$(~협의∧장기)→인력 | $^\forall$ | (× | ∧ | ○) | → | ○ |
| ≡$^\forall$~인력→(협의∨~장기) | ≡$^\forall$ | (○ | ∨ | ×) | ← | × |
| [∵후건부정:대우] | | | | | | |
| v. $^\forall$~예산∨~인력 | $^\forall$ | | (× | ∨ | | ×) |
| | | | | | | |
| i. $^\exists$(중점∧장기∧~인력) | $^\exists$ | (○ | ∧ | | ○ | ∧ | ×) |
| | | ○ | ? | | | × |
| | | (∵ iv) | | | | (∵ ii) |
| iii. $^\exists$(예산∧효과) | $^\exists$ | | (○ | ∧ | | ○) |
| | ? | × | | × | × | |
| | | (∵ ii) | | (∵ iv) | (∵ v) | |

ㄱ. (○) "장기 시행 과제이면서 즉각적인 효과가 나타나는 과제 가운데는 많은 예산이 필요한 과제가 없다[$^\forall$~(장기∧효과∧예산)≡$^\forall$~장기∨~효과∨~예산]."라는 <보기> 진술을 <아래2>를 통해 풀이하면 <다음1>과 같다.

단, [$^\forall$~장기∨~효과∨~예산]가 참이 되는 경우의 수($2^7$-1개)는 너무 많으므로 반드시 참인지 여부를 알기 위해서는 그 반례인 [$^\exists$장기∧효과∧예산]이 성립하는지 여부를 활용하는데 그 반례는 ┃ v. $^\forall$~예산∨~인력 ┃까지 만족시키지는 못해 성립하지 <u>않음</u>을 찾으면 된다. (결과적으로 [$^\forall$~(장기∧효과∧예산)≡$^\forall$~장기∨~효과∨~예산]는 반례가 성립하지 않아 반드시 참이다.)

| | 중점 | 협의 | 예산 | 장기 | 인력 | 효과 |
|---|---|---|---|---|---|---|
| ii. $^\forall$~협의∨~효과 | $^\forall$ | (× | ∨ | | | ×) |
| iv. $^\forall$(~협의∧장기)→인력 | $^\forall$ | (× | ∧ | ○) | → | ○ |
| ≡$^\forall$~인력→(협의∨~장기) | ≡$^\forall$ | (○ | ∨ | ×) | ← | × |
| [∵후건부정:대우] | | | | | | |
| v. $^\forall$~예산∨~인력 | $^\forall$ | | (× | ∨ | | ×) |
| | | | | | | |
| ㄱ. 반례 : $^\exists$장기∧효과∧예산 | | | ○̶ | ○ | | ○ |
| | | × | | | ○̶ | |
| | | (∵ ii) | | | (∵ iv) | |

ㄴ. (○)

| | 중점 | 협의 | 예산 | 장기 | **인력** | **효과** |
|---|---|---|---|---|---|---|
| i. $^\exists$(중점∧장기∧~인력) | $^\exists$ | (○ | ∧ | | ○ | ∧ | ×) |
| | | ○(∵ iv) | ? | | | ×(∵ ii) |

위의 i 에서 시작하여 추리된 내용으로 볼 때, "인력 재배치가 필요하지 않은 과제 가운데 즉각적인 효과가 나타나지 않는 과제가 있다[$^\exists$(~인력∧~효과)]."라는 <보기> 진술은 반드시 참이다.

ㄷ. (○)

| | 중점 | 협의 | **예산** | **장기** | 인력 | 효과 |
|---|---|---|---|---|---|---|
| iii. $^\exists$(예산∧효과) | $^\exists$ | | (○ | ∧ | | ○) |
| | ? | ×(∵ ii) | | ×(∵ iv) | ×(∵ v) | |

위의 iii에서 시작하여 추리된 내용으로 볼 때, "장기 시행 과제가 아니면서 많은 예산이 필요한 과제가 있다[$^\exists$(~장기∧예산)]."라는 <보기> 진술은 반드시 참이다.

최종적으로 반드시 참이라 "ㄱ, ㄴ, ㄷ"을 모두 고른 선택지 ⑤가 정답이다.

**내용공략** "있다/없다"의 진술은 "(어떤 특칭명제가 반드시) 있다"와 "(모든 전칭명제에서 반드시) 없다"의 의미일 수 있다는 점에 유의한다.

**속도공략** 하나의 명제의 반드시 참인지 여부를 찾는 과정에서, 그 명제의 참이 되는 경우의 수가 너무 많을 때는 그 명제의 반례를 활용한다.

## 35 ▶②

**유형공략** '동물의 에너지원' 글에서 논리적으로 "추론할 수 있는 것만을 <보기>에서 모두" 고르는 문제이다. <보기> 진술의 핵심어를 중심으로 제시문의 내용을 이해한다.

<보기> 진술의 핵심어를 중심으로 제시문의 내용을 요약/정리하면 <아래>와 같다.

| 구분 | 내용 |
|---|---|
| [1단락]<br>이론1 | 동물은 … 탄수화물을 에너지원으로 사용하면 혈중 젖산 농도가 증가하고, 지방을 에너지원으로 사용하면 혈중 트리글리세리드(TG) 농도가 증가한다. |
| [2단락]<br>이론2 | (장내 미생물군의 구성 비율은 미생물군이 에너지원으로 사용할 수 있는 물질이 얼마나 있는지에 따라 변할 수 있다.)<br>탄수화물이 많아지면 그것을 사용하는 미생물군의 비율이 증가하고 지방의 경우도 마찬가지이다. 이 작용으로 젖산 또는 TG가 혈액에 제공된다. |
| | [정리1] 탄수화물∝혈중젖산농도∝(탄)미생물군 비율<br>[정리2] 지방∝혈중TG∝(지)미생물군 비율 |
| [3단락]<br>연구1 | 첫 번째 연구에서 총 10마리 곰으로부터 여름과 겨울에 혈중 물질 농도를 분석하였다. 혈중 평균 TG 농도는 겨울이 (여름보다) 높고(➜ 지방), 젖산 농도는 여름이 (겨울보다) 높다는 결과를 얻었다(➜ 탄수화물). |
| [끝단락]<br>연구2 | 두 번째 연구에서 무균 쥐는 혈중 TG 농도가 50μM로 유지된다. 20마리 무균 쥐를 10마리씩 나누어, 그룹 1의 쥐에는 여름(➜ 탄수화물)에, 그룹 2의 쥐에는 겨울(➜ 지방)에 곰 배설물을 이식하였다. 이후 그룹 1과 2에서 쥐의 혈중 TG 농도는 각각 70μM(➜ 탄수화물)과 110μM(➜ 지방)이었다. 이로부터 곰 배설물에 있는 장내 미생물이 쥐의 혈중 TG 농도를 높였다는 것을 알 수 있었다. |

ㄱ. (×)

| | [정리1] **탄수화물**∝**혈중젖산농도**∝(탄)미생물군 비율<br>[정리2] **지방**∝**혈중TG**∝(지)미생물군 비율 |
|---|---|
| [3단락]<br>연구1 | 첫 번째 연구에서 총 10마리 **곰**으로부터 여름과 겨울에 혈중 물질 농도를 분석하였다. 혈중 평균 TG 농도는 **겨울**이 (여름보다) 높고(➜ **지방**), 젖산 농도는 **여름**이 (겨울보다) 높다는 결과를 얻었다(➜ **탄수화물**). |

위의 내용으로 볼 때, 곰은 (혈중 평균 TG 농도가 겨울에 높은 것으로 보아) 에너지원으로 겨울에는 '지방'을, (젖산 농도가 여름에 높은 것으로 보아) 에너지원으로 여름에는 '탄수화물'을 더 많이 사용하리라 미루어 알 수 있다. 따라서 "곰은 에너지원으로 (여름보다) 겨울에는 **탄수화물**을, (겨울보다) 여름에는 **지방**을 더 많이 사용한다."라는 <보기> 진술은 추론할 수 있는 것이 아니다.

ㄴ. (×)

| [끝단락]<br>연구2 | 두 번째 연구에서 무균 쥐는 <u>혈중 TG 농도가 50μM로 유지</u>된다. … 이후 그룹 1과 2에서 쥐의 <u>혈중 TG 농도</u>는 각각 70μM(➜ 탄수화물)과 110μM(➜ 지방)이었다. 이로부터 곰 배설물에 있는 장내 미생물이 쥐의 <u>혈중 TG 농도</u>를 높였다는 것을 알 수 있었다. |
|---|---|

위의 내용으로 볼 때, 무균 쥐의 혈중 TG 농도 변화에 대해서 알 수 있을 뿐 혈중 젖산 농도에 대한 내용에 대해서는 찾을 수 없다. 따라서 "여름에 곰으로부터 채취한 배설물을 이식한 무균 쥐는 탄수화물을 충분히 섭취해도 혈중 젖산 농도가 증가하지 않는다."라는 <보기> 진술은 알 수 없어 추론할 수 있는 것이 아니다.

ㄷ. (○)

| [1단락]<br>이론1 | 동물은 … **지방**을 에너지원으로 사용하면 **혈중 트리글리세리드(TG) 농도**가 증가한다. |
|---|---|
| [2단락]<br>이론2 | (**장내 미생물군**의 구성 비율은 미생물군이 **에너지원**으로 사용할 수 있는 물질이 얼마나 있는지에 따라 변할 수 있다.)<br>탄수화물이 많아지면 그것을 **사용하는** 미생물군의 **비율**이 증가하고 지방의 경우도 마찬가지이다. |
| [3단락]<br>연구1 | 첫 번째 연구에서 총 10마리 곰으로부터 … **겨울**에 혈중 물질 농도를 분석하였다. <u>혈중 평균 TG 농도</u>는 **겨울**이 (여름보다) 높고(➜ 지방) … |

위의 내용으로 볼 때, 곰의 경우 겨울에 (지방을 주로 에너지원으로 사용하는데 이 때 장내 미생물군 중 에너지원으로) 지방을 사용하는 미생물군 역시 그 비율이 '증가'할 수 있음을 미루어 알 수 있다. 따라서 "곰의 경우 전체 장내 미생물군 중 에너지원으로 지방을 주로 사용하는 미생물군이 차지하는 비율은 (여름보다) 겨울에 더 높다."라는 <보기> 진술은 추론할 수 있는 것이다.

최종적으로 추론할 수 있는 것이라 "ㄷ"을 고른 ②가 정답이다.

**속도공략** <보기>의 ㄱ. "곰/여름/겨울/탄수화물/지방", ㄴ. "무균 쥐", ㄷ. "장내 미생물군"을 중심으로 제시문의 내용을 이해하며 풀이한다.

## 36 ▶③

**유형공략** '잡음의 크기' 글의 "<실험>의 결과를 가장 잘 설명하는 것"을 찾는 문제이다. 선택지의 핵심어를 중심으로 제시문의 내용을 이해한다.

선택지의 핵심어를 중심으로 제시문의 내용을 요약하면 <아래>와 같다.

| 구분 | 내용 |
|---|---|
| [1단락] | 전자는 빛에 의해 들뜬 전자와 섞이기 때문에 광센서로 빛의 세기를 정확하게 측정하지 못하게 한다. 이렇게 측정…대상(➔ 빛의 세기)을 교란하는 요인을 '잡음'이라 한다. |
| [2단락] | 빛이 들어오지 <u>않을</u> 때 전자가 들뜬 상태로 전이하는 이유 … 하나는 열적 현상으로 … 전자의 수는 (절대 0도, 즉 −273℃에서 0이었다가) 광센서의 절대 온도에 '정'비례하여 증가한다. 다른 하나는 양자 현상이다. … 전이 … 현상의 발생 정도는 광센서의 종류에 따라 달라질 뿐, 광센서 온도에 관계없이 일정하다. |
| | [요약1 : 빛 無]<br>(1) 열적 현상 (전자수) ∝ 광센서 (절대)온도<br>(2) 양자 현상 (발생정도) : 광센서 종류 관계 有 but 광센서 온도 관계 無 |
| [3단락] | 열적 현상에 의한 잡음을 '열적 잡음', 양자 현상에 의한 잡음을 '양자 잡음'이라 하여 두 잡음의 합을 광센서의 전체 잡음이라A고 한다. |
| | [요약2]<br>○ 광센서 전체 잡음 = 열적 잡음 + 양자 잡음 |
| <실험> | 실온에서 구조와 물질이 <u>다른</u> 광센서 A와 B의 전체 잡음을 측정하고, 광센서의 온도를 높인 후 전체 잡음의 크기를 측정하였다. (一) 실온에서는 A와 B의 전체 잡음의 크기가 같았으나, (二) 고온에서는 A의 전체 잡음의 크기가 B의 … 크기보다 컸다. |

위 <실험>을 정리해 보면, 실온에서 구조와 물질이 다른 광센서 A와 B는 (종류가 다르므로) 그 양자 잡음은 각각 다르되 둘 중 열적 잡음이 작은 것은 양자 잡음은 크고, 둘 중 열적 잡음이 큰 것은 양자 잡음은 작아서 전체 잡음은 서로 같았으리라 미루어 알 수 있다. 게다가 고온에서 A의 전체 잡음이 (B의 전체 잡음보다) 커졌다면 절대 온도에서 고온까지 정비례하여 열적 현상이 커지므로 A의 열적 잡음이 (B의 그것보다) 더 가파르게 상승하였고 절대 온도에서의 A의 양자 잡음은 (B의 그것보다) 더 작았으리라 미루어 알 수 있다.

온도에 따른 A와 B의 잡음의 대략적인 정도를 그림으로 도식화하면 <아래2>와 같다. (특히 열적 잡음은 온도에 '정'비례한다는 것에 유의한다.)

| | A의 전체 잡음 | | 대소 | B의 전체 잡음 | | |
|---|---|---|---|---|---|---|
| | 열적 잡음 | + 양자 잡음 | | 열적 잡음 | + 양자 잡음 | |
| 고온 | ⇑⇑⇑⇑⇑⇑<br>⇑(⇑) | ↑↑ | > | ⇑⇑⇑⇑⇑(<br>⇑) | ↑↑↑ | |
| 실온 | ⇑⇑⇑⇑⇑ | ↑↑ | = | ⇑⇑⇑⇑ | ↑↑↑ | |
| 절대<br>온도<br>(−273℃) | ⇑ | ↑↑ | (<) | ⇑⇑ | ↑↑↑ | |

① (×) 위 정리된 내용으로 볼 때, "온도 증가분에 대한 열적 잡음 증가분은 A와 B가 *같다*."라는 선택지의 진술은 맞지 않아 결과를 잘 설명하는 것이 아니다. (A가 더 크다)

② (×)

| [요약1 : 빛 無] |
|---|
| (2) 양자 현상 : 광센서 종류 관계 有 but 광센서 온도 관계 無 |

위의 요약된 내용으로 볼 때, 온도 증가분에 대한 양자 잡음 증가분은 A와 B 둘 다 '없으리라' 미루어 알 수 있다. 따라서 "온도 증가분에 대한 양자 잡음 증가분은 B가 A보다 *크다*."라는 선택지의 진술은 맞지 않아 결과를 잘 설명하는 것이 아니다.

③ (○)

| | A의 전체 잡음 | | 대소 | B의 전체 잡음 | |
|---|---|---|---|---|---|
| | 열적 잡음 | + 양자<br>잡음 | | 열적 잡음 | + 양자<br>잡음 |
| 실온 | ⇑⇑⇑⇑⇑ | ↑↑ | = | ⇑⇑⇑⇑ | ↑↑↑ |

위의 도식화된 <아래2>로 볼 때, "실온에서 열적 잡음은 A가 B보다 크고 양자 잡음은 B가 A보다 크다."라는 선택지의 진술은 결과를 가장 잘 설명하는 것이다.

④ (×) 선택지 ③의 해설로 볼 때, "실온에서 열적 잡음은 B가 A보다 *크고* 양자 잡음은 A가 B보다 *크다*."라는 선택지의 진술은 맞지 않아 결과를 잘 설명하는 것이 아니다. (열적 잡음이 온도에 '정'비례한다는 점에 유의한다.)

⑤ (×) 선택지 ③의 해설로 볼 때, "실온에서 A와 B는 열적 잡음의 크기가 *서로 같고*, 양자 잡음의 크기도 *서로 같다*."라는 선택지의 진술은 맞지 않아 결과를 잘 설명하는 것이 아니다.

**속도공략** 선택지 ① "열적 잡음", ② "양자 잡음", ③ "실온"을 중심으로 제시문의 내용을 이해하며 풀이한다.

## 37 ▶ ⑤

**유형공략** '조건문' 글에 대한 "분석으로 옳은 것만을 <보기>에서 모두" 고르는 문제이다. <보기> 진술의 핵심어를 중심으로 제시문을 이해한다.

<보기> 진술의 핵심어를 중심으로 제시문의 내용을 요약/정리하면 <아래>와 같다.

| 구분 | 내용 |
|---|---|
| [1단락] | 단순 명제인 A와 C로 구성된 조건문 'A이면 C'의 진릿값(➔ 참·거짓)은 어떻게 결정될까? |
| [2단락] | (가)에 따르면 조건문 'A이면 C'는 A가 참인데도 C가 거짓인 경우에 거짓이고, 그 나머지 경우는 모두 참이다. A가 거짓인 경우에는 조건문은 참이 된다. (그러나 A가 거짓인 경우의 진릿값 결정 방식은 직관에 부합하지 <u>않는</u> 면이 있다.) |
| [3-1단락] | (나)에 따르면 '가능 세계'라는 개념을 이용(한)다. 먼저 <1> A가 현실 세계에서 참인 경우 '(가)와 다를 바 없이' 현실 세계에서 C가 참인지 거짓인지에 따라 조건문의 진릿값이 결정된다. (1) C가 참이면 조건문은 참이고 (2) C가 거짓이면 조건문은 거짓이다. |

| | |
|---|---|
| | **[(나) 정리1: 조건문(A→C)]**<br>⟨1⟩ A(현실)가 참인 경우 : (가)와 같음<br>(1) C(현실)가 참이면 조건문 참, (2) C(현실)가 거짓이면 조건<br>문 거짓 |
| **[3-2단락]** | 다음으로 ⟨2⟩ A가 현실 세계에서 거짓인 경우 (현실 세계와<br>같은) 가능세계에서 A 외에 (1) C가 참이면 조건문은 참이<br>되고, (2) C가 거짓이면 조건문은 거짓이 된다. |
| | **[(나) 정리2: 조건문(A→C)]**<br>⟨2⟩ A(현실)가 거짓인 경우<br>(1) C(가능)가 참이면 조건문 참, (2) C(가능)가 거짓이면 조건<br>문 거짓 |

ㄱ. (○)

| **[2단락]** | **(가)에 따르면** 조건문 'A이면 C'는 … A가 거짓인 경우에는 **조건문은 참**이 된다. |
|---|---|

위의 [2단락] 내용으로 볼 때, "(가)에 따르면 실제 3월에 누군가 '이번 달이 4월이면(➜ A가 거짓), 다음 달은 5월이다.'라고 말했을 때, (다음 달이 실제 5월인지 아닌지 여부와 상관없이) 이 조건문은 참이다."라는 ⟨보기⟩ 진술은 분석으로 옳은 것이다.

ㄴ. (○)
| | **[(나) 정리1: 조건문(A→C)]**<br>⟨1⟩ A(현실)가 참인 경우<br>(1) C(현실)가 참이면 **조건문 참** … |이라고

정리된 내용으로 볼 때, "(나)에 따르면 실제 3월에 누군가 '이번 달이 3월이면(➜ A가 현실에서 참), 다음 달은 4월이다(➜ C가 현실에서 참).'라고 말했을 때, 이 조건문은 참이다."라는 ⟨보기⟩ 진술은 분석으로 옳은 것이다.

ㄷ. (○)

| **[2단락]** | **(가)에 따르면 조건문** 'A이면 C'는 <u>A가 참인데도</u> C가 거짓인 경우에 **거짓**이고, … |
|---|---|
| | **[(나) 정리1: 조건문(A→C)]**<br>⟨1⟩ <u>A(현실)가 참인 경우</u> : (가)와 같음<br>(1) …, (2) C(현실)가 거짓이면 조건문 **거짓** |

위의 내용으로 볼 때, "(가)에서 거짓인 조건문은 (나)에서도 거짓으로 판정한다."라는 ⟨보기⟩ 진술은 분석으로 옳은 것이다.
최종적으로 분석으로 옳은 것이라 "ㄱ, ㄴ, ㄷ"을 모두 고른 ⑤가 정답이다.

**속도공략** ⟨보기⟩ ㄱ. "(가)/실제", ㄴ. "(나)", ㄷ. "거짓"을 중심으로 제시문의 내용을 이해하며 풀이한다.

# 38 ▶③

**유형공략** '동물과 인간의 기술'에 대한 대화를 읽고 논리적인 "평가로 적절한 것만을 ⟨보기⟩에서 모두" 고르는 문제이다. 대화 내용 중 논리적인 내용이 있음에 유의한다.

갑과 을의 대화 내용을 ⟨보기⟩의 핵심어를 중심으로 요약하면서 정리하면 ⟨아래⟩와 같다.

| 대화 |
|---|
| 갑1: 어떤 동물은 기술을 지닌 것 같아. (비버가 만든 댐은 굉장하잖아?) |
| 을1: 기술…은 인간이 만든 인공물로 한정되는 거야. 기술은 부자연스러움을 낳는데, (비버 본성에 따라 만든 댐은 부자연스러움을 낳지 않거든.) 인공물은 부자연스러움을 가져오지. |
| **[을1] 인공물 → 기술 → 부자연** |
| 갑2: 자연스러움과 부자연스러움의 경계선을 그을 수 있어? 자연을 변화시키고 자연과 맞서기 위해 만들어졌다면 기술이기에 충분해. 그리고 본성(은) 기술(과) 무관해. (비버 댐처럼 인간 비행기도 인간의 본성에 따른 것일 수 있거든) |
| 을2: 나도 인간 기술이 인간 본성에서 비롯했다는 점에 동의할 수 있어. 하지만 기술이라면 그 사용에는 그 기술 원리에 대한 이해가 반드시 있어. (비버는 그런 이해가 없지.) 그리고 사용 원리에 대한 이해가 있다면, 그 사용은 부자연스러움을 낳아. |
| **[을2] 기술 → 이해 → 부자연** |
| 갑3: 너의 오류는 인공물과 자연물 경계가 분명하다는 전제로부터 비롯해. 그 경계를 자연스러움과 부자연스러움 사이 경계로 투사하지. |

ㄱ. (○)

을1: (비버 **본성**에 따라 만든 댐은 부자연스러움을 낳지 않거든.)
갑2: (비버 댐처럼 인간 비행기도 인간의 **본성**에 따른 것일 수 있거든)
을2: 나도 인간 기술이 인간 **본성**에서 비롯했다는 점에 동의할 수 있어.

위의 내용으로 볼 때, 만일 인간과 동물이 만든 모든 것이 본성에 따른 것이라는 새로운 진술이 나온다면, 갑은 (비버 댐과 인간 비행기가 각각의 본성에 따른 것이라고 했듯이) 새로운 진술을 지지하고, 을도 비버 댐, 인간 기술도 각각의 본성에서 비롯되었다고 했듯이 지지하리라 미루어 알 수 있다. 따라서 "(인간과 동물에 의해) 만들어진 모든 것이 (인간과 동물) 본성의 소산이라는 것은, 갑의 입장도 을의 입장도 약화하지 않는다."라는 ⟨보기⟩ 진술은 적절하다.

ㄴ. (○)

**[을1] 인공물 → 기술 → 부자연** 으로 볼 때, 을은 인공물이라면 부자연스러움을 낳는 물건이라는 입장을 알 수 있다. 만일 인공물이지만 부자연스러움을 낳지 <u>않는</u> 물건이 있다는 새로운 진술이 나온다면

**[을1] 인공물(참) → 기술 → 부자연(거짓)** 인 사례가 되어 을의 입장을 지지하지 않(고 반박하)는 사례가 된다는 것을 미루어 알 수 있다. 따라서 "자연을 변화시킨 인공물이지만 부자연스러움을 낳지 않는 물건이 있다는 것은, 을의 입장을 강화하지 않는다."라는 ⟨보기⟩ 진술은 적절하다.

ㄷ. (×)

**[을2] 기술 → 이해(참) → 부자연(참)** 이므로, 을은 원리 이해가 있는 물건은 부자연스러움을 낳는다는 입장임을 알 수 있다. 하지만 만일 부자연스러움을 낳는 것 중 원리 이해 없이 생겨난 물건이 있다 [³부자연∧~이해]는 새로운 진술이 나온다면,

[을2] 기술 → **이해(거짓!)** → 부자연(**참/거짓 모두 可**) 와 비교해 볼 때 을은 이해 없이 생겨난 물건은 부자연스러움을 낳을 수도 있거나 또는 낳지 않을 수도 있다는 입장임을 미루어 알 수 있다. 따라서 위의 새로운 진술은 을의 입장을 '강화할 수도' 약화할 수도 있으므로, "부자연스러움을 낳는 것 중에 원리에 대한 이해 없이 생겨난 물건이 있다는 것은, 을의 입장을 (반드시) 약화한다."라는 <보기> 진술은 반드시 적절한 것은 아니다. (즉, 제시문의 내용에서는 을이 원리 이해가 없는 물건에 대해서는 언급하지 <u>않았음</u>에 유의해야 한다.)

최종적으로 적절한 것이라 "ㄱ, ㄴ"을 모두 고른 ③이 정답이다.

**속도공략** <보기>의 핵심어를 중심으로 제시문의 대화 내용을 이해하며 풀이한다.

## 39~40

**유형공략** 하나의 제시문에 두 문제가 출제되는 유형으로, 대개 제시문의 전반적인 내용을 이해하는 기본문제 하나와 이를 바탕으로 한 응용문제 하나로 구성되어 있다. 두 문제의 유형을 보면서 풀이 순서를 정한다.

## 39 ▶ ③

**유형공략** '외계인과 지구인의 의사소통' 글에 대한 "분석으로 적절한 것만을 <보기>에서 모두" 고르는 문제이다. 각 <보기>의 진술이 명제로 구성되어 있으므로 제시문의 내용을 기호화하며 풀이한다.

<보기>의 논리진술을 중심으로 제시문의 내용을 기호화하면 <아래>와 같다.

| | 내용 | 기호 |
|---|---|---|
| 갑: | 우주를 보편적으로 지배하는 원리를 포함하는 이론을 외계인이 지니지 않는다면, 그 외계인은 우주선 제작 기술을 갖추지 못할 것입니다. | ⅰ-1. 외:~보편이론→외:~우주기술 ⇔ ⅰ-2. 외:우주기술→외:보편이론 (∵후건부정) |
| | 외계인 이론은 우리 것과 내용은 동일할 것입니다. | |
| | 그 이론의 원리는 우주를 보편적으로 지배합니다. | |
| | 그 이론을 지닌 외계인이 있다고 볼 이유가 있습니다. | |
| | 그러므로 외계인이 그 이론을 지닌다면, 그 외계인과 지구인 사이에는 의사소통이 가능할 것입니다. | ⅱ. 외:보편이론→의사소통 |
| 을: | 의사소통은 공통 생활양식을 함께했을 때**에만** 가능합니다. | ⅰ-1. 의사소통→공통양식 ⇔ ⅰ-2. ~공통양식→~의사소통 |
| | 외계인은 우리와 공통 생활양식을 함께 할 수 <u>없</u>습니다. | ⅱ. 외:~공통양식 |
| 병: | 원리는 동일하고 그런 원리를 포함한 이론을 지닌 외계인이 있을 수 있다고 생각합니다. | |
| | 하지만 의사소통에 충분하지 <u>않</u>습니다. | |
| | 그런 원리를 포함하는 이론을 표현하는 일상 언어를 사용하는 것이 추가되어야 합니다. | |
| | **결론**적으로, 만약 어떤 외계인이 이론을 지니고 그 이론을 표현하는 일상 언어를 사용한다면 그런 이론을 표현하는 일상 언어를 사용하는 지구인과 의사소통이 가능할 것입니다. | 결. {ᶾ외:(보편)이론∧이론언어}∧{지:(보편)이론∧이론언어}→의사소통 |
| 정: | 보편 이론을 지니고 그것을 표현하는 일상 언어를 사용하는 외계인과 지구인이 있다고 합시다. | |
| | 보편 이론과 그것을 표현하는 일상 언어만으로는 이들 사이에 의사소통이 이루어지는 데 충분하지 <u>않</u>습니다. | |
| | 생물학적 유사성까지 충족된다면 의사소통이 가능할 것입니다. | ⅰ. 보편이론∧이론언어∧생물유사→의사소통 |
| | 생물학적 유사성의 몇 가지 조건이 만족되어야 합니다. 그 중 한 가지는 신체 구조의 유사성입니다. | |

ㄱ. (○) 갑의 기호화된 | 갑: ⅰ-2. **외:우주기술→외:보편이론** ⅱ. 외:보편이론→**의사소통** | 으로 볼 때, [삼단논법]에 의하여 **외:우주기술→의사소통** 임을 알 수 있다. 따라서 "갑에 따르면, 외계인이 은하계를 누릴 수 있는 우주선 제작과 같은 기술력을 갖추었다면 그 외계인과 지구인 사이에는 의사소통이 가능하다[외:우주기술→의사소통]."라는 <보기> 진술은 분석으로 적절하다.

ㄴ. (×)

| 을[T]: | ⅰ-2. ~공통양식[T]→~**의사소통** |
|---|---|
| | ⅱ. 외:~공통양식[T] |
| 병[T]: | 결-1. {ᶾ외:(보편)이론∧이론언어}∧{지:(보편)이론∧이론언어}→의사소통 |
| | ⇔ 결-2. ~**의사소통**[T]→~{ᶾ외:(보편)이론∧이론언어}∨~{지:(보편)이론∧이론언어} |

을의 주장들과 병의 결론이 기호화된 위의 내용이 **참**이라고 볼 때, 먼저 을의 주장들이 참이므로 [전건긍정]에 의해 [ⅰ-2. 외:~의사소통]이 참임을 이끌어 낼 수 있다. 즉 외계인은 우리와 공통된 생활양식이 함께 할 수 없으므로 우리와 의사소통도 할 수 <u>없음</u>을 이끌어 낼 수 있다.

그 다음 병의 [결-2]를 [전건긍정]하여 후건인 [~{외:(보편)이론∧이론언어}∨~{지:(보편)이론∧이론언어}]역시 긍정임을 이끌어 낼 수 있다. 하지만 이 후건은 선언명제이므로 이를 참으로 만드는 경우의 조합은 (T∨T), (T∨F), (F∨T)로 총 3가지가 성립한다. [~{외:(보편)이론∧이론언어}]이 참일 수도 있고 거짓일 수도 있다. (심지어 [드모르강 법칙]을 적용하면 [외:~(보편)이론∨~이론언어]이므로 <보기>ㄴ. 진술의 후건인 연언명제가 아니다.) 따라서 "을의 주장들과 병의 결론이 참이라면, '지구인과 의사소통이 불가능한 외계인은 우주의 보편적 원리를 포함하는 이론도 지니지 않고, 그런 이론을 표현하는 일상 언어도 사용하지 않는다.'도 **참이다**(외:~의사소통)→(외:~보편이론∧~이론언어)]."라는 <보기> 진술은 반드시 맞지는 않아 분석으로 적절하지 않다.

ㄷ. (○)

| 갑: | ⅰ-1. 외:~보편이론→외:~우주기술 |
| --- | --- |
| | ⇔ ⅰ-2. 외:우주기술→외:보편이론 (∵후건부정) |
| | ⅱ. 외:보편이론→의사소통 |
| 을: | ⅰ-1. 의사소통→공통양식 |
| | ⇔ ⅰ-2. ~공통양식→~의사소통 |
| | ⅱ. 외:~공통양식 |
| 병: | 결. {외:(보편)이론∧이론언어}∧{지:(보편)이론∧이론언어}→**의사소통** |
| 정: | ⅰ. 보편이론∧이론언어∧생물유사→**의사소통** |

위의 기호화된 내용으로 볼 때, 갑과 을은 외계인이 보편적 원리를 포함하는 이론을 표현하는 일상 언어를 사용하는지 여부에 대해서는 어느 것도 주장하지 않았고, 병은 외계인과 지구인이 보편적 원리를 포함하는 이론을 가지고 있고 이를 표현하는 일상 언어를 사용한다면 의사소통이 가능하다고 주장하고 있으며, 정은 (외계인과 지구인이 보편적 원리를 포함하는 이론을 가지고 있고 이를 표현하는 일상 언어를 사용하고) 덧붙여서 생물학적 유사성도 가진다면 의사소통이 가능하다고 주장하고 있음을 알 수 있다.

따라서 "갑~정 중에서, '외계인과 지구인 사이에 의사소통이 가능하다면, 그 외계인은 보편적 원리를 포함하는 이론을 표현하는 일상 언어를 사용한다[**의사소통→외:이론언어**].'라고 주장하는 사람은 <u>없다</u>."라는 <보기> 진술은 분석으로 적절하다. (특히 병과 정의 [의사소통]은 가언명제의 후건이고, <보기> 진술의 [의사소통]은 가언명제의 전건이므로 이를 혼동하는 것은 후건긍정의 오류(≒역 명제)를 범할 수 있으므로 반드시 유의한다.) 최종적으로 적절한 것이라 "ㄱ, ㄷ"을 모두 고른 ③이 정답이다.

<내용 공략 1> '~일 때에만'의 기호화

| p일 경우에만 q이다. ≒ q는 p일 경우에만 그러하다. | 'q→p' ⇔ '~p→~q' |
| --- | --- |

<내용 공략 2> 직접증명법

| | [전제1] 참이고, | [전제2] 참이면, | [결론] 따라서 참이다. |
| --- | --- | --- | --- |
| 삼단논법 | p→q | q→r | ∴ p→r |
| 전건긍정법 <'조건'명제> | p→q | p | ∴ q |
| 후건부정법 <'대우'명제> | p→q | ~q | ∴ ~p |

**속도공략** 기호화하여 풀이한다.

## 40 ▶ ⑤

**유형공략** 다음 <사례>가 발생했을 때, '외계인과 지구인의 의사소통' 글의 "갑~정의 입장을 (지지하는지 반박하는지 여부에 대해) 적절하게 평가한 것만을 <보기>에서 모두" 고르는 문제이다.

<사례>의 내용을 기호화하면 <아래>와 같다.

| <사례> | 기호 |
|---|---|
| 지구인 김박사는 우주의 보편 원리를 포함하는 이론을 표현하는 일상 언어를 사용한다. | 一. ³지ᵷ:보편이론∧이론언어 |
| 그는 우주선을 타고 한 행성에 도착했다. | 二. ³지ᵷ:우주(기술) |
| 외계인 A는 <u>다른</u> 신체 구조를 가지고 (공통) 생활양식도 지구인과 매우 <u>다르다</u>. | 三. ³외ₐ:~신체구조∧~공통양식 |
| A는 우주의 보편 원리를 포함하는 이론을 갖고 있지 <u>않다</u>. | 四. ³외ₐ:~보편이론 |
| 그는 (지구인의 일상 언어를 쓰지 않고) 그 행성의 일상 언어만을 사용한다. | 五. ³외ₐ:행성언어 |

ㄱ. (○) 문 39.의 기호화된 내용 | 을: i-2. ~공통양식→~의사소통 |

으로 볼 때, 을은 지구인과 외계인 사이의 공통된 생활양식이 없다면 그들의 의사소통이 <u>불가능</u>하다는 주장임을 알 수 있다. 이에 문 40.의

| 三. ³외ₐ:~신체구조∧~공통양식 |

을 을의 주장에 연결하여 추리하면 (외계인 A가 지구인과의 공통된 생활양식이 없으므로) 김박사와 A 사이에서는 의사소통이 불가능하여야 함을 미루어 알 수 있다. 만일 김박사와 A 사이에 의사소통이 가능하다는 새로운 진술이 나온다면 을의 주장을 반박하여 약화한다. 따라서 "김박사가 A와 의사소통이 가능하다면, 을의 입장은 약화된다."라는 <보기> 진술은 적절하게 평가한 것이다.

ㄴ. (○) 문 39.의 | 정: i. 보편이론∧이론언어∧생물유사→의사소통 |

으로 볼 때, 정의 주장은 지구인과 외계인이 모두 우주의 보편 원리를 포함하는 이론이 있고, 그 이론을 표현하는 언어를 가지고 있고, 그리고 그들 사이에 생물학적 유사성이 있다면 그들의 의사소통이 가능하

| 三. ³외ₐ:~신체구조∧~공통양식 |
| 四. ³외ₐ:~보편이론 |
| 五. ³외ₐ:행성언어 |

다는 주장이다. 이에 문 40.의

을 정의 주장에 연결하면 그의 전건을 부정할 뿐 그 후건의 진릿값을 추리할 수는 없다. (김박사와 A의 의사소통이 가능할 수도 불가능할 수도 있다.) 만일 김박사와 A 사이에 의사소통이 가능하다는 새로운 진술이 나온다면 정의 주장을 지지하지도 (반박하지도) 않는다. 따라서 "김박사가 A와 의사소통이 가능하다면, 정의 입장은 강화되지 않는다."라는 <보기> 진술은 적절하게 평가한 것이다.

ㄷ. (○) 문 39.의 | 갑: ii. 외:보편이론→의사소통 | 으로 볼 때, 갑의 주장은 외계인이 우주의 보편 이론을 지닌다면 지구인과 의사소통이 가

능하다는 주장임을 알 수 있다. 이에 문 40.의 | 四. ³외ₐ:~보편이론 |

을 갑의 주장에 연결하면 그의 전건을 부정할 뿐 그 후건의 진릿값을 추리할 수는 없다. 결국 갑의 주장을 (지지하지도) 반박하지도 않는 사례일 뿐이므로 갑의 입장이 약화되지 않는다.

또한 문 39.의

| 병: 결. {외:(보편)이론∧이론언어}∧{지:(보편)이론∧이론언어}→의사소통 |

으로 볼 때, 이역시 문 40.의 | 四. ³외ₐ:~보편이론 | 으로는 병의 후건의 진릿값을 추리할 수는 없고 을의 입장이 약화되지 않는다. 따라서 "김박사가 A와 의사소통이 불가능하다면, 갑의 입장도 병의 입장도 약화되지 않는다."라는 <보기> 진술은 적절하게 평가한 것이다. 최종적으로 적절한 것이라 "ㄱ, ㄴ, ㄷ"을 모두 고른 ⑤가 정답이다.

**속도공략** 문 39.과 통일된 기호를 사용하여 연결하며 풀이한다.

# CHAPTER

# 03 2023년 입법

## 기출문제 분석

본문 149~179P

| | | | | | | | | | |
|---|---|---|---|---|---|---|---|---|---|
| 01 ② | 02 ② | 03 ⑤ | 04 ③ | 05 ① | 06 ⑤ | 07 ③ | 08 ④ | 09 ④ | 10 ① |
| 11 ⑤ | 12 ⑤ | 13 ⑤ | 14 ④ | 15 ① | 16 ② | 17 ③ | 18 ① | 19 ① | 20 ② |
| 21 ④ | 22 ③ | 23 ⑤ | 24 ⑤ | 25 ③ | 26 ① | 27 ⑤ | 28 ② | 29 ① | 30 ④ |
| 31 ⑤ | 32 ② | 33 ④ | 34 ② | 35 ③ | 36 ② | 37 ① | 38 ① | 39 ③ | 40 ② |

## 01 ▶ ②

**유형공략** '지능과 플린효과' 글의 "내용과 부합하는 것" 찾는 문제이다. 각 선택지의 핵심어를 중심으로 제시문의 내용을 이해한다.

① (×) (첫 번째 단락 1번째 줄) "**제임스 플린**은 IQ … **연구**를 시작했다. 그 결과 IQ 점수가 **지난 100년** 동안 꾸준히 … **상승**했다는 결론이 도출되었다. '플린효과'라…(는) 이 현상은 다른 … 연구에 의해 더욱 확실해졌"다는 내용과 (두 번째 단락 1번째 줄) "그러나 플린효과가 사람들이 과거와 비교해 오늘날 '더 똑똑해졌다'라…고 외치는 주장은 '회의적'"이라는 내용을 찾을 수 있다.
이에 제임스 플린의 연구에 따르면 IQ 점수가 지난 100년 동안 꾸준히 상승했다는 내용을 알 수 있을 뿐 IQ와 인간의 지능의 관계에 대한 관련 내용은 제시문에서 찾을 수 없다. (만일 인간의 지능을 똑똑하다는 개념과 유의한 의미로 해석한다면 제임스 플린의 연구는 인간의 지능을 상승했다는 사실에 회의적이리라 미루어 알 수 있다.) 따라서 "제임스 플린의 연구에 따르면, *인간의 지능*은 전반적으로 지난 100년간 지속적으로 상승해왔다."라는 선택지의 진술은 알 수 없어 부합하는 것이 아니다.
② (○) (마지막 단락 1번째 줄) "플린효과…(의) 가장 신뢰할 만한 설명은 IQ 점수의 향상은 (전반적인 지능의 향상보다는) **지능에 대한 사람들의 생각의 변화와** 더 **관련이 있다**는 것"이라는 내용으로 볼 때, "IQ 점수의 향상은 지능에 대한 사람들의 생각의 변화와 관련이 있다."라는 선택지의 진술은 부합하는 것이다.
③ (×) (마지막 단락 4번째 줄) "**19세기** 말에 이르기까지 지능에 대한 **과학적인 시각**이란 대학에서 배우거나 가르치는 사람들에게 국한된 매우 드문 것이었다. 그러나 지난 100년간 … 우리는 **선조들**보다 지능이 더 높지는 않지만 … **가설의 영역에 있는 문제들을 다루는 등** 지능을 새로운 문제들에 적용하는 법을 배웠다."라는 내용을 찾을 수 있다.
이에 19세기 말까지의 선조들은 (가설의 영역에 있는 문제들을 다루는 등의) 과학적인 시각을 몇몇 사람에 국한되어 배웠으리라 미루어 알 수 있다. 따라서 "19세기 이전의 선조들은 가설의 영역에 있는 문제들을 다루는 등의 과학적인 시각을 배우지 *못하였다*."라는 선택지의 진술은 맞지 않아 부합하는 것이 아니다.

④ (×) (두 번째 단락 2번째 줄) "'**인터넷**이 인류의 보편적인 지능을 향상시키고 있음을 증명하고 있다'라…는 주장은 회의적으로 바라볼 필요가 있다."라는 내용과 (세 번째 단락 1번째 줄) "지적 기술을 측정하기 위해 고안된 다른 보편적인 테스트 점수는 제자리거나 하락하고 있는 듯하다."라는 내용을 찾을 수 있다.
이에 (다른 지적 테스트 점수를 미루어 볼 때,) 인터넷은 지력 변화에 영향을 끼치지 못해 제자리거나 아니면 하락하는 영향을 주었을 수 있다고 미루어 알 수 있다. (이는 인터넷이 아무런 영향을 끼치지 못하였다는 단정적인 주장과는 차이가 있다.) 따라서 "인터넷 보급의 확대는 이용자들의 지력 변화에 아무런 영향을 끼치지 못하였다."라는 선택지의 진술은 맞지 않아 부합하는 것이 아니다.
⑤ (×) (세 번째 단락 3번째 줄) "**예비대학수학능력평가**(PSAT) **시험** 결과 … 수학 평균 점수는 … 약간 하락하며 안정적인 수준이었으나, 비판적 읽기 부문은 … 하락했고, 작문 여역은 … 하락하였다."라는 내용을 찾을 수 있을 뿐, 이 평가에 추상적인 추론 능력을 평가하는지 여부와 관련된 내용은 제시문에서 찾을 수 없다. 따라서 "예비대학수학능력평가와 같은 현대의 시험방식은 **주로** 학생들의 추상적인 추론 능력을 평가한다."라는 선택지의 진술은 알 수 없어 부합하는 것이 아니다.

**속도공략** 선택지 ① "제임스 플린의 연구", ② "IQ", ③ "19세기", ④ "인터넷", ⑤ "예비대학수학능력평가"를 중심으로 제시문의 내용을 이해하며 풀이한다.

## 02 ▶ ②

**유형공략** '연결납세제도(consolidated tax return)' 글에 대한 "추론으로 적절한 것"을 이끌어 내는 문제이다. 선택지의 핵심어를 중심으로 제시문의 내용을 이해한다.
선택지의 핵심어를 중심으로 제시문의 내용을 요약/정리하면 <아래>와 같다.

| 구분 | 내용 |
|---|---|
| [1단락] | 연결납세제도(Consolidated tax return)는 (모법인·자법인이 경제적으로 결합되어 있는 경우) 경제적 실질에 따라 모법인·자법인을 하나의 과세 단위로 소득을 통산하여 법인세를 과세하는 제도이다. 개별 법인의 결손금이 통산되어 (개별 납세하는 경우보다) 세부담이 감소할 수 있다. |
| [2단락] | 긍정적인 효과로는 세부담의 공평성과 세제의 중립성 제고를 들 수 있다. (단일법인(이)나 자법인… 모두 세부담이 동일하기 때문이다.) |
| [3단락] | 부정적인 효과로는 세수 감소 및 조세행정비용 증가를 들 수 있다. 결손금 통산 등으로 연결집단의 소득이 감소할 수 있고, 그 계산과정이 복잡하기 때문이다. |
| [5단락] | A국은 2008년 「법인세법」 개정 시, 연결납세제도를 도입하였으며, 2010년부터 시행하였다. 적용대상은 모법인과 '완전 지배' 관계에 있는 자법인으로 내국법인에 한정된다. 완전 지배란 내국법인이 다른 내국법인의 발생주식총수의 전부(지분율 100%)인 경우를 포함한다. |
| [끝단락] | 연결납세제도는 OECD 38개국 중 독일 등 24개국에서 시행 중이며, 대체적으로 (지분율 100%보다는) 완화된 50~95% 기준을 적용하고 있다. |

① (×)

| [1단락] | 연결납세제도(Consolidated tax return)는 (모법인·자법인이 경제적으로 결합되어 있는 경우) 경제적 실질에 따라 모법인·자법인을 하나의 과세 단위로 소득을 통산하여 법인세를 과세하는 제도이다. … |
|---|---|
| [3단락] | 부정적인 효과로는 세수 감소 및 조세행정비용 '증가'를 들 수 있다. … |

위의 내용으로 볼 때, "연결납세제도는 경제적 실질에 따라 법인세를 과세하여 조세행정비용이 *감소*할 수 있다."라는 선택지의 진술은 맞지 않아 추론으로 적절하지 않다.

② (○)

| [1단락] | 연결납세제도(Consolidated tax return)는 … 모법인·자법인을 하나의 과세 단위로 소득을 통산하여 법인세를 과세하는 제도이다. 개별 법인의 결손금이 통산되어 (개별 납세하는 경우보다) 세부담이 '감소'할 수 있다. |
|---|---|

위의 내용으로 볼 때, {연결납세제도는 (개별납세하는 경우보다) 세부담이 감소할 수 있으므로}, 개별납세하는 경우 (연결납세하는 경우보다) 세부담이 '증가'할 수 있다. 따라서 "연결집단의 모든 개별 법인이 각각 개별 납세하는 경우 (연결납세제도를 적용하는 경우보다) 세부담이 증가할 수 있다."라는 선택지의 진술은 추론으로 적절하다.

③ (×)

| [1단락] | 연결납세제도(Consolidated tax return)는 … 경제적 실질에 따라 모법인·자법인을 하나의 과세 단위로 소득을 통산하여 법인세를 과세하는 제도이다. … |
|---|---|
| [5단락] | A국은 2008년 「법인세법」 개정 시, 연결납세제도를 도입하였으며, … 적용대상은 모법인과 '완전 지배' 관계에 있는 자법인으로 내국법인에 한정된다. 완전 지배란 내국법인이 다른 내국법인의 발생주식총수의 전부(지분율 100%)인 경우를 포함한다. |
| [끝단락] | 연결납세제도는 OECD 38개국 중 독일 등 24개국에서 시행 중이며, 대체적으로 (지분율 100%보다는) 완화된 50~95% 기준을 적용하고 있다. |

위의 내용으로 볼 때, A국은 (연결납세제도를 도입하고 있으므로) 모법인·자법인을 하나의 단위로 보아 소득을 통산하고 있고 모법인의 지분율은 100%이리라 미루어 알 수 있으며, (지분율 50~95% 기준을 적용하는) OECD 국가보다 '강화'된 지분율 기준을 적용하리라 미루어 알 수 있다. 따라서 "A국은 모법인과 자법인을 하나의 법인으로 보아 연결소득을 산출하고 있으며, OECD 국가보다 대체적으로 *완화*된 지분율 기준을 적용하고 있다."라는 선택지의 진술은 맞지 않아 추론으로 적절하지 않다.

④ (×)

| [5단락] | A국은 2008년 「법인세법」 개정 시, 연결납세제도를 도입하였으며, '2010년'부터 시행하였다. … |
|---|---|

위의 내용으로 볼 때, A국은 2008년 연결납세제도를 도입은 하였으나 2010년부터 시행하였으므로 그 제도에 따르는 법인세 과세는 (2008년이 아닌) '2010년'부터 시행했으리라 미루어 알 수 있다. 따라서 "A국은 (연결집단 내 개별 법인의 결손금을) *2008년* 말부터 통산하여 법인세를 과세*하고 있다*."라는 선택지의 진술은 맞지 않아 추론으로 적절하지 않다.

⑤ (×)

| [3단락] | [연결납세제도] 부정적인 효과로는 세수 감소 및 조세행정비용 증가를 들 수 있다. 결손금 통산 등으로 연결집단의 소득이 감소할 수 있고, 그 계산과정이 복잡하기 때문이다. |
|---|---|
| [5단락] | A국은 2008년 「법인세법」 개정 시, 연결납세제도를 도입하였으며, 2010년부터 시행하였다. 적용대상은 모법인과 '완전 지배' 관계에 있는 자법인으로 내국법인에 한정된다. 완전 지배란 내국법인이 다른 내국법인의 발생주식총수의 전부(지분율 100%)인 경우를 포함한다. |
| [끝단락] | 연결납세제도는 OECD 38개국 중 독일 등 24개국에서 시행 중이며, 대체적으로 (지분율 100%보다는) 완화된 50~95% 기준을 적용하고 있다. |

위의 내용으로 볼 때, 독일은 A국에 비해 지분율이 완화된 연결납세제도를 도입하고 있음을 알 수 있을 뿐 세수확보 또는 조세행정비용을 비교할 수 있는 관련 내용을 찾을 수는 없다. 따라서 "독일은 A국에 비해 세수확보보다 조세행정비용을 줄이는 것을 강조한다."라는 선

택지의 진술은 알 수 없어 추론으로 적절하지 않다. (다만 독일은 완화된 지분율을 적용하고 있으므로 적용 대상의 비율이 높아질 수 있고, 대상의 수가 커지면 세수도 증가하고 조세행정비용도 증가할 수 있으리라고는 생각해 볼 수 있으므로 적어도 독일은 조세행정비용을 줄이는 것을 강조하기는 어렵다고 본다.)

**속도공략** 선택지 ① "연결납세제도/조세행정비용", ② "개별 납세/세부담", ③ "A국/지분율", ④ "결손금/법인세", ⑤ "독일/세수확보/조세행정비용"을 중심으로 제시문의 내용을 이해하며 풀이한다.

## 03 ▶ ⑤

**유형공략** '비트코인' 글에 대한 "추론으로 적절하지 <u>않은</u> 것만을 <보기>에서 모두" 고르는 문제이다. <보기> 진술의 핵심어를 중심으로 제시문의 내용을 이해한다.

ㄱ. (○) (첫 번째 단락 5번째 줄) "[온두라스] 지자체 차원에서 비트코인을 법정 통화로 채택"했다는 내용으로 볼 때, "지자체 차원에서 법정 통화를 채택하는 국가도 있다."라는 <보기> 진술은 추론으로 적절한 것이다.

ㄴ. (○) (두 번째 단락 1번째 줄) "개발도상국들이 비트코인을 법정 통화로 채택한 이유는 … 미국의 통화 정책으로 인한 인플레이션에 대응하기 위해서이다. (엘살바도르는 … 2000년부터 미국의 달러를 법정 통화로 사용하고 있었다. 그런데 … 미국에서 양적 완화 정책이 시행되었고, 엘살바도르는 … 이에 대응하기 위해 비트코인을 법정 통화로 채택)"라는 내용으로 볼 때, "다른 국가(➔ 미국)의 통화 정책에 영향을 많이 받는 개발도상국(➔ 엘살바도르)의 경우 비트코인을 법정 통화로 채택하여 대응을 용이하게 할 수 있다."라는 <보기> 진술은 추론으로 적절한 것이다.

ㄷ. (×) (세 번째 단락 1번째 줄) "일부 선진국은 디지털 자산에 선제적으로 대응하며 규제 프레임 워크를 구축해 왔으며, … 법적으로 명확한 원칙을 수립하지는 <u>못한</u> 상황"이라는 내용으로 볼 때, "일부 선진국은 디지털 자산에 선제적으로 대응하며 규제 프레임 워크를 구축했고, 법적으로 명확한 원칙을 수립한 단계에 이르렀다."라는 <보기> 진술은 맞지 않아 추론으로 적절하지 않은 것이다.

ㄹ. (×) (네 번째 단락 4번째 줄) "중국은 한 때 디지털 자산 선진국이었으나 … 2017년 … 디지털 자산 금지 정책으로 인하여 채굴과 거래가 금지되(고) … 2022년 … 정부가 채굴을 전면 금지"하였다는 내용으로 볼 때, 중국은 (한 때) 디지털 자산 선진국이었으나 정부가 디지털 자산에 대한 (채굴과 거래에 관한) 규제가 '있었음'을 알 수 있다. 따라서 "중국은 디지털 자산 선진국으로 디지털 자산에 대한 규제 <u>없이</u> 혁신을 이루고 있다."라는 <보기> 진술은 맞지 않아 추론으로 적절하지 않은 것이다.

ㅁ. (×) (마지막 단락 아래에서 6번째 줄) "미국 '상원'은 디지털 자산의 규제 기관을 {SEC(증권거래위원회)가 아닌} CFTC(상품선물거래위원회)로 해야 한다는 금융 혁신 법안을 발의하였는데, … SEC(증권거래위원회) 위원장의 주장과 충돌되는 내용"이라는 내용으로 볼 때,

"미국 *하원*은 디지털 자산의 규제 기관을 상품선물거래위원회로 해야 한다는 금융 혁신 법안을 발의하여 미국 증권거래위원회의 지지를 받고 있다."라는 <보기> 진술은 맞지 않아 추론으로 적절하지 않은 것이다. (만일 미국 증권거래위원회 위원장과 미국 증권거래위원회를 동일시한다면 이 부분 역시 추론으로 적절하지 않은 것이라고 볼 수 있다.) 최종적으로 적절하지 않은 것이라 "ㄷ, ㄹ, ㅁ"을 모두 고른 ⑤가 정답이다.

**속도공략** <보기> 진술을 순서대로 풀이하며 선택지를 소거한다.

## 04 ▶ ③

**유형공략** '타미플루' 글에 대한 "추론으로 적절한 것"을 찾는 문제이다. 각 선택지 진술의 핵심어를 중심으로 제시문의 내용을 이해한다.

① (×) (첫 번째 단락 1번째 줄) "타미플루는 미국의 제약 회사…에서 개발되고 2009년 돼지에서 기원한 새로운 호흡기 바이러스 … 출현 … 당시 항바이러스제로서 맹활약했던 의약품이다."라는 내용으로 볼 때, 타미플루가 개발되고, '그 후' 2009년에 활약했음을 미루어 알 수 있다. 따라서 "타미플루는 2009년 {돼지에서 기원한 새로운 호흡기 바이러스를 치료(➔ 항바이러스)하기 위하여} 개발되었다."라는 선택지의 진술은 맞지 않아 추론으로 적절하지 않다.

② (×) (첫 번째 단락 1번째 줄) "타미플루는 … 바이러스 치료제이다."라는 내용과 (두 번째 단락 1번째 줄) "{(바이러스 치료제의 경우 … 임상 증상이 질환 과정의 후반부에서 나타나기 때문에,) 백신에 의한 면역이 (바이러스 치료제의 사용보다) 훨씬 선호된다. 하지만} 백신에 심각한 알레르기가 있는 사람은 … 바이러스에 감염이 되었다면, … 항바이러스제(➔ 타미플루)가 투여되어야 한다."라는 내용을 찾을 수 있다. 따라서 "(백신에 심각한 알레르기가 있는 환자의 치료를 위해서는) 타미플루를 사용할 수 *없다.*"라는 선택지의 진술은 맞지 않아 추론으로 적절하지 않다.

③ (○) (다섯 번째 단락 1번째 줄) "길리어드는 타미플루 … 특허권을 … 당해 연도 매출액의 22% (≒매출액의 1/5) … 로열티로 받는 조건에 … 로슈에 넘겼다. 이후 로슈가 … 판매권을 독점하(고), 길리어드는 2008년 한 해에만 1억 5,500만 달러를 … 로열티로 벌었다."는 내용을 찾을 수 있다.

이에 길리어드의 로열티와 료슈의 매출액(x)을 비례식으로 세워보면 [1억 5,500만: 22/100=x: 100/100]이고, 대략적으로 로슈의 매출액은 로열티 '1억 5,500만 달러의 5배'이므로 7억 달러를 넘어서는 액수임을 알 수 있다. 따라서 "2008년 로슈의 타미플루에 대한 매출액은 7억 달러 이상이었을 것이다."라는 선택지의 진술은 추론으로 적절하다. {로슈의 매출액과 (길리어드에 로열티를 지불하고 난) 로슈의 잔액을 혼동하지 않는다.}

④ (×) (세 번째 단락 1번째 줄) "타미플루는 … 한국계 일본인 … 김정은 박사 주도 하에 개발이 이루어 졌다"는 내용, (네 번째 단락 1번째 줄) "김정은 박사는 1994년 … '조류독감' 치료제인 타미플루 개발을 시작"했다는 내용, 그리고 (마지막 단락 1번째 줄) "타미플루는

2009년 북미에서 발생한 **신종 플루의 치료제로서** 큰 역할을 했"다는 내용을 찾을 수 있다.

이에 타미플루는 '조류독감 치료제'로서 한국계 일본인 주도 하에 개발이 이루어졌고, 이후 북미에서 발생한 신종 플루의 치료제로서 큰 역할을 했음을 알 수 있다. 따라서 "타미플루는 북미에서 발생한 신종 플루의 치료제로서 _한국인_이 개발하였다."라는 선택지의 진술은 맞지 않아 추론으로 적절하지 않다. (한국인과 한국계 일본인은 같지 않다.)

⑤ (×) (마지막 단락 6번째 줄) "**타미플루가** … **특허 소유권자인** 로슈의 허락 없이 강제로 특허를 사용할 수 있게**끔** 하는 … 압력이 거세게 일어났다. 이러한 (생산량) 문제는 … 2016년 로슈의 특허가 만료됨에 따라 복제약이 … 유통되면서 자연스럽게 해결되었다."라는 내용을 찾을 수 있다.

이에 (타미플루 특허 소유권자인 로슈의 허락 없이 강제로 특허를 사용하는 것과는 '관계 없이') 2016년 타미플루 특허가 만료되어 누구나 '자유롭게' 특허를 (복제약 만드는 데) 사용할 수 있게 되어 생산량 문제가 해결되었음을 미루어 알 수 있다. 따라서 "타미플루 특허 소유권자의 허락 없이 _강제로_ 특허를 사용할 수 있게 되어, 타미플루 생산량에 대한 문제가 해결되었다."라는 선택지의 진술은 맞지 않아 추론으로 적절하지 않다.

**속도공략** 선택지 ① "2009년", ② "백신/알레르기", ③ "2008년/로슈/매출액", ④ "한국인", ⑤ "특허"를 중심으로 제시문의 내용을 이해하며 풀이한다.

---

## 05 ▶ ①

**유형공략** '물가상승' 글의 내용과 "부합하지 않는 것"을 찾는 문제이다. 각 진술의 핵심어를 중심으로 제시문의 내용을 이해한다.

① (×) (첫 번째 단락 1번째 줄) "국내 **물가상승**에 원자재 가격이 가장 큰 영향을 미치는 가운데, 글로벌 공급망 차질이 원달러 환율과 유사한 수준으로 중요한 … 것으로 확인되었다. … 한편, 우리나라는 **미국에 비해 수요압력이** 높지 **않은** 것으로 확인되었다. … 국내 소비가 구조적 부진에서 완전히 벗어나지 못한 점을 주요 원인으로 들 수 있다."라는 내용을 찾을 수 있다.

이에 (국내에서는 원자재 가격이 물가상승에 가장 큰 영향을 미칠 뿐) 수요압력이 물가상승에 기여하는 바는 국내에서보다 미국에서 더 '높'으리라 미루어 알 수 있다. 따라서 "수요압력이 물가상승에 기여하는 바는 국내에서보다 미국에서 더 _작다._"라는 선택지의 진술은 맞지 않아 부합하지 않는 것이다.

② (○) (마지막 단락 1번째 줄) "**중앙은행의 긴축** 등에 힘입어 **물가** 상승세가 완화될 수 있을 것이다. 하지만 … 원자재 … **공급망 문제**가 … 물가 불확실성을 확대(할) 가능성이 있다."는 내용을 찾을 수 있다. 중앙은행의 긴축 등을 통해 물가(상승세를 완화하는) 안정을 기대할 수 있지만 (원자재) 공급 문제로 물가 안정은 실현되지 <u>않고</u> 불확실해질 수 있으리라 미루어 알 수 있다. 따라서 "중앙은행의 긴축정책을 통한 물가안정의 향후 기대가 공급 측 문제로 인해 실현되지 <u>않을</u> 수 있다."라는 선택지의 진술은 부합하는 것이다.

③ (○) (두 번째 단락 4번째 줄) "우리나라는 주요국보다 **선제적으로 통화긴축을 실시**한 덕분에 점진적인 **기준금리 인상경로**를 유지하고 있다."라는 내용으로 볼 때, 따라서 "선제적인 통화긴축의 실시는 기준금리 인상경로에 영향을 미친다."라는 선택지의 진술은 부합하는 것이다. (만일 선제적인 통화긴축을 실시하지 <u>않았</u>다면 기준금리 인상경로를 점진적으로 유지하지 <u>못했</u>을 수 있다. 이 역시 영향을 미치는 것이다.)

④ (○) (첫 번째 단락 1번째 줄) "**국내 물가상승**에 원자재 가격이 '가장' 큰 영향을 미치는 가운데 … (원자재) **글로벌** 공급망 차질이 환율과 유사한 수준으로 중요한 역할을 하는 것으로 분석"된다는 내용을 찾을 수 있다.

이에 국내 물가상승의 원인은 (원자재 가격 또는) 글로벌 공급망이 영향을 미치므로 다른 어떠한 요인보다 주요한 원인임을 알 수 있다. 따라서 "국내 물가상승의 주요 원인은 내수보다는 글로벌 요인에 있다."라는 선택지의 진술은 부합하는 것이다.

⑤ (○) (세 번째 단락 1번째 줄) "(여러 정책 대응의 경우 통화정책과의 일관성 유지를 중요하게 고려하여야 한다.) 특히 우리나라…에서 … **보조금** 지급을 통해 **유가** 상승에 대응하고 있…지만 (에너지 지원 정책은 중장기적 유효성이 낮은 것으로 판명되었다. … 또한) 이러한 정책은 … **통화긴축과도** 일관되지 <u>않은</u> 측면이 있다."라는 내용으로 볼 때, "유가 보조금 정책은 통화긴축정책과 (일관되지 않고) 상충하는 측면이 있다."라는 선택지의 진술은 부합하는 것이다.

**속도공략** 선택지 ① "수요압력", ② "긴축정책", ③ "선제적인 통화긴축", ④ "글로벌", ⑤ "보조금"을 중심으로 제시문의 내용을 이해하며 풀이한다.

---

## 06 ▶ ⑤

**유형공략** '아크로폴리스' 글의 "⊙ 역사의 유적"의 의의로 가장 적절한 것을 찾는 문제이다.

⊙ 역사의 유적과 관련한 제시문의 내용을 요약하면 <아래>와 같다.

| 구분 | 내용 |
|---|---|
| [4단락] | ⊙ 역사의 유적은 우리에게 어떤 의미가 있는가. |
| [5단락] | 가장 좋은 답이 아테네 아크로폴리스 언덕이다. … 이민족이 세운 극장이지만 아티쿠스 극장은 아크로폴리스를 더욱 아크로폴리스답게 만드는 **역사의 더함**을 통해 폐허로부터 부활한 것이다. |
| [끝단락] | 역사의 유적은 어떻게 읽어야 하나. 필요에 의해 지어졌던 모든 건축이 지금은 그 기능을 잃고 역사의 유적으로만 남았다. 그러나 아크로폴리스…를 통해 … **역사의 기록을 실재한 것**으로 알 수 있고, 그리스 … 문명의 **사실**에 다가설 수 있다. |

① (×) [끝단락]의 내용으로 볼 때, "건축적 감동을 줄 수 있어야 한다."라는 선택지의 진술은 적절한 것은 아니다.

② (×) [끝단락]의 내용으로 볼 때, "지적인 방법을 통해 접근할 수 있어야 한다."라는 선택지의 진술은 적절한 것은 아니다.

③ (×) [끝단락]의 내용으로 볼 때, "도시 원리를 잘 포함하고 있어야 한다."라는 선택지의 진술은 적절한 것은 아니다.

④ (×) [끝단락]의 내용으로 볼 때, "기능적 특성을 잘 유지하고 있어야 한다."라는 선택지의 진술은 적절한 것은 아니다.

⑤ (○) [5단락]과 [끝단락]의 내용으로 볼 때, "지속적으로 '역사'와 함께하고 있어야 한다."라는 선택지의 진술은 가장 적절하다.

**속도공략** ⊙과 관련된 제시문 내용 모두를 전체적으로 포괄하는 주요 논지를 찾는다.

# 07 ▶ ③

**유형공략** '화성인과 금성인'에 대한 다음 <진술>이 "모두 참이라고 할 때, 아래의 <결론>이 타당하게 도출되기 위해서 추가로 필요한 전제"를 선택지의 진술에서 찾는 문제이다. 즉, 추가로 필요한 전제와 <진술>을 연결하여 <결론>을 도출하는 문제이다.

제시문의 <진술>과 <결론>을 요약하여 기호화하면 <아래>와 같다.

| 〈진술〉 | 기호 |
|---|---|
| ○ 화성인이 사랑하는 사람은 착하고 잘생긴 금성인 뿐이다. | ⅰ. ∀화성: LV(착∧잘∧금성) |
| ○ 선물을 잘 사주거나 애정 표현을 한다면 그 사람을 사랑하는 것이다. | ⅱ. ∀선물∨애정→LV |
| ○ 갑은 무뚝뚝한 화성인이다. | ⅲ-1. 갑: 무∧화성, ⅲ-2. 갑: ~애정 (∵ⅳ) |
| ○ 무뚝뚝한 사람은 누구에게도 애정 표현을 하지 않는다. | ⅳ. ∀무→~애정 |
| ○ 착한 사람만이 자신에게 애정 표현 하지 않는 사람을 사랑한다. | ⅴ. ∀LV(~애정)→착 |
| ○ 을은 갑을 사랑한다. 늑 을은 (애정 표현 없는) 갑을 사랑한다. | ⅵ-1. 을: LV(갑) ⅵ-2. 을: 착 (ⅲ-2와 ⅴ) |
| 〈결론〉 | |
| 을은 잘생긴 금성인이다. | ∴ 을: 잘∧금성 |

① (×) "을은 착하다[을: 착]."라는 선택지의 진술은 결론 도출에 필요한 전제가 아니라 ⅵ-2에서 보여 주듯이 추리에 의한 소결임을 알 수 있다.

② (×) "을은 무뚝뚝하지 않다[을: ~무]."라는 선택지의 진술은 기호화된 내용과 연결되지 않는 전제이므로 결론 도출에 필요한 전제가 아니다.

③ (○) "갑은 을에게 선물을 잘 사준다[갑:(to을)선물]."라는 선택지의 진술은 ⅱ. ∀선물∨애정→LV 에 의해 갑이 을을 사랑한다[갑: LV(을)]는

| ⅰ. ∀화성: LV(착∧잘∧금성) |
|---|
| ⅲ-1. 갑: 무∧화성 |
| 〈소결〉 [갑: LV(을)] |

<소결>로 추리할 수 있다. 추가적으로

에 의해 모든 화성인은 착하고 잘생긴 금성인을 사랑하는데, 화성인인 갑이 을을 사랑한다면 을은 착하고 잘생긴 금성인[을:착∧잘∧금성인]이라 미루어 알 수 있다. 이미 ⅵ-2. 을: 착 이라 했으므로 을은 잘생긴 금성인 ∴ 을: 잘∧금성 임을 최종 추리할 수 있다.

④ (×) "을은 갑에게 선물을 잘 사준다[을:(to갑)선물]."라는 선택지의 진술은 ⅱ. ∀선물∨애정→LV 에 따라 을이 갑을 사랑한다는 <소결>을 낼 수 있을 뿐 결론 도출에 필요한 전제가 아니다.

⑤ (×) "갑은 을에게 애정 표현을 하지 않는다[갑:(to을)~애정]."라는 선택지의 진술은 기호화된 내용과 연결되지 않는 전제이므로 결론 도출에 필요한 전제가 아니다.

**내용공략** 특칭명제인 갑과 을에 대한 <진술>은 전칭명제에 따라 추가적인 추리가 가능하다는 점에 유의한다.

# 08 ▶ ④

**유형공략** '무형자산(intangible assets)으로서의 지식재산' 글의 내용과 사실적으로 "부합하지 않는 것"을 찾는 문제이다. 각 진술의 핵심어를 중심으로 제시문의 내용을 이해한다.

① (○) (첫 번째 단락 8번째 줄) "무형자산은 … '지식재산'이라고도 볼 수 있다. 과거에는 … 무형재산 또는 무체재산이라고 하였으나, … 「지식재산기본법」이 제정되면서 지식재산으로 일반화되었다."라는 내용으로 볼 때, "지식재산은 본래 다양한 명칭으로 혼용(➔ 무형, 무체)되다가 법률 제정을 통해 일반화되었다."라는 선택지의 진술은 부합하는 것이다.

② (○) (첫 번째 단락 아래에서 5번째 줄) "과학기술의 발전…에 따라 종래 지식재산의 범주에 속하지 않고 새롭게 출현하는 지식재산을 신지식재산이라고 한다. … 반도체 직접회로의 배치설계와 같은 첨단 산업저작권 … 등이 여기(➔ 신지식재산)에 속한다."라는 내용으로 볼 때, "반도체 직접회로의 배치설계는 종래 지식재산의 범주에 속하지 않았다."라는 선택지의 진술은 부합하는 것이다.

③ (○) (두 번째 단락 2번째 줄) "「기술의 이전 및 사업화 촉진에 관한 법률」에서는 산업재산과 … 지식재산을 포괄적으로 '기술'로 정의하였다. 그리고 이를(➔ 기술) 사업화할 때 발생하는 경제적 가치를 가액·등급·점수로 표현하는 행위를 '기술평가'로 규정"하였다는 내용을 찾을 수 있다.

따라서 "「기술의 이전 및 사업화 촉진에 관한 법률」에 따르면 기술평가란 (산업재산뿐만 아니라) 지식재산을 사업화할 때 발생하는 경제적 가치를 가액·등급·점수로 표현하는 행위를 말한다."라는 선택지의 진술은 부합하는 것이다.

④ (×) 선택지 ③의 해설로 볼 때, "「기술의 이전 및 사업화 촉진에 관한 법률」은 전통적 지식재산권인 산업재산권에 한정하여 경제적 가치를 가액·등급·점수 등으로 표현하는 행위를 규정하고 있다."라는 선택지의 진술은 (산업재산으로만 한정시켜 지식재산을 포함하지 않았던 그리고 신지식재산을 포함한 지식재산까지 포함시켰던 제시문의 내용과) 부합하지 않는 것이다.

⑤ (○) [(첫 번째 단락 8번째 줄) "무형자산은 재산적 측면에서 … '지식재산'이라고도 할 수 있다. … 지식재산권은 전통적으로 … 산업재산권 …, 저작권 …을 말한다. 한편 … 종래 지식재산의 범주에 속하지 않…는 … 지식재산을 신지식재산이라고 한다."라는 내용과) (마

지막 단락 3번째 줄) "지식재산(➡ 무형자산) 가치평가는 … 전문가에 의한 정확한 평가가 필수적이다. … 이에 '유'·무형 자산에 대한 **가치평가** 시 … 제도적 보완이 요구되고 있다."라는 내용을 찾을 수 있다. 이에 (가치평가는 유·무형자산 모두에 대해서 이루어지고 있음을 알 수 있는데 무형자산이 지식재산이므로) 가치평가는 무형자산인 지식재산에만 한정하여 이루어지는 것은 아님을 알 수 있다. 따라서 "가치평가가 지식재산에 한정하여 이루어지는 것은 아니다."라는 선택지의 진술은 부합하는 것이다.

**속도공략** 선택지 ① "지식재산", ② "반도체 직접회로의 배치설계", ③/④ "「…법률」", ⑤ "가치평가"를 중심으로 제시문의 내용을 이해하며 풀이한다.

# 09 ▶ ④

**유형공략** '국가의 대학에 대한 역할' 글의 문단을 "논리적 순서에 맞게 나열한 것"으로 가장 적절한 것을 추리하는 문제이다. 각 문단에서 사용된 핵심어와 접속사를 참고하여 그 순서를 추리한다.
선택지 ①~⑤ 진술에서 배열을 시작하고 있는 (가)와 (나) 문단에 따라 제시문 내용을 요약하며 풀이하면 <아래>와 같다.

| ~~①/②~~ (가) | ③~⑤ (나) | | |
|---|---|---|---|
| 사립대학에 지원·육성하여야 한다고만 규정하고 있을 뿐, 재원이나 범위를 명확히 하지 않고 있기 때문에 국가의 재량사항에 속한다. … (∵사립대학이라는 한정적인 대상만을 다루고 있으므로 글의 서두로는 알맞지 않다.) | 법적으로 보면, 국가는 대학에 세 가지 역할을 가지고 있다. 첫째, 국립대학 **설립**자로서의 역할이며, 둘째 국·공립·사립대학의 교육에 대한 **지도·감독**자 역할이고, 셋째 … **지원·육성**자로서의 역할이다. (∵국가의 대학에 대한 역할을 전반적으로 제시하고 있으므로 글의 서두로 알맞다.) | | |
| | | ③/④ (다) | ⑤ ~~(마)~~ |
| | | 국가와 지방자치단체는 학교를 **설립**·경영할 수 있고 …, 국가는 … **지도·감독**자로서의 역할도 수행해 왔다. (∵ (나)의 첫째와 둘째에 해당하는 내용이므로 (다)가 먼저 오고, 연이어 (나)의 셋째에 해당하는 (마)가 오는 것이 적절하다.) | 대학교육에 대한 **지원·육성**자로서의 국가의 역할은 상대적으로 소홀히 취급되어 왔다. (∵ (나)의 셋째에 해당하는 내용이다.) |

④ (○) "(나)-(다)-(마)-(라)-(가)"라는 선택지의 진술은 <아래>의 (나)-(다)-(마) 순서와 일치하는 유일한 선택지로서 논리적 순서가 적절하다. (이후 (라)는 국립대학에 대한 지원, (가)는 사립대학에 대한 지원과 관련된 내용이 나오고 있다.)

**속도공략** 선택지의 진술이 (가)와 (나)에서 시작하고 있음을 참고하여 풀이하되 (나)가 글의 서두로 결정되면 이후 내용의 논리적 순서는 "첫째, 둘째, 셋째"에 따라 배열한다.

# 10 ▶ ①

**유형공략** '던바의 수' 글의 "⊙ 로빈 던바 교수"의 생각으로 가장 적절하지 <u>않은</u> 것을 찾는 문제이다. 선택지의 핵심어와 관련된 던바 교수의 [논지]와 [논거]를 중심으로 제시문의 내용을 이해한다.
선택지 핵심어와 던바 교수를 중심으로 제시문 내용을 요약/정리하면 <아래>와 같다.

| 구분 | 내용 |
|---|---|
| [1단락] | ⊙ 로빈 던바 교수는 전세계 원시 마을의 구성원 수가 평균 150명 안팎이라는 사실과 영장류의 신피질 크기에 대한 연구를 근거로 한 사람이 사회적 관계를 안정적으로 유지할 수 있는 사람의 수는 평균 150명이라고 발표했다. 인맥의 최대치를 뜻하는 150명은 '던바의 수'로 불리게 되었다. |
| [2단락] | 대뇌 신피질이 클수록 유기체의 정보처리 능력은 커지는데 고릴라의 경우 던바의 수는 50정도라고 한다. |
| [정리1] 대뇌 신피질 ∝ 유기체 정보처리 능력 | |
| [4단락] | 던바 교수는 '의미있는 관계를 맺은 사람'은 평균 150명이라고 다시 한번 강조하였다. 던바에 따르면 인간의 관계망은 층위가 있는데 각 층위의 평균 친구 수는 5, 15, 50, 150명과 같이 친밀도가 떨어질 때마다 네트워크 규모가 약 3배씩 늘어난다. (맨 바깥쪽 층위인 '이름이나 얼굴 정도 아는 사람'은 1,500명 정도에 이른다.) 층위가 올라갈수록(➡ 네트워크 규모가 커질수록) 접촉 빈도가 낮아진다. |
| [정리2] 친밀도 ∝ 1/네트워크 규모 ∝ 1/층위 ∝ 접촉 빈도 | |
| [끝단락] | 그(➡ 던바 교수)는 "원숭이, … , 코끼리 집단에서도 똑같은 구조를 확인할 수 있다"며 … 다만 '던바의 수'가 10대 후반에서 20대 초반 사이에 정점을 찍은 뒤 30대에 150명으로 수렴하여 30여 년간 유지되다 다시 감소한다고 하였다. |

① (×)

| [1단락] | ⊙ 로빈 던바 교수는 … 한 사람이 사회적 관계를 안정적으로 유지할 수 있는 **사람**의 수는 평균 150명이라고 발표했다. 인맥의 최대치를 뜻하는 150명은 '**던바의 수**'로 불리게 되었다. |
|---|---|
| [2단락] | 대뇌 **신피질**이 클수록 유기체의 정보처리 능력은 커지는데 **고릴라**의 경우 던바의 수는 50정도라고 한다. |

위의 내용으로 볼 때, 던바의 수는 사람이 150이고 고릴라가 50이므로 고릴라가 더 작음을 알 수 있다. 따라서 "신피질의 크기도 (사람보다) 고릴라가 크지만 던바의 수는 *사람이* 더 작다."라는 선택지의 진술은 맞지 않아 적절하지 않다. (대뇌 신피질의 크기도 사람이 더 크리라 생각해 볼 수 있다.)

② (○)

| [4단락] | … 던바에 따르면 인간의 **관계망**은 **층위**가 있는데 각 층위의 평균 친구 수는 5, 15, 50, 150명과 같이 친밀도가 떨어질 때마다 네트워크 규모가 약 3배씩 늘어난다. (맨 바깥쪽 층위인 '이름이나 얼굴 정도 아는 사람'은 '1,500명' 정도에 이른다.) |
|---|---|

위의 내용으로 볼 때, "관계 맺음의 층위에 따라서는 150명보다 훨씬 많은 수(➔ 1,500명)의 사람들과 관계를 맺을 수 있다."라는 선택지의 진술은 적절하다.

③ (○)

| [2단락] | 대뇌 **신피질**이 클수록 유기체의 **정보처리 능력**은 커지는데 …  [정리1] 대뇌 신피질 ∝ 유기체 정보처리 능력 |
|---|---|

위의 내용으로 볼 때, "유기체의 정보처리능력과 신피질 크기 사이에는 비례관계가 성립한다."라는 선택지의 진술은 적절하다.

④ (○)

| [1단락] | ⊙ 로빈 던바 교수는 … 한 **사람이 사회적 관계를 안정적으로 유지할 수 있는 사람의 수는 평균 150명**이라고 발표했다. 인맥의 최대치를 뜻하는 150명은 '던바의 수'로 불리게 되었다. |
|---|---|
| [끝단락] | 그(➔ 던바 교수)는 … 다만 '던바의 수'가 10대 후반에서 20대 초반 사이에 정점을 찍은 뒤 30대에 **150명**으로 수렴하여 30여 년간(➔ 30대~50대) 유지되다 다시 감소한다고 하였다. |

위의 내용으로 볼 때, "40대인 사람이 사회적 관계를 안정적으로 유지할 수 있는 사람의 수(➔ 던바의 수)는 평균 150명이다."라는 선택지의 진술은 적절하다.

⑤ (○)

| [4단락] | … 던바에 따르면 인간의 관계망은 **층위**가 있는데 각 층위의 평균 친구 수는 5, 15, 50, 150명과 같이 **친밀도**가 떨어질 때마다 네트워크 규모가 약 3배씩 늘어난다.  [정리2] 친밀도 ∝ 1/네트워크 규모 … |
|---|---|

위의 내용으로 볼 때, (네트워크 규모와 친밀도는 서로 반비례하므로) 규모가 작은 쪽에 속하는 사람이 (규모가 큰 쪽에 속하는 사람보다) 친밀도는 더 높으리라 미루어 앉르 수 있다. 따라서 "특정 개인의 정서적 친밀도에 따른 층위 중 규모가 50명에 속하는 사람은 (규모가 150명에 속하는 사람보다) 그 개인과의 친밀도가 높다."라는 선택지의 진술은 적절하다.

**속도공략** 선택지 ① "신피질/던바의 수", ② "관계 맺음", ③ "정보처리능력", ④ "40대/150명", ⑤ "정서적 친밀도"를 중심으로 제시문의 ⊙ 로빈 던바 교수와 관련된 내용을 이해하며 풀이한다. ([3단락]은 던바 교수에 대한 비판 내용이므로 속독한다.)

## 11　　▶⑤

**유형공략** '눈, 스키장, 수영장'에 대한 다음 <조건>이 "모두 참이라고 할 때, 반드시 참인 것만을 <보기>에서 모두" 고르는 문제이다. 제시문의 내용을 기호화하여 풀이한다.
제시문의 내용을 기호화하면 <아래>와 같다.

| 내용 | 기호 |
|---|---|
| ○ 눈이 오면 스키장에 사람이 많다. | i. 눈→스키 |
| ○ 스키장에 사람이 많거나 수영장에 사람이 많으면 차가 막힌다. | ii. (스키∨수영)→차 |
| ○ TV에 특선영화가 상영되면 스키장에 사람이 많지 않다. | iii-1. TV→~스키 ⇔ iii-2. 스키→~TV (∵후건부정) |
| ○ 눈이 오는 경우**에만** 수영장에 사람이 많지 않다. | iv. ~수영→눈 |

이에 Ⅰ. 눈이 오는 경우와 Ⅱ. 눈이 오지 않는 경우로 나누어 풀이해보자.
Ⅰ. 눈이 오는 경우[눈:T] (1st, 2nd, … 순으로 추리해보자.)

| [눈:T] | 1st | 2nd | ∴ |
|---|---|---|---|
| i. 눈→스키 | T→T | | 스키:T |
| iii-2. 스키→~TV | | T→T | TV:F |
| ii. (스키∨수영)→차 | | (T∨?)→T | 차:T |
| iv. ~수영→눈 | ?→T | | |

Ⅱ. 눈이 오지 않는 경우[눈:F]

| [눈:F] | 1st | 2nd | ∴ |
|---|---|---|---|
| iv. ~수영→눈 | F→F | | 수영:T |
| i. 눈→스키 | F→? | | |
| ii. (스키∨수영)→차 | | (?∨T)→T | 차:T |

ㄱ. (○) "TV에 특선영화가 상영되면 수영장에 사람이 많다.[TV→수영]"라는 <보기> 진술은 Ⅰ의 경우에서는 [F→?, ∴T]이고 Ⅱ의 경우에서는 [?→T, ∴T]이므로, 반드시 참이다.
ㄴ. (○) "눈이 오면 차가 막힌다.[눈→차]"라는 <보기> 진술은 Ⅰ의 경우에서는 [T→T, ∴T]이고 Ⅱ의 경우에서는 [?→T, ∴T]이므로, 반드시 참이다.
ㄷ. (○) "차가 막히지 않으면 TV에 특선영화가 상영된다.[~차→TV]"라는 <보기> 진술은 Ⅰ의 경우에서는 [F→F, ∴T]이고 Ⅱ의 경우에서는 [F→?, ∴T]이므로 반드시 참이다.

**내용공략1** 기호화 : "~에만"

| p일 경우에만 q이다. ≡ q는 p일 경우에만 그러하다. | 'q→p' ⇔ '~p→~q' |
|---|---|

**내용공략 2** 직접증명 : 후건부정

| 구 분 | [전제1]<br>참이고, | [전제2]<br>참이면, | [결론] 따라서<br>참이다. |
|---|---|---|---|
| **후건부정법**<br><'대우'명제> | p→q | ~q | ∴ ~p |

**속도공략**   ii. (스키∨수영)→차   를 [전건분리]한   ii-1. 스키→차<br>ii-2. 수영→차

를 활용하여 풀이할 수도 있다.

# 12            ▶ ⑤

**유형공략** '가역성과 비가역성' 글에 대한 "추론으로 적절한 것"을 찾는 문제이다. 각 선택지의 핵심어를 중심으로 제시문의 내용을 이해한다.

선택지의 핵심어를 중심으로 제시문의 내용을 요약하면 <아래>와 같다.

| 구분 | 내용 |
|---|---|
| [1단락] | 전통적인 물리학의 자연법칙 세계에서는 시간성이 별다른 의미를 지니지 않는다. 자연법칙은 확정적이고 가역적이다. 고전 물리학에서는 몇 가지 변수만 확인하면 과거의 상태로 되돌릴 수 있고, 과거와 현재와 미래의 일을 인과적으로 밝혀낼 수도 있다고 여긴다. |
| [2단락] | 20세기 들어 이와는 다른 현대 물리학 이론과 개념이 등장하였다. 양장역학에서는 불확정성을 강조했다. 또한 … 시간이 흘러 결정된 사태를 원점으로 돌이킬 수 없다는 비가역성을 특징으로 한다. |
| [3단락] | 20세기 이전에도 볼츠만은 열역학 법칙을 통해 평형 상태의 엔트로피가 증가하는 현상을 설명하였다. |
| [4단락] | 볼츠만이 열역학의 새 개념을 도입한 19세기만 해도 혼돈과 질서란 서로 반대개념일 뿐 아무런 연관이 없다고 생각했다. 하지만 이들의 관계가 밝혀지며 혼돈이란 단순히 의미 없는 요동이 아니라 언제라도 질서를 창출할 수 있는, 다시 말해 질서를 내포한 상태라고 보(았)다. |
| [끝단락] | 시간적으로 한 경계를 넘어 버린 사태는 더 이상 그것이 지나가는 궤적을 좇을 수가 없다. 어떤 현상의 출현…에 개입했던 모든 조건을 빠짐없이 알아낼 수 없기 때문이다. 물론 과학과 기술의 발달에 힘입어 자료와 정보를 뽑아낼 수 있지만 모든 정보를 완벽하고 정확하게 산출해 낼 길은 없다. |

① (×)

| [3단락] | 20세기 이전에도 볼츠만은 열역학 법칙을 통해 평형 상태의 **엔트로피**가 증가하는 현상을 설명하였다. |
|---|---|

위의 내용을 알 수 있을 뿐, 제시문 어디에서도 엔트포피가 증가하여 폭발하고 소멸하는지 여부에 대해서는 알 수 없다. 따라서 "현대 물리학에서는 엔트로피의 증가는 선형적이며 계속 증가하면 폭발하고 자연 소멸하게 된다고 본다."라는 선택지의 진술은 알 수 없어 적절하지 않다.

② (×)

| [1단락] | **전통적인 물리학의** … 자연법칙은 확정적이고 가역적이다. 고전 물리학에서는 **몇 가지 변수**만 확인하면 **과거의 상태로 되돌릴 수** '있고', 과거와 현재와 미래의 일을 인과적으로 밝혀낼 수도 있다고 여긴다. |
|---|---|

위의 내용으로 볼 때, "전통 물리학에서는 몇 가지 변수를 확인하더라도 이미 결정된 사태를 과거의 상태로 되돌릴 수 *없다*고 보았다."라는 선택지 진술은 맞지 않아 적절하지 않다.

③ (×)

| [끝단락] | 시간적으로 한 경계를 넘어 버린 사태는 더 이상 그것이 지나가는 궤적을 좇을 수가 없다. … **과학과 기술의 발달**에 힘입어 자료와 정보를 뽑아낼 수 있지만 모든 정보를 완벽하고 정확하게 산출해 낼 길은 **없다**. |
|---|---|

위의 내용으로 볼 때, 과학의 발달로 (현대 물리학은) 자료와 정보를 뽑아낼 수 있다는 내용을 알 수 있을 뿐 제시문 어디에서도 "과학의 발달로 현대 물리학은 기존의 막연하던 비결정적인 세계를 인과적으로 정확하게 설명할 수 있게 되었다."라는 선택지의 진술까지는 알 수 없다.

④ (×)

| [1단락] | 전통적인 물리학의 … 자연법칙은 확정적이고 **가역적**이다. 고전 물리학에서는 몇 가지 변수만 확인하면 과거의 상태로 되돌릴 수 있고, 과거와 현재와 미래의 일을 인과적으로 밝혀낼 수도 있다고 여긴다. |
|---|---|
| [2단락] | 20세기 들어 이와는 다른 **현대 물리학** 이론과 개념이 등장하였다. 양장역학에서는 불확정성을 강조했다. 또한 … 시간이 흘러 결정된 사태를 원점으로 돌이킬 수 없다는 '비가역성'을 특징으로 한다. |

위의 내용으로 볼 때, (전통적인 물리학에서는 자연법칙을 가역적으로 보고) 현대 물리학에서는 비가역성을 특징으로 한다는 내용을 알 수 있을 뿐 제시문 어디에서도 액체와 고체 그리고 고체와 액체의 가역적인 현상에 대한 관련 내용을 찾을 수 없다. 따라서 "현대 물리학에서는 액체가 열을 뺏기면서 결국 고체가 되는 현상은 반대로 열을 가하면 고체가 액체가 되므로 가역적인 현상이라고 본다."라는 선택지의 진술은 알 수 없어 적절하지 않다.

⑤ (○)

| [4단락] | **볼츠만이 열역학의 새 개념을 도입한** 19세기만 해도 **혼돈과 질서**란 서로 반대개념일 뿐 '아무런 연관이 없다'고 생각했다. (하지만 이들의 관계가 밝혀지며 혼돈이란 단순히 의미 없는 요동이 아니라 언제라도 질서를 창출할 수 있는, 다시 말해 **질서를 내포한 상태**라고 보(았)다.) |
|---|---|

위의 내용으로 볼 때, "볼츠만이 열역학의 새 개념을 도입한 시기(➜ 19세기)에는 혼돈이 질서를 내포한 상태라고 보지 **않았다**. (즉, 혼돈과 질서는 아무런 연관이 없다고 보았다.)"라는 선택지의 진술은 적절하다.

**속도공략** 선택지 ① "현대 물리학/엔트로피", ② "전통 물리학/과거의 상태", ③ "인과", ④ "고체/액체/가역적", ⑤ "볼츠만/혼돈"을 중심으로 제시문의 내용을 이해하며 풀이한다.

## 13 ▶ ⑤

**유형공략** '유전자 치료' 글에 대한 "추론으로 적절한 것"을 찾는 문제이다. 각 선택지의 핵심어를 중심으로 제시문의 내용을 이해한다.

① (×) (여섯 번째 단락 1번째 줄) "**SMN2 유전자**도 보통의 유전자 '처럼' **mRNA 복사본이 있다.**"라는 내용으로 볼 때, "SMN2 유전자는 보통의 유전자와 *달리* mRNA 복사본이 있다."라는 선택지의 진술은 맞지 않아 적절하지 않다.

② (×) (다섯 번째 단락 1번째 줄) "**척수성 근위축증** … 환자는 정상적인 SMN 단백질이 만들어지지 않는다. … **스핀라자**는 이 문제를 해결하는 **유전자 치료제**다. SMN 단백질을 보충하기 위해, … SMN2 유전자에서 정상 기능을 하는 **SMN 단백질**을 만들 수 있게 하려는 것"이라는 내용을 찾을 수 있다.

이에 유전자 치료제 스핀라자는 척수성 근위축증의 문제를 해결하기 위해서 SMN2 유전자에서 정상 SMN 단백질을 만들 수 있게 하려는 것이라는 내용을 알 수 있을 뿐, SMN1 유전자를 생성하는지 여부는 제시문에서 찾을 수 없다. 따라서 "유전자치료제인 스핀라자는 척수성 근위축증을 치료하기 위해서 정상 SMN 단백질이 충분하게 발현될 수 있도록 SMN1 유전자를 생성한다."라는 선택지의 진술은 알 수 없어 적절하지 않다.

③ (×) (첫 번째 단락 1번째 줄) "**유전자 치료는** … 반드시 **유전병에만** 사용할 수 있는 **치료법**은 '아니다'. 그러나 … **유전자 문제**로 인한 **난치병**에 특화해서 사용할 수 있다."라는 내용으로 볼 때, "유전자 치료는 유전자 문제로 인하여 발생하는 난치 유전병에만 활용할 수 있는 치료법*이다.*"라는 선택지의 진술은 맞지 않아 적절하지 않다.

④ (×) (두 번째 단락 1번째 줄) "세포 안 … DNA는 … 단백질을 합성할 수 있는 소스 프로그램이다. … 세포는 **DNA의 복사본**을 이용한다. 이 복사본이 mRNA다. 문제는 … mRNA가 **DNA의 버그**까지 복사해서 … 단백질을 덜 만들거나, 못 만들거나, 기능을 못하는 … 단백질을 만든다. 이렇게 되면 … '이상' 증세가 나타난다."라는 내용으로 볼 때, "DNA에 버그가 있더라도 그 DNA의 복사본인 mRNA는 *정상*으로 기능*한다.*"라는 선택지의 진술은 맞지 않아 적절하지 않다.

⑤ (○) (네 번째 단락 2번째 줄) "SMN 단백질이 만들어지면 운동신경 세포의 사멸을 억제한다. … SMN1 유전자에서 비롯된 **정상적인 SMN 단백질**이 운동신경세포가 **스스로 죽는** 현상에 브레이크를 건다."라는 내용으로 볼 때, 정상적인 SMN 단백질이 없으면 운동신경세포가 스스로 죽는 현상을 억제하지 못하므로 스스로 죽게 되리라 미루어 알 수 있다. 따라서 "정상적인 SMN 단백질이 없으면 운동신경세포가 스스로 죽는다."라는 선택지의 진술은 추론으로 적절하다.

**속도공략** 선택지 ① "SMN2", ② "스핀라자/SMN1", ③ "유전자 치료/난치 유전병", ④ "DNA/버그/mRNA", ⑤ "운동신경세포"를 중심으로 제시문의 내용을 이해하며 풀이한다.

## 14 ▶ ④

**유형공략** '위원장 해외방문' <조건>과 <대화>가 "모두 참이라고 할 때 반드시 옳은 것"을 연역적으로 추리하는 문제이다. 기호화하고 도식화하여 풀이한다.

제시문의 <조건>과 <대화>를 요약하여 기호화하면 <아래>와 같다.

| 〈조건〉 | 기호 |
|---|---|
| ○각 위원장은 9개국(미국, 중국, 일본, 러시아, 베트남, 영국, 프랑스, 독일, 스위스) 중 1 또는 2개국을 방문한다. | ⅰ.위원장:미, 중, 일, 러, 베, 영, 프, 독, 스(9) 중 1∨2 |
| ○미국, 중국, 일본, 러시아는 다른 국가와 방문할 수 없다. | ⅱ. 미, 중, 일, 러:only1 |
| ○프랑스나 독일을 방문하는 경우에만 스위스를 방문할 수 있다. | ⅲ. 스→프∨독 |
| ○각 위원장은 다른 위원장이 방문하는 국가를 방문할 수 없다. | ⅳ. 위원장:only1 |
| ○어떠한 위원장도 방문하지 않는 국가가 있을 수 있다. | ⅴ. 방문×국가:有수 |

| 〈대화〉 | 기호 |
|---|---|
| ○행정위원장: 2개국을 방문할 계획입니다. | ⅵ. 행정:2 |
| ○보건위원장: 영국은 꼭 방문할 계획입니다. | ⅶ. 보건:영 |
| ○환경위원장: 다른 위원장께서 미국을 방문하시면, 저는 일본을 방문할 계획입니다. | ⅷ. 다른:미→환경:일 |
| ○외교위원장: 1개국만 방문한다면 미국을 방문할 계획입니다. | ⅸ. 외교:1→외교:미 |
| ○법제위원장: 스위스만큼은 꼭 방문할 계획입니다. | ⅹ. 법:스 |

기호화된 내용을 도식화한 후 순서대로(아래첨자 참고) 추리하면 <아래2>와 같다.

| iv. 위원장:only1 | | 미 | 중 | 일 | 러 | 베 | 영 | 프 | 독 | 스 |
|---|---|---|---|---|---|---|---|---|---|---|
| | | **i. 1∨2 / v. 방문×국가:有수** | | | | | | | | |
| | | **ii. 미,중,일,러:only1** | | | | | | **iii. 스→프∨독** ( ○∨  ○) ← ○ | | |
| vi. 행정:2 | 행정 | $-_3$ (∵ii&vi) | $-_3$ (∵ii&vi) | $-_3$ (∵ii&vi) | $-_3$ (∵ii&vi) | ○$_7$ | $-_1$ (∵iv) | I$_5$ × / II$_5$ ○ | ○ / × | $-_2$ (∵iv) |
| **vii. 보건:영** | 보건 | $-_3$ (∵ii&vi) | $-_3$ (∵ii&vi) | $-_3$ (∵ii&vi) | $-_3$ (∵ii&vi) | $-_8$ | ○$_1$ | $-_6$ | $-_6$ | |
| viii. 다른:미→환경:일 | 환경 | | | → (∵viii&ix) | | $-_8$ | $-_1$ (∵iv) | $-_6$ | $-_6$ | $-_2$ (∵iv) |
| ix. 외교:1→외교:미 | 외교 | → (∵viii&ix) | | | | $-_8$ | $-_1$ (∵iv) | $-_6$ | $-_6$ | $-_2$ (∵iv) |
| **x. 법:스** | 법제 | $-_3$ (∵ii&vi) | $-_3$ (∵ii&vi) | $-_3$ (∵ii&vi) | $-_3$ (∵ii&vi) | $-_8$ | $-_1$ (∵iv) | I$_4$ ○ (∵ii&iii) / II$_4$ × (∵ii&iii) | × / ○ | ○$_2$ |

프랑스와 독일의 방문은 행정안전위원장과 법제사법위원장의 조합으로 나타나며 그 경우의 수는 Ⅰ과 Ⅱ처럼 2가지이다. 또한 외교통일위원장의 경우 一. 미국에 방문하는 경우와 二. 미국 외 중국/일본/러시아 중 1개국을 방문하는 경우로 두 가지를 생각해 볼 수 있지만, ix. 외교:1→외교:미 에 의해 미국을 방문하게 되고, 이에 환경노동위원장은 일본을 방문하게 된다.

① (×) <아래2>의 경우로 볼 때, 외교통일위원장은 미국 1개국을 방문한다. 따라서 "외교통일위원장은 *2*개국을 방문한다."라는 선택지의 진술은 반드시 옳지 않다.

② (×) <아래2> Ⅱ의 경우로 볼 때, 법제사법위원장이 독일을 방문한다면 행정안전위원장이 프랑스를 방문한다. 따라서 "법제사법위원장이 독일을 방문한다면, **보건복지위원장**은 프랑스를 방문한다."라는 선택지의 진술은 반드시 옳지 않다.

③ (×) <아래2>의 경우로 볼 때, 중국이나 러시아를 방문하는 위원장은 없다. 따라서 "중국이나 러시아를 방문하는 위원장이 *있다*."라는 선택지의 진술은 반드시 옳지 않다.

④ (○) <아래2> Ⅰ과 Ⅱ의 경우로 볼 때, "베트남을 방문하는 위원장(➡행정안전위원장)은 독일이나 프랑스를 방문한다."라는 선택지의 진술은 반드시 옳은 것이다.

⑤ (×) <아래2>의 경우로 볼 때, 외교통일위원장이 미국을 방문하고 환경노동위원장은 일본을 방문한다. 따라서 "환경노동위원장은 일본을 방문 *하지 않는다*."라는 선택지의 진술은 반드시 옳지 않다.

**속도공략** 베트남, 영국, 프랑스, 독일, 스위스 중 1개국 또는 2개국을 방문하는 위원장은 미국, 중국, 일본, 러시아는 방문할 수 없다는 정보를 놓치지 않는다.

## 15 ▶①

**유형공략** '썸타기' 글에 대한 "추론으로 적절하지 <u>않은</u> 것만을 <보기>에서 모두" 고르는 문제이다. 각 <보기> 진술의 핵심어를 중심으로 제시문의 내용을 이해한다.
<보기>의 핵심어를 중심으로 제시문의 내용을 요약하면 <아래>와 같다.

| 구분 | 내용 |
|------|------|
| [2단락] | 썸타기의 목적에 따라 두 가지 유형으로 구분(한)다. 첫 번째 유형의 썸타기는 탐색형 썸타기이다. 영희가 철수와 탐색형 썸타기에 임한다는 것은 … 썸타기에 내재해 있는 의지적 불확정성을 해소하는 것을 최종적인 목적으로 썸타기에 임한다는 것이다. |
| [3단락] | 영희가 철수와 썸을 타면서 썸타는 행위 자체를 즐기는 것이 가능하다. (영희가 썸타기에 내재한 의지적 불확정성을 해소할 목적이 아닌,) 철수와의 썸타기에 참여할 수 있다. 이를 쾌락형 썸타기라 부르자. |
| [4단락] | 파이비치와 갤러허는 공동행위에서 개별 행위자의 공유된 의도와 주의가 어떤 역할을 수행하는지 연구하였다. (Ⅰ) 공동행위는 **공동 최종-목표** 행위일 수 있다. 이 행위에서 행위자들은 어떤 최종 목적물을 획득하기 위하여 혹은 최종 상태에 도달하기 위하여 자신들의 행위를 서로 조율한다. 그런데 (Ⅱ) 그 최종 목적물 혹은 상태(를) 성취하기 위해서 사용되는 행위자들의 조율된 행위패턴과 무관할 수 있다. 그런데 행위자들이 자신들의 행위 자체를 최종 목적으로 삼아 공동행위에 임할 수도 있다. 이를 **공동 경로-목표 행위**라 부르자. 공유된 의도로부터 그 공동행위 자체만이 따라 나오고, 조율된 행위패턴은 미리 규정되어 있다. |
| [끝단락] | (一) 탐색형 썸타기에 임하는 두 사람은 썸타기와 무관한 어떤 목적을 가지고 있다. 이 목적이 반드시 썸타기를 통해서만 성취될 필요는 <u>없</u>다. 썸타기는 하나의 방편일 뿐이다. 한편 (二) 쾌락형 썸타기(의) 두 사람(의) 목적은 썸타기 자체에서 오는 쾌락을 얻는 것이고 반드시 썸타기를 통해서'만' 성취될 수밖에 없다. |

ㄱ. (×)

| [끝단락] | (一) **탐색형 썸타기**에 임하는 두 사람은 썸타기와 **무관**한 어떤 목적을 가지고 있다. 이 목적이 반드시 썸타기를 통해서만 성취될 필요는 <u>없</u>다. 썸타기는 하나의 방편일 뿐이다. … |
|------|------|
| [4단락] | (Ⅰ) 공동행위는 **공동 '최종'-목표 행위**일 수 있다. (이 행위에서 행위자들은 어떤 최종 목적물을 획득하기 위하여 혹은 최종 상태에 도달하기 위하여 자신들의 행위를 서로 조율한다. 그 최종 목적물 혹은 상태는 그것을 성취하기 위해서 사용되는) 행위자들의 조율된 행위패턴과 **무관**할 수 있다. … |

위의 내용으로 볼 때, 탐색형 썸타기는 (교제라는 최종 상태에 도달하기 위한 것이지만, 행위자들의 조율된 행위패턴인 썸타기와 무관하며 이를 통해서만 성취될 필요가 없으므로) 공동 최종-목표 행위일 수

있다. 따라서 "탐색형 썸타기는 공동 *경로*-목표 행위에 해당한다."라는 <보기> 진술은 맞지 않아 적절하지 않은 것이다.

ㄴ. (○)

| [2단락] | 썸타기의 목적에 따라 두 가지 유형으로 구분(한)다. 첫 번째 유형의 썸타기는 **탐색형 썸타기**이다. |
|------|------|
| [3단락] | 영희가 철수와 썸을 타면서 썸타는 행위 자체를 즐기는 것이 가능하다. 영희가 썸타기에 내재한 의지적 불확정성을 해소할 목적이 아닌, 철수와의 썸타기에 참여할 수 있다. 이를 **쾌락형 썸타기**라 부르자. |

위의 내용으로 볼 때, 철수와 영희가 서로 썸을 타고 있더라도 한 사람은 탐색형 썸타기를 다른 한 사람은 쾌락형 썸타기라는 각각 다른 유형의 썸타기를 할 수 있다. 따라서 "철수와 영희가 서로 썸을 타고 있다는 사실에 서로 동의하더라도 그들의 썸타기는 각각 다른 유형의 썸타기일 수 있다."라는 <보기> 진술은 적절한 것이다. (또한 탐색형과 쾌락형이 두 행위자에게 병존할 수 없다는 내용을 제시문에서 찾을 수 없으므로 가능할 '수' 있다고 보는 것이 바람직하다.)

ㄷ. (○) 보기 ㄱ. 해설 내용으로 볼 때, "철수와 영희가 서로 공동 최종-목표 행위에 기반한 (탐색형) 썸타기를 하고 있다면, 그들의 썸타기는 서로 사귀기(라는 목표)를 결정하는 것으로 (조율된 행위패턴인 썸타기는 목표와 무관하게) 종료될 수 있다."라는 <보기> 진술은 적절한 것이다.

최종적으로 적절하지 않은 것이라 "ㄱ"을 고른 ①이 정답이다.
<보기> ㄱ. "탐색형 썸타기/공동 경로-목표 행위", ㄴ. "썸타기", ㄷ. "공동 최종-목표 행위"를 중심으로 이해하며 풀이한다.

## 16 ▶④

**유형공략** '쿠폰과 리베이트' 글의 " ⊙ 과 ⓒ 에 들어갈 말을 가장 적절하게 나열한 것"을 찾는 문제이다. 빈칸 앞뒤 맥락과 비교하며 풀이한다.
빈칸 ⊙ 을 중심으로 제시문 앞뒤 내용을 요약한 후 풀이하면 <아래1>과 같다.

| 2단락 | |
|------|------|
| 왜 회사가 쿠폰을 발행함으로써 비용을 절약하지 않는 것일까 하는 의문을 가질 수 있다. 그 해답은 쿠폰이 바로 ⊙ 을 제공하기 때문이다. | |

| ①/② | ③ ~ ⑤ |
|------|------|
| 소비자를 우대하는 하나의 수단 (∵ 우대와 관련된 내용은 제시문에서 찾을 수 없다.) | (가격에 민감한 소비자와 시간이 부족한) 소비자를 분리하는 하나의 수단 |

| 3단락 | |
|------|------|
| 가격에 민감한 소비자는 쿠폰 정보를 이용하지만, 소득이 높고 시간이 부족한 소비자 집단은 할인에 매력을 느끼지 못하고 쿠폰에 관심을 갖지 않는다. | |

빈칸 [ ⓛ ]을 중심으로 제시문의 앞뒤 내용을 요약한 후 풀이하면 <아래2>와 같다.

| 5단락 |
| --- |
| 리베이트는 소비자 구매 대금의 일정 비율을 구매 후에 소비자에게 되돌려 주는 **판매** 전략이…다. |

| ㉰ | ④ | ㉲ |
| --- | --- | --- |
| 판매자의 수익금을 감소시키는 수단 (∵수익금을 감소시킬 판매전략은 이치에 맞지 않다.) | 소비자 집단을 가격 민감성에 따라 분리하는 수단 (∵쿠폰과 같이 소비자를 분리하는 수단이다.) | 소비자를 저렴한 가격으로 배려하는 수단 (∵민감한 소비자 집단에만 해당한다.) |

| 6단락 |
| --- |
| 가격에 '**민감**'하지 않은 소비자 집단은 영수증을 발송하는 일을 번거롭게 생각하지만, 민감한 소비자 집단은 반드시 리베이트를 받을 것이다. 따라서 리베이트 역시 쿠폰과 마찬가지로 [ ⓛ ]으로 작용한다. |

⑤ (○) <아래1>과 <아래2>로 볼 때, "㉠: 소비자를 분리하는 하나의 수단, ⓛ: 소비자 집단을 가격 민감성에 따라 분리하는 수단"이라는 선택지의 진술은 빈칸에 들어갈 말로 적절하다.

**속도공략** 빈칸 앞뒤 맥락과 비교하며 빈칸에 선택지를 넣어가며 풀이한다.

## 17　　　　　　　　　　　　　　　　　　　　▶③

**유형공략** '퍼스와 에코의 기호' 글의 "㉠ <u>만약 우리가 새의 모습을 직접 눈으로 봤을 때는 어떨까?</u>"에 대한 답으로 가장 적절한 것을 추리하는 문제이다. 각 선택지가 에코와 퍼스의 주장을 중심으로 구성되었으므로 그 주장을 중심으로 제시문의 내용을 이해한다.
에코와 퍼스의 주장을 중심으로 제시문의 내용을 요약하면 <아래>와 같다.

| 구분 | 에코 | 퍼스 |
| --- | --- | --- |
| [1단락] | **에코** 역시 "기호는 어떤 것을 의미 있게 대신할 수 있는 다른 모든 것"이라 정의하고 있다. | **퍼스**는 "기호는 인간의 정신에 대해 어떤 대상을 대신할 수 있는 것"이라 정의한다. 기호 현상은 항상 세 개의 항으로 이루어지는 삼자 관계다. |
| [2단락] | A(자기 동일자)는 A의 기호가 될 수 없다. 즉 다른 어떤 것을 지시해야지 자기 자신을 지시하는 것은 기호가 아니다. **에코**는 어떤 사물이 거울에 비쳤을 때, 그 거울에 비친 이미지는 그 사물의 기호가 아니라고 주장한다. | – |
| [끝단락] | – | 우리는 새라는 실체를 구성하는 여러 요소(울음소리, 그림자, 머리, 꼬리, 옆 등) 중 일부만을 보고 새라는 실체를 자각해 내는 것이다. 한 사물을 보고 지각하는 과정에도 기호 현상이 있다고 해야 할 것이다. 이는 **퍼스**의 주장과 일맥상통한다. |

이에 "㉠ <u>만약 우리가 새의 모습을 직접 눈으로 봤을 때는 …</u>" [2단락] 에코는 (거울에 비친 이미지는 사물의 기호가 아니라고 했으므로) 기호 현상이 '<u>없다</u>'고 주장하고, [끝단락] 퍼스는 (한 사물을 보고 지각하는 과정에도 기호 현상이 있다는 주장과 일맥상통한다고 했으므로) 기호 현상이 '있다'고 주장하리라 미루어 알 수 있다.
③ (○) <아래>의 요약된 정리로 볼 때, "에코는 기호 현상이 없으나, 퍼스는 기호 현상이 있다고 했을 것이다."라는 선택지의 진술이 ㉠에 대한 답으로 가장 적절하다.

**속도공략** 에코와 퍼스 주장[기호 현상]의 공통점과 차이점을 중심으로 제시문의 내용을 이해한 후 추리하며 풀이한다.

## 18　　　　　　　　　　　　　　　　　　　　▶①

**유형공략** '지불준비금' 글의 "[ ㉠ ]~[ ⓒ ]에 들어갈 내용으로 적절한 것"이라 바르게 짝지은 것을 추리하는 문제이다. 빈칸 앞뒤 맥락과 비교하며 풀이한다.
빈칸 [ ㉠ ]의 앞뒤 제시문의 내용을 요약하여 정리하면서 풀이하면 <아래1>과 같다.

| 내용 | 정리 |
|---|---|
| [1-1단락] 중앙은행 통화정책(에) 영향을 받는 금융시장이 지불준비금시장(이하 지준시장)이다. 미국의 경우 연방기금시장이 지준시장이다. | 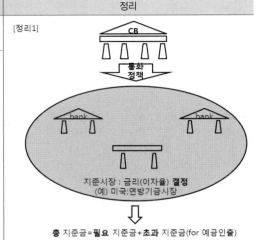 |
| [1-2단락] 은행의 지불준비금 수요는 필요지불준비금과 초과 지불준비금에 의해 발생한다. (은행은 예금주의 예금 인출에 대비하여 지불준비금 이상으로 지불준비금을 확보해야 할 유인이 있다.) 어느 정도로 준비금을 가질 것인가는 지준시장에서 결정되는 시장 이자율[지준시장 금리]에 의존한다. 총 지불준비금은 필요 지불준비금과 초과 지불준비금의 합으로 정의한다. | |

[2-1단락] 지준시장 금리가 높이지면 총 지불준비금 수요는 낮아진다. 지준시장 금리가 낮아지면 총 지불준비금 수요는 높아진다. (총 지불준비금에 대한 수요곡선이 음의 기울기를 가지는 이유는 초과 지불준비금이 법적 지불준비금보다 더 많이 보유하는 여유 지불준비금의 성격이 있기 때문이다.)

[정리2] 지준시장 금리 ∝ 1 / 총 지준금 수요

| | |
|---|---|
| [2-2단락] 미국의 경우 중앙은행에 예치한 지불준비금에 대하여 이자를 지급하는 정책을 실시하고 있다. (**지불준비금 이자율**이 (지준시장 금리보다) **높으면** (은행들이 단기로 빌려줘서 얻는 이자소득보다) 중앙은행에 **예치하는 소득이 더 크다.**) 지준시장 금리가 (중앙은행 지불준비금에 대한 이자율보다) 낮아지면 **은행의 지불준비금에 대한 수요는 커진다.** | 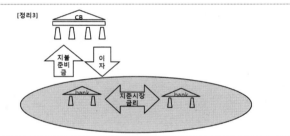 |

| | |
|---|---|
| [2-3단락] 지준시장 수요와 공급을 그래프로 나타내면 x축은 지준시장 거래량, y축은 지준시장 금리를 나타낸다. (1) 지불준비금 이자지급의 효과를 반영하지 <u>않은</u> 수요 곡선은 음의 기울기를 가진 곡선이 된다. 반면, (2) 지불준비금에 대한 이자지급 효과를 반영한 경우 (2-1)지준시장 금리가 (중앙은행이 지급하는 지불준비금에 대한 이자율보다) 높은 부분에서는 (**중앙은행이 지급하는 지불준비금에 대한 이자율은 반영되지 않아 지준시장 금리의 원래 그래프와 같이**) ⓐ : 음의 기울기 / *양의 기울기* 를 가진 곡선이고 (2-2) 지준시장 금리가 (이보다) 낮아지면 (**중앙은행이 지급하는 지불준비금에 대한 이자율이 반영되어 지준시장 금리의 원래 그래프가 변형된**) 수평선이 된다. | 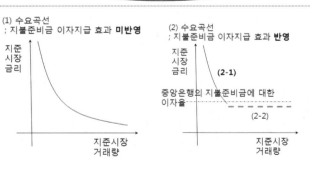 |

빈칸 ⓑ 과 ⓒ 의 앞뒤 제시문의 내용을 요약하여 정리하면서 풀이하면 <아래2>와 같다.

| 내용 | 정리 |
|---|---|
| [끝-1단락] 은행의 지불준비금에 대한 공급은 은행이 어떻게 조달하는지에 따라서 결정된다. 예를 들어 은행은 급히 중앙은행으로부터 대출을 받아서 준비할 수 있다 [차입 지불준비금]. 이와 달리 은행이 직접 조달한다면 비차입 지불준비금이라 한다. 중앙은행 계좌에 모든 금융기관들의 지불준비금 총량 중에서 비차입 지불준비금의 총량은 중앙은행이 조정한다. (중앙은행이 비차입 지불준비금의 규모를 조절할 수 있다. 중앙은행이 공개시장조작을 통해 비차입 지불준비금을 증가시키거나 감소시키는 효과 때문이다.) | 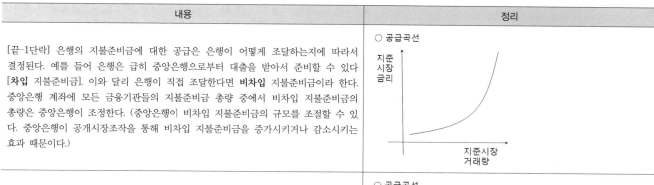 |
| [끝-2단락] 따라서 (비차입 지불준비금을 감소시킬 경우) 지준시장에서 공급곡선은 (공급량이 정체되어) ⓛ : 수직선 / 수평선 이 되며 중앙은행이 비차입 지불준비금을 지속적으로 감소시킬 경우 (공급곡선과 수요곡선과 만나는 지점이 상승하여) 지준시장 금리는 결국 ⓒ : 상승 / 하락 하게 된다. | 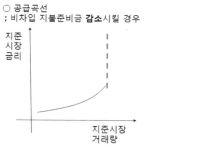<br>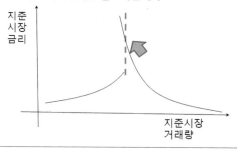 |

① (○) <아래1>과 <아래2>로 볼 때, "음의 기울기   수직선   상승 "라는 선택지의 진술은 빈칸에 들어갈 내용으로 적절하다.

<내용 공략> 지급준비금(支給準備金)

예금 지급의 준비에 충당하기 위하여 시중 은행이 한국은행에 예탁하는 일정 비율의 자금 또는 중앙은행의 화폐 발행에 대한 정화(正貨) 준비금. (지불준비금은 지급준비금의 전 용어라 함.) [표준국어대사전]

[속도공략] 선택지 ㉠ "음/양의 기울기", ⓛ "수직/수평선", ⓒ "상승/하락" 중 맞지 않는 것을 소거하며 풀이한다.

## 19 ▶ ①

**유형공략** '역설수면' 글의 "___⑦___에 들어갈 내용으로 가장 적절한 것"을 추리하는 문제이다. 빈칸 앞뒤 맥락과 비교하며 풀이한다.
선택지 핵심어를 중심으로 빈칸 ⑦ 앞뒤 맥락의 내용을 요약하며 정리하면 <아래>와 같다.

| 구분 | 내용 |
|---|---|
| [2단락] | 정수면 4단계가 차례로 이어진다. (1단계는 빠르고 폭이 낮은 뇌파를 보인다는 점에서 각성상태와 비슷하다. 다만 … 각성사태에 수반되는 … 알파파가 없다. 2단계 … 뇌파는 … 5~7Hz로 느려지고 … 이상한 파장으로 끊긴다. 이것이 빠른 주파수…이다. … 4단계에서는 1~3Hz의 느린 뇌파밖에 나타나지 않는다.) |
| | [2단락 정리] 정수면은 4단계로 갈수록 점점 느려지는 뇌파로 변화한다. |
| [끝단락] | 정수면 1단계에서 4단계로 넘어가다가, 또 다른 변환기가 갑자기 새로운 상태(➜ 정수면 단계와는 또 다른 새로운 상태)로 변환한다. ___⑦___ 그런데 역설적으로, (1) 근육 긴장이 완전 사라지는 것만 보아도 그 사람은 깊게 잠들어 있다. 이러한 상태는 역설적으로 (2) 각성과 같은 뇌파(➜ 빠르고 폭이 낮은 뇌파)가 기록된다는 점에서 역설수면이라는 명칭이 붙었다. 다만 (3) 신경전달물질은 나오지 않고, (4) 메커니즘, 구조, 신경경로는 각성(의) 그것(➜ 메커니즘, 구조, 신경경로)들과는 다르다. … |

① ( ○ )

| | |
|---|---|
| [2단락 정리] | 정수면은 4단계로 갈수록 점점 느려지는 뇌파로 변화한다. |
| [끝단락] | 정수면 1단계에서 4단계로 넘어가다가, 또 다른 변환기가 갑자기 새로운 상태(➜ 정수면 단계와는 또 다른 새로운 상태)로 변환한다. ___⑦___ 그런데 역설적으로, (1) 근육 긴장이 완전 사라지는 것만 보아도 그 사람은 깊게 잠들어 있다. … (2) 각성과 같은 뇌파(➜ 빠르고 폭이 낮은 뇌파)가 기록된다는 점에서 역설수면이라는 명칭이 붙었다. |

위의 내용으로 볼 때, "(정수면 단계와는 또 다른 새로운 상태로서 점점 느려졌던 정수면의) 느린 뇌파는 사라지고 빠른 뇌파가 등장하는 것이다. (하지만 역설적으로 근육 긴장은 사라지고 각성과 같은 빠른 뇌파가 기록된다.)"라는 선택지의 진술은 ⑦에 들어갈 내용으로 가장 적절하다.

② ( × ) 선택지 ①의 해설로 볼 때, "빠른 뇌파와 느린 뇌파가 반복적으로 나타나는 것이다."라는 선택지의 진술은 뇌파의 반복성에 관한 제시문의 내용을 찾을 수 없어 빈칸에 들어갈 내용으로 적절하지 않다.

③ ( × )

| | |
|---|---|
| [끝단락] | 정수면 1단계에서 4단계로 넘어가다가, 또 다른 변환기가 갑자기 새로운 상태(➜ 정수면 단계와는 또 다른 새로운 상태)로 변환한다. ___⑦___ 그런데 역설적으로, (1) 근육 긴장이 '완전 사라지는 것'만 보아도 그 사람은 깊게 잠들어 있다. |

위의 내용으로 볼 때, "뇌는 꼼짝 않고 잠들어 있지만 *근육이 깨어나는 것*이다."라는 선택지의 진술은 앞뒤 맥락과 맞지 않아 빈칸에 들어갈 내용으로 적절하지 않다.

④ ( × )

| | |
|---|---|
| [2단락] | 정수면 4단계가 차례로 이어진다. (… 4단계에서는 1~3Hz의 느린 뇌파밖에 나타나지 않는다.) |
| [끝단락] | 정수면 1단계에서 4단계로 넘어가다가, 또 다른 변환기가 갑자기 새로운 상태(➜ 정수면 단계와는 또 다른 새로운 상태)로 변환한다. ___⑦___ 그런데 역설적으로, (1) 근육 긴장이 완전 사라지는 것만 보아도 그 사람은 깊게 잠들어 있다. |

따라서 "1~3Hz의 아주 느린 뇌파가 지속적으로 나타나게 되는 것이다."라는 선택지의 진술은 정수면 4단계로 넘어가다가 새로운 상태가 된다는 빈칸 앞 내용의 맥락과 맞지 않아 빈칸에 들어갈 내용으로 적절하지 않다.

⑤ ( × )

| | |
|---|---|
| [끝단락] | 정수면 1단계에서 4단계로 넘어가다가, 또 다른 변환기가 갑자기 새로운 상태(➜ 정수면 단계와는 또 다른 새로운 상태)로 변환한다. ___⑦___ 그런데 역설적으로, … (2) 각성 … 기록된…다. 다만 (3) 신경전달물질은 나오지 않고, … |

위의 내용으로 볼 때, "각성상태에서 나오는 세로토닌, 히스타민 등 신경전달물질이 *나오게 되는 것*이다."라는 선택지의 진술은 (3)의 내용과 맞지 않아 빈칸에 들어갈 내용으로 적절하지 않다.

**속도공략** 선택지 ①/② "느린/빠른 뇌파", ③ "근육", ④ "1~3Hz", ⑤ "(세로토닌/히스타민)"을 중심으로 제시문의 내용을 이해하며 풀이한다. (적절하지 않은 내용을 소거하며 풀이하는 것도 바람직하다.)

## 20 ▶ ②

**유형공략** 'IQ' 글에 대한 "반박의 논리로 옳지 않은 것"을 추리하는 문제이다. 선택지의 핵심어를 중심으로 제시문의 [논지]와 [논거]를 이해한다.
선택지 핵심어를 중심으로 [논지]와 [논거]의 내용을 요약하면 <아래>와 같다.

| 구분 | 내용 |
|---|---|
| [1단락]<br>논지 | 헌스타인과 머레이는 IQ를 유전 형질과 연관시키는 증거가 명백해졌다고 주장했다. |
| [2단락]<br>논거 | 미국 일부 인종 집단은 (평균적으로 다른 집단보다) 더 높은 IQ를 지닌다. 아시아계 미국인(IQ)은 백인보다, 아시아계 미국인과 백인들(IQ)은 흑인보다 높다. |
| [3단락] | 평균 IQ의 유전적인 차이는 미국 사회의 사회적 격차에 기여했다. (상층 사람들은 나머지 인구보다 더 똑똑하기 때문에 상층에 있…다.) |

① (○)

| [1단락]<br>논지 | 헌스타인과 머레이는 IQ를 '유전 형질'과 연관시키는 증거가<br>명백해졌다고 주장했다. |
|---|---|

위의 내용으로 볼 때, "IQ 차이는 (유전 형질이 <u>아닌</u>) 사회적, 문화적 차이 때문에 발생할 수 있다."라는 선택지의 진술은 논지를 약화하므로 반박의 논리로 옳다.

② (×) 선택지 ①의 해설로 볼 때, "소수 인종 (집단에 대한 연구결과에서 이러한) 집단에 소속된 어린이들이 다수 인종(➜ 유전 형질) 집단에 속하는 어린이들보다 평균적으로 10~15 정도 낮은 IQ 점수를 얻었다면, 이는 사회적, 문화적 차이의 결과라고 말하기 어렵다."라는 선택지의 진술은 인종이란 '유전 형질'과 연관이 있으므로 적어도 논지를 약화하지는 않으므로 반박의 논리로는 옳지 않다. (논지를 강화하는 지지의 논리로 보자.)

③ (○) 선택지 ①의 해설로 볼 때, "IQ 점수는 유전적 차이(➜ 유전 형질)가 아니라 스트레스 등의 주변적인 요인들에 의해 영향을 받을 수 있다."라는 선택지의 진술은 논지를 약화하므로 반박의 논리로 옳다.

④ (○)

| [1단락]<br>논지 | 헌스타인과 머레이는 IQ를 유전 형질과 연관시키는 증거가 명백해졌다고 주장했다. |
|---|---|
| [2단락]<br>논거 | 미국 일부 인종 집단은 (평균적으로 다른 집단보다) 더 높은 IQ를 지닌다. 아시아계 미국인(IQ)은 백인보다, 아시아계 미국인과 백인들(IQ)은 흑인보다 높다. |

위의 논증 구조로 볼 때, 인종의 IQ 차이는 유전 형질이라는 '단일한' 요인으로 설명하고 있음을 알 수 있다. 따라서 "인종과 종족 간 IQ 차이는 유전적인 요인(➜ 유전 형질) 외에 다양한 요인에 의해서 설명될 수 있다."라는 선택지의 진술은 단일한 요인이라는 논증 구조에 대한 반박의 논리로 옳다.

선택지 ①의 해설로 볼 때, "인종과 종족 간 IQ 차이는 유전적인 요인(➜ 유전 형질) 외에 다양한 요인에 의해서 설명될 수 있다."라는 선택지의 진술은 반박의 논리로 옳을 수도 있고 옳지 않을 수도 있다. (즉 IQ 차이는 유전적인 요인을 '제외'한 다양한 요인에 의해서 설명된다면 반박의 논리로 보는 것이 옳고, 유전적인 요인을 포함한 다양한 요인에 의해서 설명된다면 반박의 논리로'만' 보는 것은 옳지 않다. 여하튼 이 선택지의 진술은 다양한 요인이 강조된 문장으로 이해하는 것이 바람직하다.)

⑤ (○)

| [3단락]<br>소결 | 평균 IQ의 유전적인 차이는 미국 사회의 사회적 격차에 기여했다. (상층 사람들은 나머지 인구보다 더 똑똑하기 때문에 상층에 있다…다.) |
|---|---|

위의 내용으로 볼 때, 하층에 있는 사람들은 (유전적 차이로 인하여 상층 사람들에 비해) 평균 IQ가 (같거나) 낮으리라 미루어 알 수 있다. 따라서 "하층에 있는 사람들이 (상층에 있는 사람들에 비해) 평균 IQ가 낮지 <u>않다</u>(➜ 같거나 높다)는 연구가 존재한다."라는 선택지의 진술은 소결을 약화하므로 반박의 논리로 옳다.

**속도공략** 선택지 ① "사회적/문화적", ② "소수 인종 집단", ③ "스트레스", ④ "인종과 종족", ⑤ "하층"을 중심으로 제시문의 내용을 이해한다.

## 21 ▶ ④

**유형공략** '인앱결제' 글의 내용과 "부합하지 <u>않는</u> 것"을 찾는 문제이다. 각 선택지의 핵심어를 중심으로 제시문의 내용을 이해한다.

① (○) (두 번째 단락 1번째 줄) "**인앱결제**의 도입으로 인해 …, **앱 개발자** 입장에서는 앱 마켓사업자에게 비싼 결제 **수수료를 지불**"한다는 내용으로 볼 때, "인앱결제를 활용할 경우, 앱 개발자는 앱 마켓사업자에게 수수료를 지불해야 한다."라는 선택지의 진술은 부합하는 것이다.

② (○) (첫 번째 단락 1번째 줄) "'**인앱결제 강제 방지법**'…으로 불리는 「전기통신사업법」일부개정법률안"이라는 내용, (두 번째 단락 아래에서 5번째 줄) "법안(➜ 「전기통신사업법」일부개정법률안)이 **국회 본회의를 통과**"했다는 내용, 그리고 (세 번째 단락 6번째 줄) "**2022년 3월 8일** 국무회의에서는 동 법안(➜ 「전기통신사업법」일부개정법률안)에 대한 후속조치"라는 내용을 찾을 수 있다. 따라서 "인앱결제 강제 방지법은 2022년 3월 8일 (국무회의에서 후속조치를 마련하기) 이전에 국회 본회의를 통과하였다."라는 선택지의 진술은 부합하는 것이다. (국회에서 법률이 마련되어야 국무회의와 같은 행정 영역에서 조치를 마련할 수 있다[법치행정주의].)

③ (○) (첫 번째 단락 아래에서 3번째 줄) "**인앱결제**는 **아이템·상품·콘텐츠** 등 애플리케이션 유료 콘텐츠를 구매할 때 **앱 마켓 운영업체**가 … 개발한 **시스템을 활용해 '내부'적으로 결제하는 방식**"이라는 내용과 (마지막 단락 3번째 줄) "구글·애플 등은 … 기존 **인앱결제**(마켓사업자 자사결제) 방식 외에 앱 개발사의 '**내부**'결제(제3자 결제) 방식을 허용"한다는 내용을 찾을 수 있다.

이에 아이템·상품·콘텐츠 등 애플리케이션 유료 콘텐츠를 구매할 때 앱 개발사가 '내부'적으로 결제하는 (인앱결제) 방식은 제3자 결제 방식이므로 이는 기존 인앱결제(앱 마켓 운영업체인 마켓 사업자 자사결제) 방식에 해당하지 <u>않으리라</u> 미루어 알 수 있다. 따라서 "아이템·상품·콘텐츠 등 애플리케이션 유료 콘텐츠를 구매할 때 앱 개발사의 내부결제 시스템을 활용해 내부적으로 결제하는 방식(→ 제3자 결제 방식)은 기존 (마켓 사업자 자사결제인) 인앱결제에 해당하지 <u>않는다</u>."라는 선택지의 진술은 부합하는 것이다.

④ (×) (세 번째 단락 1번째 줄) "법안 내용을 … 보면, … '앱 마켓 사업자'가 **앱 마켓에서 모바일콘텐츠 등을 부당하게 삭제**하는 행위 등을 금지…한다. … 동 법안 … 후속조치로서 … 인앱결제 … 금지행위 등의 … 유형을 규정하고 이를 위반한 경우 **관련 매출액의 2% 이하의 과징금**…(을) 부과"한다는 내용으로 볼 때, "**앱 개발자**가 앱 마켓에서 모바일콘텐츠 등을 부당하게 삭제할 경우 관련 매출액의 2% 이하의 과징금을 부여받을 수 있다."라는 선택지의 진술은 맞지 않아 부합하지 않는 것이다. (앱 마켓사업자가 과징금을 부여받을 수 있을 뿐이다.)

⑤ (○) (첫 번째 단락 2번째 줄) "「전기통신사업법」 일부개정법률안"이라는 내용과 (두 번째 단락 아래에서 5번째 줄) "법안이 국회 본회의를 통과하자 **세계 최초의 앱 마켓 규제 입법례로 평가되면서**"라는 내용으로 볼 때, "「전기통신사업법」일부개정법률안은 세계 최초의 앱 마켓 규제 입법례로 평가받는다."라는 선택지의 진술은 부합하는 것이다.

**속도공략** 선택지 ① "수수료", ② "2022년 3월 8일", ③ "기존 인앱결제", ④ "과징금", ⑤ "「전기통신사업법」"을 중심으로 제시문의 내용을 이해하며 풀이한다.
{제시문의 내용에서는 앱 개발자( 또는 앱 **개발**사)와 앱 마켓사업자(➔ 앱 마켓 운영업체로서 자체적으로 **개발**한 시스템을 활용하는 자)를 구분하여 사용하고 있음에 유의한다.}

## 22 ▶③

**유형공략** '공무원연금 지급정지제도' 글에 대한 "추론으로 적절한 것"을 찾는 문제이다. 각 선택지의 핵심어를 중심으로 제시문의 내용을 이해한다.
선택지의 핵심어를 중심으로 제시문의 내용을 요약하면 <아래>와 같다.

| 구분 | 내용 |
|---|---|
| [1단락] | 공무원연금 지급정지제도는 1960년에 「공무원연금법」 제정과 함께 도입…된 것이 시초이다. 1975년 개정…(이) … 있(었)다. 1988년 「공무원연금법」 개정에서는 전액 지급정지 대상에 「사립학교교원연금법」 적용대상자를 추가하였다. |
| [2단락] | 1995년 「공무원연금법」 개정에서는 국·공유재산의 귀속·양여 및 대부에 의하여 설립된 기관 … 까지 지급제한 대상자를 확장하였고, 정부가 출자한 기관 중 총리령으로 정하는 기관을 연금지급정지 대상기관으로 하여 지급정지 대상의 범위를 확대하고 2000년부터 적용하였다. |
| [3단락] | 2000년 개정은 … 사회적 합의에 따라 (지급정지 대상자 확대가) 이루어졌다. … 2005년 법률 개정을 통해 … 소득월액의 월평균액이 전년도 평균임금월액을 초과(초과소득월액이 발생)한 경우 … 초과소득월액의 100분의 10에서 100분의 50까지를 지급정지 할 수 있도록 … 하였다. 이후 2009년에는 지급정지 비율의 … 상한을 … 100분의 70으로 상향 조정하였다. |
| [끝단락] | 2015년 공무원연금 개혁에 따라 … 일부 지급정지의 기준을 전년도 평균임금월액에서 전년도 평균연금월액으로 조정…하였다. |

① (×)

| [1단락] | 공무원연금 지급정지제도는 1960년에 「공무원연금법」 제정과 함께 도입…된 것이 시초이다. (1) 1975년 개정…(이) … 있(었)다. |
| [2단락] | (2) 1995년 개정에서는 지급정지 대상의 범위를 확대…하였다. |
| [3단락] | (3) 2000년 개정은 … 사회적 합의에 따라 (지급정지 대상자 확대가) 이루어졌다. … (4) 2005년 법률 개정을 통해 … 지급정지 할 수 있도록 … 하였다. 이후 (5) 2009년에는 지급정지 비율의 … 상한을 … 100분의 70으로 상향 조정하였다. |
| [끝단락] | (6) 2015년 공무원연금 개혁에 따라 … 일부 지급정지의 기준을 … 전년도 평균연금월액으로 조정… 하였다. |

위의 내용으로 볼 때, 개정이라는 용어가 사용된 연도는 1975년, 95년, 2000년, 2005년 4차례이고, 개정되었으리라 추리할 수 있는 연도는 2009년, 2015년 2차례이므로 1960년 제정 이후 공무원연금 지급정지제도 개정이 적어도 '6차례 이상'은 이루어졌으리라 미루어 알 수 있다. 따라서 "1960년 이후 공무원연금 지급정지제도 개정은 *5차례* 이루어졌다."라는 선택지의 진술은 맞지 않아 적절하지 않다. (특별한 언급이 없다면 지급정지제도가 조정되기 위해서는 법률개정이 있었다고 추리하는 것이 바람직하다.)
② (×)

| [1단락] | 공무원연금 지급정지제도는 1960년에 「공무원연금법」 제정과 함께 도입…된 것이 시초이다. 1988년 「공무원연금법」 개정에서는 전액 지급정지 대상에 「사립학교교원연금법」 적용대상자를 추가하였다. |
| [2단락] | 1995년 「공무원연금법」 개정에서는 국·공유재산의 귀속·양여 및 대부에 의하여 설립된 기관 … 까지 지급제한 대상자를 확장하였…다. |

위의 내용으로 볼 때, 1995년 개정은 (「사립학교교원연금법」이 아닌) 「공무원연금법」 개정임을 미루어 알 수 있다. 따라서 "1995년 *「사립학교교원연금법」 개정*에 따라 연금지급정지 대상기관이 확대되었다."라는 선택지의 진술은 맞지 않아 적절하지 않다.
③ (○)

| [2단락] | 1995년 개정에서는 국·공유재산의 귀속·양여 및 대부에 의하여 설립된 기관 … 까지 지급제한 대상자를 확장하였고, **정부가 출자한 기관 중 총리령으로 정하는 기관을 연금지급정지 대상기관으로 하여 지급정지 대상의 범위를 확대**하고 2000년부터 적용하였다. |

위의 내용으로 볼 때, "정부가 출자한 기관 중 총리령으로 정하는 기관을 연금지급정지 대상기관으로 하여 지급정지 대상의 범위를 확대하는 개정안은 (2000년에 적용되었으므로 1995년) 개정 즉시 적용되지 않았다."라는 선택지의 진술은 적절하다.
④ (×)

| [3단락] | **2005년 법률 개정**을 통해 … 소득월액의 월평균액이 전년도 평균임금월액을 초과(**초과소득월액이 발생**)한 경우 … 초과소득월액의 100분의 10에서 100분의 '50'까지를 지급정지 할 수 있도록 … 하였다. … |

위의 내용으로 볼 때, "2005년 법률 개정으로 초과소득월액이 발생한 경우 초과소득월액의 최대 100분의 *70*까지 지급정지가 가능하게 되었다."라는 선택지의 진술은 맞지 않아 적절하지 않다.

⑤ (×)

| [끝단락] | 2015년 공무원연금 개혁에 따라 … **일부 지급정지의 기준을 전년도 평균임금월액**'에서' **전년도 평균연금월액**'으로' 조정…하였다. |
|---|---|

위의 내용으로 볼 때, "2015년 개정으로 일부 지급정지 기준이 전년도 평균연금월액*에서* 전년도 평균임금월액*으로* 조정되었다."라는 선택지의 진술은 맞지 않아 적절하지 않다.

**속도공략** 선택지 ① "1960년/개정", ② "1995년 「사립학교교원연금법」", ③ "총리령", ④ "2005년", ⑤ "2015년"을 중심으로 제시문의 내용을 이해하며 풀이한다.

---

## 23 ▶ ⑤

**유형공략** 'ESG(Environment, Society, Governance)' 글의 내용과 사실적으로 "부합하는 것"을 문제이다. 각 선택지의 핵심어를 중심으로 제시문의 내용을 이해한다.

① (×) (첫 번째 단락 1번째 줄) "**ESG란** 기업의 **비재무적 요소**인 환경(Environment), 사회(Society), 지배구조(Governance)의 머리글자로, … **투자의사 결정 시 기업의 재무적 요소와 함께 고려되고 있는 핵심 요소이다.**"라는 내용으로 볼 때, ESG란 비재무적 요소를 가르키는 개념으로서 투자의사결정시 핵심요소이기는 하지만 기업의 재무적 요소와는 별개의 개념임을 알 수 있다. 따라서 "ESG란 기업의 *재무적 요소*와 비재무적 요소를 *모두* 포함하는 개념으로 투자의사 결정 시의 핵심요소이다."라는 선택지의 진술은 맞지 않아 부합하지 않는 것이다.

② (×) (네 번째 단락 1번째 줄) "CSV는 CSR에서 **한 단계 더 진화한 개념**…"이라는 내용으로 볼 때, "CSR은 CSV에서 한 단계 더 진화한 개념이다."라는 선택지의 진술은 (비교 주체와 비교 대상이 뒤 바뀐 반대되는 의미의 문장이므로) 맞지 않아 부합하지 않는 것이다.

③ (×) (마지막 단락 1번째 줄) "**SDGs는 17개 영역, 169개 실행 목표**들이 제시된 지속가능성의 … 언어라 할 수 있으며, **기업**이나 비즈니스와 **관계없는 인류**…의 **해결과제**"라는 내용으로 볼 때, "SDGs는 17개 영역, 169개 실행 목표로 구성된 *기업의* 해결과제이다."라는 선택지의 진술은 맞지 않아 부합하지 않는 것이다. (이는 인류의 해결과제이다.)

④ (×) (첫 번째 단락 4번째 줄) "**ESG의 근원적 개념은 지속가능성**에 있지만, 유사 개념인 CSR…(과) 구분된다."라는 내용, (세 번째 단락 1번째 줄) "CSR은 … **기업**의 비교적 '**소극적**'인 사회적 책임으로 이익과 무관한 사회를 위한 활동이다. … 2010년에는 CSR의 세부 실행지침으로 '**ISO 26000**'이 국제표준으로 개발되었다."라는 내용, 그리고 (네 번째 단락 1번째 줄) "CSV는 CSR에서 한 단계 더 진화한 개념"이라는 내용을 찾을 수 있다.

이에 CSR은 'ISO 26000'을 세부 지침으로 개발되었지만 (CSV가 한

단계 더 진화한 개념이라 하였으므로) CSV에 비하여 보다 적극적인 개념이라 하기는 어려우리라 미루어 알 수 있다. 따라서 "CSR은 기업이 'ISO 26000'을 기반으로 *CSV, ESG에 비하여 보다 적극적으로* 사회를 위한 활동에 참여하는 개념을 의미한다."라는 선택지의 진술은 반드시 부합하는 것이라 하기 어렵다.

⑤ (○) (첫 번째 단락 4번째 줄) "**ESG의 근원적 개념은** … 유사 개념인 CSR, CSV…와 **구분**된다. CSR은 … '**선한 기업**'의 개념이고, CSV는 … '**현명한 기업**'의 개념이라 할 수 있다."라는 내용으로 볼 때, "선한 기업의 개념(→ CSR)과 현명한 기업의 개념(→ CSV)은 ESG와 유사하지만 구분되는 개념이다."라는 선택지의 진술은 부합하는 것이다.

**속도공략** 선택지 ① "ESG", ② "CSR/CSV", ③ "17개/169개", ④ "ISO 26000", ⑤ "선한/현명한 기업"을 중심으로 제시문의 내용을 이해하며 풀이한다.

---

## 24 ▶ ⑤

**유형공략** '사람을 움직이게 하는 효과적인 방법' 글과 "<보기>에 대한 추론으로 옳지 않은 것"을 찾는 문제이다. 각 선택지의 핵심어를 중심으로 제시문과 <보기>를 이해한다.

각 선택지의 핵심어를 중심으로 제시문과 <보기> 내용을 요약하면 <아래>와 같다.

| 구분 | 내용 |
|---|---|
| [1단락] | 담배를 끊게 하거나 실험실 안전 수칙을 준수하도록 하는 효과적인 방법은 무엇일까? |
| [2단락] | 뉴욕 한 연구팀은 손을 씻도록 상기시키는 임무를 받았다. 손을 씻으라는 명령은 무시되었다. 감시카메라…도 실패했다. 전광판이 피드백을 제공했다. 매주 손 씻은 직원의 비율을 표시(한) … 결과 90%에 달하는 직원들이 명령을 지킨…다. |
| [3단락] 논지 | 연구에 따르면 **긍정적인 무언가를 제공**하는 것이 규칙과 명령에 **더 효과적**이다. |
| | 진술 |
| <보기> | 연구자 갑은 실험 대상자들에게 … 망고스틴, 사진을 보여주는 실험을 하였다. 첫 번째 실험은 초기 보유금액은 없고, 망고스틴 사진이 표시될 때 빨리 스페이스바를 누르면 1달러를 주는 식으로 10번 실시되었다. 두 번째 실험은 초기 보유금액이 10달러이고, 망고스틴 사진이 표시될 때 스페이스바를 누르지 않으면 1달러를 뺏는 식으로 10번 실시되었다. |

[3단락:논지]와 맥락이 일치하도록 <보기>의 진술을 추론한다면, 긍정적인 보상을 제공하는 첫 번째 실험에서 1달러를 얻는 횟수가 {긍정적인 보상을 제공하지 않고 (부정적인) 두 번째 실험에서 1달러를 뺏기는 횟수보다} 많으리라 미루어 알 수 있다.

① (○) "인간의 두뇌를 고려할 때, 금연 시 보상을 주는 설계방식이 (담배갑의 폐 사진보다) 금연에 효과적일 것이다."라는 선택지의 진술은 [3단락:논지]와 맥락이 일치하므로 추론으로 옳다.

② (○) <아래>의 추리한 내용으로 볼 때, "갑이 수행한 첫 번째 실험의 실험 대상자들은 (긍정적인 보상인) 달러를 받기 위해 망고스틴 사진이 표시될 때마다 스페이스바를 열심히 눌렀을 것이다."라는 선택지의 진술은 [3단락:논지]와 맥락이 일치하므로 추론으로 옳다.

③ (○) "갑이 수행한 (긍정적인 보상 없었던) 두 번째 실험의 실험 대상자들은 [[2단락] 손을 씻도록 위협받은 병원 직원들의 (무시된 명령) 사례와 같이] 상대적으로 과제를 잘 수행하지 못했을 것이다."라는 선택지의 진술은 추론으로 옳다.

④ (○) <아래>의 추리한 내용으로 볼 때, 따라서 "갑이 수행한 실험에서 첫 번째 실험 대상자들이 (두 번째 실험의 실험 대상자들보다) 평균 최종 보유금액이 많을 것이다."라는 선택지의 진술은 추론으로 옳다. ([2단락]의 90% 수치를 바탕으로 볼 때, 갑이 수행한 긍정적인 첫 번째 실험의 대상자들은 평균 최종 보유금액이 9달러이었으리라 추리하는 것이 바람직하다. 그리고 두 번째 실험의 대상자들은 90%보다는 낮게 눌러 평균 최종 보유금액이 9달러 이하이었으리라 추리하는 것 역시 바람직하다.)

⑤ (×) "인간의 두뇌는 특정 행동을 할 경우 처벌을 피할 수 있는 경우와 특정 행동을 할 경우 보상을 받는 경우가 큰 차이가 없다고 인식할 것이다."라는 선택지의 진술은 [3단락:논지]를 반박하는 사례가 되므로 추론으로는 옳지 않다.

**속도공략** 선택지 ① "보상", ② "망고스틴", ③ "손", ④ "실험", ⑤ "처벌"을 중심으로 제시문의 내용을 이해하며 풀이한다.

## 25 ▶ ③

**유형공략** '(비형식적) 오류' 글의 " ㉠ "에 들어갈 내용으로 적절하지 않은 것"을 추리하는 문제이다. 빈칸 앞뒤 맥락과 비교하며 풀이한다.

빈칸 ㉠의 앞뒤 맥락을 중심으로 제시문 내용을 요약하여 풀이하면 <아래>와 같다.

| [끝단락] 내용 |
|---|
| (구성의 오류의 반대인) 분할의 오류는 어떤 대상에 대해 **집단**적으로 말할 수는 있어도 이것을 그 **부분**이나 **구성 요소**에 적용하면 **옳지 못한** 경우를 가리키며 분해의 오류라고도 한다. ㉠ 은 분할(➡ 분해)의 오류에 해당한다. |

① (○) "세계적(➡ 집단)으로 환율이 하락세이므로 일본(➡ 부분) 화폐의 환율도 하락세일 것이라고 생각하는 것"이라는 선택지의 진술은 (분할의 오류로) 적절하다.

② (○) "특정 컴퓨터(➡ 집단)의 무게는 무거우므로 그 컴퓨터 부품(➡ 구성 요소)의 무게도 무거울 것이라고 생각하는 것"이라는 선택지의 진술은 (분할의 오류로) 적절하다.

③ (×) "흥부가 제비 다리를 고쳐 주고 부자가 되었으므로 나도 제비 다리를 고쳐 주면 부자가 될 수 있을 것이라고 생각하는 것"이라는 선택지의 진술은 흥부와 내가 집단과 부분의 관계가 아니므로 (분할

의 오류로는) 적절하지 않다.

④ (○) "특정 책(➡ 집단)이 쉽게 읽히므로 그 책의 모든 문장(➡ 구성 요소)도 쉽게 읽힐 것이라고 생각하는 것"이라는 선택지의 진술은 (분할의 오류로) 적절하다.

⑤ (○) "특정 인물의 얼굴(➡ 집단)이 예쁘니 그 사람의 코(➡ 부분)도 예쁠 것이라고 생각하는 것"이라는 선택지의 진술은 (분할의 오류로) 적절하다.

**내용공략** 합성(결합)/분해의 오류

합성의 오류란 개별적인 부분으로 볼 때 참이지만 그 부분들의 결합인 전체로 볼 때 거짓인 것을 참인 것으로 주장함으로써 일어나는 오류를 말한다. 이와 반대로 분해의 오류란 전체로는 참이나 그것을 분해한 구성 요소에 대해서는 거짓이 되는 오류를 말한다[표준국어대사전].

**속도공략** 빈칸 앞뒤 맥락을 우선적으로 이해한다.

## 26 ▶ ①

**유형공략** '글로벌공급망' 글의 "내용과 부합하지 않는 것만을 <보기>에서 모두 고르는" 문제이다. 각 선택지의 핵심어를 중심으로 제시문의 내용을 이해한다.

ㄱ. (×) (두 번째 단락 1번째 줄) "**글로벌공급망의 위험성**이 제기되는 이유는 … **분산된** 공급망의 **발달**이다. … **분산된** 공급망이 **발달**하…면서 … 복잡한 상호의존성으로부터 발생하는 위험성은 … '매우 높은' 변동성(➡ 증가)을 가져올 수 있다."라는 내용으로 볼 때, "글로벌공급망의 위험성은 더욱 분산된 공급망의 발달로 **감소**될 수 있다."라는 <보기> 진술은 맞지 않아 부합하지 않는 것이다.

ㄴ. (×) (세 번째 단락 1번째 줄) "**글로벌공급망의 상호의존성**은 더욱 증대되고 있다. 이러한 현상은 … **기관**들…이 자신들의 활동 안에서 상호 **내부적**으로 문제를 해결할 수 있는 가능성(➡ 내부적 상호작용성)이 높아지지 **않는** 한 지속될 것이다."라는 내용을 찾을 수 있다. 이에 기관들이 자신의 활동 안에서 내부적 (상호작용성을 높여) 문제 해결 가능성을 높여간다면 (외부적) 글로벌공급망의 상호의존성은 '낮아지리라' 미루어 알 수 있다. 따라서 "개별 기관이 자신의 활동 안에서 내부적 상호작용성을 높이게 되면 글로벌공급망의 상호의존성은 **높아진다.**"라는 <보기> 진술은 맞지 않아 부합하지 않는 것이다.

ㄷ. (○) (두 번째 단락 1번째 줄) "최근 … **글로벌공급망의 위험성**이 제기되고 있"다는 내용과 (세 번째 단락 1번째 줄) "(기관들과 개별국가들의) 글로벌공급망의 **상호의존성**은 더욱 증대되고 있다. … (기관들과 개별국가들이 … 내부적으로 문제를 해결할 수 있는 가능성이 높아지지 않는 한 지속)"된다는 내용으로 볼 때, "글로벌공급망의 위험성 증가와 동시에 기업들과 국가들의 상호의존성 증가가 나타나고 있다."라는 <보기> 진술은 부합하는 것이다.

ㄹ. (×) (마지막 단락 1번째 줄) "**글로벌공급망의 혼란**…은 … **고급 기술에 기반한 상품**의 가격 인상과 공급부족**만**을 초래하는 것이 **아니**다. … 식품과 에너지 … 상품들의 가격이 급등"하였다는 내용으로 볼 때, "글로벌공급망의 혼란은 고급 기술에 기반한 상품에**만** 관련되는

현상*이다.*"라는 <보기> 진술은 맞지 않아 부합하지 않는 것이다.

ㅁ. (○) (마지막 단락 1번째 줄) "글로벌공급망의 **혼란**…은 … 부유국들과 부유한 개인들(이) … 물건[식품과 에너지]을 매점매석함으로써 그것들(➔ 물건)을 **가장 필요로 하는** 사람들에 **부정적인 영향**을 미치게 된다."라는 내용으로 볼 때, "글로벌공급망의 혼란은 기본적인 물자[식품과 에너지]를 가장 필요로 하는 사람들에게 부정적인 영향을 미친다."라는 <보기> 진술은 부합하는 것이다.

최종적으로 부합하지 <u>않는</u> 것이라 "ㄱ, ㄴ, ㄹ"을 모두 고른 ①이 정답이다.

**속도공략** <보기> ㄱ. "분산된 공급망", ㄴ. "기관/내부적 상호작용성", ㄷ. "상호의존성", ㄹ. "고급 기술", ㅁ. "기본적인 물자"를 중심으로 제시문의 내용을 이해하며 풀이한다.

이에 신흥강국의 인구 규모는 지위 결정에 유일한 요소는 아니지만, 이들은 경제적 자원이 늘어나면서 국제관계에 대한 변화를 원할 것이며, 이들의 경제적 역량은 이들의 능력과 의지와 결합되고 있음을 알 수 있다. 따라서 "러시아, 중국, 인도의 인구 비중은 그 자체로 절대적 중요성을 가지지는 <u>않고</u> 이들의 경제적 자원의 축적을 통한 국제관계 변화에 대한 능력과 의지가 중요한 요소가 되고 있다."라는 <보기> 진술은 부합하는 것이다.

최종적으로 적절한 것이라 "ㄷ, ㄹ"을 모두 고른 ⑤가 정답이다.

**속도공략** <보기> ㄱ. "크림반도 병합/국제관계", ㄴ. "유럽대륙", ㄷ. "신흥강국", ㄹ. "러시아/중국/인도"를 중심으로 제시문의 내용을 이해하며 풀이한다.

---

# 27 ▶ ⑤

**유형공략** '크림반도 병합' 글의 내용과 "부합하는 것만을 <보기>에서 모두 고르는" 문제이다. 각 선택지의 핵심어를 중심으로 제시문의 내용을 이해한다.

ㄱ. (×) (첫 번째 단락 1번째 줄) "**러시아의 크림반도 병합**은 제2차 **세계대전 이후** 최초로 유럽 대륙 안에서 무력에 의한 국경의 **변화**를 '가져왔다.' (유럽의 … 희망의 시대가 끝났으며, 이상주의자들이 꿈꾸던 시대가 종식된 것이다.)"라는 내용으로 볼 때, "러시아의 크림반도 병합은 제2차 세계대전 이후 국제관계의 변화 *없는* 연속성 상에서 이해될 수 있는 사건이었다."라는 <보기> 진술은 맞지 않아 부합하지 않는 것이다.

ㄴ. (×) (첫 번째 단락 아래에서 2번째 줄) "(냉전시대의 핵 균형과 **유럽**의 새로운 체제가 … 무력에 의한 국가이익 추구 시대를 종식시킬 것이라는 생각을 가지게 하였다.) 전세계에서 **가장 '비극적인'** 전쟁들로 얼룩진 [유럽]**대륙**이 **평화**의 시대를 누리고 있었던 것이다."라는 내용을 찾을 수 있다. 이에 유럽대륙은 가장 비극적인 관계로 얼룩된 지역이었으나 이후 평화를 누리게 된 지역이었음을 알 수 있다. 따라서 "유럽대륙은 역사적으로 *가장 평화적인* 국제관계가 발현된 지역이었다."라는 <보기> 진술은 맞지 않아 부합하지 않는 것이다.

ㄷ. (○) (세 번째 단락 1번째 줄) "**크림반도**에 대한 러시아의 무력침공(➔ 병합)은 … **신흥강국들**의 … 세계 정치 구도에 대한 자신들의 의지와 자신감을 표출하는 하나의 사례(이)…다. … 신흥강국들은 … 기존 **국제관계** 질서의 구조적 근본에 대해서도 **변화**의 의지를 천명하고 있다"는 내용으로 볼 때, "크림반도 병합은 신흥강국들의 국제관계에 대한 변화된 자세와 지위를 암시하는 사건이었다."라는 <보기> 진술은 부합하는 것이다.

ㄹ. (○) (마지막 단락 1번째 줄) "**인구** 측면에서의 규모는 신흥강국들의 지위를 결정하는 <u>유일한</u> 요소는 아니다. … 신흥강국들의 비중이 커지고 있는 것은 이들의 **경제적 역량**이 실질적 **능력과 의지**와 결합되…고, … **경제적**… **자원**들이 늘어나면서 … 스스로의 의지대로 행동할 수 있게 되었다. … **러시아, 중국,** 그리고 **인도**는 … **국제관계** 역학구도가 자신들의 이익…에 부합될 수 있도록 **변화**시켜가기를 원할 것"이라는 내용을 찾을 수 있다.

---

# 28 ▶ ②

**유형공략** '국회 사무관 배치' <조건>에 따를 때, "반드시 참인 것만을 <보기>에서 모두" 고르는 문제이다. 기호화하고 도식화하여 풀이한다.

제시문의 내용을 기호화하며 정리하면 <아래1>과 같다.

| 내용 | 기호 |
|---|---|
| 국회는 사무관 A, B, C, D, E, F를 3개의 위원회(➔ I / II / III)에 각각 배치한다. | A, B, C, D, E, F: I / II / III |
| 위원회별로 배치된 인원의 수는 다르며, | i. $n(I) \neq n(II) \neq n(III)$ |
| | [정리1] {$n(3rd, I), n(2nd, II), n(1st, III)$}={1,2,3} |
| 각 위원회에 한 명 이상의 신임 사무관을 배치한다. | ii. $n(I)/n(II)/n(III) \geq 1$ |
| ○ F를 배치하는 위원회에는 E를 함께 배치해야 한다. | iii. $\boxed{E, F}$ |
| ○ C를 배치하는 위원회에는 A를 배치할 수 없다. | iv. $\boxed{A, C}$ |
| ○ D를 가장 많은 인원이 배치되는 위원회에 배치할 경우, C와 E는 같은 위원회에 배치된다. | v. D:$n(1st, III)$ → $\boxed{A, C, E, F}$ |
| | [정리2] D는 $n(1st, III)$에 배치될 수 없다. (∵ 3명 배치) |
| ○ A가 배치되는 위원회보다 B가 배치되는 위원회의 신임 사무관 수가 더 많다. | vi. $n(B배치위원회) \geq n(A배치위원회)$ |
| ○ 각 위원회에는 A~F 이외의 신임 사무관은 없다. | |

<아래1>의 기호화된 내용을 도식화하면 <아래2>와 같다.

| | | iv. A , C | | | iii. E , F | |
|---|---|---|---|---|---|---|
| | | A | B | C | D | E | F |
| vi. n(B배위) ≥n(A배위) | I (1) | | | | | | |
| | II (2) | | | | | | |
| | III (3) | | | | ×(∵[정리2]) | | |

이에 iii. E , F 를 중심으로 iii. E , F 가 一. 위원회 II 에 배치되는 경우와 二. 위원회 III에 배치되는 경우로 나누어 풀이해 보자.

一. iii. E , F 가 위원회 II에 배치되는 경우 (아래첨자의 순서대로 추리하면 결국 iv를 만족시키지 못하므로 이 경우는 성립하지 않는다.)

| | | iv. A , C | | | | iii. E , F | |
|---|---|---|---|---|---|---|---|
| | | A | B | C | D | E | F |
| vi. n(B배위)≥n(A배위) | I (1) | -3 | ○2 (∵ vi) | -3 | -3 | -1 | -1 |
| | II (2) | -1 | -1 | -1 | -1 | ○ | ○ |
| | III (3) | ○2 (∵ vi) | ○4 | ○4 (∵ iv 위배) | × (∵[정리2]) | -1 | -1 |

二. iii. E , F 가 위원회 III에 배치되는 경우 : 이는 다시 1) III(3) 위원회에 B가 배치되는 경우와 2) C가 배치되는 경우로 나뉜다.

| | | iv. A , C | | | | iii. E , F | |
|---|---|---|---|---|---|---|---|
| | | A | B | C | D | E | F |
| vi. n(B배위)≥n(A배위) | I (1) | | | | | -1 | -1 |
| | II (2) | | | | | -1 | -1 |
| | III (3) | | | | × (∵[정리2]) | ○ | ○ |

二. 1) III(3)위원회에 B가 배치되는 경우 : 이는 결국 1)) A는 I 위원회 그리고 C는 II위원회에 배치되는 경우와 2)) A는 II위원회 그리고 C는 I 위원회에 배치되는 경우로 나뉜다.

| | | iv. A , C | | | | iii. E , F | |
|---|---|---|---|---|---|---|---|
| | | A | B | C | D | E | F |
| vi. n(B배위)≥n(A배위) | I (1) | | -1 | | -3 | - | - |
| | II (2) | | -1 | | ○2 | - | - |
| | III (3) | -1 | ○ | -1 | × | ○ | ○ |

二. 2) III(3)위원회에 C가 배치되는 경우

| | | iv. A , C | | | iii. E , F | |
|---|---|---|---|---|---|---|
| | | A | B | C | D | E | F |
| vi. n(B배위)≥n(A배위) | I (1) | ○2 | -3 | -1 | -3 | - | - |
| | II (2) | -3 | ○2 | -1 | ○4 | - | - |
| | III (3) | -1 | -1 | ○ | × | ○ | ○ |

ㄱ. (×) <아래2>의 二. 1)의 경우로 볼 때, "A가 배치되는 위원회의 신임 사무관 수가 *가장 적다.*"라는 <보기> 진술은 맞지 않아 반드시 참은 아니다. (신임 사무관 수가 중간인 위원회에 배치되는 경우가 있다.)

ㄴ. (×) <아래2>의 二. 1)의 경우로 볼 때, "C가 배치되는 위원회의 신임 사무관 수가 *가장 많다.*"라는 <보기> 진술은 맞지 않아 반드시 참은 아니다. (신임 사무관 수가 가장 적거나 중간인 위원회에 배치되는 경우가 있다.)

ㄷ. (○) <아래2>의 3가지 경우 모두에서 "E가 배치되는 위원회(III)의 신임 사무관 수가 가장 많다."라는 <보기> 진술은 맞아 반드시 참이다. 최종적으로 반드시 참이라 "ㄷ"을 고른 ②가 정답이다.

**속도공략** <보기> 진술이 "신임 사무관 수"의 가장 많거나 적음을 묻고 있으므로 이를 중심으로 풀이한다.

## 29　　　▶ ①

**유형공략** '공공기관의 분류' 글의 "내용과 부합하는 것"을 찾는 문제이다. 각 선택지의 핵심어를 중심으로 제시문의 내용을 이해한다.

① (○) (네 번째 단락 1번째 줄) "기타공공기관은 … 「공공기관의 운영에 관한 법률」 제4장…의 일부 관리 규정이 적용되지 아니한다. … 구체적으로 … 국방과학연구소 등이 있다."는 내용으로 볼 때, "국방과학연구소의 경우 (기타공공기관으로) 「공공기관의 운영에 관한 법률」의 모든 규정을 적용받는 것은 아니다."라는 선택지의 진술은 부합하는 것이다.

② (×) (첫 번째 단락 1번째 줄) "우리나라는 「공공기관의 운영에 관한 법률」을 근거로 공공기관을 정부의 출연·출자 등을 고려하여 '기획재정부장관'이 지정하는 기관으로 정의"내린다는 내용으로 볼 때, "우리나라는 「공공기관의 운영에 관한 법률」을 근거로 공공기관을 정부의 출연·출자 등을 고려하여 *행정안전부장관*이 지정하는 기관으로 정의한다."라는 선택지의 진술은 부합하는 것이 아니다.

③ (×) (두 번째 단락 아래에서 3번째 줄) "시장형 **공기업**에는 … 15개 기관이 지정되어 있으며, 준시장형 **공기업**에는 … 21개 기관이 지정되어 있다."라는 내용과 (세 번째 단락 1번째 줄) "**준정부기관**은 공기업·준정부기관으로 분류된 기관 중 공기업으로 분류되지 아니한 기관"이라는 내용을 알 수 있을 뿐, 준정부기관의 개수와 관련된 내용을 제시문에서 찾을 수 없으므로 이들의 개수 비교를 할 수는 없다. 따라서 "준정부기관의 개수는 공기업의 개수(➜ 15 + 21 = 36개 기관 이상)보다 적다."라는 선택지의 진술은 알 수 없어 부합하는 것이 아니다.

④ (×) (두 번째 단락 7번째 줄) "자산규모 2조 원 이상, **자체수입비율**[총수입액 대비 자체수입액 비중] **85% 이상인 기관**은 … 시장형 공

기업"이라는 내용으로 볼 때, 자체수입비율이 85% 이상인 기관이지만 자산규모가 2조원 이상 <u>되지 않는</u> 기관은 시장형 공기업이 '아님'을 미루어 알 수 있다. 따라서 "총수입액 대비 자체수입액 비중이 85% 이상인 기관은 *반드시* 시장형 공기업*이다.*"라는 선택지의 진술은 부합하는 것이 아니다. (자산규모도 2조원 이상이어야 시장형 공기업이다.)
⑤ (×) (세 번째 단락 2번째 줄) "기금관리형 준정부기관은 「**국가재정법**」에 따라 **기금을 관리하거나 기금의 관리를 위탁받은 기관**…(이)다. 위탁집행형 준정부기관은 … 정부업무를 위탁집행하는 기관이며, … **한국농어촌공사** 등이 있다."라는 내용으로 볼 때, 한국농어촌공사는 「국가재정법」에 따르는 기금관리형 준정부기관이 <u>아님</u>을 알 수 있다. 따라서 "한국농어촌공사는 「국가재정법」에 따라 기금을 관리하거나 기금의 관리를 위탁받은 *기관이다.*"라는 선택지의 진술은 맞지 않아 부합하는 것이 아니다.

속도공략  선택지 ① "국방과학연구소", ② "공공기관/행정안전부장관", ③ "준정부기관/개수", ④ "85%", ⑤ "「국가재정법」"을 중심으로 제시문의 내용을 이해하며 풀이한다.

## 30  ▶ ④

유형공략  '무위이치(無爲而治)' 글의 문단을 "논리적 순서에 맞게 나열한 것"으로 옳은 것을 추리하는 문제이다. 각 문단에서 사용된 핵심어와 접속사를 참고하여 그 순서를 추리한다.
선택지 ①~⑤ 진술에서 배열을 시작하고 있는 (다)와 (라) 문단을 중심으로 제시문 앞 내용을 요약하며 풀이하면 <아래>와 같다.

| [1단락] | |
|---|---|
| 무위이치(無爲而治)는 유가·법가·도가 모두에서 궁극적 실현목표가 되어 왔다. … **통치자**가 **도덕**을 닦아 '무위로 처하면서도 <u>다스려지 않음이 없다</u>'는 것을 의미한다. 즉 무위로 … 도덕정치를 펼칠 수 있다는 것이다. | |
| ~~①/② (다)~~ | ③~⑤ (라) |
| 그러나 통치자 한 사람의 **내면 상태**가 도덕의 경지에 이르렀다고 이상정 정치가 구현된다는 것은 중요한 연결고리가 빠져있는 것이…다. | 이 말(➡ [1단락: 무위로도 다스려진다.])은 합리적 사고로 납득할 수 <u>없다</u>. 물론 (오늘날과 달리) 자신이 제정하고 어길 수 있는 율령(律令)의 시대에 통치자의 **내면**적 양심회복이 급선무일 수 있다. |
| {∵ (라)의 '내면적 양심회복'이라는 단어가 (다)에서 '내면 상태'라 사용되었으므로 (라) 다음에 (다)가 배열되는 것이 적절하다.} | |

|  | ~~③ (나)~~ | ④/⑤ (다) |
|---|---|---|
|  | 유가에서 무위이치의 **연결고리**를 제시한 것은 성리학자들 뿐이었다. … | 그러나 통치자 한 사람의 내면 상태가 도덕의 경지에 이르렀다고 이상정 정치가 구현된다는 것은 중요한 **연결고리**가 빠져있는 것이…다. |
|  | {∵ (다)의 '연결고리'라는 단어가 (나)에서 '유가의 … 연결고리'라 사용되었으므로 (다) 다음에 (나)가 배열되는 것이 적절하다.} | |

| {∵(가)의 '유가'라는 단어가 (나)에서 '유가…연결고리'라 사용되었으므로 (가) 다음에 (나)가 배열되는 것이 적절하다.} | ④ (가) | ~~⑤ (나)~~ |
|---|---|---|
|  | **먼저**, 도가의 경우 … 연결고리가 제시되지 않고 있다. 제시하고 있는 것은 '유가'와 법가로서 … | '유가'에서 연결고리를 제시하는 것은 성리학자들 뿐이었다. |

④ (○) "(라)-(다)-(가)-(나)"라는 선택지의 나열이 논리적 순서에 맞다.

속도공략  접속사와 핵심어를 중심으로 각 단락을 이해한다.

## 31 ▶ ⑤

**유형공략** '벼 도열병' 글에 대한 "추론으로 옳은 것"을 찾는 문제이다. 각 선택지의 핵심어를 중심으로 제시문의 내용을 이해한다.

① (×) (첫 번째 단락 1번째 줄) "벼 도열병(稻熱病, 벼가 타는 병)은 … 벼 잎이 **불에 탄** 것처럼 말라 죽는 진균병이다. 도열병은 잎에만 발생하는 것이 아니"라는 내용과 (두 번째 단락 1번째 줄) "도열병은 발병 부위에 따라 … **이삭도열병** 등으로 구분된다. 이 중 … 이삭도열병은 잎에서 생성된 광합성 산물이 **이삭**으로 이동하는 것을 저해하여 이삭을 불임 또는 백수로 만"든다는 내용으로 볼 때, 벼의 잎 부분에서 불에 탄 자국이 발견될 경우, 이는 벼 도열병에 해당하지만 벼의 이삭 부분에서도 불에 탄 자국이 발견되는지 여부는 제시문에서 찾을 수 없다. 따라서 "벼의 이삭 부분에서 불에 탄 자국이 발견될 경우, 이는 이삭도열병에 해당한다."라는 선택지의 진술은 알 수 없어 추론으로 옳지 않다.

**내용공략** 이삭이란 벼, 보리 따위 곡식에서 꽃이 피고 꽃대의 끝에 열매가 더부룩하게 많이 열리는 부분을 말한다. [표준국어대사전]

② (×) (세 번째 단락 3번째 줄) "**도열병 저항성** 유전자 **붕괴**는 … 새로운 레이스의 출현 또는 **단일 품종의 대면적 재배**에 따른 소수 레이스의 급격한 증가가 원인"이라는 내용으로 볼 때, "도열병 저항성 붕괴를 방지하기 위해 단일 품종의 대면적 재배가 필요하다."라는 선택지의 진술은 맞지 않아 추론으로 옳지 않다. (즉 단일 품종의 대면적 재배를 하지 않는 것이 필요하다.)

③ (×) (마지막 단락 3번째 줄) "**잎도열병** … 검정 결과, **조생종 품종**이 (상대적으로 중생종이나 중만생종 품종에 비하여) **강한 도열병 저항성을 보였다.**"라는 내용으로 볼 때, "잎도열병의 경우 중생종 품종이 (상대적으로 조생종 품종에 비하여) 강한 도열병 저항성을 보인다."라는 선택지의 진술은 맞지 않아 추론으로 옳지 않다.

④ (×) (두 번째 단락 4번째 줄) "도열병 방제에는 … 재배적 방제법과 … **진균병 방제 약제**를 사용하는 화학적 방제법이 사용된다. … 환경보호와 … 지속가능한 농업을 위해서는 저항성 품종 재배가 가장 효과적(인) … 방법으로 인식"되고 있다는 내용과 (세 번째 단락 1번째 줄) "**새로운 저항성 품종들이 빈번하게 이병화**…되곤 한다."라는 내용을 찾을 수 있다.

이에 환경보호와 지속가능한 농업을 위해 진균병 방제 약제의 활용은 덜 효과적인 방법으로 인식되어 그 활용도가 저하되고 있으리라 미루어 알 수 있을 뿐 새로운 저항성 품종들이 빈번하게 이병화되어 그 활용도가 저하되고 있는지 여부는 제시문에서 찾을 수 없다. 따라서 "새로운 저항성 품종들이 빈번하게 이병화됨에 따라 진균병 방제 약제의 활용도가 저하되고 있다."라는 선택지의 진술은 명확하게 알 수 없어 추론으로 옳지 않다.

⑤ (○) (마지막 단락 아래에서 3번째 줄) "Hdl 유전자가 **결핍되고 Pi40 유전자가 도입된 중만생 계통**이 처음으로 육성되었다. 이러한 결과는 향후 … **도열병 저항성 증진 및 지속성을 유지할 가능성을 높였다.**"라는 내용으로 볼 때, "Hdl 유전자가 결핍되고 Pi40 유전자가 도입된 중만생 계통 육성을 통해 도열병 저항성 증진 및 지속성을 유지할 가능성을 높였다."라는 선택지의 진술은 추론으로 옳다.

**속도공략** 선택지 ① "이삭도열병", ② "도열병 저항성", ③ "중생종/조생종", ④ "진균병 방제약제", ⑤ "Hdl 유전자/Pi40 유전자"를 중심으로 제시문의 내용을 이해하며 풀이한다.

## 32 ▶ ②

**유형공략** '합격' <조건>에 따를 때, A~F 중 시험 합격 "가능성이 있는(➜ 참일 수 있는)" 학생만을 모두 고르는 문제이다. 기호화한 후 도식화하여 풀이한다.

제시문의 내용을 기호하면 <아래1>과 같다.

| 내용 | 기호 |
|---|---|
| ○ A가 합격하면 B 또는 E 또는 F가 합격한다. | ⅰ. A→(B∨E∨F) |
| ○ C가 불합격하면 B가 불합격하거나 A가 합격한다. | ⅱ. ~C→~B∨A |
| ○ D가 합격하면 C가 합격한다. | ⅲ. D→C |
| ○ F나 D가 합격하면 A가 불합격한다. | ⅳ-1. (D∨F)→~A |
| | ⇔ ⅳ-2. A→(~D∧~F) (∵후건부정) |
| ○ E가 합격하면 C가 불합격한다. | ⅴ. E→~C |
| ○ A가 불합격하거나 B가 불합격한다. | ⅵ. ~A∨~B |
| ○ E가 불합격하면 F가 합격하고, F가 합격하면 E가 불합격한다. | ⅶ-1. (~E→F)∧(F→~E) |
| | ⇔ ⅶ-2. ~E ↔ F (∵필요충분) |
| ○ C와 F가 동시에 합격하는 경우는 없다. | ⅷ-1. ~(C∧F) |
| | ⇔ ⅷ-2. ~C∨~F (∵드모르간) |

<아래1>의 기호화한 내용을 <아래2>와 같이 도식화한 후 Ⅰ. A가 합격한 경우와 Ⅱ. A가 불합격한 경우로 나누어 나머지 B~F의 합격 여부를 (아래첨자의) 순서대로 추리해 보자.

| | A | B | C | D | E | F |
|---|---|---|---|---|---|---|
| i. A→(B∨E∨F) | ○ → | (○ ∨ | | | ○ ∨ | ○) |
| ii. ~C→~B∨A | (○ ∨ | ×) ← | × | | | |
| iii. D→C | | | ○ ← | ○ | | |
| iv-1. (D∨F)→~A | × ← | | | (○ | ∨ | ○) |
| ⇔ iv-2. A→(~D∧~F) | ○ → | | | (× | ∧ | ×) |
| v. E→~C | | | × ← | | ○ | |
| vi. ~A∨~B | × ∨ | × | | | | |
| vii-2. ~E ↔ F | | | | | × ↔ | ○ |
| viii-2. ~C∨~F | | | × ∨ | | | × |

I. A가 합격한 경우 : E도 합격

| | A | B | C | D | E | F |
|---|---|---|---|---|---|---|
| i. A→(B∨E∨F) | ○ → | (○ ∨ | | | ○ ∨ | ○) |
| ii. ~C→~B∨A | (○ ∨ | ×) ← | × | | | |
| iii. D→C | | | ○ ← | ○ | | |
| iv-2. A→(~D∧~F) | ○ → | | | (× | ∧ | ×) |
| v. E→~C | | | × ← | | ○ | |
| vi. ~A∨~B | × ∨ | × | | | | |
| vii-2. ~E ↔ F | | | | | × ↔ | ○ |
| viii-2. ~C∨~F | | | × ∨ | | | × |
| I. A가 **합격**한 경우 | ○ | ×4 (∵ vi) | ×3 (∵ v) | ×1 (∵ iv-2) | ○2 (∵ vii-2) | ×1 (∵ iv-2) |

II. A가 불합격한 경우: 이는 다시 ~~一. B가 합격한 경우~~와 二. B가 불합격한 경우로 나뉘는데 (B가 합격한 경우는 제시문의 내용에 위배되어 성립할 수 없고, B가 불합격한 경우는 또다시 ~~C가 합격한 경우~~와 C가 불합격한 경우로 나누어지며, 이에 또다시 C가 합격한 경우는 성립할 수 없고 C가 불합격한 경우는 E가 합격한 경우와 E가 불합격한 경우로 나누어지므로) 나머지 D와 F의 합격 여부만을 아래첨자의 (순서대로) 추리해 보자.

| | A | B | C | D | E | F |
|---|---|---|---|---|---|---|
| i. A→(B∨E∨F) | ○ → | (○ ∨ | | | ○ ∨ | ○) |
| ii. ~C→~B∨A | (○ ∨ | ×) ← | × | | | |
| iii. D→C | | | ○ ← | ○ | | |
| iv. (D∨F)→~A | × ← | | | (○ | ∨ | ○) |
| ⇔ iv-2. A→(~D∧~F) | ○ → | | | (× | ∧ | ×) |
| v. E→~C | | | × ← | | ○ | |
| vi. ~A∨~B | × ∨ | × | | | | |
| vii-2. ~E ↔ F | | | | | × ↔ | ○ |
| viii-2. ~C∨~F | | | × ∨ | | | × |
| II. A가 **불합격**한 경우 | × | | | | | |
| ~~一. B가 합격한 경우~~ (∵ viii-2에 위배) | | ○ | ⊖1 (∵ ii) | | ×2 (∵ v) | ⊖3 (∵ vii-2) |
| 二. B가 **불합격**한 경우 | | × | | | | |
| ~~일. C가 합격한 경우~~ (∵ viii-2에 위배) | | | ⊖ | | ×1 (∵ v) | ⊖2 (∵ vii-2) |
| 이. C가 **불합격**한 경우 | ″ | ″ | × | ×1 (∵ iii) | ○2 / ×2 | ×3 (∵ vii-2) / ○2 (∵ vii-2) |

② (○) 결국 성립하는 경우는 <아래3>과 같이 총 3가지이고 이에 따라 시험 합격 가능성이 있는 학생은 A, E, 그리고 F이다.

| | A | B | C | D | E | F |
|---|---|---|---|---|---|---|
| I. A가 합격한 경우 | ○ | ×4<br>(∵ vi) | ×3<br>(∵ v) | ×1<br>(∵ iv-2) | ○2<br>(∵ vii-2) | ×1<br>(∵ iv-2) |

| | A | B | C | D | E | F |
|---|---|---|---|---|---|---|
| II. A가 불합격한 경우 | | | | | | |
| 二. B가 불합격한 경우 | | | | | | |
| 이. C가 불합격한 경우 | × | × | × | ×1<br>(∵ iii) | ○2<br><br>×2 | ×3<br>(∵ vii-2)<br>○2<br>(∵ vii-2) |

**내용공략 1** 명제의 기호화

| | 내용 | 기호화 |
|---|---|---|
| 쌍조건(가언)명제 <≒필요충분조건> | 만약 p이면 q이고, q이면 p이다. | p↔q / P≡Q |

**내용공략 2** 명제의 동치

| | 동치 (≒) | |
|---|---|---|
| 드 모르간 법칙 | ~(A∨B) ≒ | ~A∧~B |
| | ~(A∧B) ≒ | ~A∨~B |

**속도공략** 기호화한 후 경우의 수로 나누어 풀이한다.

# 33 ▶④

**유형공략** '핫팻' 글의 "내용과 부합하는 것"을 찾는 문제이다. 각 선택지의 핵심어를 중심으로 제시문의 내용을 이해한다.
① (×) (두 번째 단락 5번째 줄) "**가루형 핫팩** 안에는 쇳가루우 활성탄, 소금…이 들어있다. '소금과 활성탄'은 … **촉매제**이며… 활성탄과 소금을 섞어주면 쇳가루(➔ 돌)는 빠르게 **산화** 반응을 일으켜 … 온도가 올라가게 된다(➔ 열)."라는 내용으로 볼 때, "가루형 핫팩은 **철**이 촉매제 역할을 하여 산화하며 열을 방출한다."라는 선택지의 진술은 맞지 않아 부합하지 않는 것이다.
② (×) (세 번째 단락 1번째 줄) "**가루형 핫팩의** 겉 포장은 **산소**와 접촉하지 **않게** '비닐'로 되어 있는데 (이를 뜯으면 **부직포**로 되어 있는 핫팩을 볼 수 있다.)"라는 내용으로 볼 때, "가루형 핫팩의 **부직포** 포장은 사용 전에 산소를 차단하기 위한 것이다."라는 선택지의 진술은 맞지 않아 부합하지 않는 것이다.
③ (×) (마지막 단락 1번째 줄) "**액체형 핫팩**은 흔히 **똑딱이** 손난로라고 한다. 액체에서 고체로 바뀌는 과정에서 발생하는 **열**을 이용하는 것이다."라는 내용을 알 수 있을 뿐, 액체형 핫팩과 촉매제 사이와의 관련된 내용을 제시문에서 찾을 수 없다. 따라서 "액체형 핫팩의 똑딱이는 촉매제를 조금씩 방출하여 열을 발산시키는 역할을 한다."라는 선택지의 진술은 알 수 없어 부합하지 않는 것이다.

④ (○) (마지막 단락 3번째 줄) "(액체형 핫팩에 들어있는 … 액체는 … 아세트산나트륨 과포화용액이다.) … **아세트산나트륨 과포화용액**의 경우 액체에서 **고체**로 바뀌는 과정에서 … 열이 발생한다. … 딱딱하게 굳은 손난로(➔ 액체형 핫팩)를 **뜨거운 물에 넣으면** 원래 상태(➔ 액체)로 돌아와 다시 사용할 수 있다"는 내용으로 볼 때, "고체가 된 아세트산나트륨 과포화용액을 뜨거운 물에 넣고 가열하면 다시 액체로 바뀐다."라는 선택지의 진술은 부합하는 것이다.
⑤ (×) (세 번째 단락 5번째 줄) "가루형 핫팩은 … 별도의 제련 과정을 거치지 않는 한 다시 사용하기 어렵다."라는 내용과 선택지 ④의 해설로 볼 때, 가루형 핫팩은 재활용 하기가 어렵고 액체형 핫팩은 재활용 하기 위해 산소를 제거하는 과정이 필요한지 여부를 알 수 없다. 따라서 "가루형 핫팩과 액체형 핫팩 모두 재활용을 위해서는 산소를 제거하는 과정이 필요하다."라는 선택지의 진술은 알 수 없어 부합하지 않는 것이다.

**속도공략** 선택지 ① "철/촉매제", ② "부직포", ③ "똑딱이", ④ "아세트산나트륨 과포화용액", ⑤ "재활용"을 중심으로 제시문의 내용을 이해하며 풀이한다.

## 34 ▶ ②

**유형공략** '혐기성소화처리' 글의 "내용과 부합하는 것"을 찾는 문제이다. 각 선택지의 핵심어를 중심으로 제시문의 내용을 이해한다.
① (×) (첫 번째 단락 1번째 줄) "혐기성소화처리란 하수…찌꺼기를 혐기성 미생물로 분해하여 처리하는 것을 의미한다. … '혐기성'소화 과정에서 … 발생하는 **하수찌꺼기의 양**을 감량화…할 수 있다. … 경제적 및 환경적 측면에서 혐기성소화처리는 **호기성처리**보다 더 큰 잠재력을 가지고 있다."라는 내용으로 볼 때, "*호기성처리*는 발생하는 하수 찌꺼기의 양을 조절하기 쉽다는 장점이 있다."라는 선택지의 진술은 맞지 않아 부합하는 것이 아니다.
② (○) (세 번째 단락 1번째 줄) "지방은 … 폐수에서 쉽게 찾을 수 있는 성분이다. 이는 … **도축장** … **폐수**에 고농도로 함유되어 있다. … 지방을 적절한 **전처리 없이 혐기성소화처리를 할 경우** … **거품 발생** … 문제가 발생"한다는 내용으로 볼 때, "도축장에서 발생한 폐수를 별도의 전처리 없이 혐기성소화처리할 경우 (지방으로 인해) 거품이 발생할 수 있다."라는 선택지의 진술은 부합하는 것이다.
③ (×) (네 번째 단락 1번째 줄) "혐기성소화처리의 **효율**을 향상시키기 위한 **방법**으로 … 혐기성 **반응조**가 고안되었"다는 내용과 (마지막 단락 1번째 줄) "이외에도 혐기성소화처리의 **효율을 높이기** 위한 방법으로 '저강도 초음파 처리'가 있다."라는 내용으로 볼 때, 따라서 "현재까지 고안된 혐기성소화처리의 효율을 높이는 방법은 반응조 성능 향상이 *유일하다*."라는 선택지의 진술은 맞지 않아 부합하는 것이 아니다.
④ (×) (첫 번째 단락 2번째 줄) "혐기성소화처리는 **용존산소**가 존재하지 <u>않는</u> 조건"이라는 내용과 (네 번째 단락 1번째 줄) "(혐기성소화처리의 효율을 향상시키기 위한 방법으로 … 혐기성 **반응조**가 고안되었는데,) … UASBr…(는) 한쪽으로만 상향유속이 생기는 **채널링 현상**이 발생하게 된다. … 반응조 내에 **미생물**이 골고루 분산되도록 고안된 **반응조**가 EGSBr…이다."라는 내용을 찾을 수 있다.
이에 EGSBr은 용존산소가 존재하지 <u>않는</u> 조건에서의 처리방법으로 (UASBr의 채널링 현상을 방지하여) 미생물을 반응조 내에서 분산되도록 하는 방법임을 알 수 있다. 따라서 "EGSBr은 폐수 속에 응축된 미생물과 *용존산소* 등의 물질을 반응조 내에 분산시켜 채널링 현상을 방지할 수 있다."라는 선택지의 진술은 맞지 않아 부합하는 것이 아니다.
⑤ (×) (세 번째 단락 1번째 줄) "지방은 **탄수화물·단백질**과 마찬가지로 **폐수**에서 쉽게 찾을 수 있는 성분이다. … **혐기성소화처리**로부터 발생하는 **바이오가스의** 이론적인 **수율은 지방**이 1,420L/kg, **탄수화물**이 830L/kg…(이)다.라는 내용으로 볼 때, "탄수화물, 단백질 및 지방이 모두 포함된 폐수를 혐기성소화처리할 때 발생하는 바이오가스의 수율은 지방(1,420L/kg)이 탄수화물(830L/kg)의 두 배보다 *높다*."라는 선택지의 진술은 맞지 않아 부합하는 것이 아니다. (두 배보다 낮다.)

**속도공략** 선택지 ① "호기성처리/찌꺼기", ② "도축장/거품", ③ "반응조/유일", ④ "EGSBr", ⑤ "바이오가스"를 중심으로 제시문의 내용을 이해하며 풀이한다.

## 35 ▶ ③

**유형공략** 'A동호회 회원' <조건>에 따를 때, <보기>에서 "반드시 참인 것만을 모두" 고르는 문제이다. 기호화하여 풀이한다.
제시문의 <조건>을 요약하여 기호화하면 <아래>와 같다. (∀전칭과 ∃특칭의 관계에 유의한다.)

| 〈조건〉 | 기호 |
|---|---|
| ○ 갑, 을, 병은 A 동호회 회원이다. | i. ∃ 갑/을/병 |
| ○ A 회원들은 강아지 또는 고양이 중 하나를 키우며, 강아지와 고양이를 둘 다 키우는 사람은 없다. | ii. ∀◎(강∨고) |
| ○ A 회원 중 고양이를 키우면서 아이가 있는 사람은 주식투자를 한다. | iii. ∀ (고∧아)→주식 |
| ○ A 회원 중 고양이를 키우면서 아이가 없는 사람은 회사에 다닌다. | iv. ∀ (고∧~아)→회사 |
| ○ A 회원 중 아이가 없는 사람은 여성이다. | v. ∀ ~아→여성 |
| ○ A 회원 중 강아지를 키우면서 아이가 있는 사람은 회사에 다니지 않는다. | vi. ∀ (강∧아)→~회사 |

이에 갑, 을, 병은 A 동호회 회원이므로, A 회원과 관련된 명제인 ii부터 vi까지의 내용들을 모두 만족시켜야 한다.
ㄱ. (○) 만일 어떤 A 회원이 회사를 다니면

> vi-1.∀ (강∧아)→~회사
> ⇔ vi-2.∀ 회사[T]→(~강∨~아)[T]

에 따라 강아지를 키우지 않거나 아이가 없는 사람이어야 하는데, 그 A 회원이 아이가 있는 사람이라는 새로운 진술이 나온다면

> ⇔ vi-2.∀ 회사[T]→(~강[T]∨~*아*)

에 따라 강아지를 키우지 않아야 하고, ii.∀◎ (강[F]∨고) 에 따라 고양이를 반드시 키워야 함을 미루어 알 수 있다.
따라서 "(A 회원인) 갑이 회사를 다니면서 아이가 있다면, 그는 고양이를 키운다[갑: (회사∧아)→갑:고]."라는 <보기> 진술은 반드시 참이다.
ㄴ. (○) 만일 어떤 A 회원이 여성이 아니라면

> v-1.∀ ~아→여성
> ⇔ v-2.∀ ~여성[T]→아[T]

에 따라 아이가 있는 사람이어야 하는데, 그 A 회원이 회사에 다닌다는 새로운 진술이 나온다면

> vi-1.∀ (강∧아)→~회사
> ⇔ vi-2.∀ 회사[T]→(~강[T]∨~*아*)

에 따라 강아지를 반드시 키우지 않아야 하고, ii.∀◎ (강[F]∨고) 에 따라 고양이를 반드시 키워야 함을 미루어 알 수 있다. 결국

> iii.∀ (고[T]∧아[T])→주식[T]

에 따라 주식 투자를 하는 것까지 미루어 알 수 있다.
따라서 "(A 회원인) 을이 여성이 아니고 회사에 다닌다면, 그는 주식투자를 한다[을: (~여성∧회사)→을:주식]."라는 <보기> 진술은 반드시 참이다.

ㄷ. (×) 만일 어떤 A 회원이 주식 투자를 하는 여성이라도

| iii.$^\triangledown$ (고∧아)→주식[T] |
| v.$^\triangledown$ ~아→여성[T] |

에 따라서는 아이가 있는 사람인지 여부에 대해 확정할 수 없다.

이때에는 <보기> ㄷ의 새로운 진술이 가언명제이므로 전건이 참일 때 후건이 거짓이라는 즉, '주식 투자를 하는 여성'이 참일 때 '그는 아이가 없다'의 거짓(➔그는 아이가 있을 수 있다)도 성립할 수 있다는 반례를 살펴보고 그 반례가 성립할 수 있다면 그 반례로 인해 그 명제가 반드시 참은 <u>아니</u>라고 추리해 볼 수 있다.

| iii.$^\triangledown$ (고∧아[T])→주식[T] |
| iv.$^\triangledown$ (고∧~아[F])→회사 |
| v.$^\triangledown$ ~아[F]→여성[T] |
| vi.$^\triangledown$ (강∧아[T])→~회사 |

이에                                   와 같이 (아이가 있을 수 있다는) 반례가 가능하므로 "(A 회원인) 병이 주식 투자를 하는 여성이라면, 그는 아이가 없다[병:(주식∧여성)→병:~아, T→F]."라는 <보기> 진술은 반례가 성립하므로 반드시 참은 아니다.

최종적으로 반드시 참이라 "ㄱ, ㄴ"을 모두 고른 ③이 정답이다.

**속도공략** 보기 ㄷ. 진술은 반례를 활용하여 풀이한다.

## 36                                                                    ▶ ②

**유형공략** '법률 해석 기법' 글에 근거할 때, "<보기>의 ⬚ㄱ⬚ 과 ⬚ㄴ⬚ 에 들어갈 말을 바르게 나열한 것"을 추리하는 문제이다. 선택지의 진술을 넣어보며 풀이한다.

<보기> 글의 빈칸 ㄱ 앞뒤 내용을 요약한 후 선택지의 물론/확장/유추와 관련한 제시문의 내용을 비교하여 풀이하면 <아래1>과 같다.

| <보기> [1단락] | | |
| --- | --- | --- |
| 행정처분을 할 수 있는지 여부에 대하여, 법문에서 명확하게 **규정**하지 <u>않았</u>으므로 입법자의 의도를 추정하여 사회상황에 맞게 관련규정을 적용하는 것이 바람직하다는 판결례는 ⬚ㄱ⬚ 해석에 따른 입장이다. | | |
| ①/② | ③/④ | ⑤ |
| 물론 | 확장 | 유추 |
| (마) | (가) | (라) |
| 물론해석이란 명문의 **규정**은 **없으**나 그것과 같은 취지의 규정이 있다고 해석하는 것이 조리상으로 보아 당연한 것으로 생각되는 경우(의) 해석방법이다. | 확장해석이란 법령규정의 문자를 일반적으로 의미하는 것보다는 확대하여 해석하는 것을 말한다. (∵법령규정이 있는 것이므로 <보기>와 맞지 않다.) | 유추해석은 A와 A′와 같이 서로 유사한 내용에 대하여 A에 대하여만 규정이 있고 A′에 규정이 <u>없는</u> 경우 ⋯ 해석을 말한다. (∵<보기>에 A와 A′와 관련된 내용이 없다.) |

<보기> 글의 빈칸 ㄴ 앞뒤 내용을 요약한 후 선택지 ①/②의 확장/반대와 관련한 제시문의 내용을 비교하여 풀이하면 <아래2>와 같다.

| <보기> [2단락] | |
| --- | --- |
| 「민법」에서 미성년자가 혼인을 할 때 부모 동의를 얻어야 한다는 **규정**에서 (미성년자가 <u>아닌</u>) 성년자의 혼인에 대해서는 (특별한 규정이 없더라도) 부모의 동의를 요하지 아니하는 (반대의 효과가 생기는) 취지로 해석하는 것은 ⬚ㄴ⬚ 해석에 기반을 둔 것이다. | |
| ① | ② |
| 확장 | 반대 |
| (가) | (다) |
| 확장해석이란 법령규정의 문자를 일반적으로 의미하는 것보다는 확대하여 해석하는 것을 말한다. (∵일반적인 의미를 확대한다는 내용은 <보기>에 없다.) | 어떤 법령에 어떤 사항이 규정되어 있는 경우 그 규정 반대의 경우에는 반대의 효과가 생기는 취지로 해석하는 방법이다. |

② (○) " ㄱ 물론    ㄴ 반대    "라는 선택지의 진술은 들어갈 말로 바르게 나열한 것이다.

**속도공략** 선택지 진술과 관련된 제시문을 중심으로 이해하며 풀이한다.

## 37                                                                    ▶ ①

**유형공략** '결정과 변화' 글에 대한 "추론으로 옳지 않은 것만을 <보기>에서 모두" 고르는 문제이다. <보기>의 핵심어를 중심으로 제시문의 내용을 이해한다.

ㄱ. (×) (첫 번째 단락 1번째 줄) "돈을 쓰는 방식을 둘러싼 문제 중에는 행동의 죄뿐만 아니라 **태만의 죄**도 있다."라는 내용, (세 번째 단락 아래에서 6번째 줄) "**최대 추구자**들은 선택에 대한 모든 것을 알고 싶어 한다."라는 내용, (네 번째 단락 3번째 줄) "최대화는 **자신의 선택에** 더욱 **확신**을 가질 수 있"다는 내용, 그리고 (마지막 단락 7번째 줄) "최대화는 결정자에게 너무 많은 선택지를 부여⋯(하)고 ⋯ 결정을 마비시키고 불안하게 만든다."라는 내용을 찾을 수 있다.

이에 최대 추구자는 (최대화를 추구하며) 자신의 선택에 더 확신을 가질 수도 있고 자신의 결정을 마비시킬 수도 있지만 전자라면 행동에 '변화를 줄 것(➔ 행동의 죄)'이고 후자라면 행동에 변화를 주지 않을 것(➔ 태만의 죄)이라는 것을 미루어 알 수 있다. 따라서 "**최대 추구자**가 자신의 선택에 확신을 더 강하게 가져 **행동에 변화를 주려고 하지 않고 태만의 죄**를 보일 수 있다."라는 <보기> 진술은 맞지 않아 추론으로 옳지 않다.

ㄴ. (○) (세 번째 단락 3번째 줄) "미래를 대비한 수많은 결정의 순간마다 **불안감**을 내비친다. 이 같은 현상을 **결정 마비**(decision paralysis)라고"한다는 내용, (네 번째 단락 아래에서 6번째 줄) "2001**년** ⋯ **연구**를 통해 ⋯ 최대화를 추구하는 학생들은 적정 만족을 추구하는 학생들보다 **더 많은 수입**을 얻는 직업을 얻었다. 그러나 적정 만족을 추구하는 학생들은 ⋯ (최대화를 추구하는 학생보다) 더 만족하

는 경향을 보였…다.”라는 내용, 그리고 (마지막 단락 아래에서 5번째 줄) “너무 많은 선택지는 …불안하게 만든다는 것을 안다.”이라는 내용을 찾을 수 있다.

따라서 “2001년 발표된 연구에서 더 많은 수입에도 불구하고 최대화를 추구하는 학생들의 만족도가 (적정 만족을 추구하는 학생들보다) 더 낮았던 것은 (너무 많은 선택지로 불안감을 느꼈던) 결정 마비 현상으로 설명할 수 있다.”라는 <보기> 진술은 추론으로 옳다.

ㄷ. (○) 보기 ㄴ.의 해설로 볼 때, “2001년 발표된 연구에서 최대화를 추구하는 학생들의 행태는 (수입은 많지만) 만족도 면에서 (적정 만족을 추구하는 학생들보다도 낮은 행태이므로) 최선이라고 할 수 <u>없는</u> 행동으로 볼 수(도) 있다.”라는 <보기> 진술은 추론으로 옳다.

최종적으로 적절하지 <u>않은</u> 것이라 “ㄱ”을 고른 ①이 정답이다.

**속도공략** <보기> ㄱ. “최대 추구자/태만”, ㄴ. “2001년/결정 마비”, ㄷ. “최대화/만족도”를 중심으로 제시문의 내용을 이해하며 풀이한다. (핵심어를 중심으로 ㄴ.과 ㄷ.을 먼저 풀이해도 정답을 찾을 수 있다.)

## 38 ▶①

**유형공략** ‘독립서점’ 글과 ‘테트라드(Tetrad)’ <보기>의 내용에 비추어 볼 때, <보기>의 “ ㉠ 과 ㉡ 에 들어갈 내용으로 적절한 것”을 추리하는 문제이다. ㉠ [강화]와 ㉡ [퇴화]의 <보기> 내용을 참고로 제시문 내용과 선택지 진술을 비교하며 풀이한다.

| <보기> | 제시문 내용 | | |
|---|---|---|---|
| ① 강화: (미디어는 어떤 것을) 확대시키고 고양시키는가?<br><br><독립서점의 미디어 효과><br>㉠ / 강화 | [2:5] 독립서점…은 … 상업적 범주가 <u>아닌</u> 문화적 영역이다.<br>[3:4] (독립)서점의 큐레이션은 소외된 영역, 주제, 콘텐츠를 통해 **표현의 자유**를 **강화**한다. | | |
| | ①/③/⑤<br>**표현의 자유** 확보 | ②/④<br>책의 **상업성** 증가 | |
| ② 퇴화: (미디어는 어떤 것을) 약화시키거나 진부하게 만드는가?<br><br><독립서점의 미디어 효과><br>㉡ / 퇴화 | [2:1] 독립서점은 … 기존의 대형 유통서점보다 … 개인의 비용을 절감한다.<br>[3:1] 독립서점은 (획일화된 책 소비를 유도하던) 베스트셀러 위주의 유통시스템에서 주목받지 <u>못한</u> 책들을 재조명한다. | | |
| | ①<br>획일화된 책 소비<br>(∵기존 유통 시스템 특징을 퇴화) | ④<br>사회에 대한 비판의 욕구 | ⑤<br>출판문화의 르네상스 구축 |

① (○) “표현의 자유 확보 ㉠ 획일화된 책 소비 ㉡ ”라는 선택지의 진술은 빈칸에 들어갈 내용으로 적절하다.

**속도공략** 선택지 진술을 중심으로 빈칸에 넣어가며 관련 내용과 앞뒤 맥락을 비교하며 풀이한다.

## 39 ▶③

**유형공략** ‘불확정성의 원리’ 글의 “ ㉠ 에 들어갈 내용으로 가장 적절한 것”을 추리하는 문제이다. 빈칸 앞뒤 맥락의 내용을 중심으로 선택지의 진술과 비교하며 풀이한다.

빈칸 ㉠을 중심으로 제시문의 내용을 요약하여 풀이하면 <아래>와 같다.

| 내용 |
|---|
| [1단락] 불확정성의 원리…는 불가지론을 지지하는 이론은 <u>아니다</u>. |
| [3단락] 전자를 관찰할 수 있는 현미경이 있다고 가정해 보자. … (1) 전자의 위치를 정확하게 하기 위해서는 에너지가 큰 빛을 사용해야 한다. 이런 빛으로는 전자의 위치를 작은 오차로 측정할 수 있지만, 측정 과정에서 전자의 운동량이 크게 변화한다(➔ 오차가 커진다). 반대로 (2) 운동량의 오차를 줄이려면, 파장이 긴 빛을 사용함에 따라 위치의 오차가 커질 수에 없다. 따라서 ㉠ |

① (✕) 위치와 운동량을 동시에 정확하게 측정하기 위해서는 빛을 사용해서는 <u>안</u> 된다. (∵ 빛을 사용하지 않을 경우 전자 위치나 운동량을 측정할 수 있는지 여부를 알 수 없다.)
② (✕) 전자의 운동량을 측정하는 것이 아니라면 전자의 위치는 오차 없이 정확히 측정할 수 있다. [∵ (1)에만 해당하는 내용일 수 있다.]
③ (○) 위치와 운동량을 동시에 정확하게 측정하는 것은 불가능하다. (∵ 하지만 위치와 운동량을 알 수 없다는 불가지론이 아니라 [1단락]과 위치와 운동량 중 하나만의 오차를 줄이는 것이 가능하다는 [2단락: (1)과 (2) 모두와 부합한다.)
④ (✕) 전자를 관측할 때는 빛의 파장을 신중하게 조절해야 한다. [∵ [1단락]과 무관하다.]
⑤ (✕) 전자를 관측하는 것은 불가능하다. [∵ [1단락]을 약화한다.]

**속도공략** 선택지 진술을 중심으로 빈칸에 넣어가며 제시문의 앞뒤 맥락을 비교하며 풀이한다.

## 40 ▶②

**유형공략** ‘살아 있는 기계’ 글의 “논지에 부합하는 것만을 <보기>에서 모두 고르는” 문제이다. [논지]를 중심으로 제시문의 내용을 이해한다.

[논지]를 중심으로 제시문의 내용을 요약하면 <아래>와 같다.

| 구분 | 내용 |
|---|---|
| [1단락] | 살아 있는 생물이나 그 기관을 보면 기술자가 유전자의 보존과 증식을 위해 설계해 놓은 것 같다. |
| [2단락] | 박쥐를 속도 측정기에 가까운 것이라 생각해야지 설계한 사람이라고 생각하면 **안** 된다. (기계 자체는 자기가 어떻게 작동되는지 알지 **못한다**.) |
| [끝단락] 논지 | 전자 기술에서 온 우리의 통찰이 정확했다. 그리고 전자 기술에 대한 경험은 목적과 의식을 가진 설계자가 기계 장치를 만든 것이라고 생각을 하게 한다. **그러나** 살아 있는 기계의 경우 두 번째 통찰이 맞지 않다. 살아 있는 기계를 설계한 자는 (의식이 없는) 자연 선택이다. |

ㄱ. (×)

| [끝단락] 논지 | **그러나** … 살아 있는 기계를 설계한 자는 (의식이 없는) **자연 선택**이다. |
|---|---|

위의 내용으로 볼 때, 살아 있는 생물의 유전자는 자연 선택의 결과로 보아야 한다는 것이 논지임을 알 수 있다. 따라서 "만약 북극곰이 북극의 최고 포식자라면 위장을 위해 굳이 털 색깔이 하얀색(➔ 유전자)으로 진화해야 할 필요는 없는 것 같다. 이는 자연적인 선택의 결과로 보기는 *어려울 것이다*."라는 <보기> 진술은 논지에 맞지 않아 부합하지 않는다.

ㄴ. (○)

| [1단락] | **살아 있는 생물**이나 그 기관을 보면 기술자가 유전자의 보존과 증식을 위해 설계해 놓은 것 같다. |
|---|---|
| [끝단락] 논지 | **그러나** …살아 있는 기계를 설계한 자는 (의식이 <u>없는</u>) 자연 선택이다. |

위의 내용으로 볼 때, "살아 있는 생물은 (상상을 초월할 정도로 복잡해) 하나의 기계처럼 (설계한 것이라) 느껴질 수 있다. 하지만 이러한 자연의 작품은 누군가에 의해 의식적으로 설계되었다고 보기는 <u>어렵다</u>."라는 <보기> 진술은 논지에 부합한다.

ㄷ. (×) <보기> ㄴ의 해설 내용으로 볼 때, "거미가 집 짓는 것을 몇 시간 동안 앉아서 지켜보면 거미의 조상이 거미줄을 치려는 목적에서 스스로를 설계했다는 생각을 하게 된다."라는 <보기> 진술은 거미의 집 짓기는 목적에 따른 설계이지 자연 선택이 '아니라는' 생각이므로 논지에 부합하지 않는다. ([1단락]에서 설계에 관련된 내용이 언급되었지만, 이는 반박하기 위해 소개된 문장임에 유의하자.)

최종적으로 논지에 부합하는 것이라 "ㄴ"을 고른 ②가 정답이다.

**속도공략** 접속사 "따라서/그러나/그러므로/결국" 뒤에 논지가 나오는 경우가 많다.

## 김현정

저자 약력
- 이화여자대학교 법정대학 정치외교학부 졸업
- 고려대학교 사회과학대학원 정치외교학과 석사 졸업
- 박문각 7급 공채 PSAT 언어논리 교수
- 미디어정훈 5급 공채 PSAT 언어논리 대표교수
- 정훈에듀 5급 공채 PSAT 언어논리 심화강의
- (전) OECD 지속가능발전지표 개발회의 정부대표
- (전) 환경부 전문직 공무원
- (전) 제16대 국회 별정직 공무원

주요 저서
- 박문각 7급 공채 PSAT THE 언어논리 기본 이론서
- 박문각 7급 공채 PSAT THE 언어논리 합격과정
- 박문각 7급 공채 PSAT THE 언어논리 기본과정
- 박문각 7급 공채 PSAT THE 언어논리 발전과정
- 박문각 7급 공채 PSAT THE 언어논리 심화과정
- 박문각 7급 공채 PSAT THE 언어논리 완성과정
- 미디어정훈 민간경력자 PSAT 기출문제 8개년 해설집
- 미디어정훈 5급 공채 PSAT 기출문제 5개년 해설집

# PSAT
## THE 언어논리
### 기본 이론서

초판인쇄: 2023년 12월 1일
초판발행: 2023년 12월 5일
편 저 자: 김현정
발 행 인: 박 용
등     록: 2015. 4. 29. 제2015-000104호
발 행 처: (주)박문각출판
주     소: 06654 서울특별시 서초구 효령로 283 서경빌딩
전     화: (02) 6466-7202 (교재주문·학습문의)
팩     스: (02) 584-2927

정가 25,000원                    ISBN 979-11-6987-313-0